普遍史の変貌

【ペルシア語文化圏における形成と展開】

大塚 修 著

The Transformation of the General Histories in Persianate Societies

名古屋大学出版会

普遍史の変貌

目　次

凡　　例　ix
地　　図　x

序　章　普遍史研究の意義と展望 …… 1

はじめに　問題の所在　1
1　問題設定　2
2　先行研究　6
3　時代設定　8
4　普遍史の定義　9
5　用語の定義　11
6　本書の構成　12

第Ⅰ部　『王書』以前の古代ペルシア史叙述
――『王の書』から『王書』へ――

第1章　旧約的普遍史と古代ペルシア史の相克 …… 20

はじめに　20
1　アラブの系譜学者と古代ペルシア史　21
(1) イブン・ハビーブ『美文の書』
2　イブン・ムカッファアと古代ペルシア史　24
(2) イブン・クタイバ『知識』
(3) ディーナワリー『長史』
(4)『ペルシア・アラブの諸王の歴史に関する究極の目的』
3　古代ペルシア四王朝叙述法の萌芽　43
(5) ヤアクービー『歴史』
(6) タバリー『預言者と王の歴史』
(7) マスウーディー『黄金の牧場』／『助言と再考の書』
(8) クダーマ・ブン・ジャアファル『租税の書』
章　　結　63

第2章　『王の書』の「復活」と流行 …………………………………… 65
——ペルシア系地方王朝における普遍史——

はじめに　65

1　ハムザ・イスファハーニーによる古代ペルシア史の再編　66

（1）ハムザ・イスファハーニー『王と預言者の年代記』

2　ペルシア語歴史叙述の萌芽と『王の書』の流行　77

（2）アブー・マンスール『王書』

（3）バルアミー『歴史書』

3　ハムザ・イスファハーニー後のアラビア語古代ペルシア史叙述　90

（4）マクディスィー『創始と歴史』

（5）フワーリズミー『学問の鍵』

（6）ミスカワイフ『諸民族の経験』

（7）ビールーニー『過去の痕跡』

章　結　104

第3章　フィルダウスィーの『王書』と古代ペルシア史 ………… 106
——ガズナ朝における普遍史——

はじめに　106

1　フィルダウスィーの古代ペルシア史叙述　107

（1）フィルダウスィー『王書』

2　フィルダウスィーと同時代の古代ペルシア史叙述　111

（2）サアーリビー『列王伝精髄』

（3）ガルディーズィー『歴史の装飾』

章　結　124

第Ⅰ部結論 ……………………………………………………………… 125

第Ⅱ部　ペルシア語普遍史書の成立
――『王書』から『選史』へ――

第4章　『王書』の流行とペルシア語普遍史……131

はじめに　131

1　セルジューク朝時代の『王書』の評価　132

2　セルジューク朝時代の古代ペルシア史叙述　136

(1) ガザーリー『諸王への忠告』

(2) イブン・バルヒー『ファールスの書』

(3)『史話要説』

(4) ファフル・ラーズィー『光の真実』／『知識の集成』

(5) イブン・イスファンディヤール『タバリスターン史』

3　アラビア語普遍史書における古代ペルシア史叙述　156

(6)『天文学者たちの規範』

(7) イブン・ジャウズィー『整然たる歴史』

(8) イブン・アスィール『完史』

4　奴隷王朝における古代ペルシア史叙述　161

(9) ファフル・ムダッビル『系譜書』

(10) ジューズジャーニー『ナースィル史話』

章　結　168

第5章　ペルシア語普遍史とオグズ伝承……169

――アブー・サイードの即位まで――

はじめに　169

1　ガザン以前のペルシア語普遍史書　170

(1) バイダーウィー『歴史の秩序』

(2) ザッジャージー『吉兆の書』

2　ガザン以降のペルシア語普遍史書　181

(3) カーシャーニー『歴史精髄』

(4) ラシード・アッディーン『集史』

(5) バナーカティー『バナーカティー史』

章　結　202

第6章　旧約的普遍史，古代ペルシア史，オグズ伝承の接合……203
——アブー・サイードとギヤース・ラシーディーの時代——

はじめに　203

1　三つの人類史の接合　204

(1) ハムド・アッラー・ムスタウフィー『選史』

2　アブー・サイード期のペルシア語普遍史書　218

(2) アフマド『心優しい子ども』

(3) シャバーンカーライー『系譜集成』

(4) アクサラーイー『月夜史話』

章　結　228

第II部結論……230

第III部　ペルシア語普遍史書の再編
——『ペルシア列王伝』から『歴史集成』へ——

第7章　古代ペルシア史の再編……236
——ハザーラスプ朝におけるペルシア語文芸活動と『ペルシア列王伝』——

はじめに　236

1　ハザーラスプ朝史研究の意義　237

2　ヌスラト・アッディーンによる文芸活動の庇護・奨励　240

(1) シャラフ・カズウィーニー『ペルシア列王伝』／『ヌスラト書簡集』

(2)『贈物』

(3) シャムス・ファフリー『ヌスラトの尺度』

(4) ヒンドゥーシャー『先祖の経験』

(5)『アラブ・ペルシアの諸王の歴史に関する諸民族の経験』

3　献呈作品におけるヌスラト・アッディーンの表象　251
4『ペルシア列王伝』に対する需要　260
(6) ニークパイ・ブン・マスウード『ニークパイの歴史』
章　　結　267

第 8 章　イランの地の地方政権とイラン概念 ……………………………269

はじめに　269
1　ヤズド・ニザーム家の名士シャムス・フサイニー　271
(1) アリー・トゥスタリー『諸王への贈物』
2　インジュー朝　277
(2) アームリー『高貴なる諸学問』
3　ジャラーイル朝　280
(3) アハリー『シャイフ・ウワイス史』
4　ムザッファル朝　286
(4) アラー・カズウィーニー『探求者の道』
(5) アバルクーヒー『歴史の天国』
章　　結　295

第 9 章　イランの地の歴史からイランとトゥランの歴史へ ………296
——ティムール朝時代——

はじめに　296
1　ティムール朝史と普遍史の接合　297
(1)『イスカンダル無名氏の史書』
(2)『ムイーンの歴史精髄』
(3) イブン・イナバ『スルターンの諸章』
2　オグズ伝承と古代ペルシア史の融合　309
(4) ヤズディー『勝利の書』
3　ハーフィズ・アブルーによるペルシア語普遍史の再編　316
(5) ハーフィズ・アブルー『歴史集成』

4　ティムール朝におけるペルシア語普遍史書の手稿本作成　346
章　　結　349

第 III 部結論……………………………………………………………351

終　　章……………………………………………………………353

付表　普遍史における古代ペルシア史叙述の変遷　361
参考文献　387
あとがき　405
図表一覧　412
索　　引　415

凡　例

1. 本書で使用した史料とその略称は参考文献に挙げた。
2. ヒジュラ暦で年号を表記する際には，ヒジュラ暦の年号と西暦の年号の間に「／」（全角斜線）を，また，ヒジュラ暦の年号に対応する西暦の年号が年をまたぎ，年が確定できない場合には，その二つの年の間に「/」（半角斜線）を置いて明示した。
   例：595／1198/9 年
   また，参考文献の書誌でイラン太陽暦の年号を示す際には kh，sh の略号を用いた。
3. 引用文中の［　］は引用者が独自に補った部分を表す。引用文中で引用者が特に強調したい箇所には下線を引いた。また，引用文中の祈願文は省略した。
4. アラビア文字のローマ字転写は次の通り。
   アラビア語：b, t, th, j, ḥ, kh, d, dh, r, z, s, sh, ṣ, ḍ, ṭ, ẓ, ʻ, gh, f, q, k, l, m, n, h, w, y, ʼ
   二重母音は，aw，ay を使用し，短母音は a，i，u，長母音は ā，ī，ū で統一した。語頭のハムザ，語末のター・マルブータは原則として省略した。
   ペルシア語：基本的にアラビア語に準ずる。アラビア語にない 4 文字は次のように転写した。p, ch, zh, g
5. 人名・地名の表記は基本的にアラビア語表記で統一した。ただし，ホラーサーンやロレスターンなど，慣例となっている地名については，この限りではない。また，ペルシア語の現代の人名や固有名詞に関しては，片仮名表記では現代音を採用した。
   例：ダーネシュパジューフ M. T. Dānish-pazhūh
6. 定冠詞 al- は原則として表記しない。
   例：フサイニー al-Ḥusaynī，イブン・ナディーム Ibn al-Nadīm
   ただし，人名や人名に準じる称号，家族名のイダーファに関しては，一語として扱い，分かち書きせずに「アル」，「アッ」，「アン」と表記した。
   例：ラシード・アッディーン Rashīd al-Dīn
7. 人名で「～の息子」という意味を示す言葉 ibn は，ローマ字転写においては b. と，片仮名表記においては「ブン」と表記した。
8. 二次文献の中で，翻訳本や重版本を用いる際には，最初に初版の年号を記し，その後に出版年を括弧でくくって明示した。
   例：Peacock, A. C. S. 2007 (2010) : *Mediaeval Islamic Historiography and Political Legitimacy : Balʻamī's Tārīkhnāma*, London & New York.
9. 『クルアーン』を訳出する際は中田訳（作品社，2014 年）に，『旧約聖書創世記』を訳出する際は関根訳（岩波文庫，1991 年）に，『預言者ムハンマド伝』を訳出する際には後藤ほか訳（岩波書店，2010–12 年）に従った。

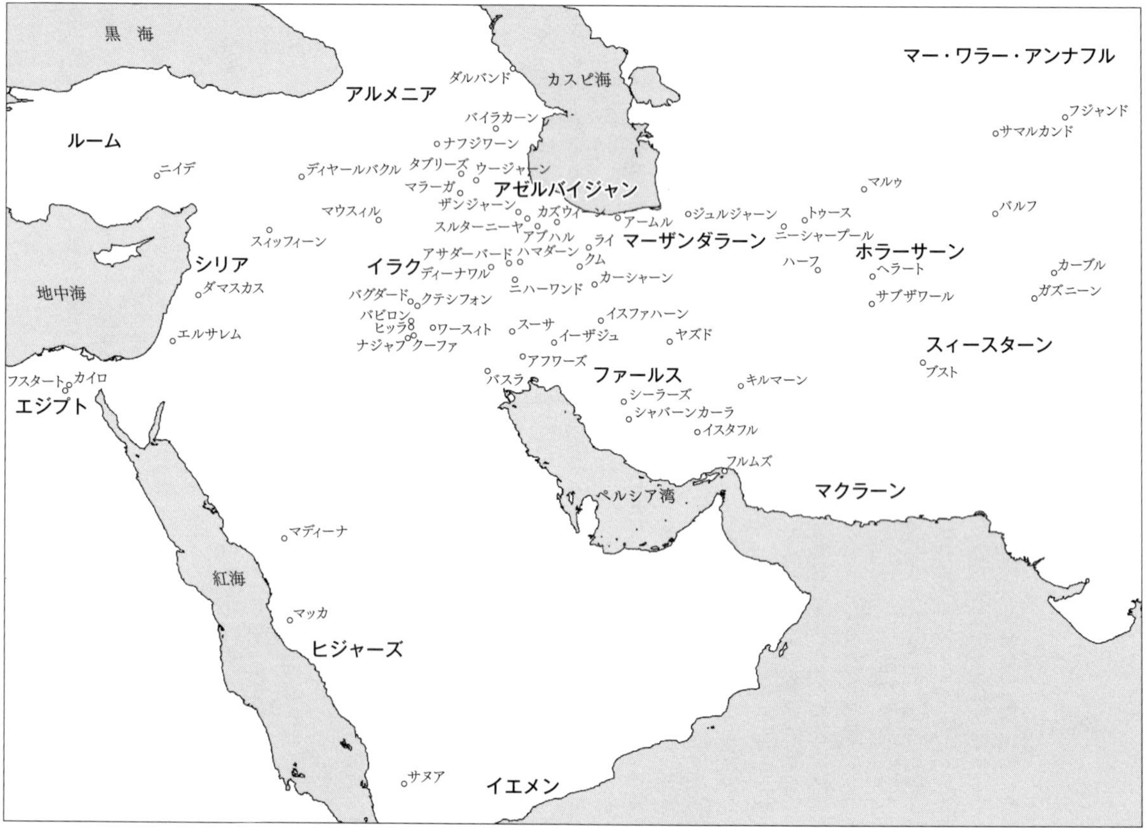

地図　本書に登場する主要都市

序　章
普遍史研究の意義と展望

はじめに　問題の所在

西欧で生まれた近代的歴史叙述の手法が，世界の各地域で共有されるようになる以前，人々は一体どのように人類の歴史を認識し，叙述してきたのだろうか。この問いこそが本書の根底にある問題意識である。

現代を生きる我々は，良くも悪くも近代的歴史叙述の恩恵に浴しており，人類がどのように「サル」から進化し，世界にどのような人々が住んでいて，どのような歴史を経験してきたのかについてある程度の知識を共有している。これらの知識は西欧で体系化され，19 世紀後半から 20 世紀にかけて世界の諸地域で共有されるようになったものである。一方で，前近代の世界では事情は大きく異なっていた。人々は異境についての正確な知識を持たず，そこに存在していたのは，各地域の宗教や伝統，文化に根差した世界観であった。その世界観は，人間集団，地域，宗教という単位ごとに共有されていた。もちろんその中には現代において共有されているものもあるが，現在の我々とは異なる世界観が存在しており，その形も様々であった[1)]。

その前近代の世界観の中から本書で考察の対象とするのは，9 世紀から 15 世紀半ばにかけてのムスリム知識人の人類史認識である。これまでにも，ムス

1）秋田ほか（2016）の第 I 部はまさにこの伝統的な世界観の再現を試みたもので，日本をも含む世界各地の事例が紹介されている。また，羽田（2005）第 I 部「前近代ムスリムの世界像と世界史認識」は本書の内容に大きく関わる研究である。

リム知識人の人類史認識，世界認識，そして，これらが反映された歴史叙述に関する議論は数多くなされてきた。しかし，その多くでは，史実とは認められない神話的・伝説的要素の強い人類史について，個々の著作レベルでの違いは見られず，画一的なものであると評価されてきた。そこでは，国民国家における国史の創造・教科書の編纂を含め，どのように過去の歴史が政治的イデオロギーとして利用されたのか，という側面に議論が集中しがちであった。一方で，そこで利用されている過去の歴史や記憶がどのような経緯を経て形成され，共有されるようになったのか，という点について論じた研究は少ない。そこで本書では，ムスリム知識人がどのように過去を認識し世界の歴史を描いたのか，そして，その歴史がどのように後世の知識人に受容され，新たな人類史認識が形成されていったのかについて考察したい。この作業を行う際に重要な手がかりとなるのが，人類の歴史を天地創造から綴った「普遍史」と呼ばれる歴史類型である。

1　問題設定

前近代ムスリム知識人による歴史の書き方の一つに，神の天地創造に始まる一神教的な世界認識（本書では以後，「旧約的世界認識」と呼ぶ）に裏打ちされた，人類の歴史を解き明かす「普遍史」という歴史類型があった（「普遍史」という言葉を採用する理由については第 4 節参照）。その中では，神が最初の人類であるアダムを創造し，アダムを始祖とする人類がノアの洪水を経験し，その後どのような人間集団に分岐し，世界各地に広がっていったのかが説明される。そして最後は，著者の生きた時代の事件の記述で締め括られる。地方誌，王朝史，王の一代記など，普遍史以外の歴史類型も存在していたが，それらも共通の世界認識の下で編纂されたものであることは言うまでもない[2]。

ムスリム知識人の手になるこの種の文献は，主にアラビア語，ペルシア語，テュルク語で著作活動が行われた西アジア・中央アジアだけではなく，東は東

2）ムスリム知識人による歴史叙述については，清水（1995），林（2005），羽田（2005：65–104），守川（2010）などを参照。

南アジアに至る広い地域で編纂され（Shiraishi 1990），地域や言語を問わず，広くムスリムが共有する世界認識の源泉の一つとなった。このように，普遍史には，当時の人々の世界観が反映されており，人々がどのように過去を理解し世界を認識していたのかを知るための格好の研究材料となる。本書では，天地創造に始まる人類の系譜に関する伝承の分析を通して，多様な人間集団や宗教を内包する「新しい」歴史が創られていく過程を分析していく。各時代における世界認識の変化を明らかにすることは，政治経済史的視点からは見えてこない歴史の一側面を，社会文化史的側面から明らかにすることにもつながるだろう。また，複雑な歴史を経てきた西アジア・中央アジアにおいて前イスラーム時代の歴史がどのように受容され，利用されてきたのか，という地域的連続性を考える上でも意義のある作業だと考えている。

ペルシア語文化圏

ムスリム知識人による普遍史書は様々な地域で編纂されており，その全てを扱うことはできない。本書で主に分析対象とするのは，ペルシア語文化圏で編纂された普遍史書である。ペルシア語文化圏というのは，「おおよそ 11 世紀から 19 世紀のいずれかの時期にペルシア語を文学語，行政語として用い，ペルシア語文化の影響を強く受けたイラン，アフガニスタン，インド，マーワラアンナフル，アナトリアを中心とした地域」と定義される学術用語で（近藤 2011 : i），その中には本書で分析対象とする時代のうち 9 世紀から 10 世紀は含まれていない。この時代には近世ペルシア語が書き言葉としての地位を確立しておらず，西アジア・中央アジア地域では専らアラビア語が使用されていた。ただし，サーサーン朝（224–651）旧領域で編纂された歴史書では，前イスラーム時代の古代ペルシア史をいかに叙述するのかという問題が重要な論点の一つとなり，その中には，ペルシア人が伝える伝承もしばしば引用されている。言語はアラビア語であっても，古代ペルシア史は必要不可欠な構成要素だったのである。このムスリム知識人による古代ペルシア史解釈というのが本書の主題の一つであるため，本書では，9 世紀にアラビア語で著された最初の人類史に関する記述から扱っていく。前イスラーム時代とイスラーム時代の「連続」

と「断絶」を考察するためには，必要不可欠な作業だと考えるからである。なお，普遍史書の構成要素において古代ペルシア史と双璧をなすのが古代アラブ史である。本書ではペルシア語文化圏を中心に扱うため，古代アラブ史については必要最低限の叙述に留めるが，今後研究すべき重要な主題であると考えている。また，その中で歴史の中心舞台となる「イラン」という場がどのように描写されていくのか，についても注意していく。

普遍史書を構成する三つの世界認識

西アジア・中央アジア地域における世界認識に大きな変化をもたらした契機は2度あった。一つは7世紀のアラブ・ムスリムによる征服，およびサーサーン朝の滅亡であり，もう一つはテュルク・モンゴル系諸王朝の侵攻とアッバース朝（750–1258）の滅亡である。

サーサーン朝時代には，国教であるゾロアスター教的世界認識に基づいた歴史がパフラヴィー語（中世ペルシア語）で著されており，この地域にはイスラーム受容以前から歴史を記録する伝統があったとされる（例えば，Yarshater 1983)。それらは現存していないものの，初期イスラーム時代には伝存しており，アラビア語訳も数多く作成されたと考えられている[3)]。これらの断片的な証拠から，イスラーム受容以前の世界認識が時代と共にどのように変化していくのかを確認できるのである。

サーサーン朝時代に主に信仰されていたのはゾロアスター教であり，歴史叙述や歴史認識もその強い影響を受けていたことは言うまでもない。しかし，そのサーサーン朝が642年のニハーワンドの戦いでアラブ・ムスリム軍に敗れ，651年に滅亡すると，サーサーン朝旧領域では，新興の宗教であるイスラームが徐々に優勢になっていく。ブレット R. W. Bulliet の概算によれば，アッバース朝成立以前の743年には1割程度であった改宗者の割合は，9世紀前後から急増し，約1世紀半後の888年には8割程度にまで増加する（Bulliet 1979 : 23)。

3）例えば，10世紀バグダードで書籍業を営んでいたイブン・ナディーム Ibn al-Nadīm は，『目録 *al-Fihrist*』の中で，パフラヴィー語で書かれていたと考えられる著作を10点挙げている（*Fihrist* : 364)。

イスラームという一神教の宗教に基づく世界認識が優勢になったのはその過程においてである。一方で，ゾロアスター教的世界認識や古代ペルシアの記憶もまた，サーサーン朝滅亡後に完全に消滅してしまうのではなく，様々な形で伝えられていった。そして，時には王権を正当化する道具として利用された。その際に，イスラーム受容以前からの伝統的歴史叙述・世界認識は，イスラームの受容によりどのように変化したのだろうか，それともしなかったのだろうか。

ムスリム知識人による歴史叙述・世界認識が大きく変容したもう一つの契機は，テュルク・モンゴル系諸王朝の西アジア・中央アジア侵攻である。アッバース朝の勢力が弱まり地方政権が乱立するようになった10世紀以降，セルジューク朝（1038–1194）などテュルク系諸王朝が支配者として君臨するようになる。その後，モンゴルの侵入を受け，1258年にはアッバース朝が滅亡し，モンゴル系イルハーン朝（1256–1357）[4]による支配が確立された。このようなテュルク・モンゴル系諸王朝の支配のもと，今度は既存の人類史のどの部分にテュルク・モンゴル系の王朝を位置付けるべきかという議論が生まれてくる。その中で，テュルク・モンゴル系の始祖伝承もまた人類史の一つのピースとなり，新しい世界認識が生み出されていった。テュルク・モンゴル系の始祖伝承が普遍史に与えた影響も本書で扱うべきテーマである。

ムスリム知識人による普遍史を構成する最初の要素は，『旧約聖書』に基づく一神教的世界認識である。イスラームの聖典『クルアーン』における世界認識は，先行するセム的一神教のユダヤ教やキリスト教のそれとほぼ同じである。神が世界を創造し，その後，最初の人類であるアダムとイブの楽園追放から人類の歴史が始まる。そして，アダムから数えて10代目の子孫にあたるノアの時代に大洪水が起こり，ノアの方舟に乗ることを許された人のみが難を逃れ，

4）9代君主アブー・サイード（在位1316–35）の死後，イルハーン朝は事実上崩壊し，その後，実権を掌握した有力アミールが傀儡のイルハーン朝君主を擁立する時代が訪れた。この傀儡イルハーン朝君主の時代を対象とする文献はほとんど残されておらず，これまで王朝の正確な滅亡年は不明であった。本書では，筆者が発見し校訂した新出史料『ジャラーイル朝史』中に確認できる，最後の君主ガザン2世の治世は1357年5月30日までであったという記事に基づき（大塚 2013：184, 195），1357年を王朝の滅亡年としている。

ノアの3人の息子セム，ハム，ヤペテが諸民族の起源になったとされる。

続く第2の要素は，伝説上の王カユーマルスに始まる古代ペルシア史である。ゾロアスター教的世界認識では，カユーマルスは，神により牛とともに創造されたとされる。そして，カユーマルスの後には，フーシャング，タフムーラス，ジャムシード，ダッハーク，ファリードゥーンという王が続く。そして，このファリードゥーンの治世に，世界は彼の3人の息子の間で，ルーム，トゥラン，イランの三つに分割され，世界の諸民族が分岐していったとされる。

そして，第3の要素は，テュルク・モンゴル系諸王朝がもたらした，中央アジア起源の遊牧民的世界観が反映された「オグズ伝承」である。オグズ伝承とは，テュルク・モンゴル諸部族の起源を伝説上の人物オグズ・ハーンに求める伝承である。オグズ伝承では，ノアの息子ヤペテの末裔で一神教徒に改宗したオグズ・ハーンが世界征服を果たす。そして，彼の24人の孫がテュルク・モンゴル諸部族の起源となったとされる[5)]。

このように，様々な出自を持つ王朝が興亡を繰り返したペルシア語文化圏では，旧約的世界認識，ゾロアスター教的世界認識，テュルク・モンゴル系の人々の世界認識，という三つの要素が混ざり合った普遍史叙述が発展していくことになる。これら起源の異なる伝承に基づく世界認識の相克と融合の過程を描き出すのが本書における具体的な作業である。

2　先行研究

1970年代以降，西洋史研究で提起されるようになった言語論的転回の影響を受け，西アジア史研究でも，20世紀末頃から，歴史書を，単純に史実を導く材料として扱うのではなく，文献それ自体の編纂の背景やそこに叙述された世界認識を対象とする研究が徐々に増えつつある。イスラーム時代西アジアの歴史叙述を扱った研究でまず挙げられるのは，アラビア語歴史叙述における歴

5）オグズ伝承については，本田・小山（1973）を参照。

史観の醸成過程を，ハディース（伝承），アダブ（教養），ヒクマ（英知），スィヤーサ（統治）の 4 段階に分けて説明した Khalidi（1994）であろう。他方，ペルシア語歴史叙述の発展については，セルジューク朝に至る時期を対象とする Meisami（1999），ティムール朝期を対象とする Woods（1987），サファヴィー朝期を対象とする Quinn（2000）があるが，そこで主に扱われるのは為政者と歴史叙述の関係であり，そこに描かれた世界認識について包括的な分析はなされていない。また，対象とする時代がセルジューク朝やティムール朝といった形で王朝ごとに分断され，王朝の枠を超えた全体の見通しにまで考察が及んでいない点も問題だと言える。ペルシア語歴史叙述研究の最新の成果である Melville（2012）においても，近世ペルシア語による歴史叙述について，その始まりから 20 世紀にかけて網羅的な分析がなされているが，各分担執筆者の関心は様々で，やはり全体の見取り図を示したものとは言い難い。

一方で，近年の傾向として，テクスト分析だけではなく，その歴史書の手稿本や翻訳の作成の実態について考察し，歴史書の後世における受容を分析する論考も見られるようになってきている。その代表的なものが『歴史の秩序 *Niẓām al-Tawārīkh*』を対象とする Melville（2001），『歴史書 *Tārīkh-nāma*』を対象とする Peacock（2007），『集史 *Jāmiʿ al-Tawārīkh*』を対象とする大塚（2016b）である。また，『王書 *Shāh-nāma*』の君主鑑としての受容について論じた Askari（2016）も本書の内容に大いに関係する。これらの中で，特に Melville（2001）では，本書の主題の一つである，「イランの地」の歴史が形成されていく過程とそれに果たしたペルシア語普遍史書の役割について議論がなされている。しかし，いずれの研究も，一つの歴史書の分析を主眼に置いたものであり，ペルシア語普遍史書全体の中での位置付けにまで分析が及んでいない。以上の研究に対して本書が目指すところは，歴史書の書かれた背景はもちろんのこと，ペルシア語文化圏の知識人による世界認識を，時代や王朝という枠を超えて包括的に描写することである。

本書の主な分析対象である普遍史書における世界認識の変容を扱った研究も近年刊行され，本書もその影響を受けている。アラビア語・ペルシア語史料におけるアレクサンドロス伝承の変容を考察した山中（2009），また，アラビア語史料におけるペルシア人の系譜の創造や前イスラーム時代の歴史について検証した Tavakoli-Targhi（1996），Savant（2006a），Savant（2013）などは，本書に通底する問題意識を備えた研究である。ただし，いずれの研究も扱われる文献や主題が限定的であり，普遍史の構成全体について論じたものではない。

3　時代設定

次に，時代設定について説明したい。本書が対象とする時代は 9 世紀から 15 世紀半ばまでであるが，先行研究では，この時期の普遍史書の発展については，さほど重要性が見出されてこなかった。普遍史書は先行文献の内容をそのまま踏襲し，同時代史部分を新しく付け加えたものにすぎないと個々の著作の「個性」は捨象されてきた。このことは，普遍史書を校訂出版する際に，必ずしも著作全体が対象とされず，高い史料的価値が見出される部分（著者と同時代の部分）しか対象とされない場合があることからも明らかであろう。例えば，本書で分析する普遍史書では，『歴史精髄 *Zubdat al-Tawārīkh*』，『ムイーンの歴史精髄 *Muntakhab al-Tawārīkh-i Muʻīnī*』，『歴史集成 *Majmaʻ al-Tawārīkh*』については部分校訂しか出版されていない。しかし，それぞれの著作を検討してみると，その内容が同じものは一つとしてなく，著者の立場や学識により大きな差異が存在する。この差異こそが，本書で注目していきたい点なのである。

本書で最初に取り上げる文献は，860 年以前に編纂された『美文の書 *al-Muḥabbar*』で，普遍史書ではないが，その中には，現存する文献の中では最古の古代ペルシア史が含まれている。そして，最後に取り上げるのが，1427 年に編纂されたハーフィズ・アブルー Ḥāfiẓ-i Abrū の手になる『歴史集成』である。ハーフィズ・アブルーで時代を区切る理由は，彼こそが，旧約的普遍史，古代ペルシア史，オグズ伝承という普遍史書を構成する三つの要素を整理した歴史家で，その歴史叙述や歴史認識が後世の歴史家に強い影響を与えたと考えるからである。本書では，特に古代ペルシア史に注目しながら，これらの文献における人類の歴史の変容のあり方を叙述する。なお，それぞれの文献における古代ペルシアの諸王の名前と統治年の変遷については，巻末の「付表　普遍史における古代ペルシア史叙述の変遷」にまとめてある。

4　普遍史の定義

本論に入る前に「普遍史」という術語の定義を示しておきたい。本書で普遍史と呼ぶ歴史類型は，英語では “general/universal history”，フランス語では “histoire générale”，ドイツ語では “Universalgeschichte”，ロシア語では “vsheobshaia istoriia”，アラビア語では “ta'rīkh umūmī”，ペルシア語では “tārīkh-e ʻomūmī”，トルコ語では “umumî islâm tarihi” などと呼ばれているものである。これを，ストーレイ C. A. Storey による浩瀚なペルシア語文献目録のロシア語訳増補を刊行したブレーゲル Yu. E. Bregel は，「イスラーム世界 musl'manskogo mir 全般の歴史」と定義している（Bregel 1972, Vol. 1：15)。この定義は現代の研究者の間で漠然と共有されているものの，研究者の立場によりその訳語（特に日本語訳）は様々である。例えば，日本の学界では，これまで「イスラーム世界史」（清水 1995；林 2005)，「万国史」（山中 2009)，「世界史」（羽田 2005；小笠原 2014）など様々な呼称が用いられてきた。これに対し本書では，次に挙げる理由からこのような歴史類型を「普遍史」と呼ぶことにしたい[6)]。

ムスリム知識人による一般的な普遍史書は，天地創造，そして，アダム，ノアなど預言者の時代に誕生した様々な民族についての記述に始まる。その後，イスラーム以前の古代ペルシアや古代アラブの時代を経て，ムハンマド以降のイスラーム時代の歴史が叙述される。アッバース朝の後には，アッバース朝時代に栄えた諸王朝の歴史が時間軸に沿った形で続き，著者の時代に至るという構成をとる（図 0-1 参照)。したがって，後の時代に書かれた歴史書では，それ

6）既にこの呼称は，近世ジャワにおける伝統的歴史観について論じた青山亨により “universal history” の訳語として採用されている（青山 1994：52)。筆者は大塚（2007）以来，この呼称を用いてきた。普遍史という呼称は，筆者と同じく，ペルシア語歴史叙述を対象とする守川（2010）や真下（2011）においても採用されている。

天地創造・預言者
前イスラーム時代のペルシア・アラブの諸王
イスラーム時代 （ムハンマド・正統カリフ・ウマイヤ朝・アッバース朝）
アッバース朝時代の諸王朝 （～著者と同時代）

図 0–1　普遍史書の構成

以前に書かれた歴史書に比べて，対象とする時代の幅が必然的に長くなる。扱う対象については著者の裁量に任せられており，「イスラーム世界」[7]の枠を超え，非ムスリムが大多数を占めるヨーロッパや中国の歴史が叙述される場合もある。他方，ペルシア語文化圏の歴史だけが扱われることもある。これらの点を踏まえれば，「イスラーム世界」の歴史を意味するイスラーム世界史という呼称，あるいは，世界のあらゆる国々の歴史を連想させる万国史や世界史という呼称は実態にそぐわないことが分かる。それでは，最後に残された普遍史という訳語はどうであろうか。

「普遍史」という訳語について明確に定義をした上で，それを積極的に用いた日本人研究者は，西洋史家の岡崎勝世である。彼は「伝統的キリスト教的世界史一般」を意味する“Universalhistorie”という言葉の訳語として普遍史を採用し，近代に成立した啓蒙主義的科学的世界史と区別した（岡崎 2000：1–5）。岡崎の提示する普遍史（＝キリスト教的世界史）と世界史（＝科学的世界史）の区別は，まさに本書における議論にも直接的に関わってくるものである。本書で扱うムスリム知識人による人類史もキリスト教のそれでないにせよ，共通する旧約的世界認識に基づいて書かれた人類の歴史であり，前近代における伝統的な宗教的世界観を表現するものとして，岡崎が定義する普遍史と重なる要素が多い。また先に紹介したブレーゲルによる定義にも矛盾しない。それ故に，普遍史という言葉には西洋史の学界において独自の含意があることを承知の上で，上述の候補のうちでは，普遍史という呼称がより実態に即していると考え，この訳語を採用した。

ただし，伝統的な宗教的世界認識に基づいて書かれた歴史を普遍史と定義す

7）イスラーム世界という概念の問題については，羽田（2005）を参照。本書では，羽田正が「歴史的「イスラーム世界」」と定義する「支配者がムスリムでイスラーム法による統治が行われている地域」の意味で用いる（羽田 2005：12）。

ると，この言葉は，ムスリムによる人類史叙述に対してだけではなく，同じく本書で分析の対象とするゾロアスター教的人類史やテュルク・モンゴル的世界認識が反映された人類史に対しても用い得る言葉となり，例えば「ゾロアスター教的普遍史」なる表現も可能になってしまう。結論を先取りすることにはなるが，確かにゾロアスター教的世界認識やテュルク・モンゴル的世界認識が反映された人類史も重要な構成要素ではあるものの，それは，ムスリム知識人の旧約的世界認識で再解釈され，その強い影響を受けている。一方で，本書で扱う普遍史は他の要素を包摂している以上旧約的普遍史そのものではないが，その世界認識の延長線上に位置するものである。それ故に，旧約的世界認識に基づいて書かれた歴史については普遍史という言葉を用いたい。そして，ムスリム知識人による普遍史の中に登場するゾロアスター教的世界認識やテュルク・モンゴル的世界認識が反映された人類史については，それが既に変質してしまっている以上，普遍史という言葉を用いず，人類史という言葉を用いる。

本書で分析する普遍史書については本文中で史料解題を行う。通常の歴史研究の手法では，著者と同時代の記述に高い史料的価値が見出され（Tauer 1956: 438），それ以前の記述に注意が向けられることはなかった。そのため，未刊行の普遍史書も数多くある。こういった状況に鑑み，出版されていない史書に関しても，手稿本を参照するなど，可能な限りデータの抽出を試みた。さらに，普遍史書以外にも，百科事典など，普遍史が収録されている文献は存在している。また，まとまった形で普遍史が収録されていなくとも，地理書，地方誌，叙事詩など，前近代における世界認識を抽出できる様々な類型の文献が残されている[8)]。これらの文献の詳細についても，適宜本論中で触れていくことにする。

5　用語の定義

具体的な検討を開始する前に，本書で用いる幾つかの言葉の定義についても

8）普遍史を専門に扱った目録的著作に Radtke（1991），Radtke（1992）があるが，ペルシア語普遍史に関する情報は極めて乏しい。

簡単に説明しておきたい。本書で主要な分析対象とするのは，アダムに始まる「人類」の歴史であり，その中に登場する様々な「民族」についても言及することになる。冒頭で近代的歴史叙述が西欧起源のものである点に言及したが，これらの単語も近代になり特別な意味を付与された言葉である。本書では「アラブ人」,「ペルシア人」,「テュルク人」という形で人々の集団を表現するが，これらは史料中に登場する人々の集団名に「人」という言葉を便宜的につけただけのもので，これらの人々が現在の民族名称と一致するものではないということを断っておきたい。

また，本書の鍵言葉の一つである「ペルシア」という言葉については，少し事情が複雑である。史料中では，「ペルシア人」に相当する言葉として，ʻajam や furs などの用語が，また「ペルシア」に相当する言葉として，Fārs/Fāris や Pārs などの用語が互換的に用いられている。この中で，ʻajam はペルシア人ではなく，非アラブ人全般を指す場合や，Fārs は広い意味でのペルシアではなく，ファールス地方のことのみを指す場合などもあるが，そういった例外を除き，煩雑さを避けるため，本書では「ペルシア人」や「ペルシア」と訳出した。ただし訳出の際には，原語を必ず訳語に付した。

6　本書の構成

本書は三部からなり，各部にはそれぞれ三つの章を収める。

第I部「『王書』以前の古代ペルシア史叙述――『王の書』から『王書』へ」では，サーサーン朝滅亡後，イスラーム化が進む過程で編纂された諸文献における，古代ペルシア史と旧約的普遍史の相克と融合の過程を，9世紀から11世紀に至るまで，通時的に検証する。ここで分析されるのは，サーサーン朝期の古代ペルシア史叙述がどのような経緯を経て，ムスリムの知識人たちに受容されたのか，という点についてである。これまでの研究では，その際にサーサーン朝時代に編纂されたとされる『王の書』が果たした役割の大きさが強調されてきたが，ここではその定説の再考を試みる。なお，ここで主に考察の対象とするのは古代ペルシア史の旧約的普遍史における位置付けについてではあるが，第II部以降ではテュルク・モンゴル史の位置付けについても議論を広げていく。その準備作業として，旧約的普遍史の中でテュルク人をはじめとする諸民族がどのように位置付けられるのかという点についても目を配っていく。

第II部「ペルシア語普遍史書の成立――『王書』から『選史』へ」では，フィルダウスィーの『王書』の成立後，セルジューク朝期からイルハーン朝期にかけて，①預言者の歴史，②古代ペルシア史，③イスラーム時代の歴史，④アッバース朝時代の諸王朝の歴史，という四章構成の普遍史叙述が一般的となり，時の君主の支配の正当性を主張する道具となっていく過程を検証する。こういった四部構成の普遍史書が，歴史書編纂を奨励した時の君主や歴史家にとってどのような意味を持っていたのかを明らかにする。また，イルハーン朝期に新しく組み込まれたオグズ伝承と既存の旧約的普遍史，古代ペルシア史との相克と融合の過程についても検討する。

第III部「ペルシア語普遍史書の再編――『ペルシア列王伝』から『歴史集成』へ」では，イルハーン朝末期からティムール朝初期にかけてのペルシア語文化圏の地方政権における，ペルシア語文芸活動の庇護・奨励とその意義，そして，ティムール朝宮廷における歴史編纂事業に焦点を当てる。ペルシア語普遍史書は，ペルシア語文化圏に勃興した地方政権においても盛んに編纂された。こういった地方政権が，イルハーン朝宮廷を模倣してペルシア語文芸活動を庇護・奨励することにどのような意味があったのか，について論じる。そして，後半部では，「イランの地」のみならず「トゥランの地」までを支配したティムール朝宮廷で，どのようにそれ以前の時代の歴史書が評価され，その中で新しい普遍史書が創られたのかを検討したい。

ペルシア語普遍史を構成することになる旧約的普遍史，古代ペルシア史，オグズ伝承という三つの起源の異なる伝承が相克と融合を経て，新しく歴史が創造されていく過程を叙述することにより，前近代ペルシア語文化圏の世界認識を規定し，また，現在の国民国家の歴史叙述にも幾ばくかの影響を及ぼしているであろう普遍史書の実態が明らかになるはずである。

第Ⅰ部

『王書』以前の古代ペルシア史叙述

――『王の書』から『王書』へ――

前近代ペルシア語文化圏の歴史家たちによって，イスラーム以前の古代ペルシア史は，最初の人間とされるカユーマルスに始まり，それにピーシュダード朝，カヤーン朝，アシュカーン朝，サーサーン朝の四王朝が続き，サーサーン朝最後の君主ヤズドギルド3世（在位632–651）がアラブ・ムスリム軍に敗れ，その後逃亡先のマルゥで殺害されたことにより幕を閉じた，と叙述されてきた。現代の歴史家は，アシュカーン朝以前の時代は神話時代，英雄時代であるとして，史実であるとは考えていないが，前近代のペルシア語文化圏においては，このような「歴史」が長い間共有され続けてきた。フィルダウスィー Firdawsī (940–1025) の『王書 *Shāh-nāma*』などの文献を通じて，イスラーム時代にも，古代ペルシア諸王の歴史は語り継がれてきた。では，このような古代ペルシア史はいつ，誰により作られたのであろうか。

イスラーム以前の古代ペルシア史の情報源として，長年にわたり注目されてきた一つの文献がある。それは，サーサーン朝時代にパフラヴィー語で編纂された正史『王の書 *Khudāy-nāma*（*Khwadāy-nāmag*）』[1)]である。パフラヴィー語の『王の書』は，イブン・ムカッファア Ibn al-Muqaffaʻ（721頃–757頃）の手でアラビア語に翻訳され，それが，イスラーム時代の古代ペルシア史叙述の情報源になったとされる。この『王の書』について最初に詳細な検討を行ったのが，ドイツの東洋学者ネルデケ Th. Nöldeke であった。彼は，『サーサーン朝時代のペルシア人とアラブ人の歴史』（1879年）と『イラン人の民族叙事詩』（1896年）の中で，『王の書』の叙述内容とアラビア語史料におけるその受容につい

1) ペルシア語の「フダー Khudā」は現在では「神」を意味するが，前近代においてはしばしば「支配者」の意味で用いられていた（例えば，*Burhān*, Vol. 2 : 718）。ジャヴァード・マシュクール M. Jawād Mashkūr によれば，イスラーム化以降，それまで神を意味する言葉であった「アフラ・マズダ Ahūrā Mazdāy」をアラビア語の「アッラー Allāh」の訳語に用いることができず，その代わりとして「フダー」をあてるようになったという（Jawād Mashkūr 1352kh : 14）。したがって，『王の書 *Khudāy-nāma*』は『王書 *Shāh-nāma*』とほぼ同じ意味だと考えられている。本書では，フィルダウスィー著『王書』と区別するために，『王の書』という訳語を用いることにする。

図 0-2　『バーイスングルの王書』(Mūza-yi Hunar-hā-yi Mu'āṣir-i Tihrān 1384kh : 63)

て考察している。

『王の書』とは最初の王カユーマルスからサーサーン朝君主フスラウ2世（アバルウィーズ，在位590，591-628）の治世に至る古代ペルシア史であり，サーサーン朝最後の君主ヤズドギルド3世により編纂された文献であるとするネルデケの学説(Nöldeke 1879 : xv ; Nöldeke 1896 : 23）は，ペルシア文学の碩学ブラウン E. G. Browne や『イラン百科事典 *Encyclopædia Iranica*』の責任編集者の一人ヤールシャーテル E. Yarshater らにも採用され（Browne 1928, Vol. 1 : 122 ; Yarshater 1983 : 359)，多くの研究者たちに受け入れられてきた。しかし，ここで注意しておくべき点がある。それは，ネルデケ自身がこの見解を披露するに際し，その典拠を「根拠のない話」とわざわざ断っているという事実である（Nöldeke 1896 : 26)。

では，ネルデケ自身が「根拠のない話」と評価した典拠は何だったのだろうか。この時に彼が典拠としたのは，『王の書』が編纂されてから約800年，またそのアラビア語訳が作成されたと考えられている時から約700年も後の世に書かれた短い文章であった。それは，ティムール朝（1370-1507）の王子バーイスングル Bāysunghur（1433 没）が 829／1425/6 年に注文し，833 年第1ジュマーダー月5日／1430年1月30日に完成したフィルダウスィーの『王書』の豪華手稿本（図 0-2）に付された散文の序文である[2]。

2）この手稿本は『バーイスングルの王書 *Shāh-nāma-yi Bāysunghurī*』と呼ばれ，バーイスングルのために散文で書かれた序文が加筆されている。能書家ジャアファル・バーイ

> 古(いにしえ)の世のペルシア諸王 mulūk-i ʻajam，特にサーサーン朝の君主たち，またその中でもとりわけ，公正王アヌーシルワーン Nūshīrwān は，先人たちの歴史を収集し，彼らの伝記・物語を整理することにとても貪欲で熱心だった。彼は絶えず，世界の様々な地域に人を遣り続けていた。かくして，各王国 mamlakat において，その地の諸王の説話が記述するに相応しいその他の事件とともに精査され，その写しが図書館に収められた。シャフリヤールの子ヤズドギルドの治世になると，それら諸々の歴史を集めた物が，それぞれ彼の宝物庫に集められていた。クテシフォンの貴顕に属し，武勇と知恵を兼ね備えていた地方名士 dihqān ダーニシュワル Dānishwar に対し，それら歴史書の一覧を作成し，カユーマルスの治世の初めよりフスラウ・パルウィーズ Khusraw Parwīz の治世の末期に至るまでを順番通りに記録するように命じた。また，そこに記録されていない話についてはゾロアスター教司祭や文人に尋ね，そこに付け加え，一つの歴史を編纂するように［命じた］。(*Firdawsī*/*Bāysunghurī*：2b–3a)

確かに『バーイスングルの王書』の序文には，ヤズドギルド3世の治世に，カユーマルスからフスラウ2世に至る歴史が編纂されたと明記されている。しかし，その文献の題名が『王の書 *Khudāy-nāma*』である点，また，それがイブン・ムカッファアの手でアラビア語に訳されたという点には一言も触れられていない。この後に続く説明によれば，このヤズドギルド3世により編纂された正史は，アラブの征服の際に接収され，2代正統カリフ，ウマル（在位634–644）の命令でアラビア語に翻訳されたという（*Firdawsī*/*Bāysunghurī*：3a)。これは，イブン・ムカッファアが活躍した時代よりも1世紀も早い時期にあたり，定説とは大きく矛盾する。これらの点を考慮するならば，『王の書』とは最初の王カユーマルスからフスラウ2世の治世に至る古代ペルシア史であり，ヤズドギルド3世により編纂された文献であるとする学説の根拠は，極めて薄弱であると言わざるをえない。

スングリー Jaʻfar Bāysunghrī により書写されたこの手稿本は，現在テヘランのゴレスターン宮殿付属図書館に所蔵されている（Tehran, Golestān Palace Library, Ms. 716)。

ネルデケの『王の書』についての学説に関しては，ジャーヒズ al-Jāḥiẓ（776頃-868/9）の『美徳と対立 *Kitāb al-Maḥāsin wa Aḍdād*』に見られる，前イスラーム時代のペルシアに由来する典拠について考察した Rosen（1895）以降，様々な研究者がその妥当性について論じてきた。しかし，いずれの論考においても，分析の対象とされるのは歴史時代と見なされるサーサーン朝の歴史で，神話・英雄時代と見なされるそれ以前の歴史は検討されてこなかった（例えば Christensen 1944；Rubin 2005 & 2008a；Zakeri 2008；Jackson Bonner 2011 & 2015）[3]。

この第 I 部で検討するのは，フィルダウスィーが『王書』を編纂する以前の歴史書における古代ペルシア史叙述についてである。これまでパフラヴィー語で著された『王の書』のアラビア語訳がその情報源であると考えられてきた，これらの古代ペルシア史叙述の情報源を再検討し，当時の知識人たちの古代ペルシア史理解を再構成する。本論で述べるように，『王書』以前の古代ペルシア史叙述の伝承において重要な役割を果たしたのは，ハムザ・イスファハーニー Ḥamza al-Iṣfahānī（893 頃-971 頃）である。そこで，第 1 章ではハムザ以前の文献における古代ペルシア史を，第 2 章ではハムザ以降の文献における古代ペルシア史を，第 3 章では『王書』成立が古代ペルシア史理解に与えた影響を扱うことにする。本書で比較の視座となるのは，①古代ペルシア史の情報源，②古代ペルシア史の起点（カユーマルス）の位置付け，③古代ペルシアの諸王の名前と統治年，および王朝の区分方法，の 3 点である。これらの点を比較することにより，これまで漠然と共有されてきた上述のネルデケの学説の妥当性について再検討を行いたい。また，第 II 部以降の議論への準備として，これらの文献の中で，「イラン」という地理概念がどのように用いられているのかについても留意したい。

3）神話・英雄時代の古代ペルシア史の文献研究の代表的な著作として Christensen（1917）が挙げられるが，そこでも，ネルデケの学説を批判的に再検討する作業は行われていない。ただしこれらの中で，Rubin（2005），Jackson Bonner（2015）はサーサーン朝時代しか分析対象としていないものの，初期イスラーム時代における『王の書』の受容の過程が複雑であったことを示唆しており，筆者の立場に近い。

第1章
旧約的普遍史と古代ペルシア史の相克

はじめに

642年ニハーワンドの戦いでアラブ・ムスリム軍に敗北を喫したサーサーン朝は，最後の君主ヤズドギルド3世が651年にマルゥで殺害されたことにより，滅亡した。その後サーサーン朝の旧領域においては，アラビア語による，一神教であるイスラームの旧約的世界認識に依拠した歴史叙述が徐々に優勢になっていく。ユダヤ教，キリスト教，イスラームの世界認識では，世界は神による天地創造に始まり，地上に住む人類はみな最初の人間アダムの末裔とされる。そして，人類はノアの洪水後に全世界に広がり，すべての人類は，ノアの息子セム，ハム，ヤペテの子孫に位置付けられる[1]。このような旧約的世界認識に基づいたアダムに始まる人類の歴史，すなわち「旧約的普遍史」の文脈では，様々なヴァリアントが存在するものの，概ねセムはアラブ人やペルシア人の先祖，ハムはアフリカ人やインド人の先祖，ヤペテはテュルク人の先祖とされる(図1-1)。

旧約的普遍史は，イスラーム以前にサーサーン朝の領域で優勢であった，ゾロアスター教の影響を受けた始祖伝承とは大きく異なるものであった。では，イスラームが浸透していく中，これらの地域では古代ペルシア史はどのような史料に依拠してどのように人類史の中に位置付けられるようになったのだろう

1）旧約的世界認識がアラビア語歴史叙述に与えた影響については Rosenthal（1962）を参照。

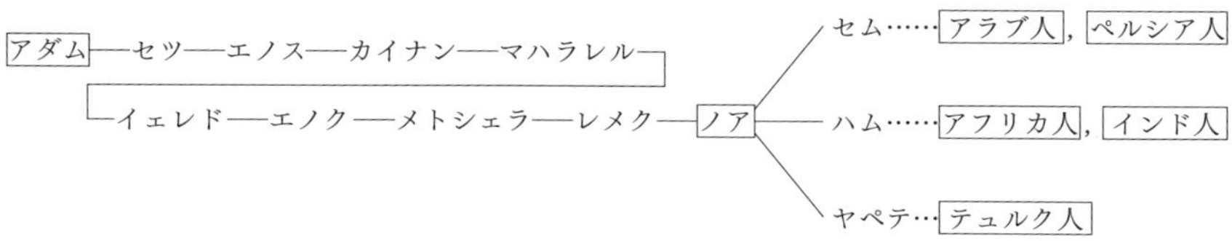

図 1-1　旧約的世界認識に基づいた人類の系図

か。旧約的普遍史と古代ペルシア史の接合という問題については，ゾロアスター教徒であったペルシア人がイスラームを受容することにより，ペルシア人は古代ペルシア史を旧約的普遍史の文脈で解釈するようになったという説明がしばしばなされてきた（例えば，Savant 2006a）。一方，アラブ人の側が古代ペルシア史をどのように理解し，旧約的普遍史に位置付けたのか，という視点からはこれまでほとんど論じられてこなかった。初期のアラビア語文献の典拠となったのは，実は，主にアラブの伝承学者が伝える伝承であった。彼らが古代ペルシア史をどのように理解していたのか，という点を考察することは，この時代の歴史叙述の性格を考える上で重要な作業となるだろう。本章では，10世紀半ばまでに編纂された文献における古代ペルシア史の位置付けを分析したい。

1　アラブの系譜学者と古代ペルシア史

初期のアラビア語文献の多くはムハンマドの伝記であったと考えられている（森本 1984：541–544）。その中には，イブン・イスハーク Ibn Isḥāq（704 頃–767）著『遠征 *al-Maghāzī*』など天地創造に始まる預言者伝を含む文献もあったとされるが[2)]，これらは現存していない。現存するアラビア語文献の中で，旧約的普遍史の文脈における古代ペルシア史の位置付けが確認できる最古の文献は，イブン・ハビーブ Abū Jaʻfar Muḥammad b. Ḥabīb（860 没）の『美文の書 *al-*

2）天地創造に始まる歴史の部分は，イブン・イスハークの死後，イブン・ヒシャーム Ibn Hishām（833 没）が編集した際に採用されなかった（医王 2012：366）。

Muḥabbar』である（山中 2009：294）[3)]。

(1) イブン・ハビーブ『美文の書』（860 年以前）

史料の性格

イブン・ハビーブは，その記述の正確さと信用性から同時代の知識人たちから高い評価を受けていた。特に，文法学，歴史学，系譜学の分野で活躍したことで知られる。その中でもとりわけ重要視されてきたのが，アラブ系譜学の分野において，系譜学者イブン・カルビー Hishām b. al-Kalbī（737 頃–819）とその父ムハンマド・ブン・サーイブ・カルビー Muḥammad b. al-Ṣā'ib al-Kalbī（763 没）を情報源としている点である[4)]。彼が遺した著作は 35 点とも 39 点とも言われるが，そのほとんどは現存していない。その現存する数少ない著作の一つが，主題毎に綴られたアダムに始まる簡潔な歴史書，『美文の書』である[5)]。後に大部な人名辞典と地理事典を著したヤークート Yāqūt al-Ḥamawī（1179 頃–1229）は，イブン・ハビーブの著作の中でも特にこの歴史書を「彼の傑作の一つ」と評価している（*Irshād*, Vol. 6：476）[6)]。

古代ペルシア史の位置付け

既に多くの研究で指摘されているように，『美文の書』の主題は前イスラーム時代からのアラブ史ではあるが[7)]，その一部が古代ペルシア史に割かれてい

3) ただし，前述の『遠征』をイブン・ヒシャームが再編集し，注釈を書き加えた『預言者ムハンマド伝』には，「ナドル・ブン・アル・ハーリスはクライシュ族の悪魔（シャイターン）の一人で，神の使徒を侮辱し，敵意をあらわにしていた。ナドルはヒーラに行ったことがあり，そこでペルシアの王の物語や，ルスタムとイスファンディヤールの物語を憶えてきた」とあり（『預言者ムハンマド伝』1：288，同様の記録は 364 頁にもある），ムハンマドの時代から古代ペルシア史は口承で伝えられていたことが確認できる。

4) イブン・ハビーブとイブン・カルビーの関係については，高野（2008：88–89）を参照。

5) 山中由里子は『美文の書』を，名前，年代，出来事をリストのように並べた事典的な作品と評価している（山中 2009：294）。

6) イブン・ハビーブとその著作については，Lichtenstädter（1939）を参照。

7) イスラーム時代のアラブ史では，4 代正統カリフ，アリー（在位 656–661）の息子ハサン（624/5–669/70）のカリフ位就任についての言及がある（*Muḥabbar*：18–19）。ハサ

る。まずは，「諸地方政権 ṭawā'if 後の全てのペルシアの王 malik Fāris の名前」という章では，アルダシール1世（在位 224–242）に始まりヤズドギルド3世に終わる，サーサーン朝に相当する諸王の名前と統治年が紹介される（*Muḥabbar*: 361–363）。このサーサーン朝史の典拠は明示されていないが，後世の文献の記述とは異なる独自の内容になっている（付表参照）。ここにはサーサーン朝の諸王の名前しか記されていないが，別の箇所で，最初のペルシア諸王 al-furs al-awwal をアシュカーン朝，2番目のペルシア諸王 al-furs al-thānī をサーサーン朝と呼んでおり（*Muḥabbar*: 394），イブン・ハビーブにとっての古代ペルシアの王朝はこの二つだけであったことが確認できる。

では，これ以前のペルシア諸王はどのように理解されていたのだろうか。神話上のペルシア諸王の名は，「精霊と人間に属する全ての地上を支配した王の名前」という章の中で確認できる。彼はイブン・カルビーを典拠に次のように説明している。

> 地上を支配した，最初の精霊の子孫はカユーマルス Jayūmart である。次に，彼の息子タフムーラスが王となり，次に，ウーシンク Ūshīnk ことフーシャング Ūshanj が王となった。その後，神がウーシンクの治世にアダムを創造なされた。一部のゾロアスター教徒 majūs は，彼［アダム］をウーシンクの子のアダムと呼ぶが，皆そろってそのように言っているわけではない。地上を支配した最初のアダムの子孫は，カインの子イワンジハーン Yiwanjihān の子ジャムシード Jamshād であった。（*Muḥabbar*: 392）

イブン・カルビーの伝承では，地上を最初に支配していたのは，精霊の子であるカユーマルス，タフムーラス，フーシャングで，アダムが生まれたのは，フーシャングの時代のことだとされる。精霊という形ではあるが，アダムの誕生以前に既に王が存在していたことになる。この伝承は，精霊と人間の系譜を分けて叙述したものであるが，アラブの系譜学者が伝える伝承の中に，古代ペ

ンを5代目の正統カリフとする評価は，この後に編纂されたほとんどの普遍史書において共通して見られる特徴である。本書では，同様の特徴を持つ普遍史書については，その章構成を示す際に，「正統カリフ（ハサン含）」という形で明示した。

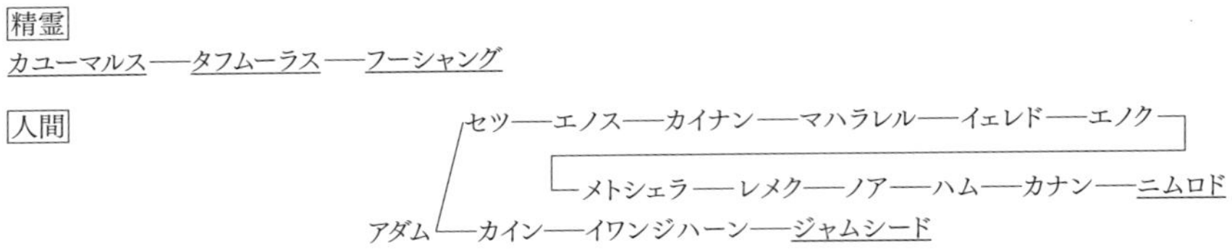

図 1-2　『美文の書』における地上の王の系図（*Muḥabbar*：2-3, 392-394）
注）王とされている人物の名前には下線を引いた。

ルシア史が既に組み込まれていたことを示す事例として興味深い。続いて，最初に地上を支配した人間の王としてジャムシードが登場する。彼はアダムの子カインの孫とされ，「地上を支配した最初のアダムの子孫」と形容される。その後には，ニムロド（アブラハムと同時代），ダッハーク，ソロモン，ズー・アルカルナインといった名前が並ぶ（*Muḥabbar*：392-394，図 1-2）。

このように，カユーマルスやジャムシードなどの伝説上のペルシア諸王は，『美文の書』ではペルシア諸王に数えられていない。残念ながら，このイブン・カルビーの伝承の典拠は不明だが，初期イスラーム時代のアラブの系譜学者の伝承には，古代ペルシアの諸王に関する情報が含まれていた。イブン・カルビーがサーサーン朝から伝わる伝承を参照したという可能性もあるが[8]，後述するように，その内容は他の文献とは大きく異なっている。

2　イブン・ムカッファアと古代ペルシア史

現存最古の古代ペルシア史を収録する『美文の書』では，イブン・カルビーの伝承が情報源として用いられ，サーサーン朝から伝わる文献が直接用いられ

8）先行研究の中には，イブン・カルビーにはパフラヴィー語文献を翻訳する書記官がいたとするものもあるが（Atallah 1997：495b；山中 2009：324），その典拠（*Fihrist*：305）に記されている，その書記官が仕えた「ヒシャーム」という人物は，「ヒシャーム・ブン・カルビー」ではなく，ウマイヤ朝 10 代カリフ，ヒシャーム（在位 724-743），あるいは，本書第 2 章で紹介するヒシャーム・ブン・カースィムのことだと考えられる（Dodge 1970：1020）。

た形跡はない。しかしその後，9世紀後半頃から，パフラヴィー語文献のアラビア語訳だと考えられる諸著作が，古代ペルシア史の情報源として頻繁に言及されるようになる。

その翻訳者だとされるのが，ウマイヤ朝，アッバース朝に書記として仕えた文人イブン・ムカッファア Ibn al-Muqaffaʻ（721頃–757頃）である。987年に著されたイブン・ナディーム Muḥammad b. Isḥāq al-Nadīm（936頃–995）著『目録 *al-Fihrist*』では，彼の手になる翻訳書が11点紹介されている（①『王の書 *Kitāb Khudāy-nāma fī al-Siyar*』，②『儀礼の書 *Kitāb Ā'īn-nāma fī al-Ā'īn*』，③『カリーラとディムナ *Kitāb Kalīla wa Dimna*』，④『マズダクの書 *Kitāb Mazdak*』，⑤『アヌーシルワーン伝に関する王冠の書 *Kitāb al-Tāj fī Sīrat Anūshirwān*』，⑥『大アダブの書 *Kitāb al-Ādāb al-Kabīr*』，⑦『小アダブの書 *Kitāb al-Adab al-Ṣaghīr*』，⑧『無比の書簡 *Kitāb al-Yatīma fī al-Rasā'il*』，⑨『書簡集 *Kitāb Rasā'il-hi*』，⑩『カリーラとディムナ集成 *Kitāb Jawāmiʻ Kalīla wa Dimna*』，⑪『教友についての書簡 *Kitāb Risālat-hi fī al-Ṣaḥāba*』）（*Fihrist*: 132）[9]。ただし，いずれの文献も現存しておらず，その全容は不明である。この中で古代ペルシア史の情報源として注目されてきたのが，最初に挙げられている『王の書』であるが，実際に，この文献がどのように歴史家たちに用いられていたのか，以下で三つの文献に焦点を当てて考察したい。

(2) イブン・クタイバ『知識』(889年以前)

史料の性格

アラブの系譜学者の伝承に依拠して古代ペルシア史に言及したイブン・ハビーブに対し，9世紀の文献学者で様々な分野で著作を遺したイブン・クタイバ Abū Muḥammad ʻAbd Allāh b. Muslim b. Qutayba al-Dīnawarī（828–889）は，イブン・ムカッファアを情報源の一つとして『知識 *al-Maʻārif*』を著した[10]。イ

9）イブン・ナディームは，パフラヴィー語文献をアラビア語へ翻訳した知識人の筆頭に，イブン・ムカッファアの名前を挙げている（*Fihrist*: 305）。イブン・ムカッファアの経歴と著作の分類については，Latham（1998）を参照。

10）『美文の書』を典拠に『知識』が編纂されたとする主張もあるが（Lichtenstädter 1939: 27；山中 2009: 295），少なくとも古代ペルシア史に関しては，両著作の参照関係は確

ブン・クタイバ自身はクーファの生まれだが，彼の家の出自はマルゥで，ペルシア語にも通じていた。自著の中でも，『ペルシア列王伝 *Siyar al-ʿAjam*』，『儀礼の書 *Kitāb al-Āʾīn*』，『王冠の書 *Kitāb al-Tāj*』など，パフラヴィー語からの翻訳文献だと考えられる書名にしばしば言及している（Rosenthal 1998）。最初に挙げた『ペルシア列王伝』という書名は『王の書 *Khudāy-nāma*』という書名のアラビア語訳だとされ[11]，いずれもイブン・ムカッファアの著作だと考えられている[12]。

古代ペルシア史の位置付け

天地創造に始まる『知識』は，歴史に重点の置かれた百科事典的著作であり（Yücesoy 2007：140），アッバース朝 15 代カリフ，ムウタミド（在位 870–892）の治世までの記述を含む（*Maʿārif*：172）。その後には，知識人の伝記や「諸王の書 Kitāb al-Mulūk」の章が設けられている。後者では，イエメン，アビシニア，シリア，ヒーラ，ペルシアなどイスラーム以前の諸王の歴史が扱われる。その最後に位置するのが，ペルシア諸王 mulūk al-ʿajam の節である。

> 私［イブン・クタイバ］が諸々の『ペルシア列王伝 *Siyar al-ʿAjam*』を読んだところでは，諸地方政権の諸王 mulūk al-ṭawāʾif［アシュカーン朝］以前の諸王について，ある者はホラーサーンのバルフに住み，ある者はバビロンに住み，ある者はペルシア Fāris に住んでいた。ペルシアに住んだ者の中にはジャムシード Jam がいる。彼が王位に就いていたのは 960 年間であり，彼ら［ペルシア人］にとっての預言者ソロモンである。また，彼ら

認できない。

11）『目録』には，イブン・ムカッファアの著作としてではないが，「『王の書』として知られる『ペルシア列王伝 *Kitāb Sīrat al-Furs*』」という記述がある（*Fihrist*：305）。ここで『王の書』と訳した単語は刊本では「Ḥudād-nāma?」となっているが，これは「Khudāy-nāma」の崩れた字形だと解釈した。

12）様々な世代の人々の文学作品を収集した，別著『諸情報の泉 *ʿUyūn al-Akhbār*』の中でも，これらの文献が頻繁に参照されている（*ʿUyūn*, Vol. 1：57, 64, 68, 105, 125, 128, 155, 171, 191, 197, 217, 239 など）。その他に，イブン・ムカッファアの『儀礼 *Ādāb*』からの引用も見られるが（*ʿUyūn*, Vol. 1：74, 76），そのいずれにもサーサーン朝以前の神話・英雄時代の情報は見られない。

の中には，タフムーラスがおり，彼は1000年間王であった。また，彼らの中には，ビーワラースブがおり，彼は1000年間王であった。彼はヒムヤルのダッハーク al-Ḍaḥḥāq al-Ḥimyarī とも呼ばれる。また，ホラーサーンに住んだ王の中には，グシュタースブがいる。彼の下には，ゾロアスターが，ゾロアスター教徒の啓典を持ってやって来た。彼は90年間王であった。また，彼らの中には，バフマン・ブン・イスファンディヤールがいた。彼はモーセの時代を生きた。(*Maʿārif*: 285)

『ペルシア列王伝』を情報源とするイブン・クタイバの古代ペルシア史においても，イブン・ハビーブと同様，サーサーン朝以前の諸王の記述は少ない。最初の人間とされるカユーマルスに至っては，その名前すら言及されていない。最初の王とされるのは，ジャムシードであり，彼をペルシア人にとってのソロモンとする説が紹介される（ここでは，タフムーラスの前に挙げられている）。『知識』の前半部は，預言者の歴史にあてられており，そこでは，ペルシア人の祖はウマイム・ブン・ルド・ブン・エラム・ブン・セム・ブン・ノアとされている（*Maʿārif*: 13)。ソロモンもセムの末裔にあたるので，ペルシア人はいずれの説明でも，セム裔であるという結論になる[13)]。

古代ペルシア四王朝の区分

アシュカーン朝に相当する諸地方政権の諸王以降については，文献学者アスマイー Aṣmaʿī（740–828）からアブー・ハーティム Abū Ḥātim（863没）が聞き著者に伝えた伝承として，アレクサンドロスのダーラー2世に対する勝利，そしてそれに続くアシュカーン朝の時代を，王名を挙げずに465年とだけ伝えている[14)]。そして最後に，アルダシール1世に始まるサーサーン朝の王名と統治

13）イブン・クタイバがペルシア人の位置付けを重視せず，単純にセムの子孫と位置付けた点については，サヴァン S. B. Savant が博士論文の1章を割いて論じている（Savant 2006a：43–89)。

14）アダム以降の年代学について考察している別の一節では，「私は諸々の『ペルシア列王伝 *Siyar al-ʿAjam*』を読んだ。そこでは，アレクサンドロスとアルダシールの間には諸地方政権の諸王の時代があり，それは465年に及んだ」と書かれており（*Maʿārif*: 26)，『ペルシア列王伝』も同様の内容の記述を含んでいたことが確認できる。

年について，詳細に記録している（*Maʻārif*：285–294）。

イブン・クタイバが頻繁に参照している『ペルシア列王伝』なる文献が，イブン・ムカッファアによる『王の書』のアラビア語訳であるという証拠はない。しかし，もし『王の書』の翻訳だと考えるならば，その内容は，アシュカーン朝以前の王朝に関しては乏しく[15]，神話・英雄時代から続く古代ペルシア史を綴ったものではなかった可能性が高い。イブン・クタイバによる別著『諸情報の泉 *ʻUyūn al-Akhbār*』における『ペルシア列王伝』からの引用箇所も，サーサーン朝の諸王に関する詳細な記述になっている（*ʻUyūn*, Vol. 1：197）。

(3) ディーナワリー『長史』(842 年以降)

史料の性格

『美文の書』と『知識』には古代ペルシア史に関する情報が収録されているものの，アダムに始まる人類の歴史の時間軸の中にそれを整理して提示する形の文献ではなかった。これに対し，「現存する最も早い時期（おそらくは史上初）の普遍史書の一つ」と評価されるのが，ディーナワリー Abū Ḥanīfa Aḥmad b. Dāwūd b. Wanand al-Dīnawarī（894/5 頃没）著『長史 *al-Akhbār al-Ṭiwāl*』である（Jackson Bonner 2015：21）[16]。著者ディーナワリーの経歴に関する情報はほとんど残されていないが，イブン・ナディームによれば，彼には 15 点の著作があり，文法学，辞書学，幾何学，会計学，天文学などに通じていたという（*Fihrist*：86）。父の代に改宗したペルシア系ムスリムだと考えられ，その著作『長史』は「イラン的視点に偏った歴史」としばしば評されてきた（Pellat 1996：417b；Savant 2006a：156；山中 2009：299）。

『長史』は，アダムに始まるアラビア語普遍史書で，ペルシア人とイエメン人の諸王に関する記事を軸に，ノア以降の人類の歴史が詳述される。その中で，預言者の事績についても簡単ではあるが言及されている[17]。確かに古代ペルシ

15）アレクサンドロスの記述の評価については，山中（2009：298–299）を参照。
16）近年，『長史』は研究者の注目を集めるようになっており，他に，Yücesoy（2007），Pourshariati（2010），Tayyara（2014）など，続々と専論が刊行されている。

アの諸王に関する情報量は多いが，『長史』がイラン的視点に偏っているのかと言えば，実はそうではない。刊本の頁数で言えば，サーサーン朝が事実上滅亡したニハーワンドの戦いまでは138頁分の分量にすぎず，139頁目以降は正統カリフであるウスマーン（在位644-656）とアリー（在位656-661）の話に移っていく。そして，『長史』の記述は406頁目のアッバース朝8代カリフ，ムウタスィム（在位833-842）の死をもって終わる。つまり，その内容の3分の2は古代ペルシア史にではなく，カリフの歴史にあてられているのである。また，古代アラブ史に関する情報も多く収録されている。

古代ペルシア史の位置付け

イブン・クタイバと同様に，ディーナワリーも世界の多くの民族の始祖をセムだとしている。彼はセム以前の預言者として，アダム，セツ，エノク，ノアの名前を挙げ，洪水に言及した後，次のように記している。

> ノアが亡くなると，彼の息子セムが後継者として推戴された。セムの後に王権 al-sulṭān を強固なものとし王位の塔を建てたのは，ジャムシード・ブン・ワヤルナジュハーン・ブン・イラン Jam b. Wayarnajhān b. Īrān であった。彼［イラン］は，アルパクシャド・ブン・セム・ブン・ノア Arfakhshad b. Sām b. Nūḥ その人である。神は，ノアとともに方舟に乗り，生き残った全ての者について，彼の3人の息子セム，ハム，ヤペテを除き，子どもができないようにした。ノアにはヤーム Yām という名の4人目の息子がいたが，彼は溺れ死に，子どももいなかった。一方，3人の息子はいずれも子を持った。セムはノアの後その権限を引き継いだ。彼は冬をジューハー Jūkhā[18] の地で過ごし，夏をマウスィルで過ごした。彼の道の起点はチグリスの東側からであった。それに因み，その地はセムの道 Sām Rāh と名付けられた。彼［アルパクシャド？］[19] は，ペルシア人

17）例えば，『長史』におけるムハンマドに関する記述は極めて簡潔である。「アヌーシルワーンの治世の終わりに神の使徒は生まれた」という形で，その記述はアヌーシルワーン伝の中に組み込まれ，分量も刊本にして1頁にも満たない（*Ṭiwāl*: 74）。

18）バグダード南方のチグリス河流域を指す（Le Strange 1905: 42）。

al-‘ajam[20]がイラン Īrān と呼ぶ男である。彼はイラクに場所を得て，その地を己のものとした。その結果，イランの国 Īrān-shahr と名付けられた。彼の後権限を引き継いだのは息子シェラ Shālikh だった。死が彼に訪れた時，権限はその甥ジャムシード・ブン・ワヤルナジュハーン・ブン・アルパクシャドに移った。かくして王権の基礎は固まり，その柱と場は強化された。彼はノウルーズの日を祝祭日に選んだ。(*Ṭiwāl*: 1-2)

イラン的視点に偏っているとされる『長史』においてでさえも，カユーマルスの名前は確認できず，最初の王はジャムシードとされる。ここで登場するジャムシードの父「ワヤルナジュハーン」というのは，イブン・ハビーブが伝える「イワンジハーン」の異形だと考えられる。ここで注目すべきは，ワヤルナジュハーンの父の名前が「イラン Īrān」とされている点である。ディーナワリーは，セムの子アルパクシャドをこの「イラン」という人物に同定しており(*Ṭiwāl*: 1, 6-7)，ジャムシードはイランの孫という扱いになる。初期イスラーム時代のアラビア語文献において，イランという言葉が単独で地名として用いられることはない。『長史』の事例が示しているように，その場合には，イランという王が支配した地域という意味で，「イランの国 Īrān-shahr」という形で用いられている。『長史』では，そのイランの孫にあたるジャムシードの即位は，アルパクシャドの子シェラの後だとされ，古代ペルシアの諸王は全て，セムの末裔に位置付けられている。

さらに，ディーナワリーは，アルパクシャドを含むセムの5人の息子（エラム Iram，アルパクシャド，アラム ‘Ālam，ヤファル Yafar，アシュル Asūr）の名を挙げ，その後に彼らの末裔から諸民族が派生していく過程を詳述している。

---

19) 単純に文章を読めば，この「彼」が指すのは「セム」ということになるが，これに先行する文章では，「アルパクシャド」の別名がイランとされており，セムの別名をイランとするこの文章には混乱がある。セムの子はアルパクシャドでその子がシェラとなるため，ここでは，この前にあったアルパクシャドに関する記述が脱落してしまった可能性が考えられる。

20) ディーナワリーはペルシア人を示す言葉として，furs ではなく‘ajam を使用している(Savant 2006a: 152-153 n. 2)。

彼ら［エラムの末裔］が移住すると，他のノアの子孫の心もバビロンから移住することへと傾いた。ホラーサーン・ブン・アラム・ブン・セム Khurāsān b. ʻĀlam b. Sām は移住し，ホラーサーンを拠点とした。ファールス・ブン・アシュル・ブン・セム Fāris b. al-Asūr b. Sām，ルーム・ブン・ヤファル・ブン・セム al-Rūm b. al-Yafar b. Sām，イルミーン・ブン・ナウラジュ・ブン・セム Irmīn b. Nawraj b. Sām――彼はアルメニア Irmīnīya の領主である――，キルマーン・ブン・テラ・ブン・セム Kirmān b. Tāraḥ b. Sām［も移住した］。ハイタル・ブン・アラム・ブン・セム Hayṭal b. ʻĀlam b. Sām と彼の息子は，ハイタルの国と呼ばれるバルフ河の向こうの地に［移住した］。彼らはそれぞれ，息子とともに，その名が冠され，彼らに因んだ土地に住んだ。アルパクシャドの末裔以外には，ジャムシード王とともにバビロンの地に残った者はいなかったのである。（*Ṭiwāl*：3）

ここでは，上述の5人の息子に加え，ナウラジュとテラという2人の息子が登場し，セムには7人の息子がいたとされる。その7人の息子の子，つまりセムの孫の世代に人類が世界各地に移住したという形で諸民族の歴史は展開していく。アラブ人はイエメン，ヒジャーズからシリア一帯，オマーンとバフラインなどへ，非アラブ人は，ホラーサーン，ファールス，ルーム，アルメニア，キルマーン，ハイタルへ移動し，バビロンに残ったのが，アルパクシャドの末裔だったとされる（図1-3）。

アルパクシャドというセムの息子は旧約的普遍史の登場人物であるが（『旧約聖書創世記』：33），その別名をイランとし，そのイランの孫をジャムシードとすることで，古代ペルシア史が旧約的普遍史の文脈に組み込まれている。また，セムが残ったバビロンが「イランの国」である点が『長史』では重ねて強調される[21]。『長史』は，バビロンを「イランの国」に読み替え，古代ペルシア諸王の拠点とする伝承の最も早い文献の一つである。

同様に古代ペルシア史を旧約的文脈で解釈していく試みはこの後も続く。ファリードゥーンはニムロド[22]のペルシア語名とされ，イーラジュ，サルム，

21）この他にも数箇所で「イランの国」という表現が用いられている（*Ṭiwāl*：10, 36, 80）。

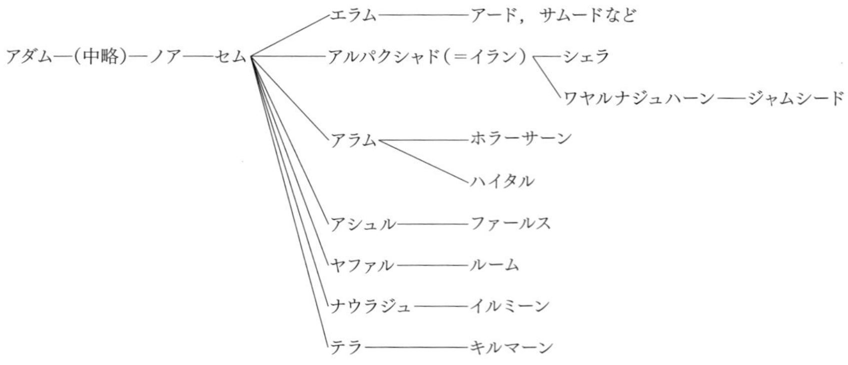

図 1-3　『長史』におけるセム裔の系図

トゥール[23]がニムロドの子とされる（*Ṭiwāl*: 8-9)。古代ペルシア史に登場するテュルクの王アフラースィヤーブはヤペテの子テュルクの末裔とされ（*Ṭiwāl*: 10)，イーラジュの子マヌーチフルとの争いは，ヤペテ裔（テュルク人）とセム裔（ペルシア人）の争いだと解釈される。そして，元来は一神教徒だったペルシア人が，グシュタースブ Bushtāsf の治世に現れた「神の使徒 Rasūl Allāh」ゾロアスターにより，ゾロアスター教へと逸脱していくという形で話は展開する（*Ṭiwāl*: 25)。このような論理展開を，サヴァンは「ペルシア史のイスラーム化 Islamizing Persian History」と評価する。つまり，ペルシア人の元来の宗教は一神教であるとし，その歴史を旧約的普遍史の文脈に組み込むことで，ペルシア人がその父祖の宗教に戻ることを正当化する内容となっているのである（Savant 2006a : 199)。

古代ペルシア四王朝の区分

このようにディーナワリーは，古代ペルシア史の旧約的普遍史における位置付けを明確に示した上で，アシュカーン朝以前のペルシア諸王にも言及してい

22）ハムの息子クシの息子。『旧約聖書創世記』第 10 章には，「クシはニムロドを生んだ。彼はこの世界の最初の権力者となった」とある（『旧約聖書創世記』: 30)。

23）『長史』ではトゥース Ṭūs と表記されている（*Ṭiwāl*: 9)。

る。『長史』では，ジャムシード以降アレクサンドロスに至るピーシュダード朝とカヤーン朝に相当するペルシア諸王の事績が列挙されている。ただし，それぞれの記事は極めて簡潔で，ピーシュダード朝，カヤーン朝という王朝の括り自体も設けられていない。アシュカーン朝の王のうち名前が挙げられているのはアルダワーン2世のみで，その後すぐにサーサーン朝の記述に移る。一方で，アルダシール1世以降のサーサーン朝の歴史は比較的詳細に記録されている。その中には，同時代の預言者についての説明もある（*Ṭiwāl*: 42–138，付表参照)。

これらの内容は，サーサーン朝から伝わった伝承に基づくものなのだろうか。以上のような特徴を持つ『長史』の古代ペルシア史の典拠は不明な箇所が多い。各記述の前にはしばしば「人々は言った qālū」という言葉が置かれ，その伝承経路は明らかにされていない（Jackson Bonner 2015 : 30)。その伝承経路を明らかにする上で重要になってくる文献が，次に分析の対象とする『ペルシア・アラブの諸王の歴史に関する究極の目的 *Nihāyat al-Arab fī Ta'rīkh Mulūk al-Furs wa al-'Arab*』（以下『究極の目的』と略記）である。

(4)『ペルシア・アラブの諸王の歴史に関する究極の目的』(10世紀前半以降)

研究史

現在確認し得る『究極の目的』の手稿本は，1615年書写のケンブリッジ手稿本（University Library, Ms. Qq. 225)，1633年書写のロンドン手稿本（British Library, Ms. Add. 23298)，18世紀書写のロンドン手稿本（British Library, Ms. Add. 18505)，書写年不明のゴータ手稿本（University and Research Library Erfurt, Ms. orient A. 1741）の4点である。さらに，校訂本 *Nihāyat* の出版が 1374kh／1995/6年と比較的最近のことであり，さらにアラビア語著作であるにもかかわらずテヘランで出版されたためか，その存在は学界に十分には知られてこなかった。この著作に最も早く言及したのは，ゴータ手稿本を参照したネルデケだったが，その評価は「奇妙でとても混乱を招く作品」というものであった（Nöldeke 1879 : 475)。その後，この著作が『王の書』のアラビア語訳ではないかと疑ったブラウンが専論を著し（Browne 1900)，グリニャスキー M. Grignaschi も続いたが（Grignaschi 1969；Grignaschi 1973），この歴史書が本格的に歴史研究の場で用いられることはなかった。校訂本が出版されると，徐々に参照する研究者は増えてきたものの（Rubin 2005；Tayyara 2014）[24]，そのほとんどが前に扱った『長史』を補完する史料程度の扱いで，著作全体を俯瞰した研究は少ない。その理由の一つは，文献の性格が不明瞭だという点であろう。成立年代一つをとってみても，9世紀（Grignaschi 1969：18），1000～1050年（Klíma 1977：55），11世紀（Yarshater 1983：363），と様々な学説が存在する。これらの説の中では，9世紀説が最も説得力があり，山中は，原典となったテクストの成立は9世紀初頭頃で，その原典を典拠としてディーナワリーは『長史』を編纂したと考えている（山中 2009：308）。このように『究極の目的』は著者だけではなく執筆年代も明らかではないが，同系統の情報を伝える『長史』よりも内容が充実しており，何よりも伝承経路が保存されている。本書ではこの点に注目して分析を行いたい。

史料の性格

『究極の目的』には二つの序文が付されており，そこには，執筆の経緯が詳らかに記録されている。第1序文は，アッバース朝宮廷で活躍した文献学者アスマイー（740–828）を著者とする体裁で書かれている。それによれば，5代カリフ，ハールーン・ラシード（在位786–809）が彼に命じて，知恵の館 bayt al-ḥikma[25] の蔵書の一冊『列王伝 *Siyar al-Mulūk*』を出納させ，内容を読み上げさせたという。その際に，内容がノアの息子セム以降の情報であることを知ると，その冒頭部にアダムからセムに至る歴史を，法学者アブー・バフタリー Abū al-Bakhtarī（815頃没）[26] の協力を得ながら補うように命じた。そこで，彼の協

24）校訂本を参照したルビン Z. Rubin は，校訂者が現存する4点の手稿本のうち2点のロンドン手稿本しか利用しておらず，最良の手稿本だと考えられるケンブリッジ手稿本を利用していないため，これは厳密な校訂本とは呼べないと評価する（Rubin 2005：63 n. 52）。ただし，校訂本の末尾に翻刻された写字生の記録はケンブリッジ手稿本のものと一致しており（*Nihāyat*：473），ルビンの解釈には誤解が見られる。

25）ただし，ハールーンの時代の正式な名称は「知恵の宝庫 bayt al-khizāna」である。

26）Abū al-Bakhtarī Wahb b. Wahb。クライシュ族アブド・アルウッザー家の血を引く法学者で，ハールーンの治世に各地の法官・総督を歴任した（高野 2008：77–78）。母親は

力を得て，『始まりの書 *Kitāb al-Mubtada'*』[27]を取り寄せ，『列王伝』の前に補い完成したのが『究極の目的』である（*Nihāyat*: 1-2)。ただし，序文には『究極の目的』という書名は明記されておらず，一部の手稿本の表紙の書き込みや写字生による跋文でしか確認できないため（例えば，*Nihāyat*: 473)，これが正式な書名なのか，または通称なのかは分からない。

では，知恵の館に所蔵されていた『列王伝』とはどのような内容の文献だったのだろうか。『究極の目的』では，冒頭の『始まりの書』の記述の後に，『列王伝』の序文が続く。

> 本書は，圧政者 jabābira，トゥッバウ［ヒムヤル諸王]，ペルシア諸王 al-mulūk al-akāsira にまつわる，過去の諸王，過去の諸民族，色あせた諸世代の説話，彼らの性格・歴史・事跡・墓穴・墓所に関する説話，そして，アラブ人とペルシア人 al-'ajam が残した戦争・聖戦・詩・金言・教養・説教・書簡・格言に関する説話であり，対象とするのは，ノアの息子セムから神がムハンマドを遣わすまでの時代についてである。本書を執筆・編纂し，整理し校正する者は，アーミル・シャアビー 'Āmir al-Sha'bī とアイユーブ・ブン・キッリーヤ Ayyūb b. al-Qirrīya という，知識人たちの中でも信頼できる者たちから聞いた。彼らはアラブ系の賢者で，過去の諸民族について議論し，過去に起こったことを扱っていた。また，イブン・ムカッファア 'Abd Allāh b. al-Muqaffa' がそれについて彼らを支援した。彼はペルシア系知識人 'ulamā' al-'ajam の一人であり，ペルシア諸王の歴史に通じ，彼らの諸事の知識，教養の発露，金言の道標についてよく研究していた。本書編纂のために彼らを集めたのは，アブド・アルマリク・ブン・マルワーン 'Abd al-Malik b. Marwān で，預言者の聖遷から85年目のことであった。（*Nihāyat*: 17)

シーア派6代イマームのジャアファルの妻であったと言われる。彼の著作は『目録』では6点紹介されているものの，その中に，『始まりの書』という書名は確認できない（*Fihrist*: 113)。

27) イブン・イスハーク著『遠征』の第1部『始まりの書 *al-Mubtada'*』の可能性もあるが，この部分は現存していないため，確認することはできない。

以上から，『列王伝』は，ウマイヤ朝5代カリフ，アブド・アルマリク（在位685–705）の命令で，無名氏の著者が85／704/5年に，シャアビー（640–728）とアイユーブ・ブン・キッリーヤ（703没）という2人のアラブ系知識人，そして，ペルシア系知識人イブン・ムカッファア（721頃–757頃）の協力を得て編纂した歴史書だということが分かる。

これら二つの序文の内容を額面通りに受け入れれば，『究極の目的』は704/5年に成立した『列王伝』を800年頃にアスマイーが再編纂した結果成立した現存最古の普遍史書ということになろう。ただし，この704/5年という年記は，イブン・ムカッファアの生年よりも早く，アイユーブ・ブン・キッリーヤの没年よりも遅いため，この編纂の経緯に関する説明には矛盾がある。また，その内容がアスマイーの別の著作と重ならないことから，この序文は偽作であるとされ，『偽アスマイーの書』とも呼ばれる（山中 2009：307–308）。

筆者はこの学説を覆す材料を持ち合わせていないが，たとえこの序文が偽物であったとしても，完全に史料的価値が損なわれるわけではないと考えている。『究極の目的』の構成と文体は『長史』に極めて近いものの（Rubin 2008b：58–59 n. 69，付表参照），叙述の対象は，題名にもあるように，ペルシアやアラブの諸王に限られ，その記述はヤズドギルド3世の死をもって終わる。これは，イスラーム時代の歴史をも扱う『長史』との大きな違いである。また，ペルシアやアラブの諸王の歴史の内容は『長史』よりもはるかに充実しており（Browne 1900：201），この箇所に限れば，『長史』は『究極の目的』の縮約版のようにも見える。本書の議論において特に重要なのは，『長史』ではほぼ省略されているイスナード（伝承経路を示す記述）が，『究極の目的』には保存されているという点である。例えば，冒頭の天地創造に関する記述は次のようになっている。

> 法学者アブー・バフタリー Abū al-Bakhtarī 曰く。イブン・アッバース Ibn ʻAbbās からシャアビー al-Shaʻbī が聞き，彼［シャアビー］からアター ʻAṭāʼ が聞いたことを彼［アター］は私［アブー・バフタリー］に伝えた。すなわち，イブン・アッバースは言った。「神がアダムを創造しようと欲

した時，天使アザレル ʻAzrāyīl を遣わし命じた。地上に降下し，掌でマッカの土を採取し，それを持って天に戻るように」と。(*Nihāyat*: 2)

このように，アスマイーの協力者アブー・バフタリーが，①イブン・アッバース，②シャアビー，③アター（732頃没）[28]へと伝えられた伝承を伝える形を取る。もう一箇所，ほぼ同様のイスナード（①イブン・アッバース，②シャアビー，③アター，④スフヤーン Sufyān（725–814）[29]，⑤アブー・バフタリー）が記録されている（*Nihāyat*: 3）。

これらはいずれも，イブン・アッバース ʻAbd Allāh b. ʻAbbās（620頃–687頃）に始まる伝承で，2人，あるいは3人の伝承者を経由して，アブー・バフタリーに伝えられている。イブン・アッバースというのは，ムハンマドの父系の従兄弟にあたり，ハーシム家に属する教友の一人である。駱駝の戦い（656年）やスィッフィーンの戦い（657年）で，4代正統カリフ，アリーの軍隊の一隊を率いていたと伝えられている（Gilliot 2012）。『究極の目的』には，「私が神の使徒に聞いたところによれば」とムハンマドの伝承を直接伝えている箇所もある（*Nihāyat*: 3）。アダムからセムまでを対象とする『始まりの書』の情報源としては，これ以外に，イブン・カルビーからの引用が一箇所確認できるのみで（*Nihāyat*: 8），その大部分が，アブー・バフタリーが伝える，イブン・アッバースに帰される伝承になっている。

続くセム以降を扱う『列王伝』の主要な典拠とされるのが，このイスナードに登場する人物の内の2人，シャアビーとアターである。シャアビー ʻĀmir b. Sharāḥīl b. ʻAbd al-Kūfī Abū ʻAmr al-Shaʻbī（640–728）は，イエメンの小国の王の末裔だと伝えられる人物である。ハムダーン族のシャアブ部族の一員で，クーファを拠点に活躍した著名な法学者・伝承学者である（Juynboll 1997）。『列王伝』の中に彼に帰せられる伝承は多数収録されているが，その多くはイエメンの古代アラブの諸王に関するものである（表1-1）。その情報源とされるダグファル Daghfal b. Ḥanẓala al-Shaybānī は7世紀アラブの系譜学者（高野

28）ʻAṭāʼ b. Abī Rabāh。イエメン生まれ，マッカ育ちの法学者（Schacht 1986）。

29）Sufyān b. ʻUyayna。クーファ出身の法学者，マッカで没する（Dodge 1970: 1103）。

表 1-1　『究極の目的』におけるシャアビーを情報源とする記事

内　容	シャアビーの情報源	典　拠
ノアの子どもたち	イブン・アッバース	*Nihāyat*: 17
古代アラブの諸王	ダグファル	*Nihāyat*: 42, 80
古代アラブの諸王	明記せず	*Nihāyat*: 61, 94, 103, 105, 108, 109, 176, 203, 208, 216, 233, 235, 246, 274, 315, 316, 320, 323, 324
古代アラブの諸王	オマーンの人	*Nihāyat*: 109
古代アラブの諸王	アビード・ジュルフミー	*Nihāyat*: 108, 200, 220, 236, 272, 275, 305
古代アラブの諸王	ヒムヤルの人	*Nihāyat*: 21, 207, 212, 269
古代アラブの諸王	カイス族の人	*Nihāyat*: 208
古代アラブの諸王	ジャービヤの人	*Nihāyat*: 235
古代アラブの諸王	サヌアの人	*Nihāyat*: 246
古代アラブの諸王	ウマイヤ	*Nihāyat*: 323
アレクサンドロス, 古代アラブの諸王	アブド・アッラー・ブン・サラーム	*Nihāyat*: 141, 143, 231
アルダシール1世	明記せず	*Nihāyat*: 188

2008: 73-75)[30]，アビード・ジュルフミー ʻAbīd b. Sharya al-Jurhumī（696 頃没）はイエメン出身で，シリアで活躍した伝承学者（Crosby 2007: 5-14)[31]，ウマイヤ Umayya b. Abī Ṣalt（626 頃没）はムハンマドの時代に活躍したサキーフ族の詩人（『預言者ムハンマド伝』1: 526 注 48），アブド・アッラー・ブン・サラーム ʻAbd Allāh b. Salām（663/4 没）は元ユダヤ教徒でムハンマドの時代に改宗したムスリム（Dodge 1970: 937），といずれもアラブ系，あるいは一神教的出自を持つ者たちであった（彼らの情報源も同様である）。これより，ムハンマドの教友やイエメンの知識人の伝承に依拠しながら，預言者伝と古代アラブ史を叙

30）ダグファルの情報源は，イブン・カイイス・ナマリー Ibn Kayyis al-Namarī（*Nihāyat*: 24, 61, 78），アスバグ・ブン・ヌバータ al-Aṣbagh b. Nubāta（*Nihāyat*: 53），アブド・アッラー・ブン・サラーム（*Nihāyat*: 57），アビード・ジュルフミー（*Nihāyat*: 171），ヒムヤルの人（*Nihāyat*: 25, 27, 41, 59），ハドラマウトの人（*Nihāyat*: 33），啓典の民の知識人（*Nihāyat*: 53），クライシュ族の人（*Nihāyat*: 81），アサド族の人（*Nihāyat*: 307）である。

31）アビードの情報源は，ラスィーン・ヒムヤリー al-Lasīn al-Ḥimyarī（*Nihāyat*: 171），ヒムヤルの知識人（*Nihāyat*: 272, 275）である。

述していたことが分かる。

『列王伝』執筆に協力したとされるもう一人のアラブ系知識人はアイユーブ・ブン・キッリーヤ Abū Sulaymān Ayyūb b. al-Qirrīya である。彼はウマイヤ朝の総督ハッジャージュ（661-714）に仕えたが，後にイブン・アシュアスの乱（700-702年）に参加したため，703年に処刑された人物である（Pellat 1986 : 841b)。彼の伝承だと明記されているのは，イブン・アッバースから伝え聞いた伝承，ペルシア人のうちの無知な者たち juhhāl al-ʻajam や系譜学に関する知識を持たない者から伝え聞いた伝承，ヒムヤルの知識人から伝え聞いた伝承の3事例に留まり（*Nihāyat* : 17, 18, 21)，この中の1番目と3番目の事例はシャアビーと共同で伝えた伝承とされ，彼の名前は本文中では重要視されていないように見える。一方で，『列王伝』執筆に協力したペルシア系知識人はイブン・ムカッファアで，古代ペルシアの諸王の情報の多くは彼に拠っている（詳しくは後述)。

以上から，『究極の目的』は，第1部「アブー・バフタリーによる天地創造からセムまでの歴史」，第2部「シャアビーとイブン・ムカッファアによるセムの末裔たる古代アラブと古代ペルシアの諸王の歴史」，の2部構成であると整理できよう。その中で興味深いのは，下記のように，古代アラブ史と古代ペルシア史が交互に叙述されている点である（Tayyara 2014 : 59)。

> シャアビーは言った。「サヌアの民衆はトゥッバウ・ブン・マリキーカルブ Tubbaʻ b. Malikīkarb の墓に押し寄せた［中略］」と。彼［トゥッバウ］の王位は70年間であった。ところで，当時のペルシアの王 malik al-ʻajam はナルスィー・ブン・バフラーム・ブン・バフラームであった。ナルスィー・ブン・バフラームの治世。イブン・ムカッファアは言った。「私は『列王伝 *Kitāb Siyar al-Mulūk*』に次のような記述があるのを確認した。「ナルスィー・ブン・バフラームは，［中略］」と。（*Nihāyat* : 216)

古代ペルシア史の位置付け

『究極の目的』と『長史』が伝える古代ペルシア史が近い関係にあるという

点については既に述べた。では，両者が伝える伝承にはどのような関係があるのだろうか。まずは，『究極の目的』に登場するペルシア初代の王ジャムシードの記事の確認から始める。『長史』ではイスナードは明示されていないが，『究極の目的』では，シャアビーとアイユーブ・ブン・キッリーヤが，イブン・アッバースから直接聞いた話として紹介されている。

> 彼［セム］はジューハーの地で冬を過ごした。彼の行動範囲 mamadd はジューハーの地からチグリス河東岸にあたるバーザブダイ Bāzabday[32] までであった。その地域は今日に至るまで「セムの道 Sām Ray[33]」と呼ばれている。彼の父［ノア］の死後，200 年が経過し，彼に死が訪れた。彼の息子アルパクシャドを後継者とした。彼のことをペルシア人 al-ʻajam は「イランの王 Īrān-shahī」と呼ぶ[34]。彼の父セムの死の後 200 年が経った時，彼に死が訪れた。彼の息子アルパクシャドの子シェラ Shālikh を遺言執行人とし，彼の後継者とした。200 年の時がシェラの上に流れた時，彼に死が訪れた。彼は，甥であるジャムシード・ブン・ナワイジュハーン・ブン・アルパクシャド・ブン・セム・ブン・ノア Jam b. Nawayjhān b. Arfakhshad b. Sām b. Nūḥ を遺言執行人としたのである。（*Nihāyat*：17）

下線を引いた文章は『長史』では脱落しており，そのために全体の文意が取れなくなっていた箇所である。このような形で，『究極の目的』ではイスナードが保存されているだけではなく，『長史』では意味が不明瞭だった箇所の原文により近いと思われる文章が保存されている。ディーナワリーが『長史』を編纂する際に既に原文の内容が脱落していたのか，それとも，ディーナワリー自身が削除したのかは不明であるが，『長史』における前イスラーム時代の歴史の分析には，『究極の目的』が必要不可欠な史料となることは，この一事から

32）読みはヤークートの地理事典『諸国集成』に従った（*Yāqūt*, Vol. 1：321）。

33）原文には ray とあるが，ここでは『長史』に記された表記の rāh と読み替えて訳出した。

34）ダーネシュパジューフ M. T. Dānish-pazhūh が利用しなかった 1633 年書写のロンドン手稿本では，「イランの国 Īrān-shahr」と表記されている（*Nihāyat*/*Add23298*：11b）。『長史』では，この言葉は「セムの道」のことを指しており「イランの国」と解釈したが，ここではアルパクシャドのことを指しているようなので，刊本の読みに従った。

も明らかであろう。

旧約的普遍史の登場人物であるセム，アルパクシャド，シェラに続いて古代ペルシアの王ジャムシードが即位するというこの伝承は，7世紀の人物イブン・アッバースからシャアビーとアイユーブ・ブン・キッリーヤを経て『究極の目的』の著者に伝わったものである。サーサーン朝の滅亡は651年の出来事であり，イブン・アッバースが生きた時代にサーサーン朝旧領域のペルシア人のイスラーム改宗が進んでいたとは考えにくい。それ故に，サヴァンが注目した「ペルシア史のイスラーム化」という現象は，ペルシア人がイスラームに改宗する以前に始まっていたと考えるべきではないだろうか。そして，その伝承を伝えていたのは，ペルシア人ではなくアラブの伝承者たちだったのである。一方で，ペルシア人の伝承については，例えば，アイユーブ・ブン・キッリーヤが伝えるジャムシードに関する伝承の中で，「ペルシア人のうちの無知な者 juhhāl al-ʿajam や系譜学に関する知識を持たない者は，ジャムシードとはダビデの息子ソロモンのことである，と偽ってみなしている」(*Nihāyat*: 18) という形で特に否定的な見解が示されている[35]。

これに続く古代ペルシアの王に関する伝承もやはりアラブの伝承者に依拠したものである。

> ダグファル Daghfal 曰く。アブド・アッラー・ブン・サラーム ʿAbd Allāh b. Salām は，啓典の民の知識人から私に次のように伝えた。ニムロド・ブン・カナンはジャムシード王の末裔にあたる。彼［ジャムシード］の治世・時代に，言葉は複雑になった。ダッハーク・ブン・アルワーン al-Ḍaḥḥāk b. ʿAlwān は彼を攻撃し，殺し，彼の王権を奪った。ジャムシードの子ナワイジュハーンは，彼の父が殺害された際，彼の領域であるダマーワンド Danbāwand にダッハークから逃げ，彼の治世はそこに隠れていた。彼からはカナンが生まれ，カナンからニムロドが生まれた。(*Nihāyat*: 68)

既に紹介したように，アブド・アッラー・ブン・サラームもやはり7世紀の人

35) ただし，『長史』ではこの話の伝承者はイブン・ムカッファアだとされる (*Ṭiwāl*: 6)。両書には細部の相違も多く，今後両書をより詳しく比較検討することが必要となろう。

表 1-2 『究極の目的』におけるイブン・ムカッファアを情報源とする記事

	内　容	イブン・ムカッファアの情報源	典　拠
カヤーン朝	ルスタムとイスファンディヤール	ペルシア人の書物 kutub al-ʻajam	*Nihāyat*: 82
	イスファンディヤールの子バフマン	『ペルシア列王伝 *Siyar Mulūk al-ʻAjam*』	*Nihāyat*: 85
	ダーラー1世，ダーラー2世	明記せず	*Nihāyat*: 89, 99
アシュカーン朝	アレクサンドロス	明記せず	*Nihāyat*: 110
	ファッルハーン	『ペルシア列王伝 *Kutub Siyar al-Mulūk min al-ʻAjam*』	*Nihāyat*: 159
サーサーン朝	シャープール1世	明記せず	*Nihāyat*: 203
	フルムズ1世	明記せず	*Nihāyat*: 208
	バフラーム1世，バフラーム2世	明記せず	*Nihāyat*: 212, 213
	ナルスィー	『列王伝 *Siyar al-Mulūk*』	*Nihāyat*: 216
	バフラーム・グール	明記せず	*Nihāyat*: 256
	フィールーズ	明記せず	*Nihāyat*: 277
	アヌーシルワーン	『ペルシア列王伝 *Kitāb Siyar Mulūk al-ʻAjam*』	*Nihāyat*: 324, 328, 336
	アヌーシルワーン	明記せず	*Nihāyat*: 328, 336

物である。ここでも，旧約的普遍史には登場しないはずのジャムシードが，ニムロドの先祖とされ，旧約的普遍史の中で役割を与えられている。情報源であるダグファルは，古代ペルシア史に登場する伝説上のテュルクの王アフラースィヤーブをヤペテの末裔とする伝承も伝えており（*Nihāyat*: 25–26），これらの伝承もまた，ペルシア人のイスラーム改宗以前からアラブの知識人により伝えられていたものだと考えられる。

一方で，イブン・ムカッファアからの引用は，「ルスタムとイスファンディヤール」の項目以降でしか確認できず（表 1-2），その情報はほぼアシュカーン朝以降のもので，古代ペルシア四王朝の区分も設けられていない。イブン・ムカッファアによる『王の書』のアラビア語訳だとされる書物『列王伝 *Siyar al-Mulūk*』は，『究極の目的』の中でもしばしば言及されている（表 1-2）。それにもかかわらず，『究極の目的』では，ペルシア人の祖カユーマルスは登場せず，初期の諸王についてはアラブの伝承学者の伝承を中心に再構成されている。この事実は，『列王伝』がペルシア人の起源に関する情報を含むものではなかったことを示唆している。『究極の目的』では，サーサーン朝以前の古代ペルシア史については，イブン・ムカッファアは断片的な情報しか伝えていない。一方で，サーサーン朝以降の歴史については，書簡の文面なども交えた詳細な内容となっており，むしろ，サーサーン朝以降の歴史が『列王伝』の主要な部分であったと考えられる。『究極の目的』とそれと同系統の情報を伝える『長史』は，アラブの伝承学者が伝える古代ペルシア史をイブン・ムカッファアの『列王伝』で補ったものだと評価することができよう。つまり，旧約的普遍史と古代ペルシア史の接合を行ったのは，アラブの伝承学者の方であった可能性が高いのである。サーサーン朝時代に古代ペルシアとイエメンの諸王の接触があったことに鑑みれば，前イスラーム時代に，アラブ側の視点で，旧約的普遍史の中に古代ペルシア史を位置付けていたとしても，不思議はないだろう。

3　古代ペルシア四王朝叙述法の萌芽

アラビア語普遍史書において，カユーマルスに始まりサーサーン朝まで連綿と続く古代ペルシアの諸王と統治年に関するまとまった情報が確認できるようになるのは，9 世紀後半以降である。本節では，これらの古代ペルシア史がどのような典拠に依拠したものだったのかについて考察したい。

(5) ヤアクービー『歴史』(872 年以降)

史料の性格

管見の限り，カユーマルスを含むサーサーン朝以前のペルシア諸王の名前と統治年を網羅的に紹介した最初の歴史家は，地理学者としても名高いヤアクービー Abū ʻAbbās Aḥmad b. Abī Yaʻqūb b. Jaʻfar b. Wahb b. Wāḍiḥ Yaʻqūbī（905 以降没）である。バグダード出身の彼はターヒル朝（821–873）宮廷で書記官を務め，同朝滅亡後はエジプトに移り，その地で没した。現存する彼の代表作は，ここで紹介する『歴史 *Ta'rīkh*』と 891 年にエジプトで編纂された『諸国 *al-Buldān*』である（Zaman 2002）。

『歴史』は天地創造から 872 年の事件までを対象とする 2 巻本の普遍史書である。第 1 巻の序文は欠落しているが，ヤアクービーは第 2 巻の序文で，第 1 巻は「世界の存在の始まり，そして，過去の諸民族，様々な王国，分岐の原因などの初期史を簡潔にまとめた」ものと説明している（*Ya'qūbī*, Vol. 2：2）。その内容は，「預言者伝」(2–89)，「シリアの諸王」(90)，「マウスィルおよびニーナワーの諸王」(90)，「バビロンの諸王」(90–92)，「インドの諸王」(92–106)，「ギリシア人」(106–161)，「ギリシア人とローマの諸王」(161–164)，「ローマの諸王」(163–171)，「キリスト教徒のローマの諸王」(171–178)，「ペルシアの諸王」(178–203)，「ジュルバーの王国 mamālik al-Jurbā」(203–204)，「中国の諸王」(204–209)，「コプトなどのエジプトの諸王」(210–215)，「ベルベルとアフリカの王国」(215–216)，「アビシニアとスーダンの王国」(216–217)，「ブジャの王国」(217–220)，「イエメンの諸王」(220–234)，「シリアの諸王」(234–236)，「イエメン人に属するヒーラの諸王」(236–246)，「キンダ族の戦い」(246–252)，「イシマエルの子孫」(252–315）となっており（括弧内は校訂本 *Ya'qūbī*, Vol. 1 の頁数），東は中国から西はヨーロッパにまで至る広範な地域の情報が伝えられている。そして，第 2 巻はムハンマド誕生以降のイスラーム時代の歴史が叙述の対象となっている（ムハンマド，正統カリフ（ハサン含），ウマイヤ朝，アッバース朝）。

古代ペルシア史の位置付け

ヤアクービーは『歴史』の中で，ペルシア人が伝える伝承に対して辛辣な評価を下している。「ペルシアの諸王 mulūk Fāris」の章の冒頭で，「ペルシア Fāris の諸王については，その性質に関して，多くの受け入れ難い誇張がなされている」とし，幾つもの口や目を持った王，銅でできた顔を持つ王，両肩から人間の脳を喰らう 2 匹の蛇を生やした王，寿命の長い王，人々から死を取り除く王などの例を挙げ，それらの伝承を完全に否定する（*Ya'qūbī*, Vol. 1：178；

Khalidi 1994 : 116)。山中は，このような姿勢を「原典から情報を取捨選択する理性的な態度」と評価している（山中 2009 : 314)。

ヤアクービーは，「ペルシアの王」を，サーサーン朝のアルダシール1世の末裔を指し示す言葉として用い（第二王国 al-mamlaka al-thāniya)，それ以前の伝説上のペルシア諸王（第一王国 al-mamlaka al-ūlā）とは明確に区別している（*Ya'qūbī*, Vol. 1 : 178–179)。ヤアクービーは，第一王国のペルシアの諸王として，カユーマルスからアレクサンドロスに至るサーサーン朝以前の王の名前と統治年を細かく列挙している。例えば，カユーマルスに始まる初期の古代ペルシアの諸王の名前と統治年は，カユーマルス（70年)，フーシャング（40年)，タフムーラス（30年)，ジャムシード（700年)，ダッハーク（1000年)，ファリードゥーン（500年)，マヌーチフル（120年)，アフラースィヤーブ（120年)，ザウ（5年)，という形で紹介されている（*Ya'qūbī*, Vol. 1 : 178)。このように，古代ペルシア諸王の情報をまとまった形で紹介した最も初期の知識人が，ヤアクービーなのである。ただし，『歴史』では，諸王の王名と統治年が列挙されるだけで，それぞれの血縁関係や事績についての記述はない。また，ピーシュダード朝，カヤーン朝，アシュカーン朝という王朝区分を用いておらず，その上，アシュカーン朝の王の名前への言及はほとんどない（*Ya'qūbī*, Vol. 1 : 178–179，付表参照)。

その最後に，系譜学者たちによるペルシア人の起源に関する伝承が紹介されている。

> 彼ら［ペルシア人の諸王］は，ノアの子ヤペテの子アームーラー 'Āmūrā の末裔だという。サービア教徒であり，太陽，月，光，北斗七星を崇拝していた。ゾロアスター教徒ではなく，サービア教の教えに従っている。彼らの言語はシリア語であり，シリア語を用いて会話・読み書きをしていた。これがシリア語の正書法である。［この後，シリア文字の見本が挿入されていたと考えられるが，校訂本の底本とされた手稿本では欠落している。］彼らには確固とした伝承 akhbār があるものの，多くの人々に否定され忌み嫌われているようである。私［ヤアクービー］の方針 madhhab は全ての忌み嫌

われしものを削除することにあるため，彼らの伝承を取り扱わないことにした。(*Ya'qūbī*, Vol. 1 : 179)

『歴史』では，ペルシア人はセム裔ではなく，ヤペテの子アームーラーなる者の末裔に位置付けられている[36)]。諸民族を旧約的普遍史の文脈に位置付けようとする姿勢は，ペルシア人以外に対しても見られる。中国 Ṣīn の初代の王はヤペテ裔のサーイン Ṣāyin という人物で，洪水の際に流れ着いた土地に，自分の名前をとって中国 Ṣīn と名付けたと伝える (*Ya'qūbī*, Vol. 1 : 205)。同様に，ギリシア人の王もヤペテの子ユーナーン（ギリシア）の末裔だと伝えている (*Ya'qūbī*, Vol. 1 : 161)。ヤアクービーの『歴史』は，前半部に天地創造に始まる預言者伝が位置し，後半部に諸民族の王の伝承が収録されている。この歴史書も，旧約的普遍史の文脈に諸民族の歴史を位置付ける，という形のものであった。ヤアクービーは2巻構成の第1巻の最後に「アブラハムの子イシマエルの子孫」という項目を設け，次のように説明する。

私は彼らの記述をもって，諸民族の歴史を書き終える。というのも，神は彼らをもってして，預言者と王の位を封印したのだから。そして，彼らの歴史は神の使徒［ムハンマド］とカリフの歴史につながっていくのである。(*Ya'qūbī*, Vol. 1 : 252)

このように，ヤアクービーは預言者の歴史にムハンマド以降のイスラーム時代の歴史を接合させている。サーサーン朝時代の古代ペルシア史の内容は少し充実してはいるものの，ペルシア人の伝承を用いない方針が示されている『歴史』では，典拠として，イブン・ムカッファアや『王の書』などの名前は確認できない。

---

36) 古代ペルシアの諸王をヤペテ裔とする姿勢は『歴史』の中で一貫しており，冒頭の「預言者伝」では，ヤペテの末裔の王はジャムシードだとされる (*Ya'qūbī*, Vol. 1 : 17)。

(6) タバリー『預言者と王の歴史』(915 年以降)

史料の性格

古代ペルシア史に関する情報の厚みが増すのは，タバリー Abū Ja'far Muḥammad b. Jarīr b. Yazīd al-Ṭabarī（839–923）による大部な普遍史書が編纂された後のことである。これまでに確認した文献においても，旧約的普遍史の文脈に古代ペルシア史を位置付けようとする試みは見られたが，それが天地創造以降の時系列に沿った形で叙述されることはなかった。それに対し，古代ペルシア史を基軸とした普遍史を著したのが，伝承学者にして『クルアーン』注釈者としても知られるタバリーである。彼はカスピ海沿岸の町アームル出身で，ライとバグダードを皮切りに各地を旅し，学問の習得に努めたことで知られる。その後バグダードに帰還し，同地で活躍した（Bosworth 2000）。

現存する彼の大著『預言者と王の歴史 *Ta'rīkh al-Rusul wa al-Mulūk*』は，天地創造に始まり 302 年ズー・アルヒッジャ月 22 日／915 年 7 月 8 日（*Ṭabarī*, Vol. 3/4 : 2294）に至るアラビア語普遍史書である。彼の執筆方針は，様々な伝承を収集し，それに自分の意見を加えることなく，読者に提示することであったとされるが，その中では，古代ペルシア史を重視する姿勢が明確に打ち出されている。タバリーは，ヤアクービーが否定したカユーマルスに始まる古代ペルシアの諸王の系譜の正確さを確認し，それがサーサーン朝最後の君主ヤズドギルド 3 世に至るまで連続して続いていたと考える[37)]。一方，イスラーム以前のそれ以外の諸民族の歴史には連続性がないとし，古代ペルシア史の年代を基軸に歴史を書くことを正当化している（高田 1996 : 23–26 ; Savant 2006a : 203–204)[38)]。また，ヒジュラ後の歴史を君主ごとではなく，年代記形式で叙述している点も大きな特徴である（高田 1996 : 26)。このようなタバリーの姿勢が，後世の歴史家に多かれ少なかれ影響を与えていくことになる。

---

37)『預言者と王の歴史』のサーサーン朝史については，Rubin（2008b）という専論がある。

38) この点については，これ以外の研究においても詳しく説明されている（Khalidi 1994 : 78–79 ; 山中 2009 : 322–324)。

古代ペルシア史の位置付け

タバリーは冒頭で，①全 7000 年，②全 6000 年，③天地創造からヒジュラまで 4642 年（ユダヤ教徒の伝承），④天地創造からヒジュラまで 5992 年数ヶ月（ギリシア人の伝承），と天地創造からの時間の長さに関する諸説を列挙している（*Ṭabarī*, Vol. 1/1：14–17）。そして最後に，次のようなゾロアスター教徒の伝承を紹介している。

> ゾロアスター教徒たち。彼らは，カユーマルスの治世から我らの預言者の聖遷の時までの期間は 3139 年だと考える。カユーマルス以前の既知の系譜にさらに言及するようなことはせず，カユーマルスを人類の父アダムだと見なしている。伝承学者 ahl al-akhbār は，これについて様々な立場をとっている。その中には，ゾロアスター教徒の説のようなものもある。また，彼［カユーマルス］は世界を支配した後にアダムと呼ばれるようになったと言う者もいる。さらに，ノアの子ヤペテの子ゴメル Jāmir だと言う者もいる。彼はノアに従い，彼に奉仕し，心の底から尽くしていた。そこで彼［ノア］は神に対し彼とその子孫のために，彼の敬虔さと奉仕ゆえに，長生きし，諸領域を統治でき，敵対する者に勝利し，王権を手に入れそれが永続するように，と祈願した。そして，それは受け入れられ，カユーマルスとその子孫にそれが授与された。彼はペルシア人の父 abū al-furs であり，彼とその子孫の王権は，ムスリム muslimīn がクテシフォンに侵入し，ムスリム ahl al-Islām が彼らの王権を制圧したことにより滅びるその時に至るまで続いた。（*Ṭabarī*, Vol. 1/1：17）

このようにタバリーは天地創造の記述を始める前に，古代ペルシアの諸王の系譜の連続性を強調し，旧約的普遍史に古代ペルシア史の起源を位置付けようとする。ここで紹介されているのは，①カユーマルス＝アダム説と②カユーマルス＝ヤペテの息子（ゴメル）説である[39]。

39）『旧約聖書創世記』にヤペテの子として登場するゴメル（『旧約聖書創世記』：30）とカユーマルスという名前の関係について，ローゼンタール F. Rosenthal は，ゴメルという音がガユーマルト（カユーマルス）を想起させる（Rosenthal 1989：186），と指摘して

タバリーは諸民族の暦について説明した後，天地創造に始まる歴史を書き進めていく。その中で次にペルシア人の系譜に言及しているのは，アダムの息子たちの説明においてである。タバリーは，多くのペルシア系知識人 'ulamā' al-furs の見解として，①カユーマルス＝アダム説，③カユーマルス＝アダムの息子説に言及する。その後ここでも，②カユーマルス＝ヤペテの息子（ゴメル）説が挿入されている（*Ṭabarī*, Vol. 1/1 : 147)。そして，諸民族の知識人の間で，カユーマルスが「非アラブに属するペルシア人の父 abū al-furs min al-'ajam」である点に異論はないが，「人類の父アダム」であるか否かについては意見が分かれるとする（*Ṭabarī*, Vol. 1/1 : 148)。ここで確認できる，カユーマルスを旧約的普遍史のどこに位置付けるのか，特に，カユーマルスがアダムであるか否か，という大きな問いはタバリー以前には確認できない。彼が目指したのは，古代ペルシア史を基軸に普遍史を叙述することであったが，その過程で初めて問題とされた古代ペルシア史を旧約的普遍史のどこに位置付けるのか，という論点は後世の歴史家の大きな関心事の一つとなっていく。

続くアダムの息子セツの誕生の章では，カユーマルスの息子マシー Mashī と娘マシヤーナ Mīshān[40] からスィヤーマク Siyāmak とスィヤーミー Siyāmī が生まれ，その2人からはアフラワーク Afrawāk などが生まれたと伝える。そして，バビロンを中心とする豊かな地域にアフラワークの末裔が住みつき，その息子フーシャングを生んだとする（*Ṭabarī*, Vol. 1/1 : 154)。このように，カユーマルスとフーシャングの間に3世代を挟む伝承を伝えたのもタバリーが最初である

いる。これについては，イルハーン朝時代に，バナーカティー Banākatī が，「ヤペテの子カユーマルス，彼のことをヘブライ語でグーマル Gūmar と言い，アラビア語ではジューマル Jūmar と言う」（*Banākatī* : 27）と言語の違いからくるものであると解釈しており，これは，ローゼンタールの説を補強する材料となる。また，ヤアクービーが伝える「ヤペテの子アームーラー」という人物も（*Ya'qūbī*, Vol. 1 : 179)，同様の文脈から，ジャーミル Jāmir という形がアームーラー 'Āmūrā という形に変化したものと考えられる。他の事例として，ビールーニー al-Bīrūnī は，カユーマルスはヤペテの子カーミル Kāmir だと伝えている（*Āthār* : 30)。これらは何れも字形の近さから生じたヴァリアントだと考えられる。

40) カユーマルスの2人の子どもの名前の読み方は，文献により様々であるが，本書では，最も多く見られる「マシー Mashī」と「マシヤーナ Mashiyāna」で統一した。

図 1-4　『預言者と王の歴史』におけるカユーマルスの系図

(図 1-4)。タバリーはこの後で，ペルシア人の系譜学者の説として，マシーをセツ，スィヤーマクをエノス，アフラワークをカイナン，フーシャングをマハラレルに比定する伝承（*Ṭabarī*, Vol. 1/1：155），またフーシャングをアダムの子とする伝承を紹介している（*Ṭabarī*, Vol. 1/1：154）。これらはいずれもカユーマルス＝アダム説を念頭に置いた人物比定だと考えられる。

一方，これに対抗するものとして，イブン・カルビーによる，ノアの子セムの子アルパクシャドの子シェラ Shālikh の子エベル ʻĀbir の子である，とフーシャングをセム裔とする伝承も紹介される（*Ṭabarī*, Vol. 1/1：154）[41]。

これ以降も，古代ペルシアの諸王に関する記述は，関係性が認められる預言者の項目に逐一挿入されている。タバリー自身，カユーマルスを旧約的普遍史のどこに位置付けるのかについて，明確な見解を述べていないが，全体の構成から判断するに，カユーマルスをアダムに比定するペルシア人の系譜学者の説を受け入れているように見える。しかし，この人類史認識に依拠して歴史を書くと，一つの大きな問題に直面することになる。それは，ノアの洪水をどのように解釈するのかという問題である。カユーマルスをアダムだとすれば，洪水によりその王統は断絶してしまうはずだからである。これについて，タバリーは次のように説明している。

> ゾロアスター教徒たち，彼らは洪水を知らず，次のように言う。「カユーマルスの時代から我々の王権は一度たりとも途絶えたことがない」と。曰

41）既に紹介したように，『美文の書』では，イブン・カルビーはカユーマルスを精霊とし，アダムの誕生以前に位置付ける伝承を伝えている（*Muḥabbar*：392）。この伝承の違いがどこからきているのかは，現存する史料からは確認できていない。ちなみに，このイブン・カルビーの伝承はタバリーにより否定されている。

く。「カユーマルスこそがアダムであり，その始めよりフィールーズ・ブン・ヤズドギルド・ブン・シャフリヤールの治世まで王権は継承されてきた」と。曰く。「もしもそれ［洪水］が正しければ，民族の系譜は断絶し，民族の王権は消え失せてしまうはずではないか」と。また彼らの一部は洪水を肯定し次のように考える。すなわち，「［洪水が起こったのは］バビロン地方とその近郊である。カユーマルスの末裔の居住地は東方であり，それは彼らには到達しなかったのである」と。（*Ṭabarī*, Vol. 1/1：199）

ゾロアスター教徒たちはノアの洪水を否定するか，あるいは，ノアの洪水が全世界には及ばなかったとすることでペルシア人の系譜がノアの洪水以前に遡ることを主張していた。タバリーはこのような形で，逐一，ペルシア人，あるいはゾロアスター教徒による伝承を紹介している。その一方で，旧約的普遍史に依拠した古代ペルシア史叙述も併記している。

ノアはセムのために，預言者 al-anbiyā' と使徒 al-rusul がその末裔から生まれるようにと祈願し，ヤペテのために，王 al-mulūk がその末裔から生まれるようにと祈願した。彼はヤペテに対して祈り始め，そのために，ヤペテをセムの上位に置いた。彼はハムに対しては，彼の肌の色が変わるように祈った。それは，その子孫がセムとヤペテの子孫の奴隷 ‘abīd となるようにと。［中略］ノアの子ヤペテの息子には，テュルクやハザルなど，そしてペルシア人 al-furs からなる非アラブの諸王 mulūk al-a‘ājim がいた。彼らの中で最後に王となった者は，ヤズドギルド・ブン・シャフリヤール・ブン・アバルウィーズで，その血筋はノアの子ヤペテの子カユーマルスに遡る。（*Ṭabarī*, Vol. 1/1：215–216）

この伝承によれば，地上の王はすべてヤペテの息子とされ，その中にペルシアの王も含まれている。ここで，カユーマルスはヤペテの子とされるが，これは，冒頭で紹介したカユーマルス＝ヤペテの息子（ゴメル）説に矛盾しない（*Ṭabarī*, Vol. 1/1：17）。

また，旧約的普遍史に依拠した古代ペルシア史叙述にはもう一つ有力な説があった。それは，ペルシア人をセム裔とする伝承である。既に述べたように，イブン・クタイバやディーナワリーは，カユーマルスという名には触れずにペルシア人セム裔説を唱えていた。タバリーも同様に，フーシャングをセム裔とする上述のイブン・カルビーの伝承に加え，セムの子ルド Lāwidh がヤペテの娘シャブカ Shabka と結婚し，ファールス Fāris，ジュルジャーン Jurjān，ペルシア諸民族 ajnās fāris を生んだとするイブン・イスハークの伝承を伝えている（*Ṭabarī*, Vol. 1/1：213）。ただし，ここではカユーマルスの名前への言及はない。

以上タバリーが伝える伝承を整理すると，①ゾロアスター教徒の伝承として，カユーマルスをアダムかその息子とするもの，②旧約的普遍史に依拠しながら，ペルシア人をセム裔とするもの，③ヤペテ裔とするもの，と大きく分けて3通りの伝承があったことになる。タバリーが依拠した典拠はほとんどが口承の伝承であったと考えられるが，ゾロアスター教徒の伝承が積極的に引用されているのが，彼の古代ペルシア史叙述の大きな特徴の一つである。ただし，サーサーン朝から伝わる『王の書』の内容に依拠したものなのかは不明である。

古代ペルシア四王朝の区分

次に，カユーマルスに始まる古代ペルシアの諸王の血統の連続性について考察したい。というのも，タバリー以前の史料では，ジャムシードの前と後で，王統は途切れていたからである。カユーマルスに始まる王統をジャムシードも含めて連続して説明した最初の歴史家ヤアクービーは，統治年に言及しただけで，カユーマルスからジャムシードに至る血縁関係には一切触れていない（*Yaʻqūbī*, Vol. 1：178）。管見の限り，カユーマルスに始まる血統とジャムシードに始まる血統を繋げて叙述した最初の歴史家がタバリーであった。ジャムシードの父の名前はウィーワンジハーンか，あるいはそれに近い形の名前で知られていた。『預言者と王の歴史』では，このウィーワンジハーンをフーシャングの末裔に位置付け，タフムーラスの父とすることで二つの血統が繋げられている（*Ṭabarī*, Vol. 1/1：179，図1-4）。これにより，ジャムシードをタフムーラスの兄弟として，カユーマルスに始まる諸王の系譜の中に位置付けることが可能になったのである。

タバリーは，カユーマルスからファリードゥーンまでの古代ペルシアの諸王について様々な伝承を伝える一方で，マヌーチフル以降の王に関しては，「マヌーチフルの後，ペルシア人 al-furs の中でバビロンを支配した者」（*Ṭabarī*, Vol. 1/2：529）と分類し，整理して順々に記述していく。この括りは，アレクサンドロスまで続き，その後のアシュカーン朝とは区別される。また，先行する文献では確認できなかったアシュカーン朝の王の名前と統治年も記されている。ただし，アシュク1世に始まる王名表（*Ṭabarī*, Vol. 1/2：706–710）とアフクールシャー（*Ṭabarī*, Vol. 1/2：710–711）に始まる王名表という2種類の，それぞれの王の統治年が一致しない王名表が併記されており（付表参照），複数の伝承が併記されている。この後に続くのは，サーサーン朝史だが，サーサーン朝と表記されることはなく単純にペルシアの諸王 mulūk al-furs と表記され（*Ṭabarī*, Vol. 1/2：813），古代ペルシア四王朝の区分は見られない。

マヌーチフル以降の古代ペルシア史は，ほぼ一直線の時間軸に沿って展開し，その中で，イブン・カルビーなどによる異説が併記されている（例えば，*Ṭabarī*, Vol. 1/2：603）。その王の名前と統治年はヤアクービーの伝承に近いが，最も近いのは531／1136/7年以前に編纂された著者不明のアラビア語普遍史書の手稿本（Berlin, State Library, Ms. Sprenger 30）の内容で，ほぼ一致している（*Sprenger 30*：26a–87b，付表参照）。そこでは，カユーマルスの旧約的普遍史の文脈における位置付けについてもヤペテの息子（ゴメル Khāmir）説が紹介されており（*Sprenger 30*：28a），これもタバリーと一致している。両著作の関係性については既に Rubin（2005）という専論があるが，これまで分析されてきたのはサーサーン朝時代のみであった。この普遍史書の性格が不明瞭であるため本書ではこれ以上扱わないが，全体の構成を比較する文献学的研究が待たれる。

タバリーの情報源について，イブン・ムカッファアをサーサーン朝史の史料として度々引用したとする研究者もいるが（Jawād Mashkūr 1352kh：19–20），上述のように，そのような証拠は確認できなかった。しかしながら，タバリーと『王の書』との関連性を強調する傾向は今でも根強い（Zakeri 2008：29）。確かにタバリーはそれ以前の歴史家が利用しなかったペルシア人，あるいはゾロアスター教徒の伝承に依拠した古代ペルシア史を伝えている。しかし，その内容は後世の歴史家が考えたような古代ペルシア諸王を四王朝に分類するものではない。タバリーはイスナードを細かく記すことを重視した歴史家として知られるが，古代ペルシア史に関しては情報源を記してもその経路には触れていない点が特徴的である。

タバリーはイランという言葉について，その由来を「[ファリードゥーンは] 世界の中心 wasaṭ al-arḍ とその栄えた土地——ところでその土地とはバビロンのことであり，フナーラス Khunārath と呼ばれている——を，それに隣接するところのスィンド，インド，ヒジャーズなどを付け加えた後，イーラジュに与えた。ところで，彼は3人の息子のうち最年少で，最も寵愛を受けていた。そのために，バビロン地方は「イランの国 Īrān-shahr」と名付けられた」(*Ṭabarī*, Vol. 1/1：229) と説明する[42)]。ただしこの言葉は，この箇所以外にはもう一箇所でしか言及されていない (*Ṭabarī*, Vol. 1/2：648)[43)]。他にイランという言葉が確認できる用例としては，スースの別称のイーラーンフッラ・サーブール Īrān-khurrah Sābūr とイーラーンシャフル・サーブール Īrān-shahr Sābūr という名前が確認できる程度で (*Ṭabarī*, Vol. 1/2：840, 845)，やはりイランという言葉が単独で用いられることはない。

(7) マスウーディー『黄金の牧場』(947年頃) ／『助言と再考の書』(956年)

史料の性格

ペルシア人の起源について様々な伝承を網羅的に紹介したタバリーに対して，それらに新しい情報を付け加え整理したのが，旅行家，歴史家，地理学者として知られるマスウーディー Abū al-Ḥasan ʻAlī b. al-Ḥusayn b. ʻAlī b. ʻAbd Allāh al-Masʻūdī (956没) である。彼は896年頃バグダードに生まれたが，915年以

42) タバリーは，ファリードゥーンについて，ノア，ズー・アルカルナイン，ソロモンに比定する伝承があると紹介し，この3人の息子に世界を分割する伝承がノアの伝承に似ているという理由から，ノアの記述の近くでこの伝承を伝えている (*Ṭabarī*, Vol. 1/1：225)。

43) この他に，おそらくイランの国 Īrān-shahr を意味するであろう「イーラーンカルド Īrān-kard」という用例が一事例確認できる (*Ṭabarī*, Vol. 1/2：531)。

降，西はエジプトから東はインドまで，北はアルメニアから南は東アフリカまで旅をし，ウラマーからだけではなく，商人や船乗りからも情報を収集し，その過程で，非ムスリム（キリスト教徒，ユダヤ教徒，サービア教徒，ゾロアスター教徒，マニ教徒）にも接触している[44]。歴史に限らず宗教や哲学など多岐にわたる分野に関する著作を残しており，その数は 36 点とも 42 点とも言われるが[45]，大半は散逸し，現存しているのは『黄金の牧場 *Murūj al-Dhahab*』（947 年頃）[46] と『助言と再考の書 *Kitāb al-Tanbīh wa al-Ishrāf*』（956 年）の 2 著作のみである[47]。

『黄金の牧場』の序文では，タバリーなど多くの先行する歴史家の名前やその著作が列挙されており（*Murūj* : 12–16），当時の読書環境が分かり興味深い。しかし，例えば，タバリーの『歴史 *Ta'rīkh*』を「他のいかなる著作よりも素晴らしく，いかなる諸作品よりも浩瀚である。そして，様々な情報を収集し，様々な記録を包含し，種々の知識を含んでいる。その効用が多く，その利益が役に立つ著作である」（*Murūj* : 15）などと評価する一方で，その様式は先行する歴史書とは異なっている（Shboul 1979 : 95–96 ; 竹田 1990 : 290–297）。マスウーディーは自ら，アラブ人，ペルシア人 al-furs，シリア人，ギリシア人，ローマ人，インド人，中国人などの諸民族の情報より構成された歴史書と評価しているが（*Tanbīh* : 110–111），その内容は，歴史に留まらず，地誌，博物誌，伝記，詩集をも含むもので，現在は「百科全書的な歴史作品」と評価されている（竹田 1990 : 299）。諸民族の歴史は，ヤアクービーの『歴史』と同様，それぞれ別の章で論じられており，タバリーのように一つの時間軸に沿った叙述様

44） マスウーディーの経歴については Shboul（1979 : 1–54），竹田（1990）を参照。マスウーディー自身中国まで旅をしたと述べているが（*Murūj* : 10），本人が旅をしたのか真偽は不明。

45） マスウーディーの著作とその内容については Khalidi（1975 : 153–164）を参照。

46） 332 年第 2 ラビーウ月／943 年にフスタートで草稿が完成，その後 345／956 年まで改訂を繰り返している（竹田 1990 : 283–284）。現存しているのは，336／947 年版。

47） 散逸したとされるマスウーディーの著作『時代の諸情報 *Akhbār al-Zamān*』の校訂本として，Abū al-Ḥasan ʻAlī b. al-Ḥusayn b. ʻAlī al-Masʻūdī, *Akhbār al-Zamān*, ed. ʻA. al-Ṣāwī, Cairo, 1938 があるが，現在では彼の著作だとは認められていない（Khalidi 1975 : 154–155）。

式は採らない。

彼の古代ペルシア史叙述については，イスラームに改宗したペルシア人が，敬虔な一神教徒としてその出自をアブラハムに求めるようになっていくという切り口で，サヴァンが詳細に論じている（Savant 2006a : 90–151 ; Savant 2006b）。これらでは，ペルシア人が伝える他の多くの伝承は紹介されていないが，後に，全ての伝承を紹介する論考 Savant（2014）を著した[48]。ただし，その議論は人類の系譜におけるペルシア人の位置付けのみに限定され，古代ペルシア史については考察がなされていない。『黄金の牧場』，およびそれと同ジャンルの著作『助言と再考の書』における伝承は，およそ次の 3 通りに分けられる[49]。

①カユーマルスをアダムに関係付ける伝承

マスウーディーは，カユーマルス＝アダム説（*Tanbīh* : 85, 197），カユーマルス＝アダムの息子説（*Murūj* : 260, 263），人類の起源説（*Murūj* : 260 ; *Tanbīh* : 85, 197）を紹介しているが[50]，これらは先行する文献においても確認できる。ただし注目すべきは，カユーマルスの双子の子どもだとされるマシーとマシヤーナについて新しい情報が付け加えられている点である。

> ゾロアスター教徒 al-majūs には，カユーマルスについて次のような長い話がある。彼は人類の祖 mabda' al-nasl であり，大地に根を張る植物，すなわち大黄 al-rībās の如くに地面から育っていた。彼とその妻，彼らはマシー Mashya とマシヤーナ Mashiyāna と呼ばれる。これ以外には，それを語るのが実に不愉快な話，彼の悪魔との話，彼が悪魔を殺した話がある。

48）ペルシア人以外も射程に入れたマスウーディー歴史認識全般については，Shboul（1979）を参照。

49）『黄金の牧場』のピーシュダード朝の記事については，Modi（1935）という専論がある。

50）ジャムシードの伝記には「洪水は彼の治世にあった」という記述があり（*Murūj* : 263），これもカユーマルスを洪水以前に位置付ける同系統の伝承に属すものと考えられる。旧約的普遍史に関係付ける記述として，その他に，マヌーチフルがモーセとヨシュアと（*Murūj* : 266），アシュカーン朝のシャープールがイエスと同時代人であったという記述が確認できる（*Murūj* : 277）。

（*Murūj*：262）

他の文献ではこの2人はカユーマルスの双子の子どもとして登場するが[51)]，ここではカユーマルスと妻の異名ということになっている。タバリーにもこの2人は登場していたが，このゾロアスター教徒の説によれば，2人は植物だとされている。マスウーディーは神が人類を創造するのではなく，植物から人類が誕生する，という話に嫌悪感を覚えたのか，これ以上の言及を避けてはいるが，植物を人類の祖とするゾロアスター教徒の伝承を初めて紹介したのがマスウーディーであった。

②カユーマルスをセム裔とする伝承

これは，ノアの洪水以降，特にセムの末裔にカユーマルスを位置付ける伝承で，カユーマルスを，ノアの子孫の中で最初にファールスに住んだウマイム（セムの曾孫にあたる）とするものである（*Murūj*：45, 260)。一方，タバリーが伝えるカユーマルスをヤペテ裔とする伝承については，少しも言及がない。これ以外には，カユーマルスの名を出さずに，①ファールス Fāris をセムの孫でナバタイ人の始祖であるナビート Nabīṭ の兄弟であるとする説（イブン・カルビーの伝承)，②ヨセフの息子とする説，③セムの孫ヒドラーム Hidrām の息子とする説，④ロトの息子とする説，⑤セムの曾孫バウワーン Bawwān（父はイランという名を持つ）の息子とする説など，様々なペルシア人の系譜に関する伝承を羅列している（*Murūj*：278)。

③ペルシア人アブラハム起源伝承

これは，サヴァンが重要視した，ペルシア人の敬虔さを強調する，ペルシア人の起源をアブラハムに求める伝承である（*Murūj*：279–284)。特に，『助言と再考の書』では，イスラームが興った後のペルシア人の説に依拠しながら，彼らは神の友アブラハムの息子イサクの末裔にあたる，という伝承が引用されて

51）ただし，マスウーディーの別著『助言と再考の書』では，カユーマルスの子どもとして登場する（*Tanbīh*：93)。

おり（*Tanbīh*：108–109），ペルシア人の起源認識の変化がうかがえる興味深い事例である[52]。

古代ペルシア四王朝の区分

マスウーディーは，カユーマルスに始まる初期の神話的な歴史については，当時伝えられていた様々な伝承を羅列するに留めているが，それ以降の歴史，特に，サーサーン朝の歴史については信頼に足ると考えた史料に依拠し再構成している。マスウーディーは，ペルシア人の系譜，その諸王の名前と統治年について，様々な人々による様々な伝承が存在していると断りながらも，ペルシア人の伝承を優先して採用したとする（*Tanbīh*：105）。その中では，アブー・ウバイダ Abū ʻUbayda Maʻmar b. al-Muthannā（824/5 没）が伝えるウマル・キスラー ʻUmar Kisrā の伝承など，先行する歴史家が利用し得なかった伝承が採用されている。このウマルという人物は，ペルシア諸王の伝承に通じていたため，ペルシア諸王の称号であるキスラーの異名を持つようになった人物だと紹介されている（*Murūj*：264）[53]。さらに，マスウーディーは，執筆時のゾロアスター教司祭の名前を伝えるなど（*Tanbīh*：104），非ムスリムを含むペルシア人の情報に相当精通していたと考えられる。その中でも，303／915/6 年にイスタフルのペルシア人の貴族を訪問した際に，大部な著作 kitāb ʻaẓīm を目撃したと記している。そこには，サーサーン朝君主 27 人の肖像画が書かれ，その内容は他の文献では確認できないものだったという（*Tanbīh*：106）[54]。

彼は，『王の書 *Khudāy-nāmāh*』（*Tanbīh*：106），ペルシア人の 600 の位階について解説した『位階の書 *Gah-nāmāh*』（*Tanbīh*：104, 106），宮廷儀礼に関する

52）ただし，タバリーはマスウーディーと同じ詩の一節を引用しながら，「ペルシア人 al-furs はこの系譜を否定する」と逆の見解を伝えている（*Ṭabarī*, Vol. 1/1：433）。

53）この情報源は，第 22 章「諸地方政権の諸王」，第 24 章「サーサーン朝」，および『助言と再考の書』でも言及されている（*Murūj*：276, 295；*Tanbīh*：102）。また，ウマル・キスラーの名前は，後に編纂されたバルアミー Balʻamī の『歴史書 *Tārīkh-nāma*』でも確認できる（*Balʻamī*, Vol. 2：826）。

54）この書物は，ペルシア人の王の宝物庫で発見された書物から 113 年第 2 ジュマーダー月中旬／731 年に写されたもので，ウマイヤ朝 10 代カリフ，ヒシャーム（在位 724–743）のためにアラビア語に翻訳されたものだとされている（*Tanbīh*：106）。

1000 葉を超える大著『儀礼の書 *Ā'īn-nāmāh*』(*Tanbīh*: 104, 106)，イブン・ムカッファアがペルシア語からアラビア語に訳した，ルスタムなどを対象とした英雄伝『サキーサラーンの書 *Kitāb al-Sakīsarān*』(*Murūj*: 267, 268)，同じくイブン・ムカッファア訳『肖像の書 *Kitāb al-Baykār*』(*Murūj*: 229)，アルダシール 1 世伝『伝記 *Kitāb al-Kārnāmaj*』(*Murūj*: 289) など，ペルシア語の書名に言及しており[55]，先行する歴史家に比して，彼がペルシア人の伝承に親しんでいたことは明らかである[56]。

これら独自の文献に基づきマスウーディーが叙述した古代ペルシアの諸王朝の分類もこれまでとは違うものであった。彼はサーサーン朝より前の諸王を初めて整理した。『黄金の牧場』では，ペルシア諸王は，①「前ペルシア諸王 mulūk al-furs al-ūlā」(カユーマルスからダーラー 2 世)[57]，②「諸地方政権の諸王 mulūk al-ṭawā'if」，③「サーサーン朝（後ペルシア諸王)」という三つの王朝に分類されている (*Murūj*: 260–327)。さらに，マスウーディーはこの分類に従い，諸王の名前と統治年を列挙した後，ペルシア諸王を四つに区分する方法を二通り紹介している。一つは，ペルシア諸王を①フダーハーン朝（カユーマルスからファリードゥーン)，②カヤーン朝（ファリードゥーンからダーラー 2 世)，③アシュカーン朝，④サーサーン朝（後ペルシア諸王）の四つに，もう一つは，ペルシア諸王を①カユーマルスからガルシャースブ，②カイカーウースからアレクサンドロス，③アシュカーン朝，④サーサーン朝の四つに分ける方法である (*Murūj*: 324)。後者の典拠はアブー・ウバイダであるが，これは後に見られる標準的な四王朝叙述法と同じ形である。

また，サーサーン朝史の末尾で，画期となる時代区分を用いて，年代を合計

55) これ以外に，先行研究では，『バフラーム・チュービーンの書 *Bahrām Jubīn Nāma*』という書名の著作が紹介されているが (Shboul 1979: 105)，原文には，「バフラーム・チュービーンの伝記に関する単著」とだけあり (*Murūj*: 318)，これは書名だとは考えにくい。

56) マスウーディーの世界像も古代ペルシアの地理学の系譜を引いている。この問題については，羽田 (2005: 34–36) を参照。

57)『黄金の牧場』でも，タバリーと同様に (図 1-4)，ジャムシードをタフムーラスの兄弟とすることで，カユーマルスの血統とジャムシードの血統がつなげられている (*Murūj*: 263)。

し，カユーマルスからヒジュラまでの年代を計算している。彼によれば，①カユーマルスからマヌーチフル（1922 年），②マヌーチフルからゾロアスター（583 年），③ゾロアスターからアレクサンドロス（258 年），④アレクサンドロス（6 年），⑤アレクサンドロスからアルダシール 1 世（517 年），⑥アルダシール 1 世からヒジュラ（404 年）で，合計 3690 年とされる（*Murūj*：323–324）。

マスウーディーの古代ペルシア史叙述はタバリーよりも整理されているが，その記述の中には多くの矛盾点が含まれている。最晩年の著作『助言と再考の書』では，ペルシア諸王は三王朝でも四王朝でもなく，①第 1 期古ペルシア王朝，②第 2 期古ペルシア王朝（バラーン朝 Balān），③第 3 期古ペルシア王朝（カヤーン朝 al-Kayānīyūn），④諸地方政権の諸王，⑤新ペルシア王朝（サーサーン朝 al-Sāsānīya），ともう少し細かく五王朝に区分されている。後世の歴史叙述ではピーシュダード朝として括られる諸王が，ダッハークの治世を境に第 1 期と第 2 期で分断されているという特徴がある（*Tanbīh*：85–103）。

最後に，『黄金の牧場』におけるイランという言葉の起源に関する説明を紹介しておきたい。ここでも，『長史』や『究極の目的』と同様に，イランは人物の名前に関係付けられている。

> この地方［バビロン］がいかにしてイーラジュ Īraj に帰属し，「ジーム (j)」が落とされ，その代わりに「ヌーン (n)」が加えられ，「イランの国 Īrān-shahr」――「シャフル」とは「国 mulk」のことである――と呼ばれるようになったのかについては，本書のこれに続く部分で紹介する。（*Murūj*：266）

この伝承によれば，イランはファリードゥーンの子イーラジュに関係付けられ，イーラジュの「ジーム」が「ヌーン」に置き換わり，イランという言葉が生まれたという。イランはイーラジュという人物を，イランの国という言葉は，バビロンを支配したイーラジュの支配領域を指し示す言葉として用いられている[58]。

58）第 23 章「ペルシア人の系譜」中にもイランとイーラジュを関係付ける伝承が紹介されている（*Murūj*：279）。

マスウーディーは，当時参照可能だった様々な古代ペルシア史を収集し，それまでは一括りにされていたピーシュダード朝（ただし，ピーシュダード朝という名称は用いられていない）とカヤーン朝を区分し，年代を整理するなど，古代ペルシア史の王名と年代の確定に大きく貢献した。マスウーディーもまた，イブン・ムカッファアや『王の書』以外の系統の文献に主に依拠している。ただし，古代ペルシアの諸王の内容は独自のものではなく[59]，タバリーの王名表に近い（付表参照）。

(8) クダーマ・ブン・ジャアファル『租税の書』(10世紀前半)

10世紀半ば頃には，それまでジャムシードが起点であった古代ペルシア史の始まりが次第にカユーマルスへと移っていく。それに伴い，旧約的普遍史の文脈における古代ペルシア史の位置付けに関しても，様々な伝承が確認できるようになる。同様の変化は歴史書だけではなく，百科事典の中でも見られる。タバリーやマスウーディーのほぼ同時代人で，アッバース朝宮廷で書記官を務めたクダーマ・ブン・ジャアファル Abū al-Faraj Qudāma b. Jaʿfar al-Kātib al-Baghdādī (948没)[60] は，百科事典『租税の書 *Kitāb al-Kharāj*』の第6部6章「イスラームの国とその徴税区と位置関係」[61] の中で，ペルシア人の始祖について解説を付している。

> イスラームの国 mamlakat al-Islām の中心 qaṣaba はイラクの地である。そこは，今日まさにそのような形で存在しているが，かつてはペルシア人 al-furs がその地を治め，「イランの国の中心 dil Īrān-shahr」と呼んでいた。ペルシア人が「イラン Īrān」と呼んでいた場所を，アラブ人がこのアラビ

59）ただし，古の歴史書 kutub al-tawārīkh al-qadīma では確認できないと評価するキュロス Kūrush al-Fārisī について言及するなど，諸所で独自の情報が散見される（*Murūj*: 272)。

60）クダーマ・ブン・ジャアファルの経歴については，Heck（2002: 22–25）を参照。彼の著作は前述の『黄金の牧場』において高く評価されている（*Murūj*: 16)。

61）全8部（あるいは9部）の内，現存しているのは第5部から8部までである（Heck 2002: 3)。第6部は地理書に相当する内容で，その全体像については Heck（2002: 94–145）を参照。

ア語の名称で「イラク」と呼んだのである。「イラン」の意味は「アイル Ayr」に由来する。彼らは，アイル・ブン・ファリードゥーン・ブン・ウィーワンジハーン・ブン・フーシャング Ūshhanj・ブン・フィールーザーン・ブン・サーミーク・ブン・ナルスィー・ブン・カユーマルスが選んだ民族 qawm である。ゾロアスター教司祭が私に伝えたところでは，カユーマルスの意味は「死すべき理性的動物 al-ḥayy al-nāṭiq al-mayyit」である。ペルシア人 al-furs はその起源と由来をカユーマルスに求め，彼をアダムに位置づける。(*Kharāj*: 159)

ここでも，カユーマルス＝アダム説への言及が見られる。そして，その末裔である「アイル」という人物に因んでイラクがイランと呼ばれるようになったと紹介される。また，イランという言葉についての定義を考える上でもこの引用部の記述は重要である。この時代には，「イラン」単独では地理的概念としては用いられていなかった。「イラン」とは古代ペルシアの王の息子の異名であり，その王が統治した地域が「イランの国」と呼ばれていたのである[62)]。この時代の文献では，ペルシア人を示す単語として al-furs や al-ʿajam が用いられ，Īrānīyūn や ahl Īrān といった単語が用いられることはない。

イラクを「イランの国の中心」とするこのような地理認識は，イブン・フルダーズビフ Ibn Khurdādhbih（911 没）の地理書において既に見られる（*Masālik*: 5)。これが，直接的ないし間接的な影響をクダーマに与えた可能性も考えられる。

ファリードゥーンは大地 al-arḍ を彼の 3 人の子どもたちに分割した。サルム――すなわちシャラム Sharam のこと――は西方の王となった。彼の末裔はルームとソグドを支配した。トゥーシュ［トゥール］Ṭūsh――トゥージュ Ṭūj のこと――は東方の王となった。彼の末裔はテュルクと中国 al-

62）ここまで取り上げた文献の中では，ディーナワリー，『究極の目的』の著者，タバリー，マスウーディーは「イランの国」という地理概念を用いている。一方，『歴史』の著者ヤアクービーは，891 年にエジプトで著した地理書『諸国 *al-Buldān*』の中で，世界の中心をバグダードとする同様の説を紹介しているが，「イランの国」という地理概念を用いていない（*Buldān*: 233)。

> Ṣīn を支配した。イラン——イーラジュのこと——はイランの国 Īrān-shahr——すなわちイラク——を支配した。イラクの王たちは皆，彼の末裔である。［中略］イラクの王は皆にキスラー Kisrā——すなわち王中の王 Shāhānshāh——と呼ばれ，ルームの王は皆にカイサル Qayṣar——すなわちバースィール Bāsīl——と呼ばれる。テュルク，チベット，ハザルの王は全てハーカーン Khāqān と呼ばれる。ジャブグーヤ Jabghūya と呼ばれるカルルク Kharlukh の王とバグブール Baghbūr と呼ばれる中国の王を除いては。すなわち，彼らはファリードゥーンの末裔なのである。（*Masālik*: 15-16）

イランの国をイラクと同一視し，その名前の由来をイランという異名を持つ，ファリードゥーンの子であるイーラジュに求めるという点は『租税の書』に共通している。ただし，インド以外の世界の諸民族がファリードゥーンの末裔に比定され，旧約的歴史叙述で重要な役割を果たしているアダムやセムは登場しない。前イスラーム時代のペルシア人の人類史認識には，元来このような人物は想定されていなかったと考えられるので，イブン・フルダーズビフは古代ペルシアの人類史認識をそのまま伝えているのであろう。一方，クダーマはゾロアスター教徒の伝承として，カユーマルス＝アダム説を紹介し，カユーマルスからファリードゥーンに至るまでの系譜を記録している。このように，古代ペルシアの伝承を旧約的普遍史に位置付ける歴史叙述が大半を占めるようになるのが，10世紀半ばの特徴と言える。

章　結

以上本章では，10世紀半ば頃までに著されたアラビア語文献に見られる人類史認識や古代ペルシア史叙述について検討してきた。その主な結論は次のようにまとめられる。

（1）先行研究においては，初期イスラーム時代における古代ペルシア史叙述の情報源はイブン・ムカッファアによる『王の書』のアラビア語訳だと考えられてきたが，実のところ，アラブの伝承学者に依拠した伝承の方が多い。イブン・ムカッファアに依拠した古代ペルシア史も編纂されてはいたが，そこでは，ジャムシード以前の情報はほとんど確認できない。

(2) 古代ペルシア史を旧約的普遍史の文脈に位置付けようとする試みは，この時点でも確認できるが，その主体となったのは，ペルシア人の側ではなくアラブ人の側であったと考えられる。その中で，旧約的普遍史と矛盾しない形で，ペルシア人はノアの子孫だと考えられてきた。ペルシア人の起源が歴史家の関心事になるのは，タバリーやマスウーディーがペルシア人にとっての最初の人間カユーマルスを大きく取り上げた後のことであった。

(3) フィルダウスィーの『王書』にある，ピーシュダード朝，カヤーン朝，アシュカーン朝，サーサーン朝という四王朝の諸王の名とその統治年の情報が出揃うのは，ヤアクービー以降で，特に，タバリーとマスウーディーの貢献が大きかった。ただし，ピーシュダード朝とカヤーン朝の区分は曖昧なままで，古代ペルシアの諸王を四王朝に区分する手法は共有されていなかった。この時点では，サーサーン朝以前の歴史は完全には整理されていなかったのである。

第2章

『王の書』の「復活」と流行

——ペルシア系地方王朝における普遍史——

はじめに

前章では，10世紀半ばまでの古代ペルシア史叙述の多くは，イブン・ムカッファアなどによる，パフラヴィー語文献のアラビア語訳にではなく，アラブの伝承学者による伝承に依拠したものであったことを明らかにした。サーサーン朝時代に編纂されたパフラヴィー語文献の情報を反映した文献を初めて本格的に用いたのは，10世紀半ばのマスウーディーである。彼により，それまで体系的に整理されていなかったサーサーン朝以前の歴史に見通しが示されたが，それが後世の歴史家に大きな影響を与えることはなかった。後世の歴史家の古代ペルシア史叙述に最も大きな影響を与えたと考えられるのは，現代の研究者の間で有名なタバリーでもマスウーディーでもなく，さほど高く評価されていないハムザ・イスファハーニー Abū ʻAbd Allāh Ḥamza b. al-Ḥasan al-Iṣfahānī（893頃-971頃）であった。

本章で論じるのは，10世紀半ば以降の古代ペルシア史への需要の高まりと，古代ペルシア史の再編纂についてである。この時代に，アラブ人の伝承ではなく，ペルシア人の伝承に依拠した普遍史が編纂されたことにより，新しい形の古代ペルシア史が創造されることになる。なお，この時代は，アッバース朝の権力が相対的に低下し，ペルシア系の地方王朝が各地で勃興した時代とちょうど一致している。清水宏祐は，これら地方王朝の独立により，「イスラーム以前—預言者ムハンマド—正統カリフ時代—ウマイヤ朝—アッバース朝」という直線的な王朝交替の筋道を辿る形式の歴史叙述は衰退したと論じたが（清水 1995：27–28），実際はどのようであったのだろうか。実はその地方王朝においても，普遍史書の編纂は続けられていたのである。

1　ハムザ・イスファハーニーによる古代ペルシア史の再編

(1) ハムザ・イスファハーニー『王と預言者の年代記』(961 年)

史料の性格

ハムザ・イスファハーニーはイスファハーン出身の文人で，少なくとも 9 点の著作を著したと考えられている（うち 2 点が歴史，2 点が格言，3 点がアラビア語詩，2 点が辞書学に関する著作）(Rosenthal 1986：156a–156b)[1]。彼の著作の中でしばしば歴史家に参照されてきたのは『イスファハーン史 *Kitāb Aṣbahān wa Akhbār-hā*』だが，現存していない（Rosenthal 1968：160–161)。ハムザは郷里のイスファハーン以外でも活動し，308／920/1 年にはバグダードを訪れている (*Sinī*：83–84)。また，おそらくはその過程で，タバリーなどからハディースを学んだという記録も残されている（*Aṣbahān*：352)。

現存する彼の数少ない著作の一つが，350 年第 2 ジュマーダー月 29 日／961 年 8 月 15 日にブワイフ朝（932–1062）治下のイスファハーンで編纂された (*Sinī*：243)，『王と預言者の年代記 *Kitāb Tawārīkh Sinī Mulūk al-Arḍ wa al-Anbiyā'*』(以下『年代記』と略記)[2]である。ハムザの別著『均衡 *al-Muwāzana*』は時の君主アドゥド・アッダウラ（在位 949–983）に献呈されたものだが

---

1) ハムザの経歴に関する専論を著したミットヴォッホ E. Mittwoch は 12 点だとしている (Mittwoch 1909：128–129)。

2) ハムザや彼の著作『年代記』に関する研究は進んでいない。古代ペルシア史に関する豊富な情報を提供する史料であるにもかかわらず，『イラン百科事典』には項目すら立てられていない。しかし近年，『年代記』で使用される地名・人名をまとめた論考 Pourshariati（2007)，『年代記』におけるイスラエルの諸王の記述を扱った論考 Adang (2006)，サーサーン朝史の記述を扱った論考 Rubin（2008a）などの専論が続々と出版され，関心の高まりが見られる。

(Rosenthal 1986 : 156b)，『年代記』が献呈作品であったのかは分からない。構成は，序文（2-8），および，1章「ペルシア諸王」(8-66)，2章「ローマ諸王」(66-80)，3章「ギリシア諸王」(80-82)，4章「コプト」(82-83)，5章「イスラエル」(83-94)，6章「ラフム」(94-114)，7章「ガッサーン」(114-122)，8章「ヒムヤル」(122-139)，9章「キンダ諸王」(139-141)，10章「クライシュ族（ホラーサーンとタバリスターンの支配者も含む）」(141-243）の10章からなる（括弧内は校訂本 *Sinī* の頁数)。ハムザはしばしば「ペルシア民族主義」者と現代の研究者に評され（山中 2009 : 355)，史料中にも，それを裏付ける記述が散見される（*Fihrist* : 154 ; *Inbāh* : 370)。しかし，第2章の情報源はローマ人の捕虜の息子（*Sinī* : 70)，第5章の情報源はユダヤ教徒の知識人であるなど（*Sinī* : 84)，非ムスリムの情報源から直接，前イスラーム時代の情報を得ており，必ずしも古代ペルシア史のみに偏重しているわけではない。そして何よりも，『年代記』の大半を占めるのはムハンマド以降の歴史である。むしろ彼の目的は，諸民族の王名とその統治年を確定することにあったのではなかろうか。

『年代記』の序文は，「暦 al-tawārīkh に生じている混乱や暦に見られる類似点を説明するために，諸々の暦の異同を示すこと」にあてられる。最初に，中国人 al-ṣīn，インド人 al-hind，スーダン人 al-sūdān，ベルベル人 al-barbar，ローマ人 al-rūm，テュルク人 al-turk，そして，アーリヤ人 al-aryān（ペルシア人 al-furs）という世界の七つの民族が紹介され，ペルシア人の国は全ての民族の国の中心に位置するという説明に始まる[3)]。ペルシア人の国が七つの国の中央に位置し，その周囲を他の民族の国が囲むという地理認識は後の知識人に影響を与えることになるのだが[4)]，ここで問題とされているのは，七つの民族固有

3) ハムザはここでは「イランの国 Īrān-shahr」という言葉を用いていないが，『年代記』全体では，「イランの国」という言葉は3事例確認できる（*Sinī* : 34, 46, 55)。

4) これ以前に既にマスウーディーが，世界は，第1気候帯のインド，第2気候帯のヒジャーズとアビシニア，第3気候帯のエジプトとアフリカ，第4気候帯のバビロンとイラク，第5気候帯のルーム，第6気候帯のゴグ・マゴグ，第7気候帯のヤワマーリース Yawamārīs と中国の七つの円 dāyira からなり，その中心が第4気候帯である，という地理認識を示している（*Tanbīh* : 31-32)。マスウーディーは第4気候帯とイランを関連付けてはいないが，ハムザは世界の中心イラクをペルシアと読み替えている。後掲の図4-3はこの地理認識を図式化したものである。

① 8 冊の『列王伝』：古代ペルシア四王朝（カユーマルス含）
② ムーサー・キスラウィー：サーサーン朝
③ バフラーム：古代ペルシア四王朝（アシュカーン朝史が①とは大きく異なる）
④『アヴェスター』：最初の人類カユーマルスについて

図 2-1　『年代記』における古代ペルシア史の典拠

の暦や歴史の多様性である。「それぞれの民族が夢で見たようなほとんど馬鹿げた話を語る」と批判的な姿勢を取りつつも，『年代記』ではその内容が簡潔に説明される（*Sinī*: 3-4）[5)]。

本文では各民族の諸王の名と統治年が整理されているが，その第 1 章が対象としているのが古代ペルシア史である。1 節「八つの情報源を整理した古代ペルシア史」，2 節「ムーサー・キスラウィーの伝承」，3 節「バフラーム・ブン・マルダーンシャーの伝承」，4 節「第 1 節で整理した諸王の事績」，5 節「『アヴェスター』の伝承」と様々な伝承が紹介されている（図 2-1）。その中で特に注目すべきは，これまで体系的に整理されていなかったサーサーン朝以前の古代ペルシアの王朝を四つとし，ピーシュダード朝 al-Fīshdādīya，カヤーン朝 al-Kayānīya，アシュカーン朝 al-Ashghānīya，サーサーン朝 al-Sāsānīya，という名称を与えている点である（*Sinī*: 8）。ピーシュダード朝とカヤーン朝の王の名とその統治年を整理した点は極めて重要で，後に，ここに見られる古代ペルシア四王朝叙述法が広く受け入れられていく。

8 冊の『列王伝』

ハムザが古代ペルシア史を整理する際に利用した情報源は，これまでの歴史家たちのものとはその性格が異なっていた。ハムザは古代ペルシア史叙述の混乱について，次のように嘆いている。

彼らの歴史 tawārīkh 全てに混乱が見られる。というのも，［サーサーン朝滅

5）この後，太陽暦（ギリシア人，シリア人，コプト，ローマ人，ペルシア人），太陰暦（インド人，アラブ人，ユダヤ教徒，キリスト教徒，ムスリム），閏年の説明と，暦 ta'rīkh という言葉の語源についての説明が続く（*Sinī*: 5-7）。

亡〕150年後に別の言語に翻訳され，数字 ruqūm al-aʻdād に似た文字から線 ruqūm al-ʻuqūd に似た文字に書き替えられたからである。そのために私には，この章が必要とする伝承を語るためには，様々な形に翻訳された書物を収集する以外に術はなかった。(*Sinī*: 8)

そして，①イブン・ムカッファア訳『ペルシア列王伝 *Kitāb Siyar Mulūk al-Furs*』，②ムハンマド・ブン・ジャフム・バルマキー Muḥammad b. al-Jahm al-Barmakī（マアムーン（在位 813–833）とムウタスィム（在位 833–842）の治世のアッバース朝宮廷官僚）訳『ペルシア列王伝 *Kitāb Siyar Mulūk al-Furs*』，③マアムーン旧蔵『ペルシア列王伝 *Kitāb Ta'rīkh Mulūk al-Furs*』，④ザードゥーヤ・ブン・シャーフーヤ・アスバハーニー Zādūya b. Shāhūya al-Aṣbahānī 訳『ペルシア列王伝 *Kitāb Siyar Mulūk al-Furs*』，⑤ムハンマド・ブン・バフラーム・ブン・マトヤール・アスバハーニー Muḥammad b. Bahrām b. Maṭyār al-Aṣbahānī 訳・編『ペルシア列王伝 *Kitāb Siyar Mulūk al-Furs*』，⑥ヒシャーム・ブン・カースィム・アスバハーニー Hishām b. Qāsim al-Aṣbahānī 訳・編『サーサーン朝史 *Kitāb Ta'rīkh Mulūk Banī Sāsān*』，⑦バフラーム・ブン・マルダーンシャー Bahrām b. Mardānshāh（ゾロアスター教司祭）改訂『サーサーン朝史 *Kitāb Ta'rīkh Mulūk Banī Sāsān*』，(⑧ムーサー・ブン・イーサー・キスラウィー Mūsā b. ʻĪsā al-Kisrawī の著作)，という8点のパフラヴィー語文献のアラビア語訳を収集したという（*Sinī*: 8–9）[6]。1点目は，先行研究でしばしば言及される，イブン・ムカッファアによるパフラヴィー語文献のアラビア語訳だが，ここでは，『王の書』という書名への言及はない。ハムザは以上の文献に関して，訳 naql，訳・編 naql aw jamʻ，改訂 iṣlāḥ と言葉を使い分けており，これらの文献を実際に参照したものと考えられる（Rosen 1895: 43–44）。ハムザはこれらを比較精査し，ペルシア諸王の王名と統治年を整理した。ただし，その内容を紹介する前に，著名な天文学者アブー・マアシャル Abū Maʻshar（787–886）の言葉を借り

6）ハムザは8冊の書物を収集したとするが，実際には7点の書名しか紹介していない。8点目の著作は第2節で紹介されるムーサー・キスラウィーによる古代ペルシア史で，その書名が，書写の過程で脱落してしまったものと考えられている（Rubin 2008a: 37）。

て，諸民族の間，ペルシア人の間でも様々な説があることを強調し[7]，ペルシア諸王の王統が必ずしも連続したものではなかった点に言及している。例えば，①カユーマルスの没後，②12年王位に就いたアフラースィヤーブが故地に戻った後，③ザーブが殺された後，などには空位期があり，その年代も不明瞭であると指摘している（*Sinī*：9-10）。このような考え方は，古代ペルシアの王統を連続する確かなものだと考え，それを基軸に普遍史を再構成したタバリーの立ち位置とは大きく異なっている[8]。

こういった前置きの後で，「ペルシア人 al-furs は皆総じて，人類の起源はカユーマルス――土の王 malik al-ṭīn，すなわちギルシャー Gil-shāh――と呼ばれる者から始まると考えている。彼は40年間生きた」（*Sinī*：12）という形で，カユーマルスについて説明する。そして，ピーシュダード朝9人2470年，カヤーン朝10人778年，アシュカーン朝11人344年，サーサーン朝28人429年3ヶ月18日，計60人4071年10ヶ月19日[9]となる王の名前と統治年を提示している（*Sinī*：12-16）[10]。

ムーサー・キスラウィーの古代ペルシア史

続く2節では，情報源の一つである，ムーサー・ブン・イーサー・キスラウィー Musā b. ʻĪsā al-Kisrawī[11]の古代ペルシア史が紹介され，1節で提示した

7）例えば，「彼ら［ペルシア人］もまた，彼らの君主の寿命について相違がある。ある者は，カイクバードは120年間地上を支配したと言い，ある者は彼が支配したのはたった数十年間だったと考えている」（*Sinī*：11）という記述がある。

8）第10章「クライシュ族」の年代記の一節で，タバリーの『補遺 *al-Kitāb al-Mudhayyal*』への言及が見られるものの（*Sinī*：146），タバリーの名前は古代ペルシア史の典拠としては挙げられていない。なお，タバリーからの引用ではイスナードが省略されているが，その理由を「私は，彼の書物から彼がそれについて語っていることを，そこにあるイスナード抜きで引用した。というのも，彼はその信頼性について名の知れた男であり，その著作は有名であり，既に諸国に行き渡っているからである」と断っている。

9）『アヴェスター』からの引用として，「人類の父 wālid bashar」カユーマルスからヤズドギルド3世まで，4182年10ヶ月19日という数字も提示している（*Sinī*：11）。

10）付表参照。ただし，王の数やその統治年の合計は必ずしもこれらの数値と一致せず，例えば，ここでの内訳を単純に合計すると，58人，4021年3ヶ月18日となる。

11）この人物と同一人物かは不明だが，同じキスラウィーという名の人物からの引用は，

古代ペルシア史との比較がなされる。ここでは，ムーサー・キスラウィーの言葉がそのまま引用されている。

> 私［ムーサー］は『王の書 *Khudāy-nāma*』と呼ばれる書物を調査した。ペルシア語からアラビア語に翻訳された際に，『ペルシア列王伝 *Kitāb Ta'rīkh Mulūk al-Furs*』と名付けられた書物である。この書物の諸手稿本を繰り返し参照し念入りに検証したところ，それらが多種多様であることに気付いた。その中には，内容が一致する手稿本が一切得られないほどであった。それは，本書を別の言葉に翻訳した者たちの誤りに起因している。私は，マラーガの支配者 ra'īs アラー・ブン・アフマド al-'Alā' b. Aḥmad[12]の所で，ハサン・ブン・アリー・ハマダーニー・ラッカーム al-Ḥasan b. 'Alī al-Hamadānī al-Raqqām と知己になった。彼はこの問題に関して，これまでに会ったどんな人よりも博識だった。そこで，アレクサンドロスの後に王となったペルシアの諸王の第3と第4の王朝，つまり，アシュカーン朝とサーサーン朝の年代を，天文学者の計算に基づき天文表に記載されているアレクサンドロス暦と比較することにした。(*Sinī*: 16–17)

ただし，実際にムーサーが提示しているのは，サーサーン朝諸王の王名と統治年だけで，アシュカーン朝についてはその困難さを痛感し断念している（*Sinī*: 22–23）。彼のサーサーン朝史は，8冊のパフラヴィー語文献のアラビア語訳から再構成した古代ペルシア史に比べて，数人の王が多く掲載されており，統治年も異なる[13]。ムーサーからの引用の最後には，「アルダシールが王権を握ると，彼の治世の初めから以外には歴史を書くことはなかった。その後，サーサーン朝の諸王の間では，彼の手法が一般的になった。そして，各人が，各人の治世について歴史を書いた」（*Sinī*: 23）ために混乱が生じたのだという評価

ジャーヒズ著『美徳と対立』でも確認できる（Rosen 1895: 28–29）。

12) 252／866/7年にアルメニアを支配していた人物（*Kāmil*, Vol. 7: 171; Rosen 1895: 30）。

13) 付表参照。クバード・ブン・フィールーズの統治年だけは，『大列王伝 *al-Siyar al-Kabīr*』には68年と，『小列王伝 *al-Siyar al-Ṣaghīr*』には43年とあるとし，両説を併記している（*Sinī*: 21）。この記述は，『列王伝』に様々な種類のものがあったことを示唆している。

があり，この言葉もまた，この時点でまとまった古代ペルシア史が残されていなかったことを示唆している。このムーサーの古代ペルシア史に対してハムザは，自分が参照した天文表と比較し，90 年 9 ヶ月 10 日ずれがあるとして，同意できないとしている（*Sinī*: 23）。

バフラーム・ブン・マルダーンシャーの古代ペルシア史

3 節では，シャープール村のゾロアスター教司祭バフラーム・ブン・マルダーンシャー Bahrām b. Mardānshāh の伝承が紹介される。

> 私は『王の書 *Khudāy-nāma*』という名の書物の手稿本 20 数点を収集し，それらから，ペルシア諸王の歴史 tawārīkh mulūk al-furs を，人類の父カユーマルスから彼らの最後，すなわち，王権が彼らからアラブ人に移譲されるまで整理した。地上に現れた最初の人間は，ペルシア人 al-furs が，「ギルシャー Gil-shāh」，すなわち，「土の王 malik al-ṭīn」カユーマルスと呼ぶ男であった。彼は土を支配し，それは 30 年を数えた。彼は息子と娘を一人ずつ残し，彼らはマシー Mashī とマシヤーナ Mashyāna と呼ばれる。彼らに子どもが生まれないまま 70 年の時が過ぎた。それから 50 年の間に，彼らには 18 人の男の子と女の子が生まれた。その後，2 人は死んだ。この世には，94 年と 8 ヶ月支配者が現れなかった。すなわち，カユーマルスの治世からピーシュダード朝のフーシャング Ūshhanj Pīshdād まで統治者不在の期間は，294 年と 8 ヶ月[14]となる。それから，フーシャング・ブン・フラワーク Furawāl・ブン・スィヤーマク・ブン・マシー・ブン・カユーマルスが 40 年間王位に就いた。（*Sinī*: 24）

バフラームが参照したのは，20 数点の『王の書』の手稿本であった。彼はカユーマルスから記述を始め，その治世を 30 年とする。その上で，王位に就かなかったマシー，スィヤーマク，フラワークという 3 代にわたる子孫の名前にも言及している。そして，古代ペルシア四王朝を単純に第 1 王朝 ṭabaqa，第 2

14）この合計の数値は 244 年 8 ヶ月となるべき。ハムザを引用したビールーニーは 213 年という数値を出している（*Āthār*: 118）。

表 2-1 『年代記』におけるアシュカーン朝の諸王と統治年（数字は統治年）

8冊の『列王伝』	バフラーム・ブン・マルダーンシャー
	Ashk b. Dārā (10)
Ashk b. Ashk (52)	Ashk b. Ashkān (20)
Shābūr b. Ashk (24)	Shābūr b. Ashkān (60)
Gūdarz b. Shābūr (50)	Bahrām b. Shābūr (11)
Wījan b. Balāsh b. Shābūr (21)	Balāsh b. Bahrām (11)
Gūdarz al-Aṣghar (19)	Hurmuz b. Balāsh (19)
Narsī b. Wījan (30)	Narsī b. Balāsh (40)
Hurmuzān b. Balāsh (17)	Fīrūz b. Hurmuz (17)
Fīrūzān b. Hurmuzān (12)	Balāsh b. Fīrūz (12)
Khusraw b. Fīrūzān (40)	Khusraw (40)
Balāsh b. Fīrūzān (24)	Balāshān (24)
	Ardawān b. Balāshān (13)
	Ardawān al-Kabīr b. Ashkānān (23)
	Khusraw b. Ashkānān (15)
	Bihāfarīd b. Ashkānān (15)
	Balāsh b. Ashkānān (22)
	Gūdarz b. Ashkānān (30)
	Narsī b. Ashkānān (20)
Ardawān b. Balāsh (55)	Ardawān (31)

王朝，という具合に数字で区分し，第1王朝9人2734年6ヶ月，第2王朝9人718年，第3王朝20人463年，第4王朝28人456年1ヶ月22日，合計66人4409年9ヶ月22日の諸王の王名と統治年を提示する（*Sinī*: 24–29）[15]。この中で，これまでの古代ペルシア史と大きく異なるのは，第3王朝の内容である。バフラームは，第3王朝にアレクサンドロスを含めている。それだけではなく，シャープール・ブン・アシュカーンの後の王の名前は，いずれも前述のものとは異なる（表2-1）。王の数と統治年代も11人344年ではなく20人463年と大

15）ただし，この内訳を単純に合計すると66人4371年7ヶ月22日。

きく異なっている。

1節から3節を，それぞれの伝承に依拠した古代ペルシア史の大枠の説明に費やしたハムザは，4節を古代ペルシアの諸王の細かい事績の説明にあてている。ここでは，1節で扱った8冊の『列王伝』（ここでは諸列王伝 kutub al-siyar と表現されている（*Sinī*: 29, 31, 35））に基づく古代ペルシアの諸王の事績が簡潔に語られる（*Sinī*: 29–63）。その中では，ファリードゥーンをアブラハムと，マヌーチフルをモーセと，カイフスラウをソロモンと，ルフラースブをネブカドネザル2世と同時代とするなど（*Sinī*: 32），古代ペルシア史と旧約的普遍史の年代比定が試みられている。また，これまで詳しい説明のなかったアシュカーン朝の王（シャープール・ブン・アシュクとジューダルズ・ブン・アシュク）の事績も言及されている（*Sinī*: 40–44）。続くサーサーン朝史では，『サーサーン朝君主の肖像画 *Kitāb Ṣuwar Mulūk Banī Sāsān*』という文献から諸王の衣装について説明される（*Sinī*: 48, 49–50）。この文献はその内容から，前述のマスウーディーが参照した大部な著作 kitāb ʻaẓīm（*Tanbīh*: 106）と同じものだと考えられる。

『アヴェスター』の古代ペルシア史

そして，第1章「ペルシア諸王」の最終5節で紹介されるのが，ハムザがイブン・ムカッファアやイブン・ジャフムとは別系統だと認識している『王の書 *Khudāy-nāma*』の伝承である。ハムザはこの節では，『アヴェスター』の翻訳を典拠としながら，ゾロアスター教的世界認識に依拠した天地創造神話を伝えている。ここでハムザは『アヴェスター』を『王の書』の一つに数えており，この事例は，『王の書』と呼ばれる一連の文献が歴史に関する書物に限定されるものでなかったことを示唆している。つまり，同じサーサーン朝から伝わる伝承であっても，そこにゾロアスター教の影響が及んでいるものと及んでいないものがあったことになる。

この箇所の内容はゾロアスター教における宇宙観を説明するものとなっている。天地創造から終末までが1万2000年で，最初の3000年，世界 al-ʻālam は天空で災いなく暮らし，次の3000年は地上に降り困難なく過ごす。その後悪魔 ahrīman が現れ，第 7 千年紀の初めから災いが生じるようになる。その時に神は人類を創造する。

> 神が創造した地上における最初の動物は人と牛で，精子と卵子を交配することなく創造した。人はカユーマルスと呼ばれ，牛はアブー・ダード Abū Dād と呼ばれた。カユーマルスの意味は，「死すべき理性的動物 ḥayy nāṭiq mayyit」で，彼の称号は「ギルシャー Gil-shāh」，すなわち「土の王 malik al-ṭīn」である。この男が人類の種の起源となり，地上に 30 年間留まった。彼が亡くなると，その陰部から精液が飛び出し，地面に落ちた。40 年間地面という胎内に留まり，大黄によく似た 2 本の植物が芽を出した。それから，植物の性は人間の性へと変化し，その一方は男性に，もう一方は女性となった。2 人は同じ背丈と顔立ちに育った。彼らの名前はマシー Masha とマシヤーナ Mashiyāna と言う。その 50 年後にマシーはマシヤーナと結婚し，子どもが生まれた。彼らに子どもが生まれた時からフーシャング・ピーシュダードが世界の王になる時まで 93 年と 6ヶ月である。(*Sinī*: 64–65)

植物の双生児マシーとマシヤーナの伝承は，ハムザ以前にもマスウーディーが伝えていたが (*Murūj*: 262)，内容がより詳細になっている。この『アヴェスター』に依拠した伝承はイブン・ムカッファアの伝承とは異なるものとされており，イブン・ムカッファアの著作にはゾロアスター教的世界認識に彩られた人類の起源に関する伝承は含まれていなかったということになる。繰り返しになるが，ハムザ以前の史料では，『王の書』に依拠しながら，カユーマルス以降の初期のペルシア諸王の系譜に言及するものはなかった。つまり，ハムザが利用した『王の書』はそれらとは別の系統の伝承であったと考えられるのである。

このように，ハムザは歴史書から『アヴェスター』に至るまで様々な古代ペルシアの伝承を収集し，彼なりの史料批判を加えながら全体像を再構成した。ハムザが様々な史料を使い得た一因として，彼の郷里イスファハーンで古い文献が大量に発見された事実が指摘できよう[16]。様々な種類の『王の書』に加えて新発見の文献を参照したことで，利用可能な古代ペルシア史に関する情報量が急増することになった。古代ペルシア史叙述の発展という問題を考える上で，ハムザの果たした役割を決して軽視することはできないのである。

『年代記』の目的は各民族に伝わる暦を整理し，「正確な」諸王の名前と統治年を提示することであった。本書の議論からは離れるのでここで詳しくは論じないが，彼は他の民族の王の統治年についても様々な文献を参照した上で，年代考証を行っている[17]。ハムザの古代ペルシア史の特徴は，他の歴史書のように古代ペルシア史を旧約的普遍史の時間軸に位置付けようという意識が見られない点である。彼は各民族の伝承を整理し，新しい歴史を編纂したが，各民族の間の年代調整を行うことはなかった。

歴史書の史料的性格を論じる際，歴史学の分野でたびたび強調されてきたのは，献呈先の王朝や君主の支配の正当性を担保するという役割であった。しかし，ハムザが行った，天地創造以来の年代を確定するという学問的な必要性についても無視することはできないだろう。実際に，これまで不明瞭であった，前イスラーム時代の年代を整理した『年代記』は同時代，そして，後世の歴史家の古代ペルシア史叙述に大きな影響を与えることになるのである。

16）『年代記』では，イスファハーン近郊のジャイ Jay という町の役割が強調されている。350／961/2 年に発見された家からは約 50 袋 ʻidl の，誰も見たことがない文字で書かれた革片が見つかり，その他には古いペルシア語で書かれた書物も発見されたという（*Sinī*: 197–199）。イブン・ナディームもよく似た伝承を伝えているが（*Fihrist*: 301–302），その内容はハムザとほぼ同じである（Pourshariati 2007 : 113）。

17）第 2 章「ローマ諸王」では「私が本章 3 節で語った内容と法官ワキーウ al-Wakīʻが語った内容の間には大きな相違がある。私がローマ人の言葉から得た知識の方がより良いだろう。書物からの翻訳よりも信用できるからである。おそらく翻訳者は，それをよく読むことができないのだから」（*Sinī*: 79）と，ムスリム，非ムスリムを問わず，情報提供者から直接情報を得る姿勢を重視する。また，第 6 章「ラフム」では「この年代は『美文の書』の記述には一致するが，『知識』の記述には反する」（*Sinī*: 99）と，複数の史料を駆使して年代考証を行っている。

2 ペルシア語歴史叙述の萌芽と『王の書』の流行

961年にハムザが複数のパフラヴィー語文献のアラビア語訳に依拠して古代ペルシア史を整理した後，彼の『年代記』は古代ペルシア史を叙述する際の典拠の一つとなった。『年代記』が編纂された当時，サーマーン朝（875-999）宮廷では，ペルシア語文芸活動が庇護・奨励され，サーサーン朝滅亡後途絶えていた，ペルシア語による著作活動が再開されていた。サーマーン朝でのペルシア語への需要とペルシア語を擁護する伝承として，7代君主マンスール（在位961-976）の宮廷でペルシア語に翻訳されたタバリーの『クルアーン注釈 *Tafsīr*』の序文の一節を紹介したい。

> 彼［マンスール］にとっては，この書物［『クルアーン注釈』］を読み，アラビア語 zabān-i tāzī でそれを説明することは難しかった。そして，それをペルシア語 zabān-i pārsī に翻訳することを望んだ。そこで，マー・ワラー・アンナフルのウラマーを集め，彼らに教令を求めた。「この書物をペルシア語に訳すことは合法であるか？」と。彼らは答えた。「アラビア語を理解できない者にとって，ペルシア語で『クルアーン注釈』を読み書きすることは合法であります。これは，《そしてわれらは使徒を，その民の言葉によってのほか遣わしたことはない》［イブラーヒーム章4節］[18] と言った神の言葉が典拠です。もう一つの理由は，ペルシア語は太古の昔より知られていたからです。アダムの時代から預言者イシマエルの時代に至るまで，全ての預言者と地上の王はペルシア語で会話をしていました。最初にアラビア語で会話をしたのが，預言者イシマエルだったのです。我らの預言者はアラブの出自を持ち，この『クルアーン』はアラビア語で彼に下されました。しかし，ここ，この地ではペルシア語が使われており，この地方の王はペルシアの王 mulūk-i ‘ajam であるのです」と。（*Tafsīr*, Vol.

18) 原文では，『クルアーン』のアラビア語の章句の後にそのペルシア語訳が付されているが，繰り返しになるので，翻訳では省略した。

1：5)

サーマーン朝は，ペルシア系の出自を持ちながらムスリムの君主としての支配の正当性を主張していた。その一環として，『クルアーン注釈』がペルシア語に翻訳されたわけだが，その他にペルシア語による古代ペルシア史『王書 *Shāh-nāma*』が，この時代に盛んに編纂された。10世紀に『王書』を編纂した人物として，マスウーディー・マルワズィー Masʿūdī Marwazī，アブー・アリー・バルヒー Abū ʿAlī b. Aḥmad al-Balkhī，アブー・ムアイヤド・バルヒー Abū al-Muʾayyad Balkhī，ダキーキー Daqīqī の4人の名前が知られるが（黒柳 1966），現在はいずれの人物の著作も散逸してしまっている[19]。このような環境下で編纂されたのが，現存最古のペルシア語散文史書，アブー・マンスール・マアマリー Abū Manṣūr Maʿmarī の『王書 *Shāh-nāma*』である[20]。

(2) アブー・マンスール『王書』(957年)

史料の性格

アブー・マンスールは，サーマーン朝治下トゥースの領主アブー・マンスール・ブン・アブド・アッラッザーク Abū Manṣūr b. ʿAbd al-Razzāq（961没）[21]の命令で，ペルシア語散文を用いた『王書』を編纂した。その序文には次のように書かれている。

> 彼［アブー・マンスール・ブン・アブド・アッラッザーク］は自身の宰相 dastūr であるアブー・マンスール・マアマリーに対して，各都市から地方名士 dihqān，有識者，経験豊富な者たちの内，歴史書の著者 khudāwandān-i kutub を連れて来るように命じた。彼の下僕であるアブー・マンスール・

19）これらの人物の経歴については後述する。
20）アブー・マンスールの『王書』については，Minorsky（1956）という専論がある。
21）アブー・マンスール・ブン・アブド・アッラッザークについては，黒柳（1966：85）を参照。黒柳恒男はこの人名を Abū Manṣūr ʿAbd al-Razzāq と読んだが，本書ではミノルスキー V. Minorsky の Abū Manṣūr-i ʿAbd al-Razzāq という読み方に従い（Minorsky 1956：161），アブー・マンスールをアブド・アッラッザークの息子とした。

マアマリーは命令に従い，手紙をしたため，ホラーサーンの諸都市に使節を派遣した。そして，かの地から次のような識者たちを連れて来たのである。①ヘラートよりホラーサーニーの息子サイヤーフ Sayyāḥ pisar-i Khurāsānī，②スィースターンよりシャープールの息子ヤズダーンダード Yazdāndād pisar-i Shāpūr，③ニーシャープールよりバフラームの息子マーフーヤ・フルシード Māhūyi Khurshīd pisar-i Bahrām，④トゥースよりバルズィーンの息子シャーダーン Shādān b. Barzīn。その4人を集め座らせ，世界最良の知識人ムハンマド・ムスタファーの聖遷から346年目のムハッラム月［／957年］に，世界において人々の規範を創り，人を動物から分離した最初の者から，最後のペルシアの王 mulūk-i ʻajam たるヤズドギルド・ブン・シャフリヤールに至るまでの，諸王の書物，彼らの伝記，それぞれの生涯，および，日常の正義と不正義，騒乱と戦争，そして儀礼を記録したものを収集し，書物の名前を『王書 *Shāh-nāma*』とした。（*Abū Manṣūrī*：164–165）

この序文からは，アブー・マンスールの『王書』は957年に，ヘラート，スィースターン，ニーシャープール，トゥースを代表する知識人たちの伝承に依拠して編纂されたものであることが確認される。その内容は，最初の人類からサーサーン朝最後の王ヤズドギルド3世までを扱う古代ペルシア史であったとされるが，肝心の本文は現在に伝わっていない。

ハムザの影響

この著作で現在残っている部分は序文だけであるが，そのわずかな内容からは，アブー・マンスールが用いたであろう典拠を推測することができる。序文ではまず，彼の地理認識が披露される。「イランの国 Īrān-shahr」がアム河からナイル河までと定義され，その領域は他のいかなる国よりも大きいとされる。そして，世界の中心である「イランの国」を取り囲んで，中国人 chīniyān，インド人 hinduwān，テュルク人 turkān・ハザル人 khazariyān，ベルベル人 barbariyān，東方の人 khāwariyān，マーザンダラーン人 māzandariyān が所有する六つの国があるとする（*Abū Manṣūrī*: 168）[22]。世界は七つの王国からなり，その中心に「イランの国」が位置するという地理認識はハムザのそれと同様である。そしてこの後，古代ペルシア史を次のように書き始める。

> イブン・ムカッファア，ハムザ・イスファハーニーらの書物には「選ばれし者アダムの時代から本書を書き始めた今日に至るまで，5700 年であり，地上に現れた最初の人間はアダムだった」とある。①ムハンマド・ブン・ジャフム・バルマキーも同様に伝え，②ザードゥーヤ・ブン・シャーフーヤ Zādūy-i Shāhūy，また，③バフラーム・イスファハーニー Bahrām Iṣfahānī[23] の書物も同様である。④ムーサー・ブン・イーサー・キスラウィー Mūsā-yi ʻĪsā Kisrawī 著『サーサーン朝の道 *Rāh-i Sāsāniyān*』，⑤ヒシャーム・ブン・カースィム・イスファハーニー，⑥マアムーンの宝物庫にあった『ペルシア列王伝 *Nāma-yi Pādshāhān-i Pārs*』，⑦バフラームシャー・ブン・マルダーンシャー・キルマーニー，⑧ヤズドギルド・ブン・シャフリヤールの大司祭ファッルハーン Farrukhān，⑨ヤズドギルド・ブン・シャフリヤールの下僕だったラーミーン Rāmīn からも同様に伝えられている。（*Abū Manṣūrī*: 168–170）

アブー・マンスールは，イブン・ムカッファア，ハムザ，そして，それ以外の①から⑨の九つの文献には，アダムから『王書』執筆の年までの期間が 5700 年と記載されている，と主張している。ここで言及されている九つの文献のうち，①から⑦まではハムザが『年代記』で用いた史料と同一のものだが（*Sinī*: 8–9），その内容は全て一致していると記されている。しかし，そもそも『年代記』に書かれていたのは，イブン・ムカッファアやその他の古代ペルシア史の記述には様々な相違が見られ，一致するものがないという内容であった。それ

22）アブー・マンスールの『王書』では，「イランの国 Īrān-shahr」という用例だけではなく，shahr を zamīn に置き換えた「イランの地 Īrān-zamīn」という用例も用いられている（*Abū Manṣūrī*: 168）。管見の限り，これが「イランの地」という言葉が用いられた最古の用例である。

23）ハムザの情報源の一人ムハンマド・ブン・バフラーム・ブン・マトヤール・アスバハーニー（*Sinī*: 9）と同一人物だと考えられる。

ばかりではなく，④ムーサー・キスラウィーの古代ペルシア史は，サーサーン朝史のみを扱ったものであり，そこにアダムは登場しない。この食い違いは何を意味しているのだろうか。これらの矛盾点からは，アブー・マンスールに古代ペルシア史に関する伝承を伝えたという4人の知識人が参照したのは，実はハムザの『年代記』だけで，ここで挙げられた情報源全てを参照していないのではないかという疑念が浮かび上がってくる[24)]。

⑧と⑨の情報源についてハムザは何も言及していないが，『王書』の序文とハムザの共通点は多い。『年代記』では，アダムの時代から執筆年までを5700年とする数値は確認できないが，その他の箇所の内容は酷似している。例えば，アブー・マンスールは，カユーマルスの死後170年余り王が不在であったと述べ，アダムからムハンマドまでを，ユダヤ教徒の説として4000年，キリスト教徒の説として5593年と数えている。その数字は細かい点では一致しないものの『年代記』第1章1節とよく似た文章構造になっている（*Abū Manṣūrī*: 170–171）[25)]。

古代ペルシア史四王朝の区分

僅かな情報ではあるが，アブー・マンスールの古代ペルシア史認識について次のような記述がある。

> 人類誕生の始まりはカユーマルスからであった。彼をアダムと言う者は次のように伝える。最初に王位に就いた者はフーシャングであった。彼は

24) ここで問題となるのはハムザの『年代記』の成立年が961年で，アブー・マンスールの『王書』の序に出てくる957年よりも後であるという点である。しかし，アブー・マンスールは典拠としてハムザの名を挙げているので，ハムザの著作を利用していることは間違いないようである。ここでは，アブー・マンスールがハムザの別の著作，あるいは『年代記』の957年以前に書かれた古い版を参照した可能性を指摘しておきたい。

25)『年代記』には次のように記されている。「彼らは次のように考える。人類の父カユーマルスの死後，地上には王がいないまま170数年の時が流れた。［中略］彼［アブー・マアシャル］は伝える。「人類の始まりからヒジュラの年までの数え方には相違がある。ユダヤ教徒は『律法 *Tawrīya*』の伝承に依拠して，それを4042年3ヶ月とし，キリスト教徒もまた『律法』の伝承に依拠して，5990年3ヶ月とする」と」（*Sinī*: 10–11）。

ピーシュ［前］・ダード［公正］と呼ばれる。というのも，人類の間に最初に pīshtar 公正 dād の規範をもたらしたのが彼であったからである。［その後には］カヤーン朝 Kayān，アシュカーン朝 Ashkāniyān，サーサーン朝 Sāsāniyān が続いた。(*Abū Manṣūrī*：171)

アブー・マンスールはカユーマルスを旧約的普遍史におけるアダムに比定する説に言及している。さらに，ハムザが用いた，古代ペルシア史を，ピーシュダード朝，カヤーン朝，アシュカーン朝，サーサーン朝，の四王朝に区分する手法も踏襲している。

『王書』の序は，この後，献呈対象者であるアブー・マンスール・ブン・アブド・アッラッザークと著者であるアブー・マンスール・マアマリーの系譜の紹介に移り，その後の本文は伝存していない。アブー・マンスールの『王書』の内容については不明だが[26]，序文の内容から判断する限り，ハムザを典拠とする古代ペルシア史であった可能性が高い。

(3) バルアミー『歴史書』(963/4 年)

史料の性格

サーマーン朝宮廷において，ハムザの『年代記』を利用したと考えられるのはアブー・マンスールだけではなかった。ハムザの影響が確認できるもう一人の歴史家は，サーマーン朝宮廷で宰相を務めたバルアミー Abū ʻAlī Muḥammad Balʻamī (992–997 頃没) である。ちなみにバルアミー家は，2 代君主イスマーイール（在位 892–907）と 4 代君主ナスル 2 世（在位 914–943）の宰相を務めた，彼の父アブー・ファドル・バルアミー Abū al-Faḍl Balʻamī (940/1 没) が詩人ルーダキー Rūdakī (940 没) を庇護するなど，ペルシア語文芸活動の庇護・奨励に力を尽くした一族であった (Peacock 2007：31–35)。

26) ただし，後述するビールーニー著『過去の痕跡 *al-Āthār al-Bāqiya*』に 2 箇所だけではあるが，アブー・マンスール著『王書』からの引用が確認でき (*Āthār*：45, 133)，その内容の一部を確認することができる。その引用箇所には，アシュカーン朝の王名表が記されている。

バルアミーの手になる『歴史書 *Tārīkh-nāma*』[27]は，サーマーン朝7代君主マンスールの命により，352／963/4年に編纂されたペルシア語普遍史書で，天地創造に始まりアッバース朝カリフの記事に終わる[28]。マンスールは先行するタバリーの歴史書を，イスナード抜きの本文 mutūn al-akhbār dūna al-asānīd に限定し，中に含まれる全ての預言者と王に関する繰り返しの記述や冗長な部分を削り，相応の方法で各伝承に手を加え，「翻訳 tarjuma」するように命じた。それに応えてバルアミーは，『クルアーン』の章句や預言者の伝記と校合し，長いイスナードを省くなど手を加えた上で，『歴史書』を書き上げたという（*Balʿamī*, Vol. 1： 2–3）。

この著作は，序文で「翻訳 tarjuma」という言葉が使われていることもあり，タバリーの『預言者と王の歴史』の翻訳だと説明されることが多かったが，この序文からも分かるように，その内容は完全には一致しない（Peacock 2007： x, 4）。『歴史書』には少なくとも160点の手稿本の存在が確認されており[29]，『預言者と王の歴史』の手稿本の数はそれには及ばない（Sezgin 1967： 326）。以後好評を博したのは，タバリーを主要典拠としてペルシア語で編纂されたバルアミーの『歴史書』の方であった（Peacock 2007： 14）[30]。

27）バルアミーの著作に対しては，『タバリー史 *Tārīkh-i Ṭabarī*』，『タバリー史翻訳 *Tarjuma-yi Tārīkh-i Ṭabarī*』，『タバリーの歴史書 *Tārīkh-nāma-yi Ṭabarī*』など様々な呼称がある（Peacock 2007： ix n. 2）。本書では著者の意向を尊重するため，ペルシア語序文に明記されている『歴史書 *Tārīkh-nāma*』（*Balʿamī*/*Bahār*： 1）という表題を用いる。なお，この文言はアラビア語序文を付された別系統の手稿本群では確認できない。

28）ロウシャン M. Rawshan による『歴史書』全文の校訂テクストの末尾は29代カリフ，ムスタルシド（在位1118–35）という，バルアミー没後の人物の記事になっている（*Balʿamī*, Vol. 4： 1319）。末尾の数頁のテクストは明らかに後世の加筆であり，この部分をバルアミーの歴史書の校訂とすべきではない。この校訂にはその他にも様々な問題が指摘されており（Peacock 2007： 6–7），学術的な手続きを踏まえた校訂本の出版が待ち望まれる。

29）『歴史書』の現存手稿本については，Daniel（1990： 288, 309–321）を参照。

30）『歴史書』に関する評価は，研究者の関心によって大きく異なっている。例えば，アレクサンドロス伝承を中心に分析した山中は，「タバリーの『歴史』をペルシア化し」たと評価したが（山中 2009： 359），反対に，ピーコック A. C. S. Peacock は研究書全体を通して，バルアミーがイスラーム的伝承を重視した点を強調している（Peacock 2007）。

『歴史書』に見られるハムザの影響

『歴史書』がタバリーの完全な翻訳でないことは冒頭部からも明らかである。バルアミーは古代ペルシアの諸王について説明するに際して，ハムザ・イスファハーニー，バフラーム・ムアイヤド Bahrām al-Mu'ayyad，アブー・ムアイヤド Abū al-Mu'ayyad Balkhī[31)]など，タバリーが用い得なかった伝承を利用している（*Bal'amī*, Vol. 1：5, 87, 93）[32)]。冒頭部では，ハムザによるカユーマルスに始まる古代ペルシア史の長さ，イブン・アッバースとワフブ・ブン・ムナッビフ Wahb b. Munabbih（654–732 頃）という 2 人の伝承者によるアダムに始まる預言者の歴史の長さに関する説明が続き，その後，「ムハンマド・ブン・ジャリール［タバリー］が語ったことはこの後に記述する。神がお許しになるならば」という文章とともに，天地創造の記述が始まる（*Bal'amī*, Vol. 1：4–7）[33)]。まずは，ハムザの伝承がどのように引用されているのかを確認してみよう。

> 『大王書 *Shāh-nāma-yi Buzurg*』の中で，ハムザ・イスファハーニーは伝える。「イブン・ムカッファア Pisar-i Muqaffa'，すなわちアブド・アッラー［によれば］，アダムの降下から我々の預言者の時代まで 6013 年間である。また，5900 年とも言われる，と。また，地上に降り立った最初の男はアダムで，カユーマルスと呼ばれたとも伝えている。また，ムハンマド・ブン・ジャフム・バルマキーもこのように伝え，ザードゥーヤ・ブン・

31）ペルシア文学史において，現存最古の『王書』と評価される著作の著者（Ṣafā 1324kh：95–98）。主にルスタム家の伝承を対象とする書物だったようである。1082/3 年に成立した『カーブースの書 *Qābūs-nāma*』，1216 年頃に成立した『タバリスターン史 *Tārīkh-i Ṭabaristān*』でも引用されている（*Qābūs*：4；*Ṭabaristān*：60）。

32）古代ペルシア史に関する伝承では，この他には，アブー・ザイド・ハキーム Abū Zayd Ḥakīm 著『バルフの美徳 *Faḍāyil-i Balkh*』（*Bal'amī*, Vol. 1：82），『諸国の命名 *Tasmiyat al-Buldān*』（*Bal'amī*, Vol. 1：684）といった地誌が用いられている。

33）既に述べたように，『歴史書』の現存手稿本の数は多く，手稿本間の異同も多い。そのため，どの部分が著者本人による増補で，どの部分が後世の写字生による増補なのかを判別するのは困難で，原テクストの確定は難しい（Peacock 2007：90）。この記述についても，バルアミーのオリジナルではなく，後世の写字生による増補の可能性もある。『歴史書』のテクスト確定については，初期イスラーム時代のテクストをタバリーのテクストと比較した Daniel（2003）がある。

シャーフーヤ Zādūy b. Shāhūy も同じように伝える。バフラーム・ブン・バフラーム Bahrām b. Bahrām の『書 *Nāma*』でもこのように言われ，ムーサー・ブン・イーサー・フスラウィーの『サーサーン朝史 *Nāma-yi Sāsāniyān*』[34]，ハーシム・ブン・カースィム・イスファハーニー[35]，ペルシアの王たち pādshāhān-i Pārs によれば，ヤズドギルドについて伝える大司祭ザードゥーヤ・ファッルハーン Zādūy Farrukhān も同様である」と。（*Bal'amī*, Vol. 1：5）

バルアミーは，ハムザがアラビア語で著した『年代記』に対して，ペルシア語で『大王書』という表題を与えている。この文章の内容はアブー・マンスールの『王書』とほぼ同じだが，ハムザからの引用としてイブン・ムカッファアの伝承を伝えている点で，アブー・マンスールより原文に近い引用となっている。いずれにせよ，この記事からは，バルアミーが直接参照したのはハムザの『年代記』であり，その典拠となったイブン・ムカッファアらによる『王の書』アラビア語訳は参照されていない，ということは明らかであろう。この導入部に続くのは，ハムザが『アヴェスター』を典拠に伝えた人類の起源についての伝承である。「神がカユーマルスと牛を地上に創造し，カユーマルスは30年間生きる。彼の死の40年後，その精液からマシー Mashī とマシヤーナ Mashāna と呼ばれる人の形をした植物が生え，それらから子どもが生まれた」という内容になっている。最後に，「ムスリム Islāmiyān は彼らをアダムとイブと呼ぶ」という説明が付け加えられ（*Bal'amī*, Vol. 1：5-6），カユーマルスにはアダムの父としての役割が与えられている。その後には，天地創造からムハンマドまでの時間の長さについての様々な伝承が列挙されている（①ユダヤ教徒：4040年3ヶ月，②キリスト教徒：5172年，③イブン・アッバース：天地創造からノアまで2256

34）ロウシャンは，『サーサーン朝史』とムーサー・ブン・イーサー・フスラウィー *Nāma-yi Sāsāniyān* wa Mūsā b. ʿĪsā al-Khusrawī と校訂しているが，ここでは，バハール M. T. Bahār の校訂にある *Nāma-yi Sāsāniyān*-i Mūsā b. ʿĪsā al-Khusrawī という形から訳出した（*Bal'amī/Bahār*：4）。

35）ロウシャンは，ハーシムとカースィム・イスファハーニー Hāshim wa Qāsim Iṣfahānī と校訂しているが，ここにも混乱が見られる。バハール校訂にある Hāshim b. Qāsim Iṣfahānī（*Bal'amī/Bahār*：4-5）という形から訳出した。

年，洪水からアブラハムまで1079年，アブラハムからモーセまで565年，モーセからソロモンまで536年，ソロモンからイエスまで369年，イエスからムハンマドまで434年）（*Bal'amī*, Vol. 1：6–7）。この後，本文中でも，ユダヤ教徒：6200余年，ギリシア人：5500余年という長さが紹介されているが（*Bal'amī*, Vol. 1：11），これらは前述の内容とは一致しない。

古代ペルシア史の位置付け

バルアミーは，相矛盾する様々な伝承を列挙したタバリーの『預言者と王の歴史』の内容を整理した。『預言者と王の歴史』におけるカユーマルス関連の記述は，関係する預言者が登場するたびに，その都度挿入され，非常に分かりにくい形で記録されている。それ故に，カユーマルスが一体何者であるのかについて，判断することは難しい。一方で，バルアミーは一箇所にその説明をまとめて提示する。『歴史書』では，アダム，セツ，エノス，カイナン，マハラレル，イェレド，エノク，メトシェラ，レメク，ノアというアダムから始まる預言者の系譜の後，「カユーマルス王に関する伝承」という項目が設けられている。

バルアミーは，多くのペルシア人 'ajam の説として①カユーマルス＝アダム説，伝承学者 'ulamā-yi akhbār の説として②カユーマルス＝アダムの孫説，一部のペルシア人 'ajam の説として③カユーマルス＝マシー（植物）説を紹介し，続けて次のように述べる。

> アダムの後セツが後継者となり，その後エノス・ブン・セツが，その後カイナン・ブン・エノスが続いた。カユーマルスこそがそのカイナンである。世界の最初の王は彼だったのだから。イブン・ムカッファアは伝える。「カイナンは王位に就くと，軍隊を集め，悪魔と戦った。ところでマハラレルはフーシャングであった」と。一方，ムスリム知識人 'ulamā-yi Islām は言う。「彼はアダムの子の一人でハム Ḥām という名である。セツが死んだ時，彼は甥たちと仲たがいをし，立ち上がった。そして，息子たちを引き連れダマーワンド山に向かい，そこに定住し，子孫を増やした」と。（*Bal'amī*, Vol. 1：77–78）

ここでは，先行する文献には存在しなかった，④カユーマルス＝カイナン説と⑤カユーマルス＝ハム（アダムの子）説が紹介される。最初の伝承の典拠は，イブン・ムカッファアとされるが，イブン・ムカッファアは冒頭で説明したカユーマルス＝アダム説の典拠としても引用されており，伝承の典拠の信憑性は疑わしい。しかし，いずれにしても，ハムザ以降，イブン・ムカッファアがペルシア人の起源の典拠として頻繁に引用されているという事実には注目しなければならないだろう。

そして，この後に長々とカユーマルスの伝記が記述される。刊本にして 11 頁にも及ぶ量の伝記は先行する文献では確認できず，バルアミーが新しい情報源に基づき書き下ろしたものだと考えられる。そしてこの節の最後に，ある者たち gurūhī mardumān の伝承として①カユーマルス＝アダム説を，ペルシア系知識人 dānāyān-i ʻajam の伝承として⑥カユーマルス＝マハラレル説を紹介している（*Balʻamī*, Vol. 1：87）。バルアミーもタバリーと同様に，旧約的普遍史の中のどの預言者にカユーマルスが相当するのか，ということを話題の中心に置いている。ただし，タバリーの伝承の多くが，カユーマルスをノアの末裔に位置付けるものであったのに対し，バルアミーの伝承は全てカユーマルスをノア以前の人物に比定するものである。これらの伝承をバルアミーがどこから引用してきたのか，また，これらの伝承がどのように作られたのかを証明することは困難である。ここでは，古代ペルシア史の始点がノア以前に置かれるようになったという事実だけ確認しておきたい。

ではバルアミーは，ノアの洪水以前に古代ペルシアの王が存在していたことになる矛盾をどのように解消したのだろうか。彼は，古代ペルシア史関連の記述をビーワラースブまで続け，その後にノアの洪水の顚末を挿入する。ノアの 3 人の息子の内，セムからはアラブ人，ペルシア人 ʻajam，白人 sipīd-rūyān，預言者，良き人々が，ハムからは黒人 siyāhān，アビシニア人，ザンジュ zan-giyān，インド人，不信仰者，ファラオの家系，悪王，圧政者が，ヤペテからはテュルク人，スラヴ人，ゴグ・マゴグ，良くない人々が生まれたとし，その後，セムの子孫として，通常はビーワラースブに比定される暴君ダッハークの 1000 年の治世を位置づける（*Balʻamī*, Vol. 1：101）。そして，ダッハークの後に王位に就くファリードゥーンの先祖を，ノアの信奉者で方舟に乗り助かった80人の一人とすることにより，論理的矛盾を解消している（*Bal'amī*, Vol. 1 : 104）[36]。そして，ファリードゥーンの3人の息子の話に移る。

> イラクの地全て——すなわちバスラ，ワースィト，バグダードのことで，世界の中心であり，より繁栄している——およびヒジャーズの地を，イエメンに至るまでイーラジュに与えた。ファリードゥーンはイーラジュを最も愛しており，その地域を彼に因み「イランの国 Īrān-shahr」と呼んだ。その後，ファリードゥーンは没し，3人の息子がそれぞれ王位に就いた。その時トゥールとサルムは父との約束を反故にし，弟に嫉妬し言った。「親父はより良い土地を奴に与え，王冠を奴の頭にかぶせた。奴を殺そうではないか」と。2人は決起し，彼と戦った。彼を殺し世界を分けあったが，保持できなかった。各地で何者かが蜂起し，王となった。彼らに残されたのはバビロン地方だけであった。2人は死に，王位は彼らの一族の手を離れ，ハム・ブン・ノアの息子の一人クシ Kūsh という王の手に渡った。「イラン地方 iqlīm-i Īrān」は彼のものとなった。彼は偶像を崇拝し，40年間王位に就いた。暴君であり圧政者であった。その後，息子カナン Kana'ān[37] が［王位を］つかんだ。彼も偶像崇拝者で，暴君，圧政者だった。40年間王位に就き死んだ。ニムロドという名の息子がおり，彼の後王位に就いた。（*Bal'amī*, Vol. 1 : 107）

バルアミーは，ファリードゥーンの後，クシ，カナン，ニムロドという王を登場させ，旧約的普遍史の内容に話を戻していく。このような旧約的普遍史と古代ペルシア史を，後者を優越させた形で接合する試みが，この著作の随所に垣間見える[38]。またここでは，イーラジュが授けられたイラクがその名に因んで

36）ここでも，ゾロアスター教徒 mughān は洪水を否定する，あるいは，洪水は全世界に及ばなかったという説明が並置されている（*Bal'amī*, Vol. 1 : 100）。

37）『旧約聖書創世記』ではクシとカナンは親子ではなく兄弟だとされる（『旧約聖書創世記』: 30）。

38）この特徴を山中は「アラブ的なハディースの構造は完全に捨て，ペルシア的な叙述の特徴であるといえる，より一貫した語りの流れを構築している」と評価する（山中

「イランの国 Īrān-shahr」と呼ばれている。これにより，世界の中心とされるイラクが「イランの国」と呼ばれる理由が説明される[39]。『長史』や『究極の目的』では，セムの子アルパクシャドがイランと呼ばれていたが，ここでは，『預言者と王の歴史』を踏襲し，イーラジュがイランと呼ばれている。『歴史書』でもやはり，イランの国というのはあくまでイランという別称を持つイーラジュが統治した地域を指す言葉であり，イランという言葉が単独で地域名として使われることはない。

古代ペルシア四王朝の区分

バルアミーは一貫して，旧約的普遍史と古代ペルシア史を交互に，相互の関係性を意識しながら叙述を進めていく（表 2-2）。その中で，マヌーチフルの治世に現れた預言者はモーセ，預言者ソロモンの時代の王はカイクバード，イエスが現れたのはアシュカーン朝シャープールの治世といった形で両者の関係が逐一説明される（*Balʿamī*, Vol. 1：251, 253, 434, 500）。また，アシュカーン朝初代君主アシュク 1 世がヤペテの末裔とされるなど（*Balʿamī*, Vol. 1：500），そこには旧約的世界認識の強い影響が確認できる。ただし，時間軸に沿って歴史が叙述されているため，諸王それぞれの名前は確認できるものの，四王朝叙述法は見られない。さらに，物語性や全体としての一貫性を重視しているためか，他の歴史書とは違い，諸王の統治年にはさほど関心が払われておらず，言及されない場合も多い。また，バルアミーの『歴史書』はタバリーを主要典拠としているのにもかかわらず，サーサーン朝の諸王の統治年ですら完全に一致しているわけではない（付表参照）。

2009：365）。

39) 同様の説明はマヌーチフルの項目でもなされている。「ペルシア人の王 mulūk-i ʿajam の拠点はイラク地方にあるバビロンの地だった。そこは今バグダード，アフワーズ，クーファ，バスラになっている。また，ペルシア Pārs の地に座した者もいる」（*Balʿamī*, Vol. 1：251）。

表 2-2 『歴史書』における前イスラーム時代の歴史の章構成

章構成
天地創造～エノク（*Bal'amī*, Vol. 1 : 24-76）
カユーマルス～ビーワラースプ（*Bal'amī*, Vol. 1 : 77-93）
ノア（*Bal'amī*, Vol. 1 : 94-101）
ダッハーク～ファリードゥーン（*Bal'amī*, Vol. 1 : 102-108）
ニムロド～エテロ（*Bal'amī*, Vol. 1 : 109-250）
マヌーチフル（*Bal'amī*, Vol. 1 : 251-263）
モーセ～ヨシュア（*Bal'amī*, Vol. 1 : 264-379）
ザウ～カイクバード（*Bal'amī*, Vol. 1 : 380-382）
エゼキエル～ソロモン（*Bal'amī*, Vol. 1 : 383-433）
カイカーウース～カイフスラウ（*Bal'amī*, Vol. 1 : 434-446）
レハブアムなど（*Bal'amī*, Vol. 1 : 447-460）
ルフラースプ～アシュカーン朝（*Bal'amī*, Vol. 1 : 461-501）
ザカリヤ～ゲオルギオス（*Bal'amī*, Vol. 1 : 502-598）
アルダシール1世～アヌーシルワーン（*Bal'amī*, Vol. 1 : 599-Vol. 2 : 688）

3　ハムザ・イスファハーニー後のアラビア語古代ペルシア史叙述

前節では，ペルシア語散文史書に見られるハムザの影響について検討したが，アラビア語史書における古代ペルシア史叙述に変化は見られるだろうか。本節では，サーマーン朝をはじめとする地方王朝で書かれたアラビア語古代ペルシア史叙述を分析の対象とする。

(4)　マクディスィー『創始と歴史』(965/6 年)

史料の性格

『創始と歴史 *Kitāb al-Bad' wa al-Ta'rīkh*』は『黄金の牧場』を想起させる百科事典的作品で，『歴史書』の約3年後の355／965/6年，サーマーン朝治下ブストで編纂されたと考えられてきた（Morony 1989)。ただし最近になり，献呈先をサッファール朝（867-1495頃）君主ハラフ・ブン・アフマド（在位963-1003）とする説が出された（Tahmi 1998：17-19；Peacock 2007：42）。校訂で底本とされた663／1264/5年書写のイスタンブル手稿本（Süleymaniye Library, Ms. Dāmād Ibrāhīm Paşa 918）の表紙では，著者はアブー・ザイド・バルヒー Abū Zayd Aḥmad b. Sahl al-Balkhī だとされ，別人に比定されていたが（*Bad'*：93）[40]，現在ではマクディスィー al-Muṭahhar b. Ṭāhir al-Maqdisī だと考えられている。1010年に『創始と歴史』を典拠の一つとして編纂された『列王伝精髄 *Ghurar al-Siyar*』でも，著者はマクディスィーだとされている（*Ghurar*：501）。アレクサンドロス伝承を伝える著作を網羅的に扱った山中（2009）も『創始と歴史』が伝える伝承（*Bad'*：408-409）を紹介していないなど，学界にさほど知られておらず，Tahmi（1998）が唯一の専論であろう。今後の文献学的研究が待たれる著作である。

1章「知識の性格」（103-122），2章「神を認めること」（123-141），3章「神の性質」（143-149），4章「預言者性」（151-154），5章「天地創造の始まり」（155-178），6章「書板・筆など」（179-205），7章「天地創造」（209-244），8章「アダム」（245-278），9章「終末」（279-321），10章「預言者」（325-400），11章「アラブとペルシアの諸王」（401-436），12章「世界の宗教」（439-460），13章「世界地誌」（461-486），14章「アラブの系譜」（487-499），15章「ムハンマド誕生，ヒジュラ」（501-525），16章「ムハンマドの戦い」（527-559），17章「ムハンマドの性格」（563-599），18章「教友」（601-626），19章「イスラーム諸宗派」（627-641），20章「正統カリフ（ハサン含）」（643-685），21章「ウマイヤ朝」（689-716），22章「アッバース朝」（717-750）という22章から構成され（括弧内は校訂本 *Bad'* の頁数），宗教や地誌を含む。12章では中国やテュルク系の人々も扱われており，著者の広い関心がうかがえる。

40）17世紀に編纂された『疑問の氷解 *Kashf al-Ẓunūn*』における『創始と歴史』に関する記事は，おそらくこのイスタンブル手稿本の情報に依拠したもので，その中では，著者はアブー・ザイド・バルヒーだとされている（*Kashf*, Vol. 1：227）。

古代ペルシア史の位置付け

『創始と歴史』は，ペルシア文学史研究の文脈において，フィルダウスィー以前に著されたペルシア語韻文『王書』の断片を伝える著作として注目されてきた（Ṣafā 1332kh, Vol. 1 : 369–371）。11 章「アラブとペルシアの諸王 mulūk al-‘arab wa al-‘ajam」の冒頭は次のようになっている。

> ペルシア人たち al-a‘ājim は彼らの文献の中で次のように主張している。神はその真偽についてよりよくご存知である。すなわち，人類の中で最初に王となった人物，その名はカユーマルスである。彼は裸で，地上で活動していた。その治世は 30 年間。マスウーディー al-Mas‘ūdī はペルシア語 al-fārisīya で，飾り立てた頌詩の中で詠っている。
>
> 　最初にカユーマルスが王位に就き
> 　彼は現世で王宮を獲得した
> 　彼は現世で 30 年間王を務め
> 　その命令は各地に行き渡った
>
> 私がこれらの対句を引用したのは，ペルシア人 al-furs がこれらの対句と頌詩を大きく評価し，あたかも彼らの歴史 ta’rīkh であるかのように表現し，見なしているからである。（*Bad’* : 401）

これがペルシア文学史上名高い，9 世紀末から 10 世紀初頭頃に編纂されたマスウーディー・マルワズィー Mas‘ūdī Marwazī によるペルシア語『王書』の詩句である[41)]。ここでは，人類最初の王がカユーマルスで，その治世が 30 年であったと記されている。そしてこの後に，旧約的普遍史の文脈のどこに彼が位置付けられるのかに関する説明が続く。

> 彼らの中にはカユーマルスはアダム以前の人物だとする者もいる。曰く，次に王となったのは，フーシャング・ピーシュダード Hūshang Pīshdād だった。その意味は，人々を統べた最初の支配者 ḥākim，人々を神への信

41）マスウーディー・マルワズィーの『王書』の詩句の引用はヤズドギルド 3 世の伝記にも見られる（*Bad’* : 418)。

仰に導いた最初の男，ヘブライ語，ペルシア語，ギリシア語で字を書いた最初の男である。ある者は，彼は預言者エノクに相当する，あるいはエノク自身のことである，と考える。彼は，カユーマルスの子マシー Mīshī の子スィヤーマクの子フラーワクの子フーシャングである。またある者は，マシーこそがアダムであり，カユーマルスの血から生えた植物であると考えている。［これらの説には］多くの相違と明らかな間違いがある。神こそがよりよくご存知である。（*Bad'*: 401）

『創始と歴史』では，カユーマルスをアダム以前の人物と位置付け，その子マシーをアダムとする伝承が強調されている。もう一つ，カユーマルスの次に王となったフーシャングを預言者エノクとする伝承が紹介される。カユーマルスはフーシャングの4代前になるので，エノクから預言者の系譜を4代さかのぼると，カユーマルスはエノスに相当する。つまり，こちらの伝承でも，カユーマルスは洪水前の人物だということになり，ノア以後とする伝承は確認できない。この後も，ジャムシードをソロモン，ダッハークをノアの末裔（*Bad'*: 402），ファリードゥーンをアブラハムとみなし（*Bad'*: 403）[42]，マヌーチフルはモーセと同時代人とするなど（*Bad'*: 405），古代ペルシアの諸王を旧約的普遍史の文脈に位置付ける記述が散見される。

古代ペルシア四王朝の区分

全体の構成は，古代ペルシア四王朝叙述法を用いておらず，ピーシュダード朝とカヤーン朝に相当する記述では，区切りを設けていない。アシュカーン朝史の王名表はタバリーの『預言者と王の歴史』にほぼ一致し，サーサーン朝史は『知識』や『年代記』の内容とほぼ一致する（付表参照）。マクディスィーがハムザの『年代記』を用いた形跡はないが，典拠として『王書』，その他に『ペルシア列王伝 *Siyar al-'Ajam*』の名を挙げており（*Bad'*: 404），ペルシア系の伝承に依拠してこの部分を叙述したと考えられる。20章に挿入された「ヤ

42）別の箇所では，ファリードゥーンは，アブラハムが属すセムの子孫ではなく，ハムの9世代後の子孫とされる（*Bad'*: 404）。

ズドギルド3世殺害」の節には，『王の書 *Kitāb Khudāy-nāma*』からの引用も見られる（*Bad'*：665)。

古代ペルシア史の説明では，イーラジュに授与されたのはイラクとファールスであるとし「イラン」という言葉に言及していないが（*Bad'*：404)，世界地誌の説明では，「イランの国 Īrān-shahr」という地理概念を紹介している。その境界は，バルフ河 nahr Balkh，アゼルバイジャン，アルメニア，ユーフラテス河，カーディスィーヤ，イエメンの海 baḥr al-Yaman，ファールス，マクラーン，カーブル，トゥハーリスターンとされている（*Bad'*：463–464)。

マクディスィーは，古代ペルシアの王と預言者との共通点に着目し，その両者を関係付けようと試みた。そのため，その系図はノアの洪水以前どころかアダム以前に遡るものであり，旧約的普遍史の枠を飛び越えてしまっている。『創始と歴史』はアダムに始まる普遍史書ではなく，百科事典的著作であったがために，このような叙述方法が可能になったのであろうか。この問題を確認するために，次に同時期に編纂された百科事典を検討してみたい。

(5) フワーリズミー『学問の鍵』(977年頃)

マクディスィーと同時代の知識人フワーリズミー Abū ʻAbd Allāh Muḥammad b. Aḥmad b. Yūsuf al-Khwārizmī は，977年頃，当時の知識の体系を整理・分類した『学問の鍵 *Mafātīḥ al-ʻUlūm*』を著し，サーマーン朝8代君主ヌーフ2世（在位976–997）の宰相アブー・ハサン Abū al-Ḥasan ʻUbayd Allāh b. Aḥmad al-ʻUtbī に献呈した（Peacock 2007：41)[43]。

フワーリズミーは，第1章5節「様々な民族・分派の名称」において，ゾロアスター教徒 majūs の説として，カユーマルスは原始人類であり，彼の精液から芽を出した植物であるマシーとマシヤーナが，アダムとイブに相当すると説明する（*Mafātīḥ*：38–39)。さらに，第6章「歴史」の最初の節には「ペルシア

43）サーマーン朝治下ではこれ以外に，イブン・ファリーグーン Ibn Farīghūn 著『学問の集成 *Jawāmiʻ al-ʻUlūm*』も編纂されたが（Istanbul, Topkapı Palace Library, Ms. Ahmet III 2768)（Peacock 2007：41–42)，その中に古代ペルシア史に関する記録は確認できない。

の諸王 mulūk al-furs とその称号」という題があてられており，その内容は古代ペルシアの王名の一覧表である。ここでは，統治年こそ記載されていないものの，フワーリズミーがペルシアの王と認識した全ての者の名と称号が記されている。彼が考える古代ペルシア史は，ピーシュダード朝，カヤーン朝，アシュカーン朝[44]，サーサーン朝の四王朝から構成されるものであった（*Mafātīḥ*: 98–104）。ただし，イランという言葉は用いられていない。

『学問の鍵』では，マクディスィーと同じく，旧約的普遍史との整合性を無理につけようという試みは見られず，アダム以前にペルシア人の起源が置かれている。百科事典的著作においては，このような伝承を叙述することも可能であったのである。

(6) ミスカワイフ『諸民族の経験』(979 年以降)

史料の性格

一方で，天地創造に始まる時間軸に沿う形でアラビア語で歴史書を著す知識人も現れた。ブワイフ朝に書記官として仕えたミスカワイフ（イブン・ミスカワイフとも）Abū ʻAlī Aḥmad b. Muḥammad Miskawayh（936–1030）である。彼は司書も務めるなど，行政文書を扱う立場にあった (Bosworth 2002)。神学作品を含む 9 点の書物を著したことで知られるが，その中で最も有名なものが，アラビア語普遍史書『諸民族の経験 *Tajārib al-Umam*』である。ただし，序文で鮮明に打ち出されている旧約的普遍史に対する姿勢はこれまでの歴史家とは大きく異なる。

神の名を唱え神へ感謝することにより，我々に伝わる洪水後の歴史から本

44) ただし，『学問の鍵』に伝えられているアシュカーン朝の 10 人の君主の名前（アシュク 1 世，アシュク 2 世，シャープール，バフラーム 1 世（ジューダルズ），ナルスィー 1 世，フルムズ，バフラーム 2 世，バフラーム 3 世，ナルスィー 2 世，アルダワーン 2 世）(*Mafātīḥ*: 101–102）は，他の歴史書では確認できない内容のものである。唯一，ビールーニーが伝えるアブー・マンスールの『王書』を典拠とした王名表（*Āthār*: 133）がこれに近い内容になっている（付表参照）。

書を書き始める。というのも，それ以前の歴史には信憑性が少なく，伝わったものに関しても，本書に書き記し，その冒頭に配置することには何の利益もないからである。そのために，私は預言者の奇跡や彼らにより為された施策には言及しない。(*Tajārib*, Vol. 1：49–50)

このように，ミスカワイフは他の知識人たちと異なり，天地創造に始まる歴史を書くことを拒絶する。彼が重視したのは，過去の歴史から教訓が得られるか否かであり，様々な伝承を整理し王や預言者の名前を羅列することではなかった。そのために，『諸民族の経験』は洪水後の古代ペルシア諸王の歴史に始まる。サーサーン朝滅亡後はムハンマドと正統カリフ（ハサン含）の節が設けられ，イスラーム時代の歴史が展開される。その記述はブワイフ朝君主アドゥド・アッダウラ（在位 949–983）の治世 369／979/80 年まで続いている（*Tajārib*, Vol. 6：446)。

古代ペルシア史の位置付け

『諸民族の経験』における古代ペルシア史は，ピーシュダード朝，カヤーン朝，アシュカーン朝，サーサーン朝の四王朝から構成され，その記述はフーシャングから始まる。ミスカワイフは，フーシャングを洪水後 200 年目の王と考え，祖父であるカユーマルスの跡を継いだと記録している（*Tajārib*, Vol. 1：51)。カユーマルスは名前だけ記載されるが，洪水前の人物とされたためか，王としての扱いは受けていない。また，カユーマルスの息子マシーに関する言及もない。

ミスカワイフの普遍史の特色は，古代ペルシア史を軸に，他の歴史事項が扱われている点である。例えば，ダッハークをニムロドに同定する説を紹介し，アブラハムをダッハークの時代の預言者とする（*Tajārib*, Vol. 1：60)。また，預言者モーセの扱いも実に簡潔である。

マヌーチフルの治世，モーセが現れた。彼の生涯は 120 年だったと言われる。その内訳は，ファリードゥーンの治世に 20 年，マヌーチフルの治世に 100 年。モーセとファラオの伝承や彼に下された啓示 al-āyāt の話はあ

まりにも有名である。故に，この伝承を語るのは控え，次に進むことにした。（*Tajārib*, Vol. 1：68）

このように，古代ペルシアの四王朝を順々に説明していく過程で，適宜，預言者や古代アラブの諸王などの伝記に言及する形で叙述がなされていく。ムハンマド以前の歴史を，古代ペルシア史を基軸として叙述する手法は，タバリーの手法と同様である。そして，その諸王の名前や統治年に関しては，タバリーのそれに近い（付表参照）。典拠が明示されていないため断言することは避けるが，Bosworth（2002）で指摘されているように，タバリーを典拠としている可能性が高い[45]。「イランの国 Īrān-shahr」という言葉は4箇所で確認できるが（*Tajārib*, Vol. 1：60, 80, 83, 99），それが示す範囲については明記されていない。ちなみに，イーラジュに授与されたのはイラクとインドだとされており（*Tajārib*, Vol. 1：59），イラージュは「イランの国」には関係付けられていない。

ミスカワイフもハムザと同様に，諸民族の起源，その中でも特に洪水以前の歴史の不確かさを指摘した。しかし，両者がとった態度は正反対であった。ハムザは様々な伝承を収集・整理し，「正確な」諸王の名前と統治年の再構成を試みたのに対し，ミスカワイフはその部分を完全に削除した。それは，先人の歴史という経験を，同時代に生きる読者にあるがままに提供し教訓にさせようとしたミスカワイフの姿勢を示したものと言えるが，普遍史書というジャンルの中では特殊な内容になっている。また，同時代の他の著作では盛んに引用される『王の書』系の古代ペルシア史には言及せず，タバリーを中心としたハムザ以前に編纂された歴史書が用いられているようである。

45）例えば，最後の王ヤズドギルド3世の統治年に関して，「アラブ人が彼の領土に対し聖戦を行ったのはその統治期間が3，4年過ぎた後のことであった。マルゥで殺されるまでの彼の生涯は全部で20年間だった」と記されている（*Tajārib*, Vol. 1：253）。他の文献では全て，彼の治世は20年とされているが，タバリーだけは4年だと伝えている（*Ṭabarī*, Vol. 2：1067）。

(7) ビールーニー『過去の痕跡』(1000年)

史料の性格

以上の歴史家に対して，ハムザの『年代記』の影響を最も強く受けたと考えられる知識人がビールーニー Abū Rayḥān Muḥammad b. Aḥmad al-Bīrūnī（973–1050以降）である。11世紀を代表する科学者ビールーニーは100点以上の著作を遺したとも言われ，その分野は，天文学，地理学，数学，占星術，年代学，鉱物学，宗教学など多岐にわたる（Pingree 1990）。そのうちの一つ，1000年に編纂され，ズィヤール朝（931–1090頃）4代君主カーブース・ブン・ウシュムギール（在位978–981, 997–1012）に献呈された『過去の痕跡 *al-Āthār al-Bāqiya ʻan al-Qurūn al-Khāliya*』は，ペルシア人，ソグド人，ホラズム人，ユダヤ教徒，シリア人，アラブ人，ギリシア人などの暦に関する豊富な記録を収録しており，古代・中世の年代学に関する第一級の史料だと評価される。ビールーニーは，諸民族の暦の関係性を考察する際に，古代ペルシアの年代学についても言及している。まずは，第3章「諸暦の性質とそれに関する諸民族の意見の相違」から，洪水の年代に関するペルシア人の伝承を紹介したい。

> ペルシア人 al-furs とゾロアスター教徒一般 ʻāmmat al-majūs はノアの洪水 al-ṭūfān を完全に否定する。彼らにとっての原始人類である，泥の王 Gil-shāh カユーマルス以来彼らの間でその王権が連綿と続いてきたと考えている。それ［洪水］を否定することについては，インド人 al-hind，中国人 al-ṣīn，東方の諸民族が彼らに同意する。しかし，一部のペルシア人は，それ［洪水］を認め，預言者の啓典にそれについて書かれているところの記述とは異なる方法で，それを記録している。彼らによれば，「タフムーラスの時代にシリアと西方 al-maghrib で起こったそれ［洪水］は，地球上の全人類に及んだわけではなく，少しの民族を除いてそれにより溺れ死ぬことはなかった。つまり，それはフルワーンの峠 ʻaqabat Ḥulwān を越えず，東方の諸王国 mamālik al-mashriq には到達しなかった」とのことである。

さらに，「西方の人々は，それについて彼らの哲学者たちが警告を発した時，エジプト arḍ Miṣr に建てられている二つの堅牢なピラミッドの如き建造物を建てた」とも言う。曰く「もし災いが天よりもたらされた時には，我々はその中に入り，地上よりもたらされた時には，その上に登る」と。洪水の水の痕と波の跡は，水が越えられなかったこれら二つのピラミッドの半分ほどの高さの所に見られると考えている。ヨセフが彼らのためにそこに穀倉を作り，飢饉の年に備えてその中に食料と物資を蓄えたとも言われている。また，タフムーラスの所にその警告が届くや——それは，それ［洪水］が生じる231年前のことであったが——，彼はその領内でよい空気と土地の場所を選ぶように命じた。しかし，この性質についてイスファハーンより適当な土地を見つけることはできなかった。そこで彼は，諸学の知識 al-ʻulūm を本の形にして，その地の最も安全な場所に埋めるように命じた。［中略］諸々の伝承におけるこれらの様々な混乱は，聞き手を惑わせ，幾つかの本に叙述されているような合意に導く。すなわち，カユーマルスというのは最初の人間などではなく，ノアの子ヤペテの子カーミル Kāmir［ゴメル］なのだ，と。彼はダマーワンド Danbāwand 山に降り立ち，その地を支配した長老で，彼の権威は大きくなった。その当時，人類は天地創造の時と同様の状態にあり，成長の最初期にあった。彼とその息子は世界を支配し，その支配の末期には暴君と化していた。彼はアダムと名乗り，「私をこの名前以外で呼ぶ者については，その首を刎ねる」と言った。またある者は，彼はウマイム・ブン・ルド・ブン・エラム・ブン・セム・ブン・ノアだと考えている。（*Āthār*：29–30）

ビールーニーは，洪水の有無に関するペルシア人の伝承を紹介した上で，カユーマルスを最初の人間とするのではなく，洪水後に位置付けるのが妥当だとする。その上で，晩年に暴君と化しアダムと名乗るようになったゴメルとする伝承や[46)]，カユーマルスをセムの曾孫ウマイムとする伝承に言及している。様々な民族の歴史記述を収集したビールーニーは，年代学という観点から，ペ

46）タバリーを典拠にしていると考えられる（*Ṭabarī*, Vol. 1：147）。

ルシア人の錯綜した伝承を否定し，洪水後にその王統を位置付けたのであった。

古代ペルシア史の位置付け

ビールーニーはこのようにペルシア人の伝承を否定的に扱い，旧約的普遍史の文脈におけるノアの後にその系譜を位置付けた。しかし，その一方で，ペルシア人の伝承に依拠した古代ペルシア史を幾つか紹介している。彼は，カユーマルスに始まる王統を，①カユーマルスからアレクサンドロス，②アレクサンドロスからアルダシール1世，③アルダシール1世からヤズドギルド3世，という三つの時期に区分している（*Āthār*: 114）。カユーマルスについては，アブー・ハサン・アーザルフル・ムハンディス Abū al-Ḥasan Ādharkhur al-Muhandis なる人物から直接聞いたという，カユーマルスは神の汗から生まれ，カユーマルスの精液からはマシー Mīshī とマシヤーナ Mīshāna が生まれ，彼らはアダムとイブに相当するという伝承が伝えられる[47]。この伝承はハムザが伝える『アヴェスター』の内容とも異なっている。そして，次のように続ける。

> しかし，詩人アブー・アリー・バルヒー Abū ʻAlī Muḥammad b. Aḥmad al-Balkhī は『王書 *al-Shāh-nāma*』の中で，人類の創造に関するこの伝承を，ここで述べたのとは異なる内容で伝えている。彼は，その伝承を，イブン・ムカッファア ʻAbd Allah b. al-Muqaffaʻ，ムハンマド・ブン・ジャフム・バルマキー，ヒシャーム・ブン・カースィム，シャープール市の司祭バフラーム・ブン・マルダーンシャー，バフラーム・ブン・ミフラーン・アスバハーニー Bahrām b. Mihrān al-Aṣbahānī らの『列王伝 *Siyar al-Mulūk*』と校合し，バフラーム・ハラウィー・マジュースィー Bahrām al-Harawī al-Majūsī が引用したものと比べたと言った。曰く「カユーマルスは3000年間――すなわち白羊宮，金牛宮，双子宮の各千年紀――，天国に住み，それから地上に降り，安全かつ穏やかに3000年過ごした［後略］」と。（*Āthār*: 114–115）

47）ホラズムのゾロアスター教徒 majūs は「マルド Mard」と「マルダーナ Mardāna」と呼ぶ，と独自の情報も補われている（*Āthār*: 114）。

アブー・アリー・バルヒーによる『王書』は，ビールーニー以外では参照されていない（Ṣafā 1324kh : 98–99）。イブン・ムカッファア，ムハンマド・ブン・ジャフム・バルマキー，ヒシャーム，バフラーム・ブン・マルダーンシャー，という4人の『列王伝』はハムザも挙げていた文献であるが，ここではそれに加えて，バフラーム・ブン・ミフラーンとバフラーム・ハラウィーという人物の著作も挙げられている。カユーマルスは天国で3000年，地上で3000年の寿命を得た，というこの伝承は，ハムザ・イスファハーニーも『アヴェスター』を典拠として伝えているが（*Sinī*: 64），それ以前の文献では確認できないものである。ビールーニーは，このような史実とは考え難い歴史を記録することを，次のように弁解している。

> ［ペルシア諸王の］第1部の年代について，また，諸王の寿命と偉業について，心がそれを聞くことを避け，耳がそれを拒絶し，理性がそれを受け入れることができないようなことが，彼らによって語り伝えられている。しかし，私がそれにより行おうとしていることは，年代 tawārīkh を得ることであり，伝承 akhbār を批判することではない。ペルシア人の知識人 ‘ulamā’ al-furs，ゾロアスター教徒 harābidhat al-majūs，彼らの司祭が合意するところのものを，私は提示する。（*Āthār* : 115）

このように断った後，4種類の王名表を提示する（①多数のペルシア人 jumhūr al-furs，②ハムザ・イスファハーニー著『過去の偉大なる諸民族の歴史 *Tawārīkh Kibār al-Umam man Maḍā min-hum wa man Ghabara*』（『アヴェスター』に依拠），③ハムザ・イスファハーニーがゾロアスター教司祭の伝承に基づいて伝えた伝承，④西方の人 ahl al-maghrib による列王伝）[48]。

最初の伝承は，『列王伝 *Kitāb al-Siyar*』中の様々な伝承から，誰もが同意できる内容をビールーニーが引用したものだとされる。ここでは，ピーシュダード朝の王統がファリードゥーンで途絶え，その後，イーラジュからガルシャースプまでの王統に対しては，イーラーン朝 mulūk Īlān という名称があてられる。

48）『過去の痕跡』では，各王朝の君主の名前と統治年がそれぞれ表形式で提示されている。

この伝承では，この二つの王統の断絶の原因は，ファリードゥーンが世界を3人の息子に分割して以来，世界全域を支配できなくなったことに求められる。この王名表の中の，カユーマルスの寿命30年，マシーとマシヤーナがカユーマルスから残された精液から生まれるまで40年，2人が結婚するまで50年，フーシャングが王位に就くまで93年という記述は（*Āthār*: 118），ハムザの『アヴェスター』を典拠とした伝承と一致する（*Sinī*: 64–65）。

第2の伝承は，『年代記』だと考えられる文献からの引用である。その典拠となったのは『アヴェスター』だとされるが，一致する『年代記』の箇所は，イブン・ムカッファアをはじめとする八つのパフラヴィー語文献のアラビア語訳を校合して作成された王名表である。このような食い違いが生じた原因は判断し難いが，『年代記』を参照したことは間違いないだろう。

続く3番目の伝承は，ハムザがゾロアスター教司祭からの伝承に基づき伝えたものとされるが，『年代記』でほぼ一致するのは，バフラーム・ブン・マルダーンシャーからの引用箇所である。

一方，4番目の王名表は，西方の人の伝承に依拠し，ペルシアとバビロンの諸王の名を伝えるもので，ピーシュダード朝ではなく，ファリードゥーンからカイクバード以前の王朝が，カルディア朝 Kaldānīyūn と呼ばれている。この王名表では，バビロンの王シャルマネセルがサルムのことだとされるなど，ペルシアとバビロンの王が同一視されている。また，カヤーン朝の王もバビロンの王と同一視されており，ネブカドネザル2世がカイカーウースのことだとされる（*Āthār*: 124–127）。このように，『過去の痕跡』では，古代ペルシアの諸王とバビロンの諸王の関係が問題とされる事例も見られる[49]。

49）この王名表にはアケメネス朝のキュロスやカンビュセスなど，伝説上の君主ではなく現実に存在した君主の名前が記されている。同様の記録は，アレクサンドリアのメルキト派キリスト教徒サイード・ブン・ビトリーク Saʻīd b. al-Biṭrīq（940没）がアラビア語で著した普遍史書『集史 *al-Ta'rīkh al-Majmūʻ*』にも見られ，非ムスリムの間に伝わっていた別系統の伝承だと考えられる。彼はキュロスをペルシア人最初の王だとしている（*Biṭrīq*: 74）。『集史』にはサーサーン朝史は含まれているものの，ピーシュダード朝史やカヤーン朝史が収録されていないため，本書では分析の対象とはしない。

古代ペルシア四王朝の区分

ビールーニーは続けて，アレクサンドロスからサーサーン朝の勃興に至る王名表，つまりアシュカーン朝にあたる王名表をペルシア人の王朝の第2部として提示している。ここでも，第1部の王名表の続きということで，ペルシア人によるもの，2種類のハムザ・イスファハーニーによるものが紹介される。そして，第1部の王名表で採用されていた，西方の人による王名表ではなく，アブー・ファラジュ Abū al-Faraj Ibrāhīm b. Aḥmad b. Khalaf al-Zanjānī 著『歴史 *Kitāb al-Ta'rīkh*』とアブー・マンスール Abū Manṣūr b. ʻAbd al-Razzāq のために編纂された『王書 *Kitāb Shāh-nāma*』[50]から，アシュカーン朝の王名表が引用されている。その後で，この時代の年代を確定させる難しさについて述べている（*Āthār*: 132–135）。

最後に来るのが，第3部サーサーン朝の王名表である。ここでも最初に，ペルシア人によるもの，2種類のハムザ・イスファハーニーによるものを紹介する。そして，アブー・ファラジュの王名表を次のように紹介している。

> 私はアブー・ファラジュ・ザンジャーニーの著作の中に，三つの表の中で引用したものとは異なる，この部分の歴史 tawārīkh を見出した。既に，全3部の内，二つの部で行ったように，それをここに挿入した。それにより王名表は完結するだろう。（*Āthār*: 142）

そして，この後，古代ペルシアの王名表の不確かさについて言及し，最後にキスラウィー al-Kisrawī（ムーサー・キスラウィー）により校正された王名表を提示している（*Āthār*: 144–146）。これも既にハムザが利用したものである。

『過去の痕跡』の古代ペルシア史には，これまで取り上げてきたアラブの伝承やペルシア人の伝承以外の史料も用いられている。ただし，ここで確認したように，その情報の多くはハムザの『年代記』に依拠しており，一定の批判は行っているものの，ビールーニー独自の見解は見られない。本書も，ハムザ以降に頻繁に利用されるようになったパフラヴィー語文献のアラビア語訳，そし

50）この『王書』が紹介する王名表は最初に挙げたペルシア人による王名表とほぼ一致している（付表参照）。

て，それに依拠して書かれたペルシア語『王書』の流れを汲む作品だと考えられる。ビールーニーは，各民族の相矛盾する王名表をできるだけ多く読者に提供しようとした。そのためか，古代ペルシア史を旧約的普遍史に関連付ける記述はあまり見られない。唯一確認できるのは，冒頭で紹介したカユーマルスをノアの末裔に位置付けようとする伝承くらいである。「イランの国 Īrān-shahr」という言葉については，幾つか用例が確認でき（*Āthār*: 120, 268, 270, 271, 274, 278, 283, 284），徐々に地理概念として定着しつつあったことが分かる。

章　結

以上本章では，10 世紀半ば以降に著されたアラビア語およびペルシア語による普遍史書に見られる古代ペルシア史について検討してきた。その主な結論は次の通りである。

（1）10 世紀半ば以降，サーマーン朝やブワイフ朝で編纂された文献の中で，古代ペルシア史叙述は大きく変容を遂げた。それ以前に古代ペルシア史の主な典拠として用いられていたのはアラブの伝承であったが，これ以降，ペルシア人の伝承が主要な情報源として扱われるようになる。

（2）ハムザ・イスファハーニーの『年代記』が編纂されて以降，ペルシア人の伝承が古代ペルシア史の主要な情報源として用いられるようになった。ハムザは，イブン・ムカッファアをはじめとする様々な『王の書』のアラビア語訳を収集し，その内容を紹介した。ハムザが依拠した『王の書』の翻訳者たちの名前は，アブー・マンスール，バルアミー，ビールーニーによっても繰り返し言及されている。おそらく以上の歴史家たちは，これらの文献を直接参照できたわけではなく，ハムザを通じてその内容を知り得たのであろう。翻訳者たちの名前は，やはり同時代に記されたイブン・ナディームの『目録』の中でも，「『王の書』という名で知られる『ペルシア列王伝 *Kitāb Sīrat al-Furs*』の翻訳者たち」と紹介されている（*Fihrist*: 305）。また，ビールーニーはハムザを主要典拠としながら，他の伝承も加え，古代ペルシア史に関する情報をさらに補充している。

(3) ただし，これらの文献は各民族に伝わる伝承をそのまま提示するという性質のものであったため，古代ペルシア史と旧約的普遍史の関係を調整する工夫は見られない。そのためか，タバリーやマスウーディーが伝えていた古代ペルシアの起源に関する伝承の多くは利用されていない。ハムザの『年代記』により，『王の書』が「復活」を遂げ，その内容が古代ペルシア史の権威ある典拠として利用されるようになったのが，この時代の特徴だと評価できよう。

第3章

フィルダウスィーの『王書』と古代ペルシア史

――ガズナ朝における普遍史――

はじめに

前章では，10 世紀半ば以降，古代ペルシア史の情報源がアラブ系の伝承から，『王の書』を中心とする，ペルシア系の伝承に移ったということを明らかにし，とりわけハムザの『年代記』の影響力が大きかったことを指摘した。このような背景の下，現在のイラン人が「民族・英雄叙事詩」と評価するフィルダウスィーの『王書』が編纂された。

第 II 部以降で論じるように，『王書』に登場する古代ペルシアの諸王の事績，また，『王書』の中に登場する「イラン」や「トゥラン」といった地理認識は，後のペルシア語普遍史書に大きな影響を与えることになる。それ故に，普遍史書のみならず，ペルシア語文化圏の文芸活動全般を考える上でも，『王書』という文献の成立意義を考えることは重要な作業であると言える。『王書』についてはこれまでにも多くの専門書や論文が出版されており，その研究史の全容を把握することすら容易ではない[1)]。ただし，『王書』でサーサーン朝時代の前に位置付けられている神話時代の古代ペルシアの王名とその統治年が，一体どの文献の影響を受けているのかに関して，本文の構成や内容から考察した研究は管見の限り見当たらない。そこで本章では，『王書』の情報源を検討し，その上で『王書』の内容が同時代の歴史家たちにどのような影響を与えたのか，

1）フィルダウスィーに関する研究については，Afshār（1390kh）を参照。

という点について考察したい。

1　フィルダウスィーの古代ペルシア史叙述

(1) フィルダウスィー『王書』(1010年)

史料の性格

フィルダウスィー Abū al-Qāsim Manṣūr b. al-Ḥasan al-Firdawsī al-Ṭūsī（940-1025）[2]は，トゥースの地方名士 dihqān 階層の出身で，サーマーン朝とガズナ朝に仕えた詩人として知られる。彼はトゥースの領主の支援を受けながら980年頃『王書』の執筆に着手し，994年にその初版を完成させた。その後改訂を重ね最終的に完成したのは，執筆を始めてから約30年後の1010年のことであった。完成した『王書』は，ガズナ朝（977-1186）3代君主マフムード（在位998-1030）に献呈されたが，十分な報奨を得られず，その宮廷を離れたという[3]。

フィルダウスィーは，ダキーキー Abū Manṣūr Aḥmad Daqīqī（976頃没）の仕事に触発されて執筆を決意したとされる。ダキーキーというのは，サーマーン朝8代君主ヌーフ2世（在位976-997）の命を受け，グシュタースブの即位，ゾロアスターの出現とグシュタースブの帰依，アルジャースブとの戦いの記事を約1000句作詩した時点で，殺害された詩人である。フィルダウスィーは彼の未完の作品を核として，それに詩句を補う形で『王書』を完成させたという（黒柳 1977：29-30）。文学研究者の山中は，『王書』を「厳密にいえば文学作品であり，現代の歴史家から見た史料としての価値は低い」と評価したが（山中 2009：365），前近代の時代には「文学作品」と「歴史作品」の間に明確な線引

2) フィルダウスィーの名前は，1223年に編纂されたブンダーリー al-Bundārī による『王書』アラビア語訳に記された形が信頼できる情報だと考え，これを採用した（*Firdawsī/Bundārī*, Vol. 1：3）。

3) フィルダウスィーの経歴の詳細については，Khaleghi-Motlagh（1999b）を参照。

きはなされていなかった。詳細については第II部以降で論じるが，何よりも『王書』の内容は歴史を書く際の情報源として頻繁に利用されてきた。それ故に，『王書』の構成や内容の分析は，前近代ペルシア語文化圏における古代ペルシア史叙述の変遷を考える上で重要な作業だと考えられるのである。

先行研究では，『王書』の内容は，①神話時代：ピーシュダード朝（Vol. 1 : 19–341），②英雄時代：カヤーン朝（Vol. 1 : 343–Vol. 6 : 129），③歴史時代：アシュカーン朝，サーサーン朝（Vol. 6 : 131–Vol. 8 : 488）の3部に区分されてきた（黒柳 1977 : 37–38，括弧内は校訂本 *Firdawsī* の頁数）。ただし，この区分は便宜的なもので，フィルダウスィー自身がこのように『王書』の内容を区分しているわけではない点には注意しなければならない。フィルダウスィーは，序文で天地創造について説明した後，カユーマルスからヤズドギルド3世に至る58人の王の事績を，ピーシュダード朝やカヤーン朝といった王朝名を出さずに並べているにすぎない。中でも，アシュカーン朝の諸王は次のように，僅か5対句の中に8名の王名が列挙されているだけで，ほとんど関心が払われていない（この8名の王名の存在は学界には知られておらず，『王書』に登場する王は一般には50名だと理解されている）。

まずはクバードの末裔アシュク
次にフスラウの末裔ギルドシャープール
次にアシュカーン朝のグーダルズ
次にカヤーンの末裔ビージャン
次にナルスィー，次に大フルムズ
次に強く名高いフスラウ
彼の後に，名高きアルダワーン
賢く，分別があり，聡明な男
アシュカーン朝のバフラーム［アルダワーンの別称］は王位に就くと
貧者に宝を分け与えた　(*Firdawsī*, Vol. 6 : 138–139)

古代ペルシア史の位置付け

フィルダウスィー著『王書』の典拠については諸説ある。『王書』には前述のダキーキー以外の情報源は明示されていない[4)]。ただし，「古の書 Nāma-yi Bāstān」という表現が何度も使われていることから（*Firdawsī*, Vol. 1 : 21），ネルデケはその典拠が散文体で書かれた歴史書であったと推測している（Nöldeke 1896 : 62–67）。また，『預言者と王の歴史』，『究極の目的』などと『王書』のテクストを比較したルビンは，フィルダウスィーは完全に独立した典拠に依拠していると結論する（Rubin 2005 : 65）。

ここでは，ペルシア人の始祖とされるカユーマルスの位置付けについて検討することで，フィルダウスィーが伝える古代ペルシア史をペルシア語歴史叙述の変遷の中に位置付けてみたい。『王書』は古代ペルシア史に特化した著作であるため，旧約的普遍史に特徴的なアダムに始まる預言者の系譜についての記述はない。例えば，冒頭のカユーマルス伝は次のように始まる。

古の書に学びし者
すなわち勇者たちについて物語る者は
言った。玉座と王冠の慣習を
もたらした者はカユーマルス，彼は王であった　（*Firdawsī*, Vol. 1 : 21）

フィルダウスィーはこのようにカユーマルスを最初の王と見なしており，人類の起源や旧約的普遍史の文脈に位置付けることはしない。ハムザなどが伝えていた，カユーマルスから生まれた双子の植物，マシーやマシヤーナという名前にも言及せず，カユーマルス，スィヤーマク，フーシャングを直接親子関係で結んでいる。同時に，フーシャングとタフムーラスの間にくるはずの数世代分

4）これ以外に前述のアブー・マンスールの『王書』が典拠とされたという学説もあるが（黒柳 1966 : 82–83），黒柳自身も指摘しているように，根拠とされるフィルダウスィーの序文では，アブー・マンスールの名は確認できない（*Firdawsī*, Vol. 1 : 12）。その上，アブー・マンスールの伝えるアダムの名前や，カユーマルスの死後 170 年間にわたり王が不在であったという伝承は，フィルダウスィー著『王書』には存在しない。本書ではこれ以上立ち入らないが，この学説についても再検討する必要があるように思う。

カユーマルス ─ スィヤーマク ─ フーシャング ─ タフムーラス

図 3-1 『王書』におけるカユーマルスの系図

の人名を省略し，やはり親子関係で結んでいる（図 3-1）。このように，『王書』では，簡潔な形で伝説上の古代ペルシアの諸王の名前が並べられている。むしろここには，ハムザなどが伝える，『王の書』に依拠した伝統的な古代ペルシア史叙述の跡は見られない。このようなジャムシード以前の古代ペルシアの王統を簡潔化し，カユーマルスの子どもをスィヤーマクという「人間の王子」とする叙述方法はフィルダウスィー以前には見られない方法で，これが後世の歴史家に大きな影響を及ぼすことになる。

フィルダウスィーは『王書』の中で，ルスタムの英雄伝や公正王アヌーシルワーンの伝記に多くの頁を割くなど，それ以前の古代ペルシア史叙述には見られない伝承を数多く伝えている。一方で，諸王の名前や統治年については特段目新しい点は見られず（付表参照），既存の古代ペルシア史に拠っていると考えられる。ただし，『王書』の校訂本の脚注から分かるように，その統治年については手稿本間の異同が大きく，また，フィルダウスィー自身も典拠に言及していないため，どの系統の伝承に属すものなのかを明らかにするのは難しい。その意味で，『王書』は独立した情報に依拠している，とするルビンの学説は適切であると考えられる。

フィルダウスィーの伝える古代ペルシア史には，ハムザのそれとは違い，ゾロアスター教的天地創造神話やカユーマルスの双子の子マシーとマシヤーナが登場しない。これが意図的なものであるのかは不明だが，ムスリムの人類史認識に適合した内容になっている。決して『王の書』の記事が直接そのまま『王書』に引用されているわけではないのである。

ペルシア人からイラン人へ

もう一つ，『王書』の古代ペルシア史叙述の特徴として挙げられるのが，「イラン」という用語の使い方の変化である。フィルダウスィーはこれまで人を指す言葉として使われてきた「イラン」という用語を地理的概念として多用している。例えば，「イラン」の異名を持つイーラジュにファリードゥーンが国を与える場面は次のように叙述される。

この2人の後イーラジュの番となった
父は彼のためにイランの国を選び
イランも槍兵の沙漠も
玉座も王冠も
彼に与えた。彼こそ王冠，
剣，印章，象牙の玉座に相応しい　(*Firdawsī*, Vol. 1 : 107)

『王書』の中では，「イランの地 Īrān-zamīn」という言葉も確認できるが，「イラン」という言葉が単独で使われる用例が圧倒的に多くなっている。『王書』は韻文史書であるため，韻律をあわせるためという技術的な側面もあったかもしれないが，「イラン」という言葉の頻出はフィルダウスィー以前の文献では確認できない大きな変化の一つである。その上，「ペルシア人」ではなく，イランの人々を意味する「イラン人 Īrāniyān」という言葉も多用されている（*Firdawsī*, Vol. 1 : 209 など）。イラン概念を扱った研究においては，「イランの国 Īrān-shahr／イランの地 Īrān-zamīn」と単独の「イラン Īrān」という言葉を互換性のある概念としてとらえるものが多かったが[5)]，アラビア語史料では前者と後者は明確に区別されていた。両者が互換的に用いられるようになるのは，フィルダウスィー以降のことである。

2　フィルダウスィーと同時代の古代ペルシア史叙述

ここで強調するまでもなく，『王書』は後世の人々の間で好評を博し，後の世の古代ペルシア史叙述の典拠の一つとなったとされる。アフシャール Ī. Afshār が編纂した『フィルダウスィーと『王書』の文献目録』によれば，現在，

5）例えば，Ashraf（2006）。

図 3-2　現存最古の『王書』手稿本（*Firdawsī/Florence*：1）

世界に『王書』の手稿本は 644 点伝存している（Afshār 1390kh：255-274)。ただし，現存最古の手稿本は 614 年ムハッラム月 3 日／1217 年 4 月 12 日に書写されたフローレンス手稿本で（National Library, Ms. Cl. III. 24，図 3-2)[6]，13 世紀の手稿本が 3 点，14 世紀の手稿本が 21 点，と古い時代の手稿本の数は少なく，同時代の歴史家たちが実際にどの程度『王書』の内容に親しんでいたのかは分からない。本節では，フィルダウスィーと同時代にガズナ朝宮廷で活躍した歴史家たちによる古代ペルシア史叙述が，どの程度『王書』の影響を受けているのか，について考察したい。

(2) サアーリビー『列王伝精髄』(1019 年頃)

史料の性格

ヤールシャーテルが，フィルダウスィーの情報源と極めて近い史料を使った文献だと評価したのが，サアーリビー Abū Manṣūr ʻAbd al-Malik b. Muḥammad Thaʻālibī（961-1038）の歴史書である（Yarshater 1983：362)。サアーリビーは，ニーシャープール出身の文人で，ガズナ朝の庇護を受け，大部な詩人伝『時代の真珠 *Yatīmat al-Dahr*』をはじめとする著作をアラビア語で著しており，その数は 34 点とも推計されている（Hidāyat 1385kh：i-ii)[7]。

6）フローレンス手稿本のファクシミリ版 *Firdawsī/Florence* は 1990 年に出版されている。
7）597 年第 2 ジュマーダー月 6 日／1201 年 3 月 14 日に書写された現存最古のイスタンブ

図 3-3　現存最古の『列王伝精髄』手稿本（*Ghurar*/*DIP916*：1b–2a）

彼の著作の一つ『列王伝精髄 *Ghurar al-Siyar*』は，ガズナ朝3代君主マフムード（在位 998-1030）の兄弟で軍司令官を務めたアブー・ムザッファル・ナスル Abū al-Muẓaffar Naṣr（1021 没）に献呈された，天地創造に始まりガズナ朝の記事に終わるアラビア語普遍史書である（*Ghurar*/*DIP916*：2a–3a）。ただし序文に明記されている章構成を完全に反映した手稿本は残されていない（Zotenberg 1900：xliv–xlv）。例えば，現存最古のイスタンブル手稿本 *Ghurar*/*DIP916*（図 3-3）は，①「第1巻序文・目次」（1b–8a），②「古代ペルシア史（フィールーズまで）」（8b–168b），③「第2巻目次」（171b–175a），④「古代ペルシア史（バラーシュ以降）」（175b–217b，この後脱落あり），⑤「預言者の諸王 mulūk al-anbiyā'」（218a–229b），⑥「ファラオ」（229b–236b），⑦「イエメン」（236b–247b），⑧「ガッサーン」（248a–252a），⑨「キンダ」（252a–267a），⑩「ローマ」

ル手稿本（Süleymaniye Library, Ms. Dāmād Ibrāhīm Paşa 916）のシャムサ（巻頭頁の中央に配置されるメダイヨン装飾）では，著者の名前はフサイン・マルガニー al-Ḥusayn b. Muḥammad al-Marghanī（*Ghurar*/*DIP916*：1a）とされ，ニーシャープール出身のサアーリビーとは別人だと考える説もあった。この議論の詳細については，Rosenthal（1950）を参照。

(267a–273b)，⑪「インド」(273b–275b)，⑫「中国」(275b–276b)，⑬「テュルク」(276b–277a)，⑭「イスラーム時代の歴史（アブー・バクルまで）」(277a–343b）という章構成になっている（括弧内は手稿本の頁数)。この章構成はハムザの『年代記』を意識したものだと考えられるが，その事実はあまり知られていない。というのも，校訂テクストが古代ペルシア史のみに限定して『ペルシア列王伝精髄 *Ghurar Akhbār Mulūk al-Furs wa Siyar-him*』という形で出版されていることからも明らかなように，古代ペルシア史の内容のみが注目されてきたからである。今後，古代アラブ史も含めた総合的な分析が待たれる一冊である。

カユーマルスに始まりヤズドギルド3世に終わる古代ペルシア史は，『列王伝精髄』の冒頭に位置し，その分量もおよそ半分を占める。この部分についてヤールシャーテルは，サアーリビーは情報源を明示していないとするが (Yarshater 1983：362)，実は，『列王伝精髄』にはその典拠が逐一記されている。まさにフィルダウスィーと同じ環境で編纂された，『列王伝精髄』の中にフィルダウスィーとの共通性はどの程度見られるだろうか。『列王伝精髄』には，マスウーディー・マルワズィーから2箇所（*Ghurar*：10, 388)，ハムザ・イスファハーニーから1箇所（*Ghurar*：398)，マクディスィーから1箇所（*Ghurar*：501)，『儀礼の書』から1箇所（*Ghurar*：14）など，既に紹介した典拠からの引用も見られるが，特に多いのは，タバリーとイブン・フルダーズビフ Ibn Khurdādhbih からの引用である[8)]。ゾロアスター教徒の祖父を持つイブン・フルダーズビフは，9世紀半ば頃に著した地理書『諸道と諸国の書 *Kitāb al-Masālik wa al-Mamālik*』の著者として知られるが，歴史関係の著作も著している。ここで確認できる書名は『歴史 *Kitāb al-Ta'rīkh*』だが（*Ghurar*：130)，マスウーディーの『黄金の牧場』には，『大歴史 *al-Kabīr fī al-Ta'rīkh*』という書名が登場する。同一の著作を指す記述かは不明であるが，「この手の書物の中

8) 管見の限り，タバリーからの引用は12箇所（*Ghurar*：2, 22, 24, 26, 67, 130, 256, 263, 415, 457（2箇所), 567)，イブン・フルダーズビフからの引用は11箇所確認できる（*Ghurar*：130, 257, 262, 263, 378, 415, 444, 458, 486, 556, 604)。ヤールシャーテル以外のペルシア文学の大家たちも，『列王伝精髄』の主要な典拠はフィルダウスィー以前に編纂された『王書』だと考えているが（Ṣafā 1332kh, Vol. 1：641–642；黒柳 1966：84)，これについては再考する必要があるだろう。

で最も包括的で，最も見事に整理され，最も知識が豊富で，そして，ペルシア人 al-a'ājim などの諸民族や，彼らの諸王と行状に関する情報を最も多く含んでいる」と大いに評価されている（*Murūj*：14）。ちなみに，イブン・ナディームはこれらの書名には言及せず，関係しそうなものでは『ペルシア人の系譜の集成と贈物 *Kitāb Jamharat Ansāb al-Furs wa al-Nawāfil*』なる著作を紹介している（*Fihrist*：165）。ただし，いずれも現存していない。

『列王伝精髄』の特徴は，タバリーからの引用を軸に，異なる様々な伝承が列挙されていく点である。例えば，アシュカーン朝初代君主については，次のような説明が付されている。

> タバリーはある伝承の中で「彼らの中で最初に王となったのは，アシュカーンの子アシュク［2世］で，その治世は21年だった」と伝える。この伝承に『王書 *Kitāb Shāh-nāma*』の著者は同意しているが，統治年については異論を述べている。すなわち彼は「10年間」だと言う。それから，タバリーは別の伝承の中で，「最初の王はアクフールシャー Aqfūrshāh で，その治世は62年だった」と伝える。イブン・フルダーズビフはこの伝承に同意し，それ以上の説話や伝承を付け加えた。（*Ghurar*：457–458）

サファー Dh. Ṣafā は，この『王書』をアブー・マンスールの『王書』に比定したが（Ṣafā 1324kh：103–105），ビールーニーが引用しているアブー・マンスールの『王書』におけるアシュク2世の統治年25年と数値が一致しない（*Āthār*：133）。王名とその統治年の傾向はむしろフィルダウスィーの記述に近いが（付表参照），現存するフィルダウスィーの『王書』ではアシュク2世の統治年は示されておらず（*Firdawsī*, Vol. 6：138），これ以上の確認は難しい[9]。

古代ペルシア史の位置付け

サアーリビーはカユーマルスの位置付けについてもタバリーに依拠している。

9）ただし，別の箇所で確認できる引用では，フィルダウスィーと似た内容（アルジャースブ Arjāsf という名前の呼び方について）を伝えている（*Ghurar*：263；*Firdawsī*, Vol. 5：75）。

> 様々な人々の伝承はそれについて異なっている。ある者たちは言う。「彼［カユーマルス］は人類の父アダムで，神がその手で彼を創り，その魂を彼の中に吹き込み，全ての天使に彼を拝ませ，彼を神が創りし人類の祖と位置付けた」と。また，「彼［カユーマルス］はアダムの息子の中で最初に王となった者である。セツがアダムの息子の中で最初に預言者となった者であるように。一方が俗世の指導者 al-riʿāya で，他方が信仰の導師 al-hidāya であるのだ」と言う者もいる。また，「アダムは地上における最初の王である。というのも，神は彼を地上における代理 khalīfa としたのだから」とも言われる。タバリー Abū Jaʿfar Muḥammad b. Jarīr al-Ṭabarī は彼の『歴史 *Kitāb al-Ta'rīkh*』の中で伝えている。「ペルシア人の知識人 ʻulamā' al-furs たちは，カユーマルスはアダムであると主張する。またある者は，イブから生まれたアダムの子だと言う」[10)]と。さらに彼［タバリー］は，「諸民族の知識人たちは，カユーマルスが非アラブ人 al-ʿajam の中でペルシア人の父 abū al-furs であることには異論がないが，アダムなのか否かについては見解が分かれている。しかし，彼とその子孫の王権 mulk が，東方の地 arḍ al-mashriq において，ウスマーン・ブン・アッファーンの治世にマルゥで，その末裔ヤズドギルド・ブン・シャフリヤールが殺害されるまで，規則正しく秩序だった形で続いていた，という点では一致している。そのため，彼らの諸王の一生に基づいて過去の世界の年代を書き著すことは，それ以外の諸王の年代に基づいて行うよりも，簡単で明快である。というのも，諸民族の中でその王国が存続し続け，その諸王が連続して長く順序よくつながった民族など，彼ら以外にはいなかったのだから」[11)]と伝えた。（*Ghurar*：1–3）

サアーリビーが紹介するのは，①カユーマルス＝アダム説と②カユーマルス＝アダムの息子説である。②カユーマルス＝アダムの息子説に言及したのは彼が最初ではないが，アダムの息子のうちで，セツは最初の預言者となり，カユー

10）*Ṭabarī*（Vol. 1：147）に相当する引用箇所。
11）*Ṭabarī*（Vol. 1：148）に相当する引用箇所。

マルスは最初の王となった，という形でその妥当性を強調している（図3-4）。同様の解釈は，次章で扱う『諸王への忠告 *Naṣīḥat al-Mulūk*』でも採用され，その後の歴史家に広く受容されることになる。

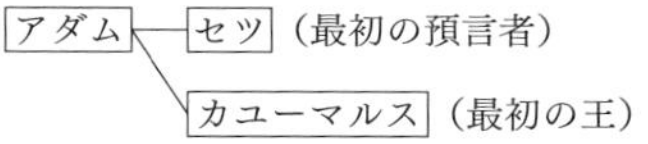

図3-4　『列王伝精髄』におけるカユーマルスとアダムの関係

サアーリビーは，この二つの伝承をタバリーの伝承で補完し，古代ペルシア史を基軸に歴史を叙述する意義を強調する。ただし，タバリーがこの二つの文章の間で伝えていた，カユーマルスをヤペテの息子ゴメルとする伝承（*Ṭabarī*, Vol. 1：147）への言及がない点には注意しなければならない。これが意図的な選択であるかは不明だが，タバリーの伝承から，カユーマルスをアダムの近くに位置付ける伝承のみが採用されているのである。

一方で，マクディスィーの著作を参照しているにもかかわらず，カユーマルスをアダムより先の世代に位置付ける伝承への言及はない。タバリーが試みたように，古代ペルシア史と旧約的普遍史の整合性をつけようとしたサアーリビーにとっては，人類の祖アダム以前に人類が存在したことになる普遍史など問題外であったのだろう。彼は，カユーマルスをアダムとする伝承ですら問題視している。カユーマルス伝の最後で，地上に下った後1000年生きたアダムと30年王位にあっただけのカユーマルスを同一人物とみなすことについて疑義を唱えている（*Ghurar*：3-4）[12]。

このように，複数の伝承を批判することなく伝えたタバリーに対し，タバリーに依拠しながらも批判的に年代考証を行っている点がサアーリビーの歴史叙述の特徴の一つと言える。『列王伝精髄』における王名表は，アレクサンドロスまでは完全にマクディスィーのものと一致し，彼の『創始と歴史』を主要な情報源としたことが分かる（付表参照）。それにもかかわらず，カユーマルスの後には，スィヤーマク，フーシャングという形で，「人間」である王子たちの名を続け（*Ghurar*：5），マシーやマシヤーナという「人間」ではないカユーマルスの子どもの記述を省いている。この記述はフィルダウスィーの『王

12）この他にも，ジャムシード伝で，ソロモンと同一人物とする説を，この2人の間には2000年以上の年代差があるのだから，間違いだと評価している（*Ghurar*：10-11）。

表 3-1　『列王伝精髄』におけるアシュカーン朝の諸王と統治年（数字は統治年）

『預言者と王の歴史』 *Ṭabarī*, Vol. 2 : 710–711	『過去の痕跡』 *Āthār* : 132	『列王伝精髄』 *Ghurar* : 456–480	『王書』 *Firdawsī*, Vol. 6 : 138–139
Afqūrshāh (62)	Afghūrshāh (10)	Aqfūrshāh (62)	Ashk (–)
Sābūr (53)	Shābūr (60)	Sābūr (53)	Girdshāpūr (–)
Jūdharz (59)	Jūdharz (10)	Jūdharz (57)	Gūdarz (–)
Īrān (47)	Bīzan (21)	Īrān-shahr-shāh (47)	Bīzhan (–)
Jūdharz (31)	Jūdharz (19)	Jūdhardh (31)	Narsī (–)
Narsī (34)	Narsī (40)	Narsī (34)	Ūrmuzd (–)
Hurmuzān (48)	Hurmuz (17)	Hurmuzān (47)	Khusraw (–)
Fīrūzān (39)	Ardawān (12)	Fīrūz (39)	Ardawān (–)
Kisrā (47)	Khusraw (40)	Khusra (47)	
Ardawān (55)	Balāsh (24)	Ardawān (55)	
	Ardawān (13)		

書』とも一致する内容で，イスラーム的価値観に適合させた古代ペルシア史叙述であると評価できよう。

古代ペルシア四王朝の区分

『列王伝精髄』では四王朝区分は設けられていないが，アシュカーン朝についてのみ，「諸地方政権 mulūk al-ṭawā'if」という区分が設けられている。アシュカーン朝の冒頭記事については既に紹介したが，サアーリビーはタバリーに倣い，アフクールシャーに始まる 10 名の王に言及している（表 3-1）。その内容は若干充実してはいるものの[13]，王名とその統治年はタバリーとほぼ一致し，タバリーに依拠していることは明らかである。タバリーが異説として紹介したこの王名表は，バルアミーには採用されておらず，サアーリビーの他にはビールーニーしか言及していない，珍しい内容になっている。ただし，ビールーニーの情報源はアブー・ファラジュ Abū al-Faraj Ibrāhīm b. Aḥmad b. Khalaf al-Zanjānī の『歴史 *al-Ta'rīkh*』なる書物で，統治年には多くの相違が見られる。

13）ジューダルズ 1 世の死因に言及する際，ズィヤール朝 2 代君主ウシュムギール（在位 935–967）の死因も同じであったと付け加えるなど（*Ghurar* : 463），独自の記述も多い。

また，イランという言葉は主に「イランの国 Īrān-shahr」という形で表現され，その範囲は，ホラーサーン，イラク，ファールス，キルマーン，アフワーズ，ジュルジャーン，タバリスターンからシリアとの境域までとされる（*Ghurar*: 42)。この言葉はこれ以前の文献に比べ，頻繁に用いられるようになり，アラビア語で「イラン人 Īrānīya」という表現も確認できるほどである（*Ghurar*: 128, 361)。

(3) ガルディーズィー『歴史の装飾』(1050–53)

史料の性格

ガズナ朝宮廷では，普遍史書をペルシア語で著す歴史家も現れた。ガルディーズィー Abū Saʿīd ʿAbd al-Ḥayy b. Ḍaḥḥāk b. Maḥmūd Gardīzī（1052 以降没）である。経歴は不詳だが，3 代君主マフムード（在位 998–1030）に仕えた書記官，あるいは官僚であったと考えられている。彼が 9 代君主アブド・アッラシード（在位 1050–53）に献呈した歴史書が『歴史の装飾 *Zayn al-Akhbār*』である。書名にある「装飾 zayn」という言葉は，アブド・アッラシードの称号の一つ「宗教の装飾 zayn al-milla」に因んだものである（Meisami 1999: 68)。

『歴史の装飾』の手稿本は，おそらくは冒頭と巻末の文章が欠落していた手稿本から 1093／1682 年に写されたケンブリッジ手稿本（University Library, Ms. King's (POTE) 213)，およびこの手稿本から 1196 年ズー・アルヒッジャ月 21 日／1782 年 11 月 27 日に写されたオックスフォード手稿本（Bodleian Library, Ms. Ouseley 240）の 2 点しか残されていないため（Bregel 1972, Vol. 1: 288)，両手稿本間の異同は少なく欠落箇所の内容は不明である[14)]。『歴史の装飾』は，5 部

14) 2005 年に新しく校訂テクストを刊行したレザーザーデ・マレク R. Riḍā-zāda Malik は，この欠落箇所を，複数の「『歴史の装飾』とほぼ同時代の史料」のテクストを組み合わせ恣意的に復元している（Riḍā-zāda Malik 1384kh: lxv)。しかし，『歴史の装飾』からの引用記事であると明記されている文章であるならいざ知らず，いわば校訂者の「想像」により著者の序文をも含むテクストを復元するという作業は歴史学で許容され得る行為ではないだろう。復元箇所は全 432 頁の刊本のうち 65 頁に達している。しかし残念なことに，2011 年に『歴史の装飾』の英訳を刊行した碩学ボスワース C. E. Bosworth はこの仕事を「最初の完全な校訂本」と評価し（Bosworth 2011: 8)，どうやら

「古代ペルシア史（ピーシュダード朝？，カヤーン朝，諸地方政権，サーサーン朝，皇帝たち）」（31–104），6部「カリフとイスラームの君主の王名表」（105–125），7部「カリフ（ハサン含）とイスラームの君主」（126–442），8部「暦」（443–451），9部「祝祭」（452–468），10部「ユダヤ教徒の祝祭の表」（469–474），11部「ユダヤ教徒の祝祭」（475–489），12部「キリスト教徒の祝祭の表」（490–506），13部「ゾロアスター教徒の祝祭の表」（507–513），14部「ゾロアスター教徒の祝祭」（514–527），15部「インド人の祝祭の表」（528–531），16部「インド人の祝祭」（532–543），17部「知識と系譜」（544–598），18部「ローマ人に関する知識」（599–611），19部「インド人に関する知識」（612–643）という構成になっている（括弧内は校訂本 *Zayn* の頁数）[15]。現存しているのは，第5部の途中タフムーラスの治世から第19部の途中までであるが，内容から判断するに，第5部の前はアダムに始まる預言者の歴史であったと考えられる。また，19部以降に続きがあるのか，それとも19部で終わりなのかは分からない。諸民族の歴史以外にも，暦や祝祭について多くの頁が割かれている。また，各王朝の君主の一覧表や年表が随所に挿入されており，読者の理解を深めるための工夫が施された歴史書になっている（*Zayn*: 107, 114–116, 135–137, 214–219, 450–451, 471, 473, 491, 493, 495, 497, 508–509, 529, 531）。

古代ペルシア史の位置付け

『歴史の装飾』では最初の2人の王カユーマルスとフーシャングの伝記が脱

学界に受け入れられてしまったようである。仮に校訂部分が優れたものであっても，学術的手続きに大きな瑕疵があると考えるため，本書では旧刊本 *Zayn* を使用する。

15）校訂者ハビービー ʻA. Ḥabībī は，手稿本中の部 bāb 番号を恣意的に書き替えている。例えば，手稿本で第8部とされている表題は第6部と訂正されている（*Zayn*: 105）。彼は，この章が古代ペルシアの五つの王朝に続く部だから，第6部が正しいと考えたようだが，五つの王朝は「節 ṭabaqa」という単位で区切られており，「部 bāb」という単位は用いられていない。「節」は「部」の中に含まれるため，「節」と「部」の関係を考慮せずに，数字を書き替えたハビービーの修正は誤ったものであり，訂正されるべきである。ただし，手稿本の章番号自体にも混乱があり，それらを逐一指摘すると煩雑になるので，本書では，便宜上ハビービーの章番号に従う。このように，旧刊本にも多くの問題が含まれている点には注意が必要である。

落しており，タフムーラスの伝記に始まる。ここでは，フーシャングとタフムーラスの間に，イーンクハド Īnkhad とアスクハド Askhad なる2人の人名が記載されている（*Zayn*: 31）。つまり，タフムーラスはフーシャングの曾孫とされており，フーシャングとタフムーラスを親子とした『王書』とは異なる立場を採っている。冒頭の文章は現存しておらず，旧約的普遍史における古代ペルシア史の位置付けについては不明だが，マヌーチフルがモーセと同時代であったなど（*Zayn*: 41），旧約的普遍史との年代比定が行われている。

古代ペルシア四王朝の区分

また，古代ペルシアの諸王を四つではなく五つの王朝（①ピーシュダード朝？[16]，②カヤーン朝，③諸地方政権 mulūk al-ṭawā'if，④サーサーン朝，⑤皇帝たち akāsira）に区分している点で先行する普遍史書とは異なっている。ガルディーズィーによれば，サーサーン朝はアルダシール1世からクバードまでで，アヌーシルワーン以降は別の王朝とされる。また，他の章のように，現存していないこれ以前の章で統治年を含む王名表を提示していたと考えられ，各君主の統治年に関する記述が本文中にはほとんど存在しないのも特徴だと言える（付表参照）。

アッバース朝期の地方王朝の位置付け

その後に続く，カリフとイスラームの君主の歴史では，5人のカリフ（アブー・バクル，ウマル，ウスマーン，アリー，ハサン），ウマイヤ朝を経て，26代カリフ，カーイム（在位1031–75）の即位に至るアッバース朝の歴史が扱われる（*Zayn*: 209–210）。また，彼らと同時代に現れたイスラームの君主が「ホラーサーン[17]のアミール umarā-yi Khurāsān」と括られ，初期イスラーム時代か

16）冒頭部に欠落があるため，ピーシュダード朝という王朝名が記されていたかは不明である。

17）ガルディーズィーはホラーサーンについて次のように説明している。「ホラーサーンのアミールたちについて。その昔，慣習は異なっていた。ファリードゥーンの時代からアルダシール・バーバカーンの時代まで，全世界には一人の総司令官 sipahsālār しかいなかった。アルダシールの代になった時，世界を，ホラーサーン，マグリブ，ニーム

らセルジューク朝，ガズナ朝に至るホラーサーンの統治者の事績が記録されている。そのために，メイサミ J. S. Meisaimi は『歴史の装飾』のことを，ペルシアの歴史，特にホラーサーンの歴史に偏った普遍史書と評価しているほどである（Meisami 1999：68）。

ガルディーズィーは古代ペルシア史の典拠を示していないが，登場する王の名前と統治年から判断する限り，『王書』は参照していないようである。そのガルディーズィーが典拠を明示しているのは，テュルク諸民族の系譜の章においてである。

> イブン・フルダーズビフ ʻUbayd Allāh b. Khurdādhbih は自著『歴史 *Kitāb al-Akhbār*』の中で「テュルク人は中国人に属す」と述べる。一方，イブン・ムカッファア Abū ʻAmr ʻAbd Allāh b. al-Muqaffaʻ は『世界の書 *Kitāb Rubʻ al-Dunyā*』の中で，述べている。「預言者ノアが方舟から外に出た時，世界の人々は滅びていた。彼にはセム，ハム，ヤペテという 3 人の子どもがおり，世界を自身の子どもたちに分け与えた」と。（*Zayn*：545–546）

また，この章の末尾では，ジャイハーニー Jayhānī 著『諸道と諸国 *Masālik wa Mamālik*』，『世界の解説 *Tawḍīḥ al-Dunyā*』[18]，イブン・フルダーズビフ[19]の著作などを用いた，と記しており（*Zayn*：597），これらのアラビア語文献が典拠であったと考えられる。これ以外では，16 部「インド人の祝祭」では，ビールーニーから直接聞いたという情報が披露されている（*Zayn*：538）。

ガルディーズィーのイラン認識

ガルディーズィーは，主にアラビア語文献に依拠してペルシア語普遍史書を著したためか，ファールスとイラク・アラブ[20]がイーラジュに授与され，「イ

ルーズ，アゼルバイジャンの 4 人の総司令官に分けた。そして，ホラーサーンを 4 人の辺境総督 marzbān に分けた」（*Zayn*：211）。

18）詳細不明。上述のイブン・ムカッファア著『世界の書 *Kitāb Rubʻ al-Dunyā*』のことか。

19）イブン・フルダーズビフからの引用は，管見の限りもう 1 箇所で確認できる（*Zayn*：574）。

20）原文には「イラクとアラブ ʻIrāq wa ʻArab」とあるが，これは「イラク・アラブ

ランの国 Īrān-shahr」と呼ばれるようになったという説明がここでも根強く見られる（*Zayn*：39）。一方で，「イラン」という言葉の用例については，フィルダウスィーとの共通点も確認できる。例えば，前述のテュルク諸民族の系譜に関する説明は，次のように始まる。

> 神が，この世界を彼の望むように作りこの大地に人類を住まわせた。《そしてわれらは確かにアーダムの子らに栄誉を与え，彼らを海と陸で運び，彼らには良いものを糧として恵み》[『クルアーン』夜行章70節］と言われるような恩恵を彼らに授けた。また，人類を様々な形に創造した。マッカ，マディーナ，ヒジャーズ，イエメン，イラク，ホラーサーン，ニームルーズ，シリアの一部などの世界の中心を作ったように。これらの地域はペルシア語 zabān-i Pārsī でイランと呼ばれている。（*Zayn*：544）

『歴史の装飾』においても，世界の中心はイランと呼ばれており，そこにはアラビア半島やシリアまで含まれている[21]。ここでは，イランは単独で地理的概念として用いられている。『歴史の装飾』では「イランの国」という表現も用いられているが，イランという語句が単独で用いられることの方が多い（*Zayn*：675を参照）。また，『王書』と同様に「イラン人 Īrāniyān」という表現も確認できる（*Zayn*：46, 58, 75, 77）。『王書』や『歴史の装飾』の事例から明らかなように，11世紀前半頃からペルシア語文献が普及していく中，「イラン」

‘Irāq-‘Arab」の誤表記であると考え訳出した。

21）ガルディーズィーが参照したジャイハーニーの地理書にはペルシア語訳が残されているが，そこでは，イランの地という地理概念が変化していく様子が次のように叙述されている。「世界 mamālik-i zamīn の支柱は四本である。より堅固でより良質で，善・平穏・公正な状態により近く，穏健な性質・統治の門を含む一本が「イランの国 Īrān-shahr」である。その直径となるのがバビロン，すなわちペルシア人の王 pādshāh-i fārsiyān の首都である。この領域の境界はペルシアの時代 ayyām-i ‘ajam には明らかではなかった。イスラームという太陽が輝き，ムハンマドの旗という月が出現すると，「イランの国 Īrān-shahr」は明らかとなり，他の領域の一部がそれに加わった。ルーム，シリア，エジプト，マグリブ，アンダルスの一部が加わった。インドの領域よりカーブルに至るまでの勝利の地ムールターンに付属する地域，そして，トゥハーリスターンの一部が加わった。中国，マー・ワラー・アンナフル，その周辺，それに付属し関係する地域の一部も加わったのである」（*Ashkāl*：34）。

を地理的概念としてとらえ，そこに帰属する人々を「イラン人」とする用例が徐々に増えていったのである。

章　結

以上本章では，11 世紀前半にガズナ朝宮廷に献呈された『王書』とその同時代の歴史家の古代ペルシア史叙述について検討してきた。その主な結論は次のようになる。

(1)『王書』が伝える古代ペルシア史は，特にピーシュダード朝に関しては，先行する『王の書』やハムザ・イスファハーニーの『年代記』の内容を踏襲したものとは言い難い。カユーマルスの息子や孫についても，植物である「マシー」や「マシヤーナ」といった存在の描写は削除され，「最初の王」としての役割が強調される。そこでは，ゾロアスター教的世界認識は徹底的に排除され，イスラーム的価値観に適合するように，古代ペルシア史叙述が再編されている。

(2) フィルダウスィーの『王書』が同時代の歴史家に参照された形跡は見られない。11 世紀に作成された手稿本も現在確認されておらず，初期には，さほど高い評価を受けていなかった可能性も考えられる。11 世紀のガズナ朝宮廷で活躍した文人，サアーリビーやガルディーズィーが主に依拠したのは，フィルダウスィー以前から存在したアラビア語の普遍史書であった。

(3) ただし，ペルシア語が書き言葉としての地位を獲得しつつあった 11 世紀，『王書』と共通する概念の変化も看取できる。それは，以前は人名として用いられていた「イラン」という言葉が地理概念として用いられるようになるという変化である。この時代以降，「ペルシア人」，「ペルシアの王」という表現だけではなく，徐々に「イラン人」，「イランの王」という表現が確認できるようになる。これについては，第 II 部以降で扱いたい。

第Ⅰ部結論

第Ⅰ部では，サーサーン朝滅亡後，イスラーム化が進展していく過程で編纂された文献における，古代ペルシア史と旧約的普遍史の相克と融合の過程を，9世紀から11世紀に至るまで，通時的に検証した。

第Ⅰ部の冒頭で紹介したように，先行研究では，アラビア語・ペルシア語文献における古代ペルシア史叙述は，①サーサーン朝期に編纂されたパフラヴィー語『王の書 *Khwadāy-nāmag*』が，②イブン・ムカッファアの手でアラビア語に翻訳され（『列王伝 *Siyar al-Mulūk*』），それらの翻訳に依拠して成立したものと考えられてきた。この定説を検証するために，第Ⅰ部では，古代ペルシア史の内容とその典拠を検証し，この定説は修正されるべきものであることを明らかにした。

10世紀中頃までに成立した初期のアラビア語文献について検討した第1章では，その主要な典拠となったのは，イブン・ムカッファアによる『王の書』のアラビア語訳ではなく，アラブの伝承者が伝える古代ペルシア史であったことが明らかになった。そして，おそらくその中には，イスラーム時代以前に伝えられた伝承も含まれていた。古代ペルシア史を旧約的普遍史の文脈にどのように位置付けるのかという問題に早い時点から取り組んでいたのは，「ペルシア人」ではなく，むしろ「アラブ人」の方であった。その中にはペルシア人の系譜をノア以前に求める伝承もあったが，そのほとんどはノアの末裔に古代ペルシア史を位置付けるものであった。その過程では，イブン・ムカッファアの翻訳も利用されていたが，それらはその後ハムザが用いた『王の書』の内容とは異なるものであった。この時代に用いられていたパフラヴィー語からの翻訳文献では，神話・英雄時代に関する情報は確認できない。

続く第2章では，10世紀半ば以降の古代ペルシア史に関する情報量の増加とそれに大きく寄与したハムザ・イスファハーニーの手になる『年代記』編纂の意義について論じた。ハムザが収集し整理した，様々な『王の書』が伝える古代ペルシアの伝承により，古代ペルシア史叙述の内容がより整理されたものに変わった。そこでは，サーサーン朝以前の諸王の名と統治年が明確に記入されるようになり，古代ペルシア史をピーシュダード朝，カヤーン朝，アシュカーン朝，サーサーン朝の四王朝で区分することが可能になった。また，ハムザが，ゾロアスター教の聖典『アヴェスター』の内容を紹介したことで，ゾロアスター教的世界認識に基づくカユーマルス像も知られるようになっていく。

最後の第3章では，フィルダウスィーの『王書』を扱い，その内容が『王の書』とは全く異なるものであるという事実を明らかにした。フィルダウスィーは，カユーマルスの子である双子の植物の記述などを切り捨て，王の一族としてカユーマルスの系譜を作り直した。『王書』の古代ペルシア史は，古代ペルシアから伝わる伝承をイスラーム的価値観に適合するように再編したものであった。このような内容の『王書』が，同時代の歴史家たちに参照された形跡はない。ただし，『王書』が編纂された頃から，イランを人名でなく地名として叙述する方法が一般的となり，これがセルジューク朝時代以降のペルシア語普遍史叙述に大きな影響を及ぼすことになる。

以上の検討から，サーサーン朝で編纂されたパフラヴィー語『王の書』の内容が，アラビア語への翻訳を経て，そのまま伝わったわけではないことは明らかであろう。そもそもハムザより前の歴史家が伝えていたイブン・ムカッファアの伝承は，神話・英雄時代の情報を含まないものであったし，ハムザが伝えた『王の書』の伝承も，それぞれの内容がばらばらで錯綜したものであった。さらに，ムハンマドの教友から伝わるアラブの伝承やイスラームに改宗したペルシア人の伝承もそこに加わってくる。このような様々な価値観と歴史叙述の相克と融合を経て，カユーマルスからヤズドギルド3世に至る古代ペルシア四王朝の歴史は徐々に確立していくことになる。したがって，サーサーン朝期に編纂された『王の書』の内容は今となっては確認できないものの，その中に，カユーマルスからサーサーン朝に至る古代ペルシア四王朝の歴史が書かれていたとは考えにくく，10世紀頃に過去を解釈する過程で創られたものだと考えられるのである。

第II部

ペルシア語普遍史書の成立

——『王書』から『選史』へ——

第II部では，フィルダウスィーの『王書』が成立する時期までに共有されるようになった，旧約的普遍史の影響を受けた古代ペルシア史が，後のペルシア語普遍史書という枠組みの中で果たした役割について分析したい。ここで主な分析対象となるのは，セルジューク朝期からイルハーン朝期にかけて編纂されたペルシア語普遍史書である。

ブレーゲルが編纂したペルシア語文献目録の「普遍史」という項目で紹介される普遍史書の著者の数は128人にのぼる（Bregel 1972, Vol. 1：279–500）[1)]。彼は，最初のペルシア語普遍史書をバルアミー著『歴史書』（963/4年）とし，その後に，ガルディーズィー著『歴史の装飾』（1050–53年），『史話要説 *Mujmal al-Tawārīkh wa al-Qiṣaṣ*』（1126/7年），ジューズジャーニー Jūzjānī 著『ナースィル史話 *Ṭabaqāt-i Nāṣirī*』（1259/60年），バイダーウィー Bayḍāwī 著『歴史の秩序 *Niẓām al-Tawārīkh*』（1275年），ザッジャージー Zajjājī 著『吉兆の書 *Humāyūn-nāma*』（1276–82年頃），ラシード・アッディーン Rashīd al-Dīn 著『集史 *Jāmiʻ al-Tawārīkh*』（1307年）が続く。このように，ブレーゲルは天地創造に始まり著者と同時代に至る歴史書を機械的に普遍史というカテゴリーに分類したものの[2)]，ペルシア語普遍史という歴史類型が歴史的に果たした役割については考察していない。この点について考察を行ったのがメルヴィル Ch. Melville である[3)]。

1）これに対し，アラビア語普遍史書を対象とするラトケ B. Radtke の研究では，わずか7点のペルシア語普遍史書しか取り上げられていない（Radtke 1992：109–113）。

2）ただし，ブレーゲルによる普遍史の定義は曖昧で，『先祖の諸経験 *Tajārib al-Salaf*』という，天地創造に関する記述を含まない，ムハンマド，正統カリフ，ウマイヤ朝，アッバース朝についての歴史も普遍史に分類されている（Bregel 1972, Vol. 1：325–327）。

3）ペルシア語普遍史書に関する研究として，バイダーウィーの『歴史の秩序』の史料的価値を論じた Melville（2001）以外にも，歴史書における「イスラーム世界」という用語の使用例を検討した羽田（2005：87–99）や，ペルシア語史書におけるインド史叙述を分類・整理した真下（2011）などがある。

> ここで取り上げたほとんどの著者が，ミール・ハーンドに至るまで，その後に勃興した王朝に対応するため，若干の微調整を加える形で，バイダーウィーの4章構成の歴史を模倣した。［中略］バイダーウィーの章構成はムスタウフィーの著作の中で最も近い方法で再現されている。それは，ラシード・アッディーン，そして特にバナーカティーの年代記を通じての直接的，または間接的引用によるものであった。それ以来，この様式はペルシア語歴史叙述，そして，実に，関係するヨーロッパ人の作品におけるイラン史の時代区分に関して長い間受け入れられることになったのである。(Melville 2001：73)

メルヴィルがここで言う4章構成による歴史叙述とは，①預言者，②古代ペルシアの諸王，③ムハンマド・カリフ，④アッバース朝時代のイランの諸王朝，からなる（Melville 2001：77)。ただし，これ以前の史料にもペルシア語普遍史書と呼び得るものはあった。例えば，ガルディーズィー著『歴史の装飾』でも同様の章構成が採用されている。では，この著作と，メルヴィルが定義するペルシア語普遍史書との違いは何であろうか。メルヴィルは，『歴史の秩序』の各章に割かれている頁数の割合から（①預言者5％，②ペルシア諸王38％，③カリフ18％，④イランの諸王朝39％)，ペルシア系の王朝の記事が総頁数の77％を占めている点，そしてイランという地理概念が多用されている点を強調する。イスラームの歴史でもなく世界の歴史でもなく，「イランの諸王朝」の歴史を編纂したという点で『歴史の秩序』をペルシア語普遍史書の嚆矢と評価している（Melville 2001：77–79)。

メルヴィルの議論は，サーサーン朝時代以降政治的意味合いを失っていたイラン概念がイルハーン朝時代に政治的復活を遂げたという学説にも適合するものであり（Fragner 1997：127；Fragner 2001：349；木村 2008：42–43)，イルハーン朝時代にペルシア語普遍史書が果たした役割を明快に説明していると言える。この見解は，歴史学者以外にも広く受け入れられ，『イラン百科事典』の「イラン人アイデンティティ」の項目を執筆したアシュラフ A. Ashraf も全面的にメルヴィルの見解を受け入れている（Ashraf 2006：515b)。

もちろんメルヴィルの見解は，イルハーン朝時代におけるイラン概念の復活を説明する上で大きな説得力を持つ。しかし，果たしてペルシア語普遍史書の性格を『歴史の秩序』という一つの著作に代弁させることは可能だろうか。また，これまでの研究では，セルジューク朝時代までの歴史叙述とイルハーン朝時代以降の歴史叙述は，別の専門として扱われる傾向があり，イルハーン朝の前後の連続性は不明瞭なままであった[4)]。そこで第II部では，セルジューク朝時代に古代ペルシア史叙述がどのように受容され，イラン概念がどのように利用されていたのか，という点から考察を始める。その上で，セルジューク朝時代に編纂された文献がイルハーン朝期に編纂された普遍史書にどのような影響を与えたのかについて分析したい。この作業を通じて，歴史叙述の発展や，イランという地理概念の形成に果たしたセルジューク朝時代の役割が明らかになるはずである。

また，メルヴィルは『歴史の秩序』の後に編纂されたペルシア語普遍史書である『集史』や『バナーカティー史』を，より広い視野を持ち，世界の歴史を描いた普遍史だと評価している（Melville 2001：83）。これらの著作には，ヨーロッパ，中国，インドの歴史が含まれており，対象とされるのは「イラン」ではなく「世界」の歴史であるとも評価できる。ただし，ヨーロッパ，中国，インドまでを射程に入れた普遍史書は既に9世紀後半にヤアクービーにより構想されており，決して目新しいものではない。それよりも普遍史書という史料類型の発展を考える上で忘れてはならないのは，「オグズ伝承」という新たな人類史の構成要素が加わったという点である。ペルシア語普遍史書という「場」において，旧約的普遍史と古代ペルシア史に，テュルク・モンゴル諸部族に伝わるオグズ伝承が加わるのが，イルハーン朝時代なのである。第II部の後半では，「イランの地」において，「アラブ」，「ペルシア」，「テュルク・モンゴル」という三つの歴史が融合していく過程を検討することにより，ペルシア語普遍史叙述が歴史的に果たしたもう一つの役割を明らかにしたい。

4）事実，Melville（2012）（メルヴィル編著による『ペルシア語歴史叙述』）でも，イルハーン朝時代を境にして章が区切られている。

第4章

『王書』の流行とペルシア語普遍史

はじめに

ペルシア語韻文で綴られたフィルダウスィーの『王書』は，古代ペルシア史に関する一次史料として後世の歴史家に大きな影響を与えたとされる（Melville 2007b : 45)。その影響は，古代ペルシア史に関する情報だけに留まらず，歴史書の類型にまで及んでいる。近年，イルハーン朝時代に『王書』を模倣し，『王書』と同じ韻律のムタカーリブ体で綴られた韻文史書が関心を集めているが（Melville 1998 ; Melville 2007b ; 渡部 2007)，これはまさに『王書』の受容の一側面を物語っている。

一方で，イルハーン朝時代以前の歴史家の『王書』や古代ペルシア史に対する姿勢については，これまでさほど論じられてきていない。『王書』や古代ペルシア史は，本章で扱うセルジューク朝（1038–1194）の時代には何の意味も持たなかったのだろうか。例えば，近年研究の進展が目覚ましいペルシア語歴史叙述研究の先駆けとなったメイサミも，セルジューク朝は支配の正統性を，ウラマーを保護するなどの宗教的な政策に求めていたと評価し（Meisami 2000 : 370)，フラグナー B. G. Fragner は，セルジューク朝はその支配領域をイランと呼ぶことをやめたとまで言う（Fragner 1997 : 127 ; Fragner 2001 : 346–347)。ペルシア文学の大家サファーもこの時代を「国民的叙事詩の衰退と歴史的・宗教的叙事詩の勃興」と位置付けている（Ṣafā 1324kh : 154–155)。しかし，アスキャリー N. Askari が君主の鑑文学（君主が学ぶべき事柄を記した書物）としての

『王書』の受容に関する専論で明らかにしたように，『王書』はセルジューク朝時代に既に多くの読者を得ていた（Askari 2016：6–83）。すなわち，衰退と評価されてきたこの時代こそが，『王書』が知識人に評価されるようになった時代であったと考えられるのである。本章では，セルジューク朝時代に，その古代ペルシア史叙述がどのように受容されたのかについて考察したい。

1　セルジューク朝時代の『王書』の評価

第 I 部で論じたように，『王書』が同時代の歴史家に参照された形跡は確認できない。1010 年に編纂された『王書』が知識人の目に留まるようになったのは，実は 11 世紀も後半になってからのことであった。

確認し得る限り，フィルダウスィーが『王書』を献呈した経緯などについて言及している最古の文献は，グール朝（1000?–1215）宮廷に仕えたニザーミー・アルーディー Niẓāmī ʻArūḍī の手になる『四講話 *Chahāl Maqāla*』（1156 年頃）である（Askari 2016：79）。ニザーミー・アルーディーは，第 2 講話「詩の性質と詩人の能力」の 9 番目の説話で，『王書』執筆の顛末を説明している。そこで，フィルダウスィーの詩の一節を紹介し，「私はペルシア人 ʻajam の中にこのように雄弁な詩を見たことがなく，それは多くのアラブ人の言葉の中でも同様である」と高い評価を下している（*Chahār Maqāla*：75–83）。

一方で，『王書』の存在自体はこれ以前に知られるようになっており，『王書』の韻律ムタカーリブ体を利用した韻文史書の編纂は既に始まっていた。その中でも，サブザワールの支配者アリー・ブン・ターヒル ʻAlī b. Ṭāhir に献呈された，ラビーウ Rabīʻ という雅号を持つ詩人の手になる，アリーの事績を讃えた韻文史書『アリーの書 *ʻAlī-nāma*』（1089/90 年）で確認できる『王書』への敵対心は特筆すべきものである。

　この詩人はこの物語を
　心からの愛情をもって『アリーの書』と名付けた

いかに『王書』が優美で良き物とはいえ
偽の脳によるものであり，故に魅惑的なのだ
学識ある者は『アリーの書』を読み
知恵は『王書』に耳を貸さない (*ʻAlī-nāma*: 5)

ここで，ラビーウは『王書』の魅力を認めながらも，それを作り話であると非難し，自著『アリーの書』の価値を誇っている。さらに，12世紀後半に編纂された『反駁の書 *Kitāb-i Naqḍ*』(1163/4–70/1頃) では，『王書』という書名こそ挙げてはいないが，ルスタムやイスファンディヤールの武勇伝といった信頼性に欠ける物語が流行した原因を，アリーの美徳を否定しようという意図からくるウマイヤ朝の政策に結び付けている (*Naqḍ*: 67)。また，セルジューク朝に仕えた頌詩詩人ムイッズィー Muḥammad b. ʻAbd al-Malik Muʻizzī (1126頃没)[1] も「私はフィルダウスィーに対し驚きを禁じ得ない。彼はそれほどの嘘をどこから持ってきて，無益にも何故その夜話を語ったのか」と非難するなど (*Muʻizzī*: 247)，知識人の批判の対象とされる事例が散見される[2]。これらは，サファーの言う「歴史的・宗教的叙事詩の勃興」と評価することもできよう。しかし反対に，名立たる詩人が対抗意識をむき出しにするほど，『王書』が流行していたことを証明するものになっているのである。

特に歴史関係の文献の中で強い影響を確認できるのは，「カイクバード」や「カイフスラウ」など，歴代の君主が古代ペルシア諸王の名前を冠していたルーム・セルジューク朝 (1077–1308) においてである (Spuler 1962: 130)。まず特筆すべきは，10代君主カイカーウース1世 (在位 1211–20) に対し，アナウィー Abū Naṣr Masʻūd b. Muẓaffar al-Anawī (雅号 Burhān) (1143/4–1212) が，『王書』と同じ韻律ムタカーリブ体を用いて著した韻文普遍史書『心魂の友 *Anīs al-Qulūb*』(図4-1) を献呈したことであろう。その内容は，古代ペルシア史を含まない純粋な旧約的普遍史で，アッバース朝34代カリフ，ナースィル

1) ムイッズィーは，『四講話』の中で，フィルダウスィーの経歴の情報の提供者としても言及されている (*Chahār Maqāla*: 81)。
2) これ以外に，同じくセルジューク朝の宮廷詩人アンワリー ʻAlī b. Muḥammad Anwarī (1116頃–87) もフィルダウスィーと『王書』を批判している (*Anwarī*, Vol. 2: 659)。

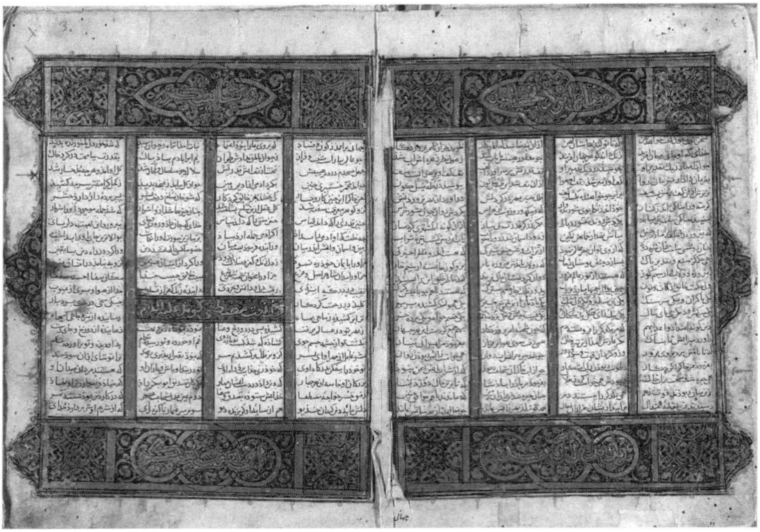

図 4-1　現存唯一の『心魂の友』手稿本（*Anīs*：2b-3a）

（在位 1180-1225）の治世までを扱う。章構成は，序文，1 部「預言者伝（アダムからヨブ）」，2 部「預言者伝（モーセからダビデ）」，3 部「預言者伝（ソロモンからダニエル）」，4 部「預言者伝（ルクマーンからイエス），5 部「洞窟の男から象の所有者」，6 部「ムハンマド伝」，7 部「イスラーム時代の歴史」からなり（Imāmī 1388kh：30-31），古代ペルシアの諸王は登場しないが，随所で『王書』への対抗意識が看取できる[3]。『王書』はその内容が重要視されたのみならず，韻文普遍史書編纂への道を開いたのである[4]。

セルジューク朝 17 代君主トゥグリル 3 世（在位 1176-94）に仕えた手稿本装飾職人ラーワンディー Muḥammad b. ʻAlī b. Sulaymān al-Rāwandī は彼に献呈すべくセルジューク朝史の執筆に取り組んでいたが，著作を献呈する前にトゥグ

3）例えば，「このアレクサンドロスの話については分別のある形で，『王書』の中にも記録されている。しかしそれは全く別のお話であり，それを信頼すべきではない」という記述がある（Imāmī 1388kh：32-33）。

4）これ以外の韻文普遍史書については，Melville（2007b：45-46）を参照。

リル3世は討たれ，主家は滅亡してしまう。そこで，新たなパトロンを求め，ルーム・セルジューク朝6代，9代君主カイフスラウ1世（在位1192-96, 1205-11）の宮廷に赴き献呈したのが『胸臆の安息 *Rāḥat al-Ṣudūr*』である。『胸臆の安息』は散文で綴られた歴史書ではあるが，『王書』の詩句がその本文の随所に挿入されている[5)]。また，様々な技巧が凝らされた華美な文体でも知られる。ちなみに，ラーワンディーが最初に仕えていたトゥグリル3世は，戦場において，『王書』の詩句を詠むことを常としていたとも伝えられている（*Jahān-gushāy*, Vol. 2 : 31）。さらに，現存していないものの，11代君主カイクバード1世（在位1220-37）の命令でカーニイー Amīr Aḥmad al-Qāniʻī とディッハーニー Khwāja Dihhānī の2人がそれぞれ『セルジューク王書 *Saljūq Shāh-nāma*』の編纂にあたったという（Köprülü 1943 : 393-397）。

このような『王書』の受容は，ペルシア語文化圏のみに留まるものではなかった。例えば，アイユーブ朝ダマスカス政権（1186-1260）の宮廷では，『王書』のアラビア語散文訳が編纂されている。その翻訳者はアイユーブ朝宮廷に仕えたブンダーリー al-Fatḥ b. ʻAlī b. Muḥammad al-Iṣfahānī al-Bundārī（1190-1241）で，3代君主イーサー（在位1218-27）に献呈された（*Firdawsī/Bundārī*, Vol. 1 : 1-4 ; Browne 1928, Vol. 2 : 472-473）。このように，11世紀後半以降，『王書』は様々な地域で読者を獲得するようになっていたのである。現存最古の『王書』の手稿本，フローレンス手稿本が書写された1217年もまさにこの時代にあたる。

では，このようにペルシア語文化圏の枠を超えて広く読み伝えられていた『王書』の内容は，どの程度人類史叙述に影響を与えたのだろうか。次節では，セルジューク朝期の古代ペルシア史叙述における『王書』の影響について検討したい。

5)『胸臆の安息』における『王書』の引用箇所については，Askari（2016 : 45-50, 257-326）を参照。

2　セルジューク朝時代の古代ペルシア史叙述

セルジューク朝時代初期に編纂された，まとまった古代ペルシア史を含む歴史書は残されていない。ただし，セルジューク朝初代君主トゥグリル（在位1038-63）の治世中，445年ムハッラム月／1053年以降に編纂された『スィースターン史 *Tārīkh-i Sīstān*』[6]では，スィースターンの起源に言及する際，古代ペルシア史に関わる伝承が参照されている。ここでは，バルアミーなども参照したアブー・ムアイヤド・バルヒー Bū al-Mu'ayyad Balkhī の著作からの引用は確認できるが（*Sīstān*: 60），典拠として，フィルダウスィーの名前は挙げられていない[7]。古代ペルシア史について，『スィースターン史』の著者はペルシア人の祖カユーマルスがアダムであると繰り返し指摘し（*Sīstān*: 50, 55），カユーマルスとフーシャングの間に，マシー[8]，スィヤーマク，フラーワクの3人の人物をはさんでおり（*Sīstān*: 50），その内容は『王書』とは異なる。

(1)　ガザーリー『諸王への忠告』（1109年頃）

史料の性格

管見の限り，セルジューク朝時代に最初に古代ペルシア史の全体像を示したのは，法学者，思想家として名を馳せたガザーリー Abū Ḥāmid Muḥammad Ghazālī（1058-1111）である。ガザーリーが遺した著作の大半はアラビア語であったが，その中にはペルシア語のものも含まれている。その一つがセルジューク朝7代君主ムハンマド（在位1105-18）に献呈されたと考えられる

6）『スィースターン史』にはトゥグリルの支配の永続を願う祈願文が挿入されている（*Sīstān*: 347）。その中には14世紀後半までの記事もあるが，上述の祈願文からトゥグリルの治世に編纂されたと考えられるために，これ以降の年記の事件の記述は後世の加筆だとされる。

7）フィルダウスィーについては，フィルダウスィーとガズナ朝のマフムードの逸話が挿入されているが（*Sīstān*: 53-54），これは後世に改竄された部分だと考えられている（Askari 2016: 8）。

8）誤って Mūsā と記されている。

『諸王への忠告 *Naṣīḥat al-Mulūk*』である。『諸王への忠告』は，鑑文学に属する作品に分類され（Böwering 2001：361b），その中にはサーサーン朝の諸王に関する伝承が多く含まれている。

古代ペルシア史の位置付け

『諸王への忠告』では，古代ペルシア史は，第 2 部の過去の諸王の行状に関する章の中に挿入されている[9]。導入部では，4000 年のペルシア諸王の治世を公正に満ち溢れた良き時代と評価し，諸王の統治年や順番を正しく記載したと述べている（*Naṣīḥat*：83）。その冒頭部では，カユーマルスの旧約的普遍史の文脈における位置付けが次のように紹介されている。

> 伝承では次のように言われている。アダムには沢山の息子がいたが，その中から 2 人を選んだ。一人はセツで，もう一人はカユーマルスであった。そして，偉大なる書板 ṣaḥīfa-yi buzurg［啓典］の中から 40 の書板を彼らに与えた。彼らがそれにより事を行うように。そして，セツをあの世界の仕事，すなわち信仰を守ることに従事させ，カユーマルスをこの世界の仕事，すなわち王位を司ることに従事させた。世界における最初の王はカユーマルスであり，30 年間王位にあった。（*Naṣīḥat*：84–89）

カユーマルスをアダムの子，すなわちセツの兄弟とする伝承は，サアーリビーの『列王伝精髄』でも見られた伝承である。セツを最初の預言者とし，カユーマルスを最初の王とする解釈もサアーリビーの伝える伝承に一致する（*Ghurar*：2，図 3–4）。ガザーリーの古代ペルシア史の典拠は不明だが，サアーリビーが伝えていない 40 の書板に言及していたり，カヤーン朝以降の諸王の統治年が大きく食い違うことから（付表参照），サアーリビーを参照したわけで

9）『諸王への忠告』は 2 部構成になっており，刊本 *Naṣīḥat* の頁で示せば，前半は 1–79 頁，後半は 81–434 頁と後半部の分量の方が圧倒的に多い。この後半部についてはガザーリー本人の著作ではないという見解が定説になっている（Böwering 2001：362a）。しかし，後述するように，後世の歴史家は，古代ペルシア史を叙述する際に，後半部の記述をガザーリーの見解として引用している。それ故に，本書ではこの記述を敢えて「ガザーリーの伝承」として紹介したい。

はないようである。ただし，後述するように，『列王伝精髄』と共通する，カユーマルスをセツの兄弟とする伝承自体は，後世の古代ペルシア史叙述の中でたびたび採用されるようになる。

古代ペルシア四王朝の区分

ガザーリーはカユーマルスについて説明した後，古代ペルシアの王 47 名の名前と統治年を，四王朝で区切ることなく列挙している（*Naṣīḥat*: 89-96）。その中では，善政を行った君主にはその良き名が残り，悪く書かれることはないと断った上で（*Naṣīḥat*: 96），彼らに関係する逸話を紹介していく。

『諸王への忠告』の古代ペルシア史の特徴は，アレクサンドロスの後，アシュカーン朝の諸王の伝記を飛ばして，サーサーン朝のアルダシール 1 世の記述に移行している点である。もちろん，もともとアシュカーン朝の諸王に関する情報はさほど多くなく，先行する古代ペルシア史でもその記述は少なかった。しかしながら，ガザーリーのように完全に削除してしまう事例は珍しい。また，ダーラー 1 世とダーラー 2 世の親子の統治年代が 41 年，50 年と長かったり（*Naṣīḥat*: 92），バラーシュという名がくるはずの所にアシュクという名が置かれたり（*Naṣīḥat*: 95），と他の文献とは異なる点も散見される。とりあえずここでは，ハムザやフィルダウスィーの古代ペルシア史とは大きく異なる王名表を紹介している点について確認しておきたい。

(2) イブン・バルヒー『ファールスの書』（1105-18 年）

史料の性格

著者のイブン・バルヒー Ibn Balkhī[10] の祖父は，セルジューク朝 5 代君主バ

10) 著者について，この著作では「私 banda」という表現しか確認できず（*Fārs-nāma*: 3），著者名は不明で，その経歴についても，バルフ出身であることしか分からない。書名についても，著者は「この集成 īn majmū‘a」と呼ぶのみである（*Fārs-nāma*: 3）。しかし，この著作については『疑問の氷解』の中で，「『ファールスの書』。セルジューク朝スルターン・ムハンマドの治世に財務官職にあったイブン・バルヒー Ibn al-Balkhī の著作」と紹介されていることから（*Kashf*, Vol. 2: 1215），著者名をイブン・バルヒー

ルキヤールク（在位 1094–1105）の命令でファールスに派遣され，アターベクであるルクン・アッダウラ・フマールティキーン Rukn al-Dawla Khumārtikīn の財務官を務めていた。イブン・バルヒーはバルフ出身だが，祖父とともにファールスに移住し成長したため，当地の事情に精通していた。その知識を見込んだ7代君主ムハンマド（在位 1105–18）の命令で編纂されたのが，『ファールスの書 *Fārs-nāma*』である（Meisami 1999 : 163)。『ファールスの書』の内容は，前半部はムスリムに征服される以前の古代ペルシア史，後半部はファールスの地誌になっている。ファールス地方に伝わる古代ペルシア史に関する伝承を伝えているだけではなく，ブワイフ朝末期，そしてセルジューク朝時代の歴史を再構成する上で重要な史料だと評価されている。

『ファールスの書』の特徴の一つは，旧約的普遍史と古代ペルシア史の融合を強調している点である。序文でセルジューク朝君主ムハンマドを賞賛する際には，その名前を，預言者や古代ペルシアの王の名前を用いて飾っている。例えば，「世界の主の寿命・王権・幸運が，ノアの寿命，ソロモンの王権，ファリードゥーンの幸運の如くになりますように」といった形で（*Fārs-nāma* : 2)，ムハンマドの治世が良いものとなるように祈願している[11]。また，序文に続く「ペルシア Pārs の性質，およびその歴史と人々」という章には次のような記述がある。

> 神は全人類の中から二つの集団を選んだ。アラブ人に属するクライシュ族と非アラブ人 ʻajam に属するペルシア人 pārs である。ペルシア人たち pārsiyānは非アラブ人のクライシュ族と呼ばれる。というのも，非アラブ人の中における彼らの栄誉というのは，アラブ人の中のクライシュ族の栄誉に相当するものだからである。ザイン・アルアービディーン Zayn al-

と，そして書名を『ファールスの書』とするのが慣例となっている。

11) ムハンマドの名は「世界の主，偉大なるスルターン，至高なる王中の王，諸民族の主，アラブ・非アラブ人を統べる者，神の宗教の栄光，神の地上のスルターン，神への信仰の顕現，神のカリフの支援者」などの称号で飾られている（*Fārs-nāma* : 1–2)。セルジューク朝はテュルク系の王朝であるにもかかわらず，テュルク語の称号は使われていない。

> ʿĀbidīn として知られるアリー・ブン・フサイン ʿAlī b. al-Ḥusayn は「2人の良き者の子 Ibn al-Khayratayn」，すなわち，「2人の選ばれし者の子」と呼ばれる。というのも，彼の父がフサイン・ブン・アリー Ḥusayn b. ʿAlī で彼の母がペルシア人ヤズドギルド Yazdgird al-Fārisī の娘シャフル・バーヌー Shahr Bānūya であったからである。ハサン裔に対してのフサイン裔の栄誉は，彼らの先祖がシャフル・バーヌーであった点に求められる。(*Fārs-nāma*: 4)

イブン・バルヒーは，預言者の一族であるクライシュ族と古代ペルシアの王の末裔であるペルシア人を最良の民族とし，ペルシア人の尊さを，4代イマーム，ザイン・アルアービディーンがヤズドギルド3世の娘の血を引くという「シャフル・バーヌー伝承」を引用しながら強調している[12)]。

ペルシアとイラン

イブン・バルヒーはファールスの地誌を書くにあたり，地域名称である「ファールス Fārs」という言葉を，しばしば，同じ意味で用いられる「ペルシア Pārs」に読み替えながら話を展開する。『ファールスの書』では，「神に守護されし王国 mamālik-i maḥrūsa[13)] の要所にして常にペルシア諸王 mulūk-i furs の王都・玉座であった」(*Fārs-nāma*: 2-3) と形容されるペルシア Pārs という地域は，次のように定義されている。

> ペルシア諸王 mulūk-i furs の時代，ペルシアは彼らの王都であり王国の基盤であった。アム河からユーフラテス河までは，「ペルシア人の国々 bilād-i furs」，すなわち，「ペルシア人の国々 shahr-hā-yi pārsiyān」と呼ばれていた。全世界から地租と商品がその地に運ばれていた。しかし，イス

12) ザイン・アルアービディーンがヤズドギルド3世の血を受け継いだとする「シャフル・バーヌー伝承」は現在のイラン人のナショナリズム研究で論じられることが多かったが，2008年に清水和裕が歴史学的観点から伝承の変遷について検討した論考を発表している（清水 2008）。

13) 管見の限り，サファヴィー朝以降の史料に頻出する「神に守護されし王国」という用語が用いられた最も古い用例である。

ラームが興りペルシアを征服すると，イラクに加えられた。(*Fārs-nāma* : 119–120)

イブン・バルヒーは，アム河からユーフラテス河の地域を「イランの国」ではなく「ペルシア人の国々」と呼び，「ペルシア」という地域名を強調している[14]。ペルシア諸王の拠点は，先行する文献ではイラクやバビロンとされていたが，ここでは，イブン・バルヒーの故郷の名前であるファールスと互換的に用いられるペルシアという語句が強調されている。

古代ペルシア史の位置付け

イブン・バルヒーは，イランをペルシアに置き換えることにより，ファールス地方の重要性を強調した。では，その著作において，古代ペルシアの諸王はどのように扱われているのであろうか。「ペルシア諸王 mulūk-i furs と彼らの系譜と歴史」という章の冒頭には次のような記述がある。

「ペルシア人たち furs」というのは「ペルシア人 fāris」の複数形であり，「ペルシア人たち furs」の意味は「ペルシア人たち pārsāyān」となる。アラビア語ではこのように，つまり，「ペルシア人 pārsī」を「ペルシア人 fārisī」と綴る。学者 muḥaqqiq であったハムザ・イスファハーニー Ḥamza b. al-Ḥusayn al-Iṣfahānī のような歴史家たち，名前を逐一挙げると冗長になってしまうような他の者たち，そして，信頼のおけるペルシア人・アラブ人の知識人・歴史家 tawārīkhiyān により語り継がれている。また，タバリー Muḥammad b. Jarīr al-Ṭabarī は『歴史補遺 *Mudhayyal-i Tārīkh*』で，この点では彼らに同意している。私はそれらを考慮し，ペルシア諸王はピーシュダード朝，カヤーン朝，アシュカーン朝，サーサーン朝という四王朝であることに同意した。この中で二本角と呼ばれるギリシア人アレクサン

14)『ファールスの書』では「イラン Īrān」という地理概念も使用されている（*Fārs-nāma* : 9, 12, 13, 38, 45, 52, 56, 83, 98)。ただし，ファールスとイランという言葉の関係についての説明はない。一方で，「イランの国 Īrān-shahr」や「イランの地 Īrān-zamīn」という言葉は使用されていない。

ドロスの前の二つの王朝はピーシュダード朝とカヤーン朝と呼ばれ，ギリシア人アレクサンドロスの後の二つの王朝はアシュカーン朝，サーサーン朝［と呼ばれる］。四王朝はいずれもカユーマルスの末裔である。（*Fārs-nāma*：8–9）

イブン・バルヒーは，ハムザやタバリーなどの典拠に言及しながら，古代ペルシア史を四王朝に分け，その統治年の合計を 4181 年数ヶ月と算出し，各君主の統治年や事績に言及している。彼は最初に簡単な歴史を記述し（*Fārs-nāma*：9–26），その後で，同じ内容の歴史を詳しく説明し直す（*Fārs-nāma:* 26–113）という二段構えの歴史の書き方を採用している。『ファールスの書』におけるペルシア人の祖カユーマルスの評価は次の通りである。

ゾロアスター教徒たち gabrān はこのカユーマルスこそがアダムであると主張する。ムスリムがセツ・ブン・アダムと呼ぶ彼の息子を，ゾロアスター教徒たちはマシー Bīshī・ブン・カユーマルスと呼ぶ。一部の歴史家は，カユーマルスはノアの後の人物であり，その系譜に関して，彼はハム・ブン・ヤペテ・ブン・ノアであると言う。彼の系譜に関しては諸説あるが，人間の中で最初に王になった者が彼だという点では一致している。彼の寿命は 1000 年である。彼は生涯をかけて，世界の諸状況を正し世界の人々を整えることに尽力した。その結果，全人類は彼に服従し，その生涯の最後に王位が彼のものとなった。彼は 40 年間王位にあった。子孫の中から，4 代目の子孫のフーシャングを後継者とし，在位中に亡くなった。彼のことをペルシア人 pārsiyān は「ギルシャー Gil-shāh」すなわち「大王 pādshāh-i buzurg」と呼ぶ。（*Fārs-nāma*：26–27）

イブン・バルヒーは，ゾロアスター教徒の伝承として①カユーマルス＝アダム，マシー＝セツ説を伝える一方で，歴史家の伝承として②カユーマルス＝ヤペテの子ハム説を紹介している。その上で，結論は出さずに，人類最初の王であるという点では皆が一致していると付言する。この二つの伝承は，タバリーによる伝承と一致する（*Ṭabarī*, Vol. 1/1：17）。本来ヤペテの息子にハムはいないの

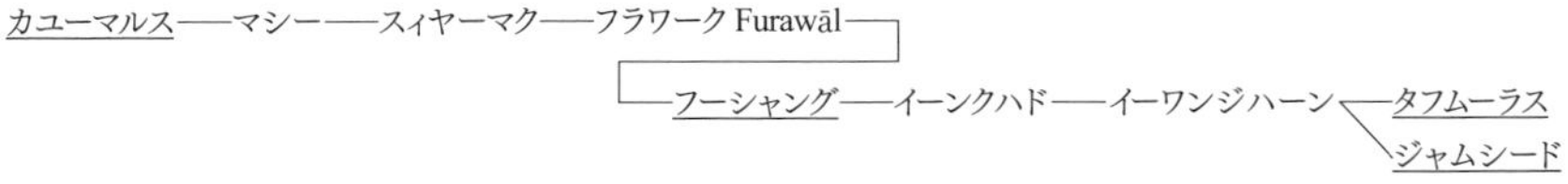

図 4-2 『ファールスの書』におけるカユーマルスの系図

で，これはタバリーが伝える「ヤペテの子ゴメル Jāmir」が，綴りの近い「ヤペテの子ハム Ḥām」に変化して生まれた人名だと考えられる。『ファールスの書』の影響かは分からないが，以後のペルシア語文献においては，誤った綴りである「ヤペテの子ハム」という形が主流になっていく。

『ファールスの書』では，カユーマルスの寿命に関して，新しい見解が採用されている。それは，カユーマルスの寿命は 1000 年で，王位は 40 年であるとする説明である。これ以前の多くの文献では，カユーマルスの寿命は 30 年あるいは 40 年と記されており，このままでは，1000 年の寿命を誇るアダムと同一視することは難しかった[15]。しかし，このように，カユーマルスの寿命をアダムと同じ 1000 年に延ばすことで，その矛盾を解消している[16]。後のペルシア語文献においては，この見解が一般的になっていく。

典拠について，イブン・バルヒーは『王書』を参照した形跡はない。彼は，カユーマルスの息子をマシーとし，さらにフーシャングとの間に 2 世代挟んでいる（*Fārs-nāma*: 9–10，図 4-2）。また，「ギルシャー」という称号を用いるなど，その内容はハムザに近い[17]。

古代ペルシア四王朝の区分

古代ペルシア諸王の名前と統治年についても同様の傾向が見られ，『ファールスの書』の古代ペルシア史は，ハムザがバフラーム・ブン・マルダーンシャーに依拠して伝える伝承に近い（付表参照）。特に，アシュカーン朝の諸

15) カユーマルスをアダムと関係付ける際に生じるこの問題については，サアーリビーが既に指摘している（*Ghurar*: 3–4）。

16) 『ファールスの書』以前にカユーマルスの寿命を 1000 年とする文献は，『黄金の牧場』（*Murūj*: 262）と著者不明のアラビア語普遍史書（*Sprenger 30*: 28a）くらいしかない。

17) ただし，ハムザは「ギルシャー」の意味を「泥の王」だとしていたが（*Sinī*: 12），『ファールスの書』では「大王」という意味だとされる。

表 4-1　バフラーム・ブン・マルダーンシャー系統の伝承におけるアシュカーン朝の諸王と統治年

	『年代記』	『過去の痕跡』	『ファールスの書』	『史話要説』	『歴史の秩序』	『選史』	『系譜集成』	『諸王への贈物』	『歴史の天国』
Ashk b. Dārā	10	10	10	10	10	15	10	10	12/15
Ashk b. Ashkān	20	20	20	20	20	20	20	20	20
Shāpūr b. Ashkān	60	60	60	60	60	6	20	20	6
Bahrām b. Shāpūr	11	11	11	15	11	11	11	11	15/11
Balāsh b. Bahrām (Shāpūr)	11	11	11	11	11	11	15	15	11
Hurmuz b. Balāsh	19	40	19	19	19	16	19	19	19/16
Narsī b. Balāsh	40		40	40	40	14	21	40	14
Fīrūz b. Hurmuz	17	17	17	17 (Hurmuz)	17	17	17	17	17
Balāsh b. Fīrūz	12	12	12	12	12	12	12	12	12
Khusraw	40	40	40	40	40	8	40	40	8/40
Balāshān	24	24	24	24	24	22	24	24	24/29
Ardawān b. Balāshān	13	13	13	13	12	13	13	13	13
Ardawān al-Kabīr	23	23	23	23	23	23	15	23	23
Khusraw b. Ashkānān	15	15	15	15	11	16	13	12	11
Bihāfarīd b. Ashkānān	15	15		15					
Balāsh b. Ashkānān	22	22	12	30	12	12	12		12
Jūdarz b. Ashkānān	30	30	30		30	30	30	30	33/30
Pīrī			20					20 (Bīzhan)	
Jūdarz-i Kūchik			10					2	
Narsī b. Ashkānān	20	20	11	20	20	20	20	11	11
Jūdarz b. Narsī					11	10			
Narsī b. Narsī						12			10/12
Ardawān	31	31	31	31	31	31	31	30	31

王の項目において，シャープールに続いてバフラーム・ブン・シャープールを4代目の君主とする王朝史は，ハムザの影響を受けた文献にしか見られない特徴的なものである（*Sinī*: 26–27; *Fārs-nāma*: 16–19, 表 4-1）[18]。

18）ハムザとは別系統のアシュカーン朝史では，シャープールの後には，ジューダルズ 1 世，ビージャン，ジューダルズ 2 世，ナルスィー 1 世，フルムズ，アルダワーン 1 世，キスラー，バラーシュ・ブン・キスラー，アルダワーン 2 世という王名が続く（付表参照）。

このように，『ファールスの書』の古代ペルシア史の情報源の多くは，『王書』ではなくハムザに拠っている可能性が高いのである。ここでは，ペルシア人の始祖カユーマルスがアダムまでさかのぼれるのか否かについては，さほど問題にされていない。問題とされるのは，カユーマルスが人間であるか否かという点で，カユーマルスは人類最初の王として扱われている。

(3)『史話要説』(1126/7年)

史料の性格

『諸王への忠告』と『ファールスの書』には，『王書』の影響は確認できない。一方で，この時代には，『王書』を典拠とした古代ペルシア史を掲載する普遍史書『史話要説 *Mujmal al-Tawārīkh wa al-Qiṣaṣ*』[19]も編纂されている。『史話要説』の著者は，『ファールスの書』の著者同様，自らの名を明かしていないが，本文の記述からその経歴の一端を推測することができる。著者の祖父はムハッラブ・ブン・ムハンマド・ブン・シャーディー Muhallab b. Muḥammad b. Shādī という人物で，何らかの書物（おそらく歴史書）を執筆している（*Mujmal*: 269)。著者自身は，ハマダーンやアサダーバードの事情に精通しているため，ハマダーン近郊の知識人であったと考えられる。また，クーファ，ナジャフ，ヒッラ，フーズィスターン，スーサ，イスファハーン，シーラーズ，バグダード，エルサレムなどへの訪問経験がある（Weber & Riedel 2012)。

『史話要説』の序文には，520／1126/7年[20]，アッバース朝29代カリフ，ム

19)『史話要説』の手稿本は，①751年シャウワール月4日／1350年12月5日書写のベルリン手稿本（State Library, Ms. Hs. Or. 2371)，②813年第1ジュマーダー月28日／1410年9月28日書写のパリ手稿本（National Library, Ms. Ancien fonds persan 62)，③823年第2ジュマーダー月16日／1420年6月28日書写のダブリン手稿本（Chester Beatty Library, Ms. Per. 322)，④15世紀書写のハイデルベルク手稿本（University Library, Ms. Or. 118)，という4点の存在しか確認されていないのにもかかわらず，4種類の刊本が出版されている（パリ手稿本を底本とした校訂本 *Mujmal/B*，ベルリン手稿本のファクシミリ版 *Mujmal/A*，ハイデルベルク手稿本のファクシミリ版 *Mujmal/C*，ハイデルベルク手稿本を底本とし他の手稿本も参照した校訂本 *Mujmal*)。本書では，この中で唯一複数の手稿本を参照し学術的な校訂の手続きを経ている *Mujmal* を用いる。

スタルシド（在位 1118-35），セルジューク朝 8 代君主サンジャル（在位 1118-57），9 代君主マフムード 2 世（在位 1118-31）[21] の 3 人の治世に編纂を開始したと記録されている（*Mujmal*: 7-8）。手稿本には地図や挿絵が挿入され，視覚的な工夫も施されている。そのため，セルジューク朝の王族を教育する目的で編纂されたと考えられている（Weber & Riedel 2012）。その内容と情報源については，序文で次のように説明されている。

タバリー Muḥammad b. Jarīr al-Ṭabarī は全ての歴史，そして第 4 気候帯を支配したペルシア諸王 mulūk-i ʻajam の行状を紹介した。［しかし］世界の諸王の中でも偉大な者たちについては，彼らの歴史における彼らの王位に関する簡潔な記述を除いては多くを語っていない。過去の諸王 mulūk wa akāsira wa shāhān wa buzurgān の歴史は『タバリー史 *Tārīkh-i Jarīr*』以外からも明らかで，各人がそれぞれ相応しい場で完全な説明を得ているにもかかわらず。過去の語り手たちはペルシア人 fārsiyān の著作から引用し，韻文としても散文としても残した[22]。それぞれ美しい飾りと見事な装いにより飾られ望まれ称賛される著作である。私は，ペルシア諸王の歴史と彼らの系譜・行状・生涯を，参照した以下の作品を典拠に，本書の中で簡潔に続けて収集することを試みた。大元 aṣl となるフィルダウスィーの『王書』，その分枝となり他の賢人が詩に詠んだ，『ガルシャースブの書 *Garshāsp-nāma*』[23]，『ファラーマルズの書 *Farāmarz-nāma*』[24]，『バフマンの

20）ただし，20 章に含まれるガズナ朝諸王の項目には，「現在 525／1130/1 年」という年記が見られ（*Mujmal*: 312），その後も編纂が続けられていたと考えられる。また，22 章には，33 代カリフ，ムスタディー（在位 1170-80）までのアッバース朝カリフの埋葬場所や 17 代君主トゥグリル 3 世（在位 1176-94）までのセルジューク朝君主の埋葬場所など（*Mujmal*: 350, 360-361），後世に増補された記事がある。『史話要説』の著者自身，19 章の末尾で「もし望む者がいれば，その時代に至るまでの他のカリフたちの記事を書き加えるように」（*Mujmal*: 299）と述べており，この箇所は，この記述を受けて後世の歴史家が書き加えたものだと考えられる。

21）サンジャルの宗主権下，イラク地方を統治した。

22）刊本には na-gudhāsht とあるが，手稿本には文字の点が打たれておらず，bi-gudhāsht と読むことも可能である。ここでは，文意に鑑みて bi-gudhāsht と修正した上で訳出した。

23）アサディー・トゥースィー Asadī Ṭūsī（1072/3 頃没）の著作。1066 年にナフジワーン領主アブー・ドゥラフ Abū Dulaf に献呈された（De Blois 2001）。

> 歴史 *Akhbār-i Bahman*』[25]，『象牙のクーシュの説話 *Qiṣṣa-yi Kūsh-i Pīl Dandān*』[26] といった他の著作，アブー・ムアイヤド・バルヒーの散文からはナリーマーン，サーム，カイクバード，アフラースィヤーブの話とルフラースブ，アーグシュ・ワハーダーン，カイシカンの話，『タバリー史』，イブン・ムカッファアが語り伝えた『列王伝 *Siyar al-Mulūk*』，［中略］ハムザ・イスファハーニー Ḥamza b. al-Ḥasan al-Iṣfahānī の『集成 *Majmūʻa*』から理解した話。(*Mujmal*: 2)

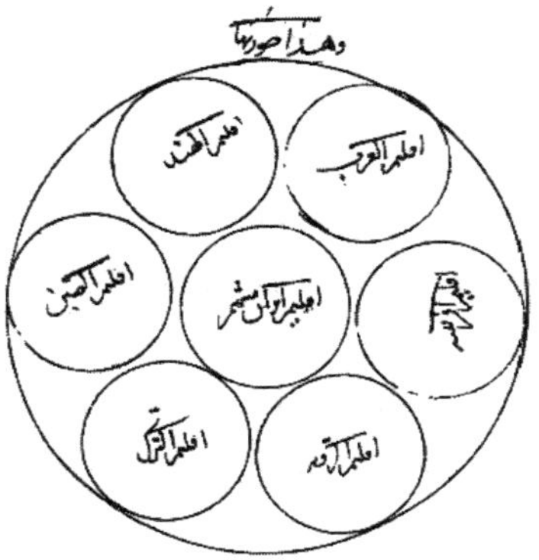

図 4-3 『史話要説』に挿入された世界地図（*Mujmal*: 367）

『史話要説』の著者は，ペルシア諸王を世界の中心，第 4 気候帯の諸王（*Mujmal*: 3）と形容し[27]，彼らの歴史を書くことが目的であったと言う。ここで典拠として挙げられているのは，フィルダウスィー，フィルダウスィーの『王

---

24) 11 世紀半ばから 12 世紀前半までに編纂された著者不明の著作（Khaleghi-Motlagh 1999a）。

25) イーラーンシャーン Īrānshān b. Abī al-Khayr の著作，『バフマンの歴史 *Bahman-nāma*』とも呼ばれる（*Mujmal*: 73）。セルジューク朝 4 代君主マフムード（在位 1092–94）に献呈された（Hanaway, Jr. 1989）。

26) 『象牙のクーシュの説話 *Akhbār-i Kūsh-i Pīl Dandān*』とも呼ばれる（*Mujmal*: 148）。イーラーンシャーンの著作。セルジューク朝 7 代君主ムハンマド（在位 1105–18）に献呈された（Matini 2008）。

27) 『史話要説』の著者の地理認識は 23 章で披露されている。「イランの地 zamīn-i Īrān」の境界はバルフ河，アム河からアゼルバイジャンおよびアルメニアに至るまで，そしてカーディスィーヤ，ユーフラテス河，イエメンの海，ペルシア湾，マクラーンに至るまで，そしてカーブル，トゥハーリスターン，タバリスターンに至るまで，と規定され，その領域は「大地のへそ surra-yi zamīn」と形容されている。そして七つの円から構成される世界の中心に位置し，その周囲を中国 Ṣīn，インド Hind，アラブ ʻArab，アフリカ Ifrīqīya，ルーム Rūm，テュルク Turk の六つの国が取り囲む，というハムザと同じ地理認識が採用されている（*Mujmal*: 367–371，図 4-3）。

書』から派生した英雄叙事詩，イブン・ムカッファア，タバリー，ハムザをはじめとする散文で書かれた文献である[28]。この記述から，セルジューク朝時代には『王書』を引用し，それに倣った韻文史書が数多く編纂されていたことが分かる。これらを古代ペルシア史の情報源としたのが，『史話要説』なのである。では，『王書』の内容は実際にどの程度その中に反映されているのだろうか。

ハムザの影響

『史話要説』は，「序・目次」(1-8)，1 章「諸々の歴史 tawārīkh とその相違」(9-11)，2 章「預言者の歴史」(12-13)，3 章「ペルシア諸王の歴史」(14)，4 章「ローマ諸王と哲学者などの歴史」(15)，5 章「アラブ諸王とムハンマドの先祖の歴史」(16)，6 章「カリフの歴史」(17-18)，7 章「マリクとスルターンの歴史」(19-20)，8 章「カユーマルス」(21-22)，9 章「ペルシア諸王」(23-70)，10 章「ペルシア諸王の治世に活躍した預言者・ゾロアスター教司祭・将軍・著名人」(71-76)，11 章「テュルク人の系譜」(77-82)，12 章「インド諸王」(83-95)，13 章「ギリシア諸王」(96-98)，14 章「ローマ諸王」(99-107)，15 章「コプト教徒の年代学」(108)，16 章「ユダヤ教徒の年代学と諸王・知識人」(109-112)，17 章「アラブ諸王」(113-140)，18 章「預言者の歴史」(141-180)，19 章「クライシュ族」(181-299)，20 章「カリフの時代に活躍したマリクとスルターン」(300-320)，21 章「ペルシア諸王の称号，マシュリク，インド，マグリブの都市名，カリフとスルターンの称号」(321-332)，22 章「預言者，諸王，カリフの墓所」(333-361)，23 章「世界地誌」(362-396)，24 章「イスラーム都市」(397-407) の 24 章 bāb 構成になっている (括弧内は校訂本 *Mujmal* の頁数)[29]。

1 章で各民族に伝わる歴史の不確かさに言及し，2-7 章でそれぞれの王の時代から執筆年である 1126/7 年までの諸王の統治年が表形式で簡潔に紹介した

---

28)『史話要説』ではこれら以外の文献も参照されており，著者が本文中で言及している主な典拠は 29 点にものぼる (Weber & Riedel 2012)。

29) 序には 24 章の後に 25 章が続くとされているが (*Mujmal*: 6)，現存する全ての手稿本でその記述は脱落している。

後，8–20章でその詳細について論じている。このように諸民族の王の名前と統治年を並べる構成上の特徴は，ハムザの『年代記』に近く，ハムザの書き方を模倣したものと考えられる。実際に，著者自身が冒頭で，「序言：イブン・ムカッファア，ハムザ・イスファハーニー，他の語り手たちの伝承をそのまま記録することについて。その説明は書の冒頭からペルシア諸王の歴史 qiṣaṣ-i mulūk-i ʻajam に至る八つの章でなされる」という形でハムザの名に言及している（*Mujmal*: 7）。

この言葉通り1章の内容はハムザの内容（*Sinī*: 9–12）と対応している。ただし，アレクサンドロス以前の古代ペルシア史が伝わっていない理由を，アレクサンドロスが焚書したためだとする一説を付け加え，歴史書の編纂が始まったのは，サーサーン朝のアルダシール1世以降のこととするなど，完全に一致しているわけではない（*Mujmal*: 9–11）。

古代ペルシア史の位置付け

ペルシア人の始祖カユーマルスに関する記述は，8章にまとめられている。8章は四つの節から構成されており，それぞれの節でカユーマルスに関する異なる伝承が紹介されている。最初の三つがハムザからの引用であることは明らかで，①泥の王カユーマルスからマシーとマシヤーナが生まれる伝承（典拠バフラーム）（*Sinī*: 24に相当）[30]，②神が牛とカユーマルスを創造し，そのカユーマルスから植物の双生児マシーとマシヤーナが生まれる伝承（典拠『アヴェスター』）（*Sinī*: 64–65に相当）[31]，③ゾロアスター教的天地創造の伝承（*Sinī*: 65–66に相当），という内容になっている。4番目に紹介されるのは，カユーマルスの旧約的普遍史における位置付けについてである。ここでは，典拠には言及せず，①カユーマルス＝セツ説，②カユーマルス＝セツの孫説，③カユーマルス＝ノアの第4子説，④カユーマルス＝エノクとノアの間説（典拠タバリー），

30）ただし，引用の後に「それ故に，カユーマルスは彼らにとってのアダムであったと言われる」という一言が補われている。

31）この『アヴェスター』に依拠した伝承は，ほぼ同時期の1127/8年に編纂されたシャフラスターニー Shahrastānī（1086–1153）の『諸分派と諸宗派の書 *Kitāb al-Milal wa al-Niḥal*』でも確認できる（*Milal*: 182–183）。

⑤カユーマルス＝アダム説（ペルシア人 pārsiyān の伝承），という五つの伝承を紹介している（*Mujmal*: 21-22）。

これに続く9章1節には，ペルシア諸王の系譜が記録されている。ここでは，カユーマルスの次に即位するフーシャングの系譜に関する伝承が紹介される。著者が紹介しているのは，①フーシャング・ブン・フラワーク・ブン・スィヤーマク・ブン・マシー・ブン・カユーマルス，②マハラレルの息子説，③スィヤーマクの息子説，という三つの伝承である。3番目の伝承はフィルダウスィーを典拠としている（*Mujmal*: 23）。このように，古代ペルシア史を随所で『王書』と比較しながら叙述していく方法は，フーシャング以降の項目でも採用されている[32]。『史話要説』の古代ペルシア史は，先行するハムザを基本史料としながら，それをタバリーや『王書』の記述で補足する形で叙述される。『王書』が情報源として積極的に活用されている点が特徴の一つだと言えよう。

『史話要説』では，時にこれら序文で挙げた文献以外の典拠が用いられている。例えば，カヤーン朝初代君主カイクバードの情報を提示するに際しては，バグダードの文法学者・『クルアーン』読誦者であるイブン・ムクスィム Ibn al-Muqsim（878-965），およびアター（732頃没），シャアビー（640-728），ダグファル（7世紀）を典拠として挙げ，アラビア語の文章を引用してきている（*Mujmal*: 25）。また，アラビア語文献だと考えられる『列王伝 *Siyar al-Mulūk*』の記事も頻繁に引用されている。著者は，この『列王伝』をイブン・ムカッファアの翻訳だとしているが（*Mujmal*: 2），引用箇所には預言者やアラブの諸王の歴史も含まれており（例えば，*Mujmal*: 337），純粋な古代ペルシア史でなかったことは明らかである[33]。また，この『列王伝』には伝説上のペルシア諸

32）本文中で『王書』に言及している箇所は，21箇所（*Mujmal*: 23（3回）, 24（2回）, 25（2回）, 26（3回）, 27, 35, 37, 45, 48, 51, 52, 53, 54, 66, 92）。アスキャリーも『史話要説』の分析に紙幅を割いているが，本書で分析対象としている箇所については考察していない（Askari 2016: 75-77）。

33）23箇所（*Mujmal*: 28, 29, 52, 58, 65, 74, 75, 113, 119, 120, 121, 123, 125, 126, 129, 145, 147, 150, 164, 176, 178, 334, 337）。ルビンは，この『列王伝』を，ハムザが典拠として用いたムーサー・ブン・イーサー・キスラウィーの『列王伝』に比定している（Rubin 2008a: 52）。しかし，キスラウィーの『列王伝』がサーサーン朝史しか含まないのに対し，『史話要説』で引用されている『列王伝』は預言者やアラブの諸王の歴史までを

王の記述はなかったようで，ピーシュダード朝とカヤーン朝の項目では利用されていない。古代ペルシア史に関しては，ハムザが情報源であり，これらの典拠は補助的に用いられていたのである。

ハムザの影響

9章2節（*Mujmal*: 33-67）では，古代ペルシア四王朝の歴史を，ハムザの『年代記』に収録される，司祭バフラームの古代ペルシア史に依拠しながら紹介している（*Sinī*: 23-29 に相当，付表参照）。ただし，バフラームの古代ペルシア史から一語一句違わずに引用するのではなく，『王書』や『タバリー史』など他の文献から諸王の統治年を補い，複数の伝承を併記している。例えば，史料間で見解の相違が見られるバフラームの統治年代については次のように説明している。

> 40年4ヶ月。この年代には大きな誤りがある。というのも，フィルダウスィーは4ヶ月と言っているからである。司祭バフラームの伝承以外に40年とするものはない。しかし私は［次の］3節で［誤りが］明らかになるようにそのまま書いた。（*Mujmal*: 53）

古代ペルシア史を他の文献と比較検討するという姿勢は，『史話要説』の各所で確認できる。9章2節の末尾では，バフラームが伝えるペルシア諸王の統治年は4049年2ヶ月27日で，執筆年からカユーマルスまでの期間は約4570年になるため，カユーマルスをアダムとする伝承は間違いであると論じられる（*Mujmal*: 67）[34]。続く9章3節では，ハムザの『年代記』からバフラームとは異なる，ムーサー・ブン・イーサー・キスラウィー（誤って，イーサー・ブン・ムーサーとなっている）によるサーサーン朝史が引用され，2節で提示した系譜と比較対照される（*Mujmal*: 67-70）[35]。

含んでおり，その内容は一致しない。

34）アダムの時代から執筆年までを『史話要説』では，6917年と計算している（*Mujmal*: 12）。

35）*Sinī*（16-23）に相当，付表参照。

『史話要説』は，『王書』を情報源として利用した最初のペルシア語普遍史書だと言える。しかし，主要典拠は，ハムザが収集した，バフラームの古代ペルシア史とキスラウィーの古代ペルシア史であり，タバリーや『王書』は補完的に利用されているにすぎない[36)]。『史話要説』の構成がハムザに酷似しており，その内容の主要典拠がハムザであったことに鑑みれば，本書はハムザの『年代記』のペルシア語訳増補版とも評価できよう。

ペルシア語普遍史書の原型

このように『史話要説』はハムザの『年代記』に依拠したものであったが，著者は構成自体にも手を加えている。『史話要説』の著者の世界認識によれば，世界は，イラン，中国，インド，アラブ，アフリカ，ルーム，テュルク，という七つの国から構成される（*Mujmal*: 367，図 4-3）。この中で，典拠であるハムザの『年代記』には中国，インド，テュルクについては説明がない。一方で，『史話要説』の著者は，11 章「テュルク人の系譜」，12 章「インド諸王」という二つの章を独自に補っている。

11 章では，ヤペテの 7 人の息子の長男としてチーン（中国），二男としてテュルクの名が挙げられ，それぞれの民族の特徴が説明される。ただし，その記述は簡潔で，テュルクの旧約的普遍史の文脈における位置付けは明らかにされているものの，古代ペルシア史との関係への配慮はない。最後にファリードゥーンがトゥールに国を与えた話，その末裔がアフラースィヤーブであることに言及するが，テュルクとの直接的な関係には触れていない（*Mujmal*: 77-82）。

続く 12 章では，逆にインド諸王とペルシア諸王の関係が，「インド人の大王 malik al-mulūk はハムの末裔で，ダッハークとファリードゥーンの治世を生きたミフラージャーン Mihrājān の末裔である」（*Mujmal*: 85）という形で説明される。『史話要説』の著者は，ペルシア語に翻訳されたインドの書物にも言及しており（*Mujmal*: 83-84），12 世紀には，インドに関する情報が充実していたことがうかがえる。ペルシア語歴史叙述研究では，ラシード・アッディーンの

36）本書で用いた史料の中では，他にイブン・クタイバ著『知識』からの引用が確認できる（*Mujmal*: 58）。

『集史』がしばしば史上初の世界史だと評価されるが（本書第5章参照），『集史』より約200年も前に世界全体を視野に入れたペルシア語普遍史書が既に編纂されていたのである。

また，普遍史の構成について論じる上で重要な項目は，アッバース朝時代に勃興したイランの諸王という項目である。『史話要説』の「カリフの時代に活躍したマリクとスルターン」と題される20章では，サーマーン朝，ブワイフ朝，ガズナ朝，セルジューク朝の歴史が扱われる。この中で，サーマーン朝はバフラーム・チュービーンの末裔（*Mujmal*: 300），ブワイフ朝はカイフスラウの治世のギーラーン候アーグシュ・ワハーダーン Āghush Wahādān の末裔とされ（*Mujmal*: 302），古代ペルシア史との関係が説明されている。このように旧約的普遍史，古代ペルシア史，そしてその延長線上にある，ムハンマド，カリフの歴史，アッバース朝時代に勃興した諸王朝の歴史を連続して叙述した最初の事例が『史話要説』であった。つまり，『史語要説』は，メルヴィルが規定した普遍史書の定義に合致する最初のペルシア語普遍史書であると評価できるのである。

(4) ファフル・ラーズィー『光の真実』(1179年) ／『知識の集成』

史料の性格

セルジューク朝時代に著された普遍史書は『史話要説』以外には現存しないが，セルジューク朝に仕えた軍事奴隷が建国したホラズムシャー朝（1077-1231）宮廷で編纂された著作の中にその痕跡を確認できる。

アシュアリー学派の神学者として名高いファフル・ラーズィー Fakhr al-Dīn Abū ʻAbd Allāh Muḥammad b. ʻUmar b. al-Ḥusayn al-Rāzī（1149-1209）は，ライ出身ではあるが，マラーガ，ホラズム，マー・ワラー・アンナフルと各地を転々とし，最終的にヘラートで著作活動に従事した。彼は，ホラズムシャー朝6代君主テキシュ（在位1172-1200）のために『知識の集成 *Jāmiʻ al-ʻUlūm*』と『光の真実 *Ḥadāyiq al-Anwār fī Ḥaqāyiq al-Asrār*』（574年ズー・アルヒッジャ月6日／1179年5月15日完成，別名『六十の書 *Kitāb-i Sittīn*』あるいは『ラーズィーの

六十 *Sittīn-i Rāzī*』）という 2 冊の百科事典を著しているが（Storey 1977：351–352），その中に「歴史学 ‘ilm al-tawārīkh」の項目が設けられている。そこに普遍史が含まれているのである。『光の真実』と『知識の集成』は単語レベルの細かな差異を除けば，内容自体はほぼ同じである[37]。その「歴史学」の項目は，1 章「ペルシアの諸王 pādshāhān-i ‘ajam」，2 章「ムハンマド」，3 章「カリフ（ハサンに関する記事はあるが，正統カリフには含まれず）」[38]，4 章「アリーとムアーウィヤ」，5 章「アッバース朝の勃興」，6 章「ガズナ朝の勃興」，7 章「セルジューク朝の勃興」，8 章「セルジューク朝」，9 章「ホラズムシャー朝」（*Ḥadāyiq*：49a–61a；*Jāmi‘ al-‘Ulūm*：163–184）の 9 章から構成されている（アダムに始まる預言者伝は含まれていない）。

古代ペルシア史の位置付け

ファフル・ラーズィーの古代ペルシア史は，王名と統治年だけの極めて簡潔な内容であるが，その内容は全面的にハムザ・イスファハーニーに依拠している。カユーマルスに双子の子どもが生まれ，彼らから 18 人の子どもが生まれるという話は，ハムザが伝えていたペルシア人の起源伝承そのものであるし，続く四王朝の諸王の王名と統治年もハムザが 8 冊の『列王伝』に依拠して伝えた伝承とほぼ同じである（付表参照）。サーサーン朝史についてはハムザが伝える別の伝承ムーサー・ブン・イーサー・キスラウィーの古代ペルシア史に依拠している。そして，次のような言葉で締めくくっている。

> これがペルシア諸王 mulūk-i ‘ajam の歴史である。それぞれに多くの相違点があるが，ハムザ・イスファハーニー Ḥamza Iṣfahānī に依拠してまとめた。ここに記したように，バフラーム・ブン・バフラーム・ブン・バフ

37）両著作については，同一のものと考える研究者もいれば（Askari 2016：207），前者を後者の縮約版だと考える研究者もいる（Storey 1977：351）。

38）ここでは，ムハンマドが，カリフの時代はムハンマドの死後 30 年までで，その後に王の時代が訪れると伝えたという伝承が紹介され，ハサンがアリーの死後 6ヶ月後（ムハンマドの死後 30 年後にあたる）に王権 mulk をムアーウィヤに譲ったという説明がなされている。

ラーム・ブン・フルムズ・ブン・シャープール・ブン・アルダシールは取り上げなかった。この3人のバフラームは多くの伝承の中では王であるのだが，ハムザはこのように書いていないからである[39]。(*Ḥadāyiq*: 51b; *Jāmiʿ al-ʿUlūm*: 167)

この記述から，ファフル・ラーズィーがハムザに全面的に依拠していたことが確認できる[40]。一方，ファフル・ラーズィーの著作には，フィルダウスィーからの引用は確認できない。

(5) イブン・イスファンディヤール『タバリスターン史』(1216/7年)

史料の性格

本節冒頭で紹介した『スィースターン史』のように，地方誌には，古代ペルシア四王朝の歴史を掲載していないものの，それに関する伝承を参照しているものもある。その一つが，イブン・イスファンディヤール Bahāʼ al-Dīn Muḥammad b. Ḥasan b. Isfandiyār 著『タバリスターン史 *Tārīkh-i Ṭabaristān*』である。マーザンダラーンを中心に栄えたバーワンド朝イスパフバディーヤ家（1074-1210）7代君主アルダシール（在位 1173-1206）の庇護を受けたイブン・イスファンディヤールが，庇護者の没後，彼の事績を記録すべく編纂した歴史書だとされる。

『王書』の利用

イブン・イスファンディヤールがカスピ海南岸地域の起源を説明する際に用いたのが，フィルダウスィーとアブー・ムアイヤドの『王書』である（*Ṭabaristān*: 60)[41]。また，それと同時に，典拠として参照したのは，自身が書店 duk-

39) ファフル・ラーズィーは，ハムザの著作には3人のバフラームの記述はないとしているが，現存するハムザの『年代記』にはその記述は存在している（*Sinī*: 20)。

40) ハムザからの引用は古代ペルシア史だけではなく，続く2章「ムハンマド」の冒頭部においても確認できる（*Ḥadāyiq*: 51b; *Jāmiʿ al-ʿUlūm*: 167)。

41)『王書』という書名は5箇所で言及されている（*Ṭabaristān*: 58, 60, 82, 153, 155)。

kān で発見した本に含まれていた，イブン・ムカッファアがパフラヴィー語からアラビア語に翻訳したとされる書簡である（*Ṭabaristān*：7）。彼は 1 章「タバリスターンの起源」の 1 節を「イブン・ムカッファアの言葉の翻訳」とし，その内容を紹介している[42]。当時はイブン・イスファンディヤールのように，ハムザなど先行する古代ペルシア史に依拠するだけではなく，新しく発見した書簡を利用し，新しい情報を補うことのできる環境が残されていた時代でもあったのである。

3　アラビア語普遍史書における古代ペルシア史叙述

ここまで本章ではペルシア語文献のみを対象に分析を進めてきたが，同時代のアラビア語文献における古代ペルシア史叙述の発展にはどのような特徴が見られるだろうか。続いて代表的なアラビア語普遍史書を取り上げ，ペルシア語著作との相違を検討したい。

(6)『天文学者たちの規範』（1094–1107 年頃）

史料の性格

最初に取り上げたいのは，ニザール派の無名氏の著者により 1094–1107 年頃に編纂された『天文学者たちの規範 *Dustūr al-Munajjimīn*』である[43]。本書は普遍史書ではなく天文学書に分類される著作であるが，その第 10 章が歴史に当てられている（*Munajjimīn*：240b–346b）。その中では，ビールーニー著『過去の痕跡』と同じように，諸民族の諸王のアダムからの年代が表形式で示されている。その主な内容は，①「預言者伝（モーセまで）」（263b–268b），②「ユダヤ教徒」（269a–275a），③「カルディア」（275b–276b），④「バビロン」（277a），⑤「エジプト」（277b–278a），⑥「ローマ」（278b–282a），⑦「古代ペルシア」（282b–

42）ここで引用されている部分はアレクサンドロス以降の話である（*Ṭabaristān*：12）。
43）『天文学者たちの規範』については，Qazwīnī（1345kh：110–143）を参照。

291a)，⑧「インド」(291b–293a)，⑨「イエメン」(293b–298a)，⑩「ヒーラ」(298b–301a)，⑪「ガッサーン」(301b–308b) で（括弧内は現存唯一の手稿本 *Dustūr* の頁数），諸王の名前，統治年，事績が記録されている[44]。この後には，ムハンマド，そして十二イマーム派のイマームの記述が続く。主な情報源として，『律法 *Tawrāt*』，ヤアクービー Ibn Wāḍiḥ 著『歴史 *Ta'rīkh*』，クラシー Abū Ḥudhayfa Qurashī 著『始まりの書 *al-Mubtada'*』（詳細不明），イブン・クタイバ al-Qutaybī 著『知識 *al-Ma'ārif*』，タミーミー Abū al-Qāsim al-Tamīmī 著『歴史概要 *Mukhtaṣar al-Ta'rīkh*』（詳細不明），タバリー Ibn Jarīr al-Ṭabarī 著『補遺 *al-Mudhayyal*』，ディーナワリー Abū Ḥanīfa al-Dīnawarī 著『長史 *al-Akhbār al-Ṭiwāl*』，バッターニー al-Battānī（929 没）著『天文表 *al-Zīj*』，『王書 *Shāhnāmaj fī Ta'rīkh al-Furs*』，ビールーニー Abū al-Rayḥān 著『宝典 *al-Qānūn*』の 10 点が挙げられている（*Munajjimīn* : 263a)[45]。

古代ペルシア史の位置付け

『天文学者たちの規範』における古代の年代学については，上述の文献以外も参照されており，ハムザが主要典拠となっている。諸民族の暦における古代ペルシア史の冒頭の説明もハムザを引用し，ピーシュダード朝，カヤーン朝，アシュカーン朝，サーサーン朝の四王朝からなるという説明に始まる（*Munajjimīn* : 257a)。カユーマルスの旧約的普遍史の文脈における位置付けについては，①セムの子アシュル Asūd 説，②セムの孫ミフリー Mihrī 説，③アブラハムの子ナーファス Nāfas 説，④ヤペテの子ゴメル説など，ノア以降に位置付ける伝承がタミーミーを典拠として紹介される。この後にも，カユーマルスの後のフーシャングはマハラレル，ジャムシードはソロモン，ファリードゥーンはノア，という形で，旧約的普遍史との関係について言及される（*Munajjimīn* : 258b–259a)。ただし，ハムザを主要典拠としているにもかかわらず，タミーミーなど別の文献も使用しており，王名表で一致しない箇所も多く（付表参

44)「古代ペルシア史」の一部は Malīḥa（1395kh）で，「ローマ史」の一部は Karīmī Zanjānī Aṣl（2013 : 138–143）で，翻刻を付した上で内容が紹介されている。

45)『天文学者たちの規範』の典拠については，Karīmī Zanjānī Aṣl（2013 : 61–76）も参照。

照)，それぞれの文献を検討し，独自の王名表を完成させたようである。

(7) イブン・ジャウズィー『整然たる歴史』(1179年頃)

史料の性格

現存するアラビア語普遍史書の中で，『王書』編纂後，最も早く執筆されたのは，イブン・ジャウズィー ʻAbd al-Raḥmān b. ʻAlī b. Muḥammad Abū al-Faraj b. al-Jawzī（1126–1200）著『整然たる歴史 *al-Muntaẓam*』である。イブン・ジャウズィーはバグダードの高名なハンバル学派のウラマーで，法学者，伝承学者，歴史家，説教師として活躍した。200点以上の著作を著したことで知られ，その一つが，天地創造から1179年に至る普遍史書『整然たる歴史』である（Laoust 1971）。

古代ペルシア史の位置付け

イブン・ジャウズィーは，タバリーのような膨大なイスナードにではなく，簡潔なイスナードに依拠しながら，天地創造に始まる人類の歴史を説明している。ペルシア人の祖カユーマルスに関しての説明は，アダムの子どもに関する章の中にある。そこでは，①カユーマルス＝アダム説，②カユーマルス＝アダムとイブの子説，③ヤペテの子ハム説，という三つの伝承が紹介される[46]。これに続いて，アブー・ハサン・ブン・バラー Abū al-Ḥasan b. al-Barāʼ（詳細不明）の伝承として諸王の統治年を，アブー・フサイン・ブン・ムナーディー Abū al-Ḥusayn b. al-Munādī（947没）の伝承としてカユーマルスとタフムーラスを精霊の子とする説を収録している（*Muntaẓam*, Vol. 1：218）。このように，イブン・ジャウズィーは，タバリーの伝承をその他の伝承で補いながら，天地創造に始まる歴史を提示している。

46）この部分に関して，タバリーは典拠として言及されていないが，内容はタバリーの記事に一致する（*Muntaẓam*, Vol. 1：218 n. 1–5を参照）。既に『ファールスの書』で同様の綴りの変化を確認したように，3番目のヤペテの子ハム Ḥām というのは，タバリーが，ヤペテの子ゴメル Jāmir と表記していた人物のことだと考えられる。

旧約的普遍史の文脈における古代ペルシア史の位置付けについては，アダムの伝記ではカユーマルス，セツの伝記ではフーシャング，エノクの伝記ではタフムーラス，ジャムシード，ダッハークの名が言及され（*Muntaẓam*, Vol. 1 : 218, 231, 236–237），古代ペルシアの諸王が旧約的普遍史という時間軸の中に埋め込まれている[47]。イブン・ジャウズィーは，まずある預言者の事績を紹介し，その記述の最後に「その預言者の時代に起こったこと」という一節を設け，その中で同時代の諸王について紹介している。こういった構成上の問題からか，情報量に乏しく年代比定の難しいアレクサンドロス以降アルダシール1世以前のアシュカーン朝の歴史については，アシュク1世，ジューダルズ1世，バラーシュの名前を挙げるのみで（*Muntaẓam*, Vol. 2 : 77–78），他の王については，その名前すら記されていない。

『整然たる歴史』にはタバリーからの引用が散見され，イブン・ジャウズィーの古代ペルシア史の情報源は主にタバリーだったと考えられる。内容も諸王の統治年もタバリーのそれに近い。しかし，その書き方自体は大きく異なっている。タバリーがペルシア諸王の歴史をまとまった形で記述し，古代ペルシア史という時間軸の中に預言者の歴史を位置付けたのに対し，彼は預言者の歴史の中に古代ペルシア史を位置付けている。また，彼がタバリーの歴史を補う際に利用したのは，アラブの知識人による伝承で，ハムザの『年代記』や『王書』といったペルシア系の伝承の利用は確認できない[48]。

47）『整然たる歴史』では，ペルシアの諸王の系譜がノアの洪水以前にさかのぼることの問題については触れられていないが，ノアの伝記で，「ヤペテの末裔には，テュルク人 al-turk，ハザル人 al-khazar，ペルシア人 al-furs からなる非アラブの諸王 mulūk al-ʻajam が属す」（*Muntaẓam*, Vol. 1 : 249）と旧約的普遍史の文脈におけるペルシア人の位置付けが説明されている。

48）イブン・ジャウズィーの孫スィブト・ブン・ジャウズィー Sibṭ b. al-Jawzī（1186–1256）の手になるアラビア語普遍史書『時代の鏡 *Mir'āt al-Zamān*』にもペルシア諸王に関する記述がある。その内容は『整然たる歴史』を簡略にしたもので，カユーマルスに関する記述など省略されている箇所も多い。タフムーラスの項目では，一部ミスカワイフの『諸民族の経験』からの引用も見られるが（*Mir'āt* : 235），その内容はほぼ『整然たる歴史』に一致する。

(8) イブン・アスィール『完史』(1231年頃)

史料の性格

イブン・ジャウズィーとは対照的に，ペルシア諸王の歴史を基軸にしたアラビア語普遍史書も存在する。バドル・アッディーン・ルウルウ（1179以前–1259）の庇護を受けたマウスィル出身の歴史家イブン・アスィール ʻIzz al-Dīn Abū al-Ḥasan ʻAlī b. al-Athīr（1160–1233）の『完史 *al-Kāmil fī al-Taʼrīkh*』である。『完史』が対象とするのは，1231年までの事件であるが，前イスラーム時代の歴史については，タバリーがその典拠になったと考えられている（Richards 1996 : 672a）。ところが，記述内容を比較してみると，羽田が既に指摘しているように「歴史事実についての著者の解釈の違い」からか両者の内容には違いが見られる（羽田 2005 : 78）。では，イブン・アスィールはタバリーの歴史をどのように再構成したのだろうか。

古代ペルシア史の位置付け

イブン・アスィールは，「アダムの時代に世界で起きた諸事件についての記述」という章で，旧約的普遍史の文脈におけるカユーマルスの位置付けについて説明している。その内容はタバリーやイブン・ジャウズィーと同様に，①カユーマルス＝アダム説，②カユーマルス＝アダムとイブの子説，③カユーマルス＝ヤペテの子ハム説，の三つの伝承からなる（*Kāmil*, Vol. 1 : 45–46）。続くセツ生誕の章で，カユーマルスの双子の子どもマシーとマシヤーナ，その息子スィヤーマクに言及する内容もタバリーのそれを踏襲している（*Kāmil*, Vol. 1 : 48）。

古代ペルシア四王朝の区分

カユーマルス以降の内容についても，イブン・アスィールはタバリーに倣い，サーサーン朝に至るまでの預言者，ペルシア諸王，また，イエメンなどその他の諸王の歴史を年代順に記録していく。ただし，一つだけ大きく内容を補っている箇所がある。彼は，サーサーン朝史の前にタバリーが設けていない「ペルシア諸王の王朝 ṭabaqāt mulūk al-furs について」という章を設け，ピーシュダード朝，カヤーン朝，アシュカーン朝の諸王の名前と統治年を紹介している（*Kāmil*, Vol. 1：377–379）。この内容はハムザが伝える8冊の『列王伝』に依拠した古代ペルシア史に完全に一致し，タバリーではなく，ハムザもしくは同系統の情報を伝える史料から補ったと考えられる。

この箇所については大きな相違が確認できるものの，基本的には，イブン・アスィールによる古代ペルシア史叙述は，タバリーの記述内容を書き直しただけのものであった。『完史』には，ハムザ系統の古代ペルシア史の影響は見られるものの，『王書』などのペルシア語文献は参照されていないようである[49]。

このように，主だったアラビア語普遍史書では，ペルシア語文献が参照される事例はほとんど見られない。ペルシア語文化圏の知識人がペルシア語に加えてアラビア語の知識も備えており，しばしばアラビア語の著作を典拠としていたのとは対照的である。

4 奴隷王朝における古代ペルシア史叙述

(9) ファフル・ムダッビル『系譜書』（1206年）

史料の性格

ちょうどこの時代，インドにおいてもペルシア語による歴史叙述が発展を遂

49)『完史』の後に編纂されたアラビア語普遍史書として，アイユーブ朝，マムルーク朝（1250–1517）に仕えたアブー・フィダー Abū al-Fidā’（1273–1331）の手になる『人類史梗概 *al-Mukhtaṣar fī Akhbār al-Bashar*』（1329年頃）がある。『人類史梗概』の古代ペルシア史は，ミスカワイフの『諸民族の経験』に依拠し，フーシャングの説明から始まり，カユーマルスは登場しない。このフーシャングは『諸民族の経験』で説明されていたように，洪水の200年後の人物とされ（*Abū al-Fidā’*, Vol. 1：70），古代ペルシア史はノアの洪水後にその始点を持つ。『人類史梗概』には，一部『完史』からの引用も見られるが（*Abū al-Fidā’*, Vol. 1：71），その内容はほぼ『諸民族の経験』を典拠としている。

げつつあった。その中でも，極めて特徴的な古代ペルシアの諸王の系譜を書き遺したのが，ファフル・ムダッビル Fakhr-i Mudabbir（1228 没）であった。彼はガズナ朝，グール朝，そして奴隷王朝（1206–90）の宮廷で活躍したことで知られる（Binbaş 2011：470–472）。

彼が著した『系譜書 *Shajara-yi Ansāb*』は，もともとは，初代正統カリフ，アブー・バクル（在位 632–634）に至る自身の父祖の系図（*Shajara*：111a）を記したものであった。そこに，ムハンマド，10 人の教友，ムハージルーン（移住者），アンサール（援助者），『クルアーン』に登場する預言者，古代アラブの諸王，詩人，古代ペルシアの諸王，アダムの子孫，ウマイヤ朝，アッバース朝，アブー・ハニーファ，シャーフィイー，アラブの諸部族，ズー・アルカルナイン，ルクマーン，バラム，ウマイヤ朝・アッバース朝時代のアミール，ターヒル朝，サッファール朝，サーマーン朝，ガズナ朝，グール朝，シャリーフ，アリーの子孫などの系図が補われ完成したのが『系譜書』である（*Shajara*：40a–43b；Binbaş 2011：478）。合計 139 点からなる系図が，2 通りの書き方で記録されている[50]。後世に編纂された系図と異なっている点は，各事項に関する系図が別々に並べられており，他の系図との関連性が示されていない点である（Binbaş 2011, 480–481）。例えば，ノアの 3 人の息子セム，ハム，ヤペテの末裔は，三つの別々の系図で説明されており（*Shajara*：57a, 57b, 58a），全体をおさめた一つの系図が提示されることはない。

著者ファフルは，この作品を「イスラーム時代の 600 年間［『系譜書』の編纂年はヒジュラ暦 602 年］にわたって誰も成し遂げておらず，いかなるカリフ，スルターン，アミール，ワズィール，大臣の図書館にも，これに類するものがなかった」（*Shajara*：44b）と評価し，その独自性が奴隷王朝初代君主クトゥブ・アッディーン・アイバク（在位 1206–10）の目に留まり，献呈に至ったという経緯を説明している（*Shajara*：47b–48a）。『系譜書』は普遍史書に分類することはできないが，普遍史を系図化した試みとして評価できる。

50）『系譜書』には系図だけではなく，トゥルキスターンの地図も書かれていたと考えられるが，地図の部分は空白のまま残されている（*Shajara*：39a）。

古代ペルシア史の位置付け

『系譜書』では，「アダムの諸子息」という系図の中に，アダムの息子としてカユーマルスの名前が確認できる。ただし，彼の後のピーシュダード朝の君主については，フーシャングとタフムーラスの名前しかなく，その寿命や統治年も記されていない（*Shajara*: 56a）。

古代ペルシア四王朝の区分

『系譜書』には，「ピーシュダード朝・アシュカーン朝」の系図（*Shajara*: 59b）と「サーサーン朝」の系図（*Shajara*: 60a）という二つの系図があるが，前者のピーシュダード朝の君主とされる諸王の名前はカヤーン朝のものである。一応ここでも古代ペルシア四王朝の区分が採用されていると言えるが，それぞれの王朝の系図が並置されているだけで，人類の系図全体に有機的な関係を持たせようとしているようには見えない。著者が古代ペルシア史を重要視しているとは考えにくく，典拠も不明である。

(10) ジューズジャーニー『ナースィル史話』(1259/60年)

史料の性格

これ以外に，奴隷王朝の宮廷では，ジューズジャーニーの手になるペルシア語普遍史書『ナースィル史話』が編纂されている。彼が依拠した典拠は，ハムザやタバリーとは異なる可能性が高い。ジューズジャーニー Minhāj al-Dīn Abū ʻUmar ʻUthmān b. Sirāj al-Dīn Muḥammad al-Jūzjānī（1193-）は，父スィラージュ・アッディーン Sirāj al-Dīn がグール朝に仕えていた関係で，グール朝宮廷で少年時代を過ごすことになった。成人後はそのままグール朝宮廷に仕官したが，モンゴル軍の征西のため，奴隷王朝3代君主イルトゥトゥミシュ（在位1211-36）の宮廷に移り，カーディー職を務めた。639／1241/2年には6代君主バフラームシャー（在位1240-42）により，大カーディーに任命されている(Bosworth 2010)。

彼の著書『ナースィル史話 *Ṭabaqāt-i Nāṣirī*』は658／1259/60年に編纂され，

8 代君主ナースィル・アッディーン・マフムード・シャー（在位 1246–66）に献呈された，全 23 章 ṭabaqa 構成[51] のペルシア語普遍史書である。書名の「ナースィル」は，献呈対象者の称号「ナースィル・アッディーン」の「ナースィル」に因む。その序文では，ガズナ朝初代君主サブクティキーン（在位 977–997）の治世に編纂された『表による歴史 *Tārīkh-i Mujadwal*』[52] なる歴史書の名を挙げ，その歴史書には預言者，カリフ，ペルシア諸王，ガズナ朝の記録しかないと欠点を指摘する。その上で，『表による歴史』に記されていない，イエメン・ヒムヤルの諸王，ブワイフ朝，ターヒル朝，サッファール朝，セルジューク朝とその分枝，グール朝，ホラズムシャー朝，アイユーブ朝などを補い，『ナースィル史話』を完成させた，と述べている（*Ṭabaqāt*, Vol. 1：7–8）。

51）「序」（6–9），1 章「預言者」（10–77），2 章「正統カリフ（ハサンとフサインに関する記事はあるが，正統カリフには含まれず）」（77–92），3 章「ウマイヤ朝」（93–102），4 章「アッバース朝」（103–130），5 章「ペルシア諸王」（131–173），6 章「イエメンの諸王」（174–189），7 章「ターヒル朝」（190–196），8 章「サッファール朝」（197–200），9 章「サーマーン朝」（201–217），10 章「ブワイフ朝」（218–224），11 章「ガズナ朝」（225–244），12 章「セルジューク朝」（245–267），13 章「サンジャル系諸王」（268–274），14 章「スィースターンの諸王」（275–285），15 章「ザンギー朝・アイユーブ朝」（286–296），16 章「ホラズムシャー朝」（297–317），17 章「グール朝グール政権」（318–383），18 章「グール朝トゥハーリスターン・バーミヤーン政権」（384–392），19 章「グール朝ガズナ政権」（393–414），20 章「ムイッズ朝」（415–438），21 章「奴隷王朝」（439–497）（括弧内は校訂本 *Ṭabaqāt*, Vol. 1 の頁数），22 章「シャムス家の諸王」（1–89），23 章「モンゴル」（90–221）（括弧内は校訂本 *Ṭabaqāt*, Vol. 2 の頁数）。

52）『表による歴史』への言及は，本文中に 4 事例確認できる（*Ṭabaqāt*, Vol. 1：63, 141, 170, 226）。『ナースィル史話』の手稿本には随所に王名の一覧表や系図が挿入されているが（*Ṭabaqāt*/*Petermann*：3a, 4b, 5a, 6b, 7a, 7b, 11a, 12b, 13a, 15b, 16b, 17a, 40a, 41a, 41b, 42a, 42b, 44a, 44b, 46b, 47b, 48a, 49a, 49b, 50a, 50b, 51a, 62b, 64a, 73a, 73b, 80b–81a, 89a, 89b–90a, 97a, 99b–100a, 105b–106a），これらの系図は『表による歴史』の影響を受けている可能性が高い。これらの系図は，ビンバシュ İ. E. Binbaş が現存最古の系図として紹介した，上述のファフル・ムダッビル著『系譜書』と同じ様式である。ビンバシュは『系譜書』と同じ様式の系図が『ナースィル史話』に挿入されていることに気付かなかったのか，『ナースィル史話』に挿入された系図を検討していない（Binbaş 2011：468–472）。筆者は『ナースィル史話』も含める形で，『表による歴史』と『系譜書』の関係を再検討する必要があると考えている。

古代ペルシア史の位置付け

『ナースィル史話』では，ペルシア人の祖カユーマルスについて，①カユーマルス＝セムの孫ウマイム説（典拠：アラブの系譜学者），②カユーマルス＝アダムの子説（典拠：ペルシア人 ʻajam wa fārsiyān の系譜学者），という二つの伝承が紹介される（*Ṭabaqāt*, Vol. 1：133)。これについて著者ジューズジャーニー自身の見解は述べられていない。

古代ペルシア四王朝の区分

『ナースィル史話』では，ペルシア諸王は，古王朝 al-Bāstānīya，カヤーン朝，アシュカーン朝，サーサーン朝，皇帝たち al-Akāsira，という五つの王朝に分類されている。古王朝はピーシュダード朝に相当し，「皇帝たち」というのはアヌーシルワーン以降のサーサーン朝の諸王のことを指し，それ以前の諸王とは区別されている。アヌーシルワーン以降を別の王朝とする区分は『歴史の装飾』において確認できるものの，珍しい王朝区分である。

『ナースィル史話』の典拠

以上のように構成面で際立った特徴を持つ『ナースィル史話』で典拠とされたのは，どのような文献だったのだろうか。例えば，ピーシュダード朝２代君主フーシャングの事績は次のように紹介されている。

> ２代目フーシャングは，『タバリー史 *Tārīkh-i Ṭabarī*』の伝承では，マハラレル・ブン・カイナン・ブン・エノス・ブン・セツの末裔である。また，『ペルシア人の歴史 *Tārīkh-i ʻAjam*』と『マクディスィー史 *Tārīkh-i Maqdisī*』の伝承によれば，カユーマルスの末裔であり，カユーマルスの治世から彼［フーシャング］の生誕まで 223 年の期間がある。フーシャングは，フラーワク・ブン・スィヤーマク・ブン・マシー Mīshī・ブン・カユーマルスの息子である。（*Ṭabaqāt*, Vol. 1：133）

ここで挙げられている『ペルシア人の歴史』が書名なのか一般名詞なのかは不明だが，『ナースィル史話』でこの形で言及されている箇所はここだけである[53]。一方，『ナースィル史話』の中で頻繁に言及されるのが，『タバリー史』[54]や『マクディスィー史』といったアラビア語文献である。『マクディスィー史』とは，本書第 I 部第 2 章で取り上げたマクディスィーによる百科事典『創始と歴史』のことだと考えられる[55]。そのためか，諸王の名前と統治年について，ハムザや『王書』との共通点は見出せない（付表参照）[56]。

イランの諸王

ジューズジャーニーは続く 6 章「イエメンの諸王」の項目も，『マクディスィー史』と『タバリー史』に依拠して簡潔にまとめ（*Ṭabaqāt*, Vol. 1：174），イスラーム以降に勃興した諸王朝の記述に移る。ただし，これらの王朝の性格をアッバース朝時代のイランの諸王朝などといった形で定義してはいない。彼は，7 章「ターヒル朝」の系譜をマヌーチフルに（*Ṭabaqāt*, Vol. 1：190），9 章「サーマーン朝」の系譜をバフラーム・チュービーンに（*Ṭabaqāt*, Vol. 1：201），11 章「ガズナ朝」の系譜をサーサーン朝最後の君主ヤズドギルド 3 世に（*Ṭabaqāt*, Vol. 1：226），17–19 章「グール朝」の系譜をダッハークに結び付けるなど（*Ṭabaqāt*, Vol. 1：318），イスラーム以降の諸王朝の系譜を古代ペルシアの諸王に接続している。なお，これらの章では，イブン・ハイサム Ibn Hayṣam 著『ナービーの歴史 *Tārīkh-i Nābī*』（詳細不明）やバイハキー Abū al-Faḍl Bayhaqī

53）フィルダウスィーの『王書』の書名も 1 箇所だけ確認できるが，そこには，「フィルダウスィー著『王書』がそれに依拠して伝えたところのペルシア人の歴史 tawārīkh-i ʻajam」という記載しかなく（*Ṭabaqāt*, Vol. 1：131），『王書』から直接引用しているわけではない。

54）タバリーへの言及は，実に 25 回にも及ぶ（*Ṭabaqāt*, Vol. 1：12, 133, 134, 135, 136（3 回），137, 138, 139, 141, 146, 152, 153, 156, 157, 159, 170（3 回），174, 175, 181, 183, 184）。

55）マクディスィーへの言及は，実に 31 回にも及ぶ（*Ṭabaqāt*, Vol. 1：12, 21, 64, 106, 133, 134（2 回），135, 136, 138, 139, 141, 142, 156（2 回），157, 158, 162, 163（2 回），170（2 回），171, 174（2 回），175, 181, 185；Vol. 2：92, 93, 199）。

56）他の箇所でも，例えば次のように伝承を比較している。「[プーラーンドゥフトは] マクディスィーの伝承によれば 1 年半，タバリーの伝承によれば 1 年 4ヶ月王権を司り死んだ。彼女の後には，親類からジュシュナスディフという名の者が王位に就き，1ヶ月半王権を司った。その者の名は『表による歴史』には記されていない。タバリーは，その者の名はペルシア人の歴史や伝承 tārīkh wa akhbār-i ʻajam では確認できないとしている」（*Ṭabaqāt*, Vol. 1：170）。

(995-1077) 著『ナースィルの歴史 *Tārīkh-i Nāṣirī*』といった現在は散逸してしまった文献が参照されており，他では見られない独自の情報を収録している。ガズナ朝やグール朝といったインドを支配した王朝までをも含む広範な地域を対象とする普遍史書『ナースィル史話』では，インドを支配した王朝までもが古代ペルシア史の文脈に位置付けられているのである。

では，ジューズジャーニーの普遍史書はどのような地域を対象とし，その中で「イラン」とは何を意味する言葉だったのだろうか。『ナースィル史話』には『王書』からの直接的な引用は確認できないものの，イランとトゥランを二項対立的に用いる事例が幾つか確認できる（*Ṭabaqāt*, Vol. 1：140, 203, 245, 246, 313；*Ṭabaqāt*, Vol. 2：46, 90, 151）。そして，23章「モンゴル」では，イランとトゥランの諸王からモンゴルへの政権の移譲が次のように説明される。

> 天命と神の命令により，イランとトゥランの諸王の後，王位の順番はモンゴル人のチンギス・ハーンとその子孫に至った。モンゴル人という異教徒たちの支配により，全てのトゥランの地 zamīn-i Tūrān とマシュリク Mashriq ではイスラームの家の支配 ḥukm-i dār al-Islām が終わり，不信仰の家の支配 ḥukm-i dār-i kufr が始まった。インドの諸国を除いては［後略］。（*Ṭabaqāt*, Vol. 2：90）

続いて，ジューズジャーニーはモンゴルに征服された諸国の内訳を，「イスラーム諸国 mamālik-i Islām のうち，東方においては，中国，トゥルキスターン，マー・ワラー・アンナフル，トゥハーリスターン，ザーブル，カーブル，グール，ガズニーン，ホラーサーン，タバリスターン，ファールス，フーズィスターン，ディヤールバクル，マウスィルからシリアとルームまで」と説明しているが（*Ṭabaqāt*, Vol. 2：90–91），イランの領域がどこにあたるのかについては具体的に触れていない[57]。ここでは，イルハーン朝以前の王朝で，イランと

57) モンゴル帝国4代君主モンケ（在位 1251–59）がフラグに「イランとペルシア人の王国 mamlakat-i Īrān wa ‘ajam」を授与したという記述があるが（*Ṭabaqāt*, Vol. 2：188），これは，イランが地理概念ではなく，イルハーン朝の領域を示す概念として用いられたものだと考えられる。

いう言葉が領域を示す概念として既に使用されていたことを確認しておきたい。

章　結

以上本章では，イルハーン朝以前に，古代ペルシア史叙述がどのように受容されていたのか，そして，『王書』をはじめとする文献はどのように利用されていたのか，について検討した。その主な結論は次の通りである。

（1）セルジューク朝時代以降，古代ペルシア史を韻文で綴った『王書』に対する需要が高まり，歴史書の中にも『王書』の記述が引用されるようになる。その中でも特に，『史話要説』の著者は，『王書』の内容を随時参照している。

（2）しかしながら，この時代に最も参照された古代ペルシア史は，ハムザの『年代記』であった。前述の『史話要説』では，『王書』からの引用も見られるが，主要史料として用いられているのは，ハムザの『年代記』である。『ファールスの書』，『光の真実』，『知識の集成』，『天文学者たちの規範』もハムザの影響を受けているし，アラビア語でタバリーに倣って普遍史書を著したイブン・アスィールさえもハムザの系統に属する情報を利用している。

（3）先行研究では，イランの地に勃興した諸王を連続して叙述するペルシア語普遍史書の成立は，異邦人であるモンゴルがイランの地を支配するためのイデオロギー政策と関係付けられてきたが，実際には，同様の形式の普遍史書は，既にセルジューク朝や奴隷王朝の宮廷でも編纂されていた。その中では，イルハーン朝時代に編纂された普遍史書と同様に，イスラーム時代に勃興した諸王に対し，古代ペルシアの諸王と血統を繋げるなどの系譜操作が行われている。イランとトゥランという地理概念やペルシア語普遍史という枠組みは，『王書』が受容される中，イルハーン朝時代以前に既にペルシア語文化圏に浸透していたのである。

第5章

ペルシア語普遍史とオグズ伝承

――アブー・サイードの即位まで――

はじめに

「イラン」という地理概念に政治的概念が付加され「復活した」のは，イルハーン朝時代のことだとされるが（Fragner 1997：127；Fragner 2001：349；木村 2008：42–43），その「イラン」という言葉に繰り返し言及した媒体の一つとして，イルハーン朝時代に編纂された普遍史書が注目されている。普遍史書は，サーサーン朝滅亡後，初めてイラン高原を中心とする広範な地域を支配下に組み込んだイルハーン朝により，その支配を継承する者としての正当性を主張する道具として利用されたとされる（Melville 2001：84；Melville 2012：164–165）。そのようなペルシア語普遍史書の嚆矢と評価されてきたのが，バイダーウィーの『歴史の秩序』（1275年）であった。『歴史の秩序』における①預言者，②ペルシア諸王，③カリフ，④アッバース朝時代のイランの諸王，という四部から構成される歴史叙述により，イランを支配した諸王朝の最後にモンゴルを組み込むことが可能になった。そしてこのことが，イランを支配するイルハーン朝にとって大きな意味を持ったと考えられてきた。

ただし，この学説を繰り返し主張してきたメルヴィルは，『歴史の秩序』について考察したのみで，イルハーン朝期のその他の普遍史書の中身についてはほとんど検討を行っていない。さらに，メルヴィルの学説を受け入れる研究者たちの中に，実際に普遍史書の内容を検討した者はほとんどいない。しかし，実際にペルシア語普遍史書の内容を比較対照してみると，異なる様相が見えてくる。本章では，イルハーン朝時代に編纂されたペルシア語普遍史書の中で，古代ペルシア史，アッバース朝時代にイランを支配した諸王朝，そして，イランという概念がどのように理解されているのかを通時的に分析する。

その中でも，この時代にペルシア語普遍史に新たに加わる重要な構成要素が，テュルク・モンゴル諸部族を旧約的普遍史に接続する役割を果たすことになるオグズ伝承である。オグズ伝承とは，テュルク人の始祖と目される伝説上の王オグズ・ハーンに始まるテュルク諸王の系譜を書き綴ったものである[1)]。本章の後半部では，特に，旧約的普遍史や古代ペルシア史にどのようにオグズ伝承が接続したのかについて論じたい。

前章でも確認したように，イランという地域を強調し，また，預言者，ペルシア諸王，カリフ，アッバース朝時代にイランを支配した諸王朝，という構成要素を持つペルシア語普遍史書はこれ以前にも編纂されていた。先行するこれらの普遍史書と比較して，イルハーン朝時代に編纂された普遍史書にはどのような特色が見出せるのだろうか。

1　ガザン以前のペルシア語普遍史書

(1) バイダーウィー『歴史の秩序』(1275年)

史料の性格

イラン高原に興った王朝の歴史を，天地創造から著者と同時代に至るまで連続して叙述する手法を編み出したと評価されるのが，バイダーウィー Abū Saʿīd ʿAbd Allāh b. Imām al-Dīn Abū al-Qāsim ʿUmar b. Fakhr al-Dīn Abī al-Ḥasan ʿAlī al-Bayḍāwī (1316/7 没)[2)] である。バイダーウィーは，サルグル朝 (1148–

1) オグズ伝承とテュルク・モンゴル系諸王朝の関係についての専論として，Dobrovits (1994)，宇野 (2002)，小笠原 (2014: 27–48) などがある。

2) バイダーウィーの名前は文献により様々だが，本書では『歴史の秩序』の序文で著者自身が記している名前を採用した (*Niẓām*: 2)。また，没年には諸説あるが，ほぼ同時代の文献『選史 *Tārīkh-i Guzīda*』に記載されている没年を採用した (*Guzīda*: 706)。

1282）5代君主クトルグ・ハーン（在位1226–60）の治世にファールスの大カーディー職を務めていた父イマーム・アッディーン（1274頃没）の没後，1279年頃に同職に就き，後にシーラーズの大カーディー職にも就いた。彼の著作のほとんどはアラビア語で書かれ，その分野は哲学，法学，文法学と多岐にわたる。その中でも，『クルアーン』の注釈書『啓示の光と解釈の秘儀 *Anwār al-Tanzīl wa Asrār al-Ta'wīl*』は有名である。晩年はタブリーズで過ごし，その地で没し，タブリーズにあるチャランダーブ Charandāb 墓地に埋葬されたと言われている（Melville 2001：69–71）。

そのバイダーウィーが遺した唯一のペルシア語著作が，1275年に編纂された『歴史の秩序 *Niẓām al-Tawārīkh*』[3]である。『歴史の秩序』の内容は極めて簡略で，諸王の名と統治年，そして，わずかな事績を伝える程度である。『歴史の秩序』はこのような性格から，しばしば簡便な歴史の手引書と評価されている（Melville 2001：75；井谷 2001：30）。バイダーウィーはその序文で，献呈相手の名前には触れずに，執筆動機を次のように書いている。

> 神の本と天の紙葉の大部分がその記述で満たされ，宗教と現世の利益がその内容において保証されている歴史学 ʻilm-i tārīkh について，先人の歴史という経験が施政者の良き指導者となり，彼らの諸事件への対処が現世を生きる者たち rāh-rawān の誠実なる訓戒者となるように，読者が飽きないような形で，著名な預言者，有力ウラマー，偉大なスルターン，気高いマリクに関する記述を含んだ簡易本 mukhtaṣar を作成し，彼らの歴史の一部を簡潔に書こうと思った。歴史学にあまり関係がないような余計なことには言及しないが，この学問に不可欠なことは全て記す。私はこの著作を，信頼できる諸史 tārīkh-hā-yi muʻtabar から収集し，『歴史の秩序』と名付けた。というのも，その幅がユーフラテス河からアム河まで，いやむしろ，

3）『歴史の秩序』には70点を超える手稿本が残されている。手稿本間の異同も多く，著者自身，あるいは写字生による後世の加筆も散見される。それ故に，メルヴィルや井谷らによる精緻な文献学的研究をもってしても未だにテクストが確定されていない状態である（Melville 2001；Melville 2007a；井谷 1995；井谷 1997）。本書では，とりあえずモハッデス M. H. Muḥaddith による校訂本を使用した。

表 5-1　『歴史の秩序』の章構成（括弧内は校訂本 *Niẓam* の頁数）

1 章	預言者（5-11）	アダムからノアまで
2 章	ペルシア諸王（12-68）	①ピーシュダード朝，②カヤーン朝，③アシュカーン朝，④サーサーン朝
3 章	カリフ（69-83）	①正統カリフ・ハサン・フサイン，②ウマイヤ朝，③アッバース朝
4 章	アッバース朝時代にイラン諸国を独立して支配したスルターンとマリク（85-133）	①サッファール朝，②サーマーン朝，③ガズナ朝，④ブワイフ朝，⑤セルジューク朝，⑥イスマーイール派，⑦サルグル朝，⑧ホラズムシャー朝，⑨モンゴル

これから述べるように，アラブ地域 diyār-i ʻArab からフジャンドの境域までであるイランの地 Īrān-zamīn[4] のハーキムとマリクの連なり silsila を，アダムの時代から今——すなわちヒジュラ暦 674 年神の月である聖ムハッラム月 21 日［／1275 年 7 月 17 日］——に至るまで，簡潔に物語ったのだから。四部構成とし，その利益を全ての者が享受できるようにペルシア語で書き記した。(*Niẓām*：3)

バイダーウィーは，過去の経験を現在に生かすための道具，すなわち，鑑文学としての歴史書の重要性に触れた後，アダムの時代から 1275 年に至るまでにイランの地を支配した諸王の歴史を記すことを目的に掲げる。その志向は『歴史の秩序』の構成にも色濃く反映されており，1 章「預言者」，2 章「ペルシア諸王」，3 章「カリフ」に続く最終第 4 章の章題は「アッバース朝時代にイラン諸国 mamālik-i Īrān を独立して支配したスルターンとマリク」となっている(表 5-1)。また，主にアラビア語で著作活動を行っていたバイダーウィーがペルシア語で歴史書を著した理由を，「その利益を全ての者が享受できるように」と説明しており，イルハーン朝時代のペルシア語の重要性がうかがえる。

古代ペルシア史の位置付け

このように預言者，ペルシア諸王，カリフと順番に歴史を書き進めていき，

4)『歴史の秩序』では，イランという言葉は 14 箇所で確認できる（*Niẓām*：3, 4, 19, 31, 32, 46（2 回), 85（2 回), 125, 132（2 回), 133（2 回))。

その最後にイランの諸王朝を配置するという構成は，特に新しいものではなく，既に『史話要説』や『ナースィル史話』においても見られた。メルヴィルが強調するのは，その中でイランの諸王朝に多くの紙幅が割かれているという構成上の特徴である（Melville 2001：78）。では，その内容には具体的にどのような特徴が見られるのだろうか。また，典拠はどのような文献だったのであろうか[5]。

1章はアダムからノアまでの預言者伝で，それに続くのが，2章の古代ペルシア史である。この構成から明らかなように，バイダーウィーはペルシア諸王をノアの洪水の後に位置付けている。古代ペルシア史はピーシュダード朝，カヤーン朝，アシュカーン朝，サーサーン朝の四王朝に分けられ，その始祖カユーマルスについては，次のように説明される。

> 王の慣習を世界に最初にもたらしたのはカユーマルスだという点で，歴史家たちの見解は一致している。ゾロアスター教徒は彼がアダムであると言うが，他の歴史家は彼らを信用していない。そうではなく，ガザーリー Imām Ḥujjat al-Islām Abū Ḥāmid Muḥammad b. Muḥammad al-Ghazālī は『諸王への忠告 *Nāṣāyiḥ al-Mulūk*』の中で彼はセツの兄弟だと主張する。彼はノアの子だと言う者もいるが，これがより適当であろう。というのも，神の友アブラハムがダッハーク・アルワーニーと同世代である点には皆同意しているからである。ダッハークの時代からカユーマルスまでは1000年で，アダムの時代からノアの洪水まで1400年である。同様に，モーセがマヌーチフルと同世代である点にも皆同意する。その時代からカユーマルスまではペルシア人 ʻajam の伝承では2200年，ユダヤ教徒 banī Isrāʼīl の知識人の伝承では，モーセから洪水までが同じ長さである。また，ペルシア人の系譜学者 nassāba-yi ʻajam はダッハークを，3世代を経てアラブ人の父ターズ Tāz に結び付ける。さらに，フーシャングの兄弟だと言う者，ヤペテの末裔だとする者までいる。この二つの伝承の間で一致している点

5）バイダーウィーによる，旧約的普遍史の文脈におけるカユーマルスの位置付けについては，井谷（2001）において簡潔に言及されている。

は，ターズがアダム（ママ）[6]であり，フーシャングがアルパクシャドであり，カユーマルスがセム・ブン・ノアだという点である。また，カユーマルスをハム・ブン・ヤペテだとする者もいるが，この伝承の信頼度は低い。というのも，ヤペテはテュルク人の父だからである。知識は神の下にある。結局，皆一致してカユーマルスは最初の王だと言うのである。(*Niẓām* : 14–15)

バイダーウィーは，カユーマルスを旧約的普遍史の文脈に位置付けるに際して，自身の見解を明確に示している。①カユーマルス＝アダム説（ゾロアスター教徒の伝承），②カユーマルス＝セツの兄弟説（ガザーリーの伝承），③カユーマルス＝セム説，④カユーマルス＝ヤペテの子ハム説，という四つの伝承を伝えているが，3番目のカユーマルス＝セム説を採用している。その根拠となったのは，アブラハムとダッハーク，そしてモーセとマヌーチフルが同世代にあたるという年代比定である。これに統治年を照らし合わせ，カユーマルスがノアの子セムにあたるという結論を導き出している。『歴史の秩序』の預言者の歴史がノアで終わり，その後にカユーマルスに始まるペルシア諸王の章へと展開する構成になっている理由は，このようなバイダーウィーの人類史認識に求められよう。この後，ノア以降の預言者には特別に章が設けられることはなく，例えば，モーセはマヌーチフルと，ソロモンはカイカーウースと同世代であったというように，ペルシア諸王の脇役のような形でしか登場しない（表5-2）。このようにバイダーウィーは，ノア以降の預言者の歴史を，ペルシア諸王の歴史の中に位置付け，イスラーム以前の歴史を直線的に叙述しているのである。

バイダーウィーは古代ペルシア史の典拠を特に記していないが，その内容は『ファールスの書』に近い（付表参照）[7]。バイダーウィーはまさにファールス出身であり，『ファールスの書』を参照したという可能性も考えられる[8]。

---

6) おそらくは，綴りの似ているエラムが誤って写されアダムに変化した形だと思われる。
7) アシュカーン朝史の内容の近さは特筆すべき点である（表4-1）。また，『ファールスの書』におけるカユーマルスの寿命と統治年を1000年と40年という形で分かち書きする叙述方法も採用されている。
8) 1356年に編纂されたファールスの地方誌『シーラーズの書 *Shīrāz-nāma*』において，

表5-2　『歴史の秩序』におけるペルシア諸王と預言者の関係

王　名	同時代の預言者など	典　拠
	ノア	
カユーマルス	セム本人	*Niẓām*: 15
フーシャング	アルパクシャド本人	*Niẓām*: 15
ダッハーク	アブラハム	*Niẓām*: 15
ジャムシード	フード	*Niẓām*: 18-19
マヌーチフル	エテロ，モーセ，アロン，ファラオ	*Niẓām*: 15, 21
カイクバード	エゼキエル，エリヤ，サムエル	*Niẓām*: 23
カイカーウース	ダビデ，ソロモン，ルクマーン	*Niẓām*: 24
カイフスラウ	ソロモン	*Niẓām*: 25
ルフラースブ	エズラ	*Niẓām*: 25

イランの諸王

『歴史の秩序』の構成上の特徴の一つとして注目されているのが，4章にアッバース朝時代にイランを支配した諸王朝という項目が設けられている点である。4章で扱われるのは，サッファール朝，サーマーン朝，ガズナ朝，ブワイフ朝，セルジューク朝，ホラズムシャー朝，サルグル朝，イスマーイール派，モンゴル，という九つの王朝である（*Niẓām*: 85）[9]。4章の冒頭では，他の王朝に比べて勢力範囲の狭いサルグル朝の項目を設けた理由の一つを，ファールスが「イランの元来の王都 dār al-mulk-i aṣlī-yi Īrān」であったからだと説明し[10]，

『ファールスの書』は典拠として引用されていることからも（*Shīrāz*: 23），同書がファールス地方の知識人にたびたび参照された著作であったことが確認できる。ファールスの地理的境界についても「ペルシア諸王の時代，アム河からユーフラテス河までがペルシアの国 bilād-i Fārs と呼ばれていた。イスラームの旗が現れたしばらく後で，イラクに加えられたのである」（*Shīrāz*: 22）と，『ファールスの書』と同様の伝承を伝えている。ただし，『シーラーズの書』にはペルシアの諸王に関するまとまった記述がないため，本書では扱わない。

9) 4章の目次ではこの他にグール朝の項目が挙げられているが，本文中にその記事を確認することはできない。

10) 同様の説明は，『歴史の秩序』の他の節でも見られる（*Niẓām*: 31）。また，サルグル朝5代君主クトルグ・ハーンは，「イランの王都の宰相 dastūr-i dār al-mulk-i Īrān」と形容されるなど（*Niẓām*: 125），サルグル朝が支配していたファールス地方がイランの中心

その地域の重要性を強調する。このように，バイダーウィーがイランの地を強調する背景には，本章の冒頭で紹介した，イルハーン朝によるイランの地の支配を正当化するという意図だけではなく，イランの地とファールスの強い関係性を主張する姿勢があったと考えられる。ただし，この姿勢は，既に『ファールスの書』でも確認されており，特に新しいものではない。

また，『史話要説』や『ナースィル史話』のように，イランの諸王の系譜を古代ペルシアの諸王に結び付ける系譜操作も行われていない。さらに，フィルダウスィーの『王書』の書名も挙げられていない。確かに，バイダーウィーが序文で主張しているように，『歴史の秩序』は，イランという概念を前面に打ち出し，その地域を支配した諸王の歴史を中心に叙述しようと試みた歴史書であると評価できる。しかし，その叙述方法は，先行する歴史書に比べて特殊なものだと言えるだろうか（例えば，ディーナワリー著『長史』のようにムハンマドに関する記述がほとんど存在しない著作もある）。イランの諸王と古代ペルシアの諸王の関係性についても，先行する普遍史書の方が強調しているように見える。メルヴィルが示したように，『歴史の秩序』には73点にも及ぶ手稿本が残されており（Melville 2007a：49–51），この普遍史書が後世の歴史家に大きな影響を与えたことは間違いない。ただし，ペルシア語普遍史書の発展を考察する上で，モンゴルをイランの諸王に加えたという点（Melville 2001：78）以外で，構成上の目新しい点は見当たらないのである。

(2) ザッジャージー『吉兆の書』(1276–82年頃)

史料の性格

一般に『ナースィル史話』の後，『集史』に至るまでに編纂された普遍史書は『歴史の秩序』1点のみであると理解されてきたが（Melville 2001：71），実は，既にブレーゲルのペルシア語文献目録では，『吉兆の書 *Humāyūn-nāma*』なる韻文普遍史書が紹介されていた（Bregel 1972, Vol. 1：301）。1383kh／2004/

であったことが強調されている。

5年に後半部分の校訂本 *HumāyūnII* が，そして，1390kh／2012年に前半部分の校訂本 *HumāyūnI* が刊行されたものの，学界における認知度は未だに低く，本史料への言及があって然るべき諸研究，例えば，最新のペルシア語歴史叙述研究 Melville（2012）や『王書』の受容史研究 Askari（2016）でも利用されていない。渡部がその史料的価値を示したように，現在，モンゴル時代に編纂された韻文史書が注目を集めているが（渡部 2007），この『吉兆の書』は最も初期に編纂された著作にあたり，刊本が出版された以上，この著作も含めた形で議論を組み立て直すべきであろう。これ以前にルーム・セルジューク朝宮廷で編纂された韻文普遍史書『心魂の友』は，預言者の歴史を主眼としたものであり，古代ペルシア史は収録されていない。一方，ここで紹介する『吉兆の書』には古代ペルシア史が収録されているのである。

『吉兆の書』の著者はザッジャージー Ḥakīm Zajjājī（1211/2-97/8頃）なる人物だが，その経歴は不詳である。イルハーン朝の宰相を務めたシャムス・ジュワイニー Shams al-Dīn Muḥammad Juwaynī（1284没）およびサドル・ザンジャーニー Ṣadr al-Dīn Zanjānī（1297/8没）を賞賛していることから，イルハーン朝宮廷で活躍した詩人だと考えられる（Pīr-Niyā 1383kh : 16-25）。編纂時期は明記されていないが，およそ675／1276/7年から680／1281/2年頃だと推測されており（Pīr-Niyā 1383kh : 25-26），これは2代君主アバカ（在位 1265-82）の治世に相当する。その韻律は『王書』と同じムタカーリブ体で，随所に『王書』からの引用が散りばめられており，その強い影響を受けた著作だと評価される（Pīr-Niyā 1383kh : 14）。ただし，内容の大部分はムハンマド以降のイスラーム時代の歴史で，古代ペルシア史に重点が置かれているわけではない。その章構成は，「序」（*HumāyūnI* : 1-24），「ムハンマドからアッバース朝までの歴史」（*HumāyūnI* : 24-982 ; *HumāyūnII*, Vol. 1 : 33-670, Vol. 2 : 671-966）[11]，「世界の王 shah-i haft kishwar の歴史」（*HumāyūnII*, Vol. 2 : 966-1348）となっている。後半部の「世界の王」に含まれるのは，ペルシア諸王 mulūk-i ʻajam（カユーマル

11）手稿本に脱落があり，正統カリフの歴史にハサンが含まれているのかは不明だが，ザッジャージーは序においてハサンの事績を叙述する旨を明言している（*HumāyūnI* : 22）。

スからヤズドギルド3世，ただし四王朝区分は設けられていない)，イスラームの諸王 shāhān-i Islām（ブワイフ朝，サーマーン朝，ガズナ朝，セルジューク朝，イルデギズ朝，ホラズムシャー朝)，モンゴル khayl-i Tatār である（*HumāyūnI*：23-24)。アダムに始まる預言者伝の記述がなく，人類史の冒頭に置かれるべき古代ペルシア史が後半部に置かれるなど時間軸が重視されておらず，少し特異な章構成になっている。

古代ペルシア史の位置付け

ザッジャージーは，既に偉大な先達であるフィルダウスィーの著作があるにもかかわらず，新たに古代ペルシア史を書き下ろすことの意義を次のように述べている。

たとえ比ぶ者なきフィルダウスィー
かの偉大で名高きアブー・カースィムが
これらの諸王について物語り
意味の金剛石により真珠に穴を開け
彼よりも上手く物語れる者はおらず
彼の手で古(いにしえ)の伝承が新しくなったとはいえ
私は成し遂げねばならなかった
諸王の事績を記録することを
それぞれの王について少しずつ物語った
この書物の中で百［の内容］が一にならないように（*HumāyūnII*, Vol. 2：966)

彼の言葉からは，『王書』が，13世紀後半には，古代ペルシア史の情報源として揺るぎのない地位を獲得していたことが確認できる。ただしこの言葉とは裏腹に，ザッジャージーの手法はフィルダウスィーのそれとは大きく異なっている[12]。

12)「古代ペルシア史」において，『王書』という書名への言及は2事例しか確認できない（*HumāyūnII*, Vol. 2：974, 1022)。また，その他の典拠としては，ハムザ・イスファハーニーからの引用も確認できる（*HumāyūnII*, Vol. 2：980)。

『王書』の叙述対象は古代ペルシアの諸王に限られていたが，『吉兆の書』では古代ペルシア史の旧約的普遍史の文脈における位置付けについても配慮されている。ペルシア人の祖カユーマルスは，「ペルシア人 ‘ajam にとっては彼の名は「泥の王 Gil-shāh」で，その英雄はアラブ人にとってのアダムにあたる」（*Humāyūn II*, Vol. 2 : 967）と説明され，カユーマルス＝アダム説が採用されている[13]。ここでは，彼の統治年数は「40年」ではなく「40年1ヶ月」とされる（*Humāyūn II*, Vol. 2 : 967)。40年1ヶ月というのは他の史料では確認できない数字で（付表参照)，この年数の根拠は不明である。ただし，カヤーン朝初代君主カイクバードの統治年数が「126年1ヶ月」（*HumāyūnII*, Vol. 2 : 980）と同様に1ヶ月余計に計上されている事例から，韻律を整えるための技術的な調整ではないかと推測される。一方，カユーマルスの息子はマシーではなくスィヤーマクとされ，この点では『王書』の世界観を踏襲している。

ただし，『吉兆の書』ではアシュカーン朝初代君主とされるアシュク1世の名前がないなど，他に類例のない王名表が提示されている。サーサーン朝史に関しても，5年のナルスィーの治世の後，72年のシャープール2世の治世が続き（*HumāyūnII*, Vol. 2 : 1001)，その間に設けられるはずのフルムズ2世の伝記が存在しない。さらに，サーサーン朝後半部の記事には手稿本の頁の脱落に帰因する混乱が見られ，アヌーシルワーンの前後の王名が脱落している（*HumāyūnII*, Vol. 2 : 1025)。このように，カユーマルス以降のペルシア諸王の王名表に関しては，『王書』と一致しない記述が多い（付表参照)。

イランの諸王

『吉兆の書』の後半部は「世界の諸王の歴史」に当てられている。そこで，ペルシア諸王に次ぐ構成要素がイスラーム諸王 shāhān-i Islām の歴史である。興味深いのは，ここで紹介されるイルデギズ朝とモンゴル以外の王朝の起源に

13）アシュカーン朝の歴史を記述するに際して，同時代の預言者の名が挙げられ，旧約的普遍史の文脈における位置付けが明示されている。例えば，アシュカーン朝のシャープールはイエスの（*HumāyūnII*, Vol. 2 : 975, 990)，ジューダルズ1世はザカリヤとヨハネの同時代人とされる（*HumāyūnII*, Vol. 2 : 991)。

ついては，①ブワイフ朝＝バフラーム・グールの末裔，②サーマーン朝＝バフラーム・チュービーンの末裔，③ガズナ朝＝サーマーン朝のグラーム（軍事奴隷），④セルジューク朝＝アフラースィヤーブの末裔，⑤ホラズムシャー朝＝セルジューク朝のグラーム（*HumāyūnII*, Vol. 2：1028, 1064, 1066, 1080, 1227）など，古代ペルシアの諸王との関係，あるいは古代ペルシアの諸王の末裔であるムスリム諸王朝との関係が明記されていることである。例えば，セルジューク朝の起源については次のように説明される。

セルジュークはテュルク人ルクマーンの息子
血統では。そして偉大なる系図を持つ
斯様に栄えある系譜はトゥールに始まる
彼の孫はアフラースィヤーブ
父祖を遡ること 34 代で
かの名高き者はパシャングの息子［アフラースィヤーブ］に至る
パシャングは勇者トゥールの息子
彼の父は獅子の如きファリードゥーン
ジャムシードとフーシャング王にまで至る
そこからカユーマルスへと導かれる　（*HumāyūnII*, Vol. 2：1080）

セルジューク朝の始祖とされるアフラースィヤーブは「イラン」に敵対する「トゥラン」の王であるが，それでも，カユーマルスにまで至る血筋が強調され，古代ペルシア史の一部に位置付けられている[14)]。一方，チンギス・ハーンの出自は未だに旧約的普遍史や古代ペルシア史の文脈に位置付けられていない（*HumāyūnII*, Vol. 2：938）。『吉兆の書』では，改宗以前のモンゴルは「世界の王」の一つにすぎず，当然のことながらムスリム諸王には含まれていないのである。この時点では，普遍史書におけるモンゴルの位置付けは流動的なもので

14）かつて筆者は，イランの諸王朝と古代ペルシア史を体系的に関係付けて叙述した最初の普遍史書が『選史』であると論じたが（大塚 2007：92），モンゴルの位置付けこそ定かではないが，既に『吉兆の書』において同様の叙述がなされていた。『選史』と『吉兆の書』に直接的な参照関係が認められるかは微妙だが，少なくとも同じ認識を共有していたと言えよう。

あった。

2　ガザン以降のペルシア語普遍史書

(3) カーシャーニー『歴史精髄』(1300/1年)

史料の性格

ガザン即位以前の時代にペルシア語文芸活動の庇護・奨励を主導していたのは，君主ではなく，ジュワイニー兄弟をはじめとするペルシア系有力官僚であった。例えば，『世界征服者の歴史 *Tārīkh-i Jahān-gushāy*』（1260年）の著者であるアター・マリク・ジュワイニー ʻAṭā' Malik Juwaynī（1226–83）に対しては，イブン・ビービー Ibn Bībī の手になるルーム・セルジューク朝史，『尊厳なる命令 *al-Awāmir al-ʻAlā'īya*』（1280/1年）が献呈されている。しかし，7代君主ガザン（在位1295–1304）の即位以降，君主がペルシア語文芸活動の庇護・奨励に積極的に関わるようになる[15]。そのガザンの命令で編纂されたペルシア語普遍史書が，カーシャーニー Abū al-Qāsim ʻAbd Allāh b. ʻAlī b. Muḥammad b. Abī Ṭāhir al-Qāshānī（1323/4以降没）[16]著『歴史精髄 *Zubdat al-Tawārīkh*』であった。

カーシャーニーはガザンの次に即位したオルジェイト（在位1304–16）の一代記『オルジェイト史 *Tārīkh-i Ūljāytū*』の著者として知られるが，その他に，

15) 本書で紹介する文献の他，『ワッサーフ史 *Tārīkh-i Waṣṣāf*』やマラーギー ʻAbd al-Hādī Marāghī 著『動物の効用 *Manāfiʻ-i Ḥayawān*』の序文において，ガザンの名が言及されている（*Waṣṣāf/Bombay*：5；*Manāfiʻ*：43–44）。

16) カーシャーニーの没年に言及した唯一の記録は，17世紀に編纂された『疑問の氷解』にある836／1432/3年という年記だが（*Kashf*, Vol. 2：951），これは彼が活躍した時代より1世紀も後の年記であり，信用性に欠ける。ただし，724／1323/4年に編纂されたヒンドゥーシャー Hindūshāh b. Sanjar Nakhjiwānī（1330頃没）著『先祖の経験 *Tajārib al-Salaf*』の中に，カーシャーニーの長寿を祈る祈願文が確認できることから（*Hindūshāh*：325），没年はこの日付以降だと考えられる。カーシャーニーの経歴については，Soucek（1985），大塚（2014b：29）を参照。

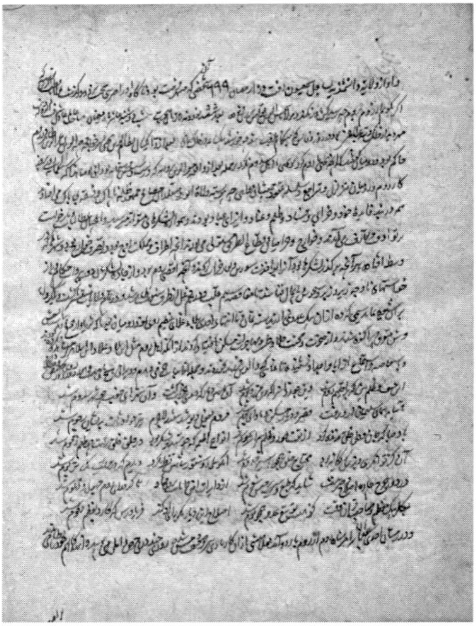

図 5-1　『歴史精髄』所収「ルーム・セルジューク朝史」(*Zubdat/T9067*: 255b)
注) 4 行目に執筆年が 1300/1 年と明記されている。

この『歴史精髄』と鉱物学書『鉱石の花嫁 *'Arāyis al-Jawāhir*』をガザンの治世に編纂していた。先行研究における『歴史精髄』に対する評価は，ラシード・アッディーン著『集史』編纂の協力者の一人であったカーシャーニーが『集史』第 2 巻「世界史」を逐語的に書き写し自らの著作としたもの (Bregel 1972, Vol. 1: 321) という極めて否定的なものであったため，この文献は研究の対象とはされてこなかった。しかし，実際に『歴史精髄』のテクストを分析してみると，「イスマーイール派史」，「中国史」，「ユダヤ史」の各章の序文にはガザンの命令で執筆を開始した旨が記されており (*Zubdat/T9067*: 190a; *Zubdat/H459*: 2a, 63b, 65a)，多くの箇所でその執筆年は 700／1300/1 年とされている (*Zubdat/M237*: 2a; *Zubdat/T9067*: 254b, 255b (図 5-1); *Zubdat/H459*: 63a)。これ以外に，カーシャーニーは『鉱石の花嫁』の中でも，世界の歴史の執筆をガザンに命じられたと述懐している (*Arāyis*: 50b–51a)。これらの記述からは，『歴史精髄』の編纂は，オルジェイトがラシードに世界の歴史の編纂を命じる前，1300/1 年にガザンの命令で開始されていたことが明らかになる[17]。

17) ただし，『歴史精髄』の巻頭序文には，700／1300/1 年にオルジェイトに執筆を命じられたと明記されている (*Zubdat/M237*: 2a)。1300/1 年はガザンの治世なので，この文章には明らかな混乱が見られる（これ以外に，誤ってフラグがチンギスの孫ではなく息子だとされている）。この混乱の原因を明らかにすることは手持ちの材料からは難しい。しかし，現存する『歴史精髄』のテクストには，執筆年だとする 700／1300/1 年よりも後の年記，709／1309/10 年，711／1311/2 年，712／1312/3 年，715／1315/6 年

表 5-3　『歴史精髄』と『集史』の編纂年

1300/1 年	カーシャーニー，『歴史精髄』編纂。
1304 年以降	ラシード，「モンゴル史」（『ガザンの祝福されたる歴史』）編纂。オルジェイト，ラシードに「モンゴル史」に「世界史」を加筆した『集史』の編纂を命令。
1307 年	ラシード，『歴史精髄』にほぼ全面的に依拠して「世界史」を加筆し『集史』編纂。

『歴史精髄』が『集史』第2巻「世界史」よりも早くに成立した普遍史書であるならば，『歴史精髄』と『集史』の関係はどのように説明できるだろうか。それを解く鍵は，『集史』第2巻「世界史」のテクストの中に隠されている。第2巻「世界史」の現存最古の手稿本は714／1314/5年に書写されたアラビア語版の『集史』であるが（大塚 2016a : 60–61），その第2章冒頭には，朱色で明瞭に「『歴史精髄』の第2章 al-qism al-thānī min *Zubdat al-Tawārīkh*」と記されている（*Jāmi‘*/*Edinburgh* : 39a）。同様の表題はペルシア語版『集史』のほぼ全ての手稿本でも確認できる。これは，この部分が『歴史精髄』のテクストを丸写しにしたテクストだという事実を示しており，これまでの学説とは反対に，『集史』第2巻「世界史」は『歴史精髄』にほぼ全面的に依拠して成立した普遍史書だと考えられるのである（表 5-3）[18]。

『歴史精髄』の前半部は天地創造からアッバース朝に至るまでの歴史で，「天地創造」，1章「前イスラーム時代の歴史」（ピーシュダード朝，カヤーン朝，アシュカーン朝，サーサーン朝），2章「イスラーム時代の歴史」（ムハンマド，正統カリフ（ハサン含），ウマイヤ朝，アッバース朝）という構成になっている。序文には，イブン・アスィール[19]，ワーキディー Kātib Wāqidī（845 没）著『歴史 *Ta'rīkh*』，『遠征 *Maghāzī*』[20]という典拠が挙げられており（*Zubdat*/*M237* : 2a）[21]，

の記事が存在しており（*Zubdat*/*T9067* : 275a, 345b, 346a），これらはオルジェイトの治世に加筆，あるいは再編纂された記事だと考えられる。それ故に，筆者は，この混乱は1315/6年以降に『歴史精髄』が再編纂された際，ガザンの名が当時の為政者オルジェイトの名に置き換えられたために生じたものではないかと考えている。

18）以上の議論の詳細については，大塚（2014b）を参照。

19）イブン・アスィールからの引用は，後半部の「イスマーイール派史」の項目でも見られる（*Zubdat*/*T9067* : 198b）。

20）著者はイブン・イスハークである可能性が考えられるが，著者名は明記されていない。

21）『歴史精髄』には全テクストを保存した完全な手稿本は残されていない。筆者はかつて

ペルシア語ではなくアラビア語文献が参照されていたことが分かる。

続く後半部が対象としているのは世界の諸王朝の歴史である。後半部が最も完全な形で保存されているテヘラン手稿本 *Zubdat/T9067* の構成に従えば，①「イスマーイール派」(189a–238a)，②「アイユーブ朝」(238b–243b)，③「グール朝」(243b–247b)，④「マグリブ」(247b–249a)，⑤「ルーム・セルジューク朝」(249b–255b)，⑥「ホラズムシャー朝」(266a–268b, 256a–265b)，⑦「セルジューク朝」(277b–294b, 266a)，⑧「サルグル朝」(295b–306b)，⑨「アレッポ」(269a–269b)，⑩「ディヤールバクル・マウスィル」(269b–273b)，⑪「イルビル」(274a–275a)，⑫「ターヒル朝」(275a–275b)，⑬「サーマーン朝」(275b–276b)，⑭「フランク」(308a–328b)，⑮「インド」(329a–354b)，⑯「オグズ」(356a–368b)，⑰「中国」(370a–378b)，⑱「ユダヤ教徒」(380a–411b)，⑲「ガズナ朝」，という内容になっている[22)]。この内容は一見『集史』と同じだが，アンダルス，シリア，アナトリアなど西方地域の歴史も含まれており，より広い視野を持った普遍史書で，今後研究する価値のある歴史書の一つである。

古代ペルシア史の位置付け

『歴史精髄』では序文に続き，序章が設けられている。そこでは，アダムに始まりノアの洪水に至る預言者の歴史が時間軸に沿って直線的に叙述される。その最後に洪水後に現れた諸民族の概要が説明され，その後，1 章「ペルシア諸王とその治世に生じた出来事」という章が続き，古代ペルシア史を軸として前イスラーム時代の歴史が詳述される。

手稿本の数を 7 点と紹介したが（大塚 2014b：30–31），その後ハイデラーバードで 2 点の手稿本を発見し（Telangana State Archives & Research Institute, Ms. 121 & Ms. 459），合計 9 点の手稿本の存在を確認している。将来の文献学的研究が待たれる著作であるが，本書では，完全な巻頭序文を保存しているベルリン手稿本 *Zubdat/M237*，最も多くの内容を保存しているテヘラン手稿本 *Zubdat/T9067*，唯一「ガズナ朝史」を保存している *Zubdat/A35J*，唯一「ユダヤ史」の序文を保存しているハイデラーバード手稿本 *Zubdat/H459* の 4 点を用いた。

22）テヘラン手稿本 *Zubdat/T9067* には製本の際に生じたであろう頁の混乱が多々見られ，欠葉や王朝の順番が混乱している箇所がある。また，「ガズナ朝史」の章は本体からは切り離され，別の手稿本 *Zubdat/A35J* として登録されている。

カユーマルスはアダム，マシー Mīshī はセツ，スィヤーマクはエノス，フラワーク Furawāl はカイナン，フーシャングはマハラレルである。つまり，マハラレルに起こったことは，フーシャングに関係付けられることになる。歴史家の中には，ペルシア人 ʻajam はカユーマルスの末裔であると言う者もいる。カユーマルスはハム・ブン・ヤペテ・ブン・ノアだと言う者もいる。いくらこの伝承に根拠がないとはいっても。彼の寿命は長く，東方からやって来て，ダマーワンド山に居を構えた。そして，その国とファールス Fārs 地方とバビロンを手中に収め，砦と町を築いた。彼はとても驕り高ぶり，自分をアダムと称し，言った。「俺をアダムと呼ばぬ者は殺す」と。彼の経歴については諸説あるが，より適当な見解は，カユーマルスをアルパクシャド・ブン・セムとする説である。というのも，全てのペルシア人 ʻajam の系譜は彼に至るのだから。カユーマルスはセムであると言う者もいれば，次のように言う者もいる。「彼はノアである。フーシャングはアルパクシャド，すなわちファリードゥーンの祖である。アルパクシャドの兄弟エラムはアラブ人 tāziyān の父ターズで，ダッハークの祖である」と。結局のところ同意が得られているのは，カユーマルスが諸王の最初だったという点だけである。(*Zubdat*/*T9067*: 4b)

カーシャーニーが典拠とした『完史』でも，①カユーマルス＝アダム説と②カユーマルス＝ヤペテの子ハム説は紹介されており (*Kāmil*, Vol. 1: 46, 49)，この部分の典拠は『完史』であると考えられる[23)]。カユーマルスの位置付けについて諸説紹介されているが，特筆すべきは，③カユーマルス＝セムの子アルパクシャド説をカーシャーニーは適当だと考え，その後に補っている点である。これは，ペルシア人の系譜は全てアルパクシャドに帰するという彼の人類史認識からきているようである。実際に彼は，これ以前にあったセムの子どもたちに関する説明の中で，「アルパクシャドの末裔の多くはペルシア語話者でペルシ

23)『王書』以降のペルシア語普遍史書では言及が少なくなるマシーとマシヤーナをカユーマルスの子どもとし，彼らからスィヤーマクが生まれるという伝承も紹介されている (*Zubdat*/*T9067*: 4b)。

ア人の諸王 mulūk-i ʻajam であった」と説明している（*Zubdat*/*T9067*: 2a）。このように，カーシャーニーの普遍史は，アダムからノアまでの預言者伝，そしてその後に，セムの子アルパクシャドに比定されるカユーマルスに始まるペルシア諸王の歴史が続く，という構造を有している。つまり，古代ペルシア史をノア以降の旧約的普遍史に接合させた形になっているのである。

古代ペルシア史の中の預言者伝

『歴史精髄』ではカユーマルスの記述に続き，ピーシュダード朝，カヤーン朝，アシュカーン朝，サーサーン朝の諸王について説明がなされる。そこでは，ノア以降に現れた預言者は，古代ペルシア史の各章に登場し，独立した項目が設けられているわけではない。例えば，第 1 節 ṭabaqa「ピーシュダード朝」の登場人物を最初から順に挙げていくと，①フーシャング，②タフムーラス，③ジャムシード，④ダッハーク，⑤アブラハム，⑥ファリードゥーン，⑦ヨセフ，となる（*Zubdat*/*T9067*: 4b–9a）。このうちアブラハムとヨセフは旧約的普遍史に登場する人物で，古代ペルシア史の時間軸の中に預言者伝が組み込まれた形になっている。

『歴史精髄』の前半部は，①アダムからノアまでの預言者伝，②カユーマルスからヤズドギルド 3 世までの古代ペルシア四王朝の歴史と各時代の預言者と諸王，③イスラーム時代の歴史，を時間軸に沿った形で叙述するものであった。さらに，ヒジュラ後は，ヒジュラ暦の年で 1 年ごとに歴史が綴られる年代記形式を採用している。このような叙述方法はアラビア語史書に典型的に見られるもので，典拠とした『完史』に着想を得たものと考えられる。実際，古代ペルシア史の諸王の名前と統治年は『完史』に重なるものも多い（付表参照）。対象とする地域については，前半部の序文において，ほぼイランの国 zamīn-i Īrān に相当する第 4 気候帯の歴史であると定義されている（*Zubdat*/*M237*: 1b）。

オグズ伝承の登場

続く後半部で扱われているのは，世界の諸王朝の歴史であり，その中には，イランの諸王朝として扱われてきた王朝も含まれている。「ターヒル朝」，

「サーマーン朝」，「ガズナ朝」，「グール朝」，「セルジューク朝」，「ルーム・セルジューク朝」，「ホラズムシャー朝」，「サルグル朝」などがそれに当たるが，前述の『吉兆の書』とは異なり，これらの王朝のうち，古代ペルシアの諸王と関係付けられているのは，サーマーン朝だけである（*Zubdat*/*T9067*: 275b）。一方，ガズナ朝の起源はディーブ・ヤーウクーイ Dībyāwuqūy（*Zubdat*/*A35J*: 1a），セルジューク朝の起源はトゥークシュールミーシュ Ṭūqshūrmīsh（*Zubdat*/*T9067*: 278a），ホラズムシャー朝の起源はバヤンドル Bīkdil（*Zubdat*/*T9067*: 266a），サルグル朝の起源はターク・ハーン Ṭāq Khān（*Zubdat*/*T9067*: 295b）なる人物に関係付けられている。これらの人物は，後述するオグズ伝承に登場する人物で，これまでに編纂されたいずれの普遍史書にも登場しない。まさに，カーシャーニーに『歴史精髄』の編纂を命じたガザンは，ラシードに命じてオグズ伝承に依拠しつつテュルク・モンゴル史を再編している最中であった。カーシャーニーが『歴史精髄』を著したのは，まさにそのような環境下だったのである。ちなみに，ガズナ朝史に挿入されたサーマーン朝に関する説明では，その系図はサーマーン・ヤーウクーイ Sāmānyāwughūy なるオグズの一族に結び付けられ（*Zubdat*/*A35J*: 1a），上述のサーマーン朝の記事と矛盾した内容になっている。このように『歴史精髄』の各章はそれぞれ独立した内容になっており，それぞれの関係性については考慮されていない。このように，『歴史精髄』は普遍史の中に初めてオグズ伝承を導入した著作であると評価できる。この内容をさらに整理したのがラシードであった。

(4) ラシード・アッディーン『集史』(1307年)

『集史』第2巻「世界史」研究の問題点

ラシード・アッディーン Rashīd al-Dīn Faḍl Allāh Hamadānī（1249/50-1318）の手になる『集史 *Jāmiʿ al-Tawārīkh*』は，「モンゴル史」，「世界史」，「世界地誌」の3巻からなるペルシア語普遍史書である（後に「系図集」が増補され全4巻に）。第3巻「世界地誌」の存在は現在確認されていないが，第1巻「モンゴル史」はモンゴル帝国史研究に必要不可欠な一次史料として，第2巻「世界史」は中国，インド，ヨーロッパまでを対象とする史上初の世界史として高く評価されてきた（大塚 2014b：25）。しかし，そのような評価とは裏腹に，第2巻全体を対象とする文献学的研究は行われてこなかった。Jahn（1967）からも明らかなように，これまでに注目されてきたのは，「中国史」，「ユダヤ史」，「フランク史」，「インド史」など非ムスリム圏に関する各章で，ペルシア語普遍史書の重要な要素であるアダムに始まる諸民族の歴史やムスリム諸王朝を対象とする各章の分析はなされてこなかった。

それ故に，第2巻「世界史」の前半部「前イスラーム時代の歴史」および「イスラーム時代の歴史」については『集史』のテクストに関する共通理解さえ存在しておらず，本書第9章で紹介する，ティムール朝時代の歴史家ハーフィズ・アブルーが『集史』に補った別の歴史書のテクストを翻刻した校訂本 *Jāmiʻ/Īrān* が出版されるという事態に至ってしまった（大塚 2016a）[24]。もちろん本書で該当部分のテクストとして用いるのはこの校訂本ではない。筆者は未だに第2巻「世界史」の底本とする手稿本について明確な答えを持っておらず，とりあえず，1317年に書写された現存最古のペルシア語手稿本（Istanbul, Topkapı Palace Library, Ms. Hazine 1654）を用いる。

史料の性格

ガザンの宰相を務めていたラシードが『集史』を編纂する契機となったのは，ガザンによる「モンゴル史」編纂の命令であった。主君の命に従い，ラシードは『ガザンの祝福されたる歴史 *Tārīkh-i Mubārak-i Ghāzānī*』と題する「モンゴル史」を書き上げたものの，それはガザンが亡くなった後のことであった。そのために，この「モンゴル史」は703年ズー・アルヒッジャ月17日／1304年7月21日（*Ūljāytū*：30）に新たに即位したオルジェイトに献呈されたが，彼はガザンの計画を拡張させ，「世界史」と「世界地誌」を「モンゴル史」に加筆

24）アスキャリーは，メルヴィルにこの事実を指摘されたと述べているが，それにもかかわらず *Jāmiʻ/Īrān* を史料として使用し，議論を組み立ててしまっている。その結果，『集史』よりも後に編纂された『ペルシア列王伝 *al-Muʻjam fī Āthār Mulūk al-ʻAjam*』（この著作については本書第7章参照）を，『集史』の典拠として分析するという少し的外れな議論を展開している（Askari 2016：72–74）。

するように命じた。かくして完成したのが『集史』で，その初版本は706年シャウワール月10日／1307年4月14日にオルジェイトに献呈された[25]。つまり，ラシードは「世界史」と「世界地誌」の編纂を3年弱という期間で終えたことになる。このあまりに短い編纂期間も，既に完成しつつあったカーシャーニーの『歴史精髄』にほぼ全面的に依拠した可能性を裏付けるものである。例えば，「インド史」には703／1303/4年を執筆年とする記述が含まれている(*Jāmiʻ*/*Hind*: 4, 66)。仮にオルジェイトが即位後すぐに編纂を命じたとしても，その時，ヒジュラ暦703年には2週間足らずしか残されておらず，いくら資金を投入し沢山の助手を使おうとも，全くの白紙の状態から「インド史」を執筆することができたとは考え難い。これは，既に編纂が開始されていた『歴史精髄』に記載された年記が残されたものだと考えるべきだろう。

『歴史精髄』にほぼ全面的に依拠して編纂された『集史』第2巻「世界史」の構成と内容は必然的に前者とほぼ同じものとなり，「序文」，「天地創造」，1章「前イスラーム時代の歴史」（ピーシュダード朝，カヤーン朝，アシュカーン朝，サーサーン朝），2章「イスラーム時代の歴史」（ムハンマド，正統カリフ（ハサン含），ウマイヤ朝，アッバース朝），「ガズナ朝」，「セルジューク朝」，「ホラズムシャー朝」，「サルグル朝」，「イスマーイール派」，「オグズ」，「中国」，「ユダヤ教徒」，「フランク」，「インド」から構成される。

古代ペルシア史の位置付け

前半部の「前イスラーム時代の歴史」と「イスラーム時代の歴史」は，『歴史精髄』の改訂版にすぎず[26]，諸王の統治年や記述内容に若干の変更があるものの，内容はほぼ同じだと言ってよい（付表参照）。既に『歴史精髄』におけ

25) 学界では『集史』の最終版が完成した710／1310/1年を編纂年とするのが一般的だが(Melville 2012 : 169)，本書では，『オルジェイト史』に明記された『集史』初版のオルジェイトへの献呈年を編纂年としたい（*Ūljāytū*: 54)。本書の議論では，初版の完成年が重要性を持つからである。ちなみに，白岩一彦も1307年説を採用している（白岩2000 : 5)。

26) 例えば，『集史』第2巻「世界史」の巻頭序文は，『歴史精髄』の巻頭序文から著者の情報や典拠の情報を削るなどして，文章を抄訳したものである（大塚2014b : 36–38)。

る古代ペルシア史の位置付けについては拙訳を付して示したが（*Zubdat*/*T9067*: 4b），「カユーマルス＝ハム・ブン・ヤペテ・ブン・ノア」説が「カユーマルス＝ヤペテ・ブン・ノア」説に変更されている点以外はほぼ同じ内容である（*Jāmiʿ*/*H1654*: 4a）。その全容に関しては『歴史精髄』を分析した際に既に紹介しており，繰り返しになるのでここでは扱わない[27]。本書の主題に関わる重要な変更箇所は，後半部の「世界史」の部分である。『集史』第2巻「世界史」には，『歴史精髄』に収録されている「ルーム・セルジューク朝」など幾つかの章が存在せず，その射程は『歴史精髄』より狭い。では，何故ラシードは『集史』を編纂する際に，これらの章を採用しなかったのだろうか。

イランの諸王朝

『集史』ではイランという語句がしばしば言及されていることから，イランという概念が重視された歴史書の一つだと評価されてきた（Ashraf 2006: 515a）[28]。ただし，その目次にある第2巻「世界史」の説明には，「イランの諸王朝」という括りではなく，「世界の諸民族 aqwām-i ahl-i ʿālam」という括りが設けられ（*Jāmiʿ*/*Rawshan*, Vol. 1: 19），叙述対象はイランの諸王朝に限定されない。これは，「中国」，「ユダヤ教徒」，「フランク」，「インド」の各章が含まれるためであるが，このように広い枠組みを提示する一方で，反対にその対象を絞った箇所が確認できる。ここで取り上げられているイスラーム時代の諸王朝は，「ガズナ朝」，「セルジューク朝」，「ホラズムシャー朝」，「サルグル朝」，「イスマーイール派」という五つだけで，他のペルシア語普遍史書に収録されているサッファール朝，サーマーン朝，そして，ブワイフ朝といった王朝の章は設けられていない。ラシードが全面的に依拠した『歴史精髄』では，その一

27）『集史』第2巻「世界史」は『歴史精髄』を典拠として成立したため，その前半部は，『歴史精髄』で参照されたアラビア語普遍史書『完史』の影響を強く受けている。そのため，「イスラーム時代の歴史」はアラビア語普遍史書の特徴である年代記形式を用いて叙述されている。

28）ラシードは書簡集では，イラン Īrān 全土はアム河からジェラム河 āb-i Jawn，地中海 daryā-yi Maghrib，ルームとの境界 tukhūm-i Rūm に至る地域と定義している（*Sawāniḥ*: 46）。

部の章が設けられているのにもかかわらず，である。

この問題を考える上で有力な手がかりになると考えられるのが，「イスマーイール派」を除く各章の冒頭で確認できる諸王朝の出自に関する記述である。そこでは，ガズナ朝，セルジューク朝（キニク氏族），ホラズムシャー朝（バヤンドル氏族），サルグル朝はいずれもテュルク系の出自を持つ点が強調されている（*Jāmiʻ*/*Ghazna*：7–9；*Jāmiʻ*/*Saljūq*：4；*Jāmiʻ*/*Khwārazm*：1；*Jāmiʻ*/*Salghur*：1)。これらの四つの王朝は，第2巻「世界史」に組み込まれた「オグズ史」で詳述される，テュルク系諸民族の祖とされるオグズ・ハーンの系譜の中に位置付けられている（*Jāmiʻ*/*Ughūz*：93–95）[29]。そこでは，次のような形で，ペルシア系の出自を持つサーマーン朝でさえもオグズの一族として登場する。

> 彼［ドゥークール・ヤーウクーイ Dūqūryāwuqūy］の死後，アスィール・ザーダ Aṣīl-zāda がマー・ワラー・アンナフルで［オグズの］王として推戴された。『サーマーン朝史 *Tārīkh-i Sāmāniyān*』では，サーマーン・フダー Sāmān Khudā と呼ばれている人物である。サーマーン朝すべての父である。（*Jāmiʻ*/*Ughūz*：91–92）[30]

では，ラシードが人類の系譜の中で，オグズ一族の系譜を中心に据えた理由はどこにあったのだろうか。彼のオグズの諸王に対する認識が最もよく表れているのは，次の第1巻「モンゴル史」中の記述である。

> オグズと彼の息子たちの後の長い期間・多くの年月，その諸部族 aqwām から出た多くの諸王がいた。各時代に，既述のこれら24氏族から有力で権力を有する王が現れ，長きにわたり王位はその一門にあった。［中略］彼ら［オグズ部族］の命令や統治は，このイランの地 Īrān-zamīn に達し，この地域には，オグズ部族に属する，大変に名高く，著名で，権威ある，諸王や大将軍たちがいる。しかしながら，各人にとって，彼らがオグズの

29) ここでは，ガズナ朝の出自はカイ氏族であると明記されている。キニク，バヤンドル，そしてこのカイは，「オグズ24氏族」と呼ばれる主要氏族に属している。また，サルグル朝の「サルグル」という名も24氏族の中に確認できる（*Jāmiʻ*/*Ughūz*：60)。

30)「ガズナ朝史」においても，ほぼ同様の伝承が伝えられている（*Jāmiʻ*/*Ghazna*：7)。

末裔であることは明らかではない。その一方，トゥルクマーンの集団は，それぞれの王や将軍がこの部族のどの氏族の出身なのかをはっきりと知っている。高貴にして偉大な王であり，トゥランとイランの領域 diyār-i Īrān wa Tūrān で約 400 年間王位を執り，エジプト地方との境から中国との境に至るまでを彼らの支配下においた，セルジューク家のスルターンたちやその祖先たちはキニク氏族に属するのである。(*Jāmiʻ*/*Rawshan*, Vol. 1 : 62)

ラシードはイスラーム時代の諸王朝の出自をオグズ一族に求め，テュルク系の集団以外にはその詳細は知られていないと考えていた。その詳細について説明するために，諸王朝の出自をオグズ・ハーンに連なる系譜に関連付けたと考えられる。同様の系譜は既に『歴史精髄』の中で紹介されていたが，そこでは，テュルク系の系譜以外も採用されていた。他の普遍史書とは異なり，オグズの系譜を持たないブワイフ朝やサッファール朝が立項されていない理由は，ラシードの目的がテュルク系諸王朝の人類史を描くことにあったからだと考えられる。それでは，ラシードが描こうと試みた人類史はどのような形のものだったのだろうか。

オグズ伝承とペルシア語普遍史書

テュルク・モンゴル系諸王朝の出自をオグズ一族に関係付けるために利用されたのが，伝説上の始祖オグズ・ハーンに関する伝承である。内容はオグズ・ハーンのイスラーム改宗，そしてその後の世界各地の征服で，彼の 24 人の孫がオグズ 24 氏族の名祖となったとするものである[31)]。このオグズ伝承を普遍史の文脈に初めて位置付けたのがラシードであった[32)]。ラシードはオグズをヤ

31)「オグズ史」の内容については，本田・小山（1973）を参照。

32)『集史』第 2 巻「世界史」の主要典拠となった『歴史精髄』にも「オグズ史」は収録されている。ただし，「オグズ史」を収録する唯一の手稿本 *Zubdat*/*T9067* の該当部分の冒頭部は脱落しており，旧約的普遍史の文脈に位置付けられていたのかは確認できない（*Zubdat*/*T9067* : 356a)。また，末尾に頁の欠落はないが，ブグラー・ハーンの記事までしかない（*Zubdat*/*T9067* : 368b)。『集史』の「オグズ史」では，この後に記事が続くが，その分量は全 96 頁の校訂本の実に 18 頁を占めている。ここまでが『歴史精髄』でその後にラシードが加筆したという可能性も考えられるが，単なる脱落だとい

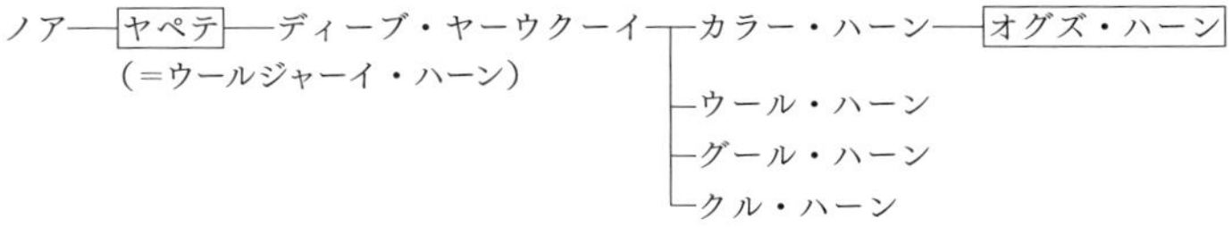

図 5-2　『集史』におけるオグズ・ハーンの系図

ペテの曾孫であるとし，その系譜を旧約的普遍史に結び付けた。その際，テュルク人がウールジャーイ・ハーン Ūljāy Khān と呼ぶ人物をヤペテに比定している（*Jāmiʿ*/*Ughūz*: 1–2，図 5-2）。そして，オグズの子孫が世界に広がっていき，その末裔としてテュルク系諸王朝が登場してくる。

この伝承では，オグズをヤペテの曾孫に位置付けるだけではなく，イスラームに改宗した人物とすることで，その末裔たるテュルク系諸王朝がムスリム王朝だということを説明可能にしている。ただし，オグズ伝承は古代ペルシア史同様，神話的な要素が強く，旧約的普遍史全体の中にどのように位置付けるのか，という問題が生じてくる。この問題を解決するために，ラシードは，オグズ伝承を旧約的普遍史の文脈に位置付ける細工を行っている。『集史』では，オグズの末裔とムハンマドの関係が次のように説明されている。

> この王［アール・アトリー・キーシー・アース・ドゥーンクリー・カーイー・イーナール・ハーン Āl Atlī Kīshī Ās Dūnkulī Qāyī Īnāl Khān］の治世，我らが預言者ムハンマド・ムスタファーが現れた。彼はカールー・ディダ・キズィンチューク Qārū Dida Kizinchūk を使者として彼［ムハンマド］のもとに派遣し，ムスリムとなった。（*Jāmiʿ*/*Ughūz*: 66）

このように，オグズの末裔の一人が，ムハンマドの下でイスラームに改宗したと伝えられる。この伝承により，テュルク系の王にムスリム君主としての正当性が付与された。さらに，オグズ・ハーンに始まるテュルク・モンゴル諸部族の系譜を，単純にヤペテの末裔とするだけではなく，同時代の預言者を明記することで旧約的普遍史の文脈における位置付けを明確にしているのである。こ

う可能性もある。今後さらなる調査が必要だが，本書では，とりあえずラシードをその嚆矢と評価しておきたい。

れは，古代ペルシア史を旧約的普遍史の文脈に位置付ける際にも見られたレトリックであった。

先行研究では，『集史』におけるオグズ伝承については，モンゴル史をイスラーム史（旧約的普遍史）に接合する役割が強調されてきた（宇野 2002；宇野 2016：181–182）。モンゴル史と旧約的普遍史の接合というのは，『集史』における人類史認識を考える上で重要な論点であることは言うまでもないが，全てのテュルク・モンゴル諸部族の系譜をオグズ伝承の世界観の中で理解しようと試みていることも注目すべき点である。そこでは，古代ペルシア史の事例と同様に，オグズ伝承を旧約的普遍史の文脈に位置付ける，という叙述方法が採られている[33]。以上から明らかなように，『集史』第2巻「世界史」では，これまでの普遍史書で重要な論点の一つであった古代ペルシア史は重視されず，その代わりにオグズ伝承を中心に据えた構成になっている。一方で，第2巻「世界史」の前半部には「古代ペルシア史」も含まれているが，それをオグズ伝承と関係付けようとはしていない。ラシードが著した，図式化された諸民族の系譜『族譜 *Shu'ab*』[34]は一つの人類史の中に全ての民族を位置付けようとしたものではなく，それぞれの民族の系譜をばらばらに叙述している。一つの人類史の文脈で世界の諸民族を説明しようという意図はラシードにはなかったようである[35]。

33）『集史』の「オグズ史」では，古代ペルシア史と同様に，それぞれの王の名前だけではなく，その統治年も逐一記録されている。その一覧は，トガン A. Z. V. Togan によってまとめられている（Togan 1982：129–131）。

34）ラシードの『族譜』については，赤坂（1994）を参照。この文献は日本語では『五族譜 *Shu'ab-i Panj-gāna*』という書名で知られているが，その序文には，書名は『族譜 *Shu'ab*』だと明記されている（*Shu'ab*：4a）。

35）ラシードの神学著作集の一つ『スルターニーヤの書 *Kitāb al-Sulṭānīya*』の末尾にも，図式化されたアダムに始まる人類の系図が挿入されている（*Sulṭānīya*：432b–444b，図5-3）。ただし，この系図には，古代ペルシアの諸王やイスラーム時代の諸王は登場しない。また，アッバース朝の系譜を差し置いてファーティマ朝の系譜がその中央に配置されている。その内容は『集史』や『族譜』とは一致せず，著作間で内容の整合性をつけようという意図もなかったようである。

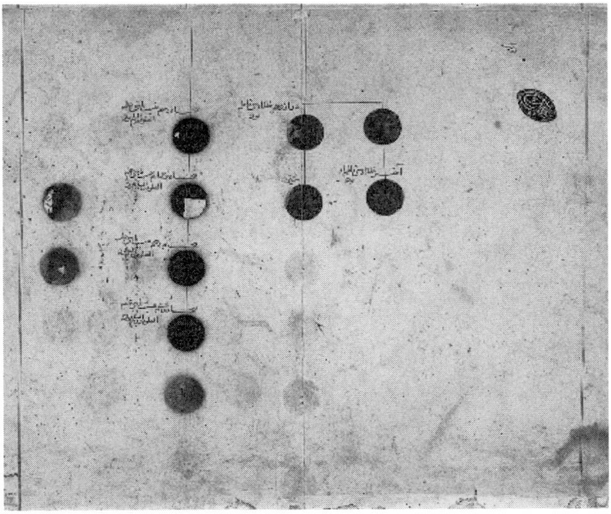

図 5-3　『スルターニーヤの書』に挿入された，図式化された人類の系図（*Sulṭānīya*：444b）

(5) バナーカティー『バナーカティー史』(1317年)

史料の性格

『集史』の縮約版（Bregel 1972, Vol. 1：323；Melville 2012：168–169）と評価されてきた1冊のペルシア語普遍史書がある。バナーカティー Abū Sulaymān Dāwūd b. Abī al-Faḍl Muḥammad b. Muḥammad b. Dāwūd al-Banākatī（1330/1没）[36]の手になる『歴史・系譜学に関する識者の花園 *Rawḍat Ulī al-Albāb fī Maʿrifat al-Tawārīkh wa al-Ansāb*』（通称『バナーカティー史 *Tārīkh-i Banākatī*』。以後この通称を用いる）である。著者はイルハーン朝宮廷に仕えた頌詩詩人で，701年ズー・アルカアダ月下旬／1302年には，ガザンから「詩人たちの王 malik al-

36）一般に受容されているバナーカティーの没年は，730／1329/30年だが（Bregel 1972, Vol. 1：323），その典拠を本書執筆時点で確認できていない。本書では，管見の限り唯一バナーカティーの没年を明記している『疑問の氷解』に従い，没年を731／1330/1年とした（*Kashf*, Vol. 1：925）。

shu'arā」の称号を授けられ，彼に対する頌詩を披露している（*Banākatī*: 464-467）。

『バナーカティー史』は現存する唯一の彼の著作で，717年シャウワール月25日／1317年12月31日に編纂され（*Banākatī*: 2, 360, 479）[37]，即位直後の9代君主アブー・サイード（在位 1316-35）に献呈された。「世界の諸民族 'umūm-i ṭawā'if-i ahl-i 'ālam の歴史と系譜」を叙述対象とし，著者が目にした書物，歴史家や系譜学者から聞いた伝聞情報に依拠して編纂したという（*Banākatī*: 1）。「序」（1-3），1章「預言者（アダムからアブラハム）」（5-26），2章「ペルシア諸王 mulūk-i furs，および同時代の預言者」（27-68），3章「ムハンマド・正統カリフ（ハサン含）・十二イマームなど・ウマイヤ朝・アッバース朝」（69-215），4章「アッバース朝時代のイラン諸国 mamālik-i Īrān の諸王」（216-244），5章「ユダヤ教徒」（245-271），6章「フランク」（272-310），7章「インドの諸王」（311-336），8章「中国の諸王」（337-359），9章「モンゴル史」（360-479），「終章」（479-480）の9章構成になっている（括弧内は校訂本 *Banākatī* の頁数）。

その序文で唯一書名を挙げて言及されている典拠が『集史』である。

> その中でも特に，イスラームのスルターン，ガザン・ハーンの勅令で宰相ラシード・アッディーン Khwāja Rashīd al-Dīn が，インド，中国，モンゴル，フランクなどの世界の諸民族 aqwām-i 'ālam の歴史書を，それらの王国から求め，収集したところの『集史』という書物に依拠して，簡潔に記述した。（*Banākatī*: 1-2）

この言葉通り『バナーカティー史』では，その随所で『集史』からの引用が確認できる。『バナーカティー史』が『集史』の縮約と評価されてきた所以である。しかし，この文章の意図は『集史』を主要な典拠としたのはインド史，中国史，モンゴル史，フランク史だということであり，ここでは，その他のアラブ，ペルシア，テュルクといった諸民族の歴史については言及していない[38]。

37）ただし，『バナーカティー史』の最終記事の年記は，718年第2ラビーウ月23日／1318年6月24日となっており（*Banākatī*: 478），完成日はこれ以降だと考えられる。

これまで，『バナーカティー史』と『集史』の関係に学界の関心は向けられてきたために，ペルシア語普遍史書の基幹部分であるアダムに始まる人類の歴史は注目されてこなかったのである[39]。

古代ペルシア史の位置付け

『バナーカティー史』の1章から4章までの構成と内容は，『集史』とは大きく異なっている。1章「預言者」では，アダムからアブラハムに至る預言者の名前と寿命が列挙され，その後に，世界の諸民族の暦が紹介されている。この預言者伝の中にも，ノア以降の諸民族の系譜に関する記述があり，その中では，イブン・クタイバ Abū Muḥammad ʻAbd Allāh b. Muslim al-Qutaybī の伝承として，カユーマルスはヤペテの23人の息子の一人とされている（*Banākatī*：11）[40]。その詳細については，続く2章「ペルシア諸王，および同時代の預言者」において，さらに詳しく説明されている。その内容は他の普遍史書と異なるため，少し詳しく紹介したい。

> ヤペテの子カユーマルス，彼はヘブライ語でグーマル Kūmar［ゴメル］と，アラビア語ではジューマル Jūmar と呼ばれる。彼はトゥルキスターンを建てた。彼には，テュルク，リファト Rīghāth，アシュケナズ Ashkifār という3人の息子がいた[41]。テュルクはフランクの国を建て，リファトはグルガーンを建てた。ペルシア人 ʻajam は彼［リファト］をスィヤーマクと呼ぶ。また，アシュケナズはサカーリバを建てた。歴史家の意見が一致する

38) 『バナーカティー史』は，ティムール朝時代に編纂された『詩人伝 *Tadhkirat al-Shuʻarā*』（1487年）の中でも，「中国やインドの地域の諸王の系譜，ユダヤ教徒やローマ皇帝 qayāṣira などの歴史について多くを語っている。歴史家の中で彼のようにこのことについて語った者は誰一人としていない」と評価されている（*Tadhkirat*：395）。

39) ただし，セルジューク朝史のテクストを，『歴史の秩序』と比較した井谷（1997）という研究がある。

40) ただし，現存するイブン・クタイバの文献の中では，これに該当する記述は確認できない。

41) ゴメルの息子の名前は，『旧約聖書創世記』では，「ゴメルの子らは，アシュケナズ，リファト，トガルマ」と紹介されている（『旧約聖書創世記』：30）。このトガルマがテュルクだと解釈されたのだろうか。

ところでは，最初に王位に就き王の慣習を世界にもたらしたのはカユーマルスである。ゾロアスター教徒たちは「彼はアダムである」と言い，ガザーリーは『諸王への忠告 *Naṣāyiḥ al-Mulūk*』で「彼はセツの兄弟」だと言う。しかし，より適当なのはここで確認した伝承なのである。（*Banākatī*: 27）

ここでは，①カユーマルス＝ヤペテの子ゴメル説，②カユーマルス＝アダム説，③カユーマルス＝セツの兄弟説，という三つの伝承が紹介され，最初の「ヤペテの息子」説が正しいとされる。同様の伝承は，バイダーウィーにより既に紹介されていたが，彼は，ヤペテはテュルク人の祖にあたるので，ペルシア人の祖であるカユーマルスがヤペテの末裔であるはずがないと否定的な立場を取った（*Niẓām*: 15）。これに対してバナーカティーは，カユーマルスの息子に，テュルク人の祖であるテュルクという人物，そしてペルシア人の祖であるリファトという人物を置くことで，系譜上の問題を解決している。また，カユーマルスの息子をマシーではなくスィヤーマクとするなど，簡略化された系譜を提示している。このように『バナーカティー史』では，カユーマルスは，ペルシア人だけではなく，テュルク人の祖としての役割も担っている（図 5-4）。これは，カユーマルスの末裔がペルシア人とテュルク人の祖になるという古代ペルシア史叙述の論理構造にも合致する内容である。

カユーマルス＝ヤペテの息子説の典拠の一つはイブン・クタイバであるが，これ以外に頻繁に参照されている文献がある。それは『系譜集 *Dīwān al-Nasab*』という名の人類の系図である。アフラースィヤーブ伝には，「『系譜集』によればアフラースィヤーブはカユーマルスの子テュルクの子トゥーラク Tūrak の息子である」（*Banākatī*: 30）という記述が存在する（ただしこの直前には，トゥールの子パシャングの子アフラースィヤーブという系図も示されている）[42]。この『系譜集』の著者についての情報は明示されていない。ただし，『バナー

42）これ以外に『系譜集』からの引用は 4 事例確認できるが（*Banākatī*: 11, 12, 15, 41），いずれもノアの子孫に関する[sic]ものである。1 章「預言者」ではフサイニー Abū al-Fatḥ Nāṣir b. Muḥammad al-Ḥuṣaynī 著『知識の集成 *Jāmiʿ al-Maʿārif*』なる文献からの引用も数多く確認できる（*Banākatī*: 9, 14, 15, 23, 33）。

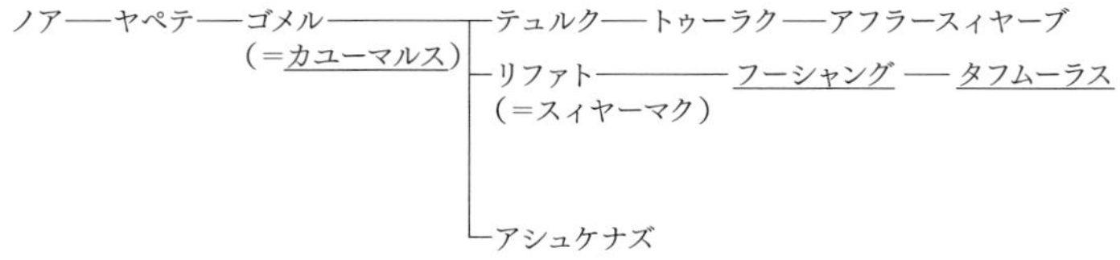

図 5-4　『バナーカティー史』におけるカユーマルスの系図（*Banākatī*: 27-30）

カティー史』と同時代に編纂されたラシードの手になる『族譜』では，この『系譜集』と同系統の情報が伝えられており，その情報の典拠として，ムルタダー・アラウィーの息子 Pisar-i Murtaḍā ʻAlawī の『系譜書 *Kitāb al-Ansāb*』という書名が挙げられている（*Shuʻab*: 12b）。この著者は，13 世紀初頭にアラビア語で編纂された，『系譜集 *Dīwān al-Nasab*』の著者アリー・ブン・ムルタダー ʻAlī b. Murtaḍā だと推定できる[43)]。このように，『バナーカティー史』のアダムに始まる人類の系図では，アラビア語文献が数多く参照されており，他のペルシア語普遍史書には見られない内容になっている。また，『集史』よりも『族譜』との共通点が多いのも注目すべき点で，『バナーカティー史』と『族譜』の比較分析は，イルハーン朝時代のペルシア語歴史叙述研究にとって必要不可欠な作業の一つだと考えている。

特殊なアシュカーン朝史

『バナーカティー史』は章構成が類似していることから，『歴史の秩序』と比較されるが（井谷 1997: 2），内容面では様々な点が異なっている。バナーカティーは，古代ペルシアの諸王を四王朝に区分し，諸王の名前と統治年を列挙している。そこで言及される典拠は，タバリーやマクディスィーといった本書でも既に取り上げたアラビア語文献である[44)]。その最大の特徴は，アシュカー

43) アリー・ブン・ムルタダー著『系譜集』については，Kohlberg（1992: 147-148）を参照。

44) タバリーからの引用は 4 事例（*Banākatī*: 44, 52, 53, 67），マクディスィーからの引用は 1 事例確認できる（*Banākatī*: 52）。

ン朝の王とその統治年が，先行する文献では見られない構成（アシュク 1 世 3 年，シャープール 21 年，バフラーム・ブン・シャープール 11 年，バラーシュ・ブン・バフラーム 15 年，フルムズ・ブン・バラーシュ 10 年，イークール Īqūr 50 年[45]，ジューダルズ・ブン・イークール 57 年，イラン 48 年，ジューダルズ 2 世 30 年，ナルスィー 1 世 30 年，フルムズ 7 年，フィールーズ 30 年，フスラウ 40 年，バラーシュ 5 年，アルダワーン 31 年）になっている点である（*Banākatī*: 44–48）。多くの歴史書ではアシュカーン朝に関する記述はほとんど省かれているが，バナーカティーは他の民族との関係も含め，少し詳しく言及している。例えば，シャープールの 21 年の治世には，イエスが神から遣わされた，ローマ皇帝アウグストゥスが王位を握り，ザカリヤ，ヨハネ，ゲオルギオスが活躍したと記述されている（*Banākatī*: 45)。同時代の預言者に対する配慮が見られるだけではなく，ローマ皇帝との関係にまで言及が及んでいる。

イランの諸王

3 章「ムハンマド・正統カリフ・十二イマームなど・ウマイヤ朝・アッバース朝」に続くのが，4 章「アッバース朝時代のイラン諸国の諸王」である。ここで，アッバース朝時代にイランを支配した王朝として紹介されるのは，①サッファール朝，②サーマーン朝，③ブワイフ朝，④ガズナ朝，⑤セルジューク朝，⑥ホラズムシャー朝，⑦イスマーイール派，の歴史である。『集史』第 2 巻「世界史」には存在しない王朝が取り上げられており（①，②，③），王朝の起源に関する説明はない。構成自体は『歴史の秩序』に近いが，『歴史の秩序』ではイランの王朝とされていたサルグル朝やモンゴルがその中には含まれていない。

4 章の後には，非ムスリム圏の歴史が続き，最後に置かれているのが 9 章「モンゴル史」である。ここでは，フラグの支配地域が「イランの地 Īrān-zamīn」と表記される事例が見られるものの（*Banākatī*: 425)，章構成からも分かるように，モンゴルは後半部の世界の諸民族の歴史の一つとして扱われており，イ

45）この王はアシュク 1 世の子でシャープールの後に即位したとされており，文章が混乱している。

ランの王朝として扱われているわけではない。ラシードを参照したバナーカティーは，『集史』の「オグズ伝承」を簡潔にまとめ，モンゴル史の冒頭で紹介している。それは，ヤペテの曾孫にあたるオグズ・ハーンが世界を征服するも，その 4000 年後に中国軍に攻め立てられたオグズ・ハーンの子孫がエルゲネクン（モンゴルの伝説上の故地）に逃げ込む。そして，後にそこから出てきた人々をモンゴルの始祖とする内容となっている（*Banākatī*: 361–362）。ラシードと同様に，モンゴルの歴史は，ヤペテを経て預言者の系譜に接続される。ただし，それを他のテュルク系諸王朝の系譜と関係付けてはいない。バナーカティーはあくまで世界の諸民族の一つとしてモンゴルを叙述したのであった。

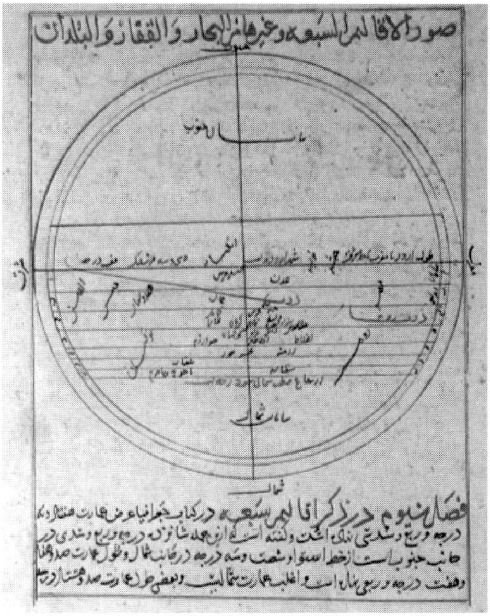

図 5–5　『バナーカティー史』に挿入された世界地図（*Banākatī*/*A3026*: 105a）

ところで，『バナーカティー史』の 4 章目以降の主要典拠は『集史』第 2 巻「世界史」であり，そこにはバナーカティーが参照した『集史』の情報が反映されている。この『バナーカティー史』の「インド史」には世界地図が挿入されている（図 5-5）[46]。この地図は，現存する『集史』の「インド史」には含まれていないものであり，その典拠は不明である。これについてはさらなる検討が必要だが，筆者は，散逸した『集史』第 3 巻「地誌」と何らかの関係があるのではないかと考えている。

46）校訂本では，校訂者がこの地図が保存されている手稿本を参照できなかったため，全く異なる形の地図がビールーニーの著作から補われている（*Banākatī*: 316）。

章　結

以上本章では，イルハーン朝時代に編纂されたペルシア語普遍史書において，古代ペルシア史，イスラーム時代にイランを支配した諸王朝，そして，イランという地理概念がどのように理解されていたのか，について通時的に分析した。その主な結論は次の通りである。

(1) 先行研究でペルシア語普遍史書の一つの到達点と目される『歴史の秩序』は，それ以前に編纂された普遍史書の流れを汲むものであり，モンゴルがイランの諸王の中に加えられているという点以外において，その構成や内容に目新しい点は見出せない。

(2) モンゴルをイランの諸王に加えるという歴史の書き方がモンゴルによるイラン統治を正当化する役割を果たした，という定説に対する反証も可能である。ガザンの宮廷で編纂された『歴史精髄』やオルジェイトの宮廷で編纂されイルハーン朝の「正史」と評価される『集史』においては，モンゴルをイランの諸王に加える，というレトリックは用いられていない。これらの歴史書の中で重要視されていたのは，テュルクの諸王の系譜であった。

(3) オグズ伝承を普遍史に接合させることは，テュルク・モンゴル諸部族の歴史を旧約的普遍史に位置付けることにより，人類の歴史の新しい構成要素となったモンゴルの役割を明確にするという意味で，大きな意味を持った。しかし，そのために，逆に古代ペルシア史が捨象されることになり，『集史』では，イランの諸王朝の起源がテュルク・モンゴル諸部族誌の文脈で書き替えられることになったのである。旧約的普遍史，古代ペルシア史，オグズ伝承の三者が接合するのは，次の段階においてであった。

第6章

旧約的普遍史，古代ペルシア史，オグズ伝承の接合

——アブー・サイードとギヤース・ラシーディーの時代——

はじめに

イルハーン朝宮廷で編纂された歴史書の中で，これまで主に研究者の関心を集めてきたのは，ジュワイニー著『世界征服者の歴史』（1260年），ラシード・アッディーン著『集史』（1307年），ワッサーフ Waṣṣāf al-Ḥaḍrat 著『ワッサーフ史 *Tārīkh-i Waṣṣāf*』（1312年）の3点であった。これらの文献はイルハーン朝の同時代史料であり，イルハーン朝，およびモンゴル帝国の歴史を再構成するための一次史料として高く評価されてきた。一方，この時代に編纂されたペルシア語普遍史書は，ここに挙げた『集史』を除いて，同時代に関する情報が少ないせいか，さほど注目されてこなかった。こういった点からも，既に紹介したメルヴィルによる『歴史の秩序』を再評価した論文 Melville（2001）は新しい展望を示したものと評価できる。

ところが，メルヴィルは『歴史の秩序』に関しては鋭い考察を行ったものの，それ以外の普遍史書についてはさほど強い関心を示していない[1]。確かに，バイダーウィーの『歴史の秩序』は，「イランの地」の歴史を，アダムの時代から現在に至るまで扱い，そのイランの地の王の最後にモンゴルを配置したという点で，イルハーン朝のイラン支配を正当化するために一定の役割を果たした

1）もちろんメルヴィルは，イルハーン朝時代に編纂された史料の包括的解題の中では，様々な史料に言及している（Melville 2004 ; Melville 2012 : 155–208）。しかし，それぞれの史料について，『歴史の秩序』と同様に詳しい考察を行っているわけではない。

と言えなくはない。しかし，『歴史の秩序』の構成や内容が同時代の歴史家に完全に受け入れられたわけではなかった。『歴史の秩序』の後に編纂されたペルシア語普遍史書，『集史』と『バナーカティー史』では，モンゴルがイランの王朝であるという点は強調されず，テュルク系の出自を持つ王朝である点が強調される。そこでは，モンゴルの起源であるテュルク・モンゴル諸部族の系譜が，旧約的普遍史に接続されている。その一方，ペルシア語普遍史書の重要な構成要素である古代ペルシア史との関係性については，全く言及がない。旧約的普遍史，古代ペルシア史，そして，新しく加わったオグズ伝承の三つの伝承が関係付けられるようになるのは，本章で主に扱うハムド・アッラー・ムスタウフィー Ḥamd Allāh Mustawfī 著『選史 *Tārīkh-i Guzīda*』以降のことである。

『選史』が献呈されたギヤース・ラシーディー Ghiyāth al-Dīn Muḥammad Rashīdī（1336 没，ラシードの息子）がアブー・サイードの宰相を務めていた時代，ペルシア語文芸活動が積極的に庇護・奨励されていた。『選史』もまた，当時の歴史書編纂活動の一環として編纂されたのである。このギヤース・ラシーディーの時代は，ラシードの時代と同様に歴史書の編纂が奨励された時代であるにもかかわらず，未だに研究が十分ではない。そこで本章では，『選史』を中心に，この時代に編纂されたペルシア語普遍史書の分析を行うことにする。

1　三つの人類史の接合

(1)　ハムド・アッラー・ムスタウフィー『選史』(1329/30 年)

史料の性格

ハムド・アッラー・ムスタウフィー Ḥamd Allāh b. Abī Bakr b. Aḥmad b. Naṣr Mustawfī Qazwīnī（1281-1344 頃）はカズウィーンの名家の出で，遠祖はカルバラーの戦いで戦死したフッル・リヤーヒー Ḥurr b. Yazīd al-Riyāḥī（680 没）だとされる（*Guzīda*：811）[2]。14 代前の祖ファフル・アッダウラ Fakhr al-Dawla Abū Manṣūr Kūfī が 223／837/8 年にカズウィーン知事 wālī に任じられ，一族はアッバース朝8代カリフ，ムウタスィム（在位 833–842）から25代カリフ，カーディル（在位 991-1031）の治世までその職を歴任した。当時はこの人物に因み，ファフル・アッダウラ家と呼ばれていたという（*Guzīda*: 794, 811–812; *Ẓafar*, Vol. 3: 172)。その後，ザイン・アッディーン Zayn al-Dīn Abū Naṣr が，ガズナ朝3代君主マフムード（在位 998–1030）に財務官 mustawfī に任じられた後，財務官を意味するムスタウフィーが家名となった（*Guzīda*: 795)。

図 6–1　ムスタウフィー廟（カズウィーン市）

その後，一族は財務官職を歴任し，曾祖父アミーン・アッディーン Amīn al-Dīn Naṣr はセルジューク朝時代にイラクの財務官職に就いていた（*Nuzhat*: 48)。この人物はモンゴル侵攻の際に杖で抵抗し討死したとされる（*Guzīda*: 812)。経緯は不明ながら，その後一族はイルハーン朝の旗下に加わり，ファフル・アッディーン・ムハンマド Fakhr al-Dīn Muḥammad（1290 没）のように宰相職に就いた者もいる。また，ムスタウフィーの兄弟ザイン・アッディーン・ムハンマド Zayn al-Dīn Muḥammad は晩年にラシードの寵愛を受けている（*Guzīda*: 812)。このような環境下で生まれ育ったムスタウフィーもまたイルハーン朝宮廷と緊密な関係を築き上げていた。1312年の宰相サアド・サーワージー Sa‘d al-Dīn Sāwajī の失脚後，ラシードにより，カズウィーン，アブハル，ザンジャーン，タールマインの知事に任じられた（*Guzīda*: 609)。彼

2）ムスタウフィー自身，この人物の系譜上の位置についてはぶれがあり，19代前の祖とする説明（*Ẓafar*, Vol. 2: 309）と18代前の祖とする説明が彼の著作の中には混在している（*Nuzhat*: 32)。

はペルシア語文芸活動にも従事し，『選史 *Tārīkh-i Guzīda*』（1329/30年）[3]，ペルシア語韻文普遍史書『勝利の書 *Ẓafar-nāma*』（1334/5年），ペルシア語博物誌『心魂の歓喜 *Nuzhat al-Qulūb*』（1339/40年）の3著作の著者として名高い[4]。

『選史』は729年シャウワール月1日／1329年7月29日（*Guzīda*：622）までを対象とするペルシア語普遍史書で，当時アブー・サイードの宰相を務めていたギヤース・ラシーディーに献呈された（*Guzīda*：4）。Melville（2003b：631b）などで，執筆動機は，ラシード主催の歴史家の集いに参加し歴史学に対する関心を強くしたという序文の記述に求められてきたが，実は，それに続く部分で，新しい形式で歴史を書くことへの想いを表明している。

> 著者［ムスタウフィー］の生業はその学問［歴史学］ではなく，先祖代々携わってきたのは財務術であったのだが，次のような考えに至った。もし歴史学の主題と内容を「ミンハー・ワ・ミンザーリカ」の形式で書き記し，時が流れ昼夜を繰り返すうちに数限りない量になっていたその細目を，書くことの連なりの中に簡潔に整理すれば，その学問の説明の集合体となるのではないか，と。（*Guzīda*：3）

ここで示されている「ミンハー・ワ・ミンザーリカ」の形式というのは，帳簿の項目を系統立てて細分化していく，財務術における専門技術のことである（渡部2011：23）。この文章から，先祖代々伝わる財務官の専門技術を援用して

3）これまで『選史』の校訂本としてナヴァーイー ‘A. Nawā’ī による *Guzīda* が使用されてきたが，1394kh／2015/6年にロウシャンによる新たな校訂本が出版された（Ḥamd Allāh Mustawfī Qazwīnī, *Tārīkh-i Guzīda*, ed. M. Rawshan, 2 vols., Tehran, 1394kh）。近年のロウシャンの仕事には，手稿本について十分な検討を行わず，手近にある手稿本を翻刻し，対校本との異同を後注で示しただけの，学術的な校訂とは呼び難いものが多い。この新校訂で底本とされたテヘラン手稿本（Majles Library, Ms. 13668）は，ティムール朝時代に再編集された続編が付されている手稿本だが（大塚2013：178a–180b），著者のムスタウフィー没後の記事も含めて，彼の文章として提示されている。もちろんこの続編以外のテクストについては，テヘラン手稿本が信頼できるものだという可能性もあるが，その結論に至る過程で十分な検証を行ったとは言えず，この新校訂を利用することに危うさを感じている。それ故，本書では旧校訂 *Guzīda* を参照したい。

4）ムスタウフィーはこの他に，『選史』の補遺という形で，1344年頃に『勝利の書続編 *Dhayl-i Ẓafar-nāma*』を著している（大塚2013：176b–178a）。

歴史を分かりやすく説明しようとしたのが，『選史』という歴史書であったことが分かる（大塚 2013 : 173 注 6)。事実，ムスタウフィーの財務術への愛着は，様々な場面で見られ，本文中には「ワドウ（控除)」，「アスル（基本額)」，「ダフア（項)」，「ハルフ（条)」など財務用語を用いた修辞表現が頻繁に使用されている（*Guzīda* : 3)[5]。

『選史』の内容は「イランの地 Īrān-zamīn の預言者・聖者・王・宰相と彼らが遺したもの」とされ（*Guzīda* : 7)，イランの歴史が叙述の対象である点が強調されている。具体的には，序文（1-14)，序章「天地創造」(15-17)，1 章「預言者・賢者」(18-74)，2 章「前イスラーム時代の諸王」(75-127)，3 章「預言者・正統カリフ（ハサン含)・十二イマーム・教友・ウマイヤ朝・アッバース朝」(128-369)，4 章「イスラーム時代の諸王朝」(370-623)，5 章「宗教指導者・知識人」(624-757)，6 章「カズウィーン地誌」(758-814)，跋文「預言者・王・賢者の系図」(815-816)[6] から構成される（括弧内は校訂本 *Guzīda* の頁数)。

このうちの 1〜4 章は，先行するペルシア語普遍史書と同様の構成に見えるが，ムスタウフィーは特に，各王朝がイランを支配した王朝であるのか否かという点に配慮している。例えば，3 章 5 節「ウマイヤ朝史」の表題は「ウマイヤ家の諸王 pādshāhān[7] によるイランの支配」となっている（*Guzīda* : 260)。また，ウマイヤ朝史の最後には，「イランにおけるウマイヤ家の王朝は終わりを迎えた」(*Guzīda* : 291）と書かれている。3 章 6 節「アッバース朝史」も同様で，「彼［ムスタアスィム］の後アッバース家の子孫がイランでカリフ位に就くことはなかった」という記事をもって終わる（*Guzīda* : 369)。ムスタウフィーにとって，ウマイヤ朝やアッバース朝を取り上げる意味は，カリフであるとい

5) ただし，実際にこの技術が援用されているのは，4 章 12 節冒頭部に挿入されたテュルク・モンゴル諸部族の一覧表など，全体の一部にすぎない（*Guzīda* : 564-580)。この技術の詳細については，近刊の拙稿「写本が伝える世界認識」南塚信吾（編著)『情報がつなぐ世界史』(MINERVA 世界史叢書第 6 巻）ミネルヴァ書房の中で論じた。

6) 跋文の図式化された系図はほとんどの手稿本では欠落しており，散逸したものと考えられてきたが，筆者の手稿本調査の結果，3 点の手稿本においてその存在が確認できている（大塚 2013 : 176 注 15)。

7) ムスタウフィーは一貫して，ウマイヤ朝の君主を「カリフ khālīfa」ではなく，「王 pādshāh」と呼んでいる。

う点にではなく，イランの支配者だという点にあったのである。

4章「イスラーム諸王朝」においても，その姿勢は一貫している。4章は，1節「サッファール朝」，2節「サーマーン朝」，3節「ガズナ朝」，4節「グール朝」，5節「ブワイフ朝」，6節「セルジューク朝」，7節「ホラズムシャー朝」，8節「ザンギー朝・サルグル朝」，9節「イスマーイール派」，10節「キルマーン・カラヒタイ朝」，11節「ロレスターン・アターベク王朝」，12節「モンゴル」から構成される。『集史』や『バナーカティー史』では，「モンゴル史」はイランの諸王の中には含まれていなかったが，ムスタウフィーは諸王朝の最後に「モンゴル史」を加えている。「モンゴル史」の表題は，「12節：モンゴルの諸王。イランの地 Īrān-zamīn を支配した者たち，13人」と記されており（*Guzīda*: 13），モンゴルを世界の諸王朝の一つとしてではなく，イランの諸王朝の一つとして扱っている。また，4章9節「イスマーイール派史」についても，イランを支配していなかったファーティマ朝史を含めることについて，次のように弁解している。

> エジプト，シリア，マグリブのイスマーイール派について。14人。彼らの統治期間は296［／908/9］年から556［／1160/1］年までの260年間。エジプト，シリア，マグリブのイスマーイール派はイランを支配しておらず，この書の目的はイランの有り様であるわけではあるが，イランのイスマーイール派は彼らの布教者であり，偽の伝承によりその出自を彼らに求めていることから，彼らの有り様についても幾分か簡潔に述べることにしたい。（*Guzīda*: 508）

同様にイランの諸王の歴史を対象とする普遍史書として，『歴史の秩序』が挙げられる。『選史』の構成自体は『歴史の秩序』に近く，その拡大版と評価する研究者もいるほどだが（Ashraf 2006: 515b），『歴史の秩序』には立項されていない「ザンギー朝」，「キルマーン・カラヒタイ朝」，「ロレスターン・アターベク王朝」など新しい項目が補われており，その情報量も圧倒的に多い[8]。

8）校訂本の頁数で比較すると，*Guzīda* が816頁になるのに対し，*Niẓām* は133頁にしかならない。また，校訂本1頁分の分量は *Guzīda* の方が多い。一方でメルヴィルは，ム

『選史』の典拠

ムスタウフィーは序文で参照文献として次の 23 点を挙げている[9]。①『ムハンマド伝 *Siyar al-Nabī*』（著者はイブン・イスハークである可能性もあるが詳細不明），②『預言者伝 *Qiṣaṣ al-Anbiyā'*』（詳細不明），③クシャイリー Qushayrī (986–1072) 著『論考 *Risāla*』，④『聖者列伝 *Tadhkirat al-Awliyā'*』[10]，⑤ラーフィイー Rāfiʿī 著『編著 *Tadwīn*』[11]，⑥『諸民族の経験 *Tajārib al-Umam*』[12]，⑦『経験の水場 *Mashārib al-Tajārib*』[13]，⑧『系譜集 *Dīwān al-Nasab*』，⑨タバリー Muḥammad b. Jarīr Ṭabarī 著『歴史 *Tārīkh*』，⑩ハムザ・イスファハーニー Ḥamza Iṣfahānī 著『歴史 *Tārīkh*』[14]，⑪イブン・アスィール ʻIzz al-Dīn ʻAlī b. al-Athīr Jazarī 著『歴史 *Tārīkh*』，⑫カーシャーニー Jamāl al-Dīn Abū al-Qāsim Kāshī 著『歴史精髄 *Zubdat al-Tawārīkh*』[15]，⑬バイダーウィー Qāḍī Nāṣir al-Dīn Abū Saʿīd Bayḍāwī 著『歴史の秩序 *Niẓām al-Tawārīkh*』，⑭アリー・バグダーディー Abū Ṭālib ʻAlī b. Anjab Khāzin Baghdādī（1276 没，イブン・サーイー Ibn

---

スタウフィーによる韻文普遍史書『勝利の書』を高く評価するあまり，『選史』を『勝利の書』の縮約にすぎないと断じているが（Melville 1998 : 9 ; Melville 2003b : 632b），『勝利の書』には前イスラーム時代の歴史，人名事典，カズウィーン地誌は含まれておらず，『選史』の独自性は評価されてしかるべきであろう。

9）彼は『心魂の歓喜』の序文でも編纂の際に参照した文献を列挙しており，その数は 22 点にのぼる（Otsuka 2013 : 53）。

10）ここでは著者名が明示されていないが，ムスタウフィーは別の箇所で，『聖者列伝』をアッタール Farīd al-Dīn ʻAṭṭār（1145 頃–1221）の著作としており（*Guzīda* : 740），ここでも彼の著作を指しているものと思われる。

11）カズウィーンの地方誌。5 章「宗教指導者・知識人」や 6 章「カズウィーン地誌」で 7 事例の引用が確認できる（*Guzīda* : 666, 758, 769（2 回），783, 806, 813）。

12）2 章 4 節「サーサーン朝史」でミスカワイフからの引用が 1 事例確認でき（*Guzīda* : 122），ここで挙げられている『諸民族の経験』は本書第 2 章で紹介したミスカワイフの著作だと考えられる。

13）著者名は記されていないが，イブン・フンドゥク Ibn Funduq（1079 頃–1169）の著作だと考えられる。『経験の水場』は現在は散逸しているものの，『世界征服者の歴史』第 2 巻「ホラズムシャー朝史」の主要典拠となるなど（*Jahān-gushāy*, Vol. 2 : 1），イルハーン朝宮廷ではよく知られた文献であった。

14）2 章「前イスラーム時代の諸王」で 4 事例の引用が確認できる（*Guzīda* : 96, 109, 111, 122）。

15）4 章 11 節「ロレスターン・アターベク王朝」で 1 事例の引用が確認できる（*Guzīda* : 537）。

Sāʿī のこと）著『歴史の泉 *ʿUyūn al-Tawārīkh*』[16]，⑮イブン・クタイバ Abū Muḥammad ʿAbd Allāh b. Muslim b. Qutayba al-Dīnawarī 著『知識 *Maʿārif*』，⑯ジュワイニー Juwaynī 著『世界征服者の歴史 *Jahān-gushāy*』[17]，⑰ジュルバードカーニー Abū al-Sharaf Jurbādqānī 著『ヤミーニー史翻訳 *Tarjuma-yi Yamīnī*』[18]，⑱ニザーム・アルムルク Niẓām al-Mulk（1092 没）著『諸王の行状 *Siyar al-Mulūk*』[19]，⑲フィルダウスィー Firdawsī 著『王書 *Shah-nāma*』[20]，⑳ザヒール・ニーシャープーリー Ẓahīr Nīshāpūrī 著『セルジュークの書 *Saljūq-nāma*』[21]，㉑ルクン・フイー Qāḍī Rukn al-Dīn Khuʾī 著『諸王の歴史の集成 *Majmaʿ Āthār al-Mulūk*』[22]，㉒アフマド・ダームガーニー Qāḍī Aḥmad Dāmghānī 著『歴史の暗記 *Istiẓhār al-Akhbār*』[23]，㉓『集史 *Jāmiʿ al-Tawārīkh*』[24]（*Guzīda*：6–7）。

下線を引いた⑥，⑨，⑩，⑪，⑫，⑬，⑮，⑲，㉓の文献は，本書で既に紹介したアラビア語やペルシア語による普遍史書であり，その最後にムスタウフィーが強い影響を受けたラシードの『集史』が挙げられている。ただし『選

16）4 章 9 節「イスマーイール派史」で 1 事例の引用が確認できる（*Guzīda*：508）。

17）4 章 9 節「イスマーイール派史」で 1 事例の引用が確認できる（*Guzīda*：508）。

18）アラビア語ガズナ朝史『ヤミーニー史 *al-Yamīnī*』のペルシア語訳。1206/7 年に編纂された。

19）セルジューク朝の宰相により編纂されたペルシア語政治指南書。

20）書名を挙げない形ではあるが，『王書』の詩句の引用は数箇所確認できる（例えば *Guzīda*：76, 83）。ただし，引用の中には，一つの手稿本でしか確認できず，後世に写字生の手で書き加えられたと考えられるものもある。『選史』には 124 点を超える手稿本が残されており，その書写年代や書写された地域が様々であるため，どの部分が著者の執筆箇所でどの部分が後世の写字生の加筆部分なのかを識別するのは難しい。この問題を本書で扱うことは不可能だが，『選史』のテクストの変遷を考える上で，将来的に取り組むべき課題の一つだと考える。また，アスキャリーは，他の歴史書を介した間接的な詩句の引用についても指摘している（Askari 2016：71 n. 280）。

21）セルジューク朝 17 代君主トゥグリル 3 世に献呈されたセルジューク朝史。

22）本文中に引用確認できず。ただし，『心魂の歓喜』の 434 年サファル月／1042 年のタブリーズ大地震の記述では，ルクン・フイー Qāḍī Rukn al-Dīn Khuʾī 著『諸王の集成 *Majmaʿ Arbāb al-Mulk*』という書物への言及があり（*Nuzhat*：75），これと同一の文献だと考えられる。

23）3 章 5 節「ウマイヤ朝史」と 4 章 9 節「イスマーイール派史」で 2 事例の引用が確認できる（*Guzīda*：278, 512）。

24）4 章 12 節「モンゴル史」で 1 事例の引用が確認できる（*Guzīda*：562）。

史』には，ここに挙げられた文献以外からの引用も確認でき[25]，彼はより多くの文献を参照していたと考えられる。また反対に，序文で言及されている典拠の中には，本文中で書名を確認できないものも多い（確認できるものについては該当頁を各著作の脚注で明示した）。

古代ペルシア史の位置付け

上述の文献のうち，実際に古代ペルシア史の典拠として，本文中で言及されるのは，ミスカワイフとハムザの 2 人である。特にハムザからの引用回数が多く，随所にその影響が確認できる（*Guzīda* : 96, 109, 111, 122）。例えば，アシュカーン朝の諸王は既に紹介したハムザ系統の王名表とほぼ同じ内容となっている（*Guzīda* : 98–102，表 4–1）。ただし厳密に言えば，2 章 3 節の表題は「諸地方政権 mulūk al-ṭawā'if」で，その中に三つの王統が含まれる形になっている。第 1 王朝 firqa「アンティゴノス Anṭikhus」，第 2 王朝「アシュカーン朝 Ashkāniyān」（アシュク 1 世〜アルダワーン・ブン・バラーシャーン），第 3 王朝「アシュガーン朝 Ashghān」（アルダワーン・ブン・アシュク〜アルダワーン 2 世）という形で，先行する文献では，同じ対象を指し示す言葉として互換的に用いられてきた Ashkān と Ashghān を区別し，王統を分けるというムスタウフィー独自の解釈が見られる。

古代ペルシア史の位置付けについて，ムスタウフィーは 1 章「預言者・賢者」と 2 章「前イスラーム時代の諸王」で，異なる内容の伝承を伝えている。前者では，預言者の多くとイランの民 ahl-i Īrān の全てはノアの息子セムの末裔とされる（*Guzīda* : 24–25）。ここで紹介される人類史では，イランの地に属する地方の名を持つ者は全て，セムの息子のうち，アラム ʻĀlam，アシュル Asūd，ナウザル Nawdhar の 3 人の末裔とされる（図 6–2）。ただし，ここにカユーマルスの名前は確認できない。一方で，テュルクはヤペテの長男，モンゴルはヤペテの第 5 子ミーシャク Mīshak の末裔という形で旧約的普遍史の文脈に位置付けられている（図 6–3）。もう一人のノアの息子ハムについては，ハム

25）例えば，4 章 6 節「セルジューク朝史」の冒頭では，アブー・アラー・アフワル Abū al-ʻAlā' Aḥwal の『歴史 *Tārīkh*』なる文献からの引用が確認できる（*Guzīda* : 426）。

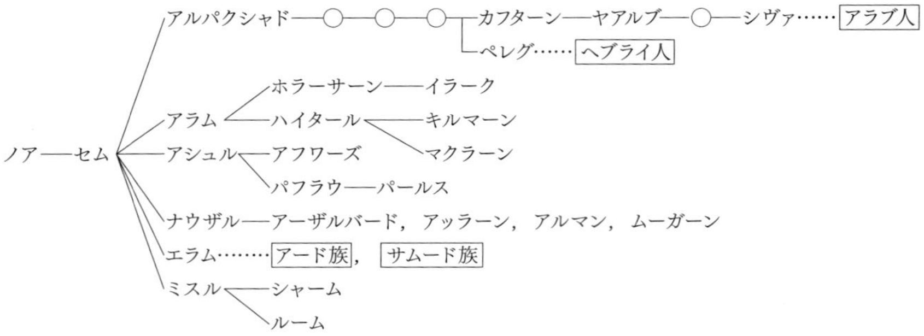

図 6-2　『選史』におけるセム裔の系図（*Guzīda*：25）

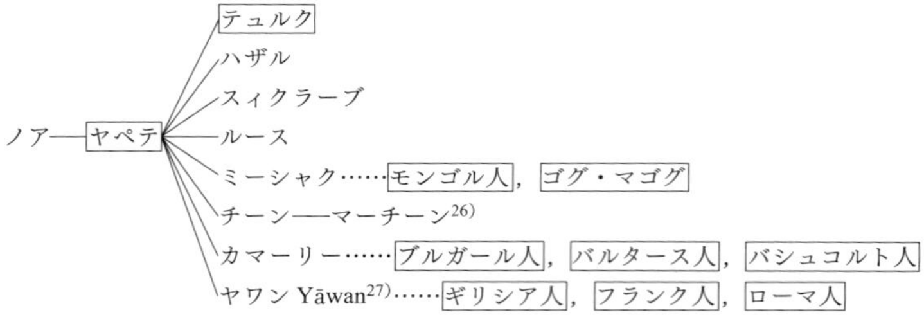

図 6-3　『選史』におけるヤペテ裔の系図（*Guzīda*：26）

の子孫が預言者位を剝奪されるに至る顚末を紹介し，ザンジュ Zang，クシ Kūsh，ヒンド Hind，バルバル Barbar，キブト Qibṭ，ハバシュ Ḥabash という 6 人の息子の名前を挙げている（*Guzīda*：25）。

一方，カユーマルスが登場する 2 章「前イスラーム時代の諸王」では，その位置付けについて，①カユーマルス＝アダム説，②カユーマルス＝ノアの 7 代子孫説（セム裔）[28]，③セツの子孫説，の三つの伝承が紹介される。そして，③

26）原文には，「マーチーンはフタン Khutan の息子である」とあるが，ここは「フタン Khutan」の点の位置を変えて「チーン Chīn」と読まないと意味が通らない。

27）本書では，ナヴァーイーの校訂に従い，『旧約聖書創世記』に登場するノアの息子ヤワンだと解釈したが（『旧約聖書創世記』：30），校訂本の注に記された手稿本間の異同から判断する限り，この人名がナヴァーイーが解釈したように，ヤワンであるのかについては検討を要する。

28）ただし，その後に具体的に言及している系譜では，「カユーマルス・ブン・ルド Wulād?・ブン・ウマイム・ブン・エラム・ブン・アルパクシャド・ブン・セム・ブン・

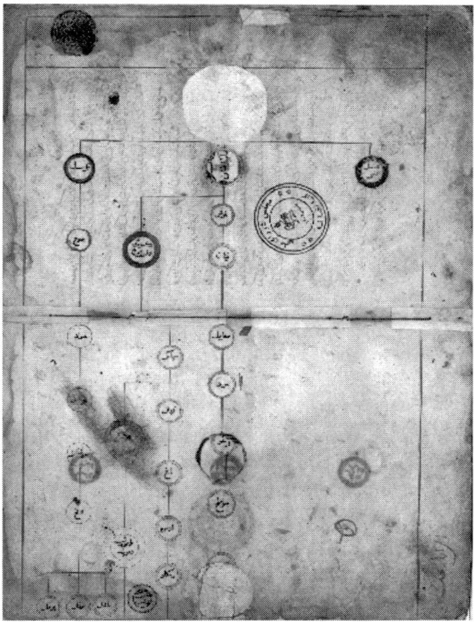

図 6-4　『選史』に挿入された，図式化された人類の系図（*Guzīda*/*M13668*: 349b-350a）

の「セツの子孫説」が適当であろうと結論している（*Guzīda*: 75)。異なる伝承に基づいたためであろうか，ここでは，1章にあるイランの民をセム裔とする結論とは異なる結論を下している。ただし，アダムに始まる人類の系譜を図式化した跋文「預言者・王・賢者の系図」では，セツの息子に位置付けられており（*Guzīda*/*M13668*: 349b, 図 6-4)，ここでは③の説が採用されているように見える。カユーマルスの息子はスィヤーマク，あるいはマシー Mīshī[29] で孫がスィヤーマクとされるが（*Guzīda*: 75)，ハムザを参照しているにもかかわらず，マシーが植物である点は言及されていない。カユーマルスに与えられたのは，人類最初の王という役割のみである。ムスタウフィーは『王書』に強い関心を示していた歴史家の一人だが，統治年などは一致せず，内容への影響は見られない（付表参照)。

イブン・ムカッファアに対する評価

本書第I部で扱った文献の中で，古代ペルシア史の典拠としてしばしば言及されていた典拠は，イブン・ムカッファアである。しかし，イルハーン朝時代になると，イブン・ムカッファアという名前への言及はほとんどなくなる。その理由を考える上で参考になるのが，『選史』5章「宗教指導者・知識人」に

ノア」と6代目の子孫とされている（*Guzīda*: 75)。

29）跋文ではカユーマルスの息子はスィヤーマクだとされている（*Guzīda*/*M13668*: 349b-350a)。

収録されたイブン・ムカッファアの伝記記事である。

> 『カリーラ［とディムナ］』の著者。カリフ，アブー・ダワーニーク Abū Dawānīq［マンスール］と彼の息子マフディーと同世代であった。ハーディーの治世に『クルアーン』を批判したために，殺害された。(*Guzīda* : 687)

ここでは，イブン・ムカッファアに対する評価は『カリーラとディムナ』の著者というものであり，それ以外の著作への言及はない。この事例は，古代ペルシア史の情報源がハムザや『王書』に移っていたことを示している。

古代ペルシア史の中の預言者伝

『選史』では，古代ペルシア史の旧約的普遍史の文脈における位置付けは明確に説明されている。例えば，エノクはフーシャングと，モーセとヨシュアはマヌーチフルと，イエスはアシュカーン朝のバラーシュ・ブン・アシュクと同時代人だとされる（表6-1）。ただし，既に1章「預言者・賢者」の中で全ての預言者の名前が紹介されているためか，2章では，『歴史の秩序』のように預言者との関係が逐一紹介されているわけではない。

イランの諸王

ムスタウフィーの目的は，イランの地の歴史を叙述することにあった。『選史』では，イスラーム時代のイランの諸王は，古代ペルシアの諸王と関係付けられている。例えば，サーマーン朝がバフラーム・チュービーン（*Guzīda* : 376）[30]，ブワイフ朝がバフラーム・グール（*Guzīda* : 409），セルジューク朝がアフラースィヤーブ（*Guzīda* : 426）という形で，各王朝とイスラーム以前の諸王朝との関係性が主張される（大塚 2007 : 91–92）。それればかりか，アッバース朝で権勢を誇ったバルマク家（仏教徒の出自を持つ）がサーサーン朝初代君主ア

30）先行する文献では，バフラーム・チュービーンはペルシア諸王には数えられていないが，『選史』ではその項目が立項され，2年間イランを支配したと評価されている（*Guzīda* : 121–122）。

表 6-1　『選史』におけるペルシア諸王と預言者の関係

王　名	同時代の預言者など	典　拠
カユーマルス	アダム本人，ノアの7代子孫，セツの子孫	*Guzīda*: 75
フーシャング	エノク	*Guzīda*: 76
マヌーチフル	モーセ，ヨシュア	*Guzīda*: 85
バラーシュ	イエス	*Guzīda*: 101

ルダシール1世の宰相の末裔とされるなど（*Guzīda*: 103），有力家系を古代ペルシアの諸王と関係付ける記述も見られる。このように，「ペルシア系の家系」と目される一族は，古代ペルシアの諸王に関係付けられることになる。

ムスタウフィーのイランへのこだわりは，博物誌『心魂の歓喜』でも確認できる。そこでは，「イランの地」の境界は「ルームのコンヤからバルフのアム河まで」と定義され[31]，世界の中心に位置する点が強調される。その際に，①ペルシア人による伝承，②アラブ人による伝承，③ギリシア人による伝承，④インド人による伝承，を引用しながら，どの民族の地理認識においてもイランは世界の中心にあると説明する（*Nuzhat*: 18–20; Otsuka 2013: 57–62）。このようにイランを重視するムスタウフィーはその名称の由来について，次のように説明している。

> イラン［という言葉］はカユーマルスに由来し，彼の名前はイランだったと言う者もいる。一方で，フーシャングに由来し，彼もまたイランという名前を持っていたと言う者もいる。しかし最も適当なのは，イーラジュ・ブン・ファリードゥーンに由来するという伝承である。（*Nuzhat*: 19）[32]

このように，古代ペルシアの諸王の名前に由来するイランと，その地に展開する預言者と諸王の歴史の体系的な整理を試みたのが，『選史』というペルシア語普遍史書だと評価できるのである[33]。

31）「イランの地」をアム河からルームの地までとする定義は，キルマーン・カラヒタイ朝史『王の歴史 *Tārīkh-i Shāhī*』（1291年頃）の中にも見られる（*Shāhī*: 182）。

32）『選史』にも同様の記述が見られる（*Guzīda*: 76）。

テュルクの諸王

イランの地に勃興した諸王の歴史を叙述したムスタウフィーは,「イラン」の対義語「トゥラン Tūrān」を, マー・ワラー・アンナフル, ウイグルの地, および, それに付随する地域であると説明する。そして, この地域をチンギスの息子チャガタイに与えられた領域に相当するものだと考える（*Guzīda* : 574)。一方で,「イラン」はフラグの末裔に与えられた地域のことだと考えている（*Guzīda* : 575)。故に, この二つの地域を制圧したチンギスは,「イランとトゥランの諸王国 mamālik-i Īrān wa Tūrān」を支配した者と評価されている（*Guzīda* : 366)。

このトゥランの地の歴史は, 旧約的普遍史の文脈では, 単純にヤペテの末裔にテュルク系諸民族を接続する形で解釈がなされてきたが, イルハーン朝時代になると, オグズ伝承という新たな構成要素がそこに加わってくる。既に検討した『集史』では, オグズ伝承を旧約的普遍史の文脈で解釈し, イスラーム時代の諸王の全てがオグズの末裔とされる。これに対し,『選史』では, オグズ伝承が古代ペルシア史の文脈で再解釈されている。

ムスタウフィーは, 4 章 12 節「モンゴル史」冒頭で,『集史』を典拠として挙げながら, ノアの息子ヤペテに始まるオグズ伝承を紹介している。ただし, その内容は『集史』とは少し異なり, ヤペテ（アブルジャ・ハーン Abūbja Khān）の息子は, テュルクとマンスィク Mansik（ディーブ・ヤーウクーイ・ハーン Dīb-bāqū Khān)[34]であり, そのテュルクの末裔がテュルク人, マンスィクの末裔がモンゴル人とされる（*Guzīda* : 562)。「古代ペルシア史」の説明には相違があったが, この内容は 1 章「預言者・賢者」で示された内容と完全に一致する（図 6-3)。このマンスィクの息子カラー・ハーンから生まれたのがオグズ・ハーンである（*Guzīda* : 562)。『集史』ではモンゴル人はテュルク人から分かれた民族だとされていたが, ここでは, モンゴル人とテュルク人は最初から別の民族

33) ムスタウフィーは韻文普遍史書『勝利の書』では, アラブ人, 非アラブ人 ʻajam, モンゴル人という別の区切り方でイランの地の歴史を叙述している（*Ẓafar*, Vol. 1 : xx–xxi)。

34) 1 章「預言者・賢者」では「ミーシャク」と表記されていた人物（図 6-3)。

だったとされている（宇野 2002：46–47）[35]。

さらに別の箇所において，ムスタウフィーは『集史』の内容を書き替えている。その一つが，モンゴル人の起源に関わる次の記述である。

> オグズ・ハーンの後，ノアの息子ヤペテの王位はオグズの末裔に約1000年間残った。ファリードゥーンの治世に彼の息子トゥールは彼らと大きな戦を行い，誰一人に対しても慈悲をかけなかった。オグズの中から，トゥクーズ Tukūz とキヤーン Qiyān という名の2人が逃げ出し，一つの難路しかない谷へと落ちのびた。彼らはそこで子どもを産み，多くの家畜が集められた。そしてそこに長年留まったのである。彼らの子孫から部族と氏族が数多く分岐した。モンゴル人はかの谷をエルゲネクンと，キヤーンの一族をキヤート Qiyāt と，トゥクーズ［の一族］をダラルキーン Daralkīn と呼ぶ。モンゴル人にとっては，かの谷にいたこの集団は，谷の外にいた他の部族よりも高い権威が認められている。モンゴル人の中には，トゥクーズもキヤーンも2人とも女性であったとし，かの谷で狼が彼女らと交わり，子どもが生まれたとする者もいるが，この伝承は信頼性に欠ける。ヒジュラから200余年が経過した時，かの集団はその谷から外に出ようとしたのである。（*Guzīda*：562–563）

『バナーカティー史』では，オグズの末裔がエルゲネクンの谷に逃げ込んだ理由は，中国軍との戦いに敗れたためとされるが，ここでは，その戦いがファリードゥーンの息子トゥールとの戦いに書き替えられている。これ以外にも，根拠がない伝承と断りながらも，オグズ・ハーンをアフラースィヤーブに比定する伝承が紹介され（*Guzīda*：566），旧約的普遍史のみならず，古代ペルシア史との関係性にも注意が払われている。このような特徴から，『選史』という普遍史書は，旧約的普遍史，古代ペルシア史，オグズ伝承，という三つの伝承の接合を試みたものと評価できよう。

ただし，テュルク系諸王朝に対するムスタウフィーの評価は概して低い。例

35）この考え方は，跋文の系図にも反映されている（*Guzīda*/*M13668*：350b–351a）。

えば，サルグル朝はオグズ・ハーンの息子ターク・ハーン Ṭāq Khān の末裔とされるが（*Guzīda* : 501），その血統は卑しきものとされる。また，他のテュルク系グラーム出身のガズナ朝とホラズムシャー朝の出自についても同様に低い評価が下されている（*Guzīda* : 426）。

イランの地の諸王を主題とする歴史叙述は，『吉兆の書』で既に見られた書き方であった。ムスタウフィーは，それにオグズ伝承という新たな要素を加え，預言者（アラブ），イランの諸王（ペルシア），テュルク・モンゴルの三者が一体となった普遍史を完成させたのである。『吉兆の書』はほとんど後世の歴史家に参照されることはなかったが，『選史』は後世の歴史家に頻繁に参照され，多大な影響を及ぼすに至った[36)]。

2　アブー・サイード期のペルシア語普遍史書

(2) アフマド『心優しい子ども』(1332/3 年)

史料の性格

『選史』は預言者（アラブ），イランの諸王（ペルシア），テュルク・モンゴルの歴史を一体のものとして描き出した最初の普遍史書であったが，その叙述方法が同時代の歴史家に参照された形跡はない。同じくアブー・サイードに献呈された[37)]ペルシア語普遍史書に，ニイデ出身のカーディー，アフマド Aḥmad (685／1286/7-) が 733／1332/3 年に著した『心優しい子ども *Walad-i Shafīq*』がある[38)]。『心優しい子ども』は，「序章」(2-18)，1 巻「預言者・王の歴史」

36)『選史』の後世における受容については，大塚（2013）を参照。

37)『心優しい子ども』には，アブー・サイードに献呈したことが明記されている（*Walad* : 341, 367）。

38) アフマドは『心優しい子ども』の随所に自伝を挿入しており，そこで，ヒジュラ暦 702 年に 17 歳であったと述懐している（*Walad* : 370-371）。また，これ以外に『セルジュークの書 *Saljūq-nāma*』という著作があったが（*Walad* : 346），現存していない。ただしそのためか，『心優しい子ども』には，セルジューク朝史に関する比較的詳しい記述がある（*Walad* : 346-372）。この文献に関しては，セルジューク朝史の部分を中

図 6-5　現存唯一の『心優しい子ども』手稿本（*Walad*/*F4518*: 1b–2a）

(19–174)，2巻「ムハンマド以降1332/3年までの歴史」(175–382)，3巻「地誌」(383–482)，4巻「預言者伝」(483–603)，終章「神学」(605–694)[39]，「跋文」(695–706) の4巻から構成され，前半部が普遍史に相当する内容になっている

心に論じた Köymen (1993) や著者の出身地重視の姿勢を強調した Peacock (2004) などの専論があるが，著作全体について論じたものではない。『心優しい子ども』はキョプリュリュ M. F. Köprülü により早くに学界に紹介されたが (Köprülü 1943: 391)，これまで注目を集めてこなかった。しかし，2015年に校訂本 *Walad* および詳細な解説を付したトルコ語訳 Ertuğrul (2015) が刊行されたことで，今後，大きな研究の進展が見込まれる史料である。

39) 本書では，現存唯一の手稿本，741年ムハッラム月12日／1340年7月8日に書写されたイスタンブル手稿本 (Süleymaniye Library, Ms. Fatih 4518, 図 6-5) を底本として作成された校訂本 *Walad* を使用した。そこでは，校訂者の判断で「神学」に関する章が第5巻 jild に書き替えられているが (*Walad*: 605)，著者が冒頭のアラビア語序文で言及している章構成には，終章という記載があることから (*Walad*: 3)，それに従った。なお，著者はこのアラビア語序文に続くペルシア語序文で，4章 faṣl 構成の章区分を提示しているが (*Walad*: 15–16)，そこでは，第1巻の内容が，第1章「預言者の歴史」と第2章「イラン諸王の歴史」に，第2巻の内容が第3章「イスラーム時代の歴史」と第4章「諸王朝の歴史」に分割されるなど，実際の内容とは異なっている。

表 6-2　『心優しい子ども』における人類の系図（*Walad*：40）

セムの子孫	アラブ人，ペルシア人，ローマ人
ハムの子孫	黒人
ヤペテの子孫	テュルク人，タタール人，ゴグ・マゴグ

(括弧内は校訂本 *Walad* の頁数)。

古代ペルシア史の位置付け

『心優しい子ども』の「預言者伝」には，セムがアラブ人，ペルシア人 Pārs，ローマ人の，ハムが黒人の，ヤペテがテュルク人，タタール人，ゴグ・マゴグの父にあたるという説明はあるが（*Walad*：40，表 6-2），その後の諸民族の分岐に関する記述はない。ただし，「古代ペルシア史」に関しては，校訂本でわずか 8 頁（*Walad*：167-174），手稿本で 3 葉（*Walad*/*F4518*：69b-71b）の分量にすぎないが別に章が設けられている。その章題は「2 章 faṣl：イランとカヤーンとサーサーンとアシュカーンの諸王 mulūk-i Īrān wa Kayān wa Sāsāniyān wa Ashkāniyān」であり，四王朝叙述法を採るが，最初の王朝はピーシュダード朝ではなく，イランの諸王と呼ばれている（*Walad*：167）。ここでは，ペルシア諸王は，王朝毎に区分される形ではなく，「○番目の王は何某」という形で，初代から 60 代目までの王の名前と統治年が列挙されている。一方で，各人の事績についてはほとんど言及がない。幾つか情報源を詳しく示している箇所があるが，そこには次のように書かれている。

> 6 番目の王は公正なるファリードゥーン。彼は公正を行い，良き四肢を持ち，良き性格で，良き顔を持つ。500 年間。しもべたる著者は『諸王への忠告 *Naṣīḥat al-Mulūk*』とそれ以外の書物における内容の相違のために，奇妙なことに直面している。歴史家たちの意見の一致するところでは，ファリードゥーンはダッハークの後，アードの息子シャッダードの前に位置付けられる。また，『預言者伝 *Qiṣaṣ*』には，モーセの全生涯 120 年のうち 20 年間がファリードゥーンの時代に，100 年が有名なマヌーチフル

の時代に費やされたとある。もしファリードゥーンが単純に一人であるならば，ダッハークとシャッダードの間の時間はどこに位置するのか。アブラハムの後しばらくやって来たモーセの時代はどこに位置するのか。もしファリードゥーンが2人だと仮定するなら，一人は既に述べた男だが，もう一人は誰になるのか。（*Walad*：168–169）

ここでは，ファリードゥーンの治世を旧約的普遍史の文脈に位置付けるために，『諸王への忠告』と『預言者伝』という二つの典拠が用いられている。これら以外には，『クルアーン』や『天文表 *Zīj-i Munajjimān*』が典拠として利用されており，年代の比定を試みている様子が確認できる。例えば，サーサーン朝のクバードに関する説明は次のようになっている。

48番目の王は前述のクバード・ブン・フィールーズ。40年間。これについては，イマーム・ガザーリーの書物が信頼できるが，『天文表 *Zīj-i Munajjimān*』によれば，賢人ジャーマースブがクバードの息子とされ，先に記録されている。ガザーリーの書の方がより信頼でき，考慮すべきものである。（*Walad*：172）

ペルシア人の祖カユーマルスについての説明では，①アダムの息子説，②セツの息子説，という二つの伝承が紹介され，前者が有力な伝承とされる。そしてアダムは，息子であるカユーマルスに王位を，もう一人の息子セツに預言者位を授けたと説明を続ける（*Walad*：167–168）。この記述は『諸王への忠告』の内容に一致している（*Naṣīḥat*：84–88）。カユーマルス以降の古代ペルシア史も，『諸王への忠告』の内容に極めて近く（付表参照），この内容も全面的に『諸王への忠告』に依拠し，他の文献（『天文表』など）を参照しながら加筆・修正を施したものと思われる[40]。異なる文献の内容がこれほどまでに一致する事例は

40） アシュカーン朝の君主は，アシュク1世（11年）とアシュク2世（25年）の2人の名前しか確認できない（*Walad*：170）。これは，おそらく『諸王への忠告』にはアシュカーン朝の諸王の記述が存在しないためで，両者については『天文表』から情報を補ったものと思われる。そのせいかこの後のサーサーン朝の王名表に混乱が見られる。31番目のフルムズ2世（70年5ヶ月）の後には38番目のシャープール2世（70年）

珍しい。

また一部で，古代ペルシアの諸王の旧約的普遍史の文脈における位置付けが説明される。例えば，タフムーラスとエノク，そしてダッハークとノアが同世代であったとか（*Walad*: 168），8番目の王としてアラブ人のアードの名前を挙げ，預言者フードの時代の人物とする説明が見られる。また，アードの子どもシャッダードは12番目と王とされる（*Walad*: 169）[41]。さらに，サーサーン朝のアヌーシルワーンの治世以降，同時代を生きていたムハンマドの事績が諸王の事績の中に挿入されている（*Walad*: 172）。

イランの諸王

続く第2巻「ムハンマド以降1332/3年までの歴史」は，まず「ムハンマド」（177–182），「正統カリフ（ハサン含）」（182–210），「ウマイヤ朝」（210–242），「アッバース朝」（242–339）という章が続き（括弧内は校訂本*Walad*の頁数），アラビア語普遍史書のように，ムハンマドからアッバース朝滅亡までの歴史が，1年毎の年代記形式で綴られているのが特徴である。そのために，イランの諸王の歴史は独立した項目で説明されず，関係する年に折に触れて言及されるという形になっている。そこには，バイダーウィーやムスタウフィーなどのペルシア語普遍史書，あるいは『王書』などの書名は確認できない。

そして，アッバース朝滅亡後に設けられているのが，フラグに始まる「イルハーン朝」（339–343）である。その後，「カリフ史補遺」（343–344），「サーマーン朝」（344–346），「セルジューク朝」（346–372），「その他の諸王朝」（372–382）と続く。この箇所も同様に，1年毎の年代記形式で綴られており，王朝史の集成という形にはなっていない。そのためであろうか，イランの諸王の系譜を古代ペルシアの諸王に関係付けたり，あるいは，チンギス家の系譜をオグズ・

が続くはずだが，バフラーム・ブン・フルムズ（24年15(ママ)ヶ月5日），フィールーズ・ブン・フルムズ（17年2ヶ月10日），ナルスィー・ブン・フィールーズ（33年5ヶ月5日），アルダワーン（20年数ヶ月），アルダシール・バーバカーン，フルムズ・ブン・シャープール（1年2ヶ月数日）なる6人の名前が混入している（*Walad*: 171）。

41）アブラハムと同時代とされるニムロドは，13番目の王カイクバードの伝記の中で登場する（*Walad*: 169）。

ハーンに関係付ける系譜は確認できない。このような形で，『心優しい子ども』における人類の系譜は，旧約的普遍史に基づいた内容になっているのである。

(3)　シャバーンカーライー『系譜集成』(1335/6年)

史料の性格

アブー・サイードの最晩年に編纂されたペルシア語普遍史書に，イルハーン朝に仕えた歴史家・頌詩詩人シャバーンカーライー Muḥammad b. ʻAlī b. Muḥammad b. Ḥusayn b. Abī Bakr Shabānkāraʼī (1293/4-)[42] の手になる『系譜集成 *Majmaʻ al-Ansāb*』がある。『系譜集成』の初版本が編纂されたのは 733／1332/3年のことであった。その目的は，『クルアーン』や信仰に関する知識を獲得し，過去の歴史の経験を現在に生かすために，先代の諸預言者や諸王の歴史や系譜，伝記の知識に関する有用な要約 mukhtaṣar を書くことにあった。『系譜集成』は完成後，ギヤース・ラシーディーのもとに送られ高い評価を得るも，1335年にアブー・サイードは亡くなり，彼の手に渡ることはなかった。その後，ギヤース・ラシーディーの邸宅が略奪された際，彼の手元にあった『系譜集成』は散逸してしまう[43]。現在に伝わるのは，シャバーンカーライー自身が書き直し，序文を付け加えた上で，新しく即位した傀儡イルハーン朝君主ムハンマド・ハーン（在位 1336）に献呈した版，およびそこから派生した複数の版である（大塚 2014a : 13-15）。現存する『系譜集成』の手稿本群はおよそ A，B，C の 3 系統に分類できるが（大塚 2014a : 4-6），校訂本で底本とされているのは，ファルユーマディー Ghiyāth al-Dīn b. ʻAlī Nāyib Faryūmadī なる人物がナジュム・アッディーン Najm al-Dīn Khiḍr b. Tāj al-Dīn Maḥmūd Ghāzī Bayhaqī の命令で編纂した，759年ズー・アルヒッジャ月／1358年までを対象とした補遺

42）校訂者モハッデスをはじめとする先行研究では，シャバーンカーライーの生年は，根拠を示さずに「697／1297/8年」頃だとされていた（Muḥaddith 1363kh : 5）。しかし，シャバーンカーライー自身，『系譜集成』の執筆を始めた 733／1332/3年は 40 歳の時であったと述懐しているため（*Ansāb*, Vol. 1 : 14-15），本書では生年を 693／1293/4年に設定した。

43）以上の経緯は『系譜集成』第 2 版の序文で説明されている（*Ansāb*, Vol. 1 : 14-17）。

を含む A 系統の手稿本群である（続編の他に，1379 年までの増補記事が含まれている）[44]。A 系統の手稿本群の内容・分量は，これ以降に完成した C 系統と大きく異なり，本来はそれぞれの手稿本の内容を提示し検討する必要があるが，議論を複雑にしないために，本書では主に現行の校訂本に依拠して議論を進める。

古代ペルシア史の位置付け

序文に続く博物誌では，主に地誌や世界の人々について説明される。そこでは，天地創造や世界の七つの気候帯の説明の後，①中国人，②テュルク人，③ローマ人，④アラブ人，⑤ペルシア人 fārs，⑥インド人，⑦アビシニア人，という七つの国の人々の説明へと移る（*Ansāb*, Vol. 1：50）。このような世界が七つの民族から構成されるという考え方は，古代ペルシアの世界観からきている。ここでは，これらの人々の旧約的普遍史の文脈における位置付けには触れられていない（*Ansāb*, Vol. 1：50–58）。また，ペルシア人に関する説明が何故か脱落している[45]。ペルシア人に関する記述が確認できるのは，古代ペルシア諸王に関する章においてである。

表 6–3 が『系譜集成』の章構成だが，前イスラーム時代に関しては，これまでの普遍史書では確認できなかった，独自の区分を用いている。シャバーンカーライーは，「セツ一族」，「カユーマルス一族」，「アード一族」，「ファリードゥーン一族」，「カヤーン一族」，「ルフラースブ一族」，「諸地方政権 mulūk-i tawāyif」，「ギリシア諸王」，「ローマ諸王」，「アラブ諸王」，「イエメン諸王」，「アシュカーン朝」，「サーサーン朝」，「皇帝たち（アヌーシルワーン以降）」という項目に分類する。古代ペルシア四王朝叙述法は採用されず，ピーシュダー

44）以上の経緯は『系譜集成続編 *Dhayl-i Majmaʻ al-Ansāb*』の序文で説明されている（*Ansāb*, Vol. 2：339–341）。

45）ノアの子孫に関する説明では，アラブ人はセムの末裔，インド人とアビシニア人はハムの末裔，ローマ人，テュルク人，スラヴ人，ゴグ・マゴグはヤペテの末裔，という形になっており（*Ansāb*, Vol. 1：77），ここでもペルシア人に関する説明は確認できない。なお，これらの民族のうち，アラブ人についてのみその詳細が説明されている（*Ansāb*, Vol. 1：199–202）。

表 6-3　『系譜集成』の章構成（*Ansāb*, 2 vols.）

『系譜集成』第2版序文	2部2章2節1項：正統カリフ（ハサン，フサイン含）
『系譜集成』初版序文	2部2章2節2項：ウマイヤ朝
博物誌	2部2章2節3項：アッバース朝
本文冒頭 āghāz-i kitāb-i *Majmaʻ al-Ansāb*	2部3章1節：サッファール朝
目次 fihrist al-ansāb	2部3章2節：サーマーン朝
預言者（ムハンマドまで）	2部3章3節：ガズナ朝
1部1章1節：セツ一族	2部3章4節：ブワイフ朝
1部1章2節：カユーマルス一族	2部3章5節：セルジューク朝
1部1章3節：アード一族	2部3章6節：グール朝
1部1章4節：ファリードゥーン一族	2部3章7節：イスマーイール派
1部2章1節：カヤーン一族	2部3章8節：ホラズムシャー朝
1部2章2節：ルフラースブ一族	2部4章2節1項：シャバーンカーラの地方政権
2部1章1節：諸地方政権	2部4章2節2項：ファールスの地方政権
2部1章2節：ギリシア諸王	2部4章2節3項：キルマーンの地方政権
2部1章3節：ローマ諸王	2部4章2節4項：ロレスターンの地方政権
2部1章4節1項：アラブ諸王	2部4章2節5項：ヤズドの地方政権
2部1章4節2項：イエメン諸王	2部4章2節6項：フルムズの地方政権
2部1章5節：アシュカーン朝	2部4章1節1項：カーアーンの一族[46)
2部2章1節1項：サーサーン朝	2部4章1節2項：イルハーン朝
2部2章1節2項：諸皇帝（アヌーシルワーン以降）	『系譜集成続編』

ド朝はカユーマルス一族とファリードゥーン一族に，カヤーン朝はカヤーン一族とルフラースブ一族に，サーサーン朝はサーサーン朝と皇帝たちに区分されている。この後，イスラーム時代の歴史が続くが，冒頭には「アラブの諸王 mulūk。彼らはカリフと呼ばれる」（*Ansāb*, Vol. 1：255）とあり，カリフが王と評価されている。

『系譜集成』の古代ペルシアの諸王の位置付けも『心優しい子ども』と同様に，『諸王への忠告』に近い。アダムの2人の息子，セツとカユーマルスが諸王の系譜の始まりだとされる。「セツ一族」では，エノス，カイナン，マハラレル，イェレドが，アダムとエノクの間に君臨した王だとされる。それに続くのが，「カユーマルス一族 Kayūmarthiyān」である（*Ansāb*, Vol. 1：195–196）。

> アダムの子カユーマルス。歴史家の一致するところでは次の通りである。カユーマルスはアダムの子である。ノアの息子だと言う者もいるが，前者

46）校訂本の底本とされたA系統の手稿本では，モンゴル史に関する2部4章1節が，地方政権に関する2部4章2節の後ろに配置されている（大塚 2014a：15）。

> の方がより適切である。マハラレルの息子イェレドの時代までは，セツ裔に属する諸王がアダムの末裔たちの中で王権を行使していた。彼らは預言者の慣習を持ち，神の書 kitāb-i ilāhī に従い業務を遂行していた。しかし，エノクが預言者として現れた時，その王権はセツ裔から切り離され，アダム裔のものとなった。アダムの子では，カユーマルスだけが生き残っており，全てのアダム裔の同意を得て，王位に就いたのである。(*Ansāb*, Vol. 1：197)

カユーマルスをセツの兄弟とし，その末裔を王と考える伝承は，イルハーン朝時代のペルシア語普遍史書では頻繁に引用されている。最終的にセツ裔が，アダムの預言者としての属性を引き継ぎ，カユーマルス裔が，アダムの王としての属性を引き継いだという解釈は，旧約的普遍史の文脈においても古代ペルシア史の文脈においても受け入れられる内容であった。ただし，『バナーカティー史』以前の普遍史書では，最終的に古代ペルシア史はノアの後に接合され，古代ペルシア諸王の王統がノア以前にさかのぼるという解釈が採用されることはなかった。ところが，『選史』以降，古代ペルシア諸王の王統がノア以前にさかのぼることは問題視されなくなる。逆に旧約的普遍史の方が，古代ペルシア史の影響を受けて再解釈されているようにすら見えるのである。また，カユーマルスの息子はスィヤーマク，その息子はフーシャングとされ（*Ansāb*, Vol. 1：197)，ゾロアスター教的要素を象徴するマシーは登場しない。

『系譜集成』には全ての典拠は必ずしも明記されていないが，『王書』という書名が4箇所で確認できる（*Ansāb*, Vol. 1：200, 205, 209, 213)。しかし，いずれの内容も，詳細は『王書』に書かれている，といった程度の扱いにすぎず，その内容が引用されているわけではない。また，『王書』の内容が全体の構成に影響を与えているようには見えない。全体の内容も，時間軸に沿って歴史を書き進めていくという方法をとっていないためか，統治年が明記されていない王も多く（付表参照)，他では見られない内容になっている。

イランの諸王

古代ペルシア史を叙述する際に独自の方法を用いたシャバーンカーライーは，イスラーム時代の諸王朝を，どのように人類史の中に位置付けたのであろうか。彼は2部4章1節では，イランという言葉を用いず，「アッバース朝時代に各地域を支配した諸王」（*Ansāb*, Vol. 2：17）と区分し，①サッファール朝，②サーマーン朝，③ガズナ朝，④ブワイフ朝，⑤セルジューク朝，⑥グール朝，⑦イスマーイール派，⑧ホラズムシャー朝，という八つの王朝の項目を設けている。ただし，『集史』や『選史』とは異なり，これらの王朝の出自が伝説上の王に求められることはなく，テュルクやアラブなど民族的出自しか記載されていない（大塚2007：89）。唯一の例外が，2部4章2節「イランの地の地方政権」で紹介されるシャバーンカラーラの地方政権である。この王家に関しては，サーサーン朝の名祖アルダシール1世の末裔とされ，古代ペルシアの諸王にさかのぼる系図が紹介されている（*Ansāb*, Vol. 2：151）。ただし，その詳細については次章で述べるが，これは実際にシャバーンカーラの地方政権がアルダシール1世の末裔を主張していたためであり，諸王朝を普遍史の中に位置付けようとしたためのものではないと考えられる。モンゴルの出自についても，ジュワイニー著『世界征服者の歴史』に依拠した内容になっており，オグズ伝承からの影響は確認できず（*Ansāb*, Vol. 2：225），イルハーン朝時代に編纂された他の歴史書とは一線を画した構成や内容になっている。

(4) アクサラーイー『月夜史話』（1323年）

なお，アブー・サイードの治世にイルハーン朝宮廷で編纂された歴史書に，723／1323年にアクサラーイー Maḥmūd b. Muḥammad al-Karīm al-Aqsarā'ī が，イルハーン朝のルーム太守ティムールターシュ Timūrtāsh に献呈した『月夜史話 *Musāmarat al-Akhbār*』がある（*Musāmarat*：1b–2b）。この著作は，これまでルーム・セルジューク朝史だと評価されてきた文献ではあるが，その章構成は第1部 aṣl「ローマ人，アラブ人，ペルシア人 al-fārisīya，マリクシャー Malikīya の暦[47]」，第2部「ヒジュラ暦，教友と正統カリフ（ハサン含）以降のカリフの歴史」，第3部「セルジューク朝史」，第4部「モンゴル史」となっており（*Musāmarat*: 3a），ペルシア語普遍史書の構えをとっている。ただし，第1部には暦の簡単な説明しかなく前イスラーム時代の歴史事項が扱われていないため，本書では内容については論じない。

章　結

以上，本章では，アブー・サイードの宮廷で編纂されたペルシア語普遍史書における古代ペルシア史叙述の変遷，また，アダムに始まる人類史の中にテュルク・モンゴル系の諸王がどのように組み込まれていったのか，について検討してきた。その主な結論は次の通りである。

（1）アブー・サイードの宮廷で編纂されたペルシア語普遍史書では，カユーマルスをノアの洪水以前に位置付ける伝承が受け入れられるようになっていく。この伝承に根拠を与えたのが，ガザーリーの『諸王への忠告』であった。イルハーン朝時代には，旧約的普遍史の内容に微修正が施され，カユーマルスがアダムの息子にあたることが理由付けられるようになった。

（2）イルハーン朝時代に新たにペルシア語普遍史書に組み込まれたオグズ伝承は，ムスタウフィーにより，その内容に微修正が施された。ムスタウフィー以前のオグズ伝承は，旧約的普遍史におけるモンゴルの一族の位置付けを示すものであったが，ムスタウフィーはオグズ伝承を古代ペルシア史の文脈にも位置付けている。『選史』によって，旧約的普遍史，古代ペルシア史，オグズ伝承，この三者の関係が初めて整理されることになったのである。

（3）ムスタウフィーの『選史』はイランの地を支配したアラブ，ペルシア，テュルクの諸王の歴史を，アダムに始まる人類の系譜の中に位置付ける，というものであった。そのため，それぞれの王朝の起源を，イスラーム以前の王朝に求め，明確に示している。このような歴史叙述は後世の歴史家に多大な影響

47）4番目の暦は，セルジューク朝3代君主マリクシャー（在位 1072–92）の宮廷でウマル・ハイヤーム ʻUmar Khayyām（1048–1131）が作ったジャラーリー暦のこと。

を与えた。

(4) その中で重要なものの一つが，ムスタウフィーによる地理概念の定義である。彼はイランの地をイルハーン朝の領域に相当するものとして，トゥランの地をチャガタイ・ウルスに相当するものとして，定義した。これにより，『王書』が規定したイランとトゥランの対立という地理認識は，現実の歴史を叙述する際にも利用されるようになっていく。

第 II 部結論

第 II 部では，フィルダウスィーの『王書』の成立後，セルジューク朝時代からイルハーン朝時代にかけて，①預言者の歴史，②古代ペルシア史，③イスラーム史，④イランの諸王朝の歴史，という四章構成の普遍史叙述が一般的となり，時の君主が自らの王統をアダムに始まる人類史の中に位置付け，支配の正当性を主張する道具となっていく過程について検証した。

セルジューク朝時代に編纂された文献には，様々な形で『王書』に関する言及があり，この時代には既に『王書』が好評を博していたことが確認された。この傾向は歴史書においても同様に見られ，『史話要説』のように，『王書』を古代ペルシア史の典拠の一つとする普遍史書も編纂されるようになった。それぱかりではなく，この『史話要説』には，『歴史の秩序』の特徴とされる章構成が既に確認できる。このことは，『歴史の秩序』というペルシア語普遍史書が，モンゴルが建てたイルハーン朝という特殊な環境下で，独自に創られたものではなく，既存の文献に依拠して成立したものであることを示している。イランという地理概念の利用についても，同様のことが言える。既にセルジューク朝時代に，イランやイランの地という言葉に重点を置いた歴史書が編纂され，ルーム・セルジューク朝の君主のように，古代ペルシアの諸王の名を持つ王侯も存在していた。諸王朝の君主がイランの王として支配の正当性を主張するようになる，という現象は，セルジューク朝時代に既に始まっていたのである。

イルハーン朝宮廷で編纂された『歴史の秩序』は，モンゴルをイランの諸王に含めることで，イランにおけるモンゴルの支配を正当化した，という定説の妥当性は本書でも確認された。しかし，『歴史の秩序』においては，諸民族の系譜におけるモンゴルの位置付けが明示されていないばかりか，その他のイランの諸王朝の位置付けについても明示されていない。諸民族の系譜におけるモンゴルの位置付けが明らかにされたのは，『集史』においてであった。『集史』は中国やヨーロッパの歴史を含む「世界史」という扱いを受けることが多いが，モンゴルの系譜を旧約的普遍史に接合し，オグズ伝承という「歴史」を基軸に諸王朝の歴史を叙述した点に特徴がある。ただし，そこでは，イランの諸王にモンゴルを含めるというレトリックは用いられず，モンゴルのイラン支配を正当化するという内容にはなっていない。イルハーン朝宮廷では，『歴史の秩序』のような歴史叙述は決して一般的ではなかったのである。

このイランを重視した『歴史の秩序』とテュルク系の出自を重視した『集史』の内容を一つに繋げたのがムスタウフィーの『選史』であった。ムスタウフィーは，イランの地に興隆したアラブ，ペルシア，テュルク・モンゴルの諸王の歴史を一つにまとめるために，それぞれの伝承の年代比定を行っており，三つの伝承を接合することに成功した。ムスタウフィーの歴史叙述は，イランとトゥランの対立を基軸に歴史を叙述するフィルダウスィーの手法をイルハーン朝時代に適用するものであったが，彼の叙述方法は同時代の歴史家に完全に受容されたわけではなかった。イランとトゥランの対立が現実味を帯びるようになるのは，実はイルハーン朝滅亡後のことであり，ムスタウフィーが用いた叙述方法は後世の歴史家に受容されていくことになる。

第III部

ペルシア語普遍史書の再編

――『ペルシア列王伝』から『歴史集成』へ――

これまでのペルシア語歴史叙述研究において注目されてきたのは，1335 年のアブー・サイードの死に至るまでのイルハーン朝宮廷における歴史編纂事業と 1370 年に成立するティムール朝宮廷における歴史編纂事業であった。『イラン百科事典』の「歴史叙述」の項目を確認してみても，「モンゴル時代」と「ティムール朝時代」という形で項目分けがなされ，必然的にイルハーン朝とティムール朝の間の時期に編纂された文献に関する扱いは小さくなっている (Melville 2004; Szuppe 2004)。ティムール朝史研究の大家のウッズ J. E. Woods も「ティムール朝期歴史叙述の勃興」という論文の冒頭で，「736／1335 年のアブー・サイード・バハードル・ハーンの死後，西イランの歴史叙述の伝統 the western Iranian historiographical tradition は，イルハーン朝を呑みこんだ政治的移行期にほとんど駆逐されてしまった」と評価している (Woods 1987: 81)。2012 年に刊行された，これまでのペルシア語歴史叙述研究の集大成と位置付けられる『ペルシア語歴史叙述』においても，該当する時代は，「モンゴル・ティムール朝時代 1250–1500 年」と括られ，両王朝の間の時期が果たした歴史的重要性に関する評価はなされていない (Melville 2012: 155–208)。また，イランという地理概念の成立に関する研究もこういった前提に立ってなされるため，両王朝の狭間の時期については検討されていない (Ashraf 2006)。

アブー・サイードが死去し，彼の宰相を務めていたラシードの息子ギヤース・ラシーディーが処刑された後，イルハーン朝領内が混乱状態に陥ったことは疑いようのない事実である。その後イルハーン朝領内では，チンギス・ハーンの血統を受け継ぐ傀儡君主を奉じる有力諸侯たちが乱立することになる。しかし，このような状態に陥ったからといって，イルハーン朝宮廷で花開いた宮廷文学の伝統が一気に廃れてしまったわけではなかった。それどころか，この時期はペルシア文学研究者からは極めて高い評価を受けている。ブラウンは，「ペルシア文学が最も花開いたのはまさにその無秩序と権力分散の時代においてであった」と評価し，その短い期間に 12 人の第一級の詩人が活躍していたと指摘する（対照的に，繁栄を極めたサファヴィー朝時代には，その半数の詩人しか現れなかったとしている）(Browne 1928, Vol. 3 : 160)。例えば，ペルシア文学に輝かしい足跡を残したハーフィズ Ḥāfiẓ Shīrāzī（1326–90）が活躍したのはまさにこの時代のことであった。彼を庇護したのは，インジュー朝（1325–53）4代君主アブー・イスハーク（在位 1325–53）とムザッファル朝（1314–93）2代，4代君主シャー・シュジャーウ（在位 1358–64, 1366–84）という2人の地方政権の君主であった。

このようにペルシア文学史上重要な時代の一つであるイルハーン朝とティムール朝の狭間の時代は，歴史叙述研究においては重要視されてこなかった。それは，ラシードの『集史』に比する史料的価値を持つ歴史書がこの時代に編纂されなかったなど様々な要因が考えられるが，ペルシア語普遍史書，また，ペルシア語歴史叙述の発展を考える上では避けては通れない時代である。そこで，第 III 部前半においては，未刊行の史料も含め，イルハーン朝末期以降に興隆した地方政権における文献を中心に検討を行う。第7章では，地方政権におけるペルシア語文芸活動の重要性も考察するために，ハザーラスプ朝という，これまで研究が少なかった王朝の事例を詳しく論じる。続く第8章では，他の同時代の地方政権の事例を扱い，それを一般化する。そして，第 III 部の後半，第9章では，地方政権によって編纂された歴史叙述と人類史認識がどのようにティムール朝期に継承されていったのか，について論じたい。

第7章

古代ペルシア史の再編

――ハザーラスプ朝におけるペルシア語文芸活動と『ペルシア列王伝』――

はじめに

イルハーン朝時代，領域内の各地には，イルハーン朝から地方の統治を委任された地方王朝が鼎立していた。ヘラートを拠点とするクルト家によるクルト朝（1245–1389），ファールス地方を拠点とするインジュー朝（1325頃–53），ロレスターン地方を拠点とするハザーラスプ朝（1155/6–1424）などがそれに当たるが，これらの王朝は，アブー・サイードの没後イルハーン朝が実質的に滅亡した後も変わらず地方を統治し続けていた[1]。これまでの研究では，これらの王朝については，主に政治史的視点から，在地の地方政権と中央のイルハーン朝政権の力関係について論じられてきた。

一方で，これらの地方王朝で花開いた文芸活動に関するまとまった論考は，管見の限り存在していない。ペルシア語歴史叙述研究において，13世紀後半から14世紀にかけて編纂された文献については，主にイルハーン朝という主体を軸に分析がなされてきており，その中では，地方王朝の存在は無視されてきたと言ってもよいだろう。本章では，ハザーラスプ朝という地方王朝を事例に，普遍史叙述の発展に影響を与えた，地方政権における文芸活動の保護の意

1）クルト朝については本田（1991：127–163）を，インジュー朝については渡部（1997）を参照。イルハーン朝末期には滅亡しているが，キルマーンのカラヒタイ朝（1222–1307）やファールスのサルグル朝（1148–1282）などの王朝も挙げられる。これらのイルハーン朝時代の地方政権については，レイン G. Lane がモンゴルによるイラン統治を扱った専門書の中で詳しく説明している（Lane 2003：96–176）。

義について考察したい。

本章で主な分析対象となるのは，ハザーラスプ朝宮廷で編纂された『ペルシア列王伝 *al-Muʿjam fī Āthār Mulūk al-ʿAjam*』である。近年，イルハーン朝時代に編纂された文学作品の研究が進み，メルヴィルと渡部により，イルハーン朝時代に著された『王書』を模倣した韻文史書に関する研究が相次いで発表された（Melville 1998 ; Melville 2007b ; 渡部 2007）。しかし，これらの研究の関心は韻文史書のみに向けられており，『ペルシア列王伝』のように散文で著された古代ペルシア史が注目されることはなかった[2)]。もちろん，これらの韻文史書には高い史料的価値が認められるものの，手稿本の数も少なく，後世の文献で引用された形跡は確認できない。一方，後述するように，『ペルシア列王伝』は，後世の歴史家に頻繁に参照され，後世の歴史叙述に大きな影響を及ぼすことになるのである。

1　ハザーラスプ朝史研究の意義

ハザーラスプ朝[3)]は，イラン南西部ロレスターン地方に位置する，ザグロス山中の盆地に築かれた町イーザジュ Īzaj[4)] を拠点に約 300 年弱続いた地方王朝である。これまでは，この地方王朝の歴史が研究者の注目を集めることはほとんどなかった。しかし，この王朝の治世を生きた知識人たちの評価は違った。特に，イルハーン朝末期に活躍した知識人たちはこの王朝のことを極めて高く評価していた。例えば，シャバーンカーライーは『系譜集成』「ロレスターンの地方政権」の冒頭で次のように述べている。

2）ペルシア語歴史叙述に関する最新の成果 Melville（2012）でも取り上げられていない。

3）ハザーラスプ朝という呼称は，王朝の支配基盤を固めた 2 代君主ハザーラスプ Hazārasb の名に由来する。しかし，これは現代の研究者の間で用いられている呼称であり（例えば，Bosworth 1996 : 205–206），同時代の文献では，専ら「大ロルのアターベク王朝 Atābakān-i Lur-i Buzurg」と呼ばれている。

4）「マーラーミール Māl-amīr（アミールの財産）」と呼ばれることもあった。イスラーム時代以前に起源を持つ町で，エラム時代の遺跡が数多く残る（Bosworth 1986 : 1015b）。現在の州区分ではフーゼスターン州に属し，「イーゼ Īdha」と呼ばれている。

> 彼らはとても偉大な王 mulūk で，彼らの事績は世界に知られている。今日，いかなる土地にも古（いにしえ）の王は残っていないが，彼らの王家は未だ健在で，まさにイランの地 Īrān-zamīn の諸王の慣習・儀礼を備えており，彼らの大望および高き地位・位階は火を見るよりも明らかである。それ故に，彼らの歴史に関して耳にしたことをできる限り多く記載しなければならないのである。（*Ansāb*, Vol. 2 : 206）

シャバーンカーライーのパトロンは，イルハーン朝宰相のギヤース・ラシーディーであり，現存する文献からは彼とハザーラスプ朝との深い関係は確認できない[5)]。それにもかかわらず，ハザーラスプ朝君主は古の王の末裔であり[6)]，イランの諸王の慣習・儀礼を継承する王朝である点を強調しながら賞賛しているのである。この評価に大きく影響したと考えられるのが，9 代君主ヌスラト・アッディーン・アフマド Nuṣrat al-Dīn Aḥmad（在位 1296–1331/2）[7)]という名君の存在である。シャバーンカーライーは，同時代にイーザジュを統治していたヌスラトのことを歴代のイランの諸王の中でも最も偉大な王だと評価している。

> 彼［ヌスラト］はアターベクたちの目の喜びにして王家の精髄である。イランの地 Īrān-zamīn の諸王が玉座に就き始めて以来，いつの世代・時代に

5）それどころか，『系譜集成』には，彼の出身地シャバーンカーラを拠点とする地方政権のために編纂された王朝史への言及が見られ（渡部 2007 : 54），むしろハザーラスプ朝以外の地方政権との深い関係がうかがえる。

6）イルハーン朝時代の文献では，「ロルの古の諸王の末裔 az mulūk-i qadīm-i Lūr」（*Jahān-gushāy*, Vol. 2 : 113），「古の大王の末裔 az akābir-i mulūk-i qadīm」（*Jāmiʿ*/*Rawshan*, Vol. 1 : 506）と同じように評価されている。

7）ヌスラトの没年は，「730／1329/30 年」あるいは「733／1332/3 年」だと考えられてきた（Minorsky 1927 : 47b ; Bosworth 1996 : 205）。先行研究で利用されている文献から推測するに，1329/30 年説の根拠となったのは『世界を飾る者の歴史 *Tārīkh-i Jahān-ārā*』（1564/5 年），1332/3 年説の根拠となったのは『清浄園 *Rawḍat al-Ṣafā*』（1498 年）または『栄誉の書 *Sharaf-nāma*』（1596 年）といずれも後世の文献の記述だと考えられる（*Jahān-ārā* : 171 ; *Rawḍat*, Vol. 7 : 3635 ; *Sharaf* : 31）。一方，同時代史料である『系譜集成』では，没年は「732／1331/2 年」とされている（*Ansāb*, Vol. 2 : 209）。本書では，積極的に否定する根拠がない以上，同時代史料の記述の方を優先すべきであると考え，この没年を採用した。

おいても，彼の如き良き性格と良き信仰を備えた偉大な王が脚を玉座の土台へと運んだことはなかった。いかなる伝承・歴史においても，彼により世界に広められ，私の眼で目撃した下賜品・喜捨・褒賞の如きものを，読んだことがない。(*Ansāb*, Vol. 2 : 208)

同じくイルハーン朝に仕えたムスタウフィーも，ヌスラトの治世を高く評価している (*Guzīda* : 548–549)[8)]。

テュルク・モンゴル系の王朝であるイルハーン朝支配下のイランでは，イルハーン朝に恭順したペルシア系の地方政権が並び立っていた。その数ある地方政権の一つにすぎなかったハザーラスプ朝が，歴代のイランの諸王の中で最高の評価を獲得するに至ったのには，どのような理由があったのだろうか。同様にイルハーン朝知識人の賞賛を集めた地方のペルシア系の有力者として，ヤズドのニザーム家の事例が既に紹介されてはいるものの (Aubin 1975 ; 岩武 1989)，地方政権の君主たちの中で群を抜いた評価を獲得したハザーラスプ朝の事例に関しては，専論が存在しないだけではなく，こういった事実すらほとんど知られていないのが現状である。

そこで，本章では，ヌスラトに対する高い評価の要因の一つだと考えられる，ハザーラスプ朝のヌスラトの宮廷で活発に行われていたペルシア語文芸活動を主に扱うことにする。これまでの研究では，13–14 世紀におけるペルシア語文芸活動の隆盛に果たしたイルハーン朝の役割が強調されることが多かったが[9)]，ペルシア系の地方政権の役割の重要性が説かれることはなかった。しかし，イルハーン朝時代の歴史を考える上で，政治面においてだけではなく，文化面においても，イルハーン朝と地方政権との関係を考えることは重要な作業であると考えられる。このような問題意識の下で，以下では，これまで史料として有

---

8) 後掲の表 7-1 で網掛けをした文献における「ハザーラスプ朝史」は，すべて『選史』4 章 11 節「ロレスターン・アターベク王朝史」と同系統の内容になっている。それ故，後世の文献におけるヌスラトへの評価は一様に高い (*Iskandar* : 214a ; *Muʻīnī* : 253b ; *Majmaʻ/M1465* : 107a ; *Rawḍat*, Vol. 7 : 3634–3635 ; *Sharaf* : 31)。

9) 先行研究で強調されてきたのは，ラシード・アッディーンによる文芸活動の庇護・奨励で，それがヤズドのニザーム家など地方における文芸活動に与えた影響が指摘される程度であった (例えば，Blair 1996)。

効に用いられてこなかったハザーラスプ朝宮廷で編纂された献呈作品の分析を通じ，ヌスラトによるペルシア語文芸活動の庇護・奨励の実態を明らかにし（第 2 節），そこに地方政権の君主のどのような政策が反映されているのかについて議論する（第 3 節）。この作業を通じて，イルハーン朝支配下のイランの歴史におけるペルシア系の地方政権の位置付けについて再考したい。

2　ヌスラト・アッディーンによる文芸活動の庇護・奨励

ハザーラスプ朝史概説と研究史

ヌスラトによるペルシア語文芸活動の庇護・奨励を論じるための予備的な作業として，まずはハザーラスプ朝という王朝に関する基礎的な情報と研究史を紹介したい。『イスラーム百科事典』新版の「ハザーラスプ朝」および「大ロル」の事典項目の概説的な説明に基づけば（Spuler 1971 ; Minorsky 1986），王朝の歴史はおおよそ以下のようにまとめられる（君主の即位順については諸説あるが，とりあえず Spuler（1971）の記述に従った）。

王朝の創始者は，シリアのクルド系部族出身のアブー・ターヒル Abū Ṭāhir ʻAlī b. Muḥammad で，もともとは，ファールス地方を拠点とするサルグル朝（1148–1282）の軍司令官を務めていたが，550／1155/6 年にアターベク[10]を名乗り独立を果たした。サルグル朝からの独立後，アッバース朝から支配の承認を受け，ホラズムシャー朝と婚姻関係を結ぶなどして，その勢力を維持していたが，フラグの西征の最中，モンゴル軍の傘下に加わったとされる。ただし，5 代君主ティクラ Tikla はフラグの命令により，8 代君主アフラースィヤーブ Afrāsiyāb（在位 1281/2–96）はガザンの命令により処刑されるなど，決して常に良好な関係であったわけではなかった。対照的に，続く 9 代君主ヌスラトの

10）元来「アターベク」とは，セルジューク朝やその後継王朝において幼少の王子を託された後見人の称号であるが（谷口 2002），アブー・ターヒルがそれにあたる職に就いた記録はない。ハザーラスプ朝君主は代々，この称号を君主の称号として使用していた。

治世は，イルハーン朝と良好な関係を維持し，王朝が最も繁栄した時代だとされる。イルハーン朝滅亡後のハザーラスプ朝は，ムザッファル朝やティムール朝と衝突を繰り返しながらもその命脈を保ったが，最後的には，1424年にティムール朝3代君主シャー・ルフ（在位1409–47）の息子イブラーヒーム・スルターン（1435没）の攻撃を受け，滅亡した。

このようにハザーラスプ朝は300年弱続いた王朝であるにもかかわらず，これまでの研究ではその存在が注目されることはまずなかった。王朝に関するまとまった説明は，百科事典の項目中に（Minorsky 1927；Spuler 1971；Minorsky 1986；Spuler 1987；Khaṭībī 1373kh；Kurtuluş 2003；Bosworth 2004），あるいは他の王朝に関する専論の一節に見られるにすぎない（Sutūda 1346–47kh, Vol. 2：132–147；Spuler 1985：134–135；Iqbāl 1376kh：442–448）。専論と呼べるものは，マーロウ L. Marlow によるヌスラトの治世に編纂された鑑文学作品の研究，および北川誠一による王朝の勃興から8代君主アフラースィヤーブにかけての政治史研究しか残されていないのが現状である（Marlow 2013；北川 1987；北川 1988；北川 1989）。その原因はひとえに，ハザーラスプ朝自身が編纂した「ハザーラスプ朝史」が現存しておらず，利用可能な文献はイルハーン朝など外部の政権で編纂された歴史書の一節にすぎないという史料的制約のためであろう（北川 1987：54）。しかも，その史料的制約は，ミノルスキーが1927年に『イスラーム百科事典』初版に「大ロル」という事典項目 Minorsky（1927）を寄稿して以来約90年間，全く改善されていないと言っても過言ではない。むしろヨーロッパやロシアの図書館に所蔵される手稿本を渉猟したミノルスキーの方が，校訂本に頼ったその後の研究者よりも，数で言えば多くの文献を参照していたのである（表7-1）[11]。

11）先行研究で利用されてきた通史の多くはほぼ同系統の内容で，史料の数の割に実質的な情報量は多くない。また，ハーフィズ・アブルー Ḥāfiẓ-i Abrū の『歴史集成 *Majmaʿ al-Tawārīkh*』第3巻（1427年）のような，ミノルスキーに利用されず，その後も校訂本が刊行されなかった文献に関しては，例えば，ヌスラトの没年について他の文献よりも詳しく，733年ズー・アルカアダ月11日／1333年7月24日と日付まで記録されているのにもかかわらず（*Majmaʿ/M1465*：107a），今日まで利用されてこなかった。ただし，同時代史料ではないため，本書ではこの没年は採用しない。

表 7-1　ハザーラスプ朝通史を含む史料の先行研究における利用状況

書　名	Minorsky	Sutūda	Spuler	北川	Khaṭībī	Kurtuluş
Ḥamd Allāh Mustawfī, *Tārīkh-i Guzīda* (1329/30)	○	○	○	○	○	○
Shabānkāra'ī, *Majma' al-Ansāb* (1335/6)	○	×	○	○	○	×
Abarqūhī, *Firdaws al-Tawārīkh* (1405/6)	○	×	×	×	×	×
Anon., *Anonym Iskandar* (ca. 1412)	○	×	×	×	×	×
Anon., *Muntakhab al-Tawārīkh-i Mu'īnī* (1414)	×	○	×	○	○	×
Ḥāfiẓ-i Abrū, *Majma' al-Tawārīkh*, Vol. 3 (1427)	×	×	×	×	×	×
Mīr-khwānd, *Rawḍat al-Ṣafā* (1498)	○	×	○	×	○	○
Ghaffārī, *Tārīkh-i Jahān-ārā* (1564/5)	○	○	○	○	○	○
Bidlīdī, *Sharaf-nāma* (1596)	○	○	○	○	○	×
Kātib Jalabī, *Jahān-numā* (ca. 1648/9)	○	×	×	×	×	×
Munajjim-bāshī, *Jāmi' al-Duwal* (ca. 1672/3)	○	×	×	×	○	×
Tārīkh-i Bakhtiyārī (1909–10)	×	○	×	○	×	×

注）網掛けをした文献における「ハザーラスプ朝史」はほぼ同系統の記述である。

残念なことに，ハザーラスプ朝が自ら編纂させた王朝史が現存していないという史料的制約の問題は未だに解消されていない。しかし，通史が存在しない一方で，これまでの歴史研究では分析の対象とはされてこなかった，ヌスラトに献呈された著作の手稿本が現在まで伝存している。本章では，これらの献呈作品を主要史料とすることにより，史料的制約の壁を乗り越え，ヌスラトによる文芸活動の庇護・奨励の実態を明らかにしたい。

ヌスラト・アッディーンの経歴

文芸活動の庇護・奨励を行ったヌスラトはどのような君主だったのだろうか。まずは，ヌスラトの経歴についてまとめておきたい。ヌスラトは，1281/2 年に兄弟のアフラースィヤーブが即位した際に，人質としてイルハーン朝宮廷に送られた。その後，アフラースィヤーブはイルハーン朝 4 代君主アルグン（在位 1284–91）の死に際して反乱を起こすものの失敗，再度イルハーン朝に服属したが（*Guzīda*: 546–547），最終的に，7 代君主ガザンの即位後，695 年ズー・アルヒッジャ月／1296 年に処刑された（*Jāmi'*/*Rawshan*, Vol. 2: 1271）[12]。その後，ガザンの命令により即位したのがヌスラトである。彼はこの時に至るまで約

15年の間，イルハーン朝宮廷に出仕しており，この期間に宮廷の要人との人脈を築いていたと考えられる[13]。

ヌスラトの治世には目立った軍事活動が見られないためか[14]，実は，彼の業績に関する記録は表7-1に挙げたような文献にはほとんど記録されていない。このように乏しい史料状況の中，ヌスラトについて詳しい記録を残しているのは，旅路の途中で2度イーザジュを訪れたイブン・バットゥータ Ibn Baṭṭūṭa (1368/9没）である[15]。彼はヌスラトのことを「善行に勤しんだ敬虔な王」と高く評価し，領内460箇所にザーウィヤ（マドラサの意味で用いられている）を建てたという建設活動，租税収入の3分の1を宗教施設の運営に費やしたという慈善活動を紹介し，これに加えて，毎年イルハーン朝君主に献上の品を送り，時に自ら出向くこともあったとその良好な関係も記録している（『大旅行記』: 302–303)。慈善活動については，『系譜集成』の中で，500人以上の書記官が喜捨の金額を計算書に記録する作業を行っていたと具体的に伝えられている (*Ansāb*, Vol. 2, 208)。以上の記述からは，ヌスラトが建設活動や慈善活動に力を入れていたことが確認できるが，これ以上の具体的な内容は分からない。これ以外の情報としては，『ペルシア列王伝 *al-Muʿjam fī Āthār Mulūk al-ʿAjam*』，『ヌスラトの尺度 *Miʿyār-i Nuṣratī*』，『先祖の経験 *Tajārib al-Salaf*』という三つのヌスラトへの献呈作品の存在が紹介され（Sutūda 1346–47kh, Vol. 2 : 142 ; Iqbāl 1376kh : 447)，文芸活動を庇護・奨励した君主として評価されることもしばしばあった。しかし，これらの著作は，その題名が紹介されることはあったものの，その中身や編纂の背景についての十分な分析はなされないままであった。次に，これらの献呈作品を一つ一つ具体的に検討していく。

12）アフラースィヤーブの反乱については，北川（1989）を参照。

13）ヌスラトの父7代君主ユースフシャー Yūsufshāh（在位1271/2頃–81/2）も先代君主が没した際にはイルハーン朝に出仕しており，時の君主アバカの命令で王位に就いている。

14）唯一確認できるのが，699年第1ジュマーダー月／1300年にイルハーン朝のキルマーン鎮撫軍に従軍したという記録である（*Waṣṣāf*: 77)。

15）イブン・バットゥータは1327年4月頃および1347年真夏の頃と2度イーザジュを訪れており，最初の訪問の際に当地を支配していたのがヌスラトである（『大旅行記』: 369–370)。

(1) シャラフ・カズウィーニー『ペルシア列王伝』／『ヌスラト書簡集』

ヌスラトの宮廷で活躍した最も有名な文人が，シャラフ・カズウィーニー Sharaf al-Dīn Faḍl Allāh Ḥusaynī Qazwīnī（1339/40 頃没）である。彼はシャラフという雅号で知られる頌詩詩人であり，ヌスラトの他に，シャムス・バッガール Shams al-Dīn Ḥusayn al-Baghghāl[16] とイルハーン朝の宰相ギヤース・ラシーディーに対する頌詩を残している（*Tarassul*：57b–81b, 107a–112b, 112b–123b）[17]。また，732 年ラマダーン月／1332 年，70 歳の時に，ウージャーンの宿営地で，ギヤース・ラシーディーの仲介でアブー・サイードに拝謁していることから（*Tarassul*：4b）[18]，イルハーン朝宮廷とも関係を持っていたことがうかがえる。同時代の詩人ジャージャルミー Muḥammad b. Badr Jājarmī はシャラフのことを，「博学な指導者にして当代の詩人の誉れ」（*Mu'nis*：ḍ），「最も優れた近年の識者」（*Mu'nis*：ls）と高く評価しており[19]，当時の著名な文人の一人であったことは間違いない。

彼はパトロンに頌詩を献呈する以外に，古代ペルシア諸王の歴史『ペルシア列王伝』，書記術指南書『ヌスラト書簡集 *al-Tarassul al-Nuṣratīya*』（1322 年以降），『サアラブとムバッラド *Tha'lab wa Mubarrad*』[20] などの著作を著している。

16）この人物が誰であるのかは不明だが，大サーヒブ al-ṣāḥib al-a'ẓam と呼ばれていることから，イルハーン朝，あるいはハザーラスプ朝の高官だと考えられる。

17）シャラフの頌詩を含む『詩集 *Dīwān*』は，英国図書館に所蔵されるシャラフの著作集の手稿本（British Library, Ms. Or. 3322）に収められている（Rieu 1895：167b–169a）。

18）この時拝謁した相手はアブー・サイードではなく，オルジェイトだとされてきたが（Iqbāl 1376kh：521），1332 年という年はオルジェイトの死後にあたるため，明らかに矛盾する。先行研究では典拠が示されておらず，誤記の原因は不明だが，研究文献からの孫引きが繰り返される中で誤った見解が定着してしまったものと思われる。

19）『詩集』においても，シャラフの名前は「博識で学識高く学のある指導者」（*Tarassul*：82a）とこれと同様の形で飾られている。

20）この著作は現存していないが，『ペルシア列王伝』に 2 対句引用されている（*Mu'jam*：149；*Mu'jam/F4485*：83a–83b）。なお，『ペルシア列王伝』の校定本 *Mu'jam* で「古い手稿本」であるという理由から底本とされた 878 年第 2 ジュマーダー月 15 日／1473 年 11 月 7 日書写のタブリーズ手稿本（Mellī Library, Ms. 3301）は現存最古の手稿本ではない。848 年第 1 ラビーウ月 20 日／1444 年 7 月 7 日書写のイスタンブル手稿本

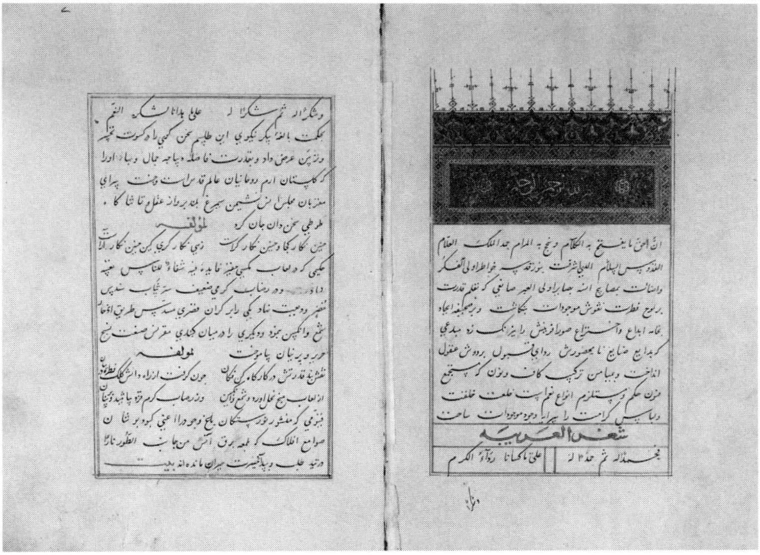

図 7-1　現存最古の『ペルシア列王伝』手稿本（*Muʿjam/F4485*：1b–2a）

このうち，『ペルシア列王伝』と『ヌスラト書簡集』はヌスラトに献呈されている。いずれも修辞を凝らした技巧文で書かれており，後世には，シャラフを同時代の技巧文の達人の一人ワッサーフの父親だと勘違いする者まで現れたほどである（Futūḥī-nasab 1383kh：xviii–xix）。なお，『ペルシア列王伝』については本章第 3 節で詳述する。

(2)『贈物』

『贈物 *Tuḥfa*』はヌスラトに献呈された全 10 章からなる鑑文学作品である。

Muʿjam/F4485（Süleymaniye Library, Ms. Fatih 4485，図 7-1），855 年第 2 ジュマーダー月 5 日／1451 年 7 月 5 日書写のイスタンブル手稿本（Beyazid Library, Ms. 5528），877 年ラジャブ月 22 日／1472 年 12 月 23 日書写のイスタンブル手稿本（Süleymaniye Library, Ms. Fatih 4487），というより古い手稿本が 3 点残されており，校訂者による底本の選定（Futūḥī-nasab 1383kh：xli–xlix）には問題がある。それ故，本書では暫定的に，校訂本と現存最古の手稿本 *Muʿjam/F4485* を併用する。

現存唯一の手稿本では著者名が入る箇所が空白のまま残されており（*Tuḥfa*/*A3125*: 3b），著者の名前は分からない。ちなみに，校訂者のダーネシュパジューフはシャラフ・カズウィーニーの著作ではないかと推測している（Dānish-pazhūh 1341kh : xii–xiv）[21]。

(3) シャムス・ファフリー『ヌスラトの尺度』（1313/4 年）

シャムス・ファフリー Shams al-Dīn Muḥammad b. Fakhr al-Dīn Saʻīd Fakhrī Iṣfahānī[22] はシャラフと同様の経歴を持つ文人である。彼も，ハザーラスプ朝のヌスラトの他に，イルハーン朝のアブー・サイードやギヤース・ラシーディーに対する頌詩を残している[23]。彼の父ファフル・ファフリー Fakhr al-Dīn Saʻīd Fakhrī Iṣfahānī も頌詩詩人であり，ジュワイニー家と親しい関係を持っていた（Kārdgar 1389kh : 20–21）。シャムスは主にイルハーン朝宮廷で活躍していたようだが，王朝が事実上崩壊した後には，インジュー朝 4 代君主アブー・イスハーク（在位 1343–53）を頼っている。現存する彼の唯一の著作『ジャマールの尺度 *Miʻyār-i Jamālī*』[24] は 744／1343/4 年にアブー・イスハークに献呈されたものである。シャムスはイルハーン朝に仕えていた時分より，地方政権との人脈も築いており[25]，1313/4 年にはハザーラスプ朝宮廷を訪れている。後にその時の経緯を次のように回顧している。

21）『贈物』の評価については，Marlow（2013 : 137–156）を参照。

22）生没年は不明だが，カールドギャル Y. Kārdgar は生年を 680／1281/2 年以降，没年を 745／1344/5 年以降だと推測している（Kārdgar 1389kh : 26–34）。

23）ギヤース・ラシーディーに対する『韻律の宝庫 *Makhzan al-Buḥūr*』という題目の頌詩が『ジャマールの尺度 *Miʻyār-i Jamālī*』の中に収録されている（*Miʻyār* : 325–338）。

24）1 章「韻律」，2 章「脚韻」，3 章「修辞」，4 章「ペルシア語辞典」からなる韻律学の手引書。4 章「ペルシア語辞典」は，アサディー・トゥースィー著『ペルシア語辞典 *Lughat-i Furs*』，ムハンマド・ナフジワーニー Muḥammad b. Hindūshāh Nakhjiwānī 著『ペルシア人の真正 *Ṣiḥāḥ al-Furs*』に並ぶ古いペルシア語辞典の一つとして知られており，1958/9 年には校訂本 *Miʻyār*/*Wāzha* が刊行されている。

25）例えば，732／1331/2 年にはクムのキワーム・イスファハーニー Qiwām al-Dawla wa al-Dīn ʻĀbid al-Iṣfahānī とジャラール・ファラーハーニー Jalāl al-Dīn Jaʻfarī Farāhānī なる人物のもとを訪れている（*Miʻyār* : 225）。

> 713［／1313/4］年——その時は青春の盛りであり若さの絶頂期であった——，ロレスターンに旅行した。数日間，その地方の識者たちやその丘陵・沙漠の詩人たちと会談する機会を持った。絶えず，修辞学という競技場の巧みな騎手たる友人たちと韻律・脚韻について議論を交わした。彼らはある日，実用のためにこれら両学問について勉強したいと頼んできた。彼らの要求に応え懇願に応じるために，韻律・脚韻学に関する1冊の梗概を作った。その梗概は，今は亡き幸運で立派なアターベク，ヌスラト・アッディーン・アフマド Nuṣrat al-Dunyā wa al-Dīn Aḥmad の称号にちなみ『ヌスラトの尺度』と命名された。（*Miʿyār*：129）

ただし，残念ながら，この時に編纂された『ヌスラトの尺度』という韻律学の手引書は現存しておらず，その内容は不明である。

(4) ヒンドゥーシャー『先祖の経験』

頌詩詩人ではないが，同じくイルハーン朝とハザーラスプ朝の両宮廷で活躍した文人として知られるのが，ヒンドゥーシャー Hindūshāh b. Sanjar b. ʿAbd Allāh Ṣāḥibī Kīrānī[26)]（1330頃没）である。ヒンドゥーシャーという名前は自称のようで（*Hindūshāh*：1；*Hindūshāh/Meskaveyh*：2）[27)]，彼の知己であるイルハーン朝の文人イブン・フワティー Ibn al-Fuwaṭī（1323没）は，賢人，天文学者，文人のヒンドゥー Fakhr al-Dīn Abū al-Faḍl Hindū b. Sanjar al-Ṣāḥibī と呼んでいる（*Ibn al-Fuwaṭī*, Vol. 3, 225）。サーヒビーというニスバは，彼が仕えたシャムス・ジュワイニー Shams al-Dīn Juwaynī の官職，財務長官 ṣāḥib-dīwān に因んだもの

26）キーラーン Kīrān は，タブリーズとバイラカーンの間に位置する町（*Yāqūt*, Vol. 4：497）。

27）『先祖の経験』の校訂本として *Hindūshāh*（初版1934/5年）が出版されているが，その問題点を指摘したロウザーティー A. S. Ḥ. Rawḍātī が，846年ズー・アルヒッジャ月中旬／1443年にヘラートで書写されたイスファハーン手稿本（Ebn Meskaveyh Library, Ms. 928）の影印本 *Hindūshāh/Meskaveyh* を1982/3年に刊行している。現時点で，この著作の校訂本の決定版は出版されていないため，本書では暫定的に *Hindūshāh* と *Hindūshāh/Meskaveyh* を併用する。

である[28]。ヒンドゥーシャーはバグダードのムスタンスィリーヤ学院で医学，文法学，伝承学を習得するなど（*Hindūshāh* : 347 ; *Hindūshāh / Meskaveyh* : 310-311)，幅広い分野の知識を備えた文人であった[29]。彼の名は，自身の業績からというよりも，『書記典範 *Dastūr al-Kātib*』（1361-67 年）の著者ムハンマド・ナフジワーニー Muḥammad b. Hindūshāh Nakhjiwānī（1366/7 以降没）の父親であることから有名だが，自身もイルハーン朝を代表する文人の一人であったことは間違いない。また，674／1275/6 年に兄弟マフムード Sayf al-Dawla[30] Amīr Maḥmūd の代わりにカーシャーン知事を務めるなど（*Hindūshāh* : 301），政治家として手腕を振るったことでも知られる。

ジュワイニー家没落後の経歴の詳細は不明であるが，後にハザーラスプ朝への仕官を目指し，ヌスラトの宮廷に相応しい手土産として持参したのが，1323/4 年（あるいは 1314 年)[31]に編纂された『先祖の経験』である（*Hindūshāh* : 1-3 ; *Hindūshāh / Meskaveyh* : 2-4)。『先祖の経験』は，1302 年にアラビア語で編纂された君主の鑑文学，イブン・ティクタカー Ibn al-Ṭiqṭaqā（1309 以降没）著『アルファフリー *al-Fakhrī*』のペルシア語訳とも評価されることもあるが，完全な逐語訳ではない。『アルファフリー』前半部の君主の鑑文学の部分は省略され，後半部のカリフと宰相の歴史を中心に構成されたムハンマド以降のイスラーム時代の歴史となっている[32]。

28）イブン・フワティーはシャムス・ジュワイニーのことを「幸運なるサーヒブ al-ṣāḥib al-saʻīd」と呼んでいる（*Ibn al-Fuwaṭī*, Vol. 1 : 202 ; Vol. 3 : 225)。

29）679／1280/1 年にはバグダードのニザーミーヤ学院に滞在している（*Ibn al-Fuwaṭī*, Vol. 3 : 226)。

30）イスファハーン手稿本では，Sayf al-Dīn（*Hindūshāh / Meskaveyh* : 267)。

31）校訂本では 724 年ムハッラム月／1323/4 年（*Hindūshāh* : 301)，イスファハーン手稿本では 714 年ムハッラム月／1314 年（*Hindūshāh / Meskaveyh* : 267）と異なる年記が記載されている。

32）①「ムハンマド伝」，②「カリフ史」（「正統カリフ（ハサン含)」，「ウマイヤ朝」，「アッバース朝」)，③諸王朝史（「ファーティマ朝」，「ブワイフ朝」，「セルジューク朝」）から構成され，かなりの増補記事が見られる（Browne 1924 : 250)。

図 7-2　現存最古の『諸民族の経験』手稿本（*Tajārib / Istanbul*: 1b-2a）

(5)『アラブ・ペルシアの諸王の歴史に関する諸民族の経験』

著者不明[33]『アラブ・ペルシアの諸王の歴史に関する諸民族の経験 *Tajārib al-Umam fī Akhbār Mulūk al-ʿArab wa al-ʿAjam*』（以下『諸民族の経験』と略記）も

33)『諸民族の経験』には 1387 年書写のイスタンブル手稿本 *Tajārib / Istanbul*（図 7-2）と 1409 年書写のダブリン手稿本 *Tajārib / Dublin* という二つの手稿本が残されているが，ダブリン手稿本の序文の一部に欠葉があり，イスタンブル手稿本の序文では著者の名前が削り取られているため（*Tajārib / Istanbul*: 2a），著者の名前は明らかではない。ただし，ダブリン手稿本の扉頁には，「ハムド・アッラー・ムスタウフィーの著作」という書き込みが確認できる（*Tajārib / Dublin*: 1a）。この書き込みは明らかに後世のものであり信頼性には欠けるものの，書き手が序文の一部が欠落する前の手稿本を参照していた可能性も否定できない。しかし，ムスタウフィーとヌスラトの関係を示す根拠は，彼がヌスラトを賞賛している点くらいしか確認できず（*Guzīda*: 548），これだけでは著者を特定する根拠としては弱い。それ故に，本書では，著者を特定することは避けることとする。

ヌスラトに献呈された著作である[34]。『諸民族の経験』の典拠となったのは，アッバース朝 5 代カリフ，ハールーン・ラシード（在位 786–809）の治世に編纂されたアラビア語による古代ペルシア・アラブ諸王の歴史『究極の目的』である（第 1 章参照）。『究極の目的』の手稿本はハールーンの書庫に収められ，アッバース朝宮廷に長年伝えられていたが，サルグル朝 4 代君主サアド・ブン・ザンギー（在位 1198–1226）の手にわたり，後に，大カーディーのサドル・フンジー Ṣadr al-Milla wa al-Dīn al-Khunjī の手でハザーラスプ朝宮廷に将来された。ところが，その手稿本はクーファ体 khaṭṭ-i kūfī で書かれており誰も読むことができなかったため，この著者の下に送られ，ペルシア語に翻訳された（*Tajārib*/*Dublin*：2a–2b；*Tajārib*/*Istanbul*：3b）。内容は，アダムに始まりサーサーン朝最後の君主ヤズドギルド 3 世に終わる古代ペルシア・アラブ史となっている。

以上の検討から，現在確認できるだけでも，『ペルシア列王伝』，『ヌスラト書簡集』，『贈物』，『ヌスラトの尺度』，『先祖の経験』，『諸民族の経験』という 6 点の著作がヌスラトに献呈されていたことが明らかとなった。当時イルハーン朝と良好な関係を維持していたハザーラスプ朝宮廷には，王朝の文人だけではなく，イルハーン朝宮廷からも文人が集っていた。文人への年金給付などの明確な記録は残されていないものの[35]，これらの状況証拠から，ヌスラトは積

34）ダブリン手稿本とイスタンブル手稿本は同一著作の手稿本であることは間違いないが，序文の前半部は完全に異なる内容で（*Tajārib*/*Dublin*：1b–2a；*Tajārib*/*Istanbul*：1b–3a），ダブリン手稿本にはヌスラトの名前が（*Tajārib*/*Dublin*：2a），イスタンブル手稿本には，ヌスラトの 4 代後に即位した 13 代君主シャムス・パシャング Shams al-Ḥaqq wa al-Mulk wa al-Dīn Pashang の名前が記されている（*Tajārib*/*Istanbul*：3a）。この点に鑑みると，イスタンブル手稿本は，ヌスラトに献呈された『諸民族の経験』の序文を書き直してシャムス・パシャングに献呈した改訂版からの写しである可能性が高い。なお，マシュハドで校訂本 *Tajārib*/*Mashhad* が出版されているが，イスタンブル手稿本しか参照しておらず，上述の手稿本間の相違に気付いていないなど不備も多い。それ故，本書ではこの校訂本ではなく上述の 2 点の手稿本を用いる。

35）ただし，第 1 節で紹介したように，ヌスラトは莫大な財産を下賜品・喜捨・褒賞のために費やしていたという記録が残されており（*Ansāb*, Vol. 2：208），その中に文人への年金も含まれていた可能性はある。

極的に文芸活動を庇護・奨励していたと考えられる。ヌスラトに対しては多くの頌詩が献呈され，歴史書だけではなく，ペルシア語による韻律学の手引書や書記術指南書が編纂されていた。イルハーン朝時代はペルシア語による文芸活動が隆盛を極めた時代だとされるが（Browne 1928, Vol. 3：17），同じ時期に，ハザーラスプ朝という地方政権において，後のペルシア語散文学・韻律学の模範とされるような著作が編纂されていたことは，ペルシア文学史を語る上では決して無視することのできない事実である。このように 14 世紀初頭ハザーラスプ朝は，ペルシア語文芸活動の隆盛の一翼を担っていたことは間違いない。では，テュルク・モンゴル系のイルハーン朝に恭順したペルシア系の地方政権ハザーラスプ朝が積極的にペルシア語文芸活動を庇護・奨励したことにはどのような意味があったのだろうか。

3　献呈作品におけるヌスラト・アッディーンの表象

ハザーラスプ朝の起源

イルハーン朝で編纂された『系譜集成』には，ハザーラスプ朝王家はシリアのクルド系部族に起源を持つと記されている（*Ansāb*, Vol. 2：206）。一方，ヌスラトに献呈された著作の中では，王家の出自は古代ペルシアの伝説の王朝カヤーン朝に求められている。例えば，その系譜が詳細に記録されている『諸民族の経験』では，ヌスラトは，カヤーン朝２代君主カイカーウースの息子ファリーブルズ Farīburz b. Kaykāwūs b. Kayqubād b. Īraj b. Afrīdūn b. Ābtīn b. Jamshīd b. Īwajihān b. ABNḤD b. Hūshang b. Furāwal b. Siyāmak b. Kayūmarth b. Gil-shāh b. Shīth b. Ādam の末裔であると明記されている（*Tajārib/Dublin*：2a）[36]。このファリーブルズの系譜は，預言者セツの孫とされる古代ペルシア最初の王カユーマルスを経て，アダムにまで繋げられている。このようにヌスラトをカヤーン朝の王権の継承者とする表象は，『贈物』を除く献呈作品の中に共通して見られ

36）この系譜は，序文が異なるイスタンブル手稿本には見られない（*Tajārib/Istanbul*：1b–3a）。

表 7-2　『ヌスラト書簡集』で規定された支配者に対する美称（*Tarassul*: 25a–26a より作成）

1	帝王 pādshāh ［イルハーン朝］	偉大なるスルターン陛下 ḥaḍrat-i sulṭān-i aʻẓam，世界のスルターンたちの王 khudāygān-i salāṭīn-i ʻālam，偉大なハーカーンたちの王冠 tāj aʻāẓim al-khawāqīn，地上における神の影 ẓill allāh fī al-araḍīn，世界の諸地方の勇者 qahramān-i aqālīm-i jahān
2	大アミール	偉大なるノヤン nū'īn-i aʻẓam，世界の諸地方の王 khusraw-i aqālīm-i ʻālam，イランの王国の司令官 sipahdār-i mamlakat-i Īrān，当代のアヌーシルワーン Nūshirwān-i ʻahd，軍を率いる者 lashkar-kish，玉座を与える者 dayhīm-bakhsh
3	ロルのアターベク ［ハザーラスプ朝］	偉大な王 khudāygān-i muʻaẓẓam，偉大なるアターベク atābak-i aʻẓam，イランの地の王 shahriyār-i khiṭṭa-yi Īrān，カヤーン朝諸王の継承者 wārith-i mulūk-i Kayān，世界の諸地方の王 khusraw-i aqālīm-i jahān，ヌスラト・アッディーン Nuṣrat al-Dunyā wa al-Dīn，イスラームとムスリムの柱 rukn al-Islām wa al-muslimīn
4	シャバーンカーラ諸王 mulūk	イスラームの王 malik-i Islām，当代の諸王の王 khudāygān-i mulūk-i ayyām，勇敢な王 shahriyār-i dalīr，アルダシールの王権の継承者 wārith-i mulk-i Ardashīr，ムザッファル・アッディーン Muẓaffar al-Dunyā wa al-Dīn，マリクたちとスルターンたちの避難所 kahf al-mulūk wa al-salāṭīn
5	サーヒブ・ディーワーン	世界のハージャ khwāja-yi jahān，世界の人々の主人 makhdūm-i jahāniyān，王朝の構成員・柱石たちの髄 khulāṣa-yi ʻanāṣir wa arkān，世界と世界の人々の避難所 panāh-i ʻālam wa ʻālamiyān，合の持ち主の宰相 dastūr-i ṣāḥib-qirān，帝王の印の宰相 wazīr-i pādshah-nishān
6	ファールス諸王 mulūk	偉大なる王 malik-i aʻẓam，アラブとペルシアの諸王の主 mawlā mulūk al-ʻarab wa al-ʻajam，諸民族の避難所・逃げ場 malādh wa maljā'-i umam，弱者と貧者の支援者 ʻawn al-ḍaʻafa wa al-masākīn，スルターンたちの顧問 mushīr ḥaḍrat al-salāṭīn

る特徴なのである[37]。

ハザーラスプ朝の起源をカヤーン朝に求める表象は，単なる修辞上のレトリックではなく，公的な主張であったと考えられる。ヌスラトに献呈された『ヌスラト書簡集』には，30 例にも及ぶそれぞれの位階の者に対する美称の用例が掲載されている（*Tarassul*: 25a–32a）。表 7-2 は，その中から上位 6 番目までの位階の者に対する用例を整理したものだが，ここでは，同じペルシア系の

37）「カヤーン朝の王権 mulk の継承者」（*Muʻjam*: 18; *Muʻjam/F4485*: 11a; *Tarassul*: 57b），「カヤーン朝諸王の継承者」（*Tarassul*: 25b），「カヤーン朝の王権 salṭanat の継承者」（*Hindūshāh*: 1; *Hindūshāh/Meskaveyh*: 2）など。『贈物』では「ジャムシードの王権 mulk の継承者」（*Tuḥfa*: 5）と形容されている。

シャバーンカーラの地方政権の君主が，サーサーン朝の創始者アルダシール1世の王権の継承者だとされる一方で[38]，ハザーラスプ朝の君主はカヤーン朝の王権の継承者だとされている。また，『系譜集成』C系統の手稿本には，「自らの系譜をカーウースの息子に結び付けている」（*Ansāb*/*T5838*：170a–170b）という記述があり[39]，ハザーラスプ朝君主が意識的にカヤーン朝の末裔を自認していたことが分かる。この主張は，『世界を飾る者の歴史 *Tārīkh-i Jahān-ārā*』（1564/5年）など後世の文献にも継承されている（*Jahān-ārā*：169；*Jahān-numā*：287；*Munajjim-bāshī*：3a）。では，ヌスラトがカヤーン朝の末裔を主張することには，どのような意味があったのだろうか。ヌスラトに献呈されたシャラフ・カズウィーニー著『ペルシア列王伝』に見られる君主像の分析を通じて，この問題について考えてみたい。

『ペルシア列王伝』の構成と特徴

『ペルシア列王伝』は，伝説上のペルシア人の祖カユーマルスに始まり，サーサーン朝のアヌーシルワーンに終わる，散文による古代ペルシア史で[40]，古代ペルシア諸王の事績や町の建設の経緯などが記録されている。叙述対象は，韻文形式で編纂されたフィルダウスィー著『王書』とほぼ重なるが，散文形式のペルシア語で叙述された単独の古代ペルシア史としては，現存最古のものである。修辞的な散文体で書かれた『ペルシア列王伝』は20世紀初頭に至るまでマドラサなどでペルシア文学の教科書として使用され続けてきた（Ṣafā

38) シャバーンカーライーも，シャバーンカーラの地方政権はサーサーン朝の末裔であるとしており（*Ansāb*, Vol. 2：151），この始祖認識は決してハザーラスプ朝側からの一方的な評価ではなかった。

39) この記事は校訂本の底本となったA系統の手稿本ではなく，C系統の手稿本にしか見られないものである。C系統の手稿本の章構成はA系統の手稿本とは大きく異なり，ハザーラスプ朝史が巻末に置かれ，ハザーラスプ朝史で本文が終わる形をとる。それ故，C系統の手稿本はハザーラスプ朝君主に献呈するために再編纂された版である可能性が指摘できる。

40) 歴史書に典型的に見られるピーシュダード朝，カヤーン朝，アシュカーン朝，サーサーン朝の四王朝叙述法は採用されておらず，カユーマルス以降26人の王名が単純に列挙されている。

1332kh, Vol. 3/2 : 1258 ; Futūḥī-nasab 1383kh : xx)。しかし，「技巧的な文体で知られており，難解に書かれており，ただ単に技量自慢の目的のものだと言える。歴史的主題の内容には信頼がおけず，ペルシア語散文の良い例とは言えない」(Iqbāl 1376kh : 521) という先行研究における否定的な評価からも分かるように[41]，文章が非常に難解である点，そして，何よりも叙述の対象が古代ペルシア史のみであり，同時代史料としての価値を持たないという点から，これまで歴史研究の史料として分析対象とされることはなかった。

カヤーン朝の末裔を自認するヌスラトは，ペルシア語文芸活動を庇護・奨励し，彼の宮廷では，ペルシア語文体論や韻律学への関心が高まりを見せていた。そのような環境下で，『ヌスラト書簡集』の著者として書記術に精通し，頌詩詩人として韻律学にも精通していたシャラフの著作『ペルシア列王伝』が修辞を凝らした技巧文で書かれていたとしても不思議ではない。折しも 14 世紀前半は，修辞技巧を凝らした歴史書『ワッサーフ史』(1312 年) が編纂されるなど，技巧文で書かれた著作に対する需要が高まっていた時期にあたる。当時の文人にとっては，その著作の内容もさることながら，文章を機知に富んだ修辞技巧で飾ることも，学識の高さを誇示するための重要な行為だったのである。

シャラフが修辞技巧の手本としたのは，1233 年頃に編纂された韻律学に関する古典，シャムス・カイス Shams al-Dīn Muḥammad b. Qays al-Rāzī 著『ペルシア詩の規則に関する集成 *al-Muʿjam fī Maʿāyīr Ashʿār al-ʿAjam*』である。『ペルシア列王伝 *al-Muʿjam fī Āthār Mulūk al-ʿAjam*』という題目自体が，この著作を意識したものであったことは一目瞭然である (Maʿāyīr を Āthār に，Ashʿār を Mulūk に置き換えただけ)。また，両著作の序文の文体にも明らかな関連性が認められる (Qazwīnī 1387kh : xxxv)[42]。著作全体を通じて，押韻 sajʿ，同韻語使用 tarṣīʿ，語呂合わせ jinās，アラビア語詩とペルシア語詩の組み合わせなど，

---

41) 否定的な評価とまではいかなくとも，過度に修辞技巧を凝らした著作だという評価は先行研究では一致している (Nafīsī 1344kh, Vol. 1 : 144 ; Ṣafā 1332kh, Vol. 3/2 : 1258 ; Bahār 1321–26kh, Vol. 3 : 108–109)。

42) 例えば *Muʿjam* : 19–20 と *Maʿāyīr* : 11–12 を比較せよ。バハールは両著作の関係性を指摘し，シャラフがシャムスの修辞技巧を盗用したと酷評している (Bahār 1321–26kh, Vol. 3 : 109)。

様々な修辞技巧が駆使されている（Futūḥī-nasab 1383kh：xxxiii–xxxviii）。また，散文修辞技巧に加えて，シャラフ自作の詩が至る所に挿入されている。中でも特徴的なのは，各君主の伝記記事の冒頭に置かれた，『王書』と同じムタカーリブ体の韻律を用いた10対句前後の導入詩である。例えば，伝説上のペルシア人の祖カユーマルス伝の冒頭部分は次のように始まる。

世界の歴史を描いた歴史家は
ゾロアスター教司祭の言葉よりかくの如く語った[43)]
神が世界を創った後
光輪・知識・見識を備えた王の中で
世界を征服した最初の王は
諸王の頭カユーマルスだった　（*Muʻjam*：32；*Muʻjam/F4485*：19b–20a）

このように伝記記事冒頭の詩では，諸王の特徴が簡潔に説明され，この後に続く散文による詳しい説明への導入の役割を果たしている。シャラフは冒頭の導入詩以外にも，文中の様々な箇所で，折に触れて自作の詩を披露している。これも，先行研究において，著者の技量自慢のために編纂された著作と評価されてきた所以の一つであろう。

旧約的世界認識の中で再解釈された古代ペルシア史

では，ヌスラトは修辞技巧を凝らした歴史書として，何故，『ワッサーフ史』のような同時代を対象とする歴史書ではなく，古代ペルシアの諸王の事績のみを対象とする歴史書を編纂させたのだろうか。この問題について考察するために，ヌスラトがその末裔を自認するカヤーン朝に関する記述を検討したい。

『ペルシア列王伝』には，韻文古代ペルシア史『王書』からの引用が3箇所ほど見られるが（*Muʻjam*：202, 203–204, 227；*Muʻjam/F4485*：115b, 116b, 133a–133b），主要な情報源は散文による古代ペルシア史であったと考えられる。典拠として，バイダーウィー Nāṣir al-Dīn Bayḍāwī 著『歴史の秩序 *Niẓām al-*

43）第1対句は muʼarrikh/ki tārī/-kh-i ʻālam/nihād　zi guftā/r-i muʼbid/chunīn kar/-d yād（短長長／短長長／短長長／短長　短長長／短長長／短長長／短長）という音節からなる。

Tawārīkh』，タバリー Muḥammad-i Jarīr Ṭabarī の著作，イブン・ジャウズィー Ibn Jawzī 著『スライマーンシャーの歴史 *Tārīkh-i Sulaymān-shāhī*』という 3 著作が挙げられているが（*Muʿjam*：269–270；*Muʿjam/F4485*：161a）[44]，中でも，『歴史の秩序』に依拠したと思われる箇所が多数見られる[45]。アダムに始まる普遍史書『歴史の秩序』が主要典拠となっていることからも分かるように，『ペルシア列王伝』には一神教の預言者に関する記述も多く見受けられる。イスラーム以前の古代ペルシア史でありながら，『王書』のように古代ペルシアの諸王の事績に特化した内容にはなっていないのである。冒頭のカユーマルス伝では，彼に始まる古代ペルシア諸王の系譜がアダムに始まる人類の系譜の中に位置付けられ（*Muʿjam*：32–33；*Muʿjam/F4485*：20a）[46]，その後の諸王の伝記では，各王の治世がどの預言者の時代にあたるのかが説明される（表 7–3）。このように，古代ペルシアの諸王を旧約的世界認識の文脈で再解釈する歴史叙述は，先行する『歴史の秩序』などの普遍史書において共通して見られる特徴だと言える。一方，『ペルシア列王伝』独自の特徴として注目すべきは，ハザーラスプ朝の始祖とされるカヤーン朝君主の一神教徒の君主としての役割が強調されている点である。それが象徴的に現れているのが，カイクバード伝である。シャラフは『歴史の秩序』の記事（*Niẓām*：23）を次のように書き替えて

44）これらの典拠が示されている箇所では，イブン・ジャウズィーの編纂物と『スライマーンシャーの歴史』は別の著作だとされているが，別の箇所では『スライマーンシャーの歴史』は「イブン・ジャウズィーの歴史の翻訳」だとされる（*Muʿjam*：232；*Muʿjam/F4485*：136b）。これに基づき，本書では，イブン・ジャウズィーの編纂物は『スライマーンシャーの歴史』のことを指すものだと解釈したが，最初の説明のように，異なる著作である可能性もある。

45）例えば，カユーマルス伝には，「最初に町を建設した男。バルフ，ダマーワンド，ファールス地方のイスタフルは彼により建設された。彼は多くの時間をイスタフルで過ごした。毛・髪から衣服・敷物を作り，石を投石器から放った男とも言われている。自分の子どもたちのために説教を書いた最初の王が彼である。彼の王位は 40 年で，寿命は 1000 年であった」（*Muʿjam*：63；*Muʿjam/F4485*：35b）とあるが，下線を引いた部分の内容は『歴史の秩序』とほぼ一致している（*Niẓām*：15）。しかし，残念ながら，校訂者は『歴史の秩序』が典拠である可能性には気付かなかったようで，本文を他の文献と比較している（Futūḥī-nasab 1383kh：xlvi）。

46）「マハラレルの末裔説」，「セツの兄弟説」，「ノアの末裔説」，「アダム説」，という四つの伝承が紹介されている。

表 7-3　『ペルシア列王伝』におけるペルシア諸王と預言者の関係

王　名	同時代の預言者など	備　考	典　拠
ジャムシード	フード		*Muʿjam*: 130; *Muʿjam/F4485*: 73b (*Niẓām*: 18–19)
ファリードゥーンの父	ノア	ファリードゥーンの父は方舟に搭乗	*Muʿjam*: 143; *Muʿjam/F4485*: 80a
マヌーチフル	エテロ		*Muʿjam*: 189; *Muʿjam/F4485*: 106b (*Niẓām*: 21)
マヌーチフル	モーセ，アロン	ファラオに対する預言者	*Muʿjam*: 189; *Muʿjam/F4485*: 106b (*Niẓām*: 21)
カイクバード	ヒドル，エリヤ，サムエル	カイクバードに対する預言者	*Muʿjam*: 204; *Muʿjam/F4485*: 117a (*Niẓām*: 23)
カイクバード	エゼキエル		*Muʿjam*: 204; *Muʿjam/F4485*: 117a (*Niẓām*: 23)
カイカーウース	ダビデ，ソロモン，ルクマーン		*Muʿjam*: 210; *Muʿjam/F4485*: 120b (*Niẓām*: 24)
カイフスラウ	ソロモン		*Muʿjam*: 219; *Muʿjam/F4485*: 127a (*Niẓām*: 25)
ルフラースブ	エズラ，ダニエル	ルフラースブに対する預言者	*Muʿjam*: 223; *Muʿjam/F4485*: 130b (*Niẓām*: 25)

注）出典の丸括弧内には『歴史の秩序』における対応箇所を示した。

いる。

> ヒドル，エリシャの子エリヤ，サムエルはカイクバードの治世に使徒として遣わされた。カイクバードは彼らの宗教を受け入れ，聖法の諸事と宗教の戒律を強化し，諸命令に服すことに大変な努力と多大な尽力を行った。そして，過去のいかなる諸民族の間でも，過去のいかなる時代においても，他の諸王がその十分の一の義務より多くを実行できなかったほどまで聖法の義務を果たした。(*Muʿjam*: 204; *Muʿjam/F4485*: 117a)

下線部がシャラフの補った内容であるが，ここでは，カイクバードは預言者の教えを受け入れた君主だとされている。このようにカイクバードを敬虔な一神教徒の君主とする形容は，先行する普遍史書の中では確認できず（*Balʿamī*, Vol. 1: 382; *Zayn*: 43–44; *Mujmal*: 38–39; *Ṭabaqāt*, Vol. 1: 142; *Zubdat/T9067*: 21a–21b; *Jāmiʿ/H1654*: 15b; *Banākatī*: 31; *Guzīda*: 86–87; *Walad*: 169; *Ansāb*, Vol. 1: 205–206），これは『ペルシア列王伝』独自の描写であると言えよう[47]。カヤーン朝君主が預言者の教えを受け入れた君主である点については，ルフラースブ伝にも言及がある（*Muʿjam*：223；*Muʿjam/F4485*：130b）。そして，古代ペルシアの王がゾロアスター教を受容するのは，ルフラースブの息子グシュタースブの時であり（*Muʿjam*：224–225；*Muʿjam/F4485*：131a–131b）[48]，それ以前は一神教徒であったと評価されている。このように，『ペルシア列王伝』は，単純な古代ペルシアの諸王の歴史ではなく，敬虔な一神教徒の君主という属性を兼ね備えた古代ペルシアの諸王の歴史を叙述した内容になっているのである[49]。

ヌスラト・アッディーンに対する美称

『ペルシア列王伝』では，ハザーラスプ朝がその末裔だと自認するカヤーン朝の諸王が，敬虔な一神教徒の君主としての属性をも兼ね備えた古代ペルシアの王であると描かれている。これと全く同じ表象が，ヌスラトに献呈された諸著作の序文におけるヌスラトに対する美称の中にも見られる。『ペルシア列王伝』の序文では，ヌスラトの名前は「至高なる帝王 pādshāh，ペルシア諸王の中の王 shahriyār-i mulūk-i ʿajam，イランの王 khusraw，カヤーン朝の王権の継承者，今ジャムシード，当代のダーラー」（*Muʿjam*：18；*Muʿjam/F4485*：11a）[50]，「カヤーン朝諸王の王冠，イラン諸王国の長」，「ペルシア人 ʿajam のハーカーン」（*Muʿjam*：30；*Muʿjam/F4485*：18b）など古代ペルシアの王の王権の継承者である点を強調する美称で飾られている。これに加え，「聖法と官庁の諸規則を整える御方」，「イスラームとムスリムたちに栄誉を授ける者」（*Muʿjam*：30；

47）これ以前の王については，例えば，カイクバードの先代の王ガルシャースブを預言者ヤコブの孫娘の息子とするなど，預言者との関係について言及されることもあるが（*Muʿjam*：197；*Muʿjam/F4485*：112a），その王が一神教徒であったかどうかに関する説明はない。

48）『ペルシア列王伝』では，人々がグシュタースブの治世にゾロアスター教を受容したことは，「不信仰の渦や誤った道の深淵の中で溺れてしまった」と評価される。

49）『ペルシア列王伝』は，「世界の諸王の中で最も公正な王」（*Muʿjam*：311；*Muʿjam/F4485*：187b）と評価されるアヌーシルワーン伝で完結している。叙述の対象となったのは，良き理想の君主であり，その後の衰退期のサーサーン朝の諸王は叙述の対象とはされていない。

50）この後には，イスラーム以降ではあるがやはりペルシア系の王朝であることを想起させる，「バルマク家の徴を消し去る御方」という美称が続く。

Muʿjam/F4485: 18b）といった美称も見られ，ここでは敬虔なムスリム，すなわち一神教徒の君主である点が強調されている。一神教徒の君主としての属性も備えた古代ペルシア諸王の末裔を自認するヌスラトは，その主張が献呈作品中にも反映され，イスラームを保護するペルシアの王と賞賛されているのである。ヌスラトに対しては，『贈物』序文では「イスラームの帝王 pādshāh，信仰の民の避難所」，「ペルシア人のカリフ khalīfat al-ʿajam，ジャムシードの王権の継承者」（*Tuḥfa*: 4–5），『先祖の経験』序文では「偉大な主人，偉大なアターベク，世界の王，カヤーン朝の王権の継承者，最も公正な王にして最も完全な支配者，今ダーラー，時の太陽，当代のジャムシード[51]，第2のジュナイド，ムスリムの規則を支える者，信仰に関することの保護者，宗教という卵を見守る者」（*Hindūshāh*: 1; *Hindūshāh/Meskaveyh*: 2–3）という美称が用いられ，やはり敬虔なムスリムの君主であり古代ペルシア諸王の王権の継承者である点が強調されている。

もう一点確認しておかなければならないのが，宗主国であるイルハーン朝に対しての立場であろう。『ペルシア列王伝』では，ヌスラトは「スルターンたちの目の輝き，ハーカーンたちの支援者」（*Muʿjam*: 30; *Muʿjam/F4485*: 18b）と形容され，イルハーン朝を支える者という役割が与えられている[52]。ヌスラトの公的な主張を確認することができるのが，『ヌスラト書簡集』で規定されている各支配者に対する美称であるが，ここでは，「偉大なスルターン」や「世界の王の中の王」などと形容されるイルハーン朝君主に比べて控えめな美称が使用されている。ただし，両者に対する美称には明らかな傾向の差が見られる。ヌスラトに対しては，献呈作品の中で賛えられていた君主像と同様に，カヤーン朝の王権の継承者であり，敬虔なムスリムの支配者であるという美称が用いられ，「イランの地の王」という形容も見られる。これに対し，イル

51）イスファハーン手稿本では，「時の」と「ジャムシード」という2単語が脱落し，「当代の太陽」と形容されている。

52）ヌスラトの父ユースフシャーに対しても，「ハーカーンたちとスルターンたちの支援者」という美称が用いられている（*Muʿjam*: 18）。ちなみにこの箇所は，イスタンブル手稿本では「とスルターンたち」の語が存在せず，「ハーカーンたちの支援者」となっている（*Muʿjam/F4485*: 11a）。

ハーン朝君主に対してはペルシア系の支配者を連想させる美称は用いられていない（表 7-2）[53]。これらの美称が示唆しているのは，テュルク・モンゴル系の中央の政権に恭順するペルシア系の地方政権の微妙な立ち位置である。イルハーン朝に対する地方政権としての立場は，あくまで支援者としてのものにすぎないが，カヤーン朝の継承者を自認することにより，ペルシア系の王朝としての支配の正当性を主張しているのである。

同じくペルシア系の出自を主張した王朝として，シャバーンカーラの地方政権の事例が既に知られているが（渡部 2007），『ヌスラト書簡集』では，ハザーラスプ朝の方が，シャバーンカーラの地方政権の上位に置かれている。ハザーラスプ朝の主張としては，イルハーン朝に服属してはいるものの，同じペルシア系の地方政権の中では，自らを最上位に位置付けている。ヌスラトが積極的にペルシア語文芸活動を庇護・奨励したのには，自分こそがペルシア系の支配者たちの核であるということを主張する狙いもあったと考えられる。ヌスラトは，イスラームの君主に相応しい慈善活動を行い，また，積極的にペルシア系の君主に相応しい文芸活動を庇護・奨励することにより，正しいペルシア系のムスリム君主であるという王朝のイデオロギーを広めることに成功し，その結果，イランの地の諸王の慣習・儀礼を備えた王という評価を獲得し（*Ansāb*, Vol. 2 : 206），同時代の知識人の賞賛を集めることになったのである。

4 『ペルシア列王伝』に対する需要

14 世紀初頭ハザーラスプ朝宮廷ではペルシア語文芸活動が花開き，イーザジュに構えられたヌスラトの宮廷には，王朝の内外から文人が集い，間違いなく，イルハーン朝領内のペルシア語文芸活動の中心地の一つとなっていた。そ

53）支配者が自らの支配の正当性を誇示するために用いた手段の一つとして，貨幣にその名前を刻むという行為が挙げられるが，イルハーン朝君主が打刻させた貨幣にも，「世界の帝王 pādshāh-i jahān」，「偉大なスルターン al-sulṭān al-aʿẓam」など『ヌスラト書簡集』の用例に対応する表現が見られる。例えば，ガザンの貨幣については Diler（2006 : 368–370）を参照。

の活動の中で，カヤーン朝の末裔を自認していたヌスラトは，正しいペルシア系のムスリム君主であるという評価を獲得していった。そのヌスラトのイメージを同時代のみならず後世に遺すことに大きく貢献したのが『ペルシア列王伝』であった。『ペルシア列王伝』は，その文章に施された修辞表現から『ワッサーフ史』のようにペルシア文学の手本として使われ，後世の宮廷史家により頻繁に参照された。現在，イラン国内だけでも 111 手稿本（うち 18 世紀以前の手稿本は 21 点）の存在が確認されている（Dirāyatī 1389kh, Vol. 9 : 848-852)。カージャール朝時代（1796-1925）にはマドラサの教科書として利用され（*Ṭūfānī* : 24），石版本も 12 度にわたり出版されている（Futūḥī-nasab 1383kh : xliii)。さらに，オスマン朝宮廷ではテュルク語訳まで編纂されており（*Kashf*, Vol. 2 : 1736），その需要の大きさがうかがえる。その『ペルシア列王伝』をおそらく最も早くに利用した歴史家が，ニークパイ・ブン・マスウード Nīkpay b. Masʻūd b. Muḥammad b. Masʻūd であった。

(6) ニークパイ・ブン・マスウード『ニークパイの歴史』(14 世紀前半以降)

史料の性格

ニークパイの経歴を明らかにする史料は残されていないが，ブロシェ E. Blochet はチャガタイの孫にニクペイという名を持つ王子がいることから，このニークパイもテュルク・モンゴル系の家の出ではないかと推測している (Blochet 1905-34, Vol. 1 : 200)[54]。この素性不明の著者の手になる『ニークパイの歴史 *Tārīkh-i Nīkpay*』を扱った研究は de Sacy（1789）くらいしかなく，本格的な文献学的研究は未だかつて存在しない。これまでに研究者が拠ってきたのは，ブレーゲルのペルシア語文献目録に記載された簡潔な解説である。彼によれば，『ニークパイの歴史』は 13 世紀末頃から 14 世紀初め頃に編纂された歴

54）一方，「ニークパイ nīkpay」を「吉兆な」というペルシア語で解釈する見解もある。al-Hādī（1394kh）はこれをアラビア語で同じ意味を持つ「サイード saʻīd」のペルシア語名であるとし，サイード・カーズィルーニー Saʻīd b. Masʻūd b. Muḥammad Kāzirūnī（1356/7 没）に比定する。ただし，他に同様の事例があるかは定かではない。

史書で，タバリー，イブン・ジャウズィー，ジュワイニー，バイダーウィーなどからの抜粋で構成されている，とのことである（Bregel 1972, Vol. 1 : 322)。では，実際に内容を検討していこう。

現在筆者が確認し得ている『ニークパイの歴史』の手稿本は，16 世紀書写のパリ手稿本（National Library, Ms. Ancien fonds persan 61）と 1046 年サファル月 1 日／1636 年 7 月 5 日書写のハイデラーバード手稿本（Salar Jung Museum & Library, Ms. Tārīkh/75/F）[55] の 2 点で，校訂本は出版されていない。ハイデラーバード手稿本の序文は欠落しており，序文が残されているパリ手稿本にも一部欠葉があるため，テクスト全体の復元は現時点では不可能である。パリ手稿本からは，かろうじて著者名こそ確認できるものの，献呈対象者，書名，執筆日などに関する情報は分からない[56]。『ニークパイの歴史』という書名は，著者であるニークパイ・ブン・マスウードに因んで名付けられた通称にすぎず，他に正式な書名があったと考えられる。

『ニークパイの歴史』は，「序・目次」(1a-7a)，1 章「ピーシュダード朝，カヤーン朝」(7b-67b)，2 章「サーサーン朝」(67b-94b)，3 章「ムハンマド，カリフ（ハサン含)」(94b-462b)，4 章「アッバース朝期以降のスルターンとマリク（①サッファール朝，②サーマーン朝，③ガズナ朝，④ブワイフ朝，⑤セルジューク朝[57]，⑥ホラズムシャー朝，⑦チンギス・ハーンの治世までのモンゴル)」(462b-640b）の 4 章からなる（括弧内は現存最古の手稿本 *Nīkpay* の頁数)。

55）この手稿本の序文は欠落しているため，書名は特定されておらず，図書館の目録では『普遍史 *Tārīkh-i ʻĀlam*』という書名で登録されている（Ashraf 1965 : 100-101)。これまで『ニークパイの歴史』の手稿本はパリ手稿本のみだとされてきたが，筆者の調査の結果，この詳細不明の手稿本が『ニークパイの歴史』のもう一つの手稿本であることが明らかになった。

56）内容から判断するに，1a の前に 1 葉分，1b と 2a の間に数葉分の欠葉があると考えられる。

57）目次には「セルジューク朝」の項目が立てられているが（*Nīkpay* : 6a)，本文中ではその記事は欠落している。しかし，その前後の「ブワイフ朝」と「ホラズムシャー朝」の記述の間に欠葉があるわけではなく，何故本文中にセルジューク朝の記述が存在していないのかは不明である。

古代ペルシア史の位置付け

『ニークパイの歴史』はペルシア語普遍史書の体裁を取っているが，天地創造に始まる預言者の歴史は存在せず，最初の記事はカユーマルス伝である。その冒頭は次の通りである。

> 第 1 章 al-khabar al-awwal。その始祖がカユーマルスであるところのピーシュダード朝とカヤーン朝，およびピーシュダード朝に含まれないアフラースィヤーブとフィリッポスの息子アレクサンドロス。『列王伝 *Tārīkh-i Muʿjam*』からの引用。最初の王であるカユーマルスの王位と彼の美徳について。著者自作［の詩］li-mu'allif-hi。
>
> 世界の歴史を描いた歴史家は
> ゾロアスター教司祭の言葉よりかくの如く語った
> 神が世界を創った後
> 光輪・知識・見識を備えた王の中で
> 世界を征服した最初の王は
> 名高き者たちの頭カユーマルスだった　（*Nīkpay*：7b）

この文章の典拠とされているのは，『列王伝』という書名の文献である。引用文中のムタカーリブ体の韻律の導入詩は，下線部を除き，シャラフ・カズウィーニー著『ペルシア列王伝』のものと一致しており[58]，『列王伝 *Tārīkh-i Muʿjam*』という題名が，『ペルシア列王伝 *al-Muʿjam fī Āthār Mulūk al-ʿAjam*』の略称であることはほぼ間違いないだろう。導入詩の開句の前に，「著者自作［の詩］」という文言が見られるが，これは，ニークパイの自作を意味するものではなく，『ペルシア列王伝』の著者シャラフ・カズウィーニーの作を意味する文言がそのまま書き写されたものだと解釈できる。この傾向は，旧約的普遍史の文脈における古代ペルシア史の位置付けについても同様に確認できる。

『ペルシア列王伝』で紹介される「マハラレルの末裔説」，「セツの兄弟説」，「ノアの末裔説」，「アダム説」，というカユーマルスの位置付けに関する四つの

58）下線部の単語は『ペルシア列王伝』では pādshāhān とあるが（*Muʿjam*：32；*Muʿjam*/*F4485*：19b–20a），ここでは nāmdārān となっている。

表 7-4　『ペルシア列王伝』と『ニークパイの歴史』におけるカユーマルスの位置付け

『ペルシア列伝王』	『ニークパイの歴史』
運命の変転に通じし者，歴史の謎解きをする者は，カユーマルス王はマハラレル Mahalā'īl[59] の子であると伝えている。ガザーリー Imām Ḥujjat al-Islām Muḥammad al-Ghazālī は『諸王への忠告 *Naṣīḥat al-Mulūk*』においてセツの兄弟であると伝えている。あるいは，ノアの末裔だと言う者もいる。ゾロアスター教徒・拝火教徒の説では，カユーマルスとはアダムのことである。ともかく全ての歴史書の一致するところでは，彼は世界最初の王なのである。（*Muʻjam*：32-33；*Muʻjam/F4485*：20a）	運命の変転に通じし者，歴史の謎解きをする者は，カユーマルス王はマハラレル Mahalā'īl の子であると伝えた。ガザーリー Imām Ḥujjat al-Islām Muḥammad b. Muḥammad al-Ghazālī は『諸王への忠告 *Naṣīḥat al-Mulūk*』においてセツの兄弟であると伝えている。あるいは，ノアの末裔だと言う者もいる。ゾロアスター教徒の説では，カユーマルスとはアダムのことである。ともかく歴史家たちの一致するところでは，カユーマルスは世界最初の王なのである。（*Nīkpay*：7b）

伝承はほぼ形を変えずに『ニークパイの歴史』にも収録されている（表 7-4）。ちなみに，最初の「マハラレルの末裔説」は，これまでに確認してきた文献の中では，ペルシア系知識人 dānāyān-i ʻajam の言葉として，バルアミーが唯一伝えている伝承で（*Balʻamī*, Vol. 1：87），その他の文献では一切確認できないものである。『ペルシア列王伝』の典拠の一つとして「タバリー Muḥammad-i Jarīr Ṭabarī の著作」（*Muʻjam*：270；*Muʻjam/F4485*：161a）が挙げられているが，このマハラレルの記述に鑑みれば，情報源は，タバリーを主要典拠として編纂されたバルアミーの手になる『歴史書』であった可能性が高い[60]。これ以前には主流ではなかった「マハラレルの末裔説」は，以後，このニークパイをはじめとする歴史家が『ペルシア列王伝』を参照することにより継承され，カユーマルスの起源に関する有力な伝承の一つとして受容されていくことになる[61]。

『ペルシア列王伝』以外の典拠

ニークパイが古代ペルシア史を叙述する際に主要典拠としたのは『ペルシア

59）校訂本では Mahayā'īl となっている。

60）ピーコックによれば，タバリーの歴史書は，アラビア語版よりもバルアミーのペルシア語版によって広く知られていたとのことである（Peacock 2007：14）。

61）例えば，上に引用した導入詩は『ニークパイの歴史』だけではなく，ティムール朝時代に編纂された『歴史集成 *Majmaʻ al-Tawārīkh*』や『清浄園 *Rawḍat al-Ṣafā*』においても見られる（*Majmaʻ/A3353*：35b；*Rawḍat*, Vol. 2：569）。

列王伝』であったが，その『ペルシア列王伝』には構成上の大きな問題があった。それは，叙述対象がアヌーシルワーンまでで，フルムズ・ブン・アヌーシルワーン以降の諸王の記述が存在していない点である。また，『ペルシア列王伝』では，サーサーン朝 3 代君主フルムズ・ブン・シャープールの後に続く 3 人のバフラームについては，その説明は全てフルムズの項目の中でなされ，それぞれの王の事績が説明されていない。これらの箇所については，逐一その書名に言及しながら，『歴史の秩序 *Niẓām al-Tawārīkh*』と『タバリー史翻訳 *Tarjuma-yi Tārīkh-i Ṭabarī*』から引用してきている（表 7-5）。しかし，そのいずれもが『ペルシア列王伝』を補う程度のものにすぎず，ニークパイは『ペルシア列王伝』を，タバリーやバイダーウィーにも勝る情報源として評価していたことがうかがえる。これまでの研究では，ペルシア語普遍史書の発展に対する『ペルシア列王伝』の貢献は見落とされてきた。しかし，『ニークパイの歴史』の事例から明らかなように，ペルシア語文化圏における古代ペルシア史の伝承を考える上で，『ペルシア列王伝』は必要不可欠な文献なのである。

古代ペルシア史以降の構成

『ニークパイの歴史』において，古代ペルシア史に続くのは 3 章「ムハンマド・カリフの歴史」で，アダムに始まる預言者伝は存在しない。1 章から 2 章にかけて，ペルシア諸王と同時代の預言者数人についての言及はあるものの，古代ペルシア史を基軸として人類の歴史を叙述する構えをとっている。この「ムハンマド・カリフの歴史」の冒頭には，『タバリー史翻訳』からの引用記事である旨が明記されている（*Nīkpay*: 94b）。

続く 4 章「アッバース朝期以降のスルターンとマリク」においては，『歴史の秩序梗概 *Mukhtaṣar-i Niẓām al-Tawārīkh*』（*Nīkpay*: 462b），『ヤミーニー史翻訳 *Tarjuma-yi Yamīnī*』（*Nīkpay*: 463b），『世界征服者の歴史 *Tārīkh-i Jahān-gushāy*』（*Nīkpay*: 551b）といった典拠が示されている。『ニークパイの歴史』は先行する歴史書のテクストをほぼそのまま引用するという構えをとっており，そこには，諸王朝を人類史の中に位置付けようという姿勢は見られない。また，『集史』や『選史』などの普遍史書は用いられていない。古代ペルシア史は『ペル

表 7-5　『ニークパイの歴史』における『ペルシア列王伝』以外からの引用

項　目	典　拠	引用箇所
Bahrām b. Hurmuz	『歴史の秩序梗概』	71b–72a
Bahrām b. Bahrām	『歴史の秩序』	72a
Bahrām b. Bahrām b. Bahrām	『歴史の秩序』	72a
Shāpūr b. Hurmuz	『歴史の秩序』	74a–74b
Shāpūr b. Shāpūr	『歴史の秩序』	74b
Bahrām b. Shāpūr	『歴史の秩序』	74b
Bahrāmgūr	『タバリー史翻訳』	75b–81a
Hurmuz b. Yazdgird	『歴史の秩序』	82b
Fīrūz b. Yazdgird	『タバリー史翻訳』	82b–83a
Balāsh b. Fīrūz	『歴史の秩序』	83a
Qubād b. Fīrūz	『歴史の秩序』	83a
Anūshirwān	『タバリー史翻訳』	83b–86b
Hurmuz b. Anūshirwān	『タバリー史翻訳』	86b–88a
Khusraw Parwīz	『タバリー史翻訳』	88a–90b
Shīrūya	『タバリー史翻訳』	90b–91a
Ardashīr	『歴史の秩序』	91a
Kisrā b. Kharhān	『歴史の秩序』	91a
Kisrā b. Qubād	『歴史の秩序』	91a
Pūrāndukht	『タバリー史翻訳』	91a
Ādharmīdukht	『タバリー史翻訳』	91a–91b
Farrukhzād	『歴史の秩序』	91b
Yazdgird b. Shahriyār	『タバリー史翻訳』	91b–94b

シア列王伝』に，ムハンマドからアッバース朝までの歴史は『タバリー史翻訳』に，イスラーム時代の諸王の歴史は『歴史の秩序』と『ヤミーニー史翻訳』に，巻末の「ホラズムシャー朝史」および「モンゴル史」は『世界征服者の歴史』に依拠したペルシア語普遍史書だと評価できる。それ故に，編纂時期は，この中で最も遅く編纂された『ペルシア列王伝』以降，すなわち 14 世紀前半以降ということになる。

章　結

本章では，ハザーラスプ朝という研究史上注目されてこなかった王朝がペルシア語文化圏の歴史に果たした役割の一側面を，これまでの研究では十分に活用されてこなかった献呈作品（特に『ペルシア列王伝』）を分析することで明らかにした。その主な結論は次の通りである。

(1) 14世紀初頭イルハーン朝の歴史家にハザーラスプ朝が高く評価された原因は，ヌスラトが行った社会的弱者などに対する慈善活動と文化保護政策にあった。その中でも，本章での議論により明らかになったのは，14世紀初頭ハザーラスプ朝宮廷におけるペルシア語文芸活動の隆盛である。イーザジュにあったヌスラトの宮廷には，王朝の内外から文人が集い，間違いなくイルハーン朝領内のペルシア語文芸活動の中心地の一つとなっていた。また，歴史書や科学書の名著が編纂されたイルハーン朝宮廷とは異なり，ペルシア語散文学・韻律学に関する書物が編纂され，ペルシア文学史上初の「純粋な」古代ペルシア史が編纂されるなど，ペルシア語や古代ペルシア史に対する強い関心を確認することができる。ペルシア系の出自を主張したヌスラトは，敬虔なムスリム君主として善政を行うことに加え，ペルシア語による文化活動を保護することにより，ペルシア系の君主としての支配の正当化を図ったのである。

(2) これまでの研究では，13–14世紀にかけてのペルシア語文芸活動の隆盛の主要因はイルハーン朝宮廷における文芸活動の庇護・奨励にあると考えられてきた。イルハーン朝が果たした役割が大きかったことは今更言うまでもないことだが，ハザーラスプ朝などペルシア系の地方政権が果たした役割を無視することもできないだろう。テュルク・モンゴル系の王朝に恭順したペルシア系の王朝が，自らの支配を正当化する拠り所として古代ペルシアの諸王との繋がりをより強く意識し，積極的にペルシア語文芸活動の庇護・奨励を行うようになった時代であるとも評価できるからである。ペルシア語文芸活動の隆盛という問題を考える際には，イルハーン朝の動向だけではなく，地方政権の動向にも目を配る必要があるだろう。

(3) このような環境で成立した『ペルシア列王伝』は，これまでの研究では注目されてこなかったが，後のペルシア語歴史叙述の発展に大きな影響を及ぼすことになる。

第8章
イランの地の地方政権とイラン概念

はじめに

第7章では，ハザーラスプ朝という地方政権で編纂された献呈作品の分析を通じて，ペルシア系の地方王朝によるペルシア語文芸活動の庇護・奨励の事例とその意義について考察した。現在，このハザーラスプ朝宮廷で編纂されたペルシア語普遍史書は確認されていないが，イルハーン朝末期からティムール朝初期にかけて栄えた他の地方政権では，数は少ないものの普遍史書が編纂されている。本章では前章での議論を一般化するため，ハザーラスプ朝以外の地方政権における文芸活動の庇護・奨励の事例を紹介し，そこに見られる普遍史叙述の発展について考察したい。

本章で取り上げるのは，イルハーン朝末期ヤズドで大規模な「イスラーム社会復興」の活動を行い，同時代人の称賛を集めたサイイド，シャムス・フサイニー（1節），アブー・サイード治世にイルハーン朝から独立を果たしたインジュー朝（2節），傀儡君主を擁立せず自らをチンギス裔としてアゼルバイジャンを拠点に支配を行ったジャラーイル朝（3節），インジュー朝の後ファールスを支配したムザッファル朝（4節），という四つの事例である。

第II部で論じたように，イルハーン朝時代に，イルハーン朝の領域を「イラン」と，中央アジアのチャガタイ・ウルスの領域を「トゥラン」と捉える地理認識が生まれた。しかし実際には，このような二項対立的な地理認識に依拠した歴史叙述はイルハーン朝側の文献にはさほど多くは見られない。このような叙述が頻繁に確認できるのは，イルハーン朝以外の政権で編纂された文献においてである。例えば，本書でも既に紹介した，ムスタウフィーの手になる博物誌『心魂の歓喜 *Nuzhat al-Qulūb*』は，イルハーン朝時代におけるイラン概念の復活を裏付ける史料としてしばしば言及されてきた（Ashraf 2006 : 516a；木村 2008 : 42–43)。しかし，『心魂の歓喜』が編纂されたのは 740／1339/40 年，すなわち，アブー・サイードの没後であり，有力諸侯がチンギス・ハーンの血を引く傀儡君主を擁立するなど，ちょうどイルハーン朝領内が混乱に陥っていた時期に当たる。メルヴィルが『心魂の歓喜』におけるイラン中心主義的な地理認識を，既に崩壊したイルハーン朝への懐古主義的な情念を保つためであったと評価しているが（Melville 2003b : 634a)，筆者も彼の見解が妥当だと考えている。やはり，ムスタウフィーの評価をイルハーン朝側の見解と考えるのは少し無理があるのではないだろうか。

一方，第 7 章で示したように，イルハーン朝末期頃から，テュルク・モンゴル系の血統を持たないペルシア系の地方政権では，自らを古代ペルシア諸王の王権の継承者であり，イランの地の王である，という強い主張が確認できるようになる。渡部良子がその史料的価値について詳しく論じた，シャバーンカーラの地方政権に献呈された『歓びの書 *Daftar-i Dilgushā*』(1320–25 年）なるペルシア語韻文史書でも同様に，地方政権における強い「イランの王」としての意識が確認できる。『歓びの書』では，シャバーンカーラ王家の君主は常に「イランの王」と描写されている。一方，これに対抗するホラズムシャー朝やムザッファル朝などの敵対勢力は「トゥラン」と描写される（渡部 2007 : 57–62 ; Mihrābī & Kiyānī 1389kh : 52–53)。また，モンゴル軍も「トゥラン」と描写され，モンゴルの西アジア侵攻はトゥランの王によるイランへの侵攻ととらえられている（渡部 2007 : 63–70)。

この事例から確認できるように，ペルシア系の王朝を自認する地方政権にとって，イラン概念は大きな意味を持つようになっていった。本章では，地方政権で編纂された文献の分析を通じて，イルハーン朝とティムール朝の狭間の時代にペルシア語文化圏で共有されるようになったイラン概念の実態について考察したい。

1　ヤズド・ニザーム家の名士シャムス・フサイニー

ハザーラスプ朝のヌスラトと同等，あるいはそれ以上に同時代の知識人たちからの称賛を集めたのが，ヤズドのサイイド名家ニザーム家から出た，シャムス・フサイニー Shams al-Dīn Muḥammad b. Muḥammad b. Muḥammad b. al-Niẓām al-Ḥusaynī（1332/3没）である[1)]。彼は副宰相職 niyābat-i wizārat，大カーディー qāḍī al-quḍāt，大ナキーブ naqīb al-nuqabā などの要職を務め（*Maḥāsin*：42），政治の場でも活躍した。そのためか，地方を活躍の場としていた父ルクン・フサイニー Rukn al-Dīn al-Ḥusaynī（1331/2没）がヤズドで没したのに対し（*Faṣīḥī*, Vol. 2：910，図8-1），シャムスは王都タブリーズで亡くなっている。ただし後に，ヤズドに葬られている（*Yazd*：111）。

シャムスはラシードの娘を妻とするなど（*Yazd*：111），ラシード家と緊密な関係にあったことで知られる。そして，義理の兄弟にあたる宰相ギヤース・ラシーディー[2)]とともに行った大規模ワクフ設定に基づく「イスラーム社会復興の活動」は同時代を生きた知識人たちの称賛の的となった（Aubin 1975：112–113；岩武 1989：7–8）。ギヤース・ラシーディーに献呈されたペルシア語普遍史書『選史』4章12節「モンゴル史」の末尾にシャムス・フサイニーを賛美する言葉が挿入されているのをはじめとして，同じくギヤースに献呈された，フサイン・アーウィー Ḥusayn b. Muḥammad b. Abī al-Riḍā Āwī 著『イスファハーンの美徳翻訳 *Tarjuma-yi Maḥāsin-i Iṣfahān*』（1328/9年）およびシャバーンカーライー著『系譜集成』（1335/6年）においてその偉業が讃えられている（*Guzīda*：622；*Maḥāsin*：42–43；*Ansāb*, Vol. 2：214）。同様の称賛は，インジュー朝4代君主アブー・イスハーク（在位1343–53）に献呈された『高貴なる諸学問 *Nafāyis al-Funūn*』やジャラーイル朝2代君主シャイフ・ウワイス（在位

1）イブン・イナバ Ibn ʻInaba 著『ファフルの諸章 *al-Fuṣūl al-Fakhrīya*』には，その家系図が示されている（*Fakhrīya*：148）。

2）実際，同時代の知識人のシャムスに対する美称の一つに，「偉大なる主人の兄弟 barādar-i mawlā-nā-yi aʻẓam」というものもある（*Maḥāsin*：42）。

図 8-1　ルクン・フサイニー廟（ヤズド市）

1356–74）に献呈された『書記典範 *Dastūr al-Kātib*』（1361–67 年）においても確認できる（*Nafāyis*, Vol. 2 : 263 ; *Dastūr*, Vol. 1 : 301）。

シャムス・フサイニーが遺した文献では，岩武昭男が詳細な分析を行ったワクフ文書集『善行集成 *Jāmiʻ al-Khayrāt*』が有名だが（岩武 1989），彼は歴史書も書き著しており，自らペルシア語文芸活動に携わっていた。彼が著した『セルジューク朝史の旅土産 *al-ʻUrāḍa fī al-Ḥikāyat al-Saljūqīya*』は，1313 年頃から 1316 年の間，オルジェイトの治世にラシード・アッディーン（あるいはその息子ギヤース・ラシーディー）に献呈されたセルジューク朝史である。『セルジューク朝史の旅土産』は，『ワッサーフ史』や『ペルシア列王伝』のように，修辞を凝らした難解な技巧文で書かれている[3)]。また，シャムスの従甥

3)『セルジューク朝史の旅土産』については，校訂者による解題 Mīr Shamsī（1388kh）に詳しい。ところで，『セルジューク朝史の旅土産』の現存最古の手稿本は，752 年第 1 ラビーウ月／1351 年に書写されたイスタンブル手稿本（Süleymaniye Library, Ms. Aya-sofya 3019）だが，その中には，同書（1a–64b）の他に，ナースィル・キルマーニー Nāṣir al-Dīn Munshī Kirmānī 著『崇高なる首飾り *Simṭ al-ʻUlā*』（1316 年）（65a–135a），カーシャーニー Abū al-Qāsim Qāshānī 著『オルジェイト史 *Tārīkh-i Ūljāytū*』（1317 年）（136a–246b）という歴史書も収録されており，傑作集の体裁をとる。『崇高なる首飾り』はオルジェイト旗下のエセン・クトルグ Īsan-Qutlugh に献呈されたキルマーン・カラヒタイ朝史で，『オルジェイト史』はオルジェイトに献呈するために執筆された彼の一代記であり，いずれもイルハーン朝宮廷の中心で同時期に編纂された歴史書である。もう一つ共通している点は，その修辞技巧を凝らした文体である。美文で書かれたこれらの歴史書の傑作集を作成した意味は，おそらく，その内容の重要性もさることながら，文体を学習するためであったと推測される。このような傑作集が作られた

ニザーム・ヤズディー Niẓām al-Dīn ʻAlī b. Maḥmūd b. Maḥfūẓ b. Raʼīs Yazdī も，その名前がラシードの神学著作『問答集 *As'ila wa Ajwiba*』の中に登場するなど（*As'ila*：80），ラシードと親しい関係にあった。彼はラシードの普遍史書『集史』の書写も行っている（Aubin 1975：110–111；van Ess 1981：28）。このシャムスはペルシア語文芸活動を庇護・奨励したことでも知られる。本節では，彼の庇護の下で編纂された著作を分析したい。

(1) アリー・トゥスタリー『諸王への贈物』（1316 年頃）

史料の性格

著者アリー・トゥスタリー ʻAlī b. Aḥmad b. Muḥammad al-Nāsikh al-Tustarī は，その名前に含まれている「写字生 al-nāsikh」という職業名から（*Tustarī*：36），手稿本製作に関わる仕事に従事していたと考えられる。『預言者の長の歴史に関する探究者の目的 *Maʼārib al-Ṭālibīn fī Taʼrīkh Sayyid al-Mursalīn*』という預言者伝の著者でもあるが（*Tustarī*：384），それ以外の経歴に関する情報は不明である。トゥスタリーは『諸王への贈物 *Tuḥfat al-Mulūk*』の序文で，上述のシャムス・フサイニー[4]とハージー・ダイラム Tāj al-Milla wa al-Dīn Ḥājī Daylam b. al-Ṣāḥib al-Saʻīd Nūr al-Dīn ʻAbd al-Malik の名前に言及しており（*Tustarī*：38–40），この 2 人の庇護を受けていたと考えられる。このハージー・ダイラムなる人物の経歴は不明だが，「高貴なる御方［シャムス・フサイニー］の家臣 atbāʻの一人」とされ，「大サーヒブ ṣāḥib-i aʻẓam」や「イランの誉れ mafkhar-i Īrān」の称号を持つことから（*Tustarī*：39–40），シャムス・フサイニーに仕えた有力家臣だと考えられる[5]。このハージー・ダイラムのために教訓の書 pand-nāma と

ことも，この時代におけるペルシア語文芸活動の重要性を示唆している。

4）シャムス・フサイニーは「諸王を指導する者 murabbī al-mulūk wa al-salāṭīn」と呼ばれ（*Tustarī*：38），前章で紹介したヌスラトと同じく，諸王を補佐する役割が与えられている。

5）ムザッファル朝初代君主ムハンマド（在位 1314–58）の近臣に同名のハージー・ダイラムという人物がいる（Sutūda 1346–47kh, Vol. 1：88）。この人物は 748／1347/8 年の記事に登場し（*Majmaʻ/Jawādī*, Vol. 1：201–202），年代的には矛盾はしないが，これ以上の情報は確認できていない。

して（*Tustarī*: 36）編纂されたのが『諸王への贈物』である。現存するこの著作の手稿本は，775年ズー・アルヒッジャ月7日／1374年5月20日，キルマーンでスルターン・ブン・フマーユーン Sulṭān b. Humāyūn なる写字生に書写されたイスタンブル手稿本（Süleymaniye Library, Ms. Fatih 4245）のみで（*Tustarī*: 497），その存在は学界には知られてこなかった。唯一オバン J. Aubin が紹介してはいるものの，その内容については詳しく論じていなかった（Aubin 1975: 113）。校訂本 *Tustarī* が刊行されたのは 1389kh／2010/1 年のことで，今後の研究の進展が期待される文献である。

『諸王への贈物』は全26章から構成され，その10章以降が普遍史の内容になっている。10章はその導入部の役割を果たしており，人類の歴史が，1部「預言者」，2部「古代ペルシア」，3部「カリフ」，4部「アッバース朝時代のイラン[6]の諸王」の4部に分類される（*Tustarī*: 289–290）。11章以降の各章の内容は，11章「預言者（ノアの後まで）」（291–300），12章「ピーシュダード朝」（301–312），13章「カヤーン朝」（313–326），14章「アシュカーン朝」（327–330），15章「サーサーン朝（ムハンマド伝含）」（331–384），16章「正統カリフ（ハサン，フサイン含）」（385–388），17章「ウマイヤ朝」（389–406），18章「アッバース朝」（407–452），19章「サッファール朝」（453–456），20章「サーマーン朝」（457–459），21章「ガズナ朝」[7]（461–465），22章「ブワイフ朝」（467–471），23章「セルジューク朝」（473–476），24章「サルグル朝」（477–482），25章「ホラズムシャー朝」（483–488），26章「モンゴル」（489–497）となっている（括弧内は校訂本 *Tustarī* の頁数）[8]。最終26章はアブー・サイード即位の記

6）トゥスタリーはイランの地 Īrān-zamīn の範囲を，ユーフラテス河からアム河，アラブ地域 diyār-i ʻArab からフジャンドまでと定義している。

7）表題には「グール朝」とあるが，内容は「ガズナ朝」である。

8）『諸王への贈物』の手稿本の序文には目次が付されており，そこでは22章「セルジューク朝史」，23章「ブワイフ朝史」，24章「ホラズムシャー朝史」，25章「サルグル朝史」（*Tustarī/F4245*: 4b–5a）となっており，幾つかの章の順番が本文中のそれとは異なっている。そのためか，校訂本では断りなく目次が削除されている（*Tustarī*: 42 と *Tustarī*: 43 の文章の間）。また，目次にある章番号は本文中では用いられていないものだが，校訂本では断りなく補われている。筆者は校訂本での修正は妥当だと考え，校訂本の記述を採用したが，注で断りもせずに底本にある文章を補ったり削除し

事で終わり，その治世の永続を願う祈願文が付されていることから，アブー・サイードの即位年である 1316 年頃に編纂された書物だと考えられる。大きな特徴として，各章の冒頭に王の名前と統治年を記した，罫線で囲まれた王名表が挿入されている点が指摘できる（図 8-2）[9]。

図 8-2　『諸王への贈物』に挿入されたピーシュダード朝諸王の王名表（*Tustarī*/*F4245*：87a）

古代ペルシア史の位置付け

『諸王への贈物』の 11 章以降の構成および内容は『歴史の秩序』に極めて近い。11 章「預言者」が対象とするのは，アダムからノアの 3 人の息子に至るまでの歴史で，セムはイランの地 zamīn-i Īrān に留まりイラン人 Īrāniyān の祖に，ヤペテはトゥルキスターンに留まりテュルク人の祖に，ハムはインドの地に留まりインド人，ザンジュ，アビシニア人の祖になったとされる（*Tustarī*: 297）。ここでは，モンゴル Mughūl はヤペテの息子マナーシフ Manāshiḥ（ミーシャクの異形か）の息子として登場する（*Tustarī*: 298）。これら諸民族の分岐に関する記事は『歴史の秩序』では確認できず，もしこの章が『歴史の秩序』に依拠したものであるならば，これらの説明はトゥスタリーによる加筆ということになる。

イラン人をセム裔に位置付けるトゥスタリーは，11 章ではカユーマルスを

たりするという校訂の手法には疑問を抱かざるを得ない。

9）本書では上述の校訂本を使用したが，校訂者は王名表の存在には配慮しておらず，図 8-2 のピーシュダード朝諸王の王名表は掲載されていない。また掲載されている王名表の中には，そこに記された統治年と本文中のそれが異なっているものもある。

セムの孫ルドの息子 Kayūmarth b. Lāwid b. Lāwid b. Sām b. Nūḥ とし（*Tustarī*: 299），12 章ではセムの曾孫ウマイムの息子 Kayūmarth b. Umaym b. Lāwid b. Lāwid b. Sām b. Nūḥ とするなど（*Tustarī*: 301），その評価は定まっていない。12 章「ピーシュダード朝」の本文では，①カユーマルス＝アダム説（ゾロアスター教徒の伝承），②カユーマルス＝セツの兄弟説（『諸王への忠告』の伝承），③カユーマルス＝ノアの末裔説（『タバリー史 *Tārīkh-i Ṭabarī*』の伝承），の三つの伝承が紹介され，三つ目の伝承が正しいとされる（*Tustarī*: 301）。ここでは系譜についての明確な言及はないが，カユーマルスをセム裔とする立場を取っているようである。ノア以降の預言者については『歴史の秩序』と同様に，章すら設けられておらず，古代ペルシア史を軸として歴史を書き進め，ムハンマド以降のイスラーム時代の歴史に至る。ただし，『歴史の秩序』を主要典拠としながらも，様々な形で情報が加筆されており，例えば，ヤズドギルド 3 世伝の最後には，シャフル・バーヌー伝承（第 4 章参照）が補われている（*Tustarī*: 367–368）。

イランの諸王

続く 16 章「正統カリフ」にハサン伝とフサイン伝が含まれている点は『歴史の秩序』と同じだが，17 章「ウマイヤ朝」冒頭には，『歴史の秩序』には存在しない「ウマイヤ朝というのは忌み嫌われる王朝であることを知らなければならない。全ての人々は常にその王朝の崩壊を待ち望んでいた」（*Tustarī*: 389）とウマイヤ朝を呪詛するシーア派的文言が確認できる。ウマイヤ朝とそれに続くアッバース朝に関しては，異なる著作を典拠としたようで，内容も分量も大きく異なっている。19 章以降に「アッバース朝時代のイランの諸王」に相当する王朝が並ぶが，その中で人類史における位置付けが示されている王朝はない。26 章「モンゴル」でも，チンギスの出自は明らかにされず，イランの諸王の最後に数えられている。

『諸王への贈物』の後半部は，『歴史の秩序』の需要の大きさを示しており，『歴史の秩序』が簡潔な普遍史を叙述する際に核となる典拠となっていたことが確認できる。前章で紹介したハザーラスプ朝以外の宮廷においても，文芸活動が庇護・奨励され，独自に文献が編纂されていた。イルハーン朝宮庭のペルシア語文芸活動との関わり具合は不明だが，イランに勃興した諸王を基軸に歴史を叙述する，という姿勢は共有されている。

2　インジュー朝

インジュー朝（1325 頃-53）初代君主マフムード・シャー（在位 1325 頃-36）は，オルジェイトの命令により，王領地（インジュー）管理のためにファールス地方に派遣された人物である。彼はそのままファールスに留まり，アブー・サイードの治世に独立を果たした。インジュー朝は 1353 年にムザッファル朝に滅ぼされることになるが，最後の君主アブー・イスハーク（在位 1343-53）は詩人ハーフィズを庇護するなど，ペルシア文芸活動の庇護・奨励に努めたことで知られる。インジュー朝統治下のシーラーズでは，有名なところでは，1331 年書写のイスタンブル手稿本（Topkapı Palace Library, Ms. Hazine 1479），1333 年書写のサンクトペテルブルグ手稿本（National Library, Ms. Dorn 329），1341 年に書写されたダブリンなど世界各地の図書館に分蔵される手稿本（Chester Beatty Library, Ms. Per. 110 など）[10]，という 3 点の挿絵付『王書』手稿本が作成された。このうち，3 点目の手稿本は，インジュー朝の宰相キワーム・アッディーン Qiwām al-Dīn に献呈されたものとして特に有名である（ブルーム 2001 : 211-212)。本書第 7 章で紹介したシャムス・ファフリーもイルハーン朝が事実上崩壊した後には，アブー・イスハークを頼り，1343/4 年に韻律学の手引書『ジャマールの尺度』を献呈している。このインジュー朝では，バルアミー著『歴史書』の 1334 年書写のロンドン手稿本（British Library, Ms. Add. 7622）が作成されてはいるものの[11]，新たに普遍史書が編纂された事実は確認できていない。ただし，アブー・イスハークに献呈されたペルシア語百科事典

10）この手稿本が分蔵されている図書館については，Afshār（1390kh : 255）を参照。
11）インジュー朝で作成された手稿本の情報については，Āzhand（1387kh : 72-82）を参照。

『高貴なる諸学問 *Nafāyis al-Funūn*』の中に，簡潔ではあるが，普遍史が含まれている。

(2) アームリー『高貴なる諸学問』(1343-53 年)

史料の性格

著者アームリー Shams al-Dīn Muḥammad b. Maḥmūd al-Āmulī (1352/3 没) はシーア派の学者で，オルジェイトの治世にはスルターニーヤのマドラサで教鞭を執っていた (Morgan 2002)。『高貴なる諸学問』以外に，『イブン・スィーナーの医学典範注釈 *Sharḥ-i Kullīyāt-i Kitāb-i Qānūn-i Shaykh Abū ʻAlī*』，『イーラーキーの医学書注釈 *Sharḥ-i Kullīyāt-i Kitāb-i Ṭibb-i Sayyid Sharaf al-Dīn Īlāqī*』，『イブン・ハージブの法源注釈 *Sharḥ-i Mukhtaṣar-i Uṣūl-i Ibn Ḥājib*』などの著作を著している (*Majālis*, Vol. 2 : 214)。

古代ペルシア史の位置付け

『高貴なる諸学問』の 4 部 2-3 章は「歴史と伝記の学 ʻilm-i tawārīkh wa siyar」と題され，その目的は，物語や伝承を伝えることではなく，教訓と訓戒を得ることだとされる (*Nafāyis*, Vol. 2 : 170)。その内容は 1335 年までの普遍史で，1 節「預言者」(Vol. 2 : 170-202)，2 節「ペルシア諸王」(Vol. 2 : 203-223)，3 節「中国・フランクの諸王」(Vol. 2 : 223)，4 節「正統カリフ (ハサン含)，ウマイヤ朝，アッバース朝」(Vol. 2 : 224-237)，5 節「アッバース朝期以降に勃興した諸王」(Vol. 2 : 237-263)，という 5 節から構成される (括弧内は校訂本 *Nafāyis* の頁数)。

1 節では，アダムからムハンマドに至るまでの預言者の名前と寿命が記録されている[12)]。ノア伝には「ノアの後ペルシア諸王 mulūk-i furs が現れ王権を手

12) 1 節の最後には，アダムからムハンマドに至るまでの時の長さについて，アブー・ファトフ Abū al-Fatḥ Nāṣir b. Muḥammad 著『知識の集成 *Jāmiʻ al-Maʻārif*』，マスウーディー Abū al-Ḥasan Masʻūdī，ユダヤ教徒の暦，中国の暦などに収録されている様々な伝承が併記されている (*Nafāyis*, Vol. 2 : 201-202)。この部分は『バナーカティー史』の文章と共通する所が多い (*Banākatī* : 9-12)。

にした」(*Nafāyis*, Vol. 2 : 178) とあり，ペルシア諸王は明確にノア以降に位置付けられている。

続く 2 節では，ペルシア諸王はピーシュダード朝，カヤーン朝，アシュカーン朝，サーサーン朝の四王朝に分けられる。ペルシア人の祖カユーマルスについては，①カユーマルス＝アダム説（ゾロアスター教徒の伝承），②カユーマルス＝カイナン説，③カユーマルス＝セツの兄弟説（歴史家，『諸王への忠告』の伝承），④カユーマルス＝ヤペテの子ハム説，⑤カユーマルスとその妻＝植物説（息子が植物か否かの言及はない），という五つの伝承を紹介しているが，著者自身はどの伝承が正しいのかについて結論を下していない。その上で，皆の一致するところではカユーマルスは最初の王である，と付け加えている（*Nafāyis*, Vol. 2 : 203)。ファリードゥーンがアブラハムと（*Nafāyis*, Vol. 2 : 206)，マヌーチフルがエテロ，モーセ，アロンと（*Nafāyis*, Vol. 2 : 206)，カイクバードがエゼキエル，エリシャの子エリヤ，サムエルと（*Nafāyis*, Vol. 2 : 207)，カイカーウースがソロモン，ルクマーンと（*Nafāyis*, Vol. 2 : 207)[13]，ルフラースブがエレミヤとエズラと同時代とするなど（*Nafāyis*, Vol. 2 : 208)，預言者との年代比定を試みており，その内容は，先行する普遍史書の中では『バナーカティー史』に近い。ただし，アシュカーン朝の諸王の名前が一致しないなど（付表参照)，全面的に依拠しているわけではない[14]。

イランの諸王

3 節「中国・フランクの諸王」の内容も，同様の項目を含む『バナーカティー史』に依拠したものだと考えられる。5 節「アッバース朝期以降に勃興した諸王」で扱われる王朝は，①サッファール朝，②サーマーン朝，③ブワイフ朝，④ガズナ朝，⑤セルジューク朝，⑥ホラズムシャー朝，⑦モンゴル，という七つの王朝で，やはり『バナーカティー史』の章構成に近い[15]。また，こ

13) ここで，事実ではないとしながらもカイカーウース＝ニムロド説に言及している。

14) 例えば，カユーマルス伝では『タバリー史 *Tārīkh-i Ṭabarī*』から（*Nafāyis*, Vol. 2 : 203)，サーサーン朝史では『光の真実 *Ḥadāyiq al-Anwār*』からの引用が確認できるなど（*Nafāyis*, Vol. 2 : 213)，『バナーカティー史』には存在しない内容が補われている。

15)「イスマーイール派史」の記事は「ホラズムシャー朝史」の後半に挿入されている

れらの王朝について，逐一王朝の起源や出身民族が言及されることはなく，一つの人類史の中に諸王朝を位置付けようという姿勢は見られない[16]。モンゴルについては，「イランとトゥランの諸王国，いや世界全てをホラズムシャー朝の後に支配下に入れたチンギス・ハーンの一族」（*Nafāyis*, Vol. 2：249）と形容される。そして，フラグ・ハーンが「イランの地 Īrān-zamīn を支配しその周辺諸地域を征服するために」派遣され（*Nafāyis*, Vol. 2：253），その末裔がイランの地を支配することになる。ここにも，イルハーン朝の領域がイランであり，そこに属さない中央アジアはトゥランであるという世界認識が現れている。「モンゴル史」は，1335 年にアブー・サイードが没し，アルパが推戴された記事で終わっている（*Nafāyis*, Vol. 2：263）。『高貴なる諸学問』所収の普遍史は，百科事典という著作の性格もあってか，『バナーカティー史』の焼き直しにすぎない。これに対し，ジャラーイル朝宮廷では，新しい形のペルシア語普遍史書が編纂されている。

3　ジャラーイル朝

ジャラーイル朝（1340–1432）[17] は，モンゴル系ジャラーイル部族出身の軍人大ハサン Ḥasan-i Buzurg（在位 1340–56）により建国された，アゼルバイジャンからイラクにかけての地域を支配した王朝である。ジャラーイル朝は，ハージュー・キルマーニー Khwājū Kirmānī（1352 没）やサルマーン・サーワジー Salmān Sāwajī（1376 没）などの詩人が活躍したことで知られる[18]。また，1396 年に 4 代君主アフマド（在位 1382–1410）のためにバグダードでハージュー・キルマーニーの詩集の挿絵入りの手稿本（London, British Library, Ms. Add. 18113）が作成されるなど，写本絵画の技術も大きな発展を見せた（桝屋 2014：76–77,

（*Nafāyis*, Vol. 2：248–249）。

16）唯一，「サーサーン朝史」の末尾に，マーザンダラーンの諸王はヤズドギルド 3 世の末裔であるという文章が確認できる（*Nafāyis*, Vol. 2：223）。

17）ジャラーイル朝については，Bayānī（1345kh），Wing（2016）を参照。

18）ジャラーイル朝期に活躍した文人については，Bayānī（1345kh：375–407）を参照。

154)[19]。このような環境下で，2 代君主シャイフ・ウワイス（在位 1356–74）の治世に 1 点のペルシア語普遍史書が編纂された。

(3) アハリー『シャイフ・ウワイス史』(1359–74 年)

史料の性格

アハリー Abū Bakr Quṭbī Aharī（雅号ナジュム Najm）はシャイフ・ウワイスに仕えた歴史家・詩人である。彼の著作『シャイフ・ウワイス史 *Tawārīkh-i Shaykh Uways*』は，アダムからシャイフ・ウワイスの治世までを対象とするペルシア語普遍史書である。現存唯一のライデン手稿本（Leiden University, Ms. 2634）には欠葉があるために編纂年は不明だが，最後の事件の日付は 760 年シャウワール月 2 日／1359 年 8 月 27 日となっている（*Uways*: 246)。

『シャイフ・ウワイス史』は，「序」(21–27)，「目次」(28–29)，1 部 ṣinf「古代ペルシア諸王：①ピーシュダード朝（33–50)，②カヤーン朝（51–67)，③アシュカーン朝（69–75)，④サーサーン朝（77–99)」，2 部「イスラームの諸王：①正統カリフ（ハサン含）(101–127)，②〜③ウマイヤ朝（129–141)，④アッバース朝・同時代の諸王（143–185)，⑤モンゴルとその分枝（187–247)」という二部構成になっている（括弧内は校訂本 *Uways* の頁数)。本文中に典拠として明記されている文献は，『タバリー史 *Tawārīkh-i Ṭabarī*』[20]，フィルダウスィー著『王書 *Shāh-nāma*』[21]，『ジャーマースブの書 *Jāmāsb-nāma*』[22]，『サンジャルの歴史 *Tawārīkh-i Sanjarī*』[23]，『セルジューク朝史 *Tawārīkh-i Saljūqī*』[24]，ニザーミー Niẓāmī（1209 頃没）著『七王妃物語 *Haft Paykar*』[25] の 6 点で，その他には，ラフィーウ・ブクラーニー Rafīʿ Bukrānī やサアディー Saʿdī（1210 頃–92 頃）が

---

19) ジャラーイル朝期の絵画技術の発展については，Wing（2016：185–198）も参照。
20)「目次」で 1 事例の言及が確認できる（*Uways*: 28)。
21)「目次」，1 部「古代ペルシア諸王」で 7 事例の言及が確認できる（*Uways*: 28, 38, 47, 59, 61, 88, 93)。
22) 1 部 1 章「ピーシュダード朝」で 1 事例の言及が確認できる（*Uways*: 49)。
23) 1 部 1 章「ピーシュダード朝」で 1 事例の言及が確認できる（*Uways*: 38)。
24) 1 部 2 章「カヤーン朝」で 1 事例の言及が確認できる（*Uways*: 57)。
25) 1 部 4 章「サーサーン朝」で 1 事例の言及が確認できる（*Uways*: 93)。

詠んだ詩が挿入されている（*Uways*：27, 236)。このように『王書』をはじめとする韻文作品が典拠として挙げられているのが特徴である。一方，イルハーン朝宮廷で編纂された歴史書の題名は確認できない。

古代ペルシア史の位置付け

アハリーは古代ペルシア史の冒頭で，人類の歴史をノアの洪水を境に二つに分け，洪水前の歴史を叙述する難しさについて次のように述べている。

> 洪水以前に存在したとされる者たちについては，彼らの正確な歴史を記録することは不可能である。先達たちが『タバリー史』やフィルダウスィーの『王書』といった書物の中で，ピーシュダード朝を第 1 世代だと考えているとはいえ，彼らが洪水後に存在したのかについては確証がない。当時の諸王の名前と系譜は正確には知られていないのである。（*Uways*：28）

このような歴史認識を持つアハリーは，1 部 1 章「ピーシュダード朝史」を世界最初の王カユーマルスの説明から始めるが，「カユーマルスをアダムと言う者もいる」（*Uways*：33）と言及した後は，アダム，セツ，エノス，エノク，ノアという預言者の事績を扱っている。その後にノアの 3 人の息子たちから諸民族が分岐していく過程の説明が続くが，ここで確認できる「セムはノアの後に人々 qawm の指導者となった。父［ノア］は彼を後継者とした。彼［セム］はイラクの地を己の中心地とし住処とした。冬はジューハー Jūkhā の地，すなわちクーファ地方に，夏はマウスィルの地に居た。彼はチグリス河東岸を行き来しており，そこはセムの道 Sām rāh と呼ばれていた」（*Uways*：36）という文章は，ディーナワリー著『長史』，あるいは『究極の目的』で紹介されていた内容とほぼ一致する。そして，世界の諸民族は，セム，ハム，ヤペテそれぞれの 7 人の息子たちから分岐していくとされる（表 8-1)。ただし，この系譜の中には，モンゴルの位置付けに関する説明はない。

ペルシア人の祖カユーマルスの名前はここで再び登場し，セムの息子エラムの息子ルドの息子ウマイムの息子だとされる。ペルシア人 pārsiyān はルドの一族だと評価されている（*Uways*：37)。この後に，カユーマルスに始まるピー

表 8-1　『シャイフ・ウワイス史』における諸民族の分布（*Uways*: 37）

	居　所	息　子
ヤペテ	東，北の間	テュルク，ハザル，スィクラーブ，アスバーン，チーン，ブルジャーン，ゴグ・マゴグ
ハム	南，東，西の間	スィンド，ヒンド，ザンジュ，キブト，ハバシュ，ヌーバ，カナン
セム	バビロン	エラム，アルパクシャド，アラム，ヤファル，アシュル，ヌーフ，テラ

表 8-2　『シャイフ・ウワイス史』におけるペルシア諸王と預言者の関係

王　名	同時代人の預言者など	典　拠
ジャムシード	ソロモン本人，フード	*Uways*: 41
マヌーチフル	モーセ，ヨシュア	*Uways*: 47–48
カイクバード	カレブ，エゼキエル，エリシャ，サムエル，ダビデ，ルクマーン	*Uways*: 53–55
カイカーウース	ソロモン	*Uways*: 57–59

シュダード朝の歴史に関する説明が続き，カユーマルス＝アダムの子説も併記されているが（*Uways*: 38），総じて，世界の諸民族は全てノアの子孫であるという論理で普遍史を組み立てている。

セムの末裔に位置付けられたカユーマルス以降の古代ペルシア史は，ピーシュダード朝，カヤーン朝，アシュカーン朝，サーサーン朝の四王朝に分けられる。その中で，主にジャムシードの治世からカヤーン朝にかけて，各王と同時代に活躍したソロモンなど旧約的普遍史に登場する人物の名前が逐一挿入されている（表 8-2）。例えば，ジャムシード伝の後には，サーリフ，ダッハーク，ファリードゥーン，アブラハム，マヌーチフル，モーセとアロン，アフラースィヤーブ，という順番に記事が続き（*Uways*: 39–48），古代ペルシア史と旧約的普遍史の登場人物が交互に記録されている。

このように『シャイフ・ウワイス史』の第 1 部は，決して古代ペルシア史に特化した内容になっているわけではない。ムハンマドに啓示が下った時を境に 1 部は終了し，2 部のイスラーム時代の歴史に移る（*Uways*: 99）。そのため，アヌーシルワーンの子フルムズ 4 世の後のペルシア諸王の歴史は，イスラーム時代の歴史の中で簡単に言及されるに留まる。この古代ペルシア史の書き方は

『ペルシア列王伝』にも見られたもので，古代ペルシア史の終わりではなく，ムハンマドを目安に時間軸を区切ろうとする意識の表れと言える。

イランの諸王

『シャイフ・ウワイス史』は，ペルシア語普遍史書に特徴的に見られる，王朝史併記型の叙述方法を採用していない。第1部の古代ペルシア史で確認したように，一つの時間軸に沿って様々な王朝の登場人物が交互に登場する。その時間軸は，アダムからノアまでは旧約的普遍史に，ノアからムハンマドまでは古代ペルシア史の年代に設定されていたが，ムハンマド以降の歴史ではヒジュラ暦に設定されている。そのため，アッバース朝期のイランの諸王については，王朝毎に項目が設けられることなく，アッバース朝カリフ何某の伝記の中に，各王朝の項目が併存するという形をとっている。例えば，アッバース朝26代カリフ，カーイム（在位1031–75）の伝記の中に，セルジューク朝，ガズナ朝，ブワイフ朝関係の記事が収録されている（*Uways*：159–166）[26]。

この2部4章の題目は，「アッバース朝カリフ，および彼らの命令により，ホラーサーン，アゼルバイジャン，シリア，ルームで王位に就いた者たち」（*Uways*：103）となっており，イルハーン朝時代に編纂された文献のようにイランを統治したという点は強調されていない。また，イランの諸王の血統を古代ペルシア史に関係付けることもない。「イランの地」という語句は古代ペルシア史で用いられているが，ムハンマド以降その使用が確認できなくなる。再び利用されるようになるのは，イルハーン朝以降の記事においてである（*Uways*：198, 212, 223）。ここでは，モンゴル帝国の四つの支配領域が「中国」，「チャガタイ」，「キプチャク草原」，「イランの地 Īrān-zamīn」と表記され，イランの地はやはりイルハーン朝の領域を示す言葉として用いられている（*Uways*：212）[27]。一方，対概念であるトゥランの地という表現はここでは用い

26）『シャイフ・ウワイス史』の現存唯一の手稿本には，ヒジュラ暦128年の記事とヒジュラ暦389年の記事の間（*Uways*：149），およびヒジュラ暦535年の記事とヒジュラ暦657年の記事の間に脱落がある（*Uways*：189）。そのため，サーマーン朝など，この間に説明があると思われる王朝の記事の有無については確認できない。

27）川口琢司がティムール朝時代の歴史叙述の特徴とする，モンゴル帝国の支配領域を四

られていない。

ただし，『シャイフ・ウワイス史』を献呈されたシャイフ・ウワイスには，「アラブとペルシアの大スルターン sulṭān salāṭīn al-ʻarab wa al-ʻajam」（*Uways*：22）や「マグリブ・ルームからマシュリク・中国の大スルターン」（*Uways*：28）など，イランの地を凌駕する広い領域の統治者としての美称が与えられ，その治世が讃えられている。

イルハーン朝の後継者としてのシャイフ・ウワイス

『シャイフ・ウワイス史』では，古代イランの諸王の王権の継承者という形よりも，例えば，「チンギス・ハーンの子孫という真珠貝の真珠」という形で（*Uways*：22），献呈対象者であるシャイフ・ウワイスとチンギスとの紐帯が重要視されている。イルハーン朝の後継者，および正しいムスリム君主としてのシャイフ・ウワイス像については，Wing（2016：129–143）に詳しいが，筆者が発見したシャイフ・ウワイスの同時代史料に基づき，情報を補足したい。その史料とは，著者不明の『ジャラーイル朝史』である。この著作は，ムスタウフィー著『選史』の写字生が，『選史』を書写する際に「モンゴル史」の後に書き加えたもので，管見の限り，そのテクストは『選史』のパリ手稿本（National Library, Ms. Suppl. persan 172, 334b–344b）においてのみ確認できる[28]。

この『ジャラーイル朝史』では，イルハーン朝の旧版図は「イランの地 Īrān-zamīn」[29]と，それ以外の領域は「トゥランの地 Tūrān-zamīn」と呼ばれ，イランの地にしばしば現れる簒奪者を，公正な君主が鎮めていくという内容になっている。つまり，イランの地に正義をもたらす主人公としてシャイフ・ウ

つの地域に分けて示す「四ウルス叙述法」（川口 2007：210）の萌芽は既にこの時点で確認できる。また，ムスタウフィーの博物誌『心魂の歓喜』でも，イラン以外を支配したモンゴル人の王として，「カーアーンの王国 mulk-i Qā'ān」，「テュルク人の国 mulk-i Turkīya」，「キプチャク草原の国 ulūs-i dasht-i Qibchāq」という形で，四つの地域に分ける叙述方法が既に用いられている（*Nuzhat/Bombay*：46）。

28）詳細については，大塚（2013）を参照。

29）ジャラーイル朝で編纂された『書記典範』では，761／1359/60 年の時点における「イランの地の諸王国 mamālik-i Īrān-zamīn」はエジプトの地からアム河沿岸まで，フルムズの海岸からダルバンドに至るまでの地域だと規定されている（*Dastūr*, Vol. 2：10）。

ワイスは描写されている（大塚 2013：182–183）。『ジャラーイル朝史』の中でも，シャイフ・ウワイスは「チンギス・ハーン一門の精髄 khulāṣa-yi dūdmān-i Chingiz Khān」と呼ばれ（大塚 2013：182, 197），チンギス家の権威の継承者としての側面が強調される。そこでは，チンギス家の旧領を受け継いだシャイフ・ウワイスが混乱に陥った旧イルハーン朝の領内に再び秩序をもたらす，といった構図が採用されている。

シャイフ・ウワイスのイルハーン朝の後継者としての自覚は，彼の治世に編纂された 2 点のペルシア語著作からも確認できる。イルハーン朝君主アブー・サイードの命令で編纂が始められたものの，計画が頓挫していた文書用例集『書記典範 *Dastūr al-Kātib*』の編纂を再開し，1361–67 年頃完成させた[30]。また，ヌール・アジュダリー Nūr Azhdarī による韻文モンゴル史『ガザンの書 *Ghāzān-nāma*』（1361 年頃）もシャイフ・ウワイスのために編纂された[31]。これらの著作の編纂の背景には，イルハーン朝の後継者を自認するシャイフ・ウワイスの強い要求があったものと考えられる。

4　ムザッファル朝

ムザッファル朝（1314–93）はキルマーンやファールスを中心にイラン高原南西部を支配した王朝である。初代君主ムハンマド（在位 1314–58）はイルハーン朝に仕えていたが，ガザンの時代にファールス地方に派遣され，その後独立を果たした。ムザッファル朝時代の文芸活動についてはあまり知られていないが，1371 年に書写された挿絵入り『王書』手稿本（Istanbul, Topkapı Palace Library, Ms. Hazine 1511）など 8 点の装飾された手稿本の存在が明らかになっている（Āzhand 1387kh：131–154）。さらに，普遍史書ではないが，ムイーン・ヤズディー Muʿīn Yazdī の手になるムザッファル朝史『神の贈物 *Mawāhib-i Ilāhī*』（1356–65 年頃）が編纂されている。また，3 代君主ムバーリズ・アッディーン

30）『書記典範』については，渡部（2002）を参照。
31）『ガザンの書』については，Melville（2003a）を参照。

（在位 1364–66）のためには『七つの国 *Haft Kishwar*』という地理書も編纂されている。『神の贈物』では，ムザッファル朝の君主は「アレクサンドロスという土星の如く怒り，ジャムシードという木星のような印璽，バフラームという名の火星の如く戦い，ダーラーという太陽のように戦いに勝つ奴隷，フスラウという金星の如く戦い，ファリードゥーンという水星の如く決断し，ソロモンという月の如く賢く，ヨセフという星の如く従う」といった形で（*Mawāhib*：10），古代ペルシアの諸王と預言者に喩えられている。『七つの国』では，「アラブとペルシアの諸侯の指導者 mawlā mulūk ṭawā'if al-'arab wa al-'ajam」という形で，ペルシア人だけではなくアラブ人の王であることも強調される（*Kishwar*：4）。ムザッファル朝で編纂された普遍史書は次の 2 点である。

(4) アラー・カズウィーニー『探求者の道』（1377 年）

史料の性格

著者はアリー・ブン・フサイン・ブン・アリー 'Alī b. Ḥusayn b. 'Alī で，アラー・カズウィーニー・ヒラーリー 'Alā' al-Qazwīnī al-Hilālī という名で知られている。『探求者の道 *Manāhij al-Ṭālibīn*』は，4 代君主シャー・シュジャーウ（在位 1366–84）の治世，779 年シャアバーン月／1377 年 12 月に編纂されたペルシア語普遍史書である（Bregel 1972, Vol. 1：338）。

『探求者の道』は，「序」（1b–3b），「目次」（3b–4b），1 部「天地創造（全 4 章）」（4b–31a），2 部「預言者・聖者・カリフ（ハサンとフサインに関する記事はあるが，正統カリフには含まれず）・諸王（全 23 章）」（31a–627b）[32]，3 部「諸王（全 7 章）」（627b–649a），4 部「ムザッファル朝史」（649a–664a）という四部構成になっており，その記述の大半を占めるのは，第 2 部にあたる，アダムに始まる預言者の歴史，そして，ムハンマド以降のイスラーム時代の歴史である（括弧内はロンドン手稿本 *Manāhij* の頁数）。その中でもアダムに始まる預言者の歴史は全 23 章のうち，実に 17 章を占めており（31a–369a），著者の関心は預言者

32）表題は「預言者・聖者・カリフ・諸王」となっているが（*Manāhij*：31a），諸王の歴史が扱われるのは続く第 3 部においてである。

の歴史を叙述することにあったと推測できる。

古代ペルシア史の位置付け

一方，古代ペルシア史やイランの諸王に関する扱いは小さい。これらの歴史が扱われるのは 3 部においてだが，その内訳は，1 章「ペルシア諸王 mulūk-i furs」(627b–639b)，2 章「中国・フランク史」(639b–640a)，3 章「アッバース朝以降の諸王朝（①サッファール朝，②サーマーン朝，③ブワイフ朝，④ガズナ朝，⑤セルジューク朝，⑥ホラズムシャー朝，⑦モンゴル（アブー・サイードまで))」(640a–649a)，となっている。普遍史の中に中国やフランクの歴史を含むという章構成は，『高貴なる諸学問』でも見られた叙述方法である。章構成ばかりではなく，その内容も総じて『高貴なる諸学問』に酷似している。

ペルシア人の祖カユーマルスの旧約的普遍史における位置付けについては，①カユーマルス＝アダム説（ゾロアスター教徒の伝承)，②カユーマルス＝カイナン説，③カユーマルス＝セツの兄弟説（歴史家，『諸王への忠告』による伝承)，④カユーマルス＝ヤペテの子ハム説，の四つが紹介されるが，著者自身は結論を下していない。その上で，皆の一致するところでは彼が最初の王なのである，という定型句で結んでいる (*Manāhij*: 628a–629a)。『高貴なる諸学問』では，この後にカユーマルスとその妻が植物であったという伝承が紹介されるが (*Nafāyis*, Vol. 2: 203)，その伝承は存在しない。また，カユーマルスの息子も植物ではなく，スィヤーマクという人間だとしている (*Manāhij*: 629a)。この他にも記述の多寡は多少見られるものの，基本的には『高貴なる諸学問』の記述内容に一致する。両史料は，古代ペルシア四王朝の諸王の名前と統治年についてもほぼ一致している（付表参照)。アラー・カズウィーニーはその典拠については明記していないが，両著作の間には，直接的あるいは間接的な関係が認められる。

イランの諸王

イランの諸王の記述も『高貴なる諸学問』と同様に，極めて簡潔である。イランの諸王と古代ペルシアの王を関係付けたり，その最後に登場するモンゴルの系譜を旧約的普遍史に位置付けたりはしない。一方で，イランを支配したイルハーン朝最後の君主アブー・サイードの後継者として，ムザッファル朝君主ムバーリズ・アッディーンは次のように高く評価されている。

> 彼［アブー・サイード］の後，今は亡き幸運なるスルターン，ムバーリズ・アッディーン Mubāriz al-Dīn al-Dunyā[sic] Abū al-Muẓaffar Muḥammad b. al-Muẓaffar b. al-Manṣūr が王位に就いた。754／1353/4 年，預言者の信仰とムハンマドの聖法の諸規則を蘇らせることに関し奇跡を行った。そして，『クルアーン』の 7 種類の読み方を調査・探求・教授すること，『クルアーン』読誦者を養成し，彼らと全ての知識人を援助・支援することに大いに励んだ。そして，預言者のハディースを復活させ，宗教諸学のマドラサと確かなる信仰の徴の習慣を保持することに努力・尽力したのである。（*Manāhij*：648b–649a）

このように，ムザッファル朝の君主はイルハーン朝君主の後継者，そして，イスラームを復興させた王として評価されている。この説明に続いて，第 4 部「ムザッファル朝史」が始まり，その中で，ムザッファル朝の君主は「イスラームの帝王 pādshāh-i Islām」と呼ばれる（*Manāhij*：649a)。『探求者の道』の大半の記述が預言者の歴史に割かれていることから，ムザッファル朝はイルハーン朝の後継王朝であることを主張するだけではなく，イスラームを復興させた王朝であるという点を強調していると考えられる。『高貴なる諸学問』と同様，簡潔な普遍史叙述では，旧約的普遍史における諸民族の位置付けには無関心な傾向がある。

(5) アバルクーヒー『歴史の天国』(1405/6 年)

史料の性格

もう一人，ムザッファル朝宮廷で活躍し普遍史書を編纂した知識人がいる。イブン・ムイーン・アバルクーヒー Ibn Muʻīn Abarqūhī として知られるフスラウ・ブン・アービド Khusraw b. ʻĀbid である。彼は，天文学書『簡易な書

Mukhtaṣar-nāma』（1388 年），および韻文で綴られた『王の医学書 *Ṭibb-nāma-yi Khusrawī*』（1390 年）を著した。後者はムザッファル朝最後の君主マンスール（在位 1391–93）に献呈されている（Āriyan-pūr 1362kh, Vol. 1：496）。

そのアバルクーヒーが，ムザッファル朝滅亡後の 808／1405/6 年に編纂したペルシア語普遍史書が『歴史の天国 *Firdaws al-Tawārīkh*』である。この著作には，著者直筆だと考えられる手稿本が一点だけ残されている（St. Petersburg, National Library, Ms. Dorn 267）。序文には書名と執筆年に関する情報しかなく，献呈対象者は不明である（*Firdaws*：3b）。『歴史の天国』の構成および内容は『選史』に近く，強い関係性がうかがえる。例えば，序文では，①タバリー Ṭabarī 著『歴史 *Tārīkh*』，②『ムハンマド伝 *Sīrat-i Nabī*』，③イブン・ライス Ibn Layth 著『果樹園 *Bustān*』（詳細不明），④『クルアーン注釈 *Tafāsīr-i Kalām*』，⑤カズウィーニー Qazwīnī 著『選史 *Guzīda*』，⑥『ジャラール集史 *Jāmiʿ-i Jalālī*』（詳細不明），⑦フィルダウスィー Firdawsī 著『王書 *Shāh-nāma*』，⑧アサディー Asadī 著『ガルシャースブの書 *Garshāsf-nāma*』，⑨アッタール ʿAṭṭār 著『聖者列伝 *Tadhkirat al-Awliyāʾ*』，⑩『ファールスの書 *Tārīkh-i Fārs-nāma*』，⑪『キルマーン史 *Tārīkh-i Kirmān*』（詳細不明），⑫クシャイリー Qushayrī 著『論考 *Risāla*』，⑬『歴史精髄 *Zubdat al-Tawārīkh*』，⑭『系譜集 *Dīwān al-Nasab*』，⑮ハムザ・イスファハーニー Ḥamza Iṣfahānī 著『歴史 *Tārīkh*』，⑯バイダーウィー Qāḍī Nāṣir al-Dīn Bayḍāwī 著『歴史の秩序 *Niẓām al-Tawārīkh*』，⑰アリー・バグダーディー ʿAlī Baghdādī 著『歴史の泉 *ʿUyūn al-Tawārīkh*』，⑱イブン・クタイバ ʿAbd Allāh b. Muslim Qutayba Dīnawarī 著『知識 *Maʿārif*』，⑲ジュワイニー Juwaynī 著『世界征服者の歴史 *Jahān-gushāy*』，⑳ジュルバードカーニー Abī Sharaf Jurbādqānī 著『ヤミーニー史翻訳 *Tarjuma-yi Yamīnī*』，㉑ニザーム・アルムルク Niẓam al-Mulk 著『諸王の行状 *Siyar al-Mulūk*』，㉒ザヒール・ニーシャープーリー Ẓahīr Nīshāpūrī 著『セルジュークの書 *Saljūq-nāma*』，㉓ルクン・フイー Qāḍī Rukn al-Dīn Jaghrī (sic) 著『集成 *Majmaʿ al-Arbāb*』，㉔アフマド・ダームガーニー Qāḍī Aḥmad Dāmghānī 著『歴史の暗記 *Istiẓhār al-Akhbār*』，㉕ラーフィイー Imām Rāfiʿī 著『編著 *Tadwīn*』，㉖『諸民族の経験 *Tajārib al-Umam*』，㉗『経験の水場 *Mashārib al-Tajārib*』，㉘『諸詩集 *Dawānīn al-Shuʿarā*』，

という28点の参照文献が列挙されているが（*Firdaws*：3b），そのうち，下線を引いた③，④，⑤，⑥，⑧，⑩，⑪，⑭，㉘の9点を除く文献が，『選史』で挙げられていた文献と一致する。イルハーン朝宮廷で編纂された普遍史書では新たに『選史』が加わっているものの，『集史』，『バナーカティー史』，『系譜集成』などの書名は確認できない[33]。

アバルクーヒーは歴史を叙述する手法においても，ムスタウフィーの影響を受けており，序文では，「財務官 ahl-i siyāqat の方法」をもって歴史を叙述する旨を宣言している（*Firdaws*：4a）。この技術は，財務官が帳簿を作成する際に帳簿の項目を系統立てて表形式で整理する手法のことで，ムスタウフィーにより既に普遍史書に採用されていた。しかし，ムスタウフィーがこの手法を用いたのは，『選史』4章12節冒頭部に挿入されているテュルク・モンゴル諸部族の一覧表など全体のほんの一部にすぎなかった。一方，『歴史の天国』では，全体を通して，諸王の事績が表形式で整理され[34]，それぞれの統治年や寿命が，財務官が用いる特殊なスィヤーク体の数字で記入されている。一見しただけでは，歴史書というよりも帳簿のようにしか見えない。現在確認でき得る限りにおいて，財務官が帳簿を著す手法を歴史書全体に反映させた最初の著作がこの『歴史の天国』なのである。

『歴史の天国』の構成は，「序文・目次」（1b–4a），1章1節「預言者」（4b–120a），1章2節「ペルシア諸王 mulūk al-furs」（120b–189b），2章1節「ムハンマド・正統カリフ（ハサン・フサイン含）・十二イマーム・ウマイヤ朝・アッ

33）6番目の文献『ジャラール集史 *Jāmiʿ-i Jalālī*』は，ティムール朝以降に編纂された普遍史書で参照されることのある『ジャラール集史 *Jāmiʿ al-Tawārīkh-i Jalālī*』なる歴史書のことだと考えられ，ラシード・アッディーン著『集史』の別称という可能性もある。しかし，例えば，『伝記の伴侶 *Ḥabīb al-Siyar*』（1529年）では，『ジャラール集史』という言葉を用いる一方で（*Ḥabīb*, Vol. 3：136），『ラシード集史 *Jāmiʿ al-Tawārīkh-i Rashīdī*』という言葉を用い（*Ḥabīb*, Vol. 3：4），両者を明らかに区別していることから，筆者は，両書は別の著作ではないかと考えている。

34）それぞれの君主について，「割り当て al-mukhaṣṣaṣāt」，「寿命 muddat-i ʻumr-i ū」，「事績 āthār」，「系譜 nasab」，「後継者 khalīfa」などの項目が表形式で設けられ，各項目についての説明が付されている。また，著者直筆のものと考えられるこの手稿本には，様々な文献からの引用や覚書が場所を問わず，所狭しと様々な向きで書き込まれており，極めて興味深いテクストである。

バース朝」(190a–356b), 2 章 2 節「イランの諸王 mulūk al-furs wa al-ḥukkām bi-l-Īrān：①サッファール朝 (399a–400b), ②サーマーン朝 (401a–405b), ③ガズナ朝 (391a–398b, 385a–388a), ④グール朝 (388b–390b, 375a–384b), ⑤ブワイフ朝 (366b–374b, 357a–359a), ⑥セルジューク朝 (359b–366a, 459a–466b), ⑦ホラズムシャー朝 (467a–474b), ⑧イスマーイール派 (475a–479a), ⑨サルグル朝 (479b–483a), ⑩キルマーン・カラヒタイ朝 (483b–487a), ⑪ロレスターン・アターベク王朝 (487b–490a)」, 2 章 3 節「モンゴル」(490b–491b, 501a–508b),「宗教指導者・知識人」(406a–458b, 492a–500b, 509a–548b), となっている (括弧内は手稿本 *Firdaws* の頁数)[35]。「イランの諸王」の構成は,「モンゴル」が「イランの諸王」から独立した形で切り離されている以外は『選史』の章構成と完全に一致している。その「モンゴル」の記述はアブー・サイードの治世で終わっている。このような内容の近さから,『歴史の天国』は『選史』の内容を表形式で書き直した著作と評価することも可能だろう。また, 目次には 2 章 4 節「諸地方政権」が設けられており (*Firdaws*: 4a), この後にも文章が続いていた可能性が高い。

古代ペルシア史の位置付け

1 章 2 節「ペルシア諸王」は, ピーシュダード朝, カヤーン朝, アシュカーン朝, サーサーン朝の四王朝に区分されている (*Firdaws*: 120b)。ここで列挙されている諸王とその統治年は『選史』に似ているが, 必ずしもその全てが一致していない (付表参照)。

カユーマルスについては, ①カユーマルス＝アダム説 (ゾロアスター教徒の伝承), ②カユーマルス＝ノアの末裔説 (ガザーリーの伝承), の二つの伝承を紹介し, ガザーリーの伝承を適当なものだとしている[36]。また,「彼の系譜」

35) 手稿本では, 製本の際に生じたであろう頁の順番の混乱が見られるため, ここでは, 正しいと思われる順番に頁数を並べ替えて示した。

36) ただし, 既に紹介したように, ガザーリーが伝える伝承は「カユーマルス＝セツの兄弟」説であり (*Naṣīḥat*: 84–89), ここでは, それが異なる形で紹介されている。また, ガザーリーの著作名も『諸王への忠告』ではなく,『諸王への灯火 *Miṣbāḥ al-Mulūk*』と異なる形で紹介されている。

という項目では，『選史』で紹介されているのと同様に，カユーマルス・ブン・ルド・ブン・ウマイム・ブン・エラム・ブン・アルパクシャド・ブン・セム・ブン・ノアという系譜を，ガザーリーの説に一致するという理由から，採用している（*Firdaws*：121a）。その典拠に関しては，次のような記述も確認できる。

> イブン・ムカッファアとハムザ・イスファハーニーが伝えるところに拠れば，アダムの時代から，太陰暦でヒジュラから326年目にあたる『王書 *Shāh-nāma*』の執筆に至るまでは，アダムの時代から5800年である。歴史家の中でこのことに同意しているのは次の者たちである。①ムハンマド・ブン・ジャフム・バルマキー，②ダーウード・マーヒリー Dāwūd Māhirī，③バフラーム・イスファハーニー，④ムーサー・フスラウィー，⑤イーサー・フスラウィー ʻĪsā Khusrawī，⑥ハーシム・イスファハーニー Hāshim Iṣfahānī，⑦カースィム・イスファハーニー Qāsim Iṣfahānī，⑧ミーラーンシャー・キルマーニー Mīrānshāh Kirmānī，⑨ヤズドギルドの子シャフリヤール［ママ］の司祭ファッルハーン，⑩シャフリヤールの子ヤズドギルドの下僕ラーミン。（*Firdaws*：121a）

この内容はハムザの『年代記』と同系統の情報の中でたびたび見られた説明だが，ここで『王書』の執筆年として言及されている326／937/8年という年記は，フィルダウスィーの『王書』（1010年）とは一致せず，内容の近いハムザの『年代記』（961年）とも一致しない。本書でこれまでに紹介してきた文献の中であえてこれに近いものを挙げるならば，346年ムハッラム月／957年に編纂されたアブー・マンスールの『王書』であろう（*Abū Manṣūrī*：165）。イブン・ムカッファアとハムザが伝えるアダムの時代から執筆年代までを5800年とする記述も，アブー・マンスールが伝える5700年という記述に近い。それに加えて，この年代設定に同意する歴史家の名前もほぼ一致している[37]。ア

37）ただし，引用文で原語を付した人物，すなわち，②，⑤，⑥，⑦，⑧の5人は異なる名前で，アブー・マンスールの『王書』に登場する。②ダーウード・マーヒリーはザードゥーヤ・ブン・シャーフーヤ Zādūy-i Shāhūy が，⑤イーサーはムーサー・ブ

ブー・マンスールの『王書』は早い時点で散逸してしまったと考えられるが，その序文はフィルダウスィーの『王書』の冒頭に加筆された形で伝存している[38]。ここで，アバルクーヒーが『王書』として引用しているのが，この形の手稿本だと考えれば，年代の不一致はほぼ解消する。『歴史の天国』の随所で，『王書』からの引用が確認され，情報源のうちで，『王書』が主要なものの一つであったことはまず間違いない（例えば，*Firdaws*: 168a）。このように『選史』以外の文献からの引用も見られ，その内容が補足されている。

イランの諸王

2 章 2 節「イランの諸王の歴史」の正式な題目は，「ペルシア諸王とイランの支配者，および同時代の詩人 mulūk al-furs wa al-ḥukkām bi-l-Īrān wa shuʻarā al-zamān」となっており（*Firdaws*: 399a），ペルシア系でありイランの支配者であることが強調されている。ここで扱われる 11 王朝のうち，セルジューク朝はアフラースィヤーブの末裔（*Firdaws*: 359b），ブワイフ朝はバフラーム・グールの末裔（*Firdaws*: 366b），サーマーン朝はバフラーム・チュービーンの末裔（*Firdaws*: 401a）という形で，三つの王朝については，古代ペルシアの諸王との血縁関係が言及されている。ここでは，セルジューク朝とアフラースィヤーブの関係に言及があるものの，「オグズ伝承」はさほど重視されていないように見える。「オグズ伝承」については，2 章 3 節「モンゴル史」冒頭で，ノアの末裔であるオグズ・ハーンがモンゴルの遠祖として紹介されるが，『選史』にあった詳細な情報は掲載されていない（*Firdaws*: 489b）。『歴史の天国』は，基本的には『選史』の構成に依拠しており，イランの地の歴史を基軸とした普遍史になっている。ただし，著者と同時代の王朝の記述がなく，献呈対象者の名前も明記されていないため，この著作を評価することは難しい。

ン・イーサー Mūsā-yi ʻĪsā が，⑥ハーシムと⑦カースィムはヒシャーム・ブン・カースィム・イスファハーニー Hishām-i Qāsim Iṣfahānī が，⑧ミーラーンシャーはバフラームシャー Bahrāmshāh が崩れた形だと考えられる（*Abū Manṣūrī*: 169–170）。

38）アブー・マンスールの『王書』の序文付きの『王書』現存最古の手稿本は，13 世紀に書写されたロンドン手稿本（British Library, Ms. Add. 21103）である（Qazwīnī 1362kh: 161）。

章　結

以上本章では，イルハーン朝末期からティムール朝初期にかけて，地方政権で編纂されたペルシア語普遍史書を紹介してきた。イルハーン朝宮廷と同様に，ペルシア語文芸活動を積極的に庇護・奨励した地方政権においては，どのような典拠に基づきどのようなイランの地の歴史が書かれたのであろうか。本章の結論は次の通りである。

(1) これらの地方政権で編纂されたペルシア語普遍史は，『シャイフ・ウワイス史』を除き，いずれも『歴史の秩序』や『バナーカティー史』，そして『選史』に依拠した内容となっている。すなわち，そこで叙述されるのは，イランに勃興したペルシア系の王朝である。その反対に，イルハーン朝時代に特徴的に見られた，テュルク・モンゴル諸部族誌の旧約的普遍史における位置付けを説明する「オグズ伝承」の影響はほとんど見られない。

(2) イランに勃興した地方王朝にとっては，イランの地は旧イルハーン朝の領域に相当するものであり，その領域を支配するために，イルハーン朝の後継者を名乗ることには大きな意味があった。それ故に，ペルシア語普遍史書では，イルハーン朝の後に当代の王朝を続ける形の歴史叙述が一般的になっていく。イルハーン朝宮廷におけるペルシア語文芸活動の庇護・奨励を模倣し，そしてそこで編纂された文献の中でイランの地を支配したイルハーン朝の継承者であることを主張することで，支配の正当化を狙ったのである。これらの著作が繰り返し編纂されたことは，イルハーン朝時代に再定義された「イランの地」という概念の定着に大きく寄与したと考えられる。

(3) また，この時期には，単純に古代ペルシアの諸王の王権の継承者という側面だけではなく，イスラームの保護者であるという側面を強調する普遍史書が多くなる。ムザッファル朝に献呈された『探求者の道』のように，そのほとんどの紙幅が預言者とカリフの歴史に割かれる普遍史書も編纂されるようになった。

第9章

イランの地の歴史からイランとトゥランの歴史へ
――ティムール朝時代――

はじめに

アブー・サイードの没後に混乱状態に陥っていた「イランの地」を再統一したのは中央アジアのチャガタイ・ウルスに台頭したテュルク・モンゴル系軍人ティムール（1336–1405）であった。中央アジアから西アジアにかけての広大な地域を支配したティムール朝（1370–1507）の宮廷では，特に3代君主シャー・ルフ（在位 1409–47）の治世に大規模なペルシア語文芸活動の庇護・奨励が見られた。本章では，「イランの地」を凌駕する領域を支配したティムール朝におけるペルシア語普遍史の展開について考察したい。

これまでの研究では，ティムール朝時代に編纂されたペルシア語普遍史書は，主にティムール朝の系譜への関心から，研究対象とされてきた。ティムール朝の系譜をチンギス・ハーンの父祖，あるいは，アダムに始まる旧約的普遍史とどのように接合させるのかは，ティムール朝の君主，そして宮廷史家たちにとって大きな関心事の一つであった。この問題について，先行研究では既に一定の見解が示されている。これまで主な分析の対象とされてきたのは，ハーフィズ・アブルー Ḥāfiẓ-i Abrū とシャラフ・ヤズディー Sharaf al-Dīn ʻAlī Yazdī という2人の歴史家であった。そこでは，ハーフィズ・アブルーが，イスラームの君主としてのティムール朝の君主を描くことで，その支配の正当性を主張したのに対し，ヤズディーはモンゴル的慣習を保持した君主としてティムール朝君主の支配の正当性を主張したと見なされきた（Dobrovits 1994：276)。特に，シャー・ルフが，モンゴルの慣習を保持しながらもイスラームの君主として支配の正当性を獲得したイルハーン朝のガザンを理想とし，ハーフィズ・アブルーに命じて，ガザンの命令で編纂された『集史』の手稿本を収集させたという話はよく知られている（Manz 2000 : 144–145)。

このように先行研究において関心を集めてきたのは，ティムール朝の支配の正当性を，モンゴルの君主としての性格に求めるのか，それとも，イスラームの君主としての性格に求めるのか，という問題についてであったが，本書でこれまで論じてきた古代ペルシアの諸王との関係性や，イランの地を統治する王というレトリックはこの時代には問題とされなかったのだろうか。そこで本章では，ティムール朝初期に編纂された五つのペルシア語普遍史書，『イスカンダル無名氏の史書』，『ムイーンの歴史精髄』，『スルターンの諸章』，『勝利の書』，『歴史集成』の分析を通して，ペルシア語普遍史書の構成におけるティムール朝の位置付けについて考察したい。

1　ティムール朝史と普遍史の接合

史料の性格

ティムール朝宮廷で編纂された，現存する最古のペルシア語普遍史書は，『イスカンダル無名氏の史書 *Anonym Iskandar*』[1] とその改訂版『ムイーンの歴史

1）筆者は本書執筆時点で，ロンドン手稿本（British Library, Ms. Or. 1566），二つのサンクトペテルブルグ手稿本（Institute of Oriental Manuscripts, Ms. C381 & Ms. C380），マシュハド手稿本（Āstān-e Qods Library, Ms. 4269），タブリーズ手稿本（Mellī Library, Ms. 1820），テヘラン手稿本（Majles Library, Ms. 245）の６点の存在を確認している。このうち，マシュハド手稿本は『歴史精髄 *Lubb al-Tawārīkh*』，タブリーズ手稿本は『中史 *Tārīkh-i Wāṣiṭī*』，テヘラン手稿本は『列王伝 *Tadhkirat al-Mulūk*』という表題で登録されているが，いずれの手稿本の内容も『イスカンダル無名氏の史書』と一致する。川口はマシュハド手稿本の内容を確認せず，目録に記載された『歴史精髄』という書名を誤りだとしている（川口 2007 : 160 注 9)。しかし，この題名は 1076／1665/6 年にこの歴史書を書写した写字生の奥付にあるもので（*Iskandar*/*Mashhad* : 256b），少なくとも，写字生はこの手稿本の題名を『歴史精髄』と考えていたようである。17 世紀には，この著作は『歴史精髄』という通称で知られていた可能性もある。

精髄 *Muntakhab al-Tawārīkh-i Mu'īnī*』である。この二つの普遍史書の著者は，ムイーン・アッディーン・ナタンズィー Mu'īn al-Dīn Naṭanzī なる人物に比定されているが（Bregel 1972, Vol. 1：339），川口が指摘したように，その根拠は薄弱であると言わざるを得ない（川口 2007：122–123）[2)]。

『ムイーンの歴史精髄』の原型となった『イスカンダル無名氏の史書』は 1412 年までの記事を含むペルシア語普遍史書であり，その執筆年代は 1414 年で，ティムールの孫イスカンダル（1384–1415）に献呈されたと推定されている（川口 2007：125–126）。ファールス総督を務めていたイスカンダルはシャー・ルフに反旗を翻し，1415 年に処刑された。それ故に，『イスカンダル無名氏の史書』はシャー・ルフ側の視点ではなく，イスカンダル側の視点で書かれた史料として評価されている（川口 2007：129）。

一方の『ムイーンの歴史精髄』はシャー・ルフ配下のアミール・ムーサー Amīr Mūsā b. Shādī Khwāja Bahādur Nasafī の依頼で編纂され，シャー・ルフに献呈された（*Mu'īnī*：4a–4b）。『イスカンダル無名氏の史書』と内容が酷似していることから，著者は同一人物だと考えられている。ただし，イスカンダル寄りの史書であった『イスカンダル無名氏の史書』の内容は，シャー・ルフに献呈する際に改編され，イスカンダル寄りの記述が削除されている（川口 2007：158）。

2）先行研究では，二番目の著作の題名『ムイーンの歴史精髄 *Muntakhab al-Tawārīkh-i Mu'īnī*』（*Mu'īnī*：4b）と，ダウラトシャー著『詩人伝』にある「スルターン・イスカンダルの治世にイラクとファールスに現れた識者・詩人の中でウラマーに属する者はマウラーナー・ムイーン・アッディーン・ナタンズィーである。彼は知識については当代随一の男であった。彼はイスカンダルについての講話と伝記，そして彼の歴史を著した」（*Tadhkirat*：668）という記述が関係付けられてきた。しかし，題名にある「ムイーン」というのはシャー・ルフに対する「ムイーン・アッディーン」という尊称である可能性もあり，このムイーン・アッディーン・ナタンズィーが著したイスカンダルの歴史が『ムイーンの歴史精髄』である確証はない（川口 2007：123）。しかし，ティムール朝歴史叙述に関する最新の研究 Binbaş（2016）でも，この普遍史書の著者について特段議論されることはなく，ナタンズィーとされている。

(1)『イスカンダル無名氏の史書』(1414年)

『イスカンダル無名氏の史書』の構成

『イスカンダル無名氏の史書』は，序章「天地創造からノアまでの預言者」(1b–5a)，第1章「ペルシア諸王と同時代の王・預言者・賢人：①ピーシュダード朝（5b–25a)，②カヤーン朝（25a–37b)，③アレクサンドロス（37b–39a)，④アレクサンドロス後のギリシア人（39a–40b)，⑤イサクとヤコブの末裔（40b–47a)，⑥ダビデとその末裔（47a–51b)，⑦ヤロブアムとその末裔（51b–53a)，⑧アシュカーン朝（53a–57a)，⑨サーサーン朝（57a–83a)，⑩ローマの王（83a–85a)，⑪ギリシアの王（85a–87a)，⑫フランク人の王（87a–91a)，⑬ペルシア諸王と同時代のアラブの王（91a–92b)，⑭トゥッバウ・イエメン・アビシニアの王（92b–95a)，⑮ムハンマドの系譜（95a–97a)」，第2章「ムハンマド・諸カリフ：①ムハンマド（97a–106a)，②正統カリフ（ハサン含）(106a–116b)，③フサイン以降の10人のイマーム（116b–118b)，④ファーティマ朝（118b)[3]，⑤偉大な教友（119a–124b)，⑥ウマイヤ朝（124b–129a)，⑦アッバース朝（129a–146a)」，「アッバース朝期の王：①ターヒル朝（146a–147a)，②サッファール朝（147a–148a)，③サーマーン朝（148a–151b)，④ブワイフ朝（151b–155a)，⑤ガズナ朝（155a–162a)，⑥セルジューク朝（162a–181b)，⑦タバリスターンとジュルジャーンの王（181b–182b)，⑧グール朝（182b–184a)，⑨エジプトの王（184a–185b)，⑩ホラズムシャー朝（185b–191b)，⑪ザンギー朝（191b–193b)，⑫サルグル朝（193b–196a)，⑬イスマーイール派（196a–201b)，⑭シャバーンカーラの王（201b–204a)，⑮フルムズの王（204a–206b)，⑯キルマーン・カラヒタイ朝（206b–209a)，⑰ヤズドの王（209a–211a)，⑱ロレスターン・アターベク王朝（211a–219a)」，第3章「ティムールまでのテュルク・モンゴル史（219a–320a)」から構成されている（括弧内は手稿本*Iskandar*の頁数）。

『イスカンダル無名氏の史書』について，川口は，『集史』と『選史』の影響

---

3) 118葉目と119葉目の間に欠葉あり。

のもとにティムール朝の歴史をペルシア史とモンゴル史の両方の系譜の上に位置付けようとした最初の試みと評価している（川口 2007：157）。ここでは，人類史の分析からこの文献の特徴を考察したい。

古代ペルシア史の位置付け

本書の構成からも分かるように，『イスカンダル無名氏の史書』の冒頭には，ノアに至る預言者の歴史が配置されている。そこでは，カユーマルスはセムの 9 人の息子の一人だとされる（*Iskandar*：5a）。その後に，カユーマルスに始まるペルシア諸王の系譜が続く[4]。旧約的普遍史の文脈におけるカユーマルスの位置付けについては，①カユーマルス＝アダム説，②カユーマルス＝アダムの曾孫説，③カユーマルス＝ウマイムの息子説，という三つの伝承が紹介される（*Iskandar*：5b–6b）。そして，ピーシュダード朝以降のペルシア諸王とノア以降の預言者，そしてアラブ，ギリシア，ローマの王が並行する形で叙述される。

第 2 章「ムハンマド・諸カリフ」においては，アリーの息子ハサンが正統カリフ khulafā-yi rāshidīn の項目に登場し（*Iskandar*：116a–116b），その後にフサインからマフディーまでの 10 人のイマームを扱う「無謬のイマーム aymma-yi ma‘ṣūmīn」という項目が続く。「教友」の項目に登場する人物がアルファベット順に配列されている点，ウマイヤ朝の君主がカリフではなく「支配者 ḥukkām」と呼ばれている点など（*Iskandar*：124b），その構成や内容は『選史』に依拠したものと思われる。『選史』にも見られる，アリーの末裔を尊び，アリーの末裔から王位を簒奪したウマイヤ朝を低く見る意識はここにも継承されている。

イランの諸王

『イスカンダル無名氏の史書』において，イスラーム時代に登場した諸王は，「アッバース朝期，あるいはその後に世界の各地域を支配したスルターンたち」と呼ばれ（*Iskandar*：146a），「イランの王」であることは特段強調されていない。

4）これまでの時代には確認できなかった新しい典拠として，イブン・カスィール Ibn Kathīr（1373 没）のアラビア語普遍史書『歴史 *Ta’rīkh*』からの引用が見られる。

イランの諸王朝の出自については，サーマーン朝＝バフラーム・チュービーン起源説（*Iskandar*: 148a），ブワイフ朝＝バフラーム・グール起源説（*Iskandar*: 151b），セルジューク朝＝アフラースィヤーブ起源説・キニク氏族起源説（*Iskandar*: 162a–162b），サルグル朝＝オグズ・ハーンの息子ターク・ハーン起源説（*Iskandar*: 192a），という形で『選史』の記述がほぼそのまま踏襲されているが（第６章参照），アイユーブ朝とマムルーク朝からなる「エジプトの諸王 salāṭīn-i Miṣr」という項目が新たに付け加えられている。このように『選史』に主に依拠した『イスカンダル無名氏の史書』の関心は，ムスタウフィーのように「イランの地」だけには留まらず，より広い世界に向けられていた。

テュルク・モンゴル諸部族誌

ティムール朝時代になると，モンゴル史がイランの諸王朝の歴史の中に含まれることはなくなる。この時代には，バイダーウィーが『歴史の秩序』で試みたような，モンゴルをイランの諸王の中に位置付ける歴史叙述が意味をなさなくなったと考えられる。チンギス・ハーンの血統を重視する考えはすっかり定着し，ティムール朝においても，チンギス裔の君主が擁立された。それ故に，ティムール朝の歴史家たちは，旧約的普遍史の中でどのように「モンゴル史」と「ティムール朝史」を接合させるのか，に腐心するようになる。このような背景の下，ティムール朝時代以降，「モンゴル史」は「イランの諸王の歴史」から切り離され，「ティムール朝史」と続けて叙述されるようになっていく。

『イスカンダル無名氏の史書』におけるテュルク・モンゴル諸部族の起源もまた，ノアの子ヤペテに求められている。ここでは，『集史』ではヤペテの息子とされていた，ディーブ・ヤークーイ Dībnāyghūy がヤペテのことだとされ，彼に，カラー・ハーン，ウール・ハーン，クル・ハーン Kuz Khān，グール・ハーンの４人の息子が生まれる。このカラー・ハーンの息子がテュルク・モンゴル諸部族の祖とされるオグズ・ハーンである。無名氏の著者は，「彼ら［テュルク・モンゴル諸部族］の系譜の詳細な知識について，奇跡を示す男」と評価するラシード・アッディーンの記述に拠って系譜を叙述しており，『集史』に依拠した内容となっている（*Iskandar*: 219b）[5)]。

モンゴル史は，四つに分けて叙述される：①中国でカーアーン位に就いた者たち（*Iskandar*: 236b–250b），②ジュチの一族（*Iskandar*: 250b–257b），③チャガタイの一族（*Iskandar*: 257b–264a），④フラグ・ハーンの一族（*Iskandar*: 264a–267b）。この中で，フラグ・ハーンの一族，すなわちイルハーン朝の支配領域は「イランの諸国 mamālik-i Īrān」（*Iskandar*: 264a）と表記される。一方，チャガタイ・ウルスの領域はトゥランの地と表記されることもあるが（*Iskandar*: 257b），ここでは主にマー・ワラー・アンナフルと表記されている。『イスカンダル無名氏の史書』では，ティムールは，このマー・ワラー・アンナフルのアミールの一人とされている。

(2)『ムイーンの歴史精髄』（1414年）

『ムイーンの歴史精髄』の構成

続いて検討するのは，上述の『イスカンダル無名氏の史書』の「改訂版」と評価される『ムイーンの歴史精髄』である。『ムイーンの歴史精髄』は，「序文」（1b–4b），「天地創造からノアまでの預言者」（5a–11a），「ピーシュダード朝」（11a–27b），「カヤーン朝」（27b–41a），「アレクサンドロス」（41a–43a），「アレクサンドロス後のギリシア人」（43a–44a），「イサクとヤコブの末裔」（44a–55b），「ヤロブアムとその末裔」（55b–58a），「アシュカーン朝」（58b–63b），「サーサーン朝」（63b–97a），「ローマの王」（97a–99b），「ギリシアの王」（99b–102b），「フランクの王」（102b–107b），「ペルシア諸王と同時代のアラブの王」（107b–109b），「ムハンマド」（109b–113b），「正統カリフ（ハサン・フサイン含）」（113b–142b），「フサイン後のイマーム」（142b–143a），「ファーティマ朝」（143a–144b），「ウマイヤ朝」（144b–149b），「アッバース朝」（150a–161a），「ターヒル朝」（161b–163b），「サッファール朝」（163b–166a），「サーマーン朝」（166a–169b），「ブワイフ朝」（169b–171b），「ガズナ朝」（171b–177a），「セルジューク朝」（177a–208b），「グール朝」（209a–227b），「ホラズムシャー朝」（227b–230a），

5）『イスカンダル無名氏の史書』の内容が『集史』にほぼ依拠している，という点については川口（2007: 186）において既に指摘されている。

「イスマーイール派」(230b–238a),「シャバーンカーラの王」(238a–240b),「フルムズの王」(240b–244a),「キルマーン・カラヒタイ朝」(244a–248a),「ヤズドの王」(248a–249b),「ロレスターン・アターベク王朝」(249b–260b),「ティムールまでのテュルク・モンゴル諸部族誌」(260b–406a) から構成される (括弧内は手稿本 *Muʻīnī* の頁数)。このように,『ムイーンの歴史精髄』は,基本的には『イスカンダル無名氏の史書』の構成を踏襲しているものの,「改訂前」には含まれていた,イランの地の外側に位置するアイユーブ朝やマムルーク朝の記述が削除され,フサインが6人目の正統カリフに数えられるなど,幾つかの箇所で手が加えられている。

古代ペルシア史の位置付け

『ムイーンの歴史精髄』では,旧約的普遍史の文脈における「イランの地」の人々の位置付けが詳細に説明されている。「天地創造からノアまでの預言者」では,カユーマルスの父祖はセムの末裔ウマイムとされる。その上で,「イランの地 Īrān-zamīn」はセムの子アシュル Ashūr の子イランに関係付けられ,イスファハーン,ライ,イスタフル,アフワーズ,ディーナワル,アゼルバイジャン,ファールス,ギーラーン,キルマーン,スィースターン,ハマダーン,ホラーサーンに住む人々は皆このイランの末裔だとされる (*Muʻīnī*: 9b)。

続く「ピーシュダード朝の諸王と彼らと同時代の預言者・賢人」という節では,ピーシュダード朝の歴史とそれを基軸としたペルシア以外の諸王の歴史が説明される。そして,それらの内容は,一目で分かるように,表形式にまとめられている (*Muʻīnī*: 12a)[6]。

カユーマルスに関する説明は既に預言者の伝記にもあったが,ピーシュダー

---

6) ピーシュダード朝の王の一覧表は,各君主の「同時代の預言者」,「同時代の賢人」,「名前」,「系譜」,「称号」,「事績」,「性格」,「外見」,「寿命」,「拠点」,「信仰」,「建設した町」,「在位期間」,「墓の場所」,「死因」,という15の項目から構成されている (*Muʻīnī*: 12a)。『ムイーンの歴史精髄』では,ピーシュダード朝以外の主だった王朝の情報もそれぞれ表形式にまとめられている。ただし,表形式の王の一覧表は『ムイーンの歴史精髄』独自のものではなく,既に紹介したガルディーズィー著『歴史の装飾』や『史話要説』でも用いられていた。

ド朝の説明の冒頭であらためて述べられる。ここで紹介されるのは，①カユーマルス＝アダム以前説，②カユーマルス＝アダムの息子説，③カユーマルス＝ウマイムの息子説，という三つの伝承である（*Mu'īnī*: 12b)。カリフの伝記に見られる，アリーの末裔を尊び，アリーの末裔から王位を簒奪したウマイヤ朝を低く見る歴史観も同様に共通している。このように，構成面・内容面において，『イスカンダル無名氏の史書』と『ムイーンの歴史精髄』には細かい違いは見られるものの，その叙述内容はほぼ一致している。

イランの諸王

イスラーム時代のイランの諸王の起源についても少し改編が見られる。諸王朝のうち，古代ペルシアの諸王と関係付けられているのは，サーマーン朝＝バフラーム・チュービーン起源説（*Mu'īnī*: 166a)，ガズナ朝＝ヤズドギルド 3 世起源説（*Mu'īnī*: 171b)，グール朝＝ダッハーク起源説（*Mu'īnī*: 209a）の三つである[7]。なお，ブワイフ朝の祖ブワイフはバフラーム・グールと関係付けられるのではなく，シーア派 4 代イマーム，ザイン・アルアービディーンの末裔ハサン Ḥasan b. 'Alī b. 'Umar al-Ashraf b. Imām Zayn al-'Ābidīn に仕えた人物とされる（*Mu'īnī*: 169b)。ペルシア語普遍史書では，『選史』以降，シーア派の 12 人のイマームも徐々に重要な構成要素の一つに変わりつつあったのである。この中で，ガズナ朝，グール朝，ブワイフ朝に関係するこれらの伝承は，『イスカンダル無名氏の史書』では確認できず，本書において新たに書き加えられた伝承である。エジプトの王朝を加えるなど『イスカンダル無名氏の史書』が広い世界を扱う普遍史であったのに対し，『ムイーンの歴史精髄』はイランの地に焦点を絞った普遍史であったと評価できるだろう。

7）これらの伝承は『ナースィル史話』でも見られる（*Ṭabaqāt*, Vol. 1 : 201, 226)。『ムイーンの歴史精髄』には『ナースィル史話』と同様に，ターヒル朝がイランの諸王朝に含まれていることからも，『ナースィル史話』が典拠として使われた可能性も指摘できる。

テュルク・モンゴル諸部族誌

『イスカンダル無名氏の史書』と同様に，「モンゴル史」はイランの諸王朝の歴史には含まれず，「テュルク・モンゴル諸部族誌」の中でオグズ・ハーンの末裔に位置付けられている。ここでは，『集史』に依拠して，ヤペテの息子ディーブ・ヤークーイの末裔がテュルク・モンゴル諸部族になったと説明される（*Mu'īnī*: 260b)。そして，モンゴルの諸王朝の後に，ティムール朝史が置かれている。ここでは，「イランの歴史」と「テュルク・モンゴル」の歴史が断絶した形で叙述されているのである。

『イスカンダル無名氏の史書』と同様に，モンゴル史は，テュルク・モンゴル諸部族誌の中に位置付けられ，①中国でカーアーン位に就いた者たち(*Mu'īnī*: 283a–303a)，②ジュチの一族（*Mu'īnī*: 303a–315a)，③チャガタイの一族（*Mu'īnī*: 315a–320b)，④フラグ・ハーンの一族（*Mu'īnī*: 320b–326b)，の四つに分けて叙述される。この中で，フラグ・ハーンの一族，すなわちイルハーン朝の支配領域は「イランの地 mamālik-i Īrān-zamīn」だとされる（*Mu'īnī*: 320b)。

(3) イブン・イナバ『スルターンの諸章』(1414–26年)

史料の性格

同じくティムールの孫で，ファールス総督を務めていたイブラーヒーム・スルターン（1435没）に献呈されたペルシア語普遍史書が残されている。イブン・イナバ Ibn 'Inaba（1424没）の手になる『スルターンの諸章 *al-Fuṣūl al-Sulṭānīya*』である。彼はヒッラ出身のサイイド系譜学者・歴史学者として知られる。775／1373/4年あるいは776／1374/5年にイラクを離れ，ヘラート，イスファハーン，マッカ，キルマーン，サマルカンド，クム，シーラーズなどで活動し，1424年にキルマーンで没した。彼は『探求者の授け *'Umdat al-Ṭālib*』などサイイド系譜文献の著者として名高いが，ペルシア語普遍史書に相当する著作も著している。それが，イブラーヒーム・スルターンに献呈された『スルターンの諸章』(*Fuṣūl*: 8a–8b) とファフル・アッディーン Fakhr al-Mulk wa al-'Itra wa al-Dunyā wa al-Dīn なるサイイドに献呈された『ファフルの

諸章 *al-Fuṣūl al-Fakhrīya*』(*Fakhrīya*: 3-4) である[8)]。これらの内容はほぼ重なっており，本書では，ブレーゲルが普遍史書に分類している『スルターンの諸章』に依拠しながら論じていく。

『スルターンの諸章』は，サイイド系譜学者であるイブン・イナバが，その叙述の対象を人類史全体に広げたものである。章に番号はふられておらず，章題の前には必ず「章 faṣl」という言葉が置かれており，その集成という意味で「諸章 fuṣūl」という言葉が題名に使用されたと考えられる。本書では現存する唯一の手稿本であるサンクトペテルブルグ手稿本（Institute of Oriental Manuscripts, Ms. C383）を用いるが，その文章の中には，脈絡なく『歴史の秩序』の文章が挿入されている箇所があり，どのような過程を経て現在の形になったのか不明な点も多い。

古代ペルシア史，テュルク・モンゴル諸部族誌の位置付け

イブン・イナバは冒頭で，人類の起源に関する様々な説を紹介している。最初の章でアダムに始まる旧約的普遍史を紹介した後，第 2 の章では，ゾロアスター教徒 majūs の伝承として，ペルシア語普遍史書においてイルハーン朝時代以降，ほとんど言及されなくなっていた，カユーマルスの精子から生えた植物のマシーとマシヤーナの伝承が紹介される。第 3 の章では，中国の歴史書 tawārīkh-i Khitā が伝える中国人の起源に関する伝承が置かれる。このように，旧約的普遍史以外の伝承に言及した後，第 4 の章以降では，ノア以降の人類史が旧約的世界認識に依拠しながら説明されている。ハムの息子として，キブト，スィンド，ヒンド，ザンジュ，ハバシャなどの名が，ヤペテの息子として，テュルク，チーン，マーチーン，ゴグ・マゴグ，サカーリバ，ハザル，ユーナーンなどの名が挙げられている（*Fuṣūl*: 3a-6a）。

これに続き，モンゴルの系譜に 1 章割かれているが，これに関しては，他の普遍史書には見られない伝承が採用されている。

8）イブン・イナバの経歴については，Morimoto（2017）を参照。『スルターンの諸章』の著者は長い間不明とされてきたが（Bregel, Vol. 1: 354），2010 年，森本一夫により，それがイブン・イナバであることが明らかにされた（Binbaş 2016: 31 n. 14）。

章 faṣl。モンゴルの系譜については意見が一致していない。①「彼らはテュルクの末裔である」と言う者もいる。また，②「シェラ Shālikh の子アーミル ʻĀmir[9] の子ケトラ Qabṭurā の一族である。ケトラというのは，イォクシャン Yughshān の母の名である」と言う者もいる。また，③「モンゴルの起源はエルゲネクンに住んでいた２人の兄弟である」と言う者もいる。(*Fuṣūl*: 6a)

③の伝承の後には，ノアの末裔アルンジャ・ハーン Alunja Khān というモンゴルの遠祖が登場する。オグズ・ハーンこそ登場しないものの，これはイルハーン朝時代に創造された伝承に近い。一方，②の伝承に登場するイォクシャンという人物は，預言者アブラハムの息子であり（『旧約聖書創世記』: 69），モンゴルをセムの末裔である預言者に関係付ける記述が存在するのは注目すべき点である。この点についてはさらなる検討が必要であろうが，この時代には，モンゴルを預言者の系譜に位置付けることも可能になっていたのである。そのモンゴルの末裔として，ティムール朝の系譜も紹介されている。

ノアの３人目の息子セムの末裔として，アラブ人，アマレク人，ペルシア人 furs，ローマ人が挙げられている（*Fuṣūl*: 33b)。ペルシア人の起源に関する説明では，ゾロアスター教的世界認識と旧約的世界認識の矛盾についての，イブン・イナバの見解が示されている。

ペルシア系ムスリム muslima-yi furs はこのような矛盾を自らの歴史の中に見出し，［イスラーム的］伝承[10]とペルシア的伝承 akhbār-i fārsī を接合させようとした。「カユーマルスはアダム，マシーはセツ，スィヤーマクはエノスである」と言い，名前の価値を貶め，「ファリードゥーンはノアである」とまで言う者もいる。別の者たちはこのことを卑しきことだと見なした。カユーマルスと預言者の聖遷の間に流れた時間が洪水［までの時間］に近いため，カユーマルスが洪水後であることは明らかである。そして，

9) エベル ʻĀbir の誤りだと考えられる。
10)『スルターンの諸章』では「イスラーム的 Islāmī」の語が落ちており，『ファフルの諸章』の対応箇所から補った（*Fakhrīya*: 24)。

系譜について考えた。また，彼がカユーマルス・ブン・ウマイム・ブン・ルド・ブン・エラム・ブン・セム・ブン・ノアだと言う者もいる。また，ヤペテの息子ゴメルだと言う者もいる。（*Fuṣūl*：34b）

これまでの普遍史書でも同様の議論はあったが，ここでは，「ペルシア系ムスリム」が二つの伝承を接合させようとしたことが直接的に指摘されている。そして，明らかにノアの末裔であるという説を採用している。

これに続く章が「ペルシア諸王 mulūk-i furs」であるが，そこでは，ピーシュダード朝，カヤーン朝，アシュカーン朝，サーサーン朝の四王朝の諸王の名が列挙されている（*Fuṣūl*：34a–38b，付表参照)。ただし，他の普遍史書とは異なり，統治年に関する記述が一切ない。目立った特徴は，アシュカーン朝の王名で，そこには大きな差異があるとしながら，2 種類の王名表を提示している点であろう（表 9-1)。ここでは，タバリーの王名表（*Ṭabarī*, Vol. 1/2：709）に対応するもの，およびそれ以外の伝承を伝えている。

表 9-1　『スルターンの諸章』における 2 種類のアシュカーン朝の諸王（*Fuṣūl*：37a–38a）

不特定の情報源	タバリー
Ashk	Ashk
	Ashk
	Shābūr
Jūdarz	Jūdarz
Wījan?	Wījan
Jūdarz	Jūdarz
	Narsa
Hurmuzān	Hurmuz
Fīrzān/Ardawān	Ardawān
Khusraw	Khusraw
	Bihāfarīd
Balāsh	Balāsh
Ardawān	Ardawān

イランの諸王

イブン・イナバはイスラーム時代の諸王朝についても，人類史の文脈に位置付けようと試みている。ペルシア人の起源については，アブー・ハニーファ（767 没）をサーサーン朝のクバード・ブン・フィールーズの末裔に位置付けた後で，諸王の説明へと話を展開する。①サッファール朝＝ペルシア人起源だが詳細は不明，②サーマーン朝＝バフラーム・チュービーン起源，③ガズナ朝＝サーマーン朝のグラーム起源，④ブワイフ朝＝バフラーム・グール起源，などの伝承が紹介されている（*Fuṣūl*：38b–39b)。

このように，『スルターンの諸章』では先行する文献の情報を集めながら，普遍史上の諸王朝がアダムに始まる人類史の中に位置付けられている。そして，その視野はイランの地を越え，中国にまで向けられている。ただし，その中では，旧約的普遍史の影響が強く見られ，モンゴルを預言者の末裔とする伝承さえも収録されている。

2　オグズ伝承と古代ペルシア史の融合

前節では，「モンゴル史」が「イランの諸王の歴史」から切り離され，テュルク・モンゴル諸部族誌が普遍史の重要な構成要素の一つとなった点，そして，モンゴルをセムの末裔に位置付ける伝承が確認できるようになった点について指摘した。前節で扱った文献では，古代ペルシア史とテュルク・モンゴル史は断絶した形で叙述されていたが，両者の統合を試みた歴史家が現れた。シャラフ・ヤズディーである。

(4)　ヤズディー『勝利の書』「序章」(1419/20 年)

史料の性格

シャラフ・ヤズディー Sharaf al-Dīn ʻAlī Yazdī（1370 頃–1454）は，ヤズド近郊の町タフトの地方名士階層出身の歴史家である。若い頃にはタブリーズやカイロなどへ旅をし，15 世紀第 1 四半世紀にはティムール朝宮廷に仕えるようになった。彼が仕えたのは，ティムールの孫であるピール・ムハンマド（1409 没）とイスカンダル（1415 没），また，シャー・ルフの息子イブラーヒーム・スルターンなど，ティムール朝の王子たちであった。彼がイブラーヒーム・スルターンの命令で編纂を始めた『勝利の書 *Ẓafar-nāma*』は，ペルシア語文化圏で編纂された散文史書の中でも，特に有名なものの一つとなった（Binbaş 2016：2）[11]。

『勝利の書』は，シャーミー Niẓām al-Dīn Shāmī の同名の著作に依拠しながら書き上げられたティムール伝で，その内容は大幅に改訂され，文体も修辞を凝らした技巧文に改められている。この『勝利の書』の手稿本群の中には，『世界征服者の歴史 *Tārīkh-i Jahān-gīr*』（*Yazdī*, Vol. 1：23）と題される序章が冒頭に加筆されたものが残されており，その内容は，本文のティムール朝史の前史となる，アダムに始まるテュルク・モンゴル諸部族誌になっている。この序章の分量は校訂本 *Yazdī* の頁数にして実に 224 頁を占める。また，序章に記された執筆年は 822／1419/20 年となっている（*Yazdī*, Vol. 1：21）[12]。

この序章は，アダムを起点とする旧約的普遍史に始まる。その後に，ノアの 3 人の息子セム，ハム，ヤペテに続き，オグズ伝承が置かれている。そして，オグズの末裔としてのモンゴルの歴史が叙述され，最後に，ティムールの祖先がこの系譜の中に位置付けられる。それ故に，これまでにも，ティムール朝史研究者の注目を集めてきた文章であり，厚い研究の蓄積がある（川口 2007：188–191）[13]。しかしその関心は，人類史におけるオグズ伝承の位置付けやティムール朝の支配の正当性の問題に特化したもので，ペルシア語普遍史書の発展という視座からの分析は未だ不十分である。ここでは，この『勝利の書』がペルシア語普遍史叙述という歴史類型にもたらした新しい叙述方法，すなわち，オグズ伝承を基軸として歴史を叙述するという手法に着目し，その意義について検討したい。

テュルク・モンゴル諸部族誌の位置付け

『勝利の書』の序章は，「歴史 tārīkh」の定義や暦の説明に始まり，天地創造以降の預言者の歴史が続く。アダム，セツ，エノス，カイナン，マハラレル，イェレド，エノク，メトシェラ，レメク（校訂ではマリク Malik）と，ノアに至る系譜が展開される。そのノアの 3 人の息子から世界の諸民族が分岐していくことになるが，その内容は文体も含めて『選史』に酷似している（*Yazdī*, Vol.

11）ヤズディーの経歴の詳細については，Binbaş（2016：26–73）を参照。

12）『勝利の書』の編纂過程については，川口（2007：186–188），Binbaş（2016：203–206）を参照。

13）その他に，Dobrovits（1994）や Binbaş（2016）がある。

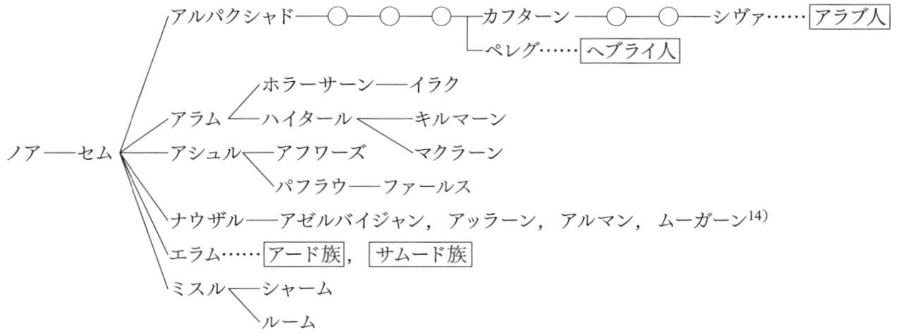

図 9-1　『勝利の書』におけるセム裔の系図（*Yazdī*, Vol. 1 : 40-41）

1 : 30-42 ; *Guzīda* : 18-26)。そこでは，セムはほとんどの預言者，および「イランの人々 ahl-i Īrān」の遠祖とされる。図 9-1 がその内容を図式化したものであるが，イランの人々だけではなく，アラブ人とヘブライ人の遠祖とされている。

続くハムは黒人の遠祖とされ，ザンジュ，クシ，ヒンド，バルバル，キブト，ハバシャという 6 人の息子，およびハバシャの子ヌーバの名前が挙げられる。最後のヤペテはテュルク系の人々の祖先とされ，『選史』と同じ 8 人の息子の名前が示されている（図 6-2，図 9-2)。

> 彼［ヤペテ］には 8 人の息子がいた。1 人目テュルク，2 人目ハザル，3 人目スィクラーブ，4 人目ルース，5 人目ミーシャク，6 人目チーン，7 人目カマーリー Kamārī（キーマール Kīmāl とも言う），8 人目テラ Tārakh。ところで，二本角アレクサンドロスは彼の 4 代後の子孫にあたる。トゥルキスターン諸国に属するそれぞれの国は，彼の子どもの一人一人の名をもって呼ばれる。ノアの後，彼ら［人類］は長年バビロンの町にいた。ある晩，それぞれの集団の言語に差異が生じ，お互いの言語を理解できなくなった。そのため，お互いに離れ，散り散りにならざるをえなかった。それぞれがある場所に行き，その場所で彼らの末裔は多くなった。それ故に，その領域は彼らに帰属するようになったのである。また，別の伝承。世界全土がノアの所有物となった時，トゥランの地 Tūrān-zamīn を長子ヤペテに，イ

14) Farghān とあるが，『選史』にある Mūghān という読み方を採用した（*Guzīda* : 25)。

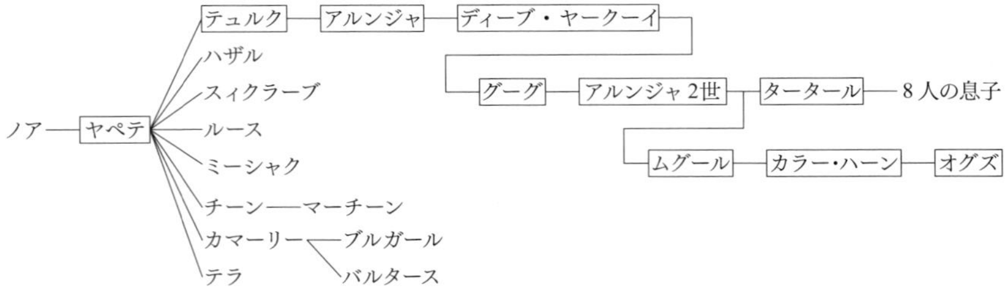

図 9-2　『勝利の書』におけるヤペテ裔の系図（*Yazdī*, Vol. 1：41-46）

ランの地 Īrān-zamīn をセムに，インドの地 Hindūstān をハムに与えた。つまり，全人類はこれらノアの 3 人の息子の末裔なのである。したがって，ヤペテはテュルク人の父 abū al-turk と，セムはペルシア人の父 abū al-ʻajam と，ハムはインド人の父 abū al-hind と呼ばれる。（*Yazdī*, Vol. 1：41-42）

下線部の説明は『選史』には存在せず，『勝利の書』で増補された部分であるが，旧約的普遍史におけるノアの世界三分割と古代ペルシア史におけるファリードゥーンの世界三分割が融合しており，ヤペテに授与された領域がトゥランの地だとされる。ノアの 3 人の息子を紹介した後，シャラフ・ヤズディーはテュルク人の重要性を次のように強調している。

ノアの長子はヤペテであり，彼には預言者位の幸運と使徒の位の栄誉 tashrīf[15] が与えられているため，彼に関する言及を他の諸子に比べて優先して行うべきである。ところで，『世界征服者の歴史 *Tārīkh-i Jahān-gīr*』と題する本書を編纂する目的はテュルク人の諸王の族譜にあり，彼らの系譜はノアの息子ヤペテに帰結する。他の諸子に関する言及を優先するよりも，それに言及することがより適切なのである。それは，言葉の鎖が関連付けられ繋がるように。（*Yazdī*, Vol. 1：42）

このように，テュルク人の系譜の重要性に言及した後，ヤペテの 8 人の息子について詳しく説明する。一方で，セムやハムの末裔については，名前が列挙さ

15）原文には TSrīf とあるが，適当な意味が見つからないため，tashrīf と読んだ。

れるのみである。ビンバシュは『史話要説』を通じて,『勝利の書』にテュルク史が組み込まれたとするが（Binbaş 2016：208 n. 36, 211),『史話要説』におけるヤペテの息子は，チーン，テュルク，ハザル，スィクラーブ，ルース，ミーシャク，カマーリーの7人で，その内訳も情報量も異なっている（*Mujmal*：77–82)。『史話要説』の現存する4点の手稿本のうち，実に3点が15世紀に書写されたものであり，ティムール朝時代に参照されていた可能性も考えられるが，テクストからは直接的な参照関係を確認できない。もちろん間接的な参照関係を否定することはできないが，先行研究でも既に指摘されているように，参照関係を認めるならば,『選史』との関係の方が重要であろう（Dobrovits 1994：272)。

テュルク・モンゴル諸部族の遠祖は，8人の子どもの長子，テュルクだとされる。『選史』では，テュルクはテュルク人の祖で，ミーシャクがモンゴル人の祖だとされていたが（*Guzīda*：562)，ここでは，モンゴルの系譜がテュルク裔に位置付けられている。このテュルクは,「最初のペルシア人の王 awwal-i mulūk-i ʻajam」カユーマルスと同時代人で,「最初のテュルク人の王 awwal-i mulūk-i turk」だとされる（*Yazdī*, Vol. 1：44)。『歴史精髄』,『集史』,『バナーカティー史』,『選史』,『イスカンダル無名氏の史書』,『ムイーンの歴史精髄』のように，これまでにもオグズ伝承を含む普遍史書は編纂されていた。しかし，これらの普遍史書では，オグズ伝承は独立した章の中で，旧約的普遍史とは別の伝承として紹介されていた。一方,『勝利の書』では，このオグズ伝承を時間軸に，古代ペルシア史が展開していく。

図9–2から分かるように,『勝利の書』では，オグズはテュルクの末裔に位置付けられている。オグズの改宗後，グン・ハーン Gun Khān（70年間)，アイ・ハーン Ay Khān，ユールドゥーズ・ハーン Yūldūz Khān，ミンギリー・ハーン Mingilī Khan，ティンギズ・ハーン Tingiz Khān（110年間)，イール・ハーン Īl Khān と続く。このイール・ハーンの治世にも，上述のカユーマルスと同様に，古代ペルシアの諸王の一人が登場する（*Yazdī*, Vol. 1：53–55)。

彼［イール・ハーン］の治世，トゥルキスターンとマー・ワラー・アンナフルの王はファリードゥーンの子トゥールであった。彼とモンゴルの間に争いが生じた。彼［トゥール］はタータールの王スィーウィンジュ・ハーン Sīwinj Khān を自身の味方につけ，イール・ハーンと戦わせた。(*Yazdī*, Vol. 1 : 55)

この戦いでトゥールとタータールの軍勢は勝利し，イール・ハーン軍は全滅する。この時に生き残ったのが，イール・ハーンの息子キヤーン Qiyān と彼の従兄弟トゥクーズ Tukūz，および，2 人の女性の計 4 人だとされる。そして，彼らがエルゲネクン Irkina Qūn の谷に逃げ込み，そこで末裔を増やす，という形で話は展開していく（*Yazdī*, Vol. 1 : 55–57)。オグズの末裔とトゥールが戦ったという伝承は『選史』にも収録されているが（*Guzīda* : 562–563)，ここでは，それにタータールと同盟するという話が付け加えられている。

彼らはエルゲネクンで子孫を増やし，エルゲネクンから再び外に出て，モンゴルの地 diyār-i Mughūl に居住する。そして，モンゴルとテュルクの諸王の祖とされるアラン・ゴア Ālān Quwā が登場するが，ここでも，その子ブーズンジャル Būzunjar の治世を，ウマイヤ朝に対し蜂起したアブー・ムスリム（755 没）と同時代に位置付けている（*Yazdī*, Vol. 1 : 59)。このように，『勝利の書』では，古代ペルシア史だけではなく旧約的普遍史までもが，テュルク・モンゴル諸部族誌の文脈に位置付けられているのである。このブーズンジャルはチンギス・ハーンの 9 代前の先祖とされる。ブーズンジャルに続き，ブーカー Būqā，ドゥートゥーミニーン Dūtūminīn，カイドゥー Qaydū，バーイスングル Bāysunghur，トゥーミナ Tūmina が王位に就く。そして，次のような形で，トゥーミナの双子の息子の一人カブル Qabl がチンギス・ハーンの祖先，もう一人のカージューリー Qājūlī がティムールの祖先とされる[16)]。

当時，トゥルキスターン地方には，トゥーミナ・ハーンよりも偉大な王はいなかった。彼には 2 人の妻がいた。一人からは 7 人の息子が生まれ，もう一人からは双子が生まれた。彼らは他のどの兄弟たちよりも勇敢さと完

16）アラン・ゴア以降の系図は，間野（2001 : 320）にまとめられている。

全さで優っていた。一人をカブル Qabl，もう一人をカージューリー Qājūlī と言う。カブルはチンギス・ハーンの3代前の先祖で，カージューリーは合の持ち主である陛下 Haḍrat-i Ṣāḥib-Qirān［ティムール］の8代前の先祖である。（*Yazdī*, Vol. 1：64）

これまでの研究では，『勝利の書』「序章」のテュルク・モンゴル諸部族誌は，モンゴルを誰の子孫とするのか，という点について議論がなされてきた（川口 2007：194–196）。もちろん，ヤズディーがテュルク・モンゴル諸部族誌を編纂した狙いは，ティムールの系譜をチンギス・ハーンの系譜に関係付けることにあったが，その過程で，テュルク・モンゴル諸部族誌と旧約的普遍史および古代ペルシア史を関係付けることにも成功している。『勝利の書』には，ノア以降の体系的な旧約的普遍史や古代ペルシア史が存在していないことからも，アダムに始まるテュルク・モンゴル諸部族誌を基軸とする新しい普遍史叙述の試みだと評価できよう。

『勝利の書』におけるイラン概念

『勝利の書』では，イランという地理概念は対の地理概念であるトゥランとともに頻出する。ヤズディーはイランの境界を明確に定義していないものの，アム河をイランとトゥランの境界だとしている（*Yazdī*, Vol. 1：200）。『勝利の書』の歴史認識によれば，モンゴル帝国は，①ウルグ・ユルトの支配者＝大元ウルス（*Yazdī*, Vol. 1：171–179），②キプチャク草原の支配者＝ジュチ・ウルス（*Yazdī*, Vol. 1：179–182），③イランの支配者＝イルハーン朝（*Yazdī*, Vol. 1：182–200），④トゥランの支配者＝チャガタイ・ウルス（*Yazdī*, Vol. 1：200–224），という四つの支配領域から構成されている。

このように，旧モンゴル帝国領を四つの支配領域に分けて叙述する方法を，川口は「四ウルス叙述法」と名付けている（川口 2007：185–216）。ヤズディーの主要典拠の一つ，シャーミーの『勝利の書』では，①ウルグ・ユルト（中国）の支配者，②キプチャク草原の支配者，③イラクの支配者，④チャガタイ・ウルスの支配者，という形でそれぞれの支配領域が説明され（*Shāmī*：12–

13)，イランとトゥランの語は確認できない。ヤズディーが，チャガタイ・ウルスをトゥランに，イラクの支配者の領域をイランに書き替えたものと考えられる[17]。このように，『勝利の書』ではイランやトゥランは単なる地理概念としてではなく，イルハーン朝とチャガタイ・ウルスの旧領域を指し示す言葉として用いられている。そして，旧チャガタイ・ウルスだけではなく，イルハーン朝の領域をも手にしたティムールの支配領域は「合の持ち主である陛下 Ḥaḍrat-i Ṣāḥib-Qirān［ティムール］の諸王国の中で，イランの全てがトゥランとともに，治められていた」という形で評価されることになる（*Yazdī*, Vol. 1 : 756）。イルハーン朝がイランだけの支配者であったのに対し，ティムール朝はイランとトゥラン両方の支配者だと評価されている[18]。こういった現実の政治的状況により，ペルシア語普遍史書もイランの地を超えた範囲を対象とする内容へと変貌を遂げたのである。

3　ハーフィズ・アブルーによるペルシア語普遍史の再編

前節までで，「イランの地」に加えて「トゥランの地」までを支配したティムール朝の宮廷では，中央アジアまでを含む新たな形のペルシア語普遍史が編纂されるようになった点を確認した。本節では，9 世紀に始まる古代ペルシア史を含む普遍史編纂の伝統の集大成に位置付けられるハーフィズ・アブルーによる歴史編纂事業と彼の大著『歴史集成』について考察したい。15 世紀前半にハーフィズ・アブルーによって整理され体系化された過去の歴史は，ティムール朝以後の歴史家に継承されていく。ペルシア語文化圏で最も好評を博したペルシア語普遍史書と言えるミール・ハーンド Mīr-khwānd Muḥammad b. Khwāndshāh b. Maḥmūd（1498 没）の『清浄園 *Rawḍat al-Ṣafā*』においても，主

17）チャガタイ・ウルスを「トゥラン」と呼ぶ用例は既に『選史』においても確認できる。『選史』では，マー・ワラー・アンナフルとウイグル地方，それに付属する地域が「トゥラン」と呼ばれている（*Guzīda* : 574）。

18）ティムール朝期の史書におけるイランとトゥランの用例については，木村（2008 : 45–46）を参照。

要な典拠の一つとしてハーフィズ・アブルーの歴史書が参照されている（*Rawḍat*, Vol. 1：21）。

ハーフィズ・アブルーの経歴

ハーフィズ・アブルーの著作について検討する前に，まずは彼の生涯と諸著作に関する情報を，同時代史料や現存する手稿本の情報に基づいて整理しておきたい。彼の名前「ハーフィズ・アブルー」というのは通り名で，本名は ʻAbd Allāh b. Luṭf Allāh b. ʻAbd al-Rashīd al-Bihdādīnī であった。出身地はヘラートである[19]。ティムールに仕え，1386–88 年の三年征戦（*Majmaʻ/Jawādī*, Vol. 2：

19）「ビフダーディーニー Bihdādīnī」というニスバは，バヤーニー Kh. Bayānī が，『選集 *Majmūʻa*』に収録される「クルト朝史」の序文に見られる「スィビフダーディニー Si-bihdādinī?」というニスバが，ハーフ近郊のビフダーディーン村（*Jughrāfiyā/Krawulsky*：37）出身であることを示すニスバ「ビフダーディーニー」の変形ではないかという仮説を提示して以来（Bayānī 1319kh），学界に広く受け入れられてきたものである。ハーフィズ・アブルー自身の著作における自称表現については表 9–2 にまとめたが，その中にも，これに一致するニスバは確認できない。しかし，バヤーニーが参照しなかったハーフィズ・アブルー直筆の手稿本の跋文中に，「ビフダーディニー Bihdādinī」というさらに近い表記が見られることから（*H1653*：148a），筆者もバヤーニーの仮説が妥当であると考え，これに従うことにする。ところで，この著者直筆の手稿本に見られる「出自はビフダーディーンで，生まれはヘラート al-Bihdādinī maḥtidan al-Hirawī mawlidan」という記述に酷似した，「生まれはヘラートで出自はハマダーン al-Hirawī mawlidan wa al-Hamadānī maḥtidan」という表現が，1470 年頃にアブド・アッラッザーク・サマルカンディー ʻAbd al-Razzāq al-Samarqandī により編纂された『両星の上昇 *Maṭlaʻ-i Saʻdayn*』におけるハーフィズ・アブルーに関する説明では見られる（*Maṭlaʻ*, Vol. 2/1：377）。きちんと論証するためには，校訂本だけではなく現存する全ての『両星の上昇』の手稿本を確認する必要があるということは承知しているが，筆者はこの二つの表現が酷似していることから，後者の al-Hamadānī というニスバは字形が似ている前者の al-Bihdādinī というニスバが，書写の過程で変形して生まれたものではないかという疑いを抱いている。『両星の上昇』を典拠の一つとして編纂されたハーンダミール Khwānd-amīr 著『伝記の伴侶 *Ḥabīb al-Siyar*』（1524 年頃）では，ハーフィズ・アブルーがハマダーン育ちであるという記述が確認できるようになり（*Ḥabīb*, Vol. 4：8），これに基づき，先行研究でもハーフィズ・アブルーはハマダーンに関係付けられてきた（例えば，Ḥājj Sayyid Jawādī 1380kh：xiv）。もちろん，ヘラート生まれのハーフィズ・アブルーがハマダーンで育ち，「ハマダーニー」というニスバを持つに至ったという可能性は否定できない。しかし，二つの町の地理的な距離，そして何より『両星の上昇』以前に編纂された文献ではこのことに関する言及がない点を考慮すれば，ハーフィズ・アブルーがハマダーン育ちであるという説明は後世に創られたものであ

表 9-2　ハーフィズ・アブルーの著作に見られる自称表現

著　作	自称表現
Hazine 1653 手稿本「第 1 部」跋文（*H1653*：148a）	ʻAbd Allāh b. Luṭf Allāh b. ʻAbd al-Rashīd al-Bihdādinī maḥtidan wa al-Hirawī mawlidan
Hazine 1653 手稿本「フランク史」跋文（*H1653*：421b）	ʻAbd Allāh b. Luṭf Allāh
『勝利の書続編』跋文（*Dhayl-i Ẓafar*：120a）	ʻAbd Allāh b. Luṭf Allāh b. ʻAbd al-Rashīd al-Bihdādinī
『シャー・ルフの歴史』序文（*Shāh-rukh*：2b）	ʻAbd-i Luṭf Allāh
『選集』「クルト朝史」序文（*Majmūʻa*：653b）	ʻAbd Allāh b. Luṭf Allāh b. ʻAbd al-Rashīd al-Sibihdādinī
『選集』「ラシード史続編」序文（*Majmūʻa*：699b）	ʻAbd-i Luṭf Allāh
『選集』「ムザッファル朝史」序文（*Majmūʻa*：744b）	ʻAbd Allāh b. Luṭf Allāh
『選集』「勝利の書続編」序文（*Majmūʻa*：855b）	ʻAbd Allāh b. Luṭf Allāh b. ʻAbd al-Rashīd
『選集』「シャー・ルフの歴史」序文（*Majmūʻa*：860b）	ʻAbd-i Luṭf Allāh
『歴史集成』第 2 巻序文（*Majmaʻ/A3353*：428b）	ʻAbd-i Luṭf Allāh

注）ハーフィズ・アブルーが自称表現を書き込んでいる著作の現存最古の手稿本を利用して作成。

667)[20]，1392–96 年の五年征戦（*Majmaʻ/Jawādī*, Vol. 2：748），1398–99 年のインド遠征（*Majmaʻ/Jawādī*, Vol. 2：852），1399–1404 年の七年征戦に随行するなど（*Majmaʻ/Jawādī*, Vol. 2：912, 916, 953, 1011；*Jughrāfiyā*, Vol. 1：337–338, 358)[21]，常にティムールと行動をともにしていた[22]。また，ティムールの趣味であるチェスの相手の一人でもあった（*Majmaʻ/Jawādī*, Vol. 1：30–32）。ティムールの死後

る可能性も十分に考えられる。なおハーフィズ・アブルーは，他の知識人からは，Shihāb al-Dīn ʻAbd Allāh al-Khwāfī（*Faṣīḥī*, Vol. 3：1119），Ḥāfiẓ Muʼarrikh Zanjānī（*Amīnī*：84），Nūr al-Milla wa al-Dīn Luṭf Allāh（*Maṭlaʻ*, Vol. 2/1：377），Nūr al-Dīn Luṭf Allāh（*Maṭlaʻ*, Vol. 1/2：676；*Ḥabīb*, Vol. 4：8；*Gulistān*：30），Nūr al-Dīn Luṭf Allāh al-Hirawī b. ʻAbd Allāh（*Kashf*, Vol. 2：951），Ḥāfiẓ-i Abrū Shāfiʻī Hamadānī（*Majālis*, Vol. 2：356）など自称表現とは異なる形で呼ばれている。

20）この遠征の目撃談として，789 年シャウワール月下旬／1387 年，イスファハーンにおける虐殺の後に，市壁に沿って築かれた「首の塔」の様子を伝えている。

21）ハーフィズ・アブルーはこの遠征の際に，オスマン朝 4 代君主バヤジド 1 世（在位 1389–1402）と面会している。

22）『選集』に収録される「勝利の書続編」には，ティムールに随行していたために，多くの事件を目撃した旨が記されている（*Majmūʻa*：855b）。また『ハーフィズ・アブルーの歴史 *Tārīkh-i Ḥāfiẓ-i Abrū*』には，ハーフィズ・アブルーが訪れた中央アジア，西アジア，インドの町の名前が列挙されている（*Jughrāfiyā*, Vol. 1：49–50）。

はシャー・ルフに仕え（*Ḥabīb*, Vol. 4：8）[23]，歴史書の編纂を開始した。この間，シャー・ルフの王子バーイスングルに対しても歴史書を献呈している。833年シャウワール月3日／1430年6月25日[24]にサルチャム[25]で没し，ザンジャーンにある神秘主義者アヒー・ファラジュ・ザンジャーニー Akhī Faraj Zanjānī（1065没）[26]の墓廟の側に葬られた（*Faṣīḥī*, Vol. 3：1119）[27]。

ハーフィズ・アブルーの著作

先行研究で，ハーフィズ・アブルーの著作だとされてきたのは，①『集史続編 *Dhayl-i Jāmiʿ al-Tawārīkh*』（執筆年不明），②『勝利の書続編 *Dhayl-i Ẓafar-Nāma*』（1412年），③『シャー・ルフの歴史 *Tārīkh-i Shāh-Rukh*』（1413/4年以降），④『ハーフィズ・アブルーの歴史 *Tārīkh-i Ḥāfiẓ-i Abrū*』（1420/1年），⑤『選集 *Majmūʿa*』（1417/8年），⑥『歴史集成 *Majmaʿ al-Tawārīkh*』（1427年）の6点である（Woods 1987：96–97；Subtelny & Melville 2003；川口 2007：219）。

23）『イラン百科事典』では，Lambton（1978：1）の説明に依拠し，フーズィスターン地方の町ハウィーザの知事を短期間務めたとされている（Subtelny & Melville 2003：507b）。ところが，ラムトン A. K. S. Lambton がこの説明の典拠とした『ハーフィズ・アブルーの歴史』の該当箇所には，ハウィーザ知事を務めたのはイスラーム Islām という名前の人物だと記録されている（*Jughrāfiyā/O1577*：82a；*Jughrāfiyā*, Vol. 2：95）。何故ラムトンが，ハーフィズ・アブルーが同職に就いたと読んだのかは分からないが，典拠にその記述が存在しない以上，この説は採用できない。ちなみに，該当箇所にある795／1392/3年という年には，ハーフィズ・アブルーはティムールの遠征に同行しており，状況証拠もこの説明が成立しないであろうことを示している。

24）834年シャウワール月／1431年（*Maṭlaʿ*, Vol. 2/1：377；*Ḥabīb*, Vol. 4：8）や834／1430/1年（*Kashf*, Vol. 2：951）という異なる没年を伝える文献もある。

25）スルターニーヤから18ファルサングほど離れた町。博物誌『心魂の歓喜』には，「スルターニーヤからザンジャーンまでは5ファルサング。ザンジャーンからアリーシャー Wazīr Khwāja Tāj al-Dīn ʿAlīshāh が建てたニークパーイの隊商宿までは6ファルサング。ニークパーイの隊商宿からサルチャムまでは7ファルサング」と具体的な距離が記録されている（*Nuzhat*：182）。

26）この記述の典拠である『ファスィーフの概要 *Mujmal-i Faṣīḥī*』には，Akhī Abū al-Faraj al-Zanjānī という誤った形で名前が記されている。

27）ハーフィズ・アブルーがバーイスングルの死後，シーラーズに赴き，王子イブラーヒーム・スルターン（1435没）に仕えたという記録もあるが（*Gulistān*：30），ハーフィズ・アブルーの没年1430年はバーイスングルの没年1433年よりも早いため，この伝承は疑わしい。

① 『集史続編』（執筆年不明）

シャー・ルフの命令で編纂された，イルハーン朝 7 代君主ガザンの治世までを対象とするラシード・アッディーン著『集史』の補遺。8 代君主オルジェイトと 9 代君主アブー・サイードの伝記からなる。ただし，序文では著者名は明示されておらず（*Dhayl-i Jāmiʿ*: 1b），著者をハーフィズ・アブルーに比定したのは，現代の研究者である。史料的価値については，Melville（1998 : 7–8）で簡単に論じられている[28]。

② 『勝利の書続編』（1412 年）

シャー・ルフの命令で編纂された，シャーミー Niẓām al-Dīn Shāmī の手になるティムールの伝記『勝利の書 *Ẓafar-nāma*』の補遺。806 年ラマダーン月 14 日／1404 年 3 月 26 日から 807 年シャアバーン月中旬／1405 年に至るティムール最晩年の時期を対象とする伝記。814 年シャウワール月初頭／1412 年にヘラートで編纂された（*Dhayl-i Ẓafar* : 120a）[29]。

③ 『シャー・ルフの歴史』（1413/4 年以降）

シャー・ルフの命令で編纂された，816／1413/4 年に至るシャー・ルフ紀[30]。

28）現存する手稿本はイスタンブル手稿本（Nuruosmaniye Library, Ms. 3271）の 1 点で，校訂本は未刊行。ただし，この『集史続編』は，『集史』第 1 巻「モンゴル史」の補編という形で，15 世紀以降に書写された幾つかの手稿本の中に採録されている。現時点で筆者はこの形の手稿本 6 点の存在を確認している（Paris, National Library, Ms. Suppl. persan 209 ; St. Petersburg, Institute of Oriental Manuscripts, Ms. D66 ; Mashhad, Āstān-e Qods Library, Ms. 4101 ; London, British Library, Ms. Or. 2885 ; Tehran, Dāʾerat al-Maʿāref-e Bozorg-e Eslāmī, Ms. 1260 ; Rampur, Raza Library, Ms. F. 1819）。

29）現存する手稿本は，828 年シャアバーン月 9 日／1425 年 6 月 26 日にヘラートで書写されたイスタンブル手稿本（Nuruosmaniye Library, Ms. 3267）の 1 点で，2 点の校訂が刊行されている（F. Tauer, “Continuation du Ẓafarnāma de Niẓāmuddīn Šāmī par Ḥāfiẓ-i Abrū,” *Archiv Olientální*, 6/3, 1934, 429–465 ; Ḥāfiẓ-i Abrū, *Dhayl-i Kitāb-i Ẓafar-nāma-yi Niẓām al-Dīn Shāmī*, ed. B. Karīmī, Tehran, 1328kh）。ただし，この手稿本は同じ写字生により書き写された『勝利の書』（1a–114a）と『勝利の書続編』（114b–120a）の合冊本であり，厳密には，『勝利の書続編』という独立した著作の手稿本ではない。

30）現存する手稿本は，書写年不明のロンドン手稿本（British Library, Ms. IO Islamic 171）の 1 点で，校訂本は未刊行。

④『ハーフィズ・アブルーの歴史 *Tārīkh-i Ḥāfiẓ-i Abrū*』(1420/1年)

シャー・ルフの命令で編纂された，東は中央アジアから西はマグリブ・アンダルスに至る広範な地域を対象とする2巻本の地理書。先行研究の中には，この著作の題名を『ハーフィズ・アブルーの地理 *Jughrāfiyā-yi Ḥāfiẓ-i Abrū*』とするものも多いが，実際にこの著作の中で確認できる題名は『ハーフィズ・アブルーの歴史 *Tārīkh-i Ḥāfiẓ-i Abrū*』である（*Jughrāfiyā*, Vol. 1：53)。この題名通り，序文には「歴史の定義」,「歴史学とは」,「歴史学の効用」といった小節が設けられ（*Jughrāfiyā*, Vol. 1：73–88)，本文中でも，ファールス，キルマーン，ホラーサーンの各地域に関しては，その地域を支配した諸王朝の歴史に関する章が設けられるなど（Krawulsky 1982：15–16)，歴史事項にも多くの紙幅が割かれている。とはいえ，著作全体の構成としては地理書の体裁を取っており，本書を地理書とする評価自体は妥当なものだと言える。しかし，著者が自身の著作に『ハーフィズ・アブルーの歴史』という題名を与えている以上，現代の研究者もそれに従うべきだろう[31)]。

『ハーフィズ・アブルーの歴史』編纂の契機となったのは，シャー・ルフに対して「諸王国の諸道と世界の形状の知識に関する1冊のアラビア語の書物」[32)]が献呈されたことであった。これを受け，ハーフィズ・アブルーは，このアラビア語地理書をペルシア語に翻訳し，その上で他の文献の情報や自身が各地で収集した伝聞情報を補足することをシャー・ルフに願い出て，編纂を開始した。序文で挙げられている典拠は，①イブン・フルダーズビフ ʻAbd Allāh b. Muḥammad Khurdādhbih[33)] 著『諸王国の諸道 *Masālik al-Mamālik*』，②ムハンマド・ブン・ヤフヤー Muḥammad b. Yaḥyā 著『世界の形状 *Ṣuwar al-Aqālīm*』，③ムハンマド・バクラーン Muḥammad b. Najīb Bakrān 著『世界の書 *Jahān-*

31) この著作の題名については，Krawulsky（1982：16–18)，川口（2011：63）を参照。

32) 先行研究では，このアラビア語地理書の題名は『諸王国の諸道と世界の形状 *Masālik al-Mamālik wa Ṣuwar al-Aqālīm*』だとされるが（例えば Tauer 1971：57b)，原文は，kitābī ʻarabī dar maʻrifat-i masālik al-mamālik wa ṣuwar al-aqālīm となっており，題名だと考えられてきた「諸王国の諸道と世界の形状」という記述は，題名ではなく，「知識 maʻrifat」にかかる一般名詞であると考えられる。

33) ハーフィズ・アブルーは，Khurdād と表記している。

表 9-3，表 9-4，表 9-5，表 9-8 の凡例

通し番号	所蔵都市，所蔵図書館，書架番号（典拠）：書写年，紙幅（書写面の幅），1 頁あたりの行数，葉数，写字生，書写地，献呈対象者，その他

＊目録に記載されていない情報を筆者が補った場合，その項目の下に下線を引いて明示した。
＊筆者が実見した手稿本については，書架番号の右上に*をうち明示した。
＊一つの手稿本が離散し別々の図書館に所蔵されている場合はそれを一つの手稿本と数えた。

表 9-3　『ハーフィズ・アブルーの歴史』現存手稿本

1	Tashkent, al-Biruni Institute of Oriental Studies, Ms. 4078 (Semenov 1963 : 17-21)*：15 世紀，33×26cm (22.5×18.5cm)，19 行，150 葉，著者直筆？
2	Tashkent, al-Biruni Institute of Oriental Studies, Ms. 5361 (Semenov 1963 : 21-22)*：16 世紀，37×25.5cm (30.3×16.7cm)，23 行，469 葉
3	St. Petersburg, National Library, Ms. Dorn 290 (Dorn 1852 : 282-283)*：16 世紀，32×19cm (23.3×13.1cm)，27 行，327 葉
4	London, British Library, Ms. Or. 9316 (Meredith-Owens 1968 : 49)*：16 世紀，36×24cm (26×16.1cm)，25 行，503 葉
5	Oxford, Bodleian Library, Ms. Fraser 155 (Ethé 1889 : 86)*：16 世紀，25.5×15cm (18×9cm)，25 行，173 葉
6	Qom, Mar‘ashī Najafī Library, Ms. 1870 (Ḥusaynī 1355kh : 251-252)*：1044 年第 1 ラビーウ月 18 日／1634 年 9 月 11 日，28×18cm (21.2×11cm)，20 行，331 葉
7	Oxford, Bodleian Library, Ms. Elliot 357 (Ethé 1889 : 22-24)*：1044／1634/5 年，28×16.5cm (21.3×10.8cm)，20 行，276 葉
8	London, British Library, Ms. Or. 1577 (Rieu 1879-83, Vol. 1 : 421b-424b)*：1056 年シャウワール月 13 日／1646 年 11 月 22 日，25 行，384 葉
9	London, British Library, Ms. IO Islamic 3874 (Storey 1972 : 133)*：17 世紀？，36×23.5cm (26.8×16.2cm)，25 行，362 葉
10	London, British Library, Ms. Or. 1987/1 (Rieu 1879-83, Vol. 3 : 991a-991b)*：1850 年頃，21.5×14cm (16×8.5cm)，15 行，149 葉
11	Tehran, Malek Library, Ms. 4143 (Afshār & Dānish-pazhūh 1352-80kh, Vol. 2 : 183-184)*：1272 年第 1 ジュマーダー月 5 日／1856 年 1 月 13 日，33.9×21.7cm，26 行，347 葉，写字生 Malik Muḥammad b. Muḥammad Ḥasan Burūjinī
12	Tehran, Mu’ayyad Thābitī Library (Bayānī 1350kh(b) : 58-59)：1296／1878/9 年，34×25cm
13	Tehran, Golestān Palace Library, Ms. 840 (Ātābāy 2536sh : 122-123)*：書写年不明，36×21cm，20 行，585 葉？
14	Tehran, Majles Library, Ms. 13128 (Sajjādī 1375kh : 35)*：書写年不明，23 行，239 葉

nāma』，④ナースィル・フスラウ Nāṣir-i Khusraw 著『旅行記 *Safar-nāma*』，⑤『諸国の典範 *Qānūn al-Buldān*』，の 5 著作である（*Jughrāfiyā*, Vol. 1：49–50）。序文の執筆開始が 817／1414/5 年で（*Jughrāfiyā*, Vol. 1：52），第 2 巻が完成したのは 823／1420/1 年である（*Jughrāfiyā*/*F155*：167b；川口 2011：70）[34]。

⑤『選集 *Majmūʿa*』（1417/8 年）

820／1417/8 年（*Majmūʿa*：2b, 3b, 698b, 699b），シャー・ルフの命令で編纂された，アダムの時代からティムール朝に至る時代を対象とした歴史書の選集 majmūʿa である[35]。ハーフィズ・アブルーが当時最も権威のある歴史書だと考えた，『タバリー史翻訳 *Tarjuma-yi Tārīkh-i Muḥammad b. Jarīr al-Ṭabarī*』，『集史 *Jāmiʿ al-Tawārīkh-i Rashīdī*』，『勝利の書 *Kitāb-i Ẓafar-nāma*』を核として，この 3 著作が扱っていない時代の事件については自身で新たに加筆し，1 冊にまとめあげたものである（*Majmūʿa*：3b）。シャー・ルフに献呈された現存最古の『選集』のイスタンブル手稿本（Topkapı Palace Library, Ms. Bağdad Köşkü 282）[36] に基づけば，章構成は次の通りである。

1. 序（1b–5b），目次（6a–6b, 8a–9b, 7a–7b）[37]

34) 現存する手稿本は 14 点で（表 9–3），3 点の部分校訂が刊行されている（第 1 巻：Ḥāfiẓ-i Abrū, *Jughrāfiyā-yi Ḥāfiẓ-i Abrū*, ed. Ṣ. Sajjādī, 3 vols., Tehran, 1375–78kh，第 2 巻前半部「ホラーサーン地誌」：Ḥāfiẓ-i Abrū, *Jughrāfiyā-yi Ḥāfiẓ-i Abrū*, ed. M. Hirawī, Tehran, 1349kh；*Ḫorāsān zur Timuridenzeit nach dem Tārīḫ-e Ḥāfeẓ-e Abrū*, ed. D. Krawulsky, Vol. 1, Wiesbaden, 1982）。第 2 巻の後半部「ホラーサーンの歴史」と「マー・ワラー・アンナフル地誌」の部分の校訂は未だに出版されていないが，後者には川口（2011）という邦訳がある。

35) この著作の序文には，「この学問［歴史］に関する諸章を含む選集 majmūʿa を執筆するように命じた」という記述があるのみで（*Majmūʿa*：3b），題名は明示されていない。『選集 *Majmūʿa*』という題名は現代の研究者による通称で，『選集 *Kullīyāt*』とも呼ばれる（Karatay 1961：52）。

36) シャムサ（巻頭頁の中央に配置されるメダイヨン装飾）の中にシャー・ルフの蔵書用に書写されたことが明記されており（*Majmūʿa*：10a），かつ別の頁ではシャー・ルフの蔵書印（後掲図 9–6 参照）も確認できる（*Majmūʿa*：1a）。

37) 目次の頁の順番には混乱が見られ，おそらく最後の 1 葉分が脱落している。また，この『選集』の序文と目次は，『ハーフィズ・アブルーの歴史』の目次にそのまま転用されているために（*Jughrāfiyā*, Vol. 1：53–88），『ハーフィズ・アブルーの歴史』の目次

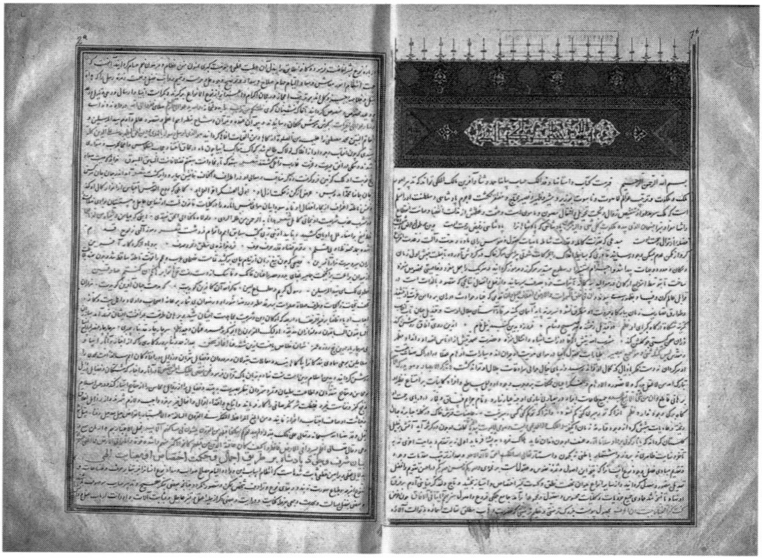

図 9–3　1480/1 年書写の『選集』手稿本（*Majmūʻa*/*D919*：1b–2a）

2. バルアミー著『タバリー史翻訳』（10a–296a）

3. 「タバリー史続編 *Dhayl-i Tārīkh-i Ṭabarī*」（297a–314b）

818／1415/6 年に編纂された『タバリー史翻訳』の補遺。アッバース朝 18 代カリフ，ムクタディル（在位 908–932）から第 37 代カリフ，ムスタアスィム（在位 1242–58）までを対象とするアッバース朝史。内容はラシード・アッディーン著『集史』からの抜粋（*Majmūʻa*：297b）。

4. ラシード・アッディーン著『集史』（315a–652a）

第 1 巻「モンゴル史」（315a–515b），第 2 巻「世界史」（516a–652b）[38)]

はその実際の内容にそぐわないものとなっている。

38)「世界史」の内訳は，「ガズナ朝史」（516a–543a），「セルジューク朝史」（543b–562b），「ホラズムシャー朝史」（562b–565b，後半部欠葉），「サルグル朝史」（欠葉），「イスマーイール派史」（566a–590a），「オグズ史」（590b–602a），「中国史」（602a–611b），「ユダヤ史」（612a–631a），「フランク史」（631b–640a），「インド史」（640b–652b）。「ホラズムシャー朝史」後半から「イスマーイール派史」の前まで頁の脱落が見られる。この脱落部分には，目次に記された章構成（*Majmūʻa*：7b）および 1480/1 年に書写された『選集』の別の手稿本（図 9–3）の内容（*Majmūʻa*/*D919*：598a–602a）から，「サ

5. 「クルト朝史 *Tārīkh wa Nasab-i Mulūk-i Kurt*」(653a–693a)

6. 「タガイ・テムル Ṭaghā-tīmūr，アミール・ワリー Amīr Walī，サルバダール政権 Sarbadārīya，アミール・アルグンシャー Amīr Arghūn-shāh」(693b–698b)

   820／1417/8 年（*Majmū'a*：698b）に『選集』のために書き下ろされた，四つの主題に関する短編。

7. 「ラシード史続編 *Dhayl-i Tārīkh-i Rashīdī*」(699a–744a)[39]

   820／1417/8 年（*Majmū'a*：699b）に編纂された『集史』の補遺で，オルジェイトの即位から 795 年シャウワール月 19 日／1393 年 8 月 28 日（*Majmū'a*：744a）までを対象とする年代記。

8. 「ムザッファル朝史 *Tārīkh-i Āl-i Muẓaffar*」(744b–784b)

   『選集』のために書き下ろされた，ムザッファル朝の歴史。編纂年は不明。

9. ニザーム・シャーミー著『勝利の書』(785a–855a)

10. 「勝利の書続編」(855b–859b)

    1412 年に編纂された第 2 の著作『勝利の書続編』が改編を経て組み込まれたもの。

11. 「シャー・ルフの歴史」(860a–938a)

    1413 年以降に編纂された第 3 の著作『シャー・ルフの歴史』が改編を経て組み込まれたもの。

ハーフィズ・アブルーは『選集』の編纂を命じられる以前より，『勝利の書続編』,『シャー・ルフの歴史』などの歴史書を執筆していた。『選集』を編纂するに際して，自身の著作を改編して組み込んだだけではなく，「タガイ・テ

ルグル朝史」が入ることが分かる。

39) この著作の題名は本文中では確認できないが，『選集』の冒頭の目次では，「ラシード史続編 *Dhayl-i Tārīkh-i Rashīdī*」という題名が見られる（*Majmū'a*：7b)。現在，この著作は一般的に「集史続編 *Dhayl-i Jāmi' al-Tawārīkh*」と呼ばれているが，対象とする時代はほぼ同じであるが内容の異なるハーフィズ・アブルー第 1 の著作『集史続編』と区別するために，本書では，「ラシード史続編」という題名を用いる。

表 9-4　『選集』現存手稿本

1	Istanbul, Topkapı Palace Library, Ms. Bağdad Köşkü 282 (Tauer 1931 : 97–98 ; Karatay 1961 : 51–53)*：15 世紀前半，42×32cm (28.5×21.5cm)，31 行，938 葉，献呈対象者シャー・ルフ，写本絵画有（20 画）
2	Istanbul, Süleymaniye Library, Ms. Dāmād Ibrāhīm Paşa 919 (Tauer 1931 : 98–99)*：885 年／1480/1 年，36.4×25cm (28.8×18.4cm)，32 行，1006 葉，写字生 Darwīsh Muḥammad Ṭāqī
3	Paris, National Library, Ms. Suppl. persan 2046 (Blochet 1905–34, Vol. 4 : 231–234)*：1530 年，36×31cm，31 行，169 葉，書写地タブリーズ ＊「ラシード史続編」，「ムザッファル朝史」，『勝利の書』，「勝利の書続編」のみ
4	Tehran, University Library, Ms. Adabīyāt 1b & 2b (Dānish-pazhūh 1339kh : 280, 414)*：11／17 世紀，42×31cm (28.5×21cm)，21 行，408 葉 ＊「ラシード史続編」，『勝利の書』，「勝利の書続編」，『集史』，「シャー・ルフの歴史」のみ
5	Tehran, Malek Library, Ms. 4164 (Afshār & Dānish-pazhūh 1352–80kh, Vol. 7 : 222)*：1271 年ラマダーン月／1855 年，41.9×26.5cm，43 行，324 葉，写字生 Muḥammad Mahdī Āqā Bābā Shahmīrzādī，旧 Bahman Mīrzā 蔵書 ＊『集史』第 1 巻「モンゴル史」，「ラシード史続編」，「ムザッファル朝史」，「クルト朝史」，『勝利の書』，「勝利の書続編」のみ
6	Vienna, Austrian National Library, Ms. Mxt. 327 (Flügel 1977 : 181)*：36.5×24cm (25.6×17cm)，27 行，60 葉 ＊「ラシード史続編」のみ

注）タウアー F. Tauer は Istanbul, Süleymaniye Library, Ms. Ḥekīmoğlu ʻAlī Paşa 703 を『選集』の手稿本として紹介しているが（Tauer 1931 : 99），内容は『集史』第 1 巻「モンゴル史」で，手稿本の形状や内容などから，この手稿本を『選集』の手稿本とする積極的な理由は見出せなかった。それ故，本書では『選集』の手稿本としては数えない。また，ブレーゲルは Tehran, University Library, Ms. 2486 を『選集』の手稿本として紹介しているが（Bregel 1972, Vol. 1 : 345），内容を確認したところ，『清浄園 *Rawḍat al-Ṣafā*』の手稿本であることが判明した。

ムル，アミール・ワリー，サルバダール政権，アミール・アルグンシャー」や「ラシード史続編」などを，その内容にあわせて 1417/8 年に新しく書き下ろしている[40)]。

40）現存する『選集』の手稿本は 6 点で（表 9-4），ハーフィズ・アブルー書き下ろしの著作の中からは 5 点の部分校訂が刊行されている（「クルト朝史」：Ḥāfiẓ-i Abrū, *Tārīkh-i Salāṭīn-i Kurt*, ed. M. H. Muḥaddith, Tehran, 1389kh,「クルト朝史」後半，「タガイ・テムル，アミール・ワリー，サルバダール政権，アミール・アルグンシャー」：Ḥāfiẓ-i Abrū, *Panj Risāla-yi Tārīkhī*, ed. F. Tauer, Prague, 1959,「ラシード史続編」：Ḥāfiẓ-i Abrū, *Dhayl-i Jāmiʻ al-Tawārīkh-i Rashīdī*, ed. Kh. Bayānī, Tehran, 1350kh,「勝利の書続編」：②『勝利の書続編』において言及した校訂 2 点）。

⑥『歴史集成 *Majma' al-Tawārīkh*』(1427年)

『選集』は，過去の「名作」をそのまま収録し，それに不足する記事をハーフィズ・アブルーが補った，少し悪い言い方をすれば，「つぎはぎ」形式の普遍史書であった。これとは対照的に，ハーフィズ・アブルーが自ら構想し，書き下ろした大部な著作が，シャー・ルフとバーイスングルの命令により編纂が開始され，1427年に完成した4巻本[41]の普遍史書『歴史集成』である[42]。序文では，ハディースと『クルアーン』注釈書に加え，①『預言者伝 *Qiṣaṣ al-Anbiyā'*』，②『ムハンマド伝 *Siyar al-Nabī*』，③『タバリー史翻訳 *Tārīkh-i Muḥammad-i Jarīr Ṭabarī*』，④マスウーディー'Alī b. 'Abd Allāh b. Mas'ūd al-Hudhalī著『黄金の牧場 *Murūj al-Dhahab wa Ma'ādin al-Jawhar*』，⑤フィルダウスィー Firdawsī著『王書 *Shāh-nāma*』，⑥『ヤミーニー史 *Yamīnī-yi Yamīn*』，⑦イブン・アスィール著『完史 *Kāmil al-Tawārīkh-i Athīrī-yi Mawṣilī*』，⑧『ペルシア列王伝 *Kitāb al-Mu'jam fī Āthār Mulūk al-'Ajam*』，⑨ザヒール・ニーシャープーリー著『セルジュークの書 *Saljūq-nāma-yi Ẓahīrī*』，⑩ジューズジャーニー著『ナースィル史話 *Ṭabaqāt-i Nāṣirī-yi Jūzjānī*[43]』，⑪『ペルシア列王伝に関する忠告と金言の光 *Anwār al-Mawā'iẓ wa al-Ḥikam fī Akhbār Mulūk al-'Ajam*』，⑫ジュワイニー 'Aṭā' Malik Juwaynī著『世界征服者の歴史 *Jahān-gushāy*』，⑬バイダーウィー Qāḍī Nāṣir al-Dīn Abū Sa'īd[44] Bayḍāwī著『歴史の秩序 *Niẓām al-Tawārīkh*』，⑭ワッサーフ 'Abd Allāh b. Faḍl Allāh b. Abī Na'īm Fīrūzābādī著『ワッサーフ史 *Tārīkh-i Waṣṣāf*』，⑮ラシード・アッディーン著『集史 *Jāmi' al-Tawārīkh-i Rashīdī*』，⑯ハムド・アッラー・ムスタウフィー Ḥamd Allāh Mustawfī Qazwīnī著『選史 *Guzīda*』，⑰『イブン・アミードの歴史 *Tārīkh-i Ibn al-'Amīd*』，という17点の歴史書が典拠として挙げられている（*Majma'/A3353*：8a)。

41）『歴史集成』の各巻は全4巻の「4分の1」に相当するため，それぞれ「ルブウ rub'（4分の1)」と呼ばれている。

42）序文には，シャー・ルフだけではなく，バーイスングルの名前も確認できる（*Majma'/A3353*：5a–7a)。この著作中で確認できる最後の日付は，830年第2ラビーウ月17日／1427年2月15日であり（*Majma'/Jawādī*, Vol. 4：907)，最終的にこの頃に完成したと考えられる。

43）*Majma'/A3353* では，Jūzfānī という字形で表記されている。

44）*Majma'/A3353* では，Sa'd と表記されている。

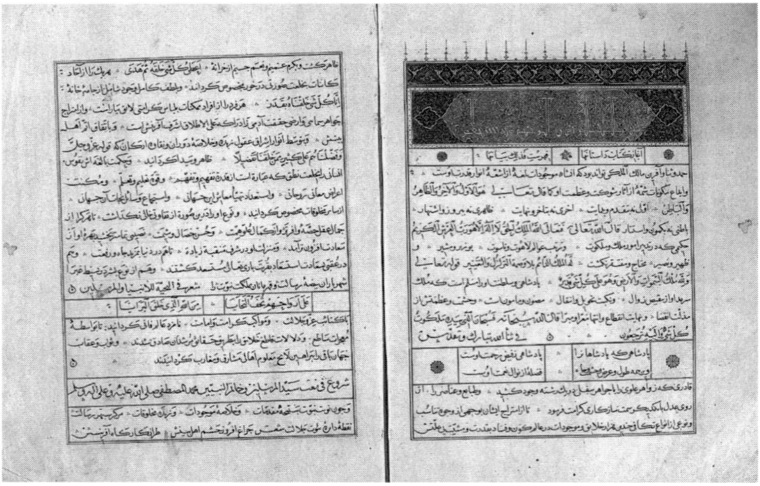

図 9-4　シャー・ルフ旧蔵『歴史集成』手稿本（*Majma'*/*A3353*：1b–2a）

第 1 巻は，天地創造に始まる預言者と前イスラーム時代のペルシアとアラブの諸王の歴史を対象とし，826 年ズー・アルカアダ月 8 日／1423 年 10 月 13 日頃に編纂された[45]。第 2 巻は，第 1 章「ムハンマド伝」，第 2 章「正統カリフ史（ハサン含）」，第 3 章「ウマイヤ朝史」，第 4 章「アッバース朝史」から構成される（*Majma'*/*A3353*：429a）。第 2 巻には第 1 巻とは別の序文が付されていて，①ワーキディー Imām Wāqidī，②タバリー Muḥammad-i Jarīr Ṭabarī，③イブン・アスィール Ibn Athīr Mawṣilī，④ムハンマド・ギーリー Muḥammad-i Junayd Gīlī 著『ムハンマド伝 *Siyar al-Nabī*』（イブン・イスハークの書の翻訳 tarjuma-yi kitāb-i Muḥammad b. Isḥāq Muṭṭalibī），⑤ムスタグフィリー Imām Mustagh-

45）第 1 巻末尾にあるサーサーン朝最後の君主ヤズドギルド 3 世の項に，「本書，特に，本章の執筆年は，ヤズドギルド暦 792 年デイ月の 19 日木曜日，すなわちヒジュラ暦 826 年ズー・アルカアダ月 8 日である」（*Majma'*/*A3353*：424b）という記述がある。なお，ほとんどの『歴史集成』第 1 巻の手稿本の序文には，第 4 巻が完成した「830 年」という年記が見られるが（*Majma'*/*A3353*：4b），「826 年」という第 1 巻が完成した際の年記が確認できる手稿本も残っている（St. Petersburg, National Library, Ms. Dorn 268, この序文の年記については Rosen 1886：57 n. 2 を参照）。

firī 著『預言者たることの証明 *Dalāʼil al-Nubuwwa*』，⑥イブン・カスィール著『歴史 *Tārīkh-i Ibn Kathīr*』，⑦アブド・アッサラーム・アバルクーヒー ʻAbd al-Salām b. ʻAlī b. al-Ḥusayn al-Abarqūhī 著『預言者伝に関する究極の望み *Nihāyat al-Masʼūl fī Dirāyat*[46] *al-Rasūl*』（『ムハンマド伝翻訳 *Tarjuma-yi Siyar al-Nabī*』），という 7 点の典拠が示されている（*Majmaʻ/A3353*：430a）。執筆年は不明だが，現存最古の『歴史集成』第 2 巻の手稿本の書写年が 829 年シャアバーン月 15 日／1426 年 6 月 22 日であるため（*Majmaʻ/G9*：481b），これ以前には完成していたと考えられる[47]。

続く第 3 巻が扱うのは，ムスリム諸王朝の歴史である。第 3 巻の手稿本の中で唯一序文が保存されているイスタンブル手稿本（Süleymaniye Library, Ms. Meḥmed Murād 1465）の頁数に従えば，章構成は，「序文」（1b–2a），「ターヒル朝」（2b），「サッファール朝」（3a–16a），「サーマーン朝」（16b–29b），「ブワイフ朝」（30a–49a），「ガズナ朝」（49b–70a），「セルジューク朝」（70b–98a），「ザンギー朝」（98b–99b），「イルデギズ朝」（99b–101a），「サルグル朝」（101a–105b），「ロレスターン・アターベク王朝」（105b–107a），「グール朝」（107b–116a），「スィースターンの諸王」（116a–117a），「イスマーイール派」（117b–142b），「ホラズムシャー朝」（143a–164b），「キルマーン・カラヒタイ朝」（164b–181b），「モンゴル」（182a–369b），となっている。執筆年は 829／1425/6 年である（*Majmaʻ/M1465*：200b）。第 4 巻は，1335 年（イルハーン朝 9 代君主アブー・サイードの治世の終わり）から 1427 年（ティムール朝 3 代君主シャー・ルフの治世の途中）までを扱った年代記である。この巻には，パトロンであるバーイスングルの名を取って，特別に『バーイスングルの歴史精髄 *Zubdat al-Tawārīkh-i Bāysunghurī*』[48] という題名が与えられている（*Majmaʻ/Jawādī*, Vol. 1：5）[49]。それ

46) *Majmaʻ/A3353* では，riwāyat と表記されている。

47) 現存手稿本については，第 1 巻が 5 点，第 2 巻が 5 点，1–2 巻合冊本が 2 点残されているが（表 9–5），校訂は未刊行。

48) 後世の歴史家の中には，『バーイスングルの歴史精髄』を，第 4 巻だけではなく 4 巻本の普遍史書全体を指す著作名として言及する者もいる（*Maṭlaʻ*, Vol. 1/2：676；*Ḥabīb*, Vol. 4：8；*Gulistān*：30；*Kashf*, Vol. 2：951）。

49) シャー・ルフに対する賛辞が確認できるのは第 1 巻の序文だけで，第 2 巻と第 3 巻の序文ではバーイスングルに対する賛辞のみしか確認できないことから（*Majmaʻ/*

表 9-5 『歴史集成』現存手稿本

第 1 巻	
1	London, British Library, Ms. Or. 2774 (Rieu 1895 : 16b-18a)*：15 世紀, 33×24cm (24×17cm), 20 行, 369 葉
2	Mashhad, Āstān-e Qods Library, Ms. 12803 (Āṣif-Fikrat 1369kh : 497)*：16-17 世紀？, 29×20.5cm, 488 葉
3	Tehran, University Library, Ms. 5766 (Dānish-pazhūh 1357-64kh, Vol. 16 : 85)*：12／18 世紀, 33×20cm (26×13cm), 29 行, 217 葉
4	Tehran, Majles Library, Ms. 3279 (Ḥā'irī 1347kh : 886-887)*：1244 年ラマダーン月／1829 年, 30.5×22cm, 29 行, 215 葉
5	Tehran, University Library, Ms. 8954 (Dānish-pazhūh 1357-64kh, Vol. 17 : 261)*：1253／1837/8 年, 36×22cm (26×15cm), 29 行, 227 葉
第 2 巻	
6	Cambridge, University Library, Ms. G9 (12) (Browne 1932 : 92)*：829 年シャアバーン月 15 日／1426 年 6 月 22 日, 31×22cm (24.4×17.5cm), 29 行, 482 葉, 書写地
7	Istanbul, Topkapı Palace Library, Ms. Revan Köşkü 1529 (Tauer 1931 : 102 ; Karatay 1961 : 64)：1043／1633/4 年, 33.5×24.5cm (24.5×17cm), 20 行, 270 葉, 写字生 Khālid b. Ismā'īl　＊第 1 章「ムハンマド伝」のみ
8	Tehran, Majles Library, Ms. 257 (I'tiṣāmī 1311kh : 143-145)*：1297／1879/80 年, 36×23cm, 27 行, 560 葉
9	Vienna, Austrian National Library, Ms. Mxt. 454 (Flügel 1977 : 174)*：19 世紀？, 25×15cm (16×8cm), 19 行, 20 葉
10	Istanbul, Süleymaniye Library, Ms. Ayasofya 3035 (Tauer 1931 : 100 ; Ḥusaynī 1390kh : 296) *：書写年不明, 34.1×24.5cm (23.4×16.4cm), 21 行, 792 葉 ＊第 2 章「正統カリフ史」, 第 3 章「ウマイヤ朝史」, 第 4 章「アッバース朝史」のみ
第 1-2 巻	
11	Istanbul, Süleymaniye Library, Ms. Ayasofya 3353 (Tauer 1931 : 100 ; Ḥusaynī 1390kh : 373)*：15 世紀前半, 34.1×25.8cm (23.6×17.1cm), 21 行, 676 葉, 旧 Shāh-rukh 蔵書　＊第 2 巻第 1 章「ムハンマド伝」まで
12	St. Petersburg, National Library, Ms. Dorn 268 (Dorn 1852 : 267-269)*：15 世紀前半, 41.5×28cm (29.6×21cm), 29 行, 695 葉, 旧 Bāysunghur 蔵書
第 3 巻	
13	Tehran, National Library, Ms. F.2527 (Anwār 1365-79kh, Vol. 6 : 35-36 ; Ḥājj Sayyid Jawādī 1380kh : xxv-xxvii)*：15 世紀, 34×25cm (24×17cm), 29 行, 432 葉　＊手稿本 16 と揃いで作られた手稿本？
14	Istanbul, Süleymaniye Library, Ms. Meḥmed Murād 1465 (Tauer 1931 : 101)*：15 世紀？, 35.5×27cm (26.5×20cm), 29 行, 369 葉
15	Tehran, Farhād Mu'tamid Library, Ms. 65 (Dānish-pazhūh & Afshār 1342kh : 216a)：1281 年シャウワール月／1865 年, 26.5×17cm (10.5×8cm), 25 行
第 4 巻	
16	Tehran, Malek Library, Ms. 4166 (Afshār & Dānish-pazhūh 1352-80kh, Vol. 4 : 730 ; Ḥājj Sayyid Jawādī 1380kh : xxv)*：1430 年, 34.5×25.6cm (25×17cm), 29 行, 392 葉, 旧 Shāh-rukh 蔵書？　＊手稿本 13 と揃いで作られた手稿本？
17	Istanbul, Süleymaniye Library, Ms. Fatih 4370/1 (Tauer 1931 : 100-101)*：15 世紀前半, 35×26.5cm (23.5×18cm), 21 行, 605 葉, 旧 Shāh-rukh 蔵書
18	Oxford, Bodleian Library, Ms. Elliot 422 (Ethé 1889 : 90b)*：書写年不明, 24×15.5cm (15.6×8.9cm), 17 行, 446 葉
第 3-4 巻	
19	Istanbul, Topkapı Palace Library, Ms. Hazine 1659 (Karatay 1961 : 38)*：15 世紀, 41×31cm, 29 行, 655 葉
20	Tehran, Malek Library, Ms. 4163 (Afshār & Dānish-pazhūh 1352-80kh, Vol. 4 : 730)*：1272／1855/6 年, 42.3×26.4cm, 41 行, 499 葉, 写字生 Muḥammad Āqā Bābā Shahmīrzādī, 旧 Bahā' al-Dawla 蔵書

注）手稿本 15 は散逸してしまった可能性が高く，本書執筆時点で所在を確認できていない。

故，この第4巻目は，『歴史集成』という題名ではなく，『バーインスングルの歴史精髄』という題名で呼ばれることもある[50)]。

以上，これまで知られていたハーフィズ・アブルーの著作について，研究文献ではなく，可能な限り同時代史料や現存する手稿本の情報に基づき，幾つか新しい知見を加えながらその内容を紹介してきた。ハーフィズ・アブルーは，過去の名作を収集し，それらに欠落している記述を補う作業を行い（①『集史続編』，②『勝利の書続編』，③『シャー・ルフの歴史』，⑤『選集』），その傍らで，それらの情報を再編集し，自らの構想に基づく大部な地理書④『ハーフィズ・アブルーの歴史』と普遍史書⑥『歴史集成』の編纂を行っている（後掲の表9-9)。『選集』を編纂する際の核となったのは，『タバリー史翻訳』や『集史』という先行する普遍史書であり，『歴史集成』でも，これらの著作は参照されている。しかし，『歴史集成』はハーフィズ・アブルーが多くの文献に依拠しながら自ら構想した普遍史書であるにもかかわらず，未だ未校訂の部分が多く，これまで研究の対象とされてこなかったのである。ここでは，『歴史集成』の分析を通じて，ハーフィズ・アブルーが先行する普遍史書をもとにどのような人類の歴史を叙述したのかを検討したい。

A3353: 428a; *Majma'*/*M1465*: 1b–2a)，『歴史集成』の編纂は主にバーイスングルの庇護の下で進められたと考えられる。

50)『歴史集成』という題名が，ハーフィズ・アブルーの4巻本の普遍史書で確認できる箇所は，第3巻の序文のみである（*Majma'*/*M1465*: 1b)。これ以外の同時代史料の用例としては，『ファスィーフの概要』（1441/2年頃）に，『スルターンの歴史集成 *Majma' al-Tawārīkh-i Sulṭānī*』という表現が確認できる（*Faṣīḥī*, Vol. 3: 1119)。ハーフィズ・アブルー自身は，第3巻と第4巻以外では，その題名に言及していないため，先行研究では，この著作に対して，『歴史集成』，『スルターンの歴史集成』，『バーイスングルの歴史精髄』，『歴史精髄』など，実に様々な題名が与えられてきた。現存手稿本については，第3巻が3点，第4巻が3点，3-4巻合冊本が2点残されており（表9-5)，2点の部分校訂が出版されている（第3巻「イスマーイール派史」：Ḥāfiẓ-i Abrū, *Majma' al-Tawārīkh al-Sulṭānīya*, ed. M. Mudarrisī Zanjānī, Tehran, 1364kh, 第4巻：Ḥāfiẓ-i Abrū, *Zubdat al-Tawārīkh*, ed. S. K. Ḥājj Sayyid Jawādī, 4 vols., Tehran, 1380kh)。

(5) ハーフィズ・アブルー『歴史集成』(1427 年)

古代ペルシア史の位置付け

『歴史集成』では，アダムからノアまでの記述の後に「ペルシア諸王mulūk-i ʻajam」の節が置かれ，諸民族はノアの洪水の後に分岐していったという形をとる。ピーシュダード朝史では，カユーマルス，フーシャング，タフムーラス，ジャムシード，ダッハーク，ファリードゥーン，マヌーチフル，ナウザル，アフラースィヤーブ，ザウの 10 人の王が登場する (*Majmaʻ*/*A3353*：25b–75a)。カユーマルスの説明は次のように始まる。

世界の歴史を描いた歴史家は
地方名士たちの言葉よりかくの如く語った
神が世界を創った後
光輪・知識・見識を備えた王の中で
世界を征服した最初の王は
名高き者たちの頭カユーマルスだった　(*Majmaʻ*/*A3353*：35b)

冒頭部は，下線を引いた語句以外，完全に『ペルシア列王伝』の書き出しと一致している (*Muʻjam*：32；*Muʻjam*/*F4485*：19b–20a)。『歴史集成』の典拠の一つとして『ペルシア列王伝』が挙げられていることからも，この詩句は『ペルシア列王伝』からの引用だと考えられる。ここでは，『ペルシア列王伝』にある 10 行の対句の内，5 行分だけが引用されている。

続けて，カユーマルスの旧約的普遍史の文脈における位置付けについて，①カユーマルス＝マハラレルの息子説，②カユーマルス＝アダムの息子説 (『系譜の海 *Baḥr al-Ansāb*』[51] の伝承)，③カユーマルス＝セツの兄弟説 (『諸王への忠告』の伝承)，④カユーマルス＝ノアの息子説，⑤カユーマルス＝アダム説 (ゾロアスター教徒 mughān の伝承)，という五つの伝承が紹介される (*Majmaʻ*/

---

51) この文献は第 1 巻序文の典拠一覧でも言及されておらず，その詳細については不明。

A3353: 35b)。この内容もほぼ『ペルシア列王伝』の内容と一致し (*Mu'jam*: 32–33; *Mu'jam/F4485*: 20a, 表7–4), 唯一の違いは, 『系譜の海』を典拠とするカユーマルス＝アダムの息子説が付け加わっている点である。ハーフィズ・アブルーは, 共通見解は最初の王である点だとし, どの伝承を採用するのかを明記していない。

このように, 『歴史集成』の「古代ペルシア史」は基本的には『ペルシア列王伝』に依拠した内容になっている。『歴史集成』におけるそれぞれの王の記事の冒頭にも, 『ペルシア列王伝』に見られる数行の導入詩が配置され, その後に君主の事績が記録されている。ただし, その内容は, 『歴史集成』の方が充実しており, 複数の史料に基づき情報が書き加えられている。その中で顕著に確認できるのが, 『王書』からの引用である。『ペルシア列王伝』の著者シャラフ・カズウィーニーは自作の詩にこだわり, 『王書』からの引用はほとんど行わなかったが, 反対に, ハーフィズ・アブルーは『王書』の詩句を積極的に引用している。

『歴史集成』では, 「ピーシュダード朝史」の後, 「預言者伝」に戻り, ノアの子孫の説明が再開される。ノアの3人の息子のうち, 後継者となったセムは「アラブ人, アマレク人, ペルシア人 furs, ローマ人の父」とされる。これらの民族は, セムの3人の息子アルパクシャド, ルド, アラムから分岐したと解釈している。この説明の中で再度, カユーマルスの位置付けについて言及し, ①カユーマルス＝アダムの息子説 (『ペルシア人の歴史 *Tārīkh-i 'Ajam*』), ②カユーマルス＝アダム説, ③カユーマルス＝ルド・ブン・アラム・ブン・セムの息子説, ④カユーマルス＝ヤペテの息子説, という四つの伝承が紹介される (*Majma'/A3353*: 76b–77a)[52]。そしてこの後に, ハーフィズ・アブルーの執筆方針が示されている。

各民族 ṭāyifa の歴史はその民族の考えに依拠したものであり, 彼らの中で知られていることは彼らの言葉で記されているのだから, この書物では,

52) この部分の文章は, 前述のイブン・イナバ著『スルターンの諸章』にほぼ一致する (*Fuṣūl*: 34b)。

各民族の歴史を彼らの信じるところに基づいて記すことが適切であろう。その真実は神のみぞ知る。それ故に，ペルシア諸王 pādshāhān-i ʻajam の系譜はペルシア人の歴史にあるように記すし，アラブの歴史について確認できることは，彼らの歴史にあるように記すのである。（*Majmaʻ*/*A3353*: 77a）

このように，ハーフィズ・アブルーは，旧約的普遍史と古代ペルシア史を整合的に解釈するというよりは，それぞれの歴史を併記するという方針を採用している。この後に，『系譜の海』に依拠しながら，セムの息子はアラムで，その息子はファールス，ホラーサーン，イラク，キルマーン，マクラーン，ハイタール[53]の 6 人であるという旧約的世界観に基づくセムの末裔の名が挙げられている（*Majmaʻ*/*A3353*: 77a）。この構造は，ホラーサーンとハイタールのみをアラムの息子とする『選史』（図 6–2）や『勝利の書』（図 9–1）とは異なっている。

セムに続いて，ヤペテの息子たちが紹介されており，ヤペテは，テュルク，チーン，ゴグ・マゴグ，サカーリバ，ハザル，ユーナーン，ハラジュ，ルースの父とされている。この部分の文章はイブン・イナバ著『スルターンの諸章』を増補したような内容になっている。また，モンゴルの系譜に関する記述は次のようになっている。

モンゴルの系譜については意見が一致していない。「彼らはテュルクの末裔である」と言う者もいる。「シェラ Shālikh の子エベル ʻĀbir の子ケトラ Qanṭūrā の一族である」と言う者もいる。「アブラハムの子イォクシャン Yuqshān の末裔である。ケトラというのはイォクシャンの母の名前である」と言う者もいる。また，「モンゴルの起源はエルゲネクンに住んでいた 2 人の兄弟である」と言う者もいる。（*Majmaʻ*/*A3353*: 77b）

ここでは，『スルターンの諸章』に記されていたアルンジャ・ハーンの名前は確認できないが，ペルシア人の系譜と同様，旧約的普遍史をはじめとする諸伝

53）イスタンブル手稿本では HStān? となっている。

承が併記されている。その中には，モンゴルを預言者アブラハムの末裔とする伝承が普及しつつあったことを示す興味深い記述も含まれている。ハムの末裔についても，『スルターンの諸章』より少し情報が多く，キブト，スィンド，ヒンド，ザンジュ，ハバシャ，バルバル，ヌーバといった名前が挙げられている（*Majma‘/A3353*：77b）。

古代ペルシア四王朝の区分

この後には預言者伝が続き，「カヤーン朝史」は，ノアの末裔に関する記述の後半に配置されている（*Majma‘/A3353*：200b–254a），その後のアシュカーン朝（*Majma‘/A3353*：278a–283a）とサーサーン朝（*Majma‘/A3353*：300a–426b）も連続して叙述されているわけではない。既に述べたように，『歴史集成』では，預言者や他の諸王の歴史も重要な構成要素であり，古代ペルシア史を基軸とする構成は採用されていない。

古代ペルシア史と旧約的普遍史の関係性については，主要典拠となったと考えられる『ペルシア列王伝』の内容を踏襲しているが，ファリードゥーンをアブラハムと同時代に位置付け，ルフラースブと同時代の預言者に言及しないなど，異なる点も多い（表7-3，表9-6）。例えば，ルフラースブ伝には，ハムザ・イスファハーニー Ḥamza Iṣfahānī，『経験 *Tajārib*』，『タバリー史 *Tārīkh-i Ṭabarī*』などこれ以外の複数の典拠が挙げられている（*Majma‘/A3353*：218b）。

両書の際立った相違点は，『ペルシア列王伝』では省略されていたアシュカーン朝の諸王，およびサーサーン朝のアヌーシルワーン以降の諸王が『歴史集成』には記載されている点であろう。特に，アシュカーン朝の王の名前と統治年は先行する古代ペルシア史に比べて特殊な内容になっている。その内容は『歴史の秩序』などハムザ系統の内容に近いものの，王の名前や統治年が細かい点で異なっている（表4-1，表9-7）。

また，「サーサーン朝史」の最後には，シャフル・バーヌー伝承が補われており，古代ペルシアの諸王の血統と12イマームの血統の関係性についても言及されている。

表 9-6　『歴史集成』におけるペルシア諸王と預言者の関係

王　名	同時代の預言者など	典　拠
ファリードゥーン	アブラハム，ヨセフ	*Majmaʻ/A3353*：64b
カイクバード	ヒドル，エリヤ，エリシャ，サムエル，エゼキエル	*Majmaʻ/A3353*：204b
カイカーウース	ダビデ，ソロモン，ルクマーン	*Majmaʻ/A3353*：212a
カイフスラウ	ソロモン	*Majmaʻ/A3353*：216b

表 9-7　『歴史集成』と『歴史の秩序』におけるアシュカーン朝の諸王と統治年（*Majmaʻ/A3353*：278a-282b；*Niẓām*：32-34）

『歴史集成』		『歴史の秩序』	
Ashk b. Dārā	12	Ashk b. Dārā	10
		Ashk b. Ashkān	20
Shāpūr b. Ashk	42	Shāpūr b. Ashkān	60
Bahrām b. Shāpūr	11[54)]	Bahrām b. Shāpūr	11
Jūdarz b. Bahrām	50	Balāsh b. Bahrām	11
Hurmuz b. Balāsh	18	Hurmuz b. Balāsh	19
Jūdarz b. Balāsh	19	Narsī b. Balāsh	40
Fīrūz	11	Fīrūz b. Hurmuz	17
Hurmuzdān b. Fīrūz (＝Balāshān)	17	Balāsh b. Fīrūz	12
Khusraw b. Hurmuzdān	40	Khusraw b. Balāsh	40
Khusraw	40	Balāshān b. Balāsh	24
Ardawān b. Hurmuzdān	55	Ardawān b. Balāshān	12
Ardawān b. Ashkān	54[55)]	Ardawān b. Ashghān	23
Khusraw b. Ashkān	15	Khusraw b. Ashghān	11
Bihāfarīd	30		
Balāsh b. Ashkān	22	Balāsh b. Ashghān	12
Jūdarz b. Ashkān	30	Jūdarz b. Ashghān	30
Narsī b. Jūdarz	20	Narsī b. Jūdarz	20
		Jūdarz b. Narsī	11
Ardawān b. Narsī	31	Ardawān	31

ヤズドギルド［3世］からはフィールーズとバフラームという2人の息子と3人の娘が残った。息子のうち1人は殺され，1人はトゥルキスターンに落ち延び，娘たちに関しては，アラブ人が捕虜として連れ帰った，と言われている。次のように言われている。信徒たちの長フサインは1人の娘を欲し，アリー・ザイン・アルアービディーンは彼女から生まれた，と。（*Majma'/A3353*：426a）

イランの諸王

イランの諸王の歴史は，『歴史集成』第3巻にまとめられている。ハーフィズ・アブルーはイランの諸王朝を，アッバース朝時代，あるいはそれ以降にイラン諸国 mamālik-i Īrān を独立して支配したイスラームの諸王と定義しており（*Majma'/M1465*：2b），この定義は先行する普遍史とほぼ変わらない。

第3巻は，既に記したように，序文，「ターヒル朝」，「サッファール朝」，「サーマーン朝」，「ブワイフ朝」，「ガズナ朝」，「セルジューク朝」，「ザンギー朝」，「イルデギズ朝」，「サルグル朝」，「ロレスターン・アターベク朝」，「グール朝」，「スィースターンの諸王」，「イスマーイール派」，「ホラズムシャー朝」，「キルマーン・カラヒタイ朝」，「モンゴル」から構成されている。ただし，目次で挙げられている15の王朝には「モンゴル」は含まれておらず（*Majma'/M1465*：2a），ここからも，モンゴルに対する認識の変化が確認できる。

構成上の特徴的な点は，これ以前にはイランの諸王朝に数えられることの少なかったターヒル朝史が立項されている点である。ハーフィズ・アブルーが参照した歴史書の中で，同様の構成を持つものはジューズジャーニー著『ナースィル史話』のみで，『ナースィル史話』の影響である可能性が指摘できよう。スィースターンの諸王の歴史を立項している点でも，ハーフィズ・アブルーはジューズジャーニーと共通している。ただし，その他の「イスマーイール派」

54）バフラームの治世は「15年 pānzdah sāl」と記されているが，これは綴りの似ている「11年 yāzdah sāl」の写し間違いだと思われる。章の冒頭にある一覧表では，「11年」と記載されている（*Majma'/A3353*：255a）。

55）アシュカーン朝の項目の冒頭にある一覧表では，この2人の連続するアルダワーンの後者については，その統治年は記されていない（*Majma'/A3353*：255a）。

や「キルマーン・カラヒタイ朝」の歴史は『ナースィル史話』では立項されておらず，この部分はムスタウフィー著『選史』に依拠した可能性が考えられる。『歴史集成』の内容は，イルハーン朝で編纂された歴史書以外の情報源にも拠っていたようである。

諸王朝の起源については，サーマーン朝＝バフラーム・チュービーン起源説（*Majma'/M1465*: 16b），ブワイフ朝＝バフラーム・グール起源説（*Majma'/M1465*: 30a），セルジューク朝＝キニク氏族起源説（*Majma'/M1465*: 70b），グール朝＝ダッハーク起源説（*Majma'/M1465*: 107b），といった形で先行する史書にあった形がそのまま踏襲されており，目新しい評価は見られない。

テュルク・モンゴル諸部族誌の位置付け

第 3 巻の最後に置かれているのは，「モンゴル史」であり，その冒頭にテュルク・モンゴル諸部族誌が置かれている。ここでは，第 1 巻に記されていたモンゴルをセム裔とする伝承ではなく，一般的に見られるモンゴルをヤペテ裔とする伝承が紹介されている。この部分を検討した川口は，その「大部分が『集史』の記述の節略や要約」であると評価したが（川口 2007: 221），別系統の情報も混在している。

> 歴史家 aṣhāb-i tawārīkh の叙述に拠れば，トゥルキスターンの諸民族は全てノアの子ヤペテの末裔である。その中に，ディーブ・ヤークーイと呼ばれる者がいるが，彼は，他の誰よりも力と権威で勝っていた。彼には，カラー・ハーン Qarā Khān，ウール・ハーン Ūr Khān，グール・ハーン Kur Khān，クル・ハーン Kuz Khān という 4 人の息子がいたが，皆，不信仰者であった。オグズという名前のカラー・ハーンの息子が一神教徒になり，幾らかの親族が彼に従ったため，二つの集団に分かれた。一つはオグズとその仲間で，もう一つは彼の父とおじたちであった。（*Majma'/M1465*: 182b）

『歴史集成』では，ヤペテの別称はアブルジャ・ハーンであるとされ，全てのテュルク・モンゴル諸部族は彼の末裔だとされる（*Majma'/M1465*: 183b）。この諸民族の歴史の書き方は『集史』と同様のもので，川口の見解とも一致する。ただし，その後，オグズ・ハーンの末裔がエルゲネクンに逃げ込む場面は次のように説明されている。

> テュルク人の歴史家たちは次のように伝える。全てのモンゴル諸部族 aqwām-i mughūl は，エルゲネクンに逃げ込んだ 2 人の末裔である。起源については次のように言われている。冒頭で説明したように，ノアの子ヤペテの血筋の王位はオグズとその末裔に対して定められたので，約 1000 年間彼らは王であった。ファリードゥーンの治世に，彼の息子トゥールが彼らと大きな戦いをし，オグズ族からは誰も残らなかった。その部族からトゥクーズとキヤーンという 2 人の男がその妻とともに逃げ出した。（*Majma'*/*M1465*：202a）

トゥールとの戦いでオグズ族の大半が死に絶え，エルゲネクンにトゥクーズとキヤーンが逃げ込むという筋書きは『選史』の内容と同じで，明らかにこの部分は『集史』にではなく，『選史』系統の情報に依拠しているようである。

後述するように，ハーフィズ・アブルーの歴史編纂事業の大きな成果の一つは，『集史』手稿本の収集，およびその再編纂であった。とはいえ，自ら筆を執った『歴史集成』は決して『集史』を丸写ししたものではない。第 3 巻の章構成は『選史』を意識したものだと考えられるし，「テュルク・モンゴル諸部族誌」の記事でさえも，『選史』の影響が確認できる。ハーフィズ・アブルーは，『選史』について，「その後［『選史』編纂の後］100 年近くが経つが，この学問について全ての人々を含むような書物を誰も編纂していないし，もし編纂されていたとしてもそれはこの地には伝わっていない」と高く評価している（*Majma'*/*A3353*：8a）。そのためであろうか，『歴史集成』の構成や内容は『集史』だけではなく『選史』の影響を大きく受けたものになっている。また，この引用からは，イルハーン朝で編纂された『選史』以降，ハーフィズ・アブルーに至るまでに編纂された普遍史書は，ティムール朝宮廷には伝わっていなかったことがうかがえる。

『歴史集成』におけるイラン概念

イルハーン朝をイランの支配者とし，ティムール朝をイランとトゥランの支配者とする『勝利の書』において見られた地域区分は，『歴史集成』ではどのように表現されているのだろうか。ハーフィズ・アブルーのイラン認識が最もよく現れていると考えられるのが，736／1335/6 年の記事である。

> アブー・サイードの王国 mamlakat-i Abū Sa'īdī はアム河とユーフラテス河の間の領域である。イランの国 Īrān-shahr とはこの地方のことを意味する。ルーム諸国 mamālik-i Rūm もまた，アブー・サイードの王国に含まれる。（*Majma'/Jawādī*, Vol. 1：47）

ハーフィズ・アブルーもまた，イランを古（いにしえ）のイルハーン朝の領域を指す言葉として用い，イランは第 4 気候帯の髄 khulāṣa-yi iqlīm-i chahārum であると賞賛する（*Majma'/Jawādī*, Vol. 1：509）。これに対し，ティムール以降のティムール朝の君主はイランだけではなくトゥランを支配した君主として描写されている。例えば，第 4 巻「ティムール朝史」の冒頭部では，ティムールの名には「アラブ人とペルシア人の諸王の主 mawlā mulūk al-'arab wa al-'ajam」，「イランとトゥランの勇者 ṣafdar-i Īrān wa Tūrān」と形容される（*Majma'/Jawādī*, Vol. 1：7)。

ハーフィズ・アブルーと『集史』

『歴史集成』の各巻の手稿本，あるいは合冊本（1-2 巻合冊本あるいは 3-4 巻合冊本）の手稿本は，20 点現存している（表 9-5)。ところが，現在刊行されているペルシア語手稿本目録では，しばしばこの 20 点とは異なる内容の手稿本が『歴史集成』の手稿本として数えられている。例えば，ブレーゲルのペルシア語文献目録では，21 点の『歴史集成』の手稿本が紹介されているが（Bregel 1972, Vol. 1：346-347)，その中には，実に 9 点にものぼる『歴史集成』以外の著作の手稿本が含まれている（Istanbul, Tokapı Palace Library, Ms. Hazine 1653；Paris, National Library, Ms. Suppl. persan 160；St. Petersburg, Institute of Oriental Manuscripts, Ms. C802；St. Petersburg, Institute of Oriental Manuscripts, Ms. E5；Tehran, National Museum of Iran, Ms. 3723；Tehran, National Library, Ms. F. 92；St. Petersburg,

National Library, Ms. PNS57 ; St. Petersburg, National Library, Ms. PNS58 ; Tehran, University Library, Ms. Adabīyāt 2b)。この9点のうち最後の1点を除く8点の手稿本は，いずれも同一著作の手稿本であり，その最古の手稿本が，ハーフィズ・アブルーの自筆本とされる Istanbul, Tokapı Palace Library, Ms. Hazine 1653 手稿本（以下 Hazine 1653 手稿本と略記）なのである[56]。以下では，この Hazine 1653 手稿本の文献学的考察を通じて，ハーフィズ・アブルー，および彼が仕えたシャー・ルフとバーイスングルが行った歴史編纂事業の特徴とその歴史的意義について考察したい。

シャー・ルフはペルシア語による歴史編纂事業を保護したことで知られているが，彼が特に重視したのが『集史』であった。それは，テュルク・モンゴル諸部族の慣習を維持しながら，イスラームの秩序を回復する者として自身を表現するためであったとされる（Manz 2000 : 144)。そのために，イスラームに改宗し，イスラームの君主として王位を執ったイルハーン朝のガザンの事績を真似ることは，シャー・ルフにとって重要な政策であった。そこで，シャー・ルフが自身をガザンに重ねるために行った政策の一つが，ガザンの宮廷で編纂された『集史』手稿本の収集であったとされる。その任務の遂行にあたったのがハーフィズ・アブルーである。既に紹介した『選集』の中でも，『集史』が核となる3点の歴史書の一つとされているし，ハーフィズ・アブルー自身も『集史』の手稿本を書写している。その1冊が Hazine 1653 手稿本であった。

これまでは，Hazine 1653 手稿本を『歴史集成』の手稿本だとする研究者がほとんどだったが，その内容には，序文から大きな差異が確認できる。Hazine 1653 手稿本の序文は，「物語の書物の始まり，言葉の総計の集成 āghāz-i kitāb-i dāstān-hā, majmū'-i fadhālik-i bayān-hā」という文言に始まる（*H1653* : 1b)。これ

56) モンザヴィー A. Munzawī の『ペルシア語手稿本目録』においても，Hazine 1653 手稿本と同系統の手稿本や『選集』の手稿本が，『歴史集成』の手稿本として紹介されている（Munzawī n. d. : 4190b–4194a)。また，イランにおいてハーフィズ・アブルーの著作の校訂に携わり，関連する論考を多く著したバヤーニーが紹介する11点の『歴史集成』第1巻の手稿本の中にも，7点の Hazine 1653 手稿本と同系統の手稿本（バヤーニーのリストにある手稿本①，手稿本②，手稿本③，手稿本④，手稿本⑤，手稿本⑧，手稿本⑪）が含まれている（Bayānī 1350kh(b) : 35–39)。

は，『歴史集成』の序文の「物語の書物の始まり，言葉の総計の目録 āghāz-i kitāb-i dāstān-hā, fihrist-i fadhālik-i bayān-hā」という冒頭句（*Majma'/A3353*：1b）とは少し異なっている[57]。序文は，「神・預言者への賞賛」，「序」，「シャー・ルフへの賞賛」，「執筆の動機」，「歴史の定義」，「歴史学とは」，「歴史学の効用」から構成されている。序文に見られるこれらの小節は，『歴史集成』に限らず，『シャー・ルフの歴史』，『ハーフィズ・アブルーの歴史』，『選集』といったハーフィズ・アブルーの別の著作にも設けられており，それぞれの著作にふさわしい形に執筆年や執筆の経緯を書き替えながら，繰り返し利用されている[58]。

その内容について，Hazine 1653 手稿本と『歴史集成』の序文を比較してみると，随所で差異が確認できる。例えば，Hazine 1653 手稿本の序文の執筆年は 828／1424/5 年となっており（*H1653*：2b），これは『歴史集成』の序文に見られる完成年より 2 年も早い。また，本書の議論において最も重要な差異が確認できるのが，「執筆の動機」の内容である。前半部にある『歴史集成』執筆の経緯については，ほぼ同じ内容になっているが，その典拠とした文献を挙げている途中から[59]，完全に異なる内容になっている。

> その時［『歴史集成』を執筆していた時］，至高なる陛下は，前半部が失われて ḍāyi' しまっていたラシードの著作 kitāb-i Rashīdī［『集史』のこと］を完全な状態に戻すように命じた。小生は，次のように申し上げた。「本書［『歴史集成』］の第 1 部は，アダムの時代から預言者様［ムハンマド］の伝

57）この序文の冒頭句は，『集史』第 1 巻「モンゴル史」の冒頭句「物語の書物の目次と言葉の会計の総計 fihrist-i kitāb-i dāstān-hā wa fadhālik-i ḥisāb-i bayān-hā」（*Jāmi/Rawshan*, Vol. 1：1）と酷似していることから，それを参照し，その文言を少し書き替えたものだと考えられる。

58）これらの小節の内容については，Bayānī 1349kh：243–254；Bayānī 1350kh(a)：168–173；Tauer 1963 などで，断片的にではあるが，翻刻テクストを付した形で紹介されている。

59）Hazine 1653 手稿本の序文で列挙されている典拠は，『預言者伝』，『ムハンマド伝』，『タバリー史翻訳』，『黄金の牧場』，『王書』の 5 点のみで，『歴史集成』に記載されている，これに続く 12 点の典拠の題名は省略され，「その他 wa ghayr-hum」という語が置かれている。

記の最初に至るまでを対象としております。現在書き終わっております本書は，『集史 *Rashīdī*』，『タバリー史翻訳 *Ṭabarī*』，『完史 *Kāmil*』などの著作を参照したものでありますので，もしも本書から引用するのならば，より良いものとなりましょう」と。陛下は「そうするがよい」とおっしゃられた。かくして，第1部は，偉大なる王子［バーイスングル］の図書館のために書かれたその書物［『歴史集成』］から引用されたのである。(*H1653* : 3b)

このように，『歴史集成』の手稿本だと評価されてきた Hazine 1653 手稿本の序文には，『歴史集成』とは全く異なる執筆の経緯が記されている[60]。『歴史集成』の編纂に取り組んでいたハーフィズ・アブルーに対して，1424/5年，シャー・ルフは前半部が欠落していた『集史』の修復を依頼した。その際に，ハーフィズ・アブルーは，ただ単純に，その欠落部分を他の『集史』の手稿本から書写してくるのではなく，『集史』以外の文献も典拠として執筆を進めていた自身の著作『歴史集成』の第1巻によって欠落部分を補うという手段を選んだ。つまり，Hazine 1653 手稿本とは，純粋な『歴史集成』の手稿本ではなく，『集史』に『歴史集成』の内容が組み込まれて成立した異なる著作の手稿本なのである[61]。

この Hazine 1653 手稿本は，葉数 435 葉，紙の大きさ 54.2 × 37.7 cm，書写面の大きさ 31.1 × 23.2 cm，1頁あたりの行数 35 行という大判のもので，142点の挿絵を含む豪華な装飾本である (Ettinghausen 1955 : 30)。扉頁のシャムサ装飾の中には，「最も偉大で気高いスルターン，シャー・ルフ・スルターンの書庫 khizāna のために」という文言が刻まれ，その左下にはシャー・ルフの蔵

60)『歴史集成』に分類される手稿本の中に異なる序文を持つ手稿本が混ざっている点については，1886年の時点で，既にローゼン V. Rosen が指摘しており，そのテクストの翻刻も示している (Rosen 1886 : 52–111)。この時，ローゼンが参照した手稿本 A，B は Hazine 1653 手稿本と同系統の手稿本2点 (St. Petersburg, Institute of Oriental Manuscripts, Ms. C802 ; St. Petersburg, Institute of Oriental Manuscripts, Ms. E5)，手稿本 C は『歴史集成』の手稿本 (St. Petersburg, National Library, Ms. Dorn 268) に相当する。

61) ハーフィズ・アブルーが『集史』の改訂版を編纂した点については，百科事典や文献目録でも既に指摘されているが (Barthold 1927 : 213b ; Bregel 1972, Vol. 1 : 342)，この改訂版が異なる著作として分類されることはなかった。

図 9-5　シャー・ルフの蔵書印
(*Majma' /A3353*：363a)

書印（図 9-5）が押されている（*H1653*：1a）。さらに，最終章である「インド史」に挿入された王の肖像の写本絵画中にもシャー・ルフの名前が刻まれていることから（*H1653*：429b），シャー・ルフに献呈するために作成された手稿本であることは間違いないだろう。また，この手稿本には，ハーフィズ・アブルーが自身の名前とともに書き入れた，829年ムハッラム月6日／1425年11月18日，および829年シャアバーン月／1426年という二つの作成年が確認できる（*H1653*：148a, 421b）[62]。このように，Hazine 1653手稿本は，シャー・ルフとハーフィズ・アブルーの『集史』に対する強い関心を示す一つの証拠となっている。ちなみに，このHazine 1653手稿本からは多くの写しが作られ，筆者は19点の手稿本の存在を確認している（表 9-8）。

シャー・ルフの『集史』に対する強い関心を示す証拠は，Hazine 1653手稿本に見られるこの一つの事例に留まらない。1434年に書写された『集史』第1巻「モンゴル史」パリ手稿本（National Library, Ms. Suppl. persan 209）は彼のために書写された手稿本であり，これ以外にも，彼の蔵書印（図 9-5）が押された『集史』手稿本が3点現存している（Paris, National Library, Ms. Suppl. persan 1113（第1巻「モンゴル史」）[63]；London, Khalīlī Collection, Ms. 727（第2巻「世界史」）；London, British Library, Ms. Add. 7628（第1-2巻合冊本））[64]。以上から，シャー・ルフは，第1巻「モンゴル史」，第2巻「世界史」，第1-2巻合冊本という様々な形状の『集史』の手稿本を所蔵していた事実が確認できる（大塚 2016b：78-79）。

62）Hazine 1653手稿本における，献呈対象者シャー・ルフの名前，および書写年が記載されている箇所の写真は，Ettinghausen（1955：31-33）に掲載されている。

63）筆者は確認できておらず，リシャール F. Richards の指摘による（Ja'fariyān 1389kh：227）。

64）シャー・ルフの蔵書印が押された手稿本は，『集史』以外にも数多く残されている。この問題については，Ja'fariyān（1389kh）を参照。

表 9-8　『改訂版集史』現存手稿本

1	Istanbul, Topkapı Palace Library, Ms. Hazine 1653 (Karatay 1961：38；Inal 1965：41-44)＊：829 年シャアバーン月／1426 年頃，54.2×37.7cm (31.1×23.2cm)，35 行，435 葉，著者 Ḥāfiẓ-i Abrū 直筆，旧 Shāh-rukh 蔵書，写本絵画有（142 画）　○ハーフィズ・アブルー『歴史精髄』と登録
2	Paris, National Library, Ms. Suppl. persan 160 (Blochet 1905-34, Vol. 1：209-210)＊：829 年ムハッラム月 6 日／1425 年 11 月 18 日？（Hazine 1653 手稿本の第 1 部跋文の書写年を書き写した年記で，本手稿本の書写年でない可能性有)，33×20cm，25 行，227 葉，写本絵画有　＊第 1 部まで　○ハーフィズ・アブルー『歴史精髄』と登録
3	Lahore, Punjab University, Ms. Pe I 55 (Nawshāhī 1390kh：1136)＊：16 世紀，35.5×25cm (26.7×17cm)，23 行，681 葉　○ハーフィズ・アブルー『集史』:『歴史精髄』と登録
4	Tehran, Majles Library, Ms. 9078 (Ḥakīm 1390kh：711a-712a)＊：10／16 世紀，35.4×24.2cm (28×17.5cm)，25 行，360 葉　○ラシード『集史』と登録
5	Tehran, National Museum of Iran, Ms. 3723 (Riyāḍī 1374kh：182)＊：16 世紀，48×35cm，28 行，約 335 葉，旧サフィー廟蔵書　○ハーフィズ・アブルー『スルターンの歴史集成』と登録
6	St. Petersburg, National Library, Ms. PNS57 (Kostigov 1973：221)：16-17 世紀？，38×24.5cm (30.5×18.5cm)，30 行，332 葉，写本絵画有（93 画）　○ハーフィズ・アブルー『歴史集成』と登録
7	Islamabad, National Library of Pakistan, Ms. 22 (Anon. 1998：14；Ḥusayn 1972：26-27)：11／17 世紀，24×16.5cm，25 行，413 葉　○ラシード『集史』と登録
8	St. Petersburg, Institute of Oriental Manuscripts, Ms. C802 (Miklukho-Maklai 1975：51-54)＊：17 世紀，28.5×19.5cm (20×12.5cm)，25 行，489 葉，写本絵画有　○『集史』と登録
9	Tehran, Majles Library, Ms. 7957 (Ṣadrā'ī Khu'ī 1376kh：432)＊：1161 年シャアバーン月 17 日／1748 年 8 月 12 日，26×15cm，17 行，318 葉　○ハーフィズ・アブルー『スルターンの歴史集成』＝『歴史精髄』＝『集史続編』と登録
10	Tehran, National Library, Ms. F.1685 (Anwār 1365-79kh, Vol. 4：159-160)＊：1232／1816/7 年，34×21cm (24.5×14cm)，21 行，671 葉，写字生 Ḥusayn b. Ḥājjī 'Alī-naqī Durūsī　○『ハーフィズ・アブルーの歴史』と登録
11	St. Petersburg, National Library, Ms. PNS58 (Kostigov 1973：220-221)＊：1236 年第 2 ジュマーダー月 10 日／1821 年 3 月 15 日，33×22cm (25.5×15cm)，24 行，578 葉，写字生 Ibn 'Abd al-Jawād Muḥammad Ṭāhir（サフィー廟の司書)，書写地アルダビール　○ハーフィズ・アブルー『歴史集成』と登録
12	Tehran, National Library, Ms. F.92 (Anwār 1365-79kh, Vol. 1：78)＊：1248／1832/3 年？，30.5×21cm (21×12cm)，23 行，614 葉　○『ハーフィズ・アブルーの歴史』と登録
13	Qom, Mar'ashī Najafī Library, Ms. 12220 (Mar'ashī Najafī 1382kh：32)＊：1265 年第 1 ジュマーダー月／1849 年，33×20.5cm (25.5×12.5cm)，23 行，382 葉，書写地アゼルバイジャン ＊「イスラーム史」まで　○『ハーフィズ・アブルーの歴史』＝『歴史精髄』と登録
14	St. Petersburg, Institute of Oriental Manuscripts, Ms. E5 (Miklukho-Maklai 1975：54)＊：1267 年ラジャブ月 22 日／1851 年 5 月 23 日，41.5×25cm (31.5×17cm)，35 行，212 葉，写字生 Aḥmad Ḥasan Munshī Iṣfahānī ＊「イスラーム史」まで　○『集史』と登録
15	Tehran, Malek Library, Ms. 4356 (Afshār & Dānish-pazhūh 1352-80kh, Vol. 4：730)＊：1272 年第 2 ジュマーダー月 7 日／1856 年 2 月 14 日，35×22cm，29 行，372 葉，旧 'Aḍud al-Dawla Sulṭān Aḥmad Mīrzā 蔵書　○ハーフィズ・アブルー『スルターンの歴史集成』と登録
16	Tehran, Majles Library, Ms. 9447 (Bābulī 1388kh：133b-134a)＊：1279／1862/3 年，37×23cm (27×14.5cm)，31 行，379 葉，写字生 Muḥammad Kāẓim b. Muḥammad Amīn b. Ḥājjī Mahdī-qulī Sarābī (Tabrīzī)，旧 Mīrzā Sa'īd Khān 蔵書　○『スルターンの歴史集成』＝『歴史精髄』＝『ハーフィズ・アブルーの歴史』と登録
17	Tehran, National Library, Ms. F.1575 (Anwār 1365-79kh, Vol. 4：67-68)＊：1282 年第 1 ジュマーダー月 7 日／1865 年 9 月 28 日以降，45×30cm (32×17cm)，32 行，448 葉　○『ハーフィズ・アブルーの歴史』と登録
18	Tehran, Majles Library, Ms. Ṭabāṭabā'ī 255 (Ḥā'irī 1381kh：180)＊：13／19 世紀，35×21cm (26×13.5cm)，27 行，521 葉　＊序文の形が異なる　○ハーフィズ・アブルー『集史続編』＝『歴史集成』と登録
19	Tehran, Malek Library, Ms. 4129 (Afshār & Dānish-pazhūh 1352-80kh, Vol. 4：730)＊：13／19 世紀，29.3×20.7cm，23 行，76 葉　＊要約　○ハーフィズ・アブルー『スルターンの歴史集成』と登録

4　ティムール朝におけるペルシア語普遍史書の手稿本作成

普遍史書手稿本の作成

ティムール朝宮廷における歴史編纂事業で重視されたのは『集史』だけではなかった。ティムール朝時代に作成された手稿本については，Lentz & Lowry (1989) などで美術史研究の立場からこれまでに多くの事例が紹介されてきた。ただし，これまでの研究では，絵画が挿入されていない手稿本，あるいは絵画が挿入されている事実が知られていない手稿本が取り上げられることはなかった。しかし実際に，手稿本を一つ一つ確認していくと，本書で紹介してきた普遍史書の多くがこの時代に新しく書き写され，それが君主や王子に対して献呈されていたことが明らかになる。

『歴史集成』を編纂させたバーイスングルに対しては，814 年ラマダーン月／1411/2 年書写の『ナースィル史話』の手稿本（Berlin, State Library, Ms. Petermann 386）[65]，833 年第 2 ジュマーダー月 20 日／1430 年 3 月 16 日書写のバルアミー著『歴史書』の手稿本（St. Petersburg, National Library, Ms. PNS 49），834 年シャアバーン月 29 日／1431 年 5 月 12 日書写のハムザ・イスファハーニー著『年代記』の手稿本（London, British Library, Ms. Or. 2773）が献呈されている。その他にも，イブラーヒーム・スルターンに献呈された 823 年第 1 ラビー月／1420 年書写の『選史』の手稿本（Munich, Bavarian State Library, Ms. Cod. Pers. 205），イスカンダルに献呈された 814 年第 1 ジュマーダー月／1411 年書写の『歴史の秩序』の手稿本（London, British Library, Ms. Add. 27261），4 代君主ウルグ・ベク（在位 1447–49）に献呈された『集史』第 2 巻「世界史」の手稿本（Istanbul, Topkapı Palace Library, Ms. Ahmet III 2935），ティムールの孫ピール・ムハンマドの息子ムバーリズ・アッディーン Mubāriz al-Dīn に献呈された 857 年ラマダーン月 6 日／1453 年 9 月 10 日書写の『選史』の手稿本（Cambridge, University Li-

65）筆者がこれまでに確認できた『ナースィル史話』の手稿本の中で，唯一この手稿本には絵画が挿入されている（*Ṭabaqāt*/*Petermann*: 27a, 55b）。このように，ティムール朝宮廷に献呈された手稿本の多くは，豪華な装飾が施されている。

brary, Ms. G4（11））などが現在に伝わっている[66]。

このように，ティムール朝宮廷では，それぞれの君主や王子の宮廷で歴史書の手稿本が編纂され，それが各人の図書館に収められていた。手稿本が残っていない以上，証明することは難しいが，シャー・ルフやバーイスングルに対しては，先行する主だった著作の手稿本が新しく作成され献呈されたのではないかと考えられる。ペルシア語著作だけではなく，アラビア語で編纂されたハムザの『年代記』の手稿本まで作成されていることは特筆に値する事実である。

『王書』の再編纂

イルハーン朝滅亡後，旧イルハーン朝領域を再統一しただけではなく，旧チャガタイ・ウルスの領域をも支配したティムール朝では，その支配地域に残るあらゆる過去の情報を収集することが可能になった。その過程で，歴史の再解釈が行われたと考えられる。それを象徴するのが，本書の序章で紹介した『バーイスングルの王書』の手稿本の編纂である（図9-6)。『バーイスングルの王書』はバーイスングルの命令で作成され，833年第1ジュマーダー月5日／1430年1月30日に完成した。ただし，この作業は，単純に『王書』の挿絵入り豪華手稿本を作成したというものではなく，その冒頭には新しい序文が補われた。これに加え，そのおよそ3ヶ月後，833年シャアバーン月／1430年，これと同じ序文を持つ『王書』とニザーミー著『五部作 *Khamsa*』を合冊の形にした豪華手稿本（Tehran, Malek Library, Ms. 6301）が，ヘラートでムハンマド・ニーシャープーリー Muḥammad b. Muṭahhar b. Yūsuf b. Abī Saʿīd al-Qāḍī al-Nīshāpūrī の手で作成され，バーイスングルに献呈されている。

この新しい序文に『王書』の成立に関する伝承が含まれている点については既に指摘したが，この序文と同じ内容を含む文章はこれ以前には確認できず，この序文もまた，ティムール朝時代に収集された情報をもとに，書き下ろされたものだと考えられる。これに関連し，『バーイスングルの王書』の序文の著者をハーフィズ・アブルーだと考える論考もある（Bayānī 1350kh(a)）。この学

66）15世紀前半ヘラートで作成された豪華手稿本については，Āzhand（1387kh：126）を参照。

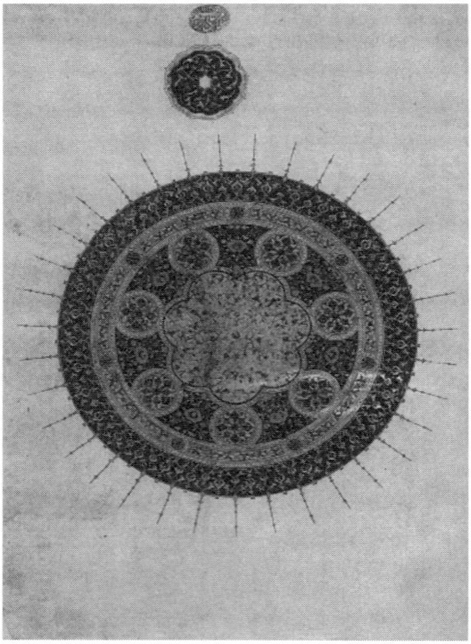

図 9-6　『バーイスングルの王書』のシャムサ（Āzhand 1387kh：57 より）

説についてはさらなる検討が必要だが，ハーフィズ・アブルーが著した『歴史集成』の「古代ペルシア史」には，『王書』，および『王書』を強く意識して編纂された『ペルシア列王伝』からの引用が散見され，彼が『王書』を重要視していたことは間違いない。『バーイスングルの王書』もまた，このような背景の下で編纂されており，ティムール朝期の歴史観を強く反映したものだと考えられる。つまり，第 I 部で紹介した『バーイスングルの王書』に依拠しながらネルデケが提示した古代ペルシア史の伝承に関する学説は，イブン・ムカッファアの時代からあったものではなく，ティムール朝時代までに創造され，ペルシア語文化圏で共有されるようになった過去への認識であったと考えられるのである。古代ペルシア史の伝承に新しい情報源を加えることになったハムザ・イスファハーニーの『年代記』の新しい手稿本が，アラビア語であるにもかかわらずバーイスングルのために作成されていたこともそのことを裏付けている。この手稿本を書き写したのが，『バーイスングルの王書』を書写した能書家，ジャアファル・バーイスングリー Ja‘far al-Bāysunghurī であったことは決して偶然ではないだろう（*Sinī*/*O2733*：126a）。

ティムール朝宮廷では，先行する歴史書の手稿本が新たに作成されただけではなく，収集された情報に依拠しながら，幾つもの普遍史書が編纂された。ハーフィズ・アブルーの他にも，フーシャンジー Muḥammad b. Maḥmūd b. Faḍl al-Dīn Fūshanjī 著『監督者たちの教訓 *‘Ibrat al-Nāẓirīn*』（1434/5 年），ファスィーフ・ハーフィー Faṣīḥ-i Khwāfī 著『ファスィーフの概要 *Mujmal-i Faṣīḥī*』

表 9-9　ハーフィズ・アブルーの歴史編纂事業

814 年シャウワール月初頭／1412 年：『勝利の書続編』完成
816／1413/4 年以降：『シャー・ルフの歴史』完成
817／1414/5 年：『ハーフィズ・アブルーの歴史』編纂開始
→ 823／1420/1 年：『ハーフィズ・アブルーの歴史』完成
820／1417/8 年：『選集』完成
826／1422/3 年：『歴史集成』第 1 巻編纂開始
→ 826 年ズー・アルカアダ月 8 日／1423 年 10 月 13 日頃：『歴史集成』第 1 巻完成
828／1424/5 年：『改訂版集史』編纂開始
→ 829 年シャアバーン月／1426 年以降：『改訂版集史』完成
829／1425/6 年：『歴史集成』第 3 巻完成
830／1427 年：『歴史集成』第 4 巻完成

(1441/2 年)，ムーサウィー Muḥammad b. Faḍl Allāh Mūsawī 著『善行の歴史 *Tārīkh-i Khayrāt*』(1428–47 年)，ジャアファリー Ja'farī b. Muḥammad al-Ḥusaynī 著『中史 *Tārīkh-i Wāsiṭ*』(1417 年？)・『大史 *Tārīkh-i Kabīr*』(1447–52 年頃)，ハサン・ヤズディー Ḥasan b. Shihāb al-Dīn Yazdī 著『ハサン集史 *Jāmi' al-Tawārīkh-i Ḥasanī*』(1451 年) といったペルシア語普遍史書が次々に編纂され (Bregel, Vol. 3 : 1769–1770)[67]，「普遍史書の時代」が訪れた。このような環境下で，過去に対する認識が整理・再編されていったのである。その集大成であり，後世の歴史家たちに大きな影響を与えたのが，本章で扱った『勝利の書』や『歴史集成』などの普遍史書だった。

章　結

本章では，ティムール朝宮廷で編纂されたペルシア語普遍史書において，旧約的普遍史，古代ペルシア史，オグズ伝承，という三者がどのように関係付けられたのか，そして，ティムール朝君主が主導したペルシア語文芸活動の庇

67) ティムール朝宮廷で編纂された歴史書全般については，Binbaş (2016 : 171) を参照。ここに列挙した文献のうち，テクスト全文が校訂されているのは『ファスィーフの概要』一点のみで，この時代の文献研究は思いのほか進んでいない。研究の進展が待たれるところである。

護・奨励が普遍史書の発展にどのような意義を持ったのか，について検討してきた。その主な結論は次の通りである。

(1) ティムール朝期になると，ティムールの系譜をアダムに始まる人類史に位置付けるために，オグズ伝承が普遍史に欠かせない要素の一つとなった。そのために，イルハーン朝滅亡後の地方政権で編纂された普遍史では重視されなかったオグズ伝承が，再び普遍史の重要な構成要素の一つとして登場する。本章で扱った『イスカンダル無名氏の史書』，『ムイーンの歴史精髄』，『勝利の書』，『歴史集成』では，オグズ伝承を含む『集史』や『選史』が典拠として用いられることとなった。さらに，『スルターンの諸章』のように，モンゴルの系譜を預言者アブラハムに関係付ける伝承を採用する普遍史書も編纂されるようになった。

(2) 一方，古代ペルシア史に関しては，新しい伝承が付け加えられるということはなくなる。『歴史集成』では，『王書』などの他に，ハザーラスプ朝で編纂された『ペルシア列王伝』が新しく主要な典拠として用いられるようになり，この時代に至るまでの「古代ペルシア史」の内容が整理され，まとめられている。この『歴史集成』の「古代ペルシア史」は，ティムール朝後期に編纂された『清浄園』にも継承されるなど，以後の古代ペルシア史叙述の典型の一つとなった。

(3) イルハーン朝が「イランの地」だけを領有した王朝であったのに対し，ティムール朝は「イランの地」に加えて「トゥランの地」を領有した。そのため，ペルシア語普遍史も「イランの地」の歴史だけではなく，「トゥランの地」をも含んだ形で編纂されるようになった。そのため，これ以前の歴史書において明示されていなかった，オグズ伝承と古代ペルシア史との関係が逐一明記されるようになった。これにより，旧約的普遍史，古代ペルシア史，オグズ伝承の三者を一つの歴史の中で叙述することが可能になったのである。

(4) これらの歴史書の編纂を支えたのは，ティムール朝宮廷におけるペルシア語文芸活動の庇護・奨励であった。ティムール朝期には，過去の史料が収集・再編纂され，過去の歴史に対する評価が創られていった。『王書』成立の経緯に関する説明が付与された『バーイスングルの王書』の編纂はその最たるものと言えるだろう。

第 III 部結論

第 III 部では，イルハーン朝末期からティムール朝初期にかけてのペルシア語文化圏の地方政権における，ペルシア語文芸活動の保護・奨励とその意義，そして，ティムール朝宮廷における歴史編纂事業に焦点を当てた。

第 7 章，第 8 章では，古代ペルシアの諸王と時の政権の君主，あるいはイランの地と時の政権の支配領域との関係性を強調する歴史叙述は，イルハーン朝宮廷だけに見られるものではなく，地方政権の宮廷でも同じように確認できることを明らかにした。例えば，第 7 章で扱った地方政権ハザーラスプ朝の君主は，自らの支配の正当性を主張するために，テュルク・モンゴルの君主を支え，イスラーム法を遵守する「ペルシア系の君主」という立場を表明していた。このような主張を展開する一環として，ハザーラスプ朝では，ペルシア語文芸活動が庇護・奨励され，『ペルシア列王伝』という古代ペルシア史が編纂されたのである。

このような傾向が見られたのは，ハザーラスプ朝だけではなかった。ヤズドの名士シャムス・フサイニー，インジュー朝，ジャラーイル朝，ムザッファル朝の宮廷でも同様に，ペルシア語文芸活動が庇護・奨励された。特に，イルハーン朝滅亡後には，「イランの地」の支配者であったイルハーン朝の継承者であることを主張する形の歴史書が多く見られるようになる。このような過程を経る中で，イルハーン朝期に復活したとされる「イランの地」という概念が現実の地理的空間を指し示す言葉として定着していくことになった。

第 9 章では，ティムール朝時代の普遍史書において，旧約的普遍史，古代ペルシア史，オグズ伝承という三つの異なる伝承が融合していく過程を明らかにした。「イランの地」だけではなく「トゥランの地」をも領有したティムール朝において編纂されたのは，イランの地を凌駕する地域を射程に入れたペルシア語普遍史書であった。そのために，モンゴル史とティムール朝史を人類史の中に接合する役割を持つオグズ伝承が，ペルシア語普遍史の重要な構成要素の一つと見なされるようになった。その典拠とされたのが，オグズ伝承を初めて普遍史に組み込んだ『集史』，そして，古代ペルシア史を基軸としてオグズ伝承との関係についても若干説明を加えている『選史』であった。オグズ伝承を基軸とする『集史』と古代ペルシア史を基軸とする『選史』の二つの史料が巧みに併用されることにより，三つの伝承が一体となった普遍史叙述が可能となったのである。

ティムール朝の宮廷史家はティムール朝の支配の正当性を主張するために，モンゴルの歴史とティムール朝の歴史をつなげた。そのため，イルハーン朝期に用いられたイルハーン朝をイランの諸王朝の一つと見なす歴史叙述は意味を失った。ティムール朝期には，チンギス・ハーンの血統それ自体に大きな権威が付与されるようになった。

このように，ティムール朝時代は，それまでに編纂された数々の歴史書の内容が整理され体系化された時代でもあった。その中でも，『王書』の成立に関する経緯を記した『バーイスングルの王書』の序文は，それまでの史料では確認できないもので，この時代の歴史認識を反映したものである可能性が高い。このようなティムール朝宮廷における過去の歴史書の収集や新しい歴史書の編纂は，後世の歴史家にも大きな影響を与えた。ティムール朝以降の歴史家は，この時代に再編纂された情報に依拠して，歴史を叙述するようになった。第 I 部で扱った『王書』の事例のように，現代の研究者の歴史認識にもこの時代の歴史叙述が様々な面で影響を及ぼしていると考えられるのである。

終　章

本書では，9 世紀から 15 世紀にかけてペルシア語文化圏で編纂された普遍史書を主要な史料とし，その中で，どのように前イスラーム時代の歴史が解釈され，どのように「イランの国 Īrān-shahr／イランの地 Īrān-zamīn」，あるいは「イラン」を舞台とする人類の歴史が叙述されてきたのか，また，その普遍史が，時の君主の支配の正当性を裏付けるためにどのように利用されてきたのか，を検討してきた。

普遍史書は，これまでも様々な形で歴史研究に利用されてきた。しかし，その多くは，普遍史書の後半部に記録されている著者と同時代の記述に史料的価値を見出し，その記述をもとに歴史を再構成するというものであった。こういった研究では，「史実」を導くという意味で史料的価値を見出せない箇所，ましてや，アダムやカユーマルスに始まる神話的な人類の歴史が省みられることはなかった。

本書では，これまでの多くの歴史研究では捨象されてきた，普遍史書における人類史叙述に焦点を当てた。サーサーン朝滅亡以降，ゾロアスター教的人類史（古代ペルシア史）が優勢であったサーサーン朝旧領域に，『旧約聖書』に基づく一神教的人類史（旧約的普遍史），そして，テュルク・モンゴルの遊牧民的人類史（オグズ伝承）が伝わり，三者が融合した「新しい」人類史が創造されることとなった。その契機となった二つの大きな歴史的事件は，7 世紀のアラブ・ムスリムによる征服と 13 世紀のモンゴルの西アジア侵攻・アッバース朝の滅亡であるが，このような契機を経て，ペルシア語文化圏には多様な民族・宗教が内包されるようになった。この多様な民族・宗教，そして，その地に興隆した全ての王朝の歴史を叙述する場を提供したのが，普遍史という歴史類型に属する文献であった。

第 I 部では，サーサーン朝滅亡後，イスラーム化が進展する過程で編纂された普遍史書における，古代ペルシア史と旧約的普遍史の相克と融合の過程を，

9 世紀から 11 世紀に至るまで，通時的に検証した。先行研究では，この時代の古代ペルシア史叙述の情報源となったのはサーサーン朝で編纂された『王の書』であると考えられてきたが，主要な情報源となったのはアラブの伝承学者が伝える古代ペルシア史の方であった。『王の書』のアラビア語訳が古代ペルシア史の史料として注目されるようになったのは，ハムザ・イスファハーニーの『年代記』が編纂された後のことである。これ以前に，古代ペルシア史を，ピーシュダード朝，カヤーン朝，アシュカーン朝，サーサーン朝の四王朝に区分する歴史叙述は見られず，ハムザの時代になってようやく，古代ペルシア史についての情報が体系的に整理されたと言える。一方，この約半世紀後に編纂されたフィルダウスィーの『王書』は，それ以前の古代ペルシア史の内容とは一致しない。別系統の伝承に依拠したものと考えられるが，カユーマルスから生まれる双子の植物マシーとマシヤーナの記述を省くなど，ムスリムとしての一神教的歴史観にそぐわない部分は削除されている。もちろん『王書』の叙述対象は古代ペルシア史であったが，その内容はイスラーム的価値観のもとで再構成されているのである。

続く第 II 部では，第 I 部で検討した旧約的普遍史と古代ペルシア史が融合した人類史が，「イランの地」に勃興した諸王朝にどのように利用されたのか，について論じた。セルジューク朝時代からイルハーン朝時代にかけて，①預言者の歴史，②古代ペルシア史，③イスラーム時代の歴史，④イランの諸王朝の歴史，という四章構成の普遍史叙述が一般的になっていく。この構成の中で，普遍史書を編纂させた時の君主は，イランの諸王朝の最後に位置付けられる。これにより，（時に古代ペルシア諸王との系譜上の関係性を付与された）時の君主は，古代ペルシアから続くイランの地の連続した歴史の中に位置付けられることになった。これに加えて，イルハーン朝時代には，モンゴル人の系譜を旧約的普遍史の文脈に位置付けるために，テュルク・モンゴル諸部族の伝統的人類史であるオグズ伝承が普遍史の構成要素に加わった。最初にオグズ伝承に言及した『歴史精髄』や『集史』では，オグズ伝承の旧約的普遍史の文脈における位置付けだけが示され，古代ペルシア史における位置付けは示されていなかった。これに対し，古代ペルシア史を基軸とする普遍史書『選史』の中で，ようやく旧約的普遍史，古代ペルシア史，オグズ伝承，という起源の異なる三つの人類史の相互関係が説明され，それらが一つの人類史の文脈に位置付けられることになったのである。

第 III 部では，イルハーン朝末期からティムール朝初期にかけてのペルシア語文化圏の地方政権における，ペルシア語文芸活動の庇護・奨励とその意義，そして，ティムール朝宮廷における歴史編纂事業に焦点を当てた。ペルシア語文化圏では，中央のイルハーン朝においてだけではなく地方政権においても，ペルシア語文芸活動が庇護・奨励されていた。それを象徴する献呈作品が，ハザーラスプ朝宮廷で編纂された『ペルシア列王伝』で，その中では，地方政権の君主は，イランの地を支配する王であること，イスラームの保護者であることが強調されていた。イルハーン朝滅亡後には，これらの要素に加えて，イルハーン朝の後継者である点が強調されることになる。地方政権の君主にとって，イルハーン朝宮廷を模倣して，ペルシア語普遍史書を編纂することは，イランの王としての支配の正当性を担保する上で大きな意味を持ったのである。

第 III 部の後半部では，イルハーン朝の旧領域「イランの地」に加えて，中央アジアの「トゥランの地」を支配したティムール朝におけるペルシア語文芸活動の庇護・奨励に焦点を当てた。ティムール朝では，イルハーン朝時代までに編纂された文献の手稿本が新しく作成され，各君主の図書館に収められた。その過程で，過去の歴史に対する評価も体系的に整理されていった。第 I 部で紹介した『王書』の編纂にまつわる逸話もこの時創造されたものである可能性が高い。「イラン」だけではなく「トゥラン」も包摂したティムール朝では，イルハーン朝とティムール朝を一括りに叙述することができるオグズ伝承が，再び重要視されるようになった。オグズ伝承を基軸とする普遍史書『集史』と，古代ペルシア史を基軸とする『選史』が組み合わされたことにより，旧約的普遍史，古代ペルシア史，オグズ伝承の三者が一体となった普遍史叙述が可能となったのである。

「イラン」や「トゥラン」というのは地理概念であり，民族・宗教とは直接は結び付かないものであった。例えば，古代ペルシアの諸王は「ペルシア人」の王と表記され続け，「イラン人」の王と表記されることは決してなかった。

したがって，ペルシア語文化圏が包括するこの「イラン」と「トゥラン」という地理概念は，どのような出自を持つ者にとっても利用可能なものであった。そのために，アラブの旧約的普遍史，ペルシアの古代ペルシア史，テュルク・モンゴルのオグズ伝承，という相反する三つの人類の歴史が共存することが可能となったのである。

以上が本書で得られた結論であるが，9世紀のアラビア語普遍史における古代ペルシア史の受容の始まりから，ティムール朝期における旧約的普遍史，古代ペルシア史，オグズ伝承の三者が一体となったペルシア語普遍史の誕生までの流れをどのように評価することができるだろうか。本書を通じて明らかになったのは，先行文献の「丸写し」だと考えられてきた普遍史書がそれぞれ別の顔を持っている，という点である。預言者の時代の歴史は先行文献に頼るしかない遥か昔の時代の記述であったとしても，どれ一つとして同じものはない。それぞれの歴史家は，それぞれの人類史認識をもって，アダムに始まる人類史を創作し続けていたのである。

古代ペルシア四王朝をピーシュダード朝，カヤーン朝，アシュカーン朝，サーサーン朝に区分する叙述方法が，サーサーン朝で編纂された『王の書』で用いられていたという証拠は確認できず，それはイスラーム時代における歴史叙述の発展の中で創造されたものだと考えられる。また，「イランの地」をイルハーン朝の領域と同一視する地理認識についても同様に徐々に形成されていったものだと考えられる。イルハーン朝時代に「イランの地」の支配者としてその支配の正当性を主張する形の歴史叙述が多く見られるようになったことは確かである。しかし，その「イランの地」という地理概念の定着に貢献したのは，イルハーン朝だけではなかった。イルハーン朝時代を理想化し，イルハーン朝の後継王朝として支配の正当性を主張したペルシア系地方王朝の存在も忘れてはならないだろう。この地理認識は，中央アジアに加え「イランの地」をも支配したティムール朝の君主が「イランとトゥランの王」と評価されることにより，完全に定着することになる。普遍史は，「正確に」過去の歴史を再構成しようという歴史家の不断の努力に加えて，その時代の政治社会状況に左右されながら，形を変えながら発展を遂げてきたのである。

普遍史書は，決して固定化された内容を伝達するものではなく，時と場合に応じて形を変えて伝達するものであった。その過程で徐々に人類史認識や地理認識が形成されていったのである。前近代ペルシア語文化圏における人類史認識を紹介する際に，『王書』やタバリーの歴史がしばしばその代表として挙げられるが，それはそのほんの一つの顔であるにすぎないのである。

本書では，普遍史の変遷を，主に人類史叙述の部分を対象として，通時的に分析してきたわけだが，これだけで普遍史書の機能と役割を全て明らかにし得たわけではない。議論の焦点を古代ペルシア史とイランの諸王の歴史に絞ったため，古代アラブ史やムハンマドとカリフに関する伝承については本書では論じることができなかった。歴史書の構成に言及する際に示してきたように，普遍史書のほとんどでハサンが「5 人目」の正統カリフとして数えられている。また，十二人のシーア派イマームに関する伝承も，スンナ派政権の時代に既に確認でき，シーア派的な歴史叙述がいつ頃から優勢になり始めるのか，という歴史叙述と宗派の関係についても研究する意義があるだろう。また，ムハンマド，正統カリフ，ウマイヤ朝，アッバース朝に対する認識の変化も重要な研究課題となるだろう。普遍史書の研究はまだまだ様々な可能性を秘めているのである。

こういった古代ペルシア史，旧約的普遍史，オグズ伝承という「三つ」の伝承をアダムに始まる「一つ」の人類史の中に位置付ける普遍史書は様々な形で，19 世紀，地域によっては 20 世紀まで編纂され続けることになる。ブレーゲルのペルシア語文献目録で紹介される普遍史書の著者 128 人のうち，15 世紀半ばまでを扱う本書で分析の対象とし得たのはわずか 17 人に過ぎない（Bregel 1972, Vol. 1 : 279–500）。15 世紀後半には，ティムール朝ヘラート政権のフサイン・バイカラ（在位 1470–1506）に仕えた文人ナワーイー ʻAlī-shīr Nawāʼī の庇護の下，ミール・ハーンド Mīr-khwānd Muḥammad b. Khwāndshāh b. Maḥmūd（1498 没）が大部な普遍史書の編纂に挑戦する。彼が著した 6 巻本の『清浄園 *Rawḍat al-Ṣafā*』はその後，ペルシア語文化圏の各地域で好評を博し，その現存手稿本の数は，数ある普遍史書の中でも群を抜いて多い（Bregel, 1972, Vol. 1：361–370）。

『清浄園』は，第 1 巻「預言者伝・古代ペルシア史」（Vol. 1：1–418, Vol. 2：419–954），第 2 巻「ムハンマド・正統カリフ」（Vol. 3：961–1480, Vol. 4：1481–2055），第 3 巻「十二イマーム・ウマイヤ朝・アッバース朝」（Vol. 5：2057–2765），第 4 巻「イスラーム時代の諸王朝」（Vol. 6：2767–3276, Vol. 7：3279–3728），第 5 巻「モンゴル」（Vol. 8：3729–4525），第 6 巻「ティムール朝」（Vol. 9：4527–5133, Vol. 10：5137–5644）からなり（括弧内は校訂本 *Rawḍa* の頁数），モンゴル史の冒頭はヤペテの記述に始まるなど，やはり旧約的世界認識の強い影響が確認できる普遍史書である。『清浄園』は，サファヴィー朝時代に 1522/3 年までの事件を対象とする第 7 巻が，そして，カージャール朝時代に 4 代君主ナースィル・アッディーン・シャー（在位 1848–96）の命令で第 8～10 巻が編纂されるなど，後世の歴史家の増補を経ながら受容され続けた。また，読者はペルシア語話者だけに限らず，オスマン語訳も作成されるなど，非ペルシア語話者にも広く読まれた（小笠原 2014：119）。他の普遍史書とは比べ物にならないくらい多数の手稿本が残されている『清浄園』の受容史研究は極めて困難であろうが，ペルシア語文化圏における歴史叙述の発展を考える上では避けては通れない作業である。

『清浄園』が各地域で受容されたことからも明らかなように，ペルシア語文化圏で確立した普遍史書の型は，ティムール朝の後に興ったサファヴィー朝だけではなく，ティムール朝の後継者を自認し，かつペルシア語文芸活動を積極的に庇護・奨励したムガル朝（1526–1858），そして，主にオスマン語で歴史書が編纂されたオスマン朝（1299–1922）にも継承されていく。オスマン朝では王統譜を叙述するに際し，王家を普遍史の文脈の中にどのように位置付けるのかという問題について，多くの議論がなされていた（小笠原 2014）。また，ペルシア語普遍史書のオスマン語訳が編纂されただけではなく，シュクル・アッラー Shukr Allāh 著『諸史の光喜 *Bahjat al-Tawārīkh*』（1459 年）やムスリフ・ラーリー Muṣliḥ al-Dīn Muḥammad Lārī 著『時代の鏡 *Mir'āt al-Adwār*』（1566 年）などのペルシア語普遍史書が宮廷で編纂されている。これらの普遍史書では，当然のことながらオスマン朝史の比重が大きくなっているものの，基本的な構造はティムール朝で編纂された普遍史書と変わらない。一方，インドで編纂された普遍史書には，前イスラーム時代の古代インド史が組み込まれ，普遍史書の重要な要素となっている（真下 2011）。また，本書第 9 章で紹介した『イスカンダル無名氏の史書』のようにペルシア語文化圏で編纂されたにもかかわらず，マムルーク朝を叙述の対象に含むものもある。アダムに始まる人類の歴史であるという基本的な構造は維持しながら，地域や時代の要請に応じて，著者がその関心に応じて様々な形で著していたのである。

ムスリム知識人が編纂した著作を言語別に分類することが一般的になっているが，必ずしもそれは正確な分類とは言えない。例えば，アラビア語普遍史書の著者として，ラトケは，アブー・フィダーの後，イブン・ダワーダーリー Ibn al-Dawādārī（1313 没），イブン・カスィール Ibn Kathīr（1373 没），イブン・ハルドゥーン Ibn Khaldūn（1406 没），アイニー ʻAynī（1451 没）の 4 人の名前を挙げる（Radtke 1992：102-108）。彼らの著作はマムルーク朝で編纂されたもので，確かにペルシア語文化圏で編纂されたものとその構成は異なる。一方で，オスマン朝宮廷に仕えた天文学者ムナッジムバーシー Munajjim-bāshī（1702 没）の手になるアラビア語普遍史書『諸王朝の集成 *Jāmiʻ al-Duwal*』では，ペルシア語文化圏の王朝が扱われており，決して言語で内容を区分できるものではない。それよりも，誰が，誰のために，どのような目的で著したのか，という要素が普遍史書の内容を規定しているのである。特に，マムルーク朝時代以降のアラビア語普遍史書の研究はさほど進んでおらず，14 世紀以降のアラビア語圏の普遍史書の研究というのは，今後に残された大きな課題である。

オグズ伝承は含まないものの，同様の普遍史書は東南アジアに興ったアチェ王国（1520 頃-1903）[1] においても編纂されている。このように，ムスリムによる一神教的歴史叙述に共通する題材を提供したのが，ペルシア語文化圏で創造された普遍史書であった。アラブ人やペルシア人だけではなく，テュルク・モンゴル人までをも一つの人類史の中に叙述することを可能にした普遍史は，東

1）アチェ王国における普遍史の編纂については，17 世紀半ばに編纂された『王者の庭園』という史料について論じた Shiraishi（1990）を参照。

は東南アジアに至るまでのムスリムの出自に根拠を与えることとなった。現代の歴史研究者は，作品の著者と同時代ではない記述，ましてやアダムに始まる「非科学的な」人類史叙述には大きな価値を見出してこなかったわけだが，前近代を生きた人々にとってはこれらの「非科学的な」人類史叙述は大きな意味を持っていたのである。

このようなムスリムによる普遍史叙述の伝統は，西欧世界との接触の中，特に 19 世紀以降，その内容の変更を余儀なくされる。それは，西欧の歴史を普遍史書の中にどのように位置付けるか，西欧の東洋学の成果をどのように導入するか[2]，そして，そもそも「非科学的」で神話的な人類史叙述をどのように扱うかなど，様々な問題を伴うものであった。さらにこの時代には，国民国家の歴史をいかに叙述するのか，という大きな問題も現れてくる。しかし，そのような時代にあっても，伝統的な普遍史書の編纂は続けられていた。例えば，ピーシュダード朝の歴史を含む最も遅い時期の歴史書の一つに，カージャール朝 5 代君主ムザッファル・アッディーン・シャー（在位 1896–1907）の名を冠する普遍史書，イブラーヒーム・ハーン Ibrāhīm Khān 著『ムザッファル選史 *Muntakhab al-Tawārīkh-i Muẓaffarī*』（1905 年）がある（Amanat 2012 : 325）。その第 1 章は，1 節「ムハンマド」，2 節「十二イマーム」という内容で，もはやそこでは，アダムに始まる人類史という形式は採用されていない（*Muẓaffarī* : 6–25）。一方で，続く第 2 章の内容は，1 節「ピーシュダード朝」，2 節「カヤーン朝」，3 節「諸地方政権（アシュカーン朝）」，4 節「サーサーン朝」となっており（*Muẓaffarī* : 25–38），ペルシア人の祖とされるカユーマルスに始まる歴史叙述は健在である。そこでは，『歴史の秩序』を用いた，カユーマルスと預言者の関係性に関する議論が未だに見られる。このように，西欧から近代的歴史叙述の成果が導入された後も，普遍史書は 20 世紀初頭に至るまで生き残り，人々の歴史認識を規定する材料の一つであり続けたのである。

2）イラン史における，考古学的知見やヨーロッパ語史料を用いた研究の成果の受容については，守川（2010）に詳しい。

付　表

普遍史における古代ペルシア史叙述の変遷

1. 本付表は，本書で主に参照した校訂本あるいは手稿本に基づき筆者が作成した。その際，同一文献の諸校訂本・諸手稿本間のヴァリアントについては注記しなかった。
2. 本書で参照した文献であっても，まとまった古代ペルシア史を含まないものについては，省略した。また，同じ著者の文献でその内容に大きな差異が認められない場合には（『イスカンダル無名氏の史書』と『ムイーンの歴史精髄』など），片方の著作のみを掲載した。
3. 付表中の数字は各君主の統治年を示している。なお，統治年が年だけの場合は単位を省略した。君主の伝記が立項されているものの統治年が未記載という場合は「○」を記入した。「/」（半角斜線）は同一文献における異説を示している。ペルシア人の祖とされるカユーマルスについては，統治年に加え，寿命を丸括弧の中に記した。
4. 付表中の王名は古い時代から年代順に並べた。珍しいヴァリアントなど本付表で処理しきれなかった王名については，異なる王の項目中に，名前をそのまま記入することで示した。その際，統治年は丸括弧の中に記し，統治年不明の場合には省略した。
5. 王名の読み方は文献により異なる場合があるが（ジューダルズ Jūdarz とジューダルズィーン Jūdarzīn，フィールーズ Fīrūz とフィールーザーン Fīrūzān など），付表では便宜的に一つの表記に統一した。
6. 同じ王朝に同名の王がいる場合，便宜的に「1世」，「2世」と数字をふって区別した（アシュク1世 Ashk b. Dārā とアシュク2世 Ashk b. Ashk など）。ただし，一部の文献にしか登場しない王についてはこの限りではない。
7. 一つの文献の中に大きく異なる伝承が複数併記されている場合には（『年代記』や『過去の痕跡』など），列を分け，典拠が示されている場合にはそれを明記した。ただし，その伝承が大差ない場合には，上述の「/」（半角斜線）を用いて処理した。
8. 一つの文献の中で，章の冒頭部などに記載された王名の一覧表にある統治年と実際の文章中の統治年が異なることもあるが，原則として一覧表の統治年を採用した。ただし，明らかに誤記である場合など，文章中の統治年を採用した場合もある。
9. 付表中の二重罫線は王朝の切れ目を示している。

A　カユーマルスからアレクサンドロスまで

		イブン・ハビーブ『美文の書』	イブン・クタイバ『知識』	ディーナワリー『長史』	『究極の目的』	ヤアクービー『歴史』	Sprenger 30 手稿本	タバリー『預言者と王の歴史』	マスウ
									『黄金の牧場』
（ピーシュダード朝）	カユーマルス	○				70	30（1000）	○	40（1000）
	カユーマルスの子	タフムーラス					マーディー？	マシー マシヤーナ	マシー （本人）
	フーシャング	○				40	40	40	40
	2人の間の世代						3代	3代	2代
	タフムーラス	○	1000			30	30	40	30
	ジャムシード	○	960	○	○	700	716年4ヶ月20日	716年4ヶ月20日 / 719	600 / 700年6ヶ月
	ダッハーク	○	1000	○	○	1000	600 / 1000	600 / 1000	1000
	ファリードゥーン			○		500	500	500	500
	マヌーチフル			120		120	120	120	20
	ナウザル								
	サフム								60
	アフラースィヤーブ			9	○	120	12	12	12
	ザウ（ザーブ）			1ヶ月		5	3	3	3
	ガルシャースプ								
（カヤーン朝）	カイクバード			○		100	100	100	
	カイカーウース			○		120	150	150	○
	カイフスラウ			○		60	60	60	○
	ルフラースプ			○		120	120	120	120
	グシュタースプ		90	○	○	112	100	112 / 120 / 150	120
	アルダシール バフマン		○	○	80	112	112	112 / 80	112
	フマーイ			○	30	30	30	30	30
	ダーラー1世			12	○	12	12	12	12
	ダーラー2世		○	○	○		14	14	30
	アレクサンドロス		○	30	○	○	14	14 / 13年数ヶ月	○

（B：368頁に続く）

ーディー	ハムザ・イスファハーニー『年代記』			バルアミー『歴史書』	マクディスィー『創始と歴史』	フワーリズミー『学問の鍵』	ミスカワイフ『諸民族の経験』	ビールーニー『過去の痕跡』	
『助言と再考の書』	8冊の『列王伝』	ムーサー・キスラウィー	バフラーム・ブン・マルダーンシャー					多数のペルシア人	『年代記』の『アヴェスター』を典拠とする伝承
40 / 30	40		30	30（700）	30	○	○	30	40
マシー マシヤーナ			マシー マシヤーナ	マシー マシヤーナ	マシー	マシー マシヤーナ	○	マシー マシヤーナ	
40	40		40	500	40	○	○	40	40
	1代以上		3代	2代	3代		1代以上	2代	
30	30		30	40 / 30	30 / 1030	○	○	30	30
700年 3ヶ月	716		616	700	○	○	○	616	616
1000	1000		1000	○	約1000	○	○	1000	1000
500	500		500	○	500	○	○	500	500
120	120		120	○	120	○	○	120	120
						○			
60									
12	12		○	12	○	○	12	12	12
3	3		4	3	○	○	3	5	9
3	9								3
120	126		100	100	100	○	○	100	126
150	150		150	50	150	○	○	150	150
60	80		60	○	60	○	60	60	80
120	120		120	120	120	○	○	120	120
120	120		120	○	○	○	○	120	120
112	112		112	○	112	○	○	112	112
30	30		30	30	30	○	○	30	30
12	12		12	○	12	○	○	12	12
14	14		14	14	○	○	14	14	14
6	14		14	14	14	○	13年 数ヶ月	14	14

（次頁に続く）

（B：369頁に続く）

		ビールーニー『過去の痕跡』				フィルダウスィー『王書』	サアーリビー『列王伝精髄』	ガルディーズィー『歴史の装飾』	ガザーリー『諸王への忠告』	イブン・バルヒー『ファールスの書』
		『年代記』のゾロアスター教司祭を典拠とする伝承	アブー・ファラジュ	アブー・マンスール	『年代記』のムーサー・キスラウィーを典拠とする伝承					
(ピーシュダード朝)	カユーマルス	30				30	30		30	40（1000）
	カユーマルスの子	マシー マシヤーナ				スィヤーマク	スィヤーマク			マシー
	フーシャング	40				40	40		40	40
	2人の間の世代					無	無	2代		2代
	タフムーラス	30				30	30 / 1000	○	30	30
	ジャムシード	616				700	520	○	700	716
	ダッハーク	1000				1000	1000	○	1000	1000
	ファリードゥーン	500				500	500	500	500	500
	マヌーチフル	120				120	120	○	120	120
	ナウザル					7	○		12	
	サフム									シャフリーラーマン(60)
	アフラースィヤーブ					○	12	12	12	12
	ザウ（ザーブ）	4				5	5	○	5	30
	ガルシャースブ									20
(カヤーン朝)	カイクバード	100				100	100	○	120	120
	カイカーウース	150				120	150	○	120	150
	カイフスラウ	60				60	60	○	60	60
	ルフラースブ	120				120	120	○	40	120
	グシュタースブ	120				120	120	○	120	120
	アルダシール・バフマン	112				60	112	○	112	112
	フマーイ	30				32	30	○	17	30
	ダーラー1世	12				12	12	○	41	12
	ダーラー2世	14				14	14	○	50	14
	アレクサンドロス	14	14			14	14	○	36	13年 数ヶ月

（B：370頁に続く）

『史話要説』		ファフル・ラーズィー『知識の集成』	『天文学者たちの規範』	イブン・ジャウズィー『整然たる歴史』	イブン・アスィール『完史』		ジューズジャーニー『ナースィル史話』
『年代記』のバフラーム・ブン・マルダーンシャーを典拠とする伝承	『年代記』のムーサー・キスラウィーを典拠とする伝承						
30		30	40	30	○	○	30
マシー マシヤーナ		マシー マシヤーナ	マシー マシヤーナ	○	マシー マシヤーナ		マシー
40		40	40	40	40	40	400 / 1400 / 40
3 代		3 代	3 代	1 代	2 代	1 代以上	2 代
30		30	1000	30	40	30	30 / 1030
716		716	616	616	716 年 4ヶ月	716	800
1000		1000	1000	1000	600 / 1100	1000	1000
500		500	500	200	500	500	500
120		120	108	108	120	120	120
7ヶ月 / 5 / 20							
12		12	12	12	12	12	12
3 / 5		3	3	3	3	3	30
		9				9	
100 / 126		126	100	100	100	126	100 / 120
150 / 160		150	150	○	150	150	150
60 / 80		80	60	60	60	80	○
120		120	120	○	120	120	120
120		107	120	112 / 150	112 / 120 / 150	120	○
112		122	112	112 / 80	120 / 80	112	22
30		30	30	30	30	30	30
12		12	12	12	22	12	12
14		12	14	14	14	14	○
14 / 12		○	14	13 年 数ヶ月	14	14	14

（次頁に続く）

（B：371 頁に続く）

		バイダーウィー『歴史の秩序』	ザッジャージー『吉兆の書』	カーシャーニー『歴史精髄』	ラシード・アッディーン『集史』	バナーカティー『バナーカティー史』	ハムド・アッラー・ムスタウフィー『選史』	アフマド『心優しい子ども』	シャバーンカーライー『系譜集成』
（ピーシュダード朝）	カユーマルス	40（1000）	40年1ヶ月	30	30	40（1000）	30（1000）	30	30
	カユーマルスの子	○	スィヤーマク	マシーマシヤーナ	マシーマシヤーナ	スィヤーマク	スィヤーマク / マシー		スィヤーマク
	フーシャング	40	40	40	40	40	40	40	○
	2人の間の世代	1代	1代	3代	2代	無	2代		無
	タフムーラス	30	30	30	30	30	30	30	○
	ジャムシード	約700	716	700	716	716	700	700	731
	ダッハーク	約1000	1000	1000	1000	1000	1000	1000	○
	ファリードゥーン	500	500	500	500	500	500	500	○
	マヌーチフル	60以上	120	120	120	120	120	120	120
	ナウザル			1	1	2	7	12	○
	サフム								
	アフラースィヤーブ	10	12	12	12	12	12	12	○
	ザウ（ザーブ）	30	5	5	5	5	5 / 15	55	7
	ガルシャースブ	20	○	○	○	20	6		
（カヤーン朝）	カイクバード	120	126年1ヶ月	100	100	120	100	120	100
	カイカーウース	150	150	150	150	120	150	120	○
	カイフスラウ	60	80	60	60	60	60	60	○
	ルフラースブ	120	120	120	120	120	120	40	○
	グシュタースブ	112	120	120	120	120 / 160	120	120	○
	アルダシール バフマン	112	112	112	112	50 / 114	112	112	○
	フマーイ	30	30	30	30	30	22	17	30
	ダーラー1世	12	12	12	12	60 / 12	12	41	14
	ダーラー2世	14	10	14	14	14	14	50	12
	アレクサンドロス	13	14	14	14	14	14	14	14

（B：372 頁に続く）

シャラフ・カズウィーニー『ペルシア列王伝』	ニークパイ『ニークパイの歴史』	アリー・トゥスタリー『諸王への贈物』	アームリー『高貴なる諸学問』	アハリー『シャイフ・ウワイス史』	アラー・カズウィーニー『探究者の道』	アバルクーヒー『歴史の天国』	『ムイーンの歴史精髄』	イブン・イナバ『スルターンの諸章』	ハーフィズ・アブルー『歴史集成』
40（1000）	○	40 / 30（約1000）	40 / 30（1000）	30	40 / 30（1000）	40（1000）	30（1000）	○	30 / 40（1000）
スィヤーマク	スィヤーマク	スィヤーマク	○	スィヤーマク	スィヤーマク	スィヤーマク	スィヤーマク（＝マシー）	マシー	マーリー？
500	500	40	46	40	46 / 400	40	40	○	40
		1代	1代	2代	1代	1代	2代	2代	3代
30	30	30	30	30 / 1000	30 / 100	30	30 / 40	○	30
700	700	716 / 719 / 530	716	700	730	716	700	○	716
1000	1000	1000	1000	約1000	1000	1000	1000未満	○	○
500	500	500	500	500	500	500	500	○	500
120	120	120	120 / 100	120	120	120	120	○	120
○	○	60			○	7			5
○	○	12	12	12	12	○	12 / 14	○	○
30	30	30	30	3年4ヶ月	30	30	7	○	30
30	20	20	8 / 99	9 / 90	8 / 99	20		○	20
120	120	120	120	100	120	120	120/126/75	○	120
150	150	150	150	150	○	150	150	○	150
100	100	60	○	60	○	60	60	○	○
120	○	120	120	120	120	120	120	文章脱落？	○
120 / 150	120 / 150	120	120	120	120	120	120/150/111/100		○
112	112	112	112	102	112	112	120 / 122 / 112		○
		23	30	6	30	30	30		30
12	12	12	12	12	12	12	12 / 60 / 14		○
○	○	8	14	14	14	14	14 / 16 / 6		14
○	○	14 / 13	13	14	○	14	14	○	○

（B：373頁に続く）

B　アシュク1世からバフラーム2世まで

		イブン・ハビーブ『美文の書』	イブン・クタイバ『知識』	ディーナワリー『長史』	『究極の目的』	ヤアクービー『歴史』	Sprenger 30 手稿本	タバリー『預言者と王の歴史』		マスウ
										『黄金の牧場』
（アシュカーン朝）	アシュク1世						10	10 / 10	アフクールシャー（62）	
	アシュク2世						21	無 / 21		20
	シャープール						30	60 / 30	53	60
	ジューダルズ1世						10	10 / 10	59	10
	ビージャン						21	21 / 21	イーラーン（47）	ニーザル（21）
	ジューダルズ2世						19	19 / 19	31	19
	ナルスィー1世						40	40 / 40	34	40
	フルムズ						17	17 / 17	48	25
	アルダワーン1世						12	12 / 12	フィールーザーン（39）	15
	キスラー						キスラー（40） ビファアーファリード（24）	キスラー（40 / 40） ビファアーファリード（9）	47	40
	バラーシュ							無 / 24		24
	アルダワーン2世			○	○	○	13	13 / 13	55	13
（サーサーン朝）	アルダシール1世	14年10ヶ月	14年6ヶ月	○	○	14	14	14 / 14年10ヶ月		14 / 15
	シャープール1世	32	30年1ヶ月	31	31	○	30年15日	30年15日 / 31年6ヶ月19日		33 / 31年6ヶ月18日
	フルムズ1世	1年10ヶ月	1年10ヶ月	30	○	1	1年10日	1年10日		1 / 1年10ヶ月
	バフラーム1世	7	3年3ヶ月	17	7	3	3年3ヶ月3日	3年3ヶ月3日		3
	バフラーム2世	13	17	○	30	17	18	18 / 17		17

（C：374頁に続く）

ーディー	ハムザ・イスファハーニー『年代記』			バルアミー『歴史書』	マクディスィー『創始と歴史』	フワーリズミー『学問の鍵』	ミスカワイフ『諸民族の経験』	ビールーニー『過去の痕跡』	
『助言と再考の書』	8冊の『列王伝』	ムーサー・キスラウィー	バフラーム・ブン・マルダーンシャー					多数のペルシア人	『年代記』の『アヴェスター』を典拠とする伝承
			10	○	10	○	○	13	
10	52		20	10		○	○	25	52
60	24		60	20	60	○	○	30	24
10	50		表2-1 表4-1 参照	○	10	バフラーム1世（ジューダルズ）	○	バフラーム1世（21）	50
21	21			21	21		ビーリー		21
19	19			19	19		○		19
40	30				40	○	○	25	30
19	17			7	17	○	○	40	17
12	フィールーザーン（12）			○	12	バフラーム2世 バフラーム3世 ナルスィー2世	○	バフラーム2世（25） フィールーズ(17)	フィールーザーン（12）
40	40			40	44		○	20	40
24	24				24		○	ナルスィー2世(30)	24
13	55		31	13	13	○	○	20	55
14年数ヶ月	14年6ヶ月	19年6ヶ月	14年10ヶ月	32	14年6ヶ月	○	○	14年10ヶ月	14年6ヶ月
31年6ヶ月	30年28日	32年4ヶ月	30年15日	32	30	○	30	30年6ヶ月12日	30年28日
1年10ヶ月	1年10日	1年10ヶ月	2	1	1年10ヶ月	○	1	1年10ヶ月	1年10ヶ月
3年3ヶ月	3年3ヶ月3日	9年3ヶ月	3年3ヶ月	3年3ヶ月	3年3ヶ月3日	○	○	3年3ヶ月3日	3年3ヶ月3日
17 / 18	17	23 / 17	17	18 / 17	○	○	○	17	17

（次頁に続く）

（C：375頁に続く）

		ビールーニー『過去の痕跡』				フィルダウスィー『王書』	サアーリビー『列王伝精髄』	ガルディーズィー『歴史の装飾』	ガザーリー『諸王への忠告』	イブン・バルヒー『ファールスの書』
		『年代記』のゾロアスター教司祭を典拠とする伝承	アブー・ファラジュ	アブー・マンスール	『年代記』のムーサー・キスラウィーを典拠とする伝承					
(アシュカーン朝)	アシュク1世	10	アフクールシャー(10)	13		○	アシュク2世(21 / 10) / アフクールシャー(62)	○		10
	アシュク2世	20		25						20
	シャープール	60	60	30		○	53	○		60
	ジューダルズ1世	表4-1参照	10	バフラーム1世(51)		○	57	○		表4-1参照
	ビージャン		21			○	イーラーンシャフルシャー(47)	○		
	ジューダルズ2世		19				31	ナルスィー		
	ナルスィー1世		40	25		○	34	ジューダルズ		
	フルムズ		17	40		○	47	○		
	アルダワーン1世		12	バフラーム2世(5) フルムズ(7) フィールーズ(20) ナルスィー2世(30)			フィールーズ(39)	アバルウィーズ		
	キスラー		40			○	47	○		
	バラーシュ		24					○		
	アルダワーン2世	31	13	20		○	55	12		31
(サーサーン朝)	アルダシール1世	14年10ヶ月	14年10ヶ月		19年10ヶ月	42	14	○	33	14年2ヶ月
	シャープール1世	30年15日	31年6ヶ月18日		32年4ヶ月	30	31	○		31年6ヶ月
	フルムズ1世	3年3ヶ月	1年6ヶ月		1年10ヶ月	1年4ヶ月	2年未満	○	3年3ヶ月	○
	バフラーム1世	17	3年3ヶ月3日		9年3ヶ月	3年3ヶ月	3年3ヶ月3日	○		3年3ヶ月
	バフラーム2世	40年4ヶ月	17		23	19	○	○	10	17

(C：376頁に続く)

『史話要説』		ファフル・ラーズィー『知識の集成』	『天文学者たちの規範』	イブン・ジャウズィー『整然たる歴史』	イブン・アスィール『完史』		ジューズジャーニー『ナースィル史話』
『年代記』のバフラーム・ブン・マルダーンシャーを典拠とする伝承	『年代記』のムーサー・キスラウィーを典拠とする伝承						
10		10	アシュク1世(20) / アフクールシャー(62)	○	20 / 20	52	10
20		52	21		無 / 21		10
60		24	53		60 / 30	24	60
表4-1参照		50	59	○	10 / 10	50	10
		21	イラン(47)		21 / ティーリー(21)	21	
		19	31		89 / 19	19	21
		30	40		40 / 40	30	40
		17	48		17 / 17	19	
		フィールーザーン(12)	フィールーザーン(39)		22 / 12	フィールーズ(12)	
		4	キスラー(47) ビフアーファリード(18)		40 / 40	40	44
			24	○	24 / 無	24	24
31		55	55		13 / 13	55	13
14年10ヶ月 / 14年6ヶ月	19年2ヶ月	19年10ヶ月	14	○	14 / 14年10ヶ月		14年6ヶ月
30年15日 / 30年28日	32年4ヶ月	32年4ヶ月	30	30 / 31年6ヶ月	30年15日 / 31年6ヶ月9日		30
2 / 1年2ヶ月	1年2ヶ月	1年10ヶ月	2	1年10日	1年10日		1年2ヶ月
3年3ヶ月 / 3年3ヶ月3日	9年3ヶ月		3	3年3ヶ月	3年3ヶ月3日		3
17	23		18	18 / 17	18 / 17		4ヶ月 / 4

(次頁に続く)

(C：377頁に続く)

		バイダーウィー『歴史の秩序』	ザッジャージー『吉兆の書』	カーシャーニー『歴史精髄』	ラシード・アッディーン『集史』	バナーカティー『バナーカティー史』	ハムド・アッラー・ムスタウフィー『選史』	アフマド『心優しい子ども』	シャバーンカーライー『系譜集成』
（アシュカーン朝）	アシュク1世	10				3	15	11	10
	アシュク2世	20		50	50		20	25	20
	シャープール	60	86	60	60	21	6		20
	ジューダルズ1世	表4-1参照	50	50	50	バフラーム(11) バラーシュ(15) フルムズ(10) イークール(50) ジューダルズ(57) イラン（48）	表4-1参照		表4-1参照
	ビージャン		ディーウ（20）	21					
	ジューダルズ2世		バラーシュ（10）			30			
	ナルスィー1世		30	40		30			
	フルムズ		17	17	17	7			
	アルダワーン1世		フィールーザーン（40）	アルダワーン1世（12） フィールーザーン（12）	アルダワーン1世（12） フィールーザーン（12）	フィールーズ（30）			
	キスラー			40	40	40			
	バラーシュ			24	24	5			
	アルダワーン2世	31	55	55	55	31	31		31
（サーサーン朝）	アルダシール1世	30	16	14 / 14年10ヶ月	14 / 14年10ヶ月	14 / 40年2ヶ月	40年2ヶ月	78	44
	シャープール1世	31年数ヶ月	30年9ヶ月	31年6ヶ月 / 30	31年6ヶ月 / 30	30年2ヶ月	31	33	31
	フルムズ1世	2	1	2	約2	30	2	33年3ヶ月	1
	バフラーム1世	3年3ヶ月	3年1ヶ月	3年3ヶ月	3年3ヶ月	3年3ヶ月3日	13年3ヶ月		3
	バフラーム2世	17		17 / 18	17 / 18	20	20	10	4

（C：378頁に続く）

シャラフ・カズウィーニー『ペルシア列王伝』	ニークパイ『ニークパイの歴史』	アリー・トゥスタリー『諸王への贈物』	アームリー『高貴なる諸学問』	アハリー『シャイフ・ウワイス史』	アラー・カズウィーニー『探究者の道』	アバルクーヒー『歴史の天国』	『ムイーンの歴史精髄』	イブン・イナバ『スルターンの諸章』		ハーフィズ・アブルー『歴史集成』
		10	12 / 10	8	12 / 10	12 / 15	30	○	○	12
		20	60 / 52	50	60 / 52	20			○	
		20	24	24	24	6	21		○	42
		表 4-1 参照	50	バフラーム (50)	50	表 4-1 参照	バフラーム (11) バラーシュ (10) フルムズ (10) イラン (40)	○	○	表 9-7 参照
			21	21	21			○	○	
			19	19	19		30	○	○	
			30	30	30		9		○	
			17	12	17		7	○	○	
			フィールーザーン (12)	フィールーザーン (12)	フィールーザーン (12)		フィールーズ (30)	○	○	
			24	40	24		40	○	キスラービファーファリード	
				24			5	○	○	
		30	31	55	31	31	31	○	○	31
30	30	30 / 14	30	14	30	24 年 2 ヶ月 / 49	40	○		14
31 年数ヶ月	100 数年数ヶ月	31 年数ヶ月	31 年 6 ヶ月	30 年 1 ヶ月	31 年 6 ヶ月	31 / 33	31 年 6 ヶ月 17 日/30 年 25 日/32 年 4 ヶ月	○		○
1 年 6 ヶ月数日 / 2	1 年 6 ヶ月 / 10	2	2	1 年 2 ヶ月	2	2	1 年 10 ヶ月	○		1 年 10 ヶ月 / 1 年 10 日
3 年 3 ヶ月数日	3 年 3 ヶ月数日	31 年 3 ヶ月	3 年 3 ヶ月	3 年 3 ヶ月 3 日	3 年 3 ヶ月	3	7 / 3 年 3 ヶ月 3 日 / 33	○		3 年 3 ヶ月 3 日 / 9 年
13 年 6 ヶ月	13 年 6 ヶ月	17	17	17	フルムズ・ブン・バフラーム (7)	19	18 / 17 / 16	○		20 / 17 / 18

（C：379 頁に続く）

C　バフラーム3世からフィールーズまで

（サーサーン朝）

	イブン・ハビーブ『美文の書』	イブン・クタイバ『知識』	ディーナワリー『長史』	『究極の目的』	ヤアクービー『歴史』	Sprenger 30 手稿本	タバリー『預言者と王の歴史』	マスウ
								『黄金の牧場』
バフラーム3世		4ヶ月			4	4	4	4年4ヶ月
ナルスィー	7	9	7	7	9	9	9	7 / 7年6ヶ月
フルムズ2世	13	7年5ヶ月	7	7	9	6年5ヶ月	6年5ヶ月 / 7年5ヶ月	7年5ヶ月
シャープール2世	72	72	72	72	72	72	72	72
アルダシール2世	4	4			4	4	4	4
シャープール3世	32	5年4ヶ月	5	5	5	5	5	5 / 5年4ヶ月
バフラーム4世	11	11	13	20	11	11	11	10 / 11
善良なヤズドギルド								
ヤズドギルド1世	12	21年5ヶ月18日	21年6ヶ月	21年6ヶ月	21	22年5ヶ月16日	22年5ヶ月16日 / 21年5ヶ月18日	21年5ヶ月18日 / 21年10ヶ月
バフラーム5世（バフラーム・グール）	16	23	23	○	19	23年10ヶ月20日	18年10ヶ月20日 / 23年10ヶ月20日	23
ヤズドギルド2世		18年5ヶ月未満	17	○	17	18年4ヶ月	18年4ヶ月 / 17	19 / 18年4ヶ月18日
バフラーム6世								
フルムズ3世					○			○
フィールーズ	27年1日	27	○	○	27	21	26 / 21	27

（D：380頁に続く）

ーディー	ハムザ・イスファハーニー『年代記』			バルアミー『歴史書』	マクディスィー『創始と歴史』	フワーリズミー『学問の鍵』	ミスカワイフ『諸民族の経験』	ビールーニー『過去の痕跡』	
『助言と再考の書』	8冊の『列王伝』	ムーサー・キスラウィー	バフラーム・ブン・マルダーンシャー					多数のペルシア人	『年代記』の『アヴェスター』を典拠とする伝承
4年4ヶ月	4ヶ月	13年4ヶ月	40年4ヶ月	4年4ヶ月	4ヶ月	○	○	4ヶ月	4ヶ月
9年6ヶ月	9	9	9	7	9	○	○	9	9
7年5ヶ月	7年5ヶ月	13	7	○	7年5ヶ月	○	○	7年5ヶ月	7年5ヶ月
72	72	72	72	72	72	○	72	72	72
4	4	4	4	4	11	○	4	4	4
5年4ヶ月	5年4ヶ月	82	5	5		○	○	5年4ヶ月	50年4ヶ月
11	11	12	11	11		○	○	11	11
		82							
21	21年5ヶ月16日	22	21年5ヶ月18日	21	○	○	○	21年5ヶ月17日	21年5ヶ月8日
23	23	23	19年11ヶ月	23	23	○	23	18年10ヶ月	23
18年4ヶ月7日	18年4ヶ月18日	18年5ヶ月	14年4ヶ月18日	18	18年4ヶ月18日	○	○	18年3ヶ月28日	18年4ヶ月28日
		26年1ヶ月							
				数年	○	○	○		
27	27年1日	29年1日	17	26年5ヶ月 / 27 / 26	29	○	○	27	27年1日

（次頁に続く）

（D：381頁に続く）

（サーサーン朝）

	ビールーニー『過去の痕跡』				フィルダウスィー『王書』	サアーリビー『列王伝精髄』	ガルディーズィー『歴史の装飾』	ガザーリー『諸王への忠告』	イブン・バルヒー『ファールスの書』
	『年代記』のゾロアスター教司祭を典拠とする伝承	アブー・ファラジュ	アブー・マンスール	『年代記』のムーサー・キスラウィーを典拠とする伝承					
バフラーム3世		4年4ヶ月		13年4ヶ月	4ヶ月	4ヶ月	○	4ヶ月	13年4ヶ月
ナルスィー	9	9		9	9	9	○	9	7年6ヶ月
フルムズ2世	7	9		13	9	7 / 8	○	70年5ヶ月	7年5ヶ月
シャープール2世	72	72		72	70	72	○	70	72
アルダシール2世	4	4		4	10	4	○	10	4
シャープール3世	5	5年4ヶ月		82	5年4ヶ月	5	○	5	5年4ヶ月
バフラーム4世	11	11		12	14	11	○	12	11
善良なヤズドギルド				82					
ヤズドギルド1世	21年5ヶ月18日	21年5ヶ月18日		23	20	21	○	30	21年5ヶ月
バフラーム5世（バフラーム・グール）	19年11ヶ月	18年11ヶ月3日		23	60	23	63	63	23
ヤズドギルド2世	14年4ヶ月18日	18年4ヶ月18日		18年5ヶ月	18	18年余り	18	18	18年5ヶ月
バフラーム6世				26年1ヶ月					
フルムズ3世		7			1		○	9ヶ月	
フィールーズ	17	27		29年1日	27	27	○	11	4

（D：382頁に続く）

『史話要説』		ファフル・ラーズィー『知識の集成』	『天文学者たちの規範』	イブン・ジャウズィー『整然たる歴史』	イブン・アスィール『完史』	ジューズジャーニー『ナースィル史話』
『年代記』のバフラーム・ブン・マルダーンシャーを典拠とする伝承	『年代記』のムーサー・キスラウィーを典拠とする伝承					
40年4ヶ月 / 4ヶ月	13年4ヶ月		4ヶ月	4	4	
7 / 9	9	9	9	9	9	9
7年5ヶ月 / 13	13	13	7	6 / 7	6年5ヶ月 / 7年5ヶ月	7年5ヶ月
72	72	72	72	72	72	72
4 / 5 / 12	4	4	4	4	4	4
5 / 5年4ヶ月 / 5年50日	82	32	5	5	5	5年4ヶ月
11	12	12	11	11	11	11 / 15
	82	82				
21年5ヶ月18日	20	22	21	22年5ヶ月16日 / 21年5ヶ月18日	22年5ヶ月16日	21
23 / 19年数ヶ月 / 60	23	23	23	18年10ヶ月20日 / 23年10ヶ月20日	18年10ヶ月20日 / 23	60
14年4ヶ月18日 / 18年4ヶ月8日	18年5ヶ月	18	17	18年4ヶ月 / 17	18年4ヶ月 / 19	18年4ヶ月18日
	26年1ヶ月	26年1ヶ月				
17 / 27	29年1日	29年1日	21	26 / 21	26 / 21	27

(次頁に続く)

(D：383頁に続く)

（サーサーン朝）

	バイダーウィー『歴史の秩序』	ザッジャージー『吉兆の書』	カーシャーニー『歴史精髄』	ラシード・アッディーン『集史』	バナーカティー『バナーカティー史』	ハムド・アッラー・ムスタウフィー『選史』	アフマド『心優しい子ども』	シャバーンカーライー『系譜集成』
バフラーム3世	13年6ヶ月	4ヶ月	14	14	4ヶ月	13年4ヶ月	4ヶ月	
ナルスィー	7年6ヶ月	5	9	9	9	9	9	7
フルムズ2世	7年5ヶ月		7年5ヶ月	7年5ヶ月	9／7年9ヶ月	9	フルムズ2世（70年5ヶ月） バフラーム（24年15ヶ月5日） フィールーズ（17年2ヶ月10日） ナルスィー（33年5ヶ月5日） アルダワーン（20年数ヶ月） アルダシール・バーバカーンフルムズ（1年2ヶ月数日）	7
シャープール2世	73	72	72	72	75	72	70	72
アルダシール2世	14	4	4	4	10	10	10	○
シャープール3世	5年5ヶ月	54	5	5	5年4ヶ月	5年4ヶ月	5	
バフラーム4世	11	10	11	11	12	13	12	11
善良なヤズドギルド		12				1		
ヤズドギルド1世	21	11年2ヶ月3日	20年10ヶ月	20年10ヶ月	21	21年6ヶ月	30	○
バフラーム5世（バフラーム・グール）	23	23	23年10ヶ月	23年2ヶ月	63	63	63	14
ヤズドギルド2世	18		18年5ヶ月／14年5ヶ月	18年5ヶ月／14年5ヶ月	18	18	18	○
バフラーム6世								
フルムズ3世	数ヶ月				○	1	9ヶ月	
フィールーズ	26	18年10日	17／21／26	17／21／26	28	10	15	1

（D：384頁に続く）

シャラフ・カズウィーニー『ペルシア列王伝』	ニークパイ『ニークパイの歴史』	アリー・トゥスタリー『諸王への贈物』	アームリー『高貴なる諸学問』	アハリー『シャイフ・ウワイス史』	アラー・カズウィーニー『探究者の道』	アバルクーヒー『歴史の天国』	『ムイーンの歴史精髄』	イブン・イナバ『スルターンの諸章』	ハーフィズ・アブルー『歴史集成』
	13	13年6ヶ月	13	9		4	○	○	9／9年4ヶ月
36	36	37年6ヶ月	7年6ヶ月		7	7／9	9／96	○	9／20
6／7年7ヶ月	6／7年7ヶ月	37年5ヶ月	7年5ヶ月	7年5ヶ月	フルムズ2世(7年5ヶ月) フルムズ・ブン・フルムズ(13)	7年5ヶ月／39	7年5ヶ月	○	7／9年3ヶ月
72	72	72	72	70	72	79／70	72	○	72
				4		シャープール3世(5年5ヶ月)	4	○	4／12
5年5ヶ月	○	5年5ヶ月	5年5ヶ月	50	5年5ヶ月	アルダシール2世(14／10)	4／5年4ヶ月		5年4ヶ月
11	11	11	11	11	11	11／15	11	○	12
				30		21			
22年5ヶ月	22年5ヶ月	○	21	21	○	30	21年18日／22年5ヶ月	○	○
16年6ヶ月20日／23年2ヶ月20日	○	23	23	23	23	23／60	12年2ヶ月20日／23	○	43
○	○	11年5ヶ月	18年5ヶ月	18年5ヶ月	18年5ヶ月	18年5ヶ月	18年4ヶ月18日	○	18
○	○	短期間	11		11	9			短期間
21／26	26	26	26	20	26	26／11	27	○	○

（D：385頁に続く）

D　バラーシュからヤズドギルド3世まで

（サーサーン朝）

	イブン・ハビーブ『美文の書』	イブン・クタイバ『知識』	ディーナワリー『長史』	『究極の目的』	ヤアクービー『歴史』	Sprenger 30 手稿本	タバリー『預言者と王の歴史』	マスウ
								『黄金の牧場』
バラーシュ	3年未満	4	4	4	4	4	4	4
クバード	43	43	43	43	43	43	43	43
ジャーマースプ					○			約2
アヌーシルワーン	47 / 49年 7ヶ月数日	47年 7ヶ月	48	42	48	48	48 / 47	48 / 47年 8ヶ月
フルムズ4世	12	11年 7ヶ月	11	11	12	11年9ヶ月 10日	11年9ヶ月10日 / 12	12
アバルウィーズ	38	38	○	○	38	38	38	38
シールーヤ（クバード）	8ヶ月	7ヶ月	8ヶ月	8ヶ月	8ヶ月	8ヶ月	8ヶ月	1年6ヶ月
アルダシール3世	○	5ヶ月	○	○	1年6ヶ月	1年6ヶ月	1年6ヶ月	5ヶ月
シャフルバラーズ（ファッルハーン）	38日	22日			○	40日	40日	約20日/ 2ヶ月
キスラー		3ヶ月		6ヶ月				3ヶ月
プーラーン		1年6ヶ月	○	1年1ヶ月	1年4ヶ月	1年4ヶ月	1年4ヶ月	1年6ヶ月
ジュシュナスディフ（フィールーズ）		無名氏 （2ヶ月）				2ヶ月	1ヶ月未満	2ヶ月
キスラー	10ヶ月							
フィールーズ	50日							
アーザルミードゥフト	4ヶ月	4ヶ月	○	○	6ヶ月	6ヶ月	6ヶ月	1年4ヶ月
キスラー					1ヶ月未満		キスラー（数日） フッラザード・フスラウ	
フィールーズ					○		数日	
ファッルフザード	数ヶ月 数日	無名氏 （1ヶ月）			1	6ヶ月	6ヶ月	1ヶ月/ 数ヶ月
ヤズドギルド3世	20	20	○	○	20	20	2 / 4	20

ーディー	ハムザ・イスファハーニー『年代記』			バルアミー『歴史書』	マクディスィー『創始と歴史』	フワーリズミー『学問の鍵』	ミスカワイフ『諸民族の経験』	ビールーニー『過去の痕跡』	
『助言と再考の書』	8冊の『列王伝』	ムーサー・キスラウィー	バフラーム・ブン・マルダーンシャー					多数のペルシア人	『年代記』の『アヴェスター』を典拠とする伝承
4	4	3	4	4	4	○	○	4	4
43	43	68 / 43	41	43	42	○	43	42	43
				6	○	○		2	
48	47年7ヶ月	47年7ヶ月数日	48	48	47年7ヶ月	○	48	48年7ヶ月	47年7ヶ月
12	11年7ヶ月10日	23 / 13	12	○	11年7ヶ月	○	○	9年7ヶ月10日	11年7ヶ月10日
38	38	38	38	38	38	○	38	38	38
6ヶ月	8ヶ月	8ヶ月	8ヶ月	7ヶ月	8ヶ月	○	8ヶ月	8ヶ月	8ヶ月
1年6ヶ月	1年6ヶ月	1	1年6ヶ月	1年6ヶ月		○	1年6ヶ月	1年6ヶ月	1年6ヶ月
40日		38日		40日	20日		40日	1ヶ月8日	
3ヶ月						○			
1年6ヶ月	1年4ヶ月	1年数日	1年4ヶ月	1年4ヶ月	1年6ヶ月	○	1年4ヶ月	1年4ヶ月	1年4ヶ月
6ヶ月	2ヶ月	2ヶ月	数日	1ヶ月			1ヶ月未満	キスラー（10ヶ月）	2ヶ月
		10ヶ月						ジュシュナスディフ（1ヶ月20日）	
		2ヶ月							
6ヶ月	1年4ヶ月	4ヶ月	6ヶ月	6ヶ月	4ヶ月	○	6ヶ月	6ヶ月	1年4ヶ月
				キスラー(数日) フッラザード・フスラウ			数日		
				○			○		
1	1ヶ月	1ヶ月数日	1	○	○	○	6ヶ月	1ヶ月	1ヶ月
20	20	20	20	4	20	○	3 / 4	20	20

（次頁に続く）

（サーサーン朝）

	ビールーニー『過去の痕跡』				フィルダウスィー『王書』	サアーリビー『列王伝精髄』	ガルディーズィー『歴史の装飾』	ガザーリー『諸王への忠告』	イブン・バルヒー『ファールスの書』
	『年代記』のゾロアスター教司祭を典拠とする伝承	アブー・ファラジュ	アブー・マンスール	『年代記』のムーサー・キスラウィーを典拠とする伝承					
バラーシュ	4	4		3	4	4年数ヶ月	○	アシュク（5年2ヶ月）	4
クバード	41	43		68	40	41	○	40	40
ジャーマースプ						○		1年6ヶ月	3
アヌーシルワーン	48	47年7ヶ月5日		47年7ヶ月	48	48	○	48	47年7ヶ月
フルムズ4世	12	11年7ヶ月15日		23	12	11年9ヶ月	○	12	11年4ヶ月
アバルウィーズ	38	38		38	38	38	○	38	38
シールーヤ（クバード）	8ヶ月	7ヶ月		8ヶ月	7ヶ月	○	○	7ヶ月	8ヶ月
アルダシール3世	1年6ヶ月	5ヶ月		1	1	1年5ヶ月		1年6ヶ月	1年6ヶ月
シャフルバラーズ（ファッルハーン）		22日		1ヶ月8日	ファラーイーン（50日）	○	○	グラーズ（55日）	ハルマーズ（1年5ヶ月）
キスラー		3ヶ月					○		3ヶ月
プーラーン	1年4ヶ月	1年6ヶ月		1	6ヶ月	8ヶ月	○	6ヶ月	1年4ヶ月
ジュシュナスディフ（フィールーズ）	1ヶ月	2ヶ月		2ヶ月			2ヶ月未満		6ヶ月
キスラー				10ヶ月					
フィールーズ				2ヶ月					
アーザルミードゥフト	6ヶ月	4ヶ月		4ヶ月	4ヶ月	○	○	4ヶ月	6ヶ月
キスラー									
フィールーズ									
ファッルフザード	1	1ヶ月		1ヶ月	1ヶ月	○	2ヶ月	1ヶ月	6ヶ月
ヤズドギルド3世	20	20		20	20	20	○	36	20

『史話要説』		ファフル・ラーズィー『知識の集成』	『天文学者たちの規範』	イブン・ジャウズィー『整然たる歴史』	イブン・アスィール『完史』	ジューズジャーニー『ナースィル史話』
『年代記』のバフラーム・ブン・マルダーンシャーを典拠とする伝承	『年代記』のムーサー・キスラウィーを典拠とする伝承					
4	3	3	4	4	4	4
41 / 43	68	68	43	43	43	42
			6		3	
48 / 47年7ヶ月	47年7ヶ月	46年6ヶ月	48	○	48 / 47	47
12	23	23	12	○	11年9ヶ月 / 12	11年7ヶ月
38	38	38	38	38	38	38
8ヶ月 / 5ヶ月	8ヶ月	8ヶ月	8ヶ月前後	8ヶ月 / 6ヶ月	8ヶ月	8ヶ月
1年6ヶ月 / 1年4ヶ月	1	1	1	○	1年6ヶ月	○
	1ヶ月7日	38日		○	40日	20日 / 40日
1年4ヶ月	1年数日	1年数日	1	1年4ヶ月	1年4ヶ月	1年6ヶ月/1年4ヶ月
6日 / 2ヶ月	2ヶ月	2	22日 / 2ヶ月	1ヶ月未満	1ヶ月未満	1ヶ月半
	2ヶ月	10				
	2ヶ月	2ヶ月				
6ヶ月 / 1年4ヶ月	4ヶ月	4ヶ月	6ヶ月前後	6ヶ月	6ヶ月	6ヶ月 / 4ヶ月
			1ヶ月	数日	数日	数日
					数日	ジュシュナスディフ
1	1	1ヶ月数日	6ヶ月		6ヶ月	6ヶ月
20	ヤズドギルド3世 (20) バフラーム・チュービーン (1ヶ月数日)	8	20	○	2	20

（次頁に続く）

（サーサーン朝）

	バイダーウィー『歴史の秩序』	ザッジャージー『吉兆の書』	カーシャーニー『歴史精髄』	ラシード・アッディーン『集史』	バナーカティー『バナーカティー史』	ハムド・アッラー・ムスタウフィー『選史』	アフマド『心優しい子ども』	シャバーンカーライー『系譜集成』
バラーシュ	43	ヤズドギルド（27） バラーシュ（4）	4	4	4年1ヶ月	50	5年2ヶ月	4
クバード	40		43 / 41	43 / 41	40	64	40	46
ジャーマースプ	3		○	○			1年6ヶ月	
アヌーシルワーン	47		48	48	44	48	48	48
フルムズ4世	11年 4ヶ月		12	12	11	フルムズ4世（12） バフラーム・チュービーン（2）	12	○
アバルウィーズ	38		38	38	36	38	37	○
シールーヤ（クバード）	8ヶ月		8ヶ月	8ヶ月	7ヶ月	6ヶ月	6ヶ月	8ヶ月
アルダシール3世	1年6ヶ月		1年6ヶ月	1年6ヶ月	1年6ヶ月	1年6ヶ月	1年6ヶ月	○
シャフルバラーズ（ファッルハーン）	1年5ヶ月		3ヶ月	3ヶ月		ファラーイーン（2）	グラーズ？ （55日）	
キスラー	3ヶ月							
プーラーン	1年4ヶ月		1年4ヶ月	1年4ヶ月	6ヶ月	6ヶ月	6ヶ月	7ヶ月
ジュシュナスディフ（フィールーズ）	6ヶ月		6ヶ月	6ヶ月			1ヶ月未満	
キスラー								
フィールーズ								
アーザルミードゥフト	4ヶ月	1年4ヶ月	6ヶ月	6ヶ月	4ヶ月	4ヶ月	4ヶ月	○
キスラー								
フィールーズ								
ファッルフザード	6ヶ月	1ヶ月	6ヶ月	6ヶ月	○	1ヶ月	1ヶ月	
ヤズドギルド3世	20	20	20	20	8	20	36	○

シャラフ・カズウィーニー『ペルシア列王伝』	ニークパイ『ニークパイの歴史』	アリー・トゥスタリー『諸王への贈物』	アームリー『高貴なる諸学問』	アハリー『シャイフ・ウワイス史』	アラー・カズウィーニー『探究者の道』	アバルクーヒー『歴史の天国』	『ムイーンの歴史精髄』	イブン・イナバ『スルターンの諸章』	ハーフィズ・アブルー『歴史集成』
4	4	○	4	4	4	23 / 50	4 / 3		○
43	43	43	40	43	40	43 / 40	43 / 64	バフラーム	○
		○	○				○	○	○
○	48 / 42	47	47年7ヶ月	47	47	47 / 48	46	○	○
○	○	11年4ヶ月	11	19年7ヶ月	11	12	11年7ヶ月10日 / 13 / 23	○	○
	○	37	約38		38	23 / 28	38	○	○
	7ヶ月	8ヶ月	8ヶ月		8ヶ月	8	8ヶ月	○	○
	1年6ヶ月	1年6ヶ月	1年6ヶ月		1年6ヶ月	1年6ヶ月	1 / 1年6ヶ月	○	○
	1年5ヶ月未満	キスラー（1年5ヶ月）	キスラー（3ヶ月）		キスラー（1年5ヶ月）	キスラー（1年5ヶ月）	40日	○	40日
	3ヶ月未満	3ヶ月未満	フーマーン（1年5ヶ月）		3ヶ月	3			
	1年4ヶ月	6ヶ月	1年4ヶ月		1年4ヶ月	1年4ヶ月	○	○	1年6ヶ月 / 2年4ヶ月
		6ヶ月	6ヶ月		6ヶ月		1ヶ月未満 / 50日	○	1ヶ月 / 50日
							3ヶ月 / 10ヶ月	○	3ヶ月
	○	6ヶ月	4ヶ月			ファッルフザード（6ヶ月） アーザルミードゥフト（1年4ヶ月）	○	○	○
							数日	○	○
	6ヶ月		6ヶ月		6ヶ月		1ヶ月 / 6ヶ月	○	1ヶ月
	○	20	20		8	20	20	○	○

参考文献

略　称

EI[1,2,3]：*The Encyclopaedia of Islam*, 1st Edition, 2nd Edition, 3rd Edition.

EIr：*Encyclopædia Iranica*.

一次文献

Abū al-Fidā'：Abū al-Fidā', *Ta'rīkh Abū al-Fidā'*, ed. M. Dayyūb, 2 vols., Beirut, 1997.

Abū Manṣūrī：M. Qazwīnī, "Muqaddama-yi Qadīm-i *Shāh-nāma*," in *Hazāra-yi Firdawsī*, Tehran, 1362kh, 151–176.

'Alī-nāma：Rabī', *'Alī-nāma*, ed. R. Bayāt & A. Ghulāmī, Tehran, 1390kh.

Amīnī：Faḍl Allāh Rūzbihān Khunjī Iṣfahānī, *Tārīkh-i 'Ālam-ārā-yi Amīnī*, ed. M. A. 'Ashīq, Tehran, 1382kh.

Anīs：Abū Naṣr Mas'ūd b. Muẓaffar al-Anawī, *Anīs al-Qulūb*, Istanbul, Süleymaniye Library, Ms. Ayasofya 2984.

Ansāb：Muḥammad b. 'Alī b. Muḥammad Shabānkāra'ī, *Majma' al-Ansāb*, ed. M. H. Muḥaddith, 2 vols., Tehran, 1363–81kh.

Ansāb / T5838：Muḥammad b. 'Alī b. Muḥammad Shabānkāra'ī, *Majma' al-Ansāb*, Tehran, Tehran University, Ms. 5838.

Anwarī：Anwarī, *Dīwān-i Anwarī*, ed. M. T. Mudarris Raḍawī, 2 vols., Tehran, 1376kh.

'Arāyis：Abū al-Qāsim Qāshānī, *'Arāyis al-Jawāhir*, Istanbul, Süleymaniye Library, Ms. Ayasofya 3613.

Aṣbahān：Abū Nu'aym al-Aṣbahānī, *Kitāb Ta'rīkh Aṣbahān*, ed. K. Ḥasan, Vol. 1, Beirut, 1990.

Ashkāl：Abū al-Qāsim b. Aḥmad Jayhānī, 'Alī b. 'Abd al-Salām tr., *Ashkāl al-'Ālam*, ed. F. Manṣūrī, Mashhad, 1368kh.

As'ila：Rashīd al-Dīn, *As'ila wa Ajwiba-yi Rashīdī*, ed. R. Sha'bānī, Vol. 2, Islamabad, 1371kh.

Āthār：Abū Rayḥān Muḥammad b. Aḥmad al-Bīrūnī, *al-Āthār al-Bāqiya 'an al-Qurūn al-Khāliya*, ed. P. Adhkā'ī, Tehran, 1380kh.

Bad'：Abū Ṭāhir al-Muṭahharī al-Maqdisī, *al-Bad' wa al-Ta'rīkh*, ed. Cl. Huart, Beirut, 2015.

Bal'amī：Bal'amī, *Tārīkh-nāma-yi Ṭabarī*, ed. M. Rawshan, 5 vols., Tehran, 1380kh.

Bal'amī / Bahār：Bal'amī, *Tārīkh-i Bal'amī*, ed. M. T. Bahār, Tehran, 1385kh.

Banākatī：Banākatī, *Tārīkh-i Banākatī*, ed. J. Shi'ār, Tehran, 1378kh.

Banākatī / A3026：Banākatī, *Tārīkh-i Banākatī*, Istanbul, Süleymaniye Library, Ms. Ayasofya 3026.

Biṭrīq：Sa'īd b. Biṭrīq, *Kitāb al-Ta'rīkh al-Majmū' 'alā al-Taḥqīq wa al-Taṣdīq*, ed. L. Cheikho, Louvain, 1962.

Buldān：al-Ya'qūbī, *Kitāb al-Buldān*, ed. M. J. de Goeje, Leiden, 1892.

Burhān : Muḥammad Ḥusayn b. Khalaf Tabrīzī, *Burhān-i Qāṭi'*, ed. M. Mu'īn, 4 vols., Tehran, 1331kh.

Chahār Maqāla : Niẓāmī 'Arūḍī Samarqandī, *Chahār Maqāla*, ed. M. Qazwīnī & M. Mu'īn, Tehran, 1382kh.

Dastūr : Muḥammad b. Hindūshāh Nakhjiwānī, *Dastūr al-Kātib fī Ta'yīn al-Marātib*, ed. 'A. 'A. 'Alī-zāda, 3 vols., Moscow, 1964–76.

Dhayl-i Jāmi' : Ḥāfiẓ-i Abrū, *Dhayl-i Jāmi' al-Tawārīkh*, Istanbul, Nuruosmaniye Library, Ms. 3271.

Dhayl-i Ẓafar : Ḥāfiẓ-i Abrū, *Dhayl-i Ẓafar-nāma*, Istanbul, Nuruosmaniye Library, Ms. 3267/2.

Fakhrīya : Jamāl al-Dīn Aḥmad b. 'Inaba, *al-Fuṣūl al-Fakhrīya*, ed. J. Muḥaddith Urmawī, Tehran, 1363kh.

Fārs-nāma : Ibn al-Balkhī, *Fārs-nāma*, ed. G. Le Strange & R. A. Nicholson, Tehran, 1363kh.

Faṣīḥī : Faṣīḥ-i Khwāfī, *Mujmal-i Faṣīḥī*, ed. M. Nājī Naṣrābādī, 3 vols., Tehran, 1386kh.

Fihrist : Muḥammad b. Isḥāq al-Nadīm, *Kitāb al-Fihrist*, ed. M. Tajaddud, Tehran, 1381kh.

Firdaws : Khusraw Abarqūhī, *Firdaws al-Tawārīkh*, St. Petersburg, National Library, Ms. Dorn 267.

Firdawsī : Abū al-Qāsim Firdawsī, *Shāh-nāma*, ed. J. Khāliqī Muṭlaq, 8 vols., Tehran, 1389kh.

Firdawsī/Bāysunghurī : Abū al-Qāsim Firdawsī, *Shāh-nāma*, Tehran, Golestān Palace Library, Ms. 716.

Firdawsī/Bundārī : Abū al-Qāsim al-Firdawsī, al-Fatḥ b. 'Alī al-Bundārī tr., *al-Shāh-nāma*, ed. 'A. 'Azzām, 2 vols. in 1 vol., Cairo, 2010.

Firdawsī/Florence : Firdawsī, *Shāh-nāma*, ed. 'A. Riwāqī, Tehran, 1369kh.

Fuṣūl : Jamāl al-Dīn Aḥmad b. 'Inaba, *al-Fuṣūl al-Sulṭānīya*, St. Petersburg, Institute of Oriental Manuscripts, Ms. C383.

Ghurar : Abū Manṣūr al-Tha'ālibī, *Ghurar Akhbār Mulūk al-Furs wa Siyar-him*, ed. H. Zotenberg, Paris, 1900.

Ghurar/DIP916 : Abū Manṣūr al-Tha'ālibī, *Ta'rīkh Ghurar al-Siyar*, Istanbul, Süleymaniye Library, Ms. Dāmād Ibrāhīm Paşa 916.

Gulistān : Qāḍī Mīr Aḥmad b. Sharaf al-Dīn Ḥusayn Munshī Qumī, *Gulistān-i Hunar*, ed. A. Suhaylī Khwānsārī, Tehran, n. d.

Guzīda : Ḥamd Allāh Mustawfī, *Tārīkh-i Guzīda*, ed. 'A. Nawā'ī, Tehran, 1364kh.

Guzīda/M13668 : Ḥamd Allāh Mustawfī, *Tārīkh-i Guzīda*, Tehran, Majles Library, Ms. 13668.

H1653 : Ḥāfiẓ-i Abrū, *Zubdat al-Tawārīkh*, Istanbul, Topkapı Palace Library, Ms. Hazine 1653.

Ḥabīb : Khwānd-amīr, *Ḥabīb al-Siyar*, ed. M. Dabīr-siyāqī, 4 vols., Tehran, 1362kh.

Ḥadāyiq : Fakhr al-Dīn Rāzī, *Ḥadāyiq al-Anwār*, Berlin, State Library, Ms. orient. oct. 263.

Hindūshāh : Hindūshāh b. Sanjar b. 'Abd Allāh Ṣāḥibī Nakhjiwānī, *Tajārib al-Salaf*, ed. 'A. Iqbāl, Tehran, 1357kh.

Hindūshāh/Meskaveyh : Hindūshāh Ṣāḥibī Nakhjiwānī, *Tajārib al-Salaf*, ed. A. S. Ḥ. Rawḍātī, Esfahan, 1361kh.

HumāyūnI : Ḥakīm Zajjājī, *Humāyūn-nāma : Nīma-yi Nukhust*, ed. 'A. Pīr-Niyā, Tehran, 1390kh.

HumāyūnII : Ḥakīm Zajjājī, *Humāyūn-nāma : Nīma-yi Duwwum*, ed. 'A. Pīr-Niyā, 2 vols., Tehran,

1383kh.

Ibn al-Fuwaṭī : Ibn al-Fuwaṭī, *Majma' al-Ādāb*, ed. M. al-Kāẓim, 6 vols., Tehran, 1374kh.

Inbāh : Jamāl al-Dīn Abū al-Ḥasan 'Alī b. Yūsuf al-Qifṭī, *Inbāh al-Ruwā 'alā Anbāh al-Nuḥā*, ed. M. Abū al-Faḍl Ibrāhīm, Vol. 1, Cairo & Beirut, 1986.

Irshād : Yāqūt al-Rūmī, *Kitāb Irshād al-Arīb ilā Ma'rifat al-Adīb*, ed. D. S. Margoliouth, 6 vols., London, 1923–30.

Iskandar : Anon., *Anonym Iskandar*, London, British Library, Ms. Or. 1556.

Iskandar/Mashhad : Anon., *Anonym Iskandar*, Mashhad, Āstān-e Qods Library, Ms. 4269.

Jahān-ārā : Qāḍī Aḥmad Ghaffārī Qazwīnī, *Tārīkh-i Jahān-ārā*, ed. Ḥ. Narāqī, Tehran, 1342kh.

Jahān-gushāy : Juwaynī, *Tārīkh-i Jahān-gushāy*, ed. M. Qazwīnī, 3 vols., Tehran, 1382kh.

Jahān-numā : Kâtib Çelebi, *Kitâb-ı Cihânnümâ*, ed. A. Birinci, Ankara, 2009.

Jāmi'/Edinburgh : Rashīd al-Dīn, *Jāmi' al-Tawārīkh*, Edinburgh, Edinburgh University, Ms. Or. 20.

Jāmi'/Ghazna : Rashīd al-Dīn, *Jāmi' al-Tawārīkh : Tārīkh-i Sāmāniyān wa Buwayhiyān wa Ghaznawiyān*, ed. M. Rawshan, Tehran, 1386kh.

Jāmi'/H1654 : Rashīd al-Dīn, *Jāmi' al-Tawārīkh*, Istanbul, Topkapı Palace Library, Ms. Hazine 1654.

Jāmi'/Hind : Rashīd al-Dīn, *Jāmi' al-Tawārīkh : Tārīkh-i Hind wa Sind wa Kashmīr*, ed. M. Rawshan, Tehran, 1384kh.

Jāmi'/Īrān : Rashīd al-Dīn, *Jāmi' al-Tawārīkh : Tārīkh-i Īrān wa Islām*, ed. M. Rawshan, 3 vols., Tehran, 1392kh.

Jāmi'/Khwārazm : Rashīd al-Dīn, *Jāmi' al-Tawārīkh : Tārīkh-i Salāṭīn-i Khwārazm*, ed. M. Rawshan, Tehran, 1389kh.

Jāmi'/Rawshan : Rashīd al-Dīn, *Jāmi' al-Tawārīkh*, ed. M. Rawshan & M. Mūsawī, 4 vols., Tehran, 1373kh.

Jāmi'/Salghur : Rashīd al-Dīn, *Jāmi' al-Tawārīkh : Tārīkh-i Salghuriyān-i Fārs*, ed. M. Rawshan, 1389kh.

Jāmi'/Saljūq : Rashīd al-Dīn, *Jāmi' al-Tawārīkh : Tārīkh-i Āl-i Salchūq*, ed. M. Rawshan, Tehran, 1386kh.

Jāmi'/Ughūz : Rashīd al-Dīn, *Jāmi' al-Tawārīkh : Tārīkh-i Ughūz*, ed. M. Rawshan, Tehran, 1384kh.

Jāmi' al-'Ulūm : Fakhr al-Dīn Rāzī, *Jāmi' al-'Ulūm*, ed. 'A. Āl-i Dāwūd, Tehran, 1382kh.

Jughrāfiyā : Ḥāfiẓ-i Abrū, *Jughrāfiyā-yi Ḥāfiẓ-i Abrū*, ed. Ṣ. Sajjādī, 3 vols., Tehran, 1375–78kh.

Jughrāfiyā/F155 : Ḥāfiẓ-i Abrū, *Tārīkh-i Ḥāfiẓ-i Abrū*, Oxford, Bodleian Library, Ms. Fraser 155.

Jughrāfiyā/Krawulsky : *Ḫorāsān zur Timuridenzeit nach dem Tārīḫ-e Ḥāfeẓ-e Abrū*, ed. D. Krawulsky, Vol. 1, Wiesbaden, 1982.

Jughrāfiyā/O1577 : Ḥāfiẓ-i Abrū, *Tārīkh-i Ḥāfiẓ-i Abrū*, London, British Library, Ms. Or. 1577.

Kāmil : Ibn al-Athīr, *al-Kāmil fī al-Ta'rīkh*, ed. C. J. Tornberg, 13 vols., Beirut, 1965.

Kashf : Ḥājjī Khalīfa, *Kashf al-Ẓunūn*, ed. G. Flügel, 6 vols., Haifa, 1981.

Kharāj : Qudāma b. Ja'far, *al-Kharāj wa Ṣinā'at al-Kitāba*, ed. M. Ḥusayn al-Zubaydī, Baghdad, 1981.

Kishwar : Anon., *Haft Kishwar*, ed. M. Sutūda, Tehran, 1353kh.

Ma'ārif : Ibn Qutayba al-Dīnawarī, *al-Ma'ārif*, ed. M. I. 'Abd Allāh al-Ṣāwī, Beirut, 1970.

Ma'āyīr : Shams al-Dīn Muḥammad b. Qays al-Rāzī, *al-Mu'jam fī Ma'āyīr Ash'ār al-'Ajam*, ed. M. Qazwīnī & M. Raḍawī, Tehran, 1387kh.

Mafātīḥ : Khwārizmī, *Mafātīḥ al-'Ulūm*, ed. G. van Vloten, Leiden, 1895.

Maḥāsin : Ḥusayn b. Muḥammad b. Abī al-Riḍā Āwī, *Tarjuma-yi Maḥāsin-i Iṣfahān*, ed. 'A. Iqbāl, Tehran, 1328kh.

Majālis : Nūr Allāh Shūshtarī, *Majālis al-Mu'minīn*, 2 vols., Tehran, 1377kh.

Majma'/A3353 : Ḥāfiẓ-i Abrū, *Majma' al-Tawārīkh*, Vols. 1–2, Istanbul, Süleymaniye Library, Ms. Ayasofya 3353.

Majma'/G9 : Ḥāfiẓ-i Abrū, *Majma' al-Tawārīkh*, Vol. 2, Cambridge, University Library, Ms. G9 (12).

Majma'/Jawādī : Ḥāfiẓ-i Abrū, *Zubdat al-Tawārīkh*, ed. S. K. Ḥājj Sayyid Jawādī, 4 vols., Tehran, 1380kh.

Majma'/M1465 : Ḥāfiẓ-i Abrū, *Majma' al-Tawārīkh*, Vol. 3, Istanbul, Süleymaniye Library, Ms. Meḥmed Murād 1465.

Majmū'a : Ḥāfiẓ-i Abrū, *Majmū'a-yi Ḥāfiẓ-i Abrū*, Istanbul, Topkapı Palace Library, Ms. Bağdad Köşkü 282.

Majmū'a/D919 : Ḥāfiẓ-i Abrū, *Majmū'a-yi Ḥāfiẓ-i Abrū*, Istanbul, Süleymaniye Library, Ms. Dāmād Ibrāhīm Paşa 919.

Manāfi' : 'Abd al-Hādī b. Muḥammad b. Maḥmūd b. Ibrāhīm Marāghī, *Manāfi'-i Ḥayawān*, ed. M. Rawshan, Tehran, 1388kh.

Manāhij : al-'Alā al-Qazwīnī, *Manāhij al-Ṭālibīn*, London, British Library, Ms. IO Islamic 1660.

Masālik : Ibn Khurdādhbih, *Kitāb al-Masālik wa al-Mamālik*, ed. M. J. de Goeje, Leiden, 1889.

Maṭla' : Kamāl al-Dīn 'Abd al-Razzāq Samarqandī, *Maṭla'-i Sa'dayn wa Majma'-i Baḥrayn*, ed. 'A. Nawā'ī, 4 vols., Tehran, 1372–83kh.

Mawāhib : Mu'īn al-Dīn b. Jalāl al-Dīn Muḥammad Mu'allim Yazdī, *Mawāhib-i Ilāhī*, ed. S. Nafīsī, Tehran, 1326kh.

Milal : Muḥammad al-Shahrastānī, *Kitāb al-Milal wa al-Niḥal*, ed. W. Cureton, Piscataway, 2002.

Mir'āt : Sibṭ b. al-Jawzī, *Mir'āt al-Zamān*, ed. I. 'Abbās, Beirut, 1985.

Mi'yār : Shams al-Dīn Muḥammad b. Fakhr al-Dīn Sa'īd Fakhrī Iṣfahānī, *Mi'yār-i Jamālī wa Miftāḥ-i Abū Isḥāqī*, ed. Y. Kārdgar, Tehran, 1389kh.

Mi'yār/Wāzha : Shams Fakhrī Iṣfahānī, *Wāzha-nāma-yi Fārsī : Bakhsh-i Chahārum-i Mi'yār-i Jamālī*, ed. Ṣ. Kiyā, Tehran, 1337kh.

Muḥabbar : Abū Ja'far Muḥammad b. Ḥabīb, *Kitāb al-Muḥabbar*, ed. I. Lichtenstädter, Beirut, n. d.

Mu'īnī : Anon., *Muntakhab al-Tawārīkh-i Mu'īnī*, Paris, National Library, Ms. Suppl. persan 1651.

Mu'izzī : Mu'izzī, *Kullīyāt-i Dīwān-i Amīr Mu'izzī Nīshābūrī*, ed. M. R. Qanbarī, Tehran, 1385kh.

Mu'jam : Sharaf al-Dīn Faḍl Allāh Ḥusaynī Qazwīnī, *al-Mu'jam fī Āthār Mulūk al-'Ajam*, ed. A. Futūḥī-nasab, Tehran, 1383kh.

Mu'jam/F4485 : Sharaf al-Dīn Faḍl Allāh Ḥusaynī Qazwīnī, *al-Mu'jam fī Āthār Mulūk al-'Ajam*,

Istanbul, Süleymaniye Library, Ms. Fatih 4485.

Mujmal : Anon., *Mujmal al-Tawārīkh wa al-Qiṣaṣ*, ed. S. Najmabadi & S. Weber, Edingen-Neckarhausen, 2000.

Mujmal / A : Anon., *Mujmal al-Tawārīkh wa al-Qiṣaṣ*, ed. Ī. Afshār & M. Umīdsālār, Tehran, 1379kh.

Mujmal / B : Anon., *Mujmal al-Tawārīkh wa al-Qiṣaṣ*, ed. M. Bahār, Tehran, n. d.

Mujmal / C : Anon., *Mujmal al-Tawārīkh wa al-Qiṣaṣ*, ed. Y. Bābāpūr, Tehran, 1392kh.

Munajjim-bāshī : Munajjim-bāshī, *Jāmiʿ al-Duwal*, Istanbul, Nuruosmaniye Library, Ms. 3172.

Munajjimīn : Anon., *Dustūr al-Munajjimīn*, Paris, National Library, Ms. Arabe 5968.

Muʾnis : Jājarmī, *Muʾnis al-Aḥrār*, ed. M. Qazwīnī & M. S. Ṭabībī, Vol. 1, Tehran, 1337kh.

Muntaẓam : Ibn al-Jawzī, *al-Muntaẓam fī Taʾrīkh al-Umam wa al-Mulūk*, ed. M. ʿAbd al-Qādir ʿAṭā & M. ʿAbd al-Qādir ʿAṭā, 18 vols. Beirut, 1992.

Murūj : al-Masʿūdī, *Murūj al-Dhahab wa Maʿādin al-Jawhar*, ed. Ch. Pellat, Vol. 1, Beirut, 1965.

Musāmarat : Maḥmūd b. Muḥammad al-Karīm al-Aqsarāʾī, *Musāmarat al-Akhbār*, Istanbul, Süleymaniye Library, Ms. Ayasofya 3143.

Muẓaffarī : Ibrāhīm Khān Shaybānī, *Muntakhab al-Tawārīkh-i Muẓaffarī*, n. p., 1908.

Nafāyis : Shams al-Dīn Muḥammad b. Maḥmūd Āmulī, *Nafāyis al-Funūn*, ed. A. Shaʿrānī, 3 vols., Tehran, 1381kh.

Naqḍ : ʿAbd al-Jalīl Qazwīnī, *Naqḍ*, ed. J. Muḥaddith, Tehran, 1358kh.

Naṣīḥat : Muḥammad b. Muḥammad b. Muḥammad Ghazālī Ṭūsī, *Naṣīḥat al-Mulūk*, ed. J. Humāʾī, Tehran, 1361kh.

Nihāyat : Anon., *Nihāyat al-Arab fī Taʾrīkh al-Furs wa al-ʿArab*, ed. M. T. Dānish-pazhūh, Tehran, 1374kh.

Nihāyat / Add23298 : Anon., *Nihāyat al-Arab fī Taʾrīkh al-Furs wa al-ʿArab*, London, British Library, Ms. Add. 23298.

Nīkpay : Nīkpay b. Masʿūd, *Tārīkh-i Nīkpay*, Paris, National Library, Ms. Ancien fonds persan 61.

Niẓām : Qāḍī Nāṣir al-Dīn Bayḍāwī, *Niẓām al-Tawārīkh*, ed. M. H. Muḥaddith, Tehran, 1382kh.

Nuzhat : Ḥamd Allāh Mustawfī, *Nuzhat al-Qulūb*, ed. G. Le Strange, Leiden & London, 1915.

Nuzhat / Bombay : Ḥamd Allāh Mustawfī, *Nuzhat al-Qulūb*, ed. Muḥammad Shīrāzī, Bombay, 1894.

Qābūs : ʿUnṣur al-Maʿālī Kaykāwūs, *Qābūs-nāma*, ed. Gh. Yūsufī, Tehran, 1390kh.

Rawḍat : Muḥammad Khāwandshāh b. Maḥmūd Mīr-khwānd, *Rawḍat al-Ṣafā*, ed. J. Kiyānfar, 15 vols., Tehran, 1385kh.

Sawāniḥ : Rashīd al-Dīn, *Sawāniḥ al-Afkār-i Rashīdī*, ed. M. T. Dānish-pazhūh, Tehran, 1358kh.

Shāh-rukh : Ḥāfiẓ-i Abrū, *Tārīkh-i Shāh-rukh*, London, British Library, Ms. IO Islamic 171.

Shāhī : Anon., *Tārīkh-i Shāhī-yi Qarākhitāyiyān*, ed. I. Bāstānī Pārīzī, Tehran, 2535sh.

Shajara : Fakhr-i Mudabbir, *Shajara-yi Ansāb*, Dublin, Chester Beatty Library, Ms. Per. 364.

Shāmī : Niẓām al-Dīn Shāmī, *Ẓafar-nāma*, ed. P. Simnānī, Tehran, 1363kh.

Sharaf : Sharaf Khān b. Shams al-Dīn Bidlīsī, *Sharaf-nāma*, ed. V. V. Zernof, Tehran, 1377kh.

Shīrāz : Zarkūb Shīrāzī, *Shīrāz-nāma*, ed. I. W. Jawādī, Tehran, 1350kh.

Shuʿab : Rashīd al-Dīn, *Shuʿab*, Istanbul, Topkapı Palace Library, Ms. Ahmet III 2937.

Sinī : Ḥamza b. al-Ḥasan al-Iṣfahānī, *Kitāb Ta'rīkh Sinī Mulūk al-Arḍ wa al-Anbiyā'*, ed. I. M. E. Gottwaldt, Leipzig, 1844.

Sinī/O2733 : Ḥamza b. al-Ḥasan al-Iṣfahānī, *Kitāb Ta'rīkh Sinī Mulūk al-Arḍ wa al-Anbiyā'*, London, British Library, Ms. Or. 2733.

Sīstān : Anon., *Tārīkh-i Sīstān*, ed. M. T. Bahār, Tehran, 1381kh.

Sprenger 30 : Anon., *Ta'rīkh al-ʻAẓīm*, Berlin, State Library, Ms. Sprenger 30.

Sulṭānīya : Rashīd al-Dīn, *Kitāb al-Sulṭānīya*, Istanbul, Nuruosmaniye Library, Ms. 3415.

Ṭabaqāt : Minhāj Sirāj Jūzjānī, *Ṭabaqāt-i Nāṣirī*, ed. ʻA. Ḥabībī, 2 vols. in 1 vol., Tehran, 1363kh.

Ṭabaqāt/Petermann : Jūzjānī, *Ṭabaqāt-i Nāṣirī*, Berlin, State Library, Ms. Petermann 386.

Ṭabarī : Abū Jaʻfar Muḥammad b. Jarīr al-Ṭabarī, *Ta'rīkh al-Rusul wa al-Mulūk*, ed. M. J. de Goeje, 16 vols., Leiden, 1964.

Ṭabaristān : Ibn Isfandiyār, *Tārīkh-i Ṭabaristān*, ed. ʻA. Iqbāl, Tehran, 1366kh.

Tadhkirat : Dawlatshāh Samarqandī, *Tadhkirat al-Shuʻarā*, ed. F. ʻAlāqa, Tehran, 1385kh.

Tafsīr : Anon., *Tarjuma-yi Tafsīr-i Ṭabarī*, ed. Ḥ. Yaghmā'ī, 8 vols. in 4 vols., Tehran, 1393kh.

Tajārib : Abū ʻAlī Miskawayh al-Rāzī, *Tajārib al-Umam*, ed. A. Imāmī, 8 vols., Tehran, 1379kh.

Tajārib/Dublin : Anon., *Tajārib al-Umam fī Akhbār Mulūk al-ʻArab wa al-ʻAjam*, Dublin, Chester Beatty Library, Ms. Per. 320.

Tajārib/Istanbul : Anon., *Tajārib al-Umam fī Akhbār Mulūk al-ʻArab wa al-ʻAjam*, Istanbul, Süleymaniye Library, Ms. Ayasofya 3115.

Tajārib/Mashhad : Anon., *Tajārib al-Umam fī Akhbār Mulūk al-ʻArab wa al-ʻAjam*, ed. R. Anzābī-nizhād & Y. Kalāntarī, Mashhad, 1373kh.

Tanbīh : Abū al-Ḥasan ʻAlī b. al-Ḥusayn b. ʻAlī al-Masʻūdī, *Kitāb al-Tanbīh wa al-Ishrāf*, ed. M. J. de Goeje, Leiden, 1894.

Tarassul : Sharaf al-Dīn Faḍl Allāh Ḥusaynī Qazwīnī, *al-Tarassul al-Nuṣratīya*, London, British Library, Ms. Or. 3322.

Ṭiwāl : Abū Ḥanīfa al-Dīnawarī, *al-Akhbār al-Ṭiwāl*, ed. ʻA. ʻĀmir & J. al-Shayyāl, Baghdad, n. d.

Ṭūfānī : Taqī-zāda, S. H., *Zindagī-yi Ṭūfānī*, ed. Ī. Afshār, Tehran, 1372kh.

Tuḥfa : Anon., *Tuḥfa (dar Akhlāq wa Siyāsat)*, ed. M. T. Dānish-pazhūh, Tehran, 1341kh.

Tuḥfa/A3125 : Anon., *Tuḥfa*, Istanbul, Süleymaniye Library, Ms. Ayasofya 3125.

Tustarī : ʻAlī b. Aḥmad b. Muḥammad al-Nāsikh al-Tustarī, *Tuḥfat al-Mulūk*, ed. I. Ḥākimī & M. Farahmand, Tehran, 1389kh.

Tustarī/F4245 : ʻAlī b. Aḥmad b. Muḥammad al-Nāsikh al-Tustarī, *Tuḥfat al-Mulūk*, Istanbul, Süleymaniye Library, Ms. Fatih 4245.

Ūljāytū : Abū al-Qāsim Qāshānī, *Tārīkh-i Ūljāytū*, ed. M. Hamblī, Tehran, 1384kh.

Uways : Abū Bakr Quṭbī Aharī, *Tawārīkh-i Shaykh Uways*, ed. Ī. Afshār, Tabriz, 1388kh.

ʻUyūn : Ibn Qutayba, *ʻUyūn al-Akhbār*, ed. Y. ʻAlī Ṭawīl, 4 vols. in 2 vols., Beirut, 1986.

Walad : Niğdeli Kadı Ahmed, *El-Veledü'ş-Şefîk ve'l-Hâfidü'l-Halîk*, ed. A. Ertuğrul, Vol. 2, Ankara, 2015.

Walad/F4518 : Qāḍī Aḥmad, *al-Walad al-Shafīq*, Istanbul, Süleymaniye Library, Ms. Fatih 4518.

Waṣṣāf: Shihāb al-Dīn ʻAbd Allāh b. ʻIzz al-Dīn Faḍl Allāh Shīrāzī, *Tārīkh-i Waṣṣāf al-Ḥaḍrat*, ed. ʻA. Ḥājiyān-nizhād, Tehran, 1388kh.

Waṣṣāf/Bombay: Faḍl Allāh b. ʻAbd Allāh Shīrāzī, *Tārīkh-i Waṣṣāf al-Ḥaḍrat dar Aḥwāl-i Salāṭīn-i Mughūl*, ed. M. Mahdī Iṣfahānī, Tehran, 1338kh.

Yaʻqūbī: al-Yaʻqūbī, *Ta'rīkh al-Yaʻqūbī*, ed. M. Th. Houtsma, 2 vols., Leiden, 1969.

Yāqūt: Yāqūt al-Ḥamawī, *Muʻjam al-Buldān*, 5 vols., Beirut, 1979.

Yazd: Jaʻfar b. Muḥammad b. Ḥasan Jaʻfarī, *Tārīkh-i Yazd*, ed. Ī. Afshār, Tehran, 1343kh.

Yazdī: Sharaf al-Dīn ʻAlī Yazdī, *Ẓafar-nāma*, ed. S. Mīr Maḥammad Ṣādiq & ʻA. Nawā'ī, 2 vols., Tehran, 1387kh.

Ẓafar: Ḥamd Allāh Mustawfī, *Ẓafar-nāma*, Vols. 1–3, ed. M. Madāyinī, Tehran, 1380–84kh.

Zayn: Gardīzī, *Tārīkh-i Gardīzī*, ed. ʻA. Ḥabībī, Tehran, 1363kh.

Zubdat/A35J: Abū al-Qāsim Qāshānī, *Zubdat al-Tawārīkh*, Tehran, Tehran University, Ms. Adabīyāt 35J.

Zubdat/H459: Abū al-Qāsim Qāshānī, *Zubdat al-Tawārīkh*, Hyderabad, Telangana State Archives & Research Institute, Ms. 459.

Zubdat/M237: Abū al-Qāsim Qāshānī, *Zubdat al-Tawārīkh*, Berlin, State Library, Ms. Munutoli 237.

Zubdat/T9067: Abū al-Qāsim Qāshānī, *Zubdat al-Tawārīkh*, Tehran, Tehran University, Ms. 9067.

『旧約聖書創世記』:『旧約聖書創世記』関根正雄訳，岩波文庫，1991年。

『クルアーン』:中田考監修『日亜対訳クルアーン』作品社，2014年。

『大旅行記』:イブン・バットゥータ著・イブン・ジュザイイ編『大旅行記』家島彦一訳注，第2巻，平凡社，1997年。

『預言者ムハンマド伝』:イブン・イスハーク著・イブン・ヒシャーム編注『預言者ムハンマド伝』後藤明・医王秀行・高田康一・高野太輔訳，全4巻，岩波書店，2010–12年。

二次文献

Adang, C. 2006: "The Chronology of the Israelites According to Ḥamza al-Iṣfahānī," *Jerusalem Studies of Arabic and Islam*, 32, 286–310.

Afshār, Ī. 1390kh: *Kitāb-shināsī-yi Firdawsī wa Shāh-nāma*, Tehran.

Afshār, Ī. & Dānish-pazhūh, M. T. 1352–80kh: *Fihrist-i Kitāb-hā-yi Khaṭṭī-yi Kitāb-khāna-yi Millī-yi Malik*, 13 vols., Tehran.

Amanat, A. 2012: "Legend, Legitimacy and Making a National Narrative in the Historiography of Qajar Iran (1785–1925)," in Ch. Melville ed., *Persian Historiography*, London & New York, 292–366.

Anon. 1998: *Fihrist-i Makhṭūṭāt-i 'National Library of Pakistan'*, Islamabad, 1998.

Anwār, ʻA. 1365–79kh: *Fihrist-i Nusakh-i Khaṭṭī-yi Kitāb-khāna-yi Millī-yi Īrān: Kutub-i Fārsī*, Vols. 1–6, Tehran.

Āriyan-pūr, Y., S. Īzadī & K. Kishāwarz tr. 1362kh: *Adabīyāt-i Fārsī bar Mabnā-yi Ta'līf-i Istūrī*, 2 vols., Tehran.

Ashraf, A. 2006: "IRANIAN IDENTITY," *EIr*, Vol. 13, 501a–530b.

Ashraf, M. 1965 : *A Catalogue of the Persian Manuscripts in the Salar Jung Museum & Library*, Vol. 1, Hyderabad.

Āṣif-Fikrat, M. 1369kh : *Fihrist-i Alifbāʼī-yi Kutub-i Khaṭṭī-yi Kitāb-khāna-yi Markazī-yi Āstān-i Quds-i Raḍawī*, Mashhad.

Askari, N. 2016 : *The Medieval Reception of the Shāhnāma as a Mirror for Princes*, Leiden & Boston.

Ātābāy, B. 2536sh : *Fihrist-i Tārīkh, Safar-nāma, Rūz-nāma wa Jughrāfiyā-yi Khaṭṭī-yi Kitāb-khāna-yi Salṭanatī*, Tehran.

Atallah, W. 1997 : "AL-KALBĪ," *EI²*, Vol. 4, 494b–496a.

Aubin, J. 1975 : "Le patronage culturel en Iran sous les Ilkhans : une grande famille de Yazd," *Le monde Iranien et l'Islam*, 3, 107–118.

Āzhand, Y. 1387kh : *Maktab-i Nigār-garī-yi Shīrāz*, Tehran.

Bābulī, A. Ḥ. 1388kh : *Fihrist-i Nuskha-hā-yi Khaṭṭī-yi Kitāb-khāna-yi Majlis-i Shūrā-yi Islāmī*, Vol. 30, Tehran.

Bahār, M. T. 1321–26kh (1386kh) : *Sabk-shināsī*, 3 vols., Tehran.

Barthold, W. 1927 (1993) : "ḤĀFIẒ-I ABRŪ," *EI¹*, Vol. 3, 213a–213b.

Bayānī, Kh. 1319kh : "Ḥāfiẓ-i Abrū Bihdādīnī ast," *Āmūzish wa Parwarish*, 10/6–7, 62–64.

————1349kh : "Ḥāfiẓ-i Abrū wa Ḥaqīqat wa Fawāyid-i ʻIlm-i Tārīkh az Naẓar-i Way," *Bar-rasī-hā-yi Tārīkhī*, 5/4, 233–254.

————1350kh(a) : "Shāh-nāma-yi Bāyisunghurī wa Ḥāfiẓ-i Abrū," *Bar-rasī-hā-yi Tārīkhī*, 6/3, 159–178.

————1350kh(b) : "Sharḥ-i Ḥāl wa Zindagī wa Āthār wa Tālīfāt-i Ḥāfiẓ-i Abrū," in Ḥāfiẓ-i Abrū, *Dhayl-i Jāmiʻ al-Tawārīkh-i Rashīdī*, ed. Kh. Bayānī, Tehran, 6–61.

Bayānī, Sh. 1345kh (1382kh) : *Tārīkh-i Āl-i Jalāyir*, Tehran.

Binbaş, İ. E. 2011 : "Structure and Function of the Genealogical Tree in Islamic Historiography (1200–1500)," in İ. E. Binbaş & N. Kılıç-Schubel eds., *Horizons of the World : Festschrift for İsenbike Togan*, Istanbul, 465–544.

————2016 : *Intellectual Networks in Timurid Iran : Sharaf al-Dīn ʻAlī Yazdī and the Islamicate Republic of Letters*, Cambridge.

Blair, Sh. S. 1996 : "Patterns of Patronage and Production in Ilkhanid Iran : The Case of Rashid al-Din," in J. Raby & T. Fitzherbert eds., *The Court of the Il-khans*, Oxford, 39–62.

Blochet, E. 1905–34 : *Catalogue des manuscrits persans de la bibliothèque nationale*, 4 vols., Paris.

Bosworth, C. E. 1986 : "ĪDHADJ," *EI²*, Vol. 3, 1015b–1016a.

————1996 : *The New Islamic Dynasties : A Chronological and Genealogical Manual*, Edinburgh.

————2000 : "AL-ṬABARĪ," *EI²*, Vol. 10, 11a–15b.

————2002 : "MESKAWAYH," *EIr* online (http: //www. iranicaonline. org/articles/meskavayh-abu-ali-ahmad, 2017 年 8 月 30 日最終閲覧)

————2004 : "HAZĀRASPIDS," *EIr*, Vol. 12, 93b.

———2010 : "MENHĀJ-E SERĀJ," *EIr* online (http: //www. iranicaonline. org/articles/menhaj-seraj, 2017 年 9 月 2 日最終閲覧)

———ed. & tr. 2011 : *The Ornament of Histories*, London.

Böwering, G. 2001 : "ḠAZĀLĪ : I BIOGRAPHY," *EIr*, Vol. 10, 358b–363b.

Bregel, Yu. E. 1972 : *Persidskaia Literatura*, 3 vols., Moscow.

Browne, E. G. 1900 : "Some Account of the Arabic Work Entitled "*Nihāyatu'l-Irab fī Akhbāri'l-Furs wa'l-'Arab*," Particularly of That Part Which Treats of the Persian Kings," *Journal of the Royal Asiatic Society*, 195–259.

———1924 : "The Tajaribu's-Salaf, a Persian Version of the Arabic Kitabu'l-Fakhri, Composed by Hindushah ibn Sanjar as-Sahibi al-Kirani in 723／1323," *Journal of the Royal Asiatic Society*, 245–254.

———1928 (1951) : *A Literary History of Persia*, 4 vols., Cambridge.

———1932 : *A Descriptive Catalogue of the Oriental Mss. Belonging to the Late E. G. Browne*, Cambridge.

Bulliet, R. W. 1979 : *Coversion to Islam in the Medieval Period : An Essay in Quantitative History*, Cambridge, Massachusetts & London.

Christensen, A. 1917 : *Les types du premier home et du premier roi dans l'histoire légendaire des iraniens*, Stockholm.

———1944 (1971) : *L'Iran sous les sassanides*, Osnabrück.

Crosby, E. W. 2007 : *The History, Poetry, and Genealogy of the Yemen : The Akhbar of Abid b. Sharya al-Jurhumi*, Piscataway.

Daniel, E. L. 1990 : "Manuscripts and Editions of Bal'amī's *Tarjamah-i Tārīkh-i Ṭabarī*," *Journal of the Royal Asiatic Society*, 122/2, 282–321.

———2003 : "Bal'amī's Account of Early Islamic History," in F. Daftary & J. W. Meri eds., *Culture and Memory in Medieval Islam*, London & New York, 163–189.

Dānish-pazhūh, M. T. 1339kh : *Fihrist-i Nuskha-hā-yi Khaṭṭī-yi Kitāb-khāna-yi Dānish-kada-yi Adabīyāt*, Tehran.

———1341kh : "Muqaddama-yi Muṣaḥḥiḥ," in Anon., *Tuḥfa* (*dar Akhlāq wa Siyāsat*), ed. M. T. Dānish-pazhūh, Tehran, xi–xvi.

———1357–64kh : *Fihrist-i Nuskha-hā-yi Khaṭṭī-yi Kitāb-khāna-yi Markazī wa Markaz-i Asnād-i Dānish-gāh-i Tihrān*, Vols. 16–18, Tehran.

Dānish-pazhūh, M. T. & Afshār, Ī. 1342kh : *Nashrīya-yi Kitāb-khāna-yi Markazī-yi Dānish-gāh-i Tihrān : Darbāra-yi Nuskha-hā-yi Khaṭṭī*, Vol. 3, Tehran.

de Blois, F. 2001 : "GARŠĀSP-NĀMA," *EIr*, Vol. 10, 318b–319b.

de Sacy, M. S. 1789 : "Histoire des rois de perse, des khalifes, de plusieurs dynasties, et de Genghizkhan, par Nikbi ben Massoud," *Notices et extraits des manuscrits de la Bibliothèque de Roi*, 2, 315–385.

Diler, Ö. 2006 : *İlhanlar : İran Moğollarının Sikkeleri*, Istanbul.

Dirāyatī, M. 1389kh : *Fihristwāra-yi Dast-niwisht-hā-yi Īrān*, 12 vols., Tehran.

Dobrovits, M. 1994 : "The Turco-Mongolian Tradition of Common Origin and the Historiography in Fifteenth Century Central Asia," *Acta Orientalia*, 47/3, 269–277.

Dodge, B. ed. & tr. 1970 (1998) : *The Fihrist : A 10th Century AD Survey of Islamic Culture*, Chicago.

Dorn, R. 1852 : *Catalogue des manuscrits et xylographes orientaux de la Bibliothèque impériale publique de St. Pétersbourg*, St. Petersburg.

Ertuğrul, A. tr. 2015 : *Niğdeli Kadı Ahmed'in El-Veledü'ş-Şefîk ve'l-Hâfidü'l-Halîk'ı*, Vol. 1, Ankara.

Ethé, H. 1889 : *Catalogue of the Persian, Turkish, Hindûstânî, and Pushtû Manuscripts in the Bodleian Library*, Vol. 1, Oxford.

Ettinghausen, R. 1955 : "An Illuminated Manuscript of Ḥāfiẓ-i Abrū in Istanbul. Part 1," *Kunst des Orients*, 2, 30–44.

Flügel, G. 1977 : *Die arabischen, persischen, türkischen Handschriften der Kaiserlichen und Königlichen Hofbibliothek zu Wien*, Vol. 2, Hildesheim & New York.

Fragner, B. G. 1997 : "Iran under Ilkhanid Rule in a World History Perspective," in D. Aigle ed., *L'Iran face à la domination mongole*, Tehran, 121–131.

———2001 : "The Concept of Regionalism in Historical Research on Central Asia and Iran," in D. DeWeese ed., *Studies on Central Asian History in Honor of Yuri Bregel*, Bloomington, 341–354.

Futūḥī-nasab, A. 1383kh : "Muqaddama," in Sharaf al-Dīn Faḍl Allāh Ḥusaynī Qazwīnī, *al-Mu'jam fī Āthār Mulūk al-'Ajam*, ed. A. Futūḥī-nasab, Tehran, xiii–xlix.

Gilliot, C. 2012 : "'ABDALLĀH B. 'ABBĀS," *EI*[3], Vol. 2012/1, 30a–43a.

Grignaschi, M. 1969 : "La Nihāyatu-l-'arab fī aḫbāri-l-furs wa-l-'arab," *Bulletin d'études orientales*, 22, 15–67.

———1973 : "La Nihāyatu-l-'arab fī aḫbāri-l-furs wa-l-'arab et les Siyaru mulūki-l-'ağam du ps. Ibn-al-Muqaffa'," *Bulletin d'études orientales*, 26, 83–184.

al-Hādī, Y. 1394kh : "Mu'allif-i Tārīkh-i Nīk-pay Kīst?," *Guzārish-i Mīrāth*, 9/1–2, 6–10.

Ḥā'irī, 'A. 1347kh : *Fihrist-i Kitāb-khāna-yi Majlis-i Shūrā-yi Millī*, Vol. 10/2, Tehran.

———1381kh : *Fihrist-i Nuskha-hā-yi Khaṭṭī-yi Kitāb-khāna-yi Majlis-i Shūrā-yi Islāmī : Kitāb-hā-yi Ihdā-yi Sayyid Ṣādiq Ṭabāṭabā'ī*, Vol. 24, Tehran.

Ḥājj Sayyid Jawādī, S. K. 1380kh : "Muqaddama-yi Muṣaḥḥiḥ," in Ḥāfiẓ-i Abrū, *Zubdat al-Tawārīkh*, ed. S. K. Ḥājj Sayyid Jawādī, Vol. 1, Tehran, v–lxvi.

Ḥakīm, M. Ḥ. 1390kh : *Fihrist-i Nuskha-hā-yi Khaṭṭī-yi Kitāb-khāna-yi Majlis-i Shūrā-yi Islāmī*, Vol. 29/2, Tehran.

Hanaway, Jr., W. L. 1989 : "BAHMAN-NĀMA," *EIr*, Vol. 3, 499b–500b.

Heck, P. L. 2002 : *The Construction of Knowledge in Islamic Civilization : Qudāma b. Ja'far and his Kitāb al-Kharāj wa Ṣinā'at al-Kitāba*, Leider, Boston & Köln.

Hidāyat, M. tr. 1385kh : *Shāh-nāma-yi Tha'ālibī : dar Sharḥ-i Aḥwāl-i Salāṭīn-i Īrān*, Tehran.

Ḥusayn, M. B. 1972 : *Fihrist-i Makhṭūṭāt-i Shafī'(ba Fārsī wa Urdū wa Panjābī) dar Kitāb-khāna-yi Prūfisūr Duktur Mawlawī Muḥammad Shafī'*, Lahore.

Ḥusaynī, A. 1355kh : *Fihrist-i Nuskha-hā-yi Khaṭṭī-yi Kitāb-khāna-yi 'Umūmī-yi Ḥaḍrat-i Āyat Allāh al-'Uẓmā Najafī Mar'ashī*, Vol. 5, Qom.

Ḥusaynī, M. T. 1390kh : *Fihrist-i Dast-niwīs-hā-yi Fārsī-yi Kitāb-khāna-yi Ayāṣūfiyā (Istānbūl)*, Tehran.

Imāmī, 'A. 1388kh : *Taṣḥīḥ-i Daftar-i Awwal az Kitāb-i Anīs al-Qulūb*, Ph. D. thesis to Tehran University.

Inal, S. G. 1965 : *The Fourteenth Century Miniatures of the Jāmi' al-Tawārīkh in the Topkapi Museum in Istanbul, Hazine Library, No. 1653*, Ph. D. thesis to the University of Michigan.

Iqbāl, 'A. 1376kh (1386kh) : *Tārīkh-i Mughūl*, Tehran.

I'tiṣāmī, Y. 1311kh : *Fihrist-i Kitāb-khāna-yi Majlis-i Shūrā-yi Millī*, Vol. 2, Tehran.

Jackson Bonner, M. R. 2011 : *Three Neglected Sources of Sasanian History in the Reign of Khusraw Anushirvan*, Paris.

————2015 : *Al-Dīnawarī's Kitāb al-Aḫbār al-Ṭiwāl : An Historiographical Study of Sasanian Iran*, Bures-sur-Yvette.

Ja'fariyān, R. 1389kh : "Muhr-i Kitāb-khāna-yi Shāh-rukh-i Tīmūrī," *Nāma-yi Bahāristān*, 17, 225–228.

Jahn, K. 1967 : "Rashīd al-Dīn as World Historian," in J. Bečka ed., *Yádnáme-ye Jan Rypka*, Prague, 79–87.

Jawād Mashkūr, M. 1352kh : "Khudāy-nāma," *Bar-rasī-hā-yi Tārīkhī*, 8/6, 13–28.

Juynboll, G. H. A. 1997 : "AL-SHA'BĪ," *EI*², Vol. 9, 162b–163b.

Karatay, F. E. 1961 : *Topkapı Sarayı Müzesi Kütüphanesi Farsça Yazmalar Kataloğu*, Istanbul.

Kārdgar, Y. 1389kh : "Muqaddama-yi Muṣaḥḥiḥ," in Shams al-Dīn Muḥammad b. Fakhr al-Dīn Sa'īd Fakhrī Iṣfahānī, *Mi'yār-i Jamālī wa Miftāḥ-i Abū Isḥāqī*, ed. Y. Kārdgar, Tehran, 15–124.

Karīmī Zanjānī Aṣl, M. 2013 : *Tārīkh wa Ta'wīl ba Riwāyat-i Dustūr al-Munajjimīn*, Bonn.

Khaleghi-Motlagh, J. 1999a : "FARĀMARZ-NĀMA," *EIr*, Vol. 9, 240a–241a.

————1999b : "FERDOWSĪ I. LIFE," *EIr*, Vol. 9, 514a–523b.

Khalidi, T. 1975 : *Islamic Historiography : The Histories of Mas'ūdī*, Albany.

————1994 : *Arabic Historical Thought in the Classical Period*, Cambridge.

Khaṭībī, A. 1373kh : "Atābakān-i Luristān," *Dā'irat al-Ma'ārif-i Buzurg-i Islāmī*, Vol. 6, 500b–509b.

Klíma, O. 1977 : *Beiträge zur Geschichte des Mazdakismus*, Praha.

Kohlberg 1992 : *A Medieval Muslim Scholar at Work : Ibn Ṭāwūs and His Library*, Leiden, New York & Köln.

Köprülü, M. F. 1943 : "Anadolu Selçukluları Tarihi'nin Yerli Kaynakları," *Belleten*, 7, 379–458.

Kostigov, G. I. 1973 : *Persidskie i Tadzhikskie Rukopisi "Novoi Serii" Gosudarstvennoi Publichnoi Biblioteki im. M. E. Saltikova-Shedrina*, Leningrad.

Köymen, M. A. 1993 : "Türkiye Selçukluları Tarihine dair Yeni Bir Kaynak : El-Veledü'ş-Şefik," *Belgeler*, 15, 1–22.

Krawulsky, D. 1982 : "Einleitung," in *Ḫorāsān zur Timuridenzeit nach dem Tārīḫ-e Ḥāfeẓ-e Abrū*, ed. D. Krawulsky, Vol. 1, Wiesbaden, 13–23.

Kurtuluş, R. 2003 : "LUR-I BÜZÜRG," *Türkiye Diyanet Vakfı İslâm Ansiklopedisi*, Vol. 27, 225c–226b.

Lambton, A. K. S. 1978 : "Early Timurid Theories of State : Ḥāfiẓ Abrū and Niẓām al-Dīn Šāmī," *Bulletin d'études orientales*, 30, 1–9.

Lane, G. 2003 : *Early Mongol Rule in Thirteenth-Century Iran : A Persian Renaissance*, London & New York.

Laoust, H. 1971 : "IBN AL-DJAWZĪ," *EI*[2], Vol. 3, 751a–752a.

Latham, J. D. 1998 : "EBN AL-MOQAFFAʿ," *EIr*, Vol. 8, 39b–43a.

Le Strange, G. 1905 : *The Lands of the Eastern Caliphate*, Cambridge.

Lentz, Th. W. & Lowry, G. D. 1989 : *Timur and the Princely Vision : Persian Art and Culture in the Fifteenth Century*, Los Angels.

Lichtenstädter, I. 1939 : "Muḥammad ibn Ḥabīb and His Kitāb al-Muḥabbar," *Journal of the Royal Asiatic Society*, 1–27.

Malīḥa, K.1395kh : "*Dustūr al-Munajjimīn* wa Rūy-kardash ba Tārīkh-i Īrān-i Bāstān," *Majalla-yi Iṭṭilāʿāt-i Siyāsī-Iqtiṣādī*, 303, 118–123.

Manz, B. F. 2000 : "Mongol History Rewritten and Relived," *Revue du monde musulman et de la Méditerranée*, 89–90, 129–149.

Marʿashī Najafī, M. 1382kh : *Fihrist-i Nuskha-hā-yi Khaṭṭī-yi Kitāb-khāna-yi Buzurg-i Ḥaḍrat-i Āyat Allāh al-ʿUẓmā Marʿashī Najafī*, Vol. 31, Qom.

Marlow, L. 2013 : "Teaching Wisdom : A Persian Work of Advice for Atabeg Ahmad of Luristan," in M. Boroujerdi ed., *Mirror for the Muslim Prince : Islam and the Theory of Statecraft*, New York, 122–159.

Matini, J. 2008 : "KUŠ-NĀMA," *EIr* online (http://www.iranicaonline.org/articles/kus-nama-part-of-a-mythical-history-of-iran, 2017 年 9 月 2 日最終閲覧)

Meisami, J. S. 1999 : *Persian Historiography to the End of the Twelfth Century*, Edinburgh.

———2000 : "Why Write History in Persian? : Historical Writing in the Samanid Period," in C. Hillenbrand ed., *Studies in Honour of Clifford Edmund Bosworth*, Vol. 2, Leiden, 348–374.

Melville, Ch. 1998 : "Ḥamd Allāh Mustawfī's Ẓafar nāmah and the Historiography of the Late Ilkhanid Period," in K. Eslami ed. *Iran and Iranian Studies : Essays in Honor of Iraj Afshar*, Princeton, 1–12.

———2001 : "From Adam to Abaqa : Qāḍī Baiḍāwī's Rearrangement of History," *Studia Iranica* 30, 67–86.

———2003a : "History and Myth : the Persianisation of Ghazan Khan," in É. M. Jeremiás ed. *Irano-Turkic Cultural Contacts in the 11th–17th Centuries*, Piliscsaba, 133–160.

———2003b : "ḤAMD-ALLĀH MOSTAWFI," *EIr*, Vol. 11, 631b–634b.

———2004 : "HISTORIOGRAPHY IV. MONGOL PERIOD," *EIr*, Vol. 12, 348b–356a.

———2007a : "From Adam to Abaqa : Qāḍī Baiḍāwī's Rearrangement of History (Part II)," *Studia Iranica*, 36, 7–64.

———2007b : "Between Firdausī and Rashīd al-Dīn : Persian Verse Chronicles of the Mongol Period," *Studia Islamica*, 104/105, 45–65.

———ed. 2012 : *Persian Historiography*, London & New York.

Meredith-Owens, G. M. 1968 : *Handlist of Persian Manuscripts 1895–1966*, London.

Mihrābī, Gh. Ḥ. & Kiyānī, P. 1389kh : "Mu'arrifī-yi Ṣāḥib wa *Daftar-i Dil-gushā*," in Ṣāḥib Shabānkāra'ī, *Daftar-i Dil-gushā*, ed. Gh. Ḥ. Mihrābī & P. Kiyānī, Shiraz, 33–73.

Miklukho-Maklai, N. D. 1975 : *Opisanie Persidskikh i Tadzhikskikh Rukopisei Instituta Vostokovedeniia*, Moscow.

Minorsky, V. 1927 (1993) : "LUR-I BUZURG," *EI*[1], Vol. 5, 46b–48a.

————1956 : "The Older Preface to the *Shāh-nāma*," in *Studi Orientalistici in Onore di Giorgio Levi Della Vida*, Vol. 2, Roma, 159–179.

————1986 : "LUR-I BUZURG," *EI*[2], Vol. 5, 826a–828a.

Mīr Shamsī, M. 1388kh : "Pīsh-guftār," in Muḥammad b. Muḥammad b. Muḥammad b. Niẓām al-Ḥusaynī al-Yazdī, *al-'Urāḍa fī al-Ḥikāya al-Saljūqīya*, ed. M. Mīr Shamsī, Tehran, xv–xl.

Mittwoch, E. 1909 : "Die literarische Tätigkeit Ḥamza al-Iṣbahānīs : Ein Beitrag zur älteren arabischen Literaturgeschichte," *Mitteilungen des Seminars für Orientalische Sprachen zu Berlin, Zweite Abteilung : Westasiatische Studien*, 12, 109–169.

Modi, J. J. 1935 : "Mas'udi's Account of the Pesdadian Kings," *The Journal of the K. R. Cama Oriental Institute*, 27, 6–32.

Morgan, D. O. 2002 : "ĀMOLĪ," *EIr* online (http://www.iranicaonline.org/articles/amoli, 2017 年 9 月 10 日最終閲覧)

Morimoto, K. 2017 : "IBN 'INABA," *EI*[3], 2017/4, 135a–137a.

Morony, M. 1989 : "AL-BAD' WA'L-TA'RĪḴ," *EIr*, Vol. 3, 352a–353a.

Morton, A. H. 2004 : *The Saljūqnāma of Ẓahīr al-Dīn Nīshāpūrī*, Cambridge.

————2010 : "Qashani and Rashid al-Din on the Seljuqs of Iran," in Y. Suleiman & A. Jader eds., *Living Islamic History : Studies in Honour of Professor Carole Hillenbrand*, Edinburgh, 166–177.

Muḥaddith, M. H. 1363kh : "Pīsh-guftār," in Muḥammad b. 'Alī b. Muḥammad Shabānkāra'ī, *Majma' al-Ansāb*, ed. M. H. Muḥaddith, Vol. 2., Tehran, 5–16.

Munzawī, A. n. d. : *Fihrist-i Nuskha-hā-yi Khaṭṭī-yi Fārsī*, Vol. 6, Tehran.

Mūza-yi Hunar-hā-yi Mu'āṣir-i Tihrān 1384kh : *Shāh-kār-hā-yi Nigār-garī-yi Īrān*, Tehran.

Nafīsī, S. 1344kh (1363kh) : *Tārīkh-i Naẓm wa Nathr dar Īrān wa dar Zabān-i Fārsī*, 2 vols., Tehran.

Nawshāhī, 'A. 1390kh : *Fihrist-i Nuskha-hā-yi Khaṭṭī-yi Fārsī-yi Kitāb-khāna-yi Markazī-yi Dānish-gāh-i Panjāb-i Lāhūr (Pākistān)*, Vol. 2, Tehran.

Nöldeke, Th. 1879 (1973) : *Geschichte der Perser und Araber zur Zeit der Sasaniden*, Leiden.

————1896 (1930) : *The Iranian National Epic or the Shahnamah*, tr. L. Bogdanov, Bombay.

Otsuka, O. 2013 : "A Study on the Geographical Understanding of Ḥamd-Allāh Mustawfī," in M. Ji & A. Ukai eds., *Translation, History and Arts : New Horizons in Asian Interdisciplinary Humanities Research*, New Castle upon Tyne, 48–67.

Peacock, A. C. S. 2004 : "Local Identity and Medieval Anatolian Historiography : Anavi's *Anis al-Qolub* and Ahmad of Niğde's *al-Walad al-Shafiq*," *Studies on Persianate Societies*, 2, 115–125.

————2007 (2010) : *Mediaeval Islamic Historiography and Political Legitimacy : Bal'amī's*

Tārīkhnāma, London & New York.

Pellat, Ch. 1986 : "IBN AL-ḲIRRIYA," *EI*[2], Vol. 3, 841b–842a.

————1996 : "DĪNAVARĪ," *EIr*, Vol. 7, 417a–417b.

Pingree, D. 1990 : "BĪRŪNĪ II. BIBLIOGRAPHY," *EIr*, Vol. 4, 276a–277b.

Pīr-Niyā, ʻA. 1383kh : "Yād-Dāsht," in Ḥakīm Zajjājī, *Humāyūn-nāma : Nīma-yi Duwwum*, ed. ʻA. Pīr-Niyā, Vol. 1, Tehran, 13–31.

Pourshariati, P. 2007 : "Ḥamza al-Iṣfahānī and Sāsānid Historical Geography of Sinī Mulūk al-Arḍ w' al-Anbiyā," in R. Gyselen ed., *Des Indo-Grecs aux Sassanides* (*Res Orientales 17*), 111–140.

————2010 : "The Akhbār al-Ṭiwāl of Abū Ḥanīfa Dīnawarī : A Shuʻūbī Treatise on Late Antique Iran," in R. Gyselen ed., *Sources for the History of Sasanian and Post-Sasanian Iran* (*Res orientales 19*), 201–289.

————2011 : *Decline and Fall of the Sasanian Empire : The Sasanian-Parthian Confederacy and the Arab Conquest of Iran*, London & New York.

Qazwīnī, M. 1345kh : *Yād-dāsht-hā-yi Qazwīnī*, ed. Ī. Afshār, Vol. 8, Tehran.

————1362kh : "Muqaddama-yi Qadīm-i *Shāh-nāma*," in *Hazāra-yi Firdawsī*, Tehran, 151–176.

————1387kh : "Muqaddama-yi Muṣaḥḥiḥ," in Shams al-Dīn Muḥammad b. Qays al-Rāzī, *al-Muʻjam fī Maʻāyīr Ashʻār al-ʻAjam*, ed. M. Qazwīnī & M. Raḍawī, Tehran, i–xxxvi.

Quinn, Sh. A. 2000 : *Historical Writing during the Reign of Shah ʻAbbas : Ideology, Imitation, and Legitimacy in Safavid Chronicles*, Salt Lake City.

Radtke, B. 1991 : "Toward a Typology of Abbasid Universal Chronicles," *Occasional Papers of the School of Abbasid Studies*, 3, 1–18.

————1992 : *Weltgeschichte und Weltbeschreibung im Mittelalterlichen Islam*, Beirut.

Richards, D. S. 1996 : "EBN AL-AṮĪR," *EIr*, Vol. 7, 671a–672b.

Riḍā-zāda Malik, R. 1384kh : "Pīsh-guftār," in Gardīzī, *Zayn al-Akhbār*, ed. R. Riḍā-zāda Malik, Tehran, xv–lxxii.

Rieu, Ch. 1879–83 : *Catalogue of the Persian Manuscripts in the British Museum*, 3 vols., London.

————1895 : *Supplement to the Catalogue of the Persian Manuscripts in the British Museum*, London.

Riyāḍī, M. R. 1374kh : *Fihrist-i Mīkrūfīlm-hā wa Nusakh-i Khaṭṭī-yi Mūza-yi Millī-yi Īrān*.

Rosen, V. 1886 : *Les manuscrits persans de l'institut des langues orientales*, St. Petersburg.

————1895 (1382kh) : *Dar-bāra-yi Tarjuma-hā-yi ʻArabī-yi Khudāy-nāma*, tr. M. Shujāʻī & ʻA. Bahrāmiyān, Tehran.

Rosenthal, F. 1950 : "From Arabic Books and Manuscripts III : The Author of the Ġurar as-siyar," *Journal of the American Oriental Society*, 70–3, 181a–182b.

————1962 : "The Influence of the Biblical Tradition on Muslim Historiography," in B. Lewis & P. M. Holt eds., *Historians of the Middle East*, London, 35–45.

————1968 : *A History of Muslim Historiography*, Leiden.

————1986 : "ḤAMZA AL-IṢFAHĀNĪ," *EI*[2], Vol. 3, 156a–156b.

————1989 : *The History of al-Ṭabari : Volume 1 General Introduction and from the Creation to the Flood*, New York.

———1998 : "EBN QOTAYBA DĪNAVARĪ," *EIr*, Vol. 8, 45b–47b.

Rubin, Z. 2005 : "Ibn al-Muqaffaʿ and the Account of Sasanian History in the Arabic Codex Sprenger 30," *Jerusalem Studies in Arabic and Islam*, 30, 52–93.

———2008a : "Ḥamza al-Iṣfahānī's Sources for Sasanian History," *Jerusalem Studies in Arabic and Islam*, 35, 27–58.

———2008b : "Al-Ṭabarī and the Age of the Sasanians," in H. Kennedy ed., *Al-Ṭabarī : A Medieval Muslim Historian and His Work*, Princeton, 41–71.

Ṣadrā'ī Khu'ī, ʿA. 1376kh : *Fihrist-i Nuskha-hā-yi Khaṭṭī-yi Kitāb-khāna-yi Majlis-i Shūrā-yi Islāmī*, Vol. 26, Tehran.

Ṣafā, Dh. 1324kh (1384kh) : *Ḥamāsa-sarāy dar Īrān*, Tehran.

———1332kh (1372kh) : *Tārīkh-i Adabīyāt dar Īrān*, 8 vols., Tehran.

Sajjādī, Ṣ. 1375kh : "Pīsh-guftār-i Muṣaḥḥiḥ," in Ḥāfiẓ-i Abrū, *Jughrāfiyā-yi Ḥāfiẓ-i Abrū*, ed. Ṣ. Sajjādī, Vol. 1, Tehran, 15–38.

Savant, S. B. 2006a : *Finding Our Place in the Past : Genealogy and Ethnicity in Islam*, Ph. D. thesis to Harvard University.

———2006b : "Isaac as the Persian's Ishmael : Pride and the Pre-Islamic Past in Ninth and Tenth-Century Islam," *Comparative Islamic Studies*, 2/1, 5–25.

———2013 : *The New Muslims of Post-Conquest Iran : Tradition, Memory, and Conversion*, Cambridge.

———2014 : "Genealogy and Ethnogenesis in al-Masʿudi's Muruj al-dhahab," in S. B. Savant & H. de Felipe eds., *Genealogy and Knowledge in Muslim Societies : Understanding the Past*, Edinburgh, 115–130.

Schacht, J. 1986 : "'AṬĀ'," *EI*², Vol. 1, 730a–730b.

Semenov, A. A. 1963 : *Sobranie Vostochnykh Rukopisei Akademii Nauk Uzbekskoi SSR*, Vol. 6, Tashkent.

Sezgin, F. 1967 : *Geschichte des Arabischen Schrifttums*, Vol. 1, Leiden.

Shboul, A. M. H. 1979 : *Al-Masʿūdī & His World : A Muslim Humanist and His Interest in Non-Muslims*, London.

Shiraishi, S. 1990 : "A Study of Bustanu's-Salatin," *Reading Southeast Asia*, 1, 41–55.

Soucek, P. P. 1985 : "ABU'L-QĀSEM ʿABDALLĀH KĀŠĀNĪ," *EIr*, Vol. 1, 362b–363a.

Spuler, B. 1962 : "The Evolution of Persian Historiography," in B. Lewis & P. M. Holt eds., *Historians of the Middle East*, London, 126–132.

———1971 : "HAZĀRASPIDS," *EI*², Vol. 3, 336b–337b.

———1985 : *Die Mongolen in Iran : Politik, Verwaltung und Kultur der Ilchanzeit 1220–1350*, Leiden.

———1987 : "ATĀBAKĀN-E LORESTĀN," *EIr*, Vol. 2, 896b–898a.

Storey, C. A. 1972 : *Persian Literature : A Bio-bibliographical Survey*, Vol. 2/1, London.

———1977 : *Persian Literature : A Bio-bibliographical Survey*, Vol. 2/3, Leiden.

Subtelny, M. E. & Melville, Ch. 2003 : "ḤĀFEẒ-E ABRU," *EIr*, Vol. 11, 507b–509b.

Sutūda, Ḥ. 1346–47kh : *Tārīkh-i Āl-i Muẓaffar*, 2 vols., Tehran.

Szuppe, M. 2004 : "HISTORIOGRAPHY V. TIMURID PERIOD," *EIr*, Vol. 12, 356a–363a.

Tafaḍḍulī, A. 1376kh : *Tārīkh-i Adabīyāt-i Īrān pīsh az Islām*, Tehran.

Tahmi, M. 1998 : *L'encyclopédisme musulman à l'âge classique : le Livre de la création et de l'histoire de Maqdisî*, Paris.

Tauer, F. 1931 : "Les manuscrits persans historiques des bibliothèques de Stamboul," *Archiv Orientální*, 3, 87–118.

———1956 (1968) : "History and Biography," in J. Rypka, *History of Iranian Literature*, ed. K. Jahn, Dordrecht, 438–459.

———1959 : *Cinq opuscules de Ḥāfiẓ-i Abrū*, Prague.

———1963 : "Hâfizi Abrû sur l'historiographie," in *Mélanges d'orientalisme offerts a Henri Massé*, Tehran, 10–25.

———1971 : "ḤĀFIẒ-I ABRŪ," *EI*², Vol. 3, 57b–58a.

Tavakoli-Targhi, M. 1996 : "Contested Memories : Narrative Structures and Allegorical Meanings of Iran's Pre-Islamic History," *Iranian Studies*, 29/1–2, 149–175.

Tayyara, A. 2014 : "Origin Narratives and the Making of Dynastic History in al-Dīnawarī's *Akhbār*," *Digest of Middle East Studies*, 23/1, 54–75.

Togan, A. Z. V. 1982 : *Oğuz Destani*, Istanbul.

Vaziri, M. 1993 : *Iran as Imagined Nation : The Construction of National Identity*, New York.

van Ess, J. 1981 : *Der Wesir und Seine Gelehrten*, Wiesbaden.

Weber, S. & D. Riedel 2012 : "MOJMAL AL-TAWĀRĪK WA'l-QEṢAṢ," *EIr* online (http://www.iranicaonline.org/articles/mojmal-al-tawarik, 2017 年 9 月 1 日最終閲覧).

Wing, P. 2016 : *The Jalayirids : Dynastic State Formation in the Mongol Middle East*, Edinburgh.

Woods, J. E. 1987 : "The Rise of Tīmūrid Historiography," *Journal of Near Eastern Studies*, 46/2, 81–108.

Yarshater, E. 1983 : "Iranian National History," in E. Yarshater ed., *The Cambridge History of Iran*, Vol. 3/1, Cambridge, 359–477.

Yücesoy, H. 2007 : "Ancient Imperial Heritage and Islamic Universal Historiography : al-Dīnawarī's Secular Perspective," *Journal of Global History*, 2, 135–155.

Zakeri, M. 2008 : "Al-Ṭabarī on Sasanian History : a Study in Sources," in H. Kennedy ed., *Al-Ṭabarī : A Medieval Muslim Historian and His Work*, Princeton, 27–40.

Zaman, M. Q. 2002 : "AL-YAʿḲŪBĪ," *EI*², Vol. 11, 257b–258b.

Zotenberg, H. 1900 : "Préface," in Abū Manṣūr Thaʿālibī, *Ghurar Akhbār Mulūk al-Furs wa Siyar-him*, ed. H. Zotenberg, Paris, i–xlv.

青山亨 1994：「叙事詩，年代記，予言――古典ジャワ文学にみられる伝統的歴史観」『東南アジア研究』32/1，34–65.

赤坂恒明 1994：「『五族譜』と『集史』編纂」『史観』130，47–61.

秋田茂・永原陽子・羽田正・南塚信吾・三宅明正・桃木至朗（編著）2016：『「世界史」の世

界史』（MINERVA 世界史叢書総論）ミネルヴァ書房。
医王秀行 2012：「『預言者ムハンマド伝』解題」イブン・イスハーク著・イブン・ヒシャーム編注『預言者ムハンマド伝』後藤明ほか訳，第4巻，岩波書店，363-386.
井谷鋼造 1995：「Ayasofya 3605 ペルシア語写本 *Niẓām al-Tawārīkh* 中のセルジュク朝関連の記事について（上）」『追手門学院大学文学部紀要』31，1-15.
————1997：「Ayasofya 3605 ペルシア語写本 *Niẓām al-Tawārīkh* 中のセルジュク朝関連の記事について（下）」『追手門学院大学文学部紀要』32，1-28.
————2001：「近世ペルシア語の世界史 *Niẓām al-Tawārīkh* についての古典文献学的研究 I」『古典学の再構築・第 I 期公募研究論文集』，30-36.
岩武昭男 1989：「ニザーム家のワクフと 14 世紀のヤズド」『史林』72/3，1-46.
宇野伸浩 2002：「『集史』の構成における「オグズ・カン説話」の意味」『東洋史研究』61/1，34-61.
————2016：「中央ユーラシア遊牧民の世界像の形成」秋田茂ほか（編著）『「世界史」の世界史』（MINERVA 世界史叢書総論）ミネルヴァ書房，177-191.
大塚修 2007：「キニク氏族とアフラースィヤーブ——ペルシア語普遍史叙述の展開とセルジューク朝の起源」『オリエント』50/1，80-105.
————2013：「『選史』続編の研究——新出史料『ジャラーイル朝史（選史続編）』を中心に」『アジア・アフリカ言語文化研究』85，171-205.
————2014a：「現存最古の『系譜集成』写本——サンクトペテルブルグ東洋写本研究所 C372 写本に関する覚書」『東洋文庫書報』45，1-27.
————2014b：「史上初の世界史家カーシャーニー——『集史』編纂に関する新見解」『西南アジア研究』80，25-48.
————2016a：「『集史』第 2 巻「世界史」校訂の諸問題——モハンマド・ロウシャンの校訂本に対する批判的検討を中心に」『アジア・アフリカ言語文化研究』91，41-61.
————2016b：「『集史』の伝承と受容の歴史——モンゴル史から世界史へ」『東洋史研究』75/2，68-103.
岡崎勝世 2000：『キリスト教的世界史から科学的世界史へ——ドイツ啓蒙主義歴史学研究』勁草書房。
小笠原弘幸 2014：『イスラーム世界における王朝起源論の生成と変容——古典期オスマン帝国の系譜伝承をめぐって』刀水書房。
川口琢司 2007：『ティムール帝国支配層の研究』北海道大学出版会。
————2011：「ハーフィズ・アブルーの地理書におけるマー・ワラー・アンナフルの条について」近藤信彰（編）『ペルシア語文化圏史研究の最前線』東京外国語大学アジア・アフリカ言語文化研究所，61-85.
北川誠一 1987：「大ロル・アタベク領の成立」『文経論叢』22/3，53-85.
————1988：「大ロル・アタベク朝とモンゴル帝国」『文経論叢』23/3，77-92.
————1989：「アタベク・アフラースィヤーブの反乱」『文経論叢』24/3，63-90.
木村暁 2008：「中央アジアとイラン——史料に見る地域認識」宇山智彦（編）『地域認識論——多民族空間の構造と表象』講談社，39-72.

黒柳恒男 1966：「フィルドゥスィー以前のシャー・ナーメ」『東京外国語大学論集』14，73–89.

――――1977：『ペルシア文芸思潮』近藤出版社。

高野太輔 2008：『アラブ系譜体系の誕生と発展』山川出版社。

近藤信彰 2011：「はしがき」近藤信彰（編）『ペルシア語文化圏史研究の最前線』東京外国語大学アジア・アフリカ言語文化研究所。

清水和裕 2008：「ヤズデギルドの娘たち――シャフルバーヌー伝承の形成と初期イスラーム世界」『東洋史研究』67-2，1-30.

清水宏祐 1995：「十字軍とモンゴル――イスラーム世界における世界史像の変化」歴史学研究会（編）『世界史とは何か――多元的世界の接触の転機』東京大学出版会，19–46.

白岩一彦 2000：「ラシード・ウッディーン『歴史集成』現存写本目録」『参考書誌研究』53，1–33.

高田康一 1996：「歴史家としてのタバリー」『イスラム世界』47，17–32.

竹田新 1990：「マスウーディー著『黄金の牧場と宝石の鉱山』の第三～第六章をめぐって（1）」『大阪外国語大学論集』4，279–301.

谷口淳一 2002：「アタベク」『岩波イスラーム辞典』岩波書店，22b.

羽田正 2005：『イスラーム世界の創造』東京大学出版会。

林佳世子 2005：「イスラーム史研究と歴史史料」林佳世子・桝屋友子（編）『記録と表象――史料が語るイスラーム世界』東京大学出版会，1–30.

ブルーム，ジョナサン・ブレア，シーラ 2001：『イスラーム美術』（桝屋友子訳）岩波書店。

本田実信 1991：『モンゴル時代史研究』東京大学出版会。

本田実信・小山皓一郎 1973：「オグズ＝カガン説話 1」『北方文化研究』7，19–63.

真下裕之 2011：「インド・イスラーム社会の歴史書における「インド史」について」『神戸大学文学部紀要』38，51–107.

桝屋友子 2014：『イスラームの写本絵画』名古屋大学出版会。

間野英二 2001：『バーブルとその時代』松香堂。

守川知子 2010：「「イラン史」の誕生」『歴史学研究』863，12–21.

森本公誠 1984：「アラブ（前期）」『アジア歴史研究入門 4（内陸アジア・西アジア）』同朋舎，529–554.

山中由里子 2009：『アレクサンドロス変相――古代から中世イスラームへ』名古屋大学出版会。

渡部良子 1997：「イルハン朝の地方統治――ファールス地方行政を事例として」『日本中東学会年報』12，185–216.

――――2002：「『書記典範』の成立背景――14 世紀におけるペルシア語インシャー手引書編纂とモンゴル文書行政」『史学雑誌』111/7，1–31.

――――2007：「Daftar-i Dilgushā に見えるシャバーンカーラ史の叙述――モンゴル時代史研究における韻文史書利用の可能性」『上智アジア学』25，49–80.

――――2011：「13 世紀モンゴル支配期イランのペルシア語財務術指南書 *Murshid fī al-Ḥisāb*」髙松洋一（編）『イラン式簿記術の発展と展開――イラン，マムルーク朝，オスマン朝下で作成された理論書と帳簿』東洋文庫研究部イスラーム地域研究資料室，9–35.

あとがき

私が本書の装丁に選んだ図版は，1314年書写とされる（ただし異説もある），アラビア語版『集史』第2巻「世界史」の手稿本（通称エジンバラ手稿本）に描き込まれた，ピーシュダード朝君主タフムーラスの宮廷図である。この絵は淡彩の地味なもので，版元からは，本の装丁には地味すぎるのではないかと注文がついた。これについて意見をうかがった美術史の先生からもまったく同感との意見をいただいた。しかし，私はこの点については，我儘を通させていただき，採用していただいた（しかし結果的に大変素晴らしい装丁に仕上がり満足している）。それは，この一枚の絵画が，本書の内容，ひいては，私の研究姿勢を表すのに最適なものだと考えたからである。

『集史』エジンバラ手稿本は，著者であるイルハーン朝の宰相ラシード・アッディーンの存命中，王都タブリーズで作成された現存最古のものとして知られる。その中には，日本でも目にする機会の多い，教科書や概説書の類でお馴染みの「ムハンマド誕生図」が描かれている。一方で，同じくこの手稿本の中にある，この伝説上のペルシアの王の宮廷図に注目した研究者は，これまでにどのくらいいただろうか。また，この部分のテクストの内容に興味を持った研究者は，どのくらいいただろうか。『集史』という歴史書は，「史上初の世界史」とまで呼ばれ，モンゴル時代ユーラシア大陸の東西文化交流を象徴する傑作としての名声をほしいままにしてきたが，実は，そのテクスト全体の分析を行う試みはほとんどなされてこなかった。「モンゴル史」や「中国史」など，「華々しい」内容を含む各章が注目されてきた一方，同時代史料としての価値を持たない「古代ペルシア史」が注目されることはなかった（その結果，『集史』とは全く内容の異なる歴史書のテクストが『集史』の校訂テクストとして出版されてしまう事態に至っている）。何故，有名な歴史書であるにもかかわらず，その内容に関する研究がないのか，さらに言えば，全体の内容を把握することなく，一冊の歴史書を評価することが可能なのか，研究を始めて以来，私の頭の中にあったのはこのような疑問である。

この歴史書の評価ということに関連して，もう一つ私の頭の中にある問題意識は，現在知られている有名な文献のみに限って議論をしてよいのか，というものである。前近代の西アジア・中央アジアでは，書物の内容は印刷ではなく書写という手段で書き継がれてきた。それらは手稿本という形で世界中の図書館に所蔵されており，出版されているものはその一部にすぎない。当然のことながら，未刊行の著作を利用するには，それが所蔵されている図書館において調査を行う必要がある。その中で，現在テクストが出版されている文献というのは，ある時にある研究者が価値を見出した書物であるわけだが，必ずしもその評価は普遍的なものではない。評価は時代によっても，研究者個々人の問題関心によっても変わり得る。一昔前ならともかく，現在，世界の図書館に所蔵される史資料へのアクセスは急速に容易になってきている。それなのに，校訂本の世界だけの議論に安住していてもよいのだろうか。史料に対する評価は，歴史学にとって重要な史料批判に関わる問題ではないのか。第 7 章の表 7-1「ハザーラスプ朝通史を含む史料の先行研究における利用状況」について，このような表をわざわざ掲載する必要はないのではと感じる方もいるかもしれないが，それを私はあえて掲載した。それは，約 90 年前に発表された，ロシアの東洋学者ミノルスキー（1877-1966）の方が，現代の研究者よりも多くの史料を参照していたという事実を示すものだからである。まだ校訂本の数が少なかった時代，研究者は，多くの図書館を自分の足でまわり，質はともかくとして，できるだけ多くの文献を集めようとしてきた。ところが，校訂本の数がそろってくると，議論は簡単に参照できる校訂本の中に留まりがちになる。これでは，何か新しい情報が出てきた時点で，定説はあっさりと覆されてしまうことになる。この傾向は，本書もその影響を多分に受けている歴史叙述研究においても同様である。叙述史料を単に史実を導く道具として用いるのではなく，文献それ自体の編纂の背景や知識人による過去の認識を扱った研究は，近年目覚ましく発展を遂げている。しかし，アラビア語・ペルシア語の歴史叙述研究に関して言えば，そのほとんどが校訂出版された文献に依拠して行われてきた。本書で示したように，普遍史書の中には，これまで史料的価値を認められず，未だに校訂出版されていないものも多いという点に鑑みれば，これまでの歴史叙述研究は，狭い世界の中で進められてきたと言わざるを得ないだろう。

このずっと抱え続けてきた問題意識に対する私なりの答えは，前近代ムスリム知識人が書いた歴史書をとりあえず最初から読んでみよう，そして，出版されているものであれ出版されていないものであれ，可能な限り多くの歴史書を調査の対象にしてみよう，という極めて単純なものであった。このような動機からこれまで進めてきた研究成果の一部が本書である。本書では，普遍史という歴史類型に焦点を当て，特に，天地創造に始まる人類の歴史の変遷を分析した。それは，多くの歴史書において，人類の起源が意識されており，前近代ムスリム知識人の歴史観を知るために最も有効な手段だと考えたからである。本書を通じて，彼らが普遍史という歴史類型の文献を何故著し続けていたのか，そして，その内容がどのように発展を遂げてきたのか，その輪郭がおぼろげながら見えてきた。そしてその過程で，各普遍史書の性格や相互の関係がより具体的に明らかになったように思う。

本書は，一冊の歴史書の中でこれまで捨象されてきた部分，また，その存在すら知られてこなかった歴史書を対象とした地味な文献研究である。しかし，これまで注目されてこなかった部分にスポットライトを当てることで，歴史研究で定説とされてきた議論を幾つも修正することができた。今更何を当たり前のことをと思われるかもしれないが，このような部分を一つ一つ丁寧に分析していくことも，新しい発見を得るための，そして何よりも，確かな学説を提示できる手段だと考えている。地味な文献研究から定説を覆す華々しい成果を得る，その想いから，本の装丁にこの宮廷図を選んだのである。

最後に，現在出版されている校訂本が，本当に過去の知識人が書いた文献の内容を復元したものとして利用し得るのか，という問題にも触れておきたい。本書の各所で示した通り，現代の研究者による校訂の中には，手稿本の系統図を作らないどころか，ろくに手稿本調査もせずに，たまたま手元にあった「良さ気」な手稿本を翻刻した類のものが多い。それでテクストがそのまま翻刻されていればまだよいのだが，中には，恣意的に著作の内容に手を加えたものもある（『歴史の装飾』の新校訂，『集史』「イラン・イスラーム史」の校訂など）。こういった校訂本は，もはや過去の歴史家の著作の「校訂本」ではなく，現代の校訂者が新しく書いた「歴史書」であり，これを史料として用いることはできない。私一人の手に負える仕事ではないが，こういった「非科学的な」校訂については，仕事を一からやり直さなければならないし，何よりも，未刊行史料の校訂も急がなければならない。それこそが，今後の歴史研究の発展のための手段の一つだと考えている。

本書は，2013 年に東京大学大学院人文社会系研究科に提出した博士学位請求論文『ペルシア語文化圏における普遍史書の研究——9–15 世紀の歴史叙述における人類史認識』に，その後の研究成果を反映させながら，大幅に加筆修正を加えたものである。本書を出版するにあたり，日本学術振興会平成 29 年度科学研究費補助金（研究成果公開促進費「学術図書」）の交付を受けた。なお，本書の一部の章や節については，既に論文として公表している。参照の際の便を考え，文章を組み込んだ箇所については，誤りの訂正や本書の文体と統一する程度の微修正に留めた。既発表論文は以下の通りである。

第 7 章：「イルハーン朝末期地方政権におけるペルシア語文芸活動の隆盛——ハザーラスプ朝君主ヌスラト・アッディーンの治世を事例として」『オリエント』58/1，2015，40–56.
第 9 章 3 節のハーフィズ・アブルーの著作に関する各項目：「ハーフィズ・アブルーの歴史編纂事業再考——『改訂版集史』を中心に」『東洋文化研究所紀要』168，2015，245–289.

本書の刊行に至るまで，国内外を問わず多くの方々からご支援を賜った。ここに全ての方のお名前を挙げることはかなわないが，心より御礼を申し上げたい。

大学院に進学して以来，指導教員としてご指導を賜ったのは羽田正先生である。羽田先生には，正規のゼミ以外でも，海外調査・学会報告など様々な経験を積む機会を与えていただき，大変に恵まれた研究環境に身を置くことができた。今思えば，2005 年に博士課程に進学したばかりの私に，パリの国立図書館で手稿本調査を行うように勧めてくださったのは羽田先生であった。その時の調査で，実際にアラビア文字手稿本に触れた経験，そして何よりもその時の感動が私の研究の原点となっている。あの時の先生の言葉がなければ，本書は存在しなかったかもしれない。

博士論文の副査を引き受けていただいたのは，森本一夫先生，大稔哲也先生，杉田英明先生，近藤信彰先生である。先生方からは数々の有益かつとても手厳しいコメントを頂戴したが，非力ゆえに完全に本書に反映させることはできなかった。それはひとえに私の責任である。森本先生からは副指導教官として，史料の読み方から論文の書き方に至るまであらゆる面で多くのことを学び，そのストイックな研究姿勢には大きな刺激を受けた。大稔先生には，私の研究の至らない点を，いつも穏やかに的確な言葉で指摘していただき，それにより，研究を一歩一歩前に進めることができた。杉田先生，近藤先生は，私が東洋史への進学を決意し，意を決して受講したアラビア語，ペルシア語の授業を担当されていた。お二人の細やかかつ現地の魅力が滲み出た授業から，私の研究者への道は始まった。また近藤先生には，日本学術振興会特別研究員として，東京外国語大学アジア・アフリカ言語文化研究所に受け入れていただいた。

私が東京大学文学部東洋史学研究室に進学した時に，まずご指導いただいたのは，故佐藤次高先生，蔀勇造先生，小松久男先生であった。未知の世界に右も左も分からない状態で進学してきた私に，歴史学とはどのような学問であるのか，三者三様の方法で示していただいた。未知の世界に足を踏み入れたあの時の緊張と胸の高鳴りは今でも忘れていない。また，まさにその時に受講した桝屋友子先生の授業で展開された手稿本絵画のスライドショーは手稿本への興味を，八尾師誠先生の授業はイランという地理概念への興味を掻き立て，それが結果的に本書の内容に反映されることになった。

また，何より私がこうして研究を続けていられるのは，研究室の先輩方の公私を問わぬご指導や励ましのおかげである。研究を進める上で特にお世話になったのは，学部時代よりペルシア語史料講読にお付き合いいただき私の語学を鍛えてくれた渡部良子さん，研究関心が近いということもあり研究に関するあらゆる面で相談にのっていただいた小笠原弘幸さん，卓越した行動力をもって安定したイランへの留学ルートを切り開いてくださった阿部尚史さんのお三方である。幸いなことに切磋琢磨する同期にも恵まれたが，その中で，特に小林理修さんから多くの刺激を受けた。現在，私は学生時代から育ててもらった東洋史学研究室に職を得，研究室の先生方には自由に研究する時間を与えていただいている。何とか在職中に本書を出版することができたのが，私の唯一の恩返しである。

私の研究を大きく前進させたのは，2年間のイラン・イスラーム共和国への留学であった。快く受け入れていただいたテヘラン大学のマンスール・セファトゴル先生には，様々な場面で助けていただいた。この期間に研究面で最もお世話になったのは，エマードッディーン・シェイホルホキャマーイー先生で，毎週朝8時から，まだ人の少ない研究所で，写本学・文書学の稽古をつけていただいた。テヘラン名物の朝の渋滞には辟易とさせられたが，その時に交わした何気ない会話の内容までが今の私の血となり肉となっている。その他，ミールハーシェム・モハッデス先生とナーデレ・ジャラーリー先生は，私が持ちこんだ史料の読みを確定する作業に付き合ってくださった。また，イランにおける研究拠点と勝手に位置付け，我が家同然に入り浸っていたテヘラン大学付属中央図書館写本室のスタッフの方々，毎週のように図書館への紹介状の発行を依頼しお手を煩わせたテヘラン大学国際局のスタッフの方々にはご迷惑をおかけした。

本書を執筆するに至るまで，筆者が研究許可を取得し手稿本調査を行った機関は，イランの他に，トルコ，エジプト，インド，パキスタン，ウズベキスタン，タジキスタン，ロシア，イギリス，アイルランド，フランス，ドイツ，オーストリア，イタリアの13ヶ国にまたがる。これらの機関が閲覧・複写の便宜をはかってくれなければ，本書は生まれなかった。

そして，本書出版をお声掛けいただき，出版にあたり最初から最後までご助言いただいた名古屋大学出版会の橘宗吾さんには大変にお世話になった。本書には橘さんのご指摘で改善された箇所も多く含まれている。『普遍史の変貌』というタイトルをご提案いただいたのも橘さんである。校正に際しては，同出版会の三原大地さんに本当に丁寧に仕事をしていただいた。筆者にとって初めての本づくりでお二人の導きを得られたのは本当に幸運であった。

最後に，研究の道に進むことを理解してくれた両親，そして，私的な旅行の際にもちょっとだけだからと図書館に立ち寄り手稿本の調査を行ってしまう私を辛抱強く隣で見守ってくれる妻の公美子に感謝の念を捧げることをお許しいただきたい。

2017年11月16日　東京大学文学部東洋史学研究室にて

大塚　修

図表一覧

地　図　本書に登場する主要都市 …… x

図 0-1　普遍史書の構成 …… 10
図 0-2　『バーイスングルの王書』。ゴレスターン宮殿付属図書館（テヘラン）Ms. 716, 4b（Mūza-yi Hunar-hā-yi Muʻāṣir-i Tihrān 1384kh：63 より） …… 17
図 1-1　旧約的世界認識に基づいた人類の系図 …… 21
図 1-2　『美文の書』における地上の王の系図 …… 24
図 1-3　『長史』におけるセム裔の系図 …… 32
図 1-4　『預言者と王の歴史』におけるカユーマルスの系図 …… 50
図 2-1　『年代記』における古代ペルシア史の典拠 …… 68
図 3-1　『王書』におけるカユーマルスの系図 …… 110
図 3-2　現存最古の『王書』手稿本。国立図書館（フローレンス）Ms. Cl. III. 24, 3b（*Firdawsī*/*Florence*：1 より） …… 112
図 3-3　現存最古の『列王伝精髄』手稿本。スレイマニエ図書館（イスタンブル）Ms. Dāmād Ibrāhīm Paşa 916, 1b–2a（© Süleymaniye Yazma Eser Kütüphanesi） …… 113
図 3-4　『列王伝精髄』におけるカユーマルスとアダムの関係 …… 117
図 4-1　現存唯一の『心魂の友』手稿本。スレイマニエ図書館（イスタンブル）Ms. Ayasofya 2984, 2b–3a（© Süleymaniye Yazma Eser Kütüphanesi） …… 134
図 4-2　『ファールスの書』におけるカユーマルスの系図 …… 143
図 4-3　『史話要説』に挿入された世界地図。ハイデルベルク大学付属図書館（ハイデルベルク）Ms. Or. 118, 263a（*Mujmal*：367 より） …… 147
図 5-1　『歴史精髄』所収「ルーム・セルジューク朝史」。テヘラン大学付属図書館（テヘラン）Ms. 9067, 255b（© Central Library and Documentation Center of the University of Tehran） …… 182
図 5-2　『集史』におけるオグズ・ハーンの系図 …… 193
図 5-3　『スルターニーヤの書』に挿入された，図式化された人類の系図。ヌールオスマーニーエ図書館（イスタンブル）Ms. 3415, 444b（© Süleymaniye Yazma Eser Kütüphanesi） …… 195
図 5-4　『バナーカティー史』におけるカユーマルスの系図 …… 199
図 5-5　『バナーカティー史』に挿入された世界地図。スレイマニエ図書館（イスタンブル）Ms. Ayasofya 3026, 105a（© Süleymaniye Yazma Eser Kütüphanesi） …… 201
図 6-1　ムスタウフィー廟（カズウィーン市）（筆者撮影） …… 205
図 6-2　『選史』におけるセム裔の系図 …… 212
図 6-3　『選史』におけるヤペテ裔の系図 …… 212

図 6-4 『選史』に挿入された，図式化された人類の系図。議会図書館（テヘラン）Ms. 13668, 349b–350a（© Library, Museum and Documentation Center of the Islamic Consultative Assembly）……213
図 6-5 現存唯一の『心優しい子ども』手稿本。スレイマニエ図書館（イスタンブル）Ms. Fatih 4518, 1b–2a（© Süleymaniye Yazma Eser Kütüphanesi）……219
図 7-1 現存最古の『ペルシア列王伝』手稿本。スレイマニエ図書館（イスタンブル）Ms. Fatih 4485, 1b–2a（© Süleymaniye Yazma Eser Kütüphanesi）……245
図 7-2 現存最古の『諸民族の経験』手稿本。スレイマニエ図書館（イスタンブル）Ms. Ayasofya 3115, 1b–2a（© Süleymaniye Yazma Eser Kütüphanesi）……249
図 8-1 ルクン・フサイニー廟（ヤズド市）（筆者撮影）……272
図 8-2 『諸王への贈物』に挿入されたピーシュダード朝諸王の王名表。スレイマニエ図書館（イスタンブル）Ms. Fatih 4245, 87a（© Süleymaniye Yazma Eser Kütüphanesi）……275
図 9-1 『勝利の書』におけるセム裔の系図……311
図 9-2 『勝利の書』におけるヤペテ裔の系図……312
図 9-3 1480/1 年書写の『選集』手稿本。スレイマニエ図書館（イスタンブル）Ms. Dāmād Ibrāhīm Paşa 919, 1b–2a（© Süleymaniye Yazma Eser Kütüphanesi）……324
図 9-4 シャー・ルフ旧蔵『歴史集成』手稿本。スレイマニエ図書館（イスタンブル）Ms. Ayasofya 3353, 1b–2a（© Süleymaniye Yazma Eser Kütüphanesi）……328
図 9-5 シャー・ルフの蔵書印。スレイマニエ図書館（イスタンブル）Ms. Ayasofya 3353, 363a（© Süleymaniye Yazma Eser Kütüphanesi）……344
図 9-6 『バーイスングルの王書』のシャムサ。ゴレスターン宮殿付属図書館（テヘラン）Ms. 716, 1a（Āzhand 1387kh : 57 より）……348

表 1-1 『究極の目的』におけるシャアビーを情報源とする記事……38
表 1-2 『究極の目的』におけるイブン・ムカッファアを情報源とする記事……42
表 2-1 『年代記』におけるアシュカーン朝の諸王と統治年……73
表 2-2 『歴史書』における前イスラーム時代の歴史の章構成……90
表 3-1 『列王伝精髄』におけるアシュカーン朝の諸王と統治年……118
表 4-1 バフラーム・ブン・マルダーンシャー系統の伝承におけるアシュカーン朝の諸王と統治年……144
表 5-1 『歴史の秩序』の章構成……172
表 5-2 『歴史の秩序』におけるペルシア諸王と預言者の関係……175
表 5-3 『歴史精髄』と『集史』の編纂年……183
表 6-1 『選史』におけるペルシア諸王と預言者の関係……215
表 6-2 『心優しい子ども』における人類の系図……220
表 6-3 『系譜集成』の章構成……225
表 7-1 ハザーラスプ朝通史を含む史料の先行研究における利用状況……242
表 7-2 『ヌスラト書簡集』で規定された支配者に対する美称……252

表 7-3　『ペルシア列王伝』におけるペルシア諸王と預言者の関係……257
表 7-4　『ペルシア列王伝』と『ニークパイの歴史』におけるカユーマルスの位置付け…264
表 7-5　『ニークパイの歴史』における『ペルシア列王伝』以外からの引用……266
表 8-1　『シャイフ・ウワイス史』における諸民族の分布……283
表 8-2　『シャイフ・ウワイス史』におけるペルシア諸王と預言者の関係……283
表 9-1　『スルターンの諸章』における 2 種類のアシュカーン朝の諸王……308
表 9-2　ハーフィズ・アブルーの著作に見られる自称表現……318
表 9-3　『ハーフィズ・アブルーの歴史』現存手稿本……322
表 9-4　『選集』現存手稿本……326
表 9-5　『歴史集成』現存手稿本……330
表 9-6　『歴史集成』におけるペルシア諸王と預言者の関係……336
表 9-7　『歴史集成』と『歴史の秩序』におけるアシュカーン朝の諸王と統治年……336
表 9-8　『改訂版集史』現存手稿本……345
表 9-9　ハーフィズ・アブルーの歴史編纂事業……349

付　表　普遍史における古代ペルシア史叙述の変遷……361-385

索　引

ア 行

アーグシュ・ワハーダーン Āghush Wahādān　147, 153
アーザルバード Ādharbād　212
アーダム　→アダム
アード ʿĀd　32, 220, 222
アード族，アード一族　212, 224, 225, 311
アーミル ʿĀmir　→エベル
アームーラー ʿĀmūrā　→ゴメル
アームリー Shams al-Dīn Muḥammad b. Maḥmūd al-Āmulī　278
アームル　47
アーリヤ人 al-aryān　67
アール・アトリー・キーシー・アース・ドゥーンクリー・カーイー・イーナール・ハーン Āl Atlī Kīshī Ās Dūnkulī Qāyī Īnāl Khān　193
アイ・ハーン Ay Khān　313
アイニー ʿAynī　359
アイユーブ・ブン・キッリーヤ Abū Sulaymān Ayyūb b. al-Qirrīya　35, 36, 39-41
アイユーブ朝　135, 161, 164, 184, 301, 303
アイル Ayr　62
『アヴェスター』　68, 70, 74, 75, 85, 100-102, 126, 149
アウグストゥス Aghasṭūs　200
青山亨　9
アクサラーイー Maḥmūd b. Muḥammad al-Karīm al-Aqsarāʾī　227
アクフールシャー Aqfūrshāh（アシュカーン朝君主）→アフクールシャー
アケメネス朝　102
アサダーバード　145
アサディー Asadī　→アサディー・トゥースィー
アサディー・トゥースィー Asadī Ṭūsī　146, 246, 290
アサド族　38
アザレル　37
アシュアリー学派　153
アシュカーン朝　16, 23, 26-28, 32, 33, 42, 45, 53, 56, 59, 64, 68, 70, 71, 73, 74, 82, 89, 90, 93, 95, 96, 103, 108, 115, 118, 138, 141-144, 157, 159, 161, 163, 165, 172-174, 179, 183, 186, 189, 199, 200, 211, 214, 221, 224, 225, 253, 274, 279, 281, 283, 292, 299, 302, 308, 335-337, 354, 356, 360,
アシュク Ashk（アシュカーン朝）→アシュク1世
アシュク Ashk（サーサーン朝）　138
アシュク1世 Ashk b. Dārā（アシュカーン朝）53, 89, 95, 108, 159, 179, 200, 211, 221
アシュク2世 Ashk b. Ashk/Ashk b. Ashkān（アシュカーン朝）　95, 115, 144, 221
アシュケナズ（アシュキファール Ashkifār?）197, 199
アシュラフ A. Ashraf　129
アシュル（アシュール Ashūr）　30, 32, 157, 211, 212, 283, 303, 311
アスィール・ザーダ Aṣīl-zāda　→サーマーン・フダー
アスキャリー N. Askari　131, 150, 188, 210
アスクハド Askhad　121
アスバーン Asbān（ヤペテの子）　283
アスバグ・ブン・ヌバータ al-Aṣbagh b. Nubāta　38
アスマイー Aṣmaʿī　27, 34, 36, 37
アゼルバイジャン　94, 122, 147, 269, 280, 284, 303, 345
アゼルバイジャン（アーザルバーイジャーン Ādharbāyjān，セムの孫）　311
アター ʿAṭāʾ b. Abī Rabāḥ　36, 37, 150
アター・マリク・ジュワイニー ʿAṭāʾ Malik Juwaynī　181, 203, 210, 227, 262, 290, 327
アターベク　139, 238, 240, 247, 252, 259, 337
アダブ　7
アダム（アーダム Ādam）　2, 5, 9, 12, 20-24, 27-29, 32, 34, 36, 37, 48-52, 56, 62, 63, 77, 80-82, 84-87, 91-95, 99, 100, 109, 116, 117, 120, 123, 134, 136, 137, 142, 143, 145, 149-151, 154, 156, 158-160, 162, 163, 165, 172-

174, 178, 179, 184–186, 188, 194, 196–199, 203, 212, 213, 215, 221, 225, 226, 228, 230, 250, 251, 256, 263–265, 275, 276, 278, 279, 281–284, 287, 288, 292, 293, 296, 300, 304, 306, 307, 309, 310, 315, 323, 332, 333, 342, 350, 353, 356, 357, 359, 360
アチェ王国　359
アッタール Farīd al-Dīn ʻAṭṭār　209, 290
アッバース朝　4, 5, 9, 10, 25, 26, 29, 34, 44, 61, 65, 69, 83, 91, 121, 128, 129, 133, 145, 146, 153, 154, 162, 164, 166, 169, 170, 172, 175, 177, 183, 189, 194, 196, 200, 205, 207, 214, 222, 225, 227, 240, 248, 250, 262, 265, 266, 274, 276, 278, 279, 281, 284, 288, 291, 299, 300, 302, 324, 328, 330, 337, 353, 357, 358
アッラーン Arrān（セムの孫）　212, 311
アドゥド・アッダウラ ʻAḍud al-Dawla（ブワイフ朝君主）　66, 96
アナウィー Abū Naṣr Masʻūd b. Muẓaffar al-Anawī　133
アナトリア　3, 184
アヌーシルワーン Anūshirwān（サーサーン朝君主）　18, 29, 42, 90, 110, 121, 165, 179, 222, 224, 225, 252, 253, 258, 265, 283, 335
『アヌーシルワーン伝に関する王冠の書 *Kitāb al-Tāj fī Sīrat Anūshirwān*』（イブン・ムカッファア訳）　25
アバカ Abaqā（イルハーン朝2代君主）　177, 243
アハリー Abū Bakr al-Quṭbī al-Aharī　281, 282
アバルウィーズ Abarwīz（サーサーン朝君主）　17, 18, 51, 287
アバルクーヒー Ibn Muʻīn Abarqūhī　289–291, 294
アヒー・ファラジュ・ザンジャーニー Akhī Faraj Zanjānī　319
アビード・ジュルフミー ʻAbīd b. Sharya al-Jurhumī　38
アビシニア（ハバシャ Ḥabasha）　26, 44, 299
アビシニア人 al-ḥabasha/al-ḥabash　87, 224, 275
アブー・アラー・アフワル Abū al-ʻAlāʼ Aḥwal　211
アブー・アリー・バルヒー Abū ʻAlī Muḥammad b. Aḥmad al-Balkhī　78, 100, 101
アブー・イスハーク Abū Isḥāq（インジュー朝4代君主）　235, 246, 271, 277
アブー・ウバイダ Abū ʻUbayda Maʻmar b. al-Muthannā　58, 59
アブー・サイード Abū Saʻīd（イルハーン朝9代君主）　5, 169, 196, 203, 204, 206, 218, 223, 227, 228, 234, 236, 244, 246, 269, 270, 274, 275, 277, 280, 286, 288, 289, 292, 296, 320, 329, 340
アブー・ザイド・ハキーム Abū Zayd Ḥakīm　84
アブー・ザイド・バルヒー Abū Zayd Aḥmad b. Sahl al-Balkhī　91
アブー・ダード Abū Dād　75
アブー・ターヒル Abū Ṭāhir（ハザーラスプ朝初代君主）　240
アブー・ダワーニーク Abū Dawānīq　→マンスール（アッバース朝2代カリフ）
アブー・ドゥラフ Abū Dulaf　146
アブー・ハーティム Abū Ḥātim　27
アブー・バクル Abū Bakr（初代正統カリフ）　114, 121, 162
アブー・ハサン Abū al-Ḥasan ʻUbayd Allāh b. Aḥmad al-ʻUtbī　94
アブー・ハサン・アーザルフル・ムハンディス Abū al-Ḥasan Ādharkhur al-Muhandis　100
アブー・ハサン・ブン・バラー Abū al-Ḥasan b. al-Barāʼ　158
アブー・ハニーファ Abū Ḥanīfa　162, 308
アブー・バフタリー Abū al-Bakhtarī Wahb b. Wahb　34, 36, 37, 39
アブー・ファトフ Abū al-Fatḥ Nāṣir b. Muḥammad　278
アブー・ファドル・バルアミー Abū al-Faḍl Balʻamī　82
アブー・ファラジュ　Abū al-Faraj Ibrāhīm b. Aḥmad b. Khalaf al-Zanjānī　103, 118
アブー・フィダー Abū al-Fidāʼ　161, 359
アブー・フサイン・ブン・ムナーディー Abū al-Ḥusayn b. al-Munādī　158
アブー・マアシャル Abū Maʻshar　69, 81
アブー・マンスール・ブン・アブド・アッラッザーク Abū Manṣūr b. ʻAbd al-Razzāq　78, 82
アブー・マンスール・マアマリー　Abū Manṣūr Maʻmarī　78–82, 85, 95, 103, 104, 109, 115, 293, 294
アブー・ムアイヤド・バルヒー Abū al-

Mu'ayyad Balkhī　78, 84, 136, 147
アブー・ムザッファル・ナスル Abū al-Muẓaffar Naṣr　113
アブー・ムスリム Abū Muslim　314
アフガニスタン　3
アフクールシャー Afqūrshāh（アシュカーン朝君主）　53, 115, 118
アフシャール Ī. Afshār　111
アブド・アッサラーム・アバルクーヒー 'Abd al-Salām b. 'Alī b. al-Ḥusayn al-Abarqūhī　329
アブド・アッラー・ブン・サラーム 'Abd Allāh b. Salām　38, 41
アブド・アッラシード 'Abd al-Rashīd（ガズナ朝９代君主）　119
アブド・アッラッザーク・サマルカンディー 'Abd al-Razzāq al-Samarqandī　317
アブド・アルウッザー家　34
アブド・アルマリク 'Abd al-Malik（ウマイヤ朝５代カリフ）　35, 36
アブハル　205
アフマド Aḥmad（ジャラーイル朝４代君主）　280
アフマド Qāḍī Aḥmad　218
アフマド・ダームガーニー Qāḍī Aḥmad Dāmghānī　210, 290
アフラースィヤーブ Afrāsiyāb　32, 42, 45, 70, 147, 152, 180, 198, 199, 214, 217, 263, 283, 294, 301, 332
アフラースィヤーブ Afrāsiyāb（ハザーラスプ朝８代君主）　240–243
アブラハム（イブラーヒーム Ibrāhīm）　24, 46, 56, 57, 74, 86, 93, 96, 157, 173–175, 186, 196, 197, 221, 222, 279, 283, 307, 334–336, 350
アフラワーク Afrawāk　49, 50, 72, 93, 136, 143, 150, 165, 185
アフリカ Ifrīqīya　44, 67, 147, 152
アフリカ人　20, 21
アブルジャ・ハーン Abūbja Khān　216, 338
アフワーズ　89, 119, 303
アフワーズ Ahwāz（セム裔）　212, 311
アマレク人 'amāliqa　307, 333
アミーン・アッディーン Amīn al-Dīn Naṣr　205
アム河　79, 140, 141, 147, 171, 175, 190, 215, 274, 285, 315, 340
アラー・カズウィーニー 'Alā' al-Qazwīnī al-Hilālī　287, 288
アラー・ブン・アフマド al-'Alā' b. Aḥmad（マラーガの支配者）　71
アラビア半島　123
『アラブ・ペルシアの諸王の歴史に関する諸民族の経験 *Tajārib al-Umam fī Akhbār Mulūk al-'Arab wa al-'Ajam*』（著者不明）　249–251
アラブ人 al-'arab　12, 20, 21, 31, 35, 55, 61, 64, 65, 68, 72, 87, 97, 98, 125, 132, 139, 141, 173, 179, 185, 212, 215, 216, 220, 222, 224, 227, 287, 307, 311, 333, 337, 340, 360
アラム（アーラム 'Ālam）　30, 32, 211, 212, 283, 311, 333, 334
アラン・ゴア Ālān Quwā　314
アリー 'Alī（４代正統カリフ）　22, 29, 37, 121, 132, 133, 154, 162, 300, 304
アリーシャー Tāj al-Dīn 'Alīshāh　319
アリー・トゥスタリー 'Alī b. Aḥmad b. Muḥammad al-Nāsikh al-Tustarī　273–275
アリー・バグダーディー Abū Ṭālib 'Alī b. Anjab Khāzin Baghdādī　→イブン・サーイー
アリー・ブン・ターヒル 'Alī b. Ṭāhir（サブザワールの支配者）　132
アリー・ブン・フサイン 'Alī b. al-Ḥusayn（シーア派４代イマーム）　139, 140, 304, 337
アリー・ブン・フサイン・ブン・アリー 'Alī b. Ḥusayn b. 'Alī　→アラー・カズウィーニー
アリー・ブン・ムルタダー 'Alī b. Murtaḍā　199
『アリーの書 *'Alī-nāma*』（ラビーウ）　132, 133
アルグン Arghūn（イルハーン朝４代君主）　242
アルグンシャー Arghūnshāh　325, 326
アルジャースブ Arjāsb　107, 115
アルダシール Ardashīr（サーサーン朝君主）　→アルダシール１世
アルダシール Ardashīr（バーワンド朝イスパフバディーヤ家７代君主）　155
アルダシール・バーバカーン Ardashīr Bābakān（サーサーン朝君主）　→アルダシール１世
アルダシール１世 Ardashīr（サーサーン朝君主）　23, 27, 33, 38, 45, 59, 60, 71, 90, 100, 121, 138, 149, 159, 214, 222, 227, 252, 253

アルダシールバフマン Ardashīr Bahman（カヤーン朝君主） 27, 42
アルダワーン Ardawān（アシュカーン朝君主） →アルダワーン２世
アルダワーン１世 Ardawān（アシュカーン朝君主） 144
アルダワーン２世 Ardawān（アシュカーン朝君主） 33, 95, 108, 144, 200, 211, 222
アルダワーン・ブン・アシュク Ardawān b. Ashgh（アシュカーン朝君主） 211, 337
アルダワーン・ブン・バラーシャーン Ardawān b. Balāshān（アシュカーン朝君主） 211, 337
アルパ Arpā（イルハーン朝君主） 280
アルパクシャド（アルファフシャド Arfakhshad） 29–32, 40, 41, 50, 89, 174, 175, 185, 186, 212, 283, 311, 333
『アルファフリー *al-Fakhrī*』（イブン・ティクタカー） 248
アルマン Arman（セムの孫） 212, 311
アルメニア（イルミーニーヤ Irmīnīya） 31, 55, 71, 94, 147
アルンジャ・ハーン Alunja Khān 307, 312, 334
アルンジャ２世 Alunja 312
アレクサンドロス Iskandar 24, 27, 28, 33, 38, 42, 45, 53, 54, 59, 60, 71, 73, 100, 103, 117, 134, 138, 141, 142, 149, 156, 159, 162, 263, 287, 299, 302, 311
アレクサンドロス伝承 7, 83, 91
アレクサンドロス暦 71
アレッポ 184
アロン（ハールーン Hārūn） 175, 257, 279, 283
アンサール 162
アンダルス 123, 184, 321
アンティゴノス Anṭikhus 211
アンワリー ʻAlī b. Muḥammad Anwarī 133
イークール Īqūr 200
イーサー（アイユーブ朝ダマスカス政権３代君主） 135
イーサー・フスラウィー ʻĪsā Khusrawī →ムーサー・ブン・イーサー・キスラウィー
イーザジュ 237, 238, 243, 260, 267
イーゼ →イーザジュ
『イーラーキーの医学書注釈 *Sharḥ-i Kullīyāt-i Kitāb-i Ṭibb-i Sayyid Sharaf al-Dīn Īlāqī*』（アームリー） 278
イーラーンシャーン Īrānshān b. Abī al-Khayr 147
イーラーンシャフル・サーブール 54
イーラーン朝 101
イーラーンフッラ・サーブール 54
イーラジュ Īraj 31, 32, 54, 60, 63, 88, 89, 94, 97, 101, 111, 122, 215
イール・ハーン Īl Khān 313, 314
イーワンジハーン Yīwanjihān →イワンジハーン
イーンクハド Īnkhad 121, 143
イエス（イーサー ʻĪsā） 56, 86, 89, 134, 179, 200, 214, 215
イエメン 26, 31, 37, 38, 43, 44, 88, 113, 123, 157, 160, 164, 166, 224, 225, 299
イエメン人 yaman 28, 44
イエメンの海 94, 147
イェレド（ヤルド Yard） 21, 24, 86, 225, 226, 310
イォクシャン（ユグシャーン Yughshān） 307, 334
『位階の書 *Gah-nāmāh*』（著者不明） 58
イサク（イスハーク Isḥāq） 57, 299, 302
イシマエル（イスマイール Ismaʻīl） 44, 46, 77
イスカンダル Iskandar（ティムール朝王子） 298, 309, 346
『イスカンダル無名氏の史書 *Anonym Iskandar*』（著者不明） 297–305, 313, 350, 359
イスタフル 58, 256, 303
イスタンブル 91, 112, 113, 219, 244, 245, 249–251, 259, 272, 274, 277, 320, 323, 329, 334
イスナード 36, 37, 40, 54, 70, 83, 158
イスファハーン 66, 75, 99, 145, 247, 248, 259, 303, 305, 318
『イスファハーン史 *Kitāb Aṣbahān wa Akhbār-hā*』（ハムザ・イスファハーニー） 66
『イスファハーンの美徳翻訳 *Tarjuma-yi Maḥāsin-i Iṣfahān*』（フサイン・アーウィー） 271
イスファンディヤール Isfandiyār 22, 42, 133
イスマーイール Ismāʻīl（サーマーン朝２代君主） 82
イスマーイール派 172, 175, 182–184, 189–191, 200, 208, 210, 225, 227, 279, 292, 299,

303, 324, 329, 331, 337
イスラーム世界　9, 10, 128
『イスラーム百科事典 *The Encyclopaedia of Islam*』　240, 241
イスラエル　66, 67
井谷鋼造　171
イブ（ハウワー Ḥawwā）　5, 85, 94, 100, 116, 158, 160
イブラーヒーム・スルターン Ibrāhīm Sulṭān（ティムール朝王子）　241, 305, 309, 319, 346
イブラーヒーム・ハーン Ibrāhīm Khān　360
イブン・アシュアスの乱　39
イブン・アスィール ʻIzz al-Dīn Abū al-Ḥasan ʻAlī b. al-Athīr　160, 161, 168, 183, 209, 327, 328
イブン・アッバース ʻAbd Allāh b. ʻAbbās　36–41, 84, 85
『イブン・アミードの歴史 *Tārīkh-i Ibn al-ʻAmīd*』（イブン・アミード）　327
イブン・イスハーク Ibn Isḥāq　21, 35, 52, 183, 209, 328
イブン・イスファンディヤール Bahā' al-Dīn Muḥammad b. Ḥasan b. Isfandiyār　155, 156
イブン・イナバ Ibn ʻInaba　271, 305–308, 333, 334
イブン・カイイス・ナマリー Ibn Kayyis al-Namarī　38
イブン・カスィール Ibn Kathīr　300, 329, 359
イブン・カルビー Hishām b. al-Kalbī　22–24, 37, 50, 52, 53, 57
イブン・クタイバ Abū Muḥammad ʻAbd Allāh b. Muslim b. Qutayba al-Dīnawarī　25–29, 52, 152, 157, 197, 198, 210, 290
イブン・サーイー Ibn Sāʻī　209, 290
イブン・ジャウズィー ʻAbd al-Raḥmān b. ʻAlī b. Muḥammad Abū al-Faraj b. al-Jawzī　158–160, 256, 262
『イブン・スィーナーの医学典範注釈 *Sharḥ-i Kullīyāt-i Kitāb-i Qānūn-i Shaykh Abū ʻAlī*』（アームリー）　278
イブン・ダワーダーリー Ibn al-Dawādārī　359
イブン・ティクタカー Ibn al-Ṭiqṭaqā　248
イブン・ナディーム Muḥammad b. Isḥāq al-Nadīm　4, 25, 28, 76, 104, 115
『イブン・ハージブの法源注釈 *Sharḥ-i Mukhtaṣar-i Uṣūl-i Ibn Ḥājib*』（アームリー）　278
イブン・ハイサム Ibn Hayṣam　166
イブン・バットゥータ Ibn Baṭṭūṭa　243
イブン・ハビーブ Abū Jaʻfar Muḥammad b. Ḥabīb　21–23, 25, 27, 30
イブン・ハルドゥーン Ibn Khaldūn　359
イブン・バルヒー Ibn Balkhī　138–143
イブン・ビービー Ibn Bībī　181
イブン・ヒシャーム Ibn Hishām　21, 22
イブン・ファリーグーン Ibn Farīghūn　94
イブン・フルダーズビフ Ibn Khurdādhbih　62, 63, 114, 115, 122, 321
イブン・フワティー Ibn al-Fuwaṭī　247, 248
イブン・フンドゥク Ibn Funduq　209
イブン・ムカッファア Ibn al-Muqaffaʻ　16, 18, 24–26, 28, 35, 36, 39, 41–43, 46, 53, 59, 61, 64, 65, 69, 74, 75, 80, 84–87, 100–102, 104, 122, 125, 126, 147–150, 156, 213, 214, 293, 348
イブン・ムクスィム Ibn al-Muqsim　150
イブン・ライス Ibn Layth　290
イマーム・アッディーン Imām al-Dīn　171
イラク　30, 61–63, 67, 88, 89, 94, 97, 119, 122, 123, 141, 146, 175, 205, 280, 282, 298, 305, 315, 316
イラク（イラーク ʻIrāq，セム裔）　311, 334
イラク・アラブ　122
イラン Īrān（アシュカーン朝君主）　200
イラン（イーラーン Īrān）　3, 4, 6, 13, 19, 28–32, 40, 54, 57, 60–63, 67, 88, 89, 94, 95, 106, 110, 111, 119, 122–124, 126, 129–131, 140, 141, 152, 153, 166–170, 172, 173, 175, 176, 179, 180, 186, 190, 192, 196, 200, 202–204, 207, 208, 211, 213–216, 218–220, 222, 227, 229–231, 234, 236–240, 252, 258, 261, 269, 270, 273, 274, 276, 277, 279, 280, 284–286, 288, 289, 292, 294–296, 300–305, 308, 309, 311, 315, 316, 337, 340, 341, 352–357, 360
イラン人 īrāniyān/īrānīya　106, 110, 111, 119, 123, 124, 129, 140, 275, 311, 356
『イラン人の民族叙事詩 *Das Iranische Nationalepos*』（ネルデケ）　16
イランの国　30, 31, 40, 54, 60–63, 67, 79, 80, 88, 89, 94, 97, 104, 111, 119, 122, 123, 141, 186, 340, 353

イランの地　7, 13, 80, 111, 123, 130, 141, 147, 168, 172, 176, 191, 200, 203, 207, 208, 211, 214–216, 218, 227–231, 238, 252, 259, 260, 269, 270, 274, 275, 280, 284, 285, 294–297, 301, 303–305, 309, 311, 316, 350, 351, 353–356
『イラン百科事典 *Encyclopædia Iranica*』　17, 66, 129, 234, 319
イルデギズ朝　178, 179, 329, 337
イルトゥトゥミシュ（奴隷王朝3代君主）　163
イルハーン朝　5, 13, 49, 128–131, 167–170, 172, 176, 177, 195, 199, 202, 203, 205, 209, 213, 216, 222, 223, 225–231, 234–244, 246–248, 250–252, 259, 260, 267, 269, 270, 272, 277, 280, 282, 284–286, 289, 291, 295, 297, 302, 305–307, 315, 316, 320, 329, 338–341, 347, 350–352, 354–356
イルビル　184
イルミーン Irmīn（セムの孫）　31, 32
岩武昭男　272
イワンジハーン Yiwanjihān　23, 24, 30, 143
インジュー　277
インジュー朝　235, 236, 246, 269, 271, 277, 351
インド（ヒンド Hind）　3, 44, 54, 55, 63, 67, 97, 114, 123, 128, 130, 147, 148, 152, 157, 161, 167, 184, 188–190, 196, 197, 201, 275, 312, 318, 324, 344, 359
インド人 al-hind/hinduwān　20, 21, 55, 67, 68, 79, 87, 98, 120, 122, 152, 215, 224, 275, 312
韻律学　246, 247, 251, 254, 267, 277
『韻律の宝庫 *Makhzan al-Buḥūr*』（シャムス・ファフリー）　246
ウィーワンジハーン Wīwanjihān　→ワヤルナジュハーン
ウイグル　216, 316
ウージャーン　244
ウール・ハーン Ūr Khān　193, 301, 338
ウールジャーイ・ハーン Ūljāy Khān　193
ウシュムギール Wushmgīr（ズィヤール朝2代君主）　118
ウスマーン ʻUthmān（3代正統カリフ）　29, 116, 121
ウッズ J. E. Woods　234
ウマイム Umaym　27, 57, 99, 165, 276, 282, 300, 303, 304
ウマイヤ Umayya b. Abī Ṣalt　38, 207, 300, 304
ウマイヤ朝　10, 24, 25, 36, 39, 44, 58, 65, 91, 121, 128, 133, 162, 164, 172, 183, 189, 196, 200, 207, 210, 222, 225, 248, 274, 276, 278, 281, 291, 299, 300, 302, 304, 314, 328, 330, 357, 358
ウマル ʻUmar（2代正統カリフ）　18, 121
ウマル・キスラー ʻUmar Kisrā　58
ウマル・ハイヤーム ʻUmar Khayyām　228
ウラマー　55, 77, 131, 158, 171, 298
ウルグ・ベク Ulugh Bayg（ティムール朝4代君主）　346
ウルグ・ユルト　315
英国図書館　244
『栄誉の書 *Sharaf-nāma*』（ビドリスィー）　238
エジプト（ミスル Miṣr）　44, 55, 62, 67, 99, 123, 156, 192, 208, 285, 299, 301, 304
エズラ（ウザイル ʻUzayr）　175, 257, 279
エゼキエル（ヒズキール Ḥizqīl）　90, 175, 257, 279, 283, 336
エセン・クトルグ Īsan-Qutlugh　272
エテロ（シュアイブ Shuʻayb）　90, 175, 257, 279
エノク（アフヌーフ Akhnūkh, イドリース Idrīs）　21, 24, 29, 86, 90, 93, 149, 159, 214, 215, 222, 225, 226, 282, 310
エノス（アヌーシュ Anūsh）　21, 24, 50, 86, 93, 165, 185, 225, 282, 307, 310
エベル（アービル ʻĀbir）　50, 307, 334
エラム（イラム Iram）　30–32, 174, 185, 212, 282, 283, 311
エラム時代　237
エリシャ（アルヤサウ Alyasaʻ）　257, 279, 283, 336
エリヤ（Ilyās）　175, 257, 279, 336
エルゲネクン　201, 217, 307, 314, 334, 339
エルサレム　145
エレミヤ（イルミヤー Irmiyā）　279
『遠征 *al-Maghāzī*』（イブン・イスハーク）　21, 22, 35
『遠征 *Maghāzī*』（著者不明）　183
『王冠の書 *Kitāb al-Tāj*』（伝イブン・ムカッファア訳）　26
『黄金の牧場 *Murūj al-Dhahab*』（マスウーディー）　54–56, 59–61, 90, 114, 143, 327,

342
『王者の庭園』　359
『王書 *al-Shāh-nāma*』（アブー・アリー・バルヒー）　100, 101
『王書 *Shāh-nāma*』（アブー・マンスール）　78–82, 85, 95, 103, 109, 115, 293, 294
『王書 *Shāh-nāma*』（アブー・ムアイヤド）　78, 84, 155
『王書 *Shāh-nāma*』（フィルダウスィー）　7, 12, 13, 15–17, 19, 64, 106–112, 115, 117, 118, 121–124, 126–128, 131–136, 143, 145–148, 150–152, 155, 158, 159, 161, 166–168, 176–179, 185, 210, 213, 214, 222, 226, 229, 230, 237, 253, 255, 256, 277, 281, 282, 286, 290, 293, 294, 327, 333, 342, 347, 348, 350, 352, 354, 355, 357
『王書 *Shāh-nāmā*』（マスウーディー・マルワズィー）　78, 92, 93
『王書 *Shāh-nāmaj fī Ta'rīkh al-Furs*』（著者不明）　157
『王と預言者の年代記 *Kitāb Tawārīkh Sinī Mulūk al-Arḍ wa al-Anbiyā'*』（ハムザ・イスファハーニー）　66–68, 73, 76, 77, 80–82, 84, 85, 93, 98, 101–106, 114, 124, 125, 144, 149, 151, 152, 155, 159, 168, 209, 290, 293, 346–348, 354
『王の医学書 *Ṭibb-nāma-yi Khusrawī*』（アバルクーヒー）　290
『王の書 *Khudāy-nāma* (*Khwadāy-nāmag*) / *Kitāb Khudāy-nāma*』　12, 15–19, 26, 28, 33, 42, 46, 52, 53, 58, 61, 64, 65, 69, 71, 72, 74, 75, 77, 85, 94, 97, 104–106, 110, 124–126, 354, 356
『王の書 *Kitāb Khudāy-nāma fī al-Siyar*』（イブン・ムカッファア訳）　25
『王の歴史 *Tārīkh-i Shāhī*』（著者不明）　215
岡崎勝世　10
オグズ　184, 187, 189, 191–194, 216, 217, 310, 312–314, 324, 338, 339
オグズ・ハーン Ughūz Khān　6, 170, 191–193, 201, 216–218, 222, 294, 301, 305, 307, 339
オグズ伝承　6, 8, 13, 130, 169, 170, 186, 187, 192–194, 201–204, 216–218, 227, 228, 231, 236, 294, 295, 309, 310, 313, 349–357, 359
『贈物 *Tuḥfa*』（著者不明）　245, 246, 250–252, 259
オスマン朝　261, 318, 358, 359
オックスフォード　119
オバン J. Aubin　274
オマーン　31, 38
オルジェイト Ūljāytū（イルハーン朝8代君主）　181–183, 188, 189, 202, 244, 272, 277, 278, 320, 325
『オルジェイト史 *Tārīkh-i Ūljāytū*』（カーシャーニー）　181, 189, 272

カ 行

カーアーン（称号）　225, 285, 302, 305
カーイム al-Qā'im（アッバース朝26代カリフ）　121, 284
カーシャーニー Abū al-Qāsim ʻAbd Allāh b. ʻAlī b. Muḥammad b. Abī Ṭāhir al-Qāshānī　181–183, 185–187, 189, 209, 272
カージャール朝　261, 358, 360
カーシャーン　248
カージューリー Qājūlī（アラン・ゴアの末裔）　314, 315
カースィム・イスファハーニー Qāsim Iṣfahānī →ヒシャーム・ブン・カースィム・イスファハーニー
カーディー　163, 218
カーディスィーヤ　94, 147
カーディル al-Qādir（アッバース朝25代カリフ）　205
カーニイー Amīr Aḥmad al-Qāniʻī　135
『カーブースの書 *Qābūs-nāma*』（カイカーウース）　84
カーブース・ブン・ウシュムギール Qābūs b. Wushmgīr（ズィヤール朝4代君主）　98
カーブル　94, 123, 147, 167
カーミル Kāmir　→ゴメル
カールー・ディダ・キズィンチューク Qārū Dida Kizinchūk　193
カールドギャル Y. Kārdgar　246
カイカーウース Kaykāwūs（カヤーン朝君主）　59, 90, 102, 174, 175, 251, 257, 279, 283, 336
カイカーウース1世 Kaykāwūs（ルーム・セルジューク朝10代君主）　133
カイクバード Kayqubād（カヤーン朝君主）　70, 89, 90, 102, 108, 133, 147, 150, 175, 179, 222, 256–258, 279, 283, 336
カイクバード1世 Kayqubād（ルーム・セルジューク朝11代君主）　135

会計学　28
カイサル（称号）　63
カイシカン Kayshikan（カヤーン朝王子）　147
カイ氏族　191
カイス族　38
『改訂版集史』（ハーフィズ・アブルー）　345, 349
カイドゥー Qaydū（アラン・ゴアの末裔）　314
カイナン（カイナーン Qaynān）　21, 24, 50, 86, 87, 165, 185, 225, 279, 288, 310
カイフスラウ Kaykhusraw（カヤーン朝君主）　74, 90, 108, 153, 175, 257, 336
カイフスラウ 1 世（ルーム・セルジューク朝 6 代，9 代君主）　135
カイン（カービール Qābīl）　23, 24
鑑文学　131, 137, 172, 241, 245, 248
『学問の鍵 *Mafātīḥ al-'Ulūm*』（フワーリズミー）　94, 95
『学問の集成 *Jawāmi' al-'Ulūm*』（イブン・ファリーグーン）　94
『過去の偉大なる諸民族の歴史 *Tawārīkh Kibār al-Umam man Maḍā min-hum wa man Ghabara*』（ハムザ・イスファハーニー）→『王と預言者の年代記』
『過去の痕跡 *al-Āthār al-Bāqiya 'an al-Qurūn al-Khāliya*』（ビールーニー）　82, 98, 101–103, 118, 144, 156
ガザーリー Abū Ḥāmid Muḥammad Ghazālī　136–138, 173, 174, 198, 221, 228, 264, 292, 293
ガザン Ghāzān（イルハーン朝 7 代君主）　170, 181–183, 187, 188, 195, 196, 202, 240, 242, 260, 286, 297, 320, 341
ガザン 2 世 Ghāzān（イルハーン朝君主）　5
『ガザンの祝福されたる歴史 *Tārīkh-i Mubārak-i Ghāzānī*』（ラシード・アッディーン）→『集史』（ラシード・アッディーン）
『ガザンの書 *Ghāzān-nāma*』（ヌール・アジュダリー）　286
『果樹園 *Bustān*』（イブン・ライス）　290
カズウィーニー　→ハムド・アッラー・ムスタウフィー
カズウィーン　204, 205, 207, 209
ガズナ朝　106, 107, 112, 113, 119, 122, 124, 136, 146, 153, 154, 162, 164, 166, 167, 172, 175, 178, 180, 184, 187, 189–191, 200, 205, 208, 210, 218, 225, 227, 262, 274, 279, 284, 288, 292, 299, 302, 304, 308, 324, 329, 337
ガズニーン　167
カスピ海　47, 155
ガッサーン　67, 113, 157
カナン（カナアーン Kana'ān）　24, 41, 88, 283
カフターン Qaḥṭān　212, 311
カブル Qabl（アラン・ゴアの末裔）　314, 315
カマーリー Kamārī　212, 311–313
『神の贈物 *Mawāhib-i Ilāhī*』（ムイーン・ヤズディー）　286, 287
カヤーン朝　16, 33, 42, 45, 59–61, 64, 68, 70, 82, 93, 95, 96, 102, 108, 120, 121, 137, 141, 142, 150, 151, 157, 161, 163, 165, 172, 173, 179, 183, 186, 189, 225, 251–263, 274, 281, 283, 292, 299, 302, 308, 335, 354, 356, 360
カユーマルス Kayūmarth　6, 16–19, 23, 24, 27, 30, 42, 43, 45, 47–53, 56–64, 68, 70, 72, 75, 81, 82, 84–87, 90, 92–94, 96, 98–102, 104, 108–110, 114–117, 120, 124, 126, 136–138, 142, 143, 145, 148–151, 154, 157–161, 163, 165, 173–175, 177, 179, 180, 185, 186, 190, 197–199, 211–213, 215, 221, 224–226, 228, 251, 253, 255, 256, 263, 264, 275, 276, 279, 282, 283, 288, 292, 293, 300, 303, 304, 306–308, 313, 332, 333, 353, 354, 360
カラー・ハーン Qarā Khān　193, 216, 301, 312, 338
『カリーラとディムナ *Kitāb Kalīla wa Dimna*』（イブン・ムカッファア訳）　25, 214
『カリーラとディムナ集成 *Kitāb Jawāmi' Kalīla wa Dimna*』（イブン・ムカッファア訳）　25
ガルシャースブ Garshāsb（ピーシュダード朝君主）　59, 101, 258
『ガルシャースブの書 *Garshāsb-nāma*』（アサディー・トゥースィー）　146, 290
カルディア朝　102
ガルディーズィー Abū Sa'īd 'Abd al-Ḥayy b. Ḍaḥḥāk b. Maḥmūd Gardīzī　119, 121–124, 128, 129, 303
カルバラー　204
カルルク　63
カレブ（カーリブ Kālib）　283

川口琢司　284, 299, 315
『簡易な書 *Mukhtaṣar-nāma*』（アバルクーヒー）　289
『完史 *al-Kāmil fī al-Ta'rīkh*』（イブン・アスィール）　160, 161, 185, 186, 190, 209, 327, 343
『監督者たちの教訓 *'Ibrat al-Nāẓirīn*』（フーシャンジー）　348
カンビュセス（クムブーズィス Qumbūzis）　102
キーマール Kīmāl　→カマーリー
キーラーン　247
ギーラーン　153, 303
幾何学　28
キスラー Kisrā（アシュカーン朝君主）　108, 144, 200
キスラー（称号）　58, 63
キスラウィー al-Kisrawī　→ムーサー・ブン・イーサー・キスラウィー
北川誠一　241
『吉兆の書 *Humāyūn-nāma*』（ザッジャージー）　128, 176, 177, 179, 180, 187, 218
キニク氏族　191, 192, 301, 338
キプチャク草原　284, 285, 315
キブト Qibṭ（ハムの子）　212, 283, 306, 311, 335
『疑問の氷解 *Kashf al-Ẓunūn*』（ハージー・ハリーファ）　91, 138, 181, 195
ギヤース・ラシーディー Ghiyāth al-Dīn Muḥammad Rashīdī（イルハーン朝宰相）　203, 204, 206, 223, 234, 238, 244, 246, 271, 272
キヤート Qiyāt　217
キヤーン Qiyān　217, 314, 339
『究極の目的 *Nihāyat al-Arab*』　→『ペルシア・アラブの諸王の歴史に関する究極の目的』
『旧約聖書』　5, 353
『旧約聖書創世記』　32, 48, 88, 197, 212
キュロス（クールシュ Kūrush）　61, 102
『胸臆の安息 *Rāḥat al-Ṣudūr*』（ラーワンディー）　135
教友　37, 38, 91, 126, 162, 207, 227, 299, 300
『教友についての書簡 *Kitāb Risālat-hi fī al-Ṣaḥāba*』（イブン・ムカッファア訳）　25
キョプリュリュ M. F. Köprülü　219
ギリシア　46, 67, 148, 224, 225, 299, 300, 302
ギリシア人 yūnānīyūn　44, 46, 48, 55, 68, 86, 98, 141, 142, 212, 215, 299, 302
キリスト教　5, 10, 20
キリスト教徒　44, 55, 68, 81, 85, 102, 120
ギルシャー Gil-shāh　70, 72, 75, 142, 143
ギルドシャープール Girdshāpūr（アシュカーン朝君主）　→シャープール（アシュカーン朝君主）
キルマーン　31, 119, 225, 236, 243, 274, 286, 303, 305, 321, 334
キルマーン Kirmān（セム裔）　31, 32, 212, 311
キルマーン・カラヒタイ朝　208, 215, 272, 292, 299, 303, 329, 337, 338
『キルマーン史 *Tārīkh-i Kirmān*』（著者不明）　290
『儀礼 *Ādāb*』（イブン・ムカッファア）　26
『儀礼の書 *Kitāb Ā'īn-nāma fī al-Ā'īn/Kitāb al-Ā'īn*』（イブン・ムカッファア訳）　25, 26, 59, 114
キワーム・アッディーン Qiwām al-Dīn（インジュー朝宰相）　277
キワーム・イスファハーニー Qiwām al-Dawla wa al-Dīn 'Ābid al-Iṣfahānī　246
『均衡 *al-Muwāzana*』（ハムザ・イスファハーニー）　66
キンダ　44, 67, 113
グーグ Gūg　312
クーファ　26, 37, 89, 145, 282
クーファ体　250
グーマル Gūmar　→ゴメル
グール・ハーン Gūr Khān　193, 301, 338
グール朝　132, 162–164, 166, 167, 175, 184, 187, 208, 225, 227, 274, 292, 299, 302, 304, 329, 337, 338
クシ（クーシュ Kūsh）　32, 88, 212, 311
クシャイリー Abū al-Qāsim 'Abd al-Karīm b. Hawāzin al-Qushayrī　209, 290
グシュタースブ Gushtāsb（カヤーン朝君主）　27, 32, 107, 258
クダーマ・ブン・ジャアファル Abū al-Faraj Qudāma b. Ja'far al-Kātib al-Baghdādī　61
クテシフォン　18, 48
クトゥブ・アッディーン・アイバク Quṭb al-Dīn Aybak（奴隷王朝初代君主）　162
クトルグ・ハーン Qutlugh Khān（サルグル朝5代君主）　171, 175
クバード Qubād　→カイクバード
クバード Qubād b. Fīrūz（サーサーン朝君主）　71, 121, 221, 308

クム　246, 305
グラーム　180, 218, 308
クライシュ族　22, 34, 38, 67, 70, 139, 140, 148
クラシー Abū Ḥudhayfa Qurashī　157
グリニャスキー M. Grignaschi　33
クル・ハーン Kur Khān　193, 301, 338
『クルアーン *Qur'ān*』　5, 77, 83, 123, 162, 171, 214, 221, 223, 289, 327
『クルアーン注釈 *Tafsīr*』（タバリー）　77, 78
『クルアーン注釈 *Tafāsīr-i Kalām*』（著者不明）　290
『クルアーン』注釈者　47
『クルアーン』読誦者　150, 289
グルガーン　→ジュルジャーン
クルト朝　236
「クルト朝史 *Tārīkh wa Nasab-i Mulūk-i Kurt*」（ハーフィズ・アブルー）　317, 318, 325, 326
クルト家　→クルト朝
黒柳恒男　78
グン・ハーン Gun Khān　313
『経験 *Tajārib*』（ミスカワイフ）　→『諸民族の経験』
『経験の水場 *Mashārib al-Tajārib*』（イブン・フンドゥク）　209, 290
『啓示の光と解釈の秘儀 *Anwār al-Tanzīl wa Asrār al-Ta'wīl*』（バイダーウィー）　171
啓典の民　38, 41
系譜学　21–25, 37, 39, 41, 45, 50, 165, 173, 196, 305, 306
『系譜集 *Dīwān al-Nasab*』（アリー・ブン・ムルタダー）　198, 199, 209, 290
『系譜集成 *Majma' al-Ansāb*』（シャバーンカーライー）　144, 223–226, 237, 238, 243, 251, 253, 271, 291
『系譜集成続編 *Dhayl-i Majma' al-Ansāb*』（ファルユーマディー）　224, 225
『系譜書 *Kitāb al-Ansāb*』（アリー・ブン・ムルタダー）　→『系譜集』
『系譜書 *Shajara-yi Ansāb*』（ファフル・ムダッビル）　161–164
『系譜の海 *Baḥr al-Ansāb*』（著者不明）　332–334
ゲオルギオス（ジルジース Jirjīs）　90, 200
ケトラ（カブトゥラー Qabṭurā／カントゥーラー Qanṭūrā）　307, 334
言語論的転回　6
ケンブリッジ　33, 34, 119
『高貴なる諸学問 *Nafāyis al-Funūn*』（アームリー）　271, 278, 280, 288, 289
『鉱石の花嫁 *'Arāyis al-Jawāhir*』（カーシャーニー）　182
鉱物学　98, 182
古王朝　165
ゴータ　33
ゴグ・マゴグ（ヤージュージュ・マージュージュ Yājūj wa Mājūj）　67, 87, 212, 220, 224, 283, 306, 334
黒人　87, 220, 311
『心優しい子ども *Walad-i Shafīq*』（アフマド）　218–220, 223, 225
『五族譜 *Shu'ab-i Panj-gāna*』（ラシード・アッディーン）　→『族譜』
古代ペルシア四王朝　27, 32, 42, 43, 52, 53, 58, 68, 72, 89, 93, 103, 118, 121, 126, 138, 143, 151, 155, 160, 163, 165, 186, 225, 288, 335, 356
『五部作 *Khamsa*』（ニザーミー）　347
コプト al-qibṭ　44, 67, 68, 148
ゴメル（ジャーミル Jāmir）　45, 46, 48, 49, 51, 53, 99, 117, 143, 157, 158, 197–199, 308
ゴレスターン宮殿付属図書館　18
コンヤ　215

サ　行

サアーリビー Abū Masnṣūr 'Abd al-Malik b. Muḥammad Tha'ālibī　112–118, 124, 137, 143
サーイン Ṣāyin（ヤペテ裔）　46
ザーウィヤ　243
サーサーン朝　3–5, 12, 16–20, 23, 24, 26–29, 33, 41–43, 45–47, 52, 53, 58–60, 64–66, 68–71, 74, 77, 79, 81, 82, 89, 93, 95, 96, 102, 103, 106, 108, 120, 121, 125, 126, 129, 137, 138, 141, 142, 149–151, 154, 157, 160, 161, 163, 165, 166, 169, 172, 173, 179, 183, 186, 189, 209, 214, 221, 222, 224, 225, 227, 250, 253, 258, 262, 265, 274, 279–281, 283, 292, 299, 302, 308, 328, 335, 353, 354, 356, 360
『サーサーン朝君主の肖像画 *Kitāb Ṣuwar Mulūk Banī Sāsān*』（著者不明）　74
『サーサーン朝史 *Kitāb Ta'rīkh Mulūk Banī Sāsān*』（バフラーム・ブン・マルダーンシャー改訂）　69, 100, 101

『サーサーン朝史 *Kitāb Ta'rīkh Mulūk Banī Sāsān*』（ヒシャーム・ブン・カースィム訳・編）　69, 100, 101
『サーサーン朝時代のペルシア人とアラブ人の歴史 *Geschichte der Perser und Araber zur Zeit der Sasaniden*』（ネルデケ）　16
『サーサーン朝の道 *Rāh-i Sāsāniyān/Nāma-yi Sāsāniyān*』（ムーサー・ブン・イーサー）　80, 85
サアディー Sa'dī　281
サアド・サーワジー Sa'd al-Dīn Sāwajī　205
サアド・ブン・ザンギー Sa'd b. Zangī（サルグル朝4代君主）　250
ザードゥーヤ・ファッルハーン Zādūy Farrukhān　→ファッルハーン（司祭）
ザードゥーヤ・ブン・シャーフーヤ・アスバハーニー Zādūya b. Shāhūya al-Aṣbahānī　69, 80, 84, 293
サービア教徒　45, 55
ザーブ Zāb（ピーシュダード朝君主）　→ザウ
ザーブル　167
サーマーン・フダー Sāmān Khudā　191
サーマーン・ヤーウクーイ Sāmānyāwughūy　187
サーマーン朝　77, 78, 82, 83, 90, 94, 104, 107, 153, 162, 164, 166, 172, 175, 178, 180, 184, 187, 190, 191, 200, 208, 214, 222, 225, 227, 262, 274, 279, 284, 288, 292, 294, 299, 301, 302, 304, 308, 329, 337, 338
『サーマーン朝史 *Tārīkh-i Sāmāniyān*』（著者不明）　191
サーム Sām（ルスタムの祖父）　147
『サアラブとムバッラド *Tha'lab wa Mubarrad*』（シャラフ・カズウィーニー）　244
サイイド　269, 271, 305, 306
サイード・カーズィルーニー Sa'īd b. Mas'ūd b. Muḥammad Kāzirūnī　261
サイード・ブン・ビトリーク Sa'īd b. al-Biṭrīq　102
財務官　138, 139, 205, 206, 291
財務術　206, 207
サイヤーフ Sayyāḥ　79
ザイン・アッディーン Zayn al-Dīn Abū Naṣr　205
ザイン・アッディーン・ムハンマド Zayn al-Dīn Muḥammad　205
ザイン・アルアービディーン Zayn al-'Ābidīn　→アリー・ブン・フサイン
ザウ Zaw（ピーシュダード朝君主）　45, 70, 90, 332
サヴァン S. B. Savant　27, 32, 41, 56, 57
サカーリバ　197
サカーリバ Ṣaqāliba（ヤペテの子）　306, 334
ザカリヤ（ザカリーヤー Zakarīyā）　90, 179, 200
『サキーサラーンの書 *Kitāb al-Sakīsarān*』（イブン・ムカッファア訳）　59
サキーフ族　38
ザグロス　237
ザッジャージー Ḥakīm Zajjājī　128, 176–178
サッファール朝　91, 162, 164, 172, 175, 190, 192, 200, 208, 225, 227, 262, 274, 279, 288, 292, 299, 302, 308, 329, 337
サドル・ザンジャーニー Ṣadr al-Dīn Zanjānī　177
サドル・フンジー Ṣadr al-Milla wa al-Dīn al-Khunjī　250
サヌア　38, 39
ザヒール・ニーシャープーリー Ẓahīr Nīshāpūrī　210, 290, 327
サファー Dh. Ṣafā　115, 131, 133
サファヴィー朝　7, 140, 235, 358
サブクティキーン Sabuktikīn（ガズナ朝初代君主）　164
サブザワール　132
サマルカンド　305
サムード　32
サムード族　212, 311
サムエル（イシュマウィール Ishmawīl）　175, 257, 279, 283, 336
サルグル朝　170, 172, 175, 184, 187, 189–191, 200, 208, 218, 236, 240, 250, 274, 292, 299, 301, 324, 329, 337
サルチャム　319
サルバダール政権　325, 326
サルマーン・サーワジー Salmān Sāwajī　280
サルム Salm　31, 62, 88, 102
ザンギー朝　164, 208, 299, 329, 337
サンクトペテルブルグ　277, 297, 306
ザンジャーン　205, 319
サンジャル Sanjar（セルジューク朝8代君主）　146, 164
『サンジャルの歴史 *Tawārīkh-i Sanjarī*』（著者不明）　281

ザンジュ zangiyān　87, 275
ザンジュ Zang（ハムの子）　212, 283, 306, 311, 335
散文学　251, 267
シーア派　35, 276, 278, 304, 357
シーラーズ　145, 171, 277, 305, 319
『シーラーズの書 *Shīrāz-nāma*』（ザルクーブ・シーラーズィー）　174, 175
シヴァ（サバー Sabā）　212, 311
シェラ（シャーリフ Shālikh）　30, 32, 40, 41, 50, 307, 334
ジェラム河　190
辞書学　28, 66
詩人　38, 82, 100, 107, 112, 132, 133, 162, 177, 195, 223, 234, 235, 244, 246, 247, 254, 277, 280, 281, 294, 298
『詩人伝 *Tadhkirat al-Shuʻarā*』（ダウラトシャー）　197, 298
『詩集 *Dīwān*』（シャラフ・カズウィーニー）　244
『時代の鏡 *Mirʼāt al-Zamān*』（スィブト・ブン・ジャウズィー）　159
『時代の鏡 *Mirʼāt al-Adwār*』（ムスリフ・ラーリー）　358
『時代の諸情報 *Akhbār al-Zamān*』（マスウーディー）　55
『時代の真珠 *Yatīmat al-Dahr*』（サアーリビー）　112
清水和裕　140
清水宏祐　65
シャー・シュジャーウ Shāh Shujāʻ（ムザッファル朝 2 代，4 代君主）　235, 287
シャー・ルフ Shāh Rukh（ティムール朝 3 代君主）　241, 296, 298, 309, 319–321, 323, 326–329, 341–344, 347
『シャー・ルフの歴史 *Tārīkh-i Shāh-Rukh*』（ハーフィズ・アブルー）　318–320, 325, 331, 342, 349
ジャージャルミー Muḥammad b. Badr Jājarmī　244
シャーダーン Shādān　79
シャアビー ʻĀmir b. Sharāḥīl b. ʻAbd al-Kūfī Abū ʻAmr al-Shaʻbī　35–41, 150
ジャーヒズ al-Jāḥiẓ　19, 71
ジャービヤ　38
ジャアファリー Jaʻfarī b. Muḥammad al-Ḥusaynī　349
ジャアファル Jaʻfar（シーア派 6 代イマーム）　35
ジャアファル・バーイスングリー Jaʻfar Bāysunghurī　17, 348
シャーフィイー　Shāfiʻī　162
シャープール Shāpūr（アシュカーン朝君主）　56, 73, 74, 89, 95, 108, 144, 179, 200
シャープール Shāpūr（ヤズダーンダードの父）　79
シャープール・ブン・アシュカーン Shābūr b. Ashkān（アシュカーン朝君主）→シャープール（アシュカーン朝君主）
シャープール・ブン・アシュク Shābūr b. Ashk（アシュカーン朝君主）→シャープール（アシュカーン朝君主）
シャープール 1 世 Shāpūr b. Ardashīr（サーサーン朝君主）　42
シャープール 2 世 Shābūr b. Hurmuz（サーサーン朝君主）　179, 221
シャープール村　72
シャアブ部族　37
ジャーマースブ Jāmāsb（サーサーン朝君主）　221
『ジャーマースブの書 *Jāmāsb-nāma*』（著者不明）　281
シャーミー Niẓām al-Dīn Shāmī　309, 315, 320, 325
シャーム Shām（セムの孫）　212, 311
ジャイ　76
ジャイハーニー Jayhānī　122, 123
シャイフ・ウワイス Shaykh Uways（ジャラーイル朝 2 代君主）　271, 281, 285, 286
『シャイフ・ウワイス史 *Tawārīkh-i Shaykh Uways*』（アハリー）　281, 283–285, 295
ジャヴァード・マシュクール M. Jawād Mashkūr　16
写字生　34, 35, 84, 171, 210, 273, 274, 285, 297, 320, 322, 326, 330, 345
シャッダード Shaddād　220–222
シャバーンカーラ　225, 227, 238, 252, 253, 260, 270, 299, 303
シャバーンカーライー Muḥammad b. ʻAlī b. Muḥammad b. Ḥusayn b. Abī Bakr Shabānkāraʼī　223, 224, 227, 237, 238, 253, 271
シャブカ Shabka　52
ジャブグーヤ（称号）　63
シャフラスターニー Shahrastānī　149

シャフリヤール Shahriyār（サーサーン朝王子）　18, 293
シャフル・バーヌー Shahr Bānūya　140
シャフル・バーヌー伝承　140, 276, 335
『ジャマールの尺度 *Mi'yār-i Jamālī*』（シャムス・ファフリー）　246, 277
シャムサ　113, 323, 343, 348
ジャムシード Jamshīd（ピーシュダード朝君主）　6, 23, 24, 26, 27, 29–33, 40–42, 45, 46, 50, 52, 56, 59, 61, 64, 93, 110, 117, 143, 157, 159, 175, 180, 186, 252, 257–259, 283, 287, 332
シャムス・カイス Shams al-Dīn Muḥammad b. Qays al-Rāzī　254
シャムス・ジュワイニー Shams al-Dīn Muḥammad Juwaynī　177, 247, 248
シャムス・パシャング Shams al-Ḥaqq wa al-Mulk wa al-Dīn Pashang（ハザーラスプ朝13代君主）　250
シャムス・バッガール Shams al-Dīn Ḥusayn al-Baghghāl　244
シャムス・ファフリー Shams al-Dīn Muḥammad b. Fakhr al-Dīn Sa'īd Fakhrī Iṣfahānī　246, 277
シャムス・フサイニー Shams al-Dīn Muḥammad b. Muḥammad b. Muḥammad b. al-Niẓām al-Ḥusaynī　269, 271–273, 351
シャムス家　164
ジャラーイル朝　269, 271, 280, 281, 285, 351
『ジャラーイル朝史』（『選史』続編）（著者不明）　5, 285, 286
ジャラーイル部族　280
ジャラーリー暦　228
『ジャラール集史 *Jāmi' al-Tawārīkh-i Jalālī*』（著者不明）　290, 291
ジャラール・ファラーハーニ Jalāl al-Dīn Ja'farī Farāhānī　246
シャラフ・カズウィーニー　Sharaf al-Dīn Faḍl Allāh Ḥusaynī Qazwīnī　244–246, 253–257, 263, 333
シャラフ・ヤズディー Sharaf al-Dīn 'Alī Yazdī　296, 309, 310, 312, 315, 316
シャラム Sharam　→サルム
シャリーフ　162
シャルマネセル（サルマナースィル Salmanāṣir）　102
ジャワ　9
宗教学　98
『集史 *Jāmi' al-Tawārīkh*』（ラシード・アッディーン）　7, 128, 130, 153, 176, 182–184, 187–190, 192–197, 199–204, 208, 210, 216, 217, 227, 231, 235, 265, 273, 291, 297, 299, 301, 302, 305, 313, 320, 323–327, 331, 338–346, 349, 350, 352, 354, 355
『集史 *al-Ta'rīkh al-Majmū'*』（サイード・ブン・ビトリーク）　102
『集史続編 *Dhayl-i Jāmi' al-Tawārīkh*』（ハーフィズ・アブルー）　319, 320, 325, 331, 345
ジューズジャーニー Minhāj al-Dīn Abū 'Umar 'Uthmān b. Sirāj al-Dīn Muḥammad al-Jūzjānī　128, 163, 165–167, 327, 337
『集成 *Majmū'a*』（ハムザ・イスファハーニー）　147
『集成 *Majma' al-Arbāb*』（ルクン・フイー）　→『諸王の歴史の集成』
ジューダルズ Jūdarz（アシュカーン朝）　→バフラーム1世
ジューダルズ・ブン・アシュク Jūdarz b. Ashk（アシュカーン朝）　→ジューダルズ1世
ジューダルズ・ブン・イークール Jūdarz b. Īqūr（アシュカーン朝）　→ジューダルズ1世？
ジューダルズ1世 Jūdarz（アシュカーン朝）　74, 118, 144, 159, 179, 200
ジューダルズ2世 Jūdarz（アシュカーン朝）　144, 200
十二イマーム　196, 200, 207, 291, 358, 360
十二イマーム派　157
ジューハー　29, 40, 282
ジューマル Jūmar　→ゴメル
シュクル・アッラー Shukr Allāh　358
ジュシュナスディフ Jushnasdih　166
ジュチ Jūchī（チンギスの子）　302, 305
ジュチ・ウルス　315
ジュナイド Junayd　259
ジュルジャーン　119, 197, 299
ジュルジャーン Jurjān（ルドの子）　52
ジュルバー　44
ジュルバードカーニー Abū al-Sharaf Jurbādqānī　210, 290
ジュワイニー Juwaynī　→アター・マリク・ジュワイニー
ジュワイニー家　246, 248
『書 *Nāma*』（バフラーム・ブン・バフラーム）　85
『小アダブの書 *Kitāb al-Adab al-Ṣaghīr*』（イブ

ン・ムカッファアア訳）　25
『肖像の書 *Kitāb al-Baykār*』（イブン・ムカッファア訳）　59
『勝利の書 *Ẓafar-nāma*』（シャーミー）　315, 320, 323, 325, 326
『勝利の書 *Ẓafar-nāma*』（シャラフ・ヤズディー）　297, 309–316, 334, 340, 349, 350
『勝利の書 *Ẓafar-nāma*』（ハムド・アッラー・ムスタウウィー）　206, 209, 216
『勝利の書続編 *Dhayl-i Ẓafar-nāma*』（ハーフィズ・アブルー）　318–320, 325, 326, 331, 349
『勝利の書続編 *Dhayl-i Ẓafar-nāma*』（ハムド・アッラー・ムスタウフィー）　206
『小列王伝 *al-Siyar al-Ṣaghīr*』（著者不明）　71
『諸王国の諸道 *Masālik al-Mamālik*』（イブン・フルダーズビフ）→『諸道と諸国の書』
『諸王朝の集成 *Jāmiʿ al-Duwal*』（ムナッジムバーシー）　359
『諸王の行状 *Siyar al-Mulūk*』（ニザーム・アルムルク）　210, 290
『諸王の集成 *Majmaʿ Arbāb al-Mulk*』（ルクン・フイー）→『諸王の歴史の集成』
『諸王の歴史の集成 *Majmaʿ Āthār al-Mulūk*』（ルクン・フイー）　210, 290
『諸王への贈物 *Tuḥfat al-Mulūk*』（アリー・トゥスタリー）　144, 273–276
『諸王への忠告 *Naṣīḥat al-Mulūk/Nāṣāyiḥ al-Mulūk*』（ガザーリー）　117, 136–138, 145, 173, 198, 220, 221, 225, 228, 264, 276, 279, 288, 292, 332
『諸王への灯火 *Miṣbāḥ al-Mulūk*』（ガザーリー）　292
『書簡集 *Kitāb Rasāʾil-hi*』（イブン・ムカッファア）　25
書記官　24, 43, 61, 95, 119, 243
書記術指南書　244, 251
『書記典範 *Dastūr al-Kātib*』（ムハンマド・ナフジワーニー）　248, 272, 285, 286
『助言と再考の書 *Kitāb al-Tanbīh wa al-Ishrāf*』（マスウーディー）　54–58, 60
『諸国 *al-Buldān*』（ヤアクービー）　44, 62
『諸国集成 *Muʿjam al-Buldān*』（ヤークート）　40
『諸国の典範 *Qānūn al-Buldān*』（著者不明）　323
『諸国の命名 *Tasmiyat al-Buldān*』（著者不明）　84
『諸詩集 *Dawānīn al-Shuʿarā*』（著者不明）　290
『諸史の光喜 *Bahjat al-Tawārīkh*』（シュクル・アッラー）　358
『諸情報の泉 *ʿUyūn al-Akhbār*』（イブン・クタイバ）　26, 28
諸地方政権 mulūk al-ṭawā'if　23, 26, 27, 58–60, 118, 120, 121, 211, 224, 225, 292, 360
『諸道と諸国 *Masālik wa Mamālik*』（ジャイハーニー）　122
『諸道と諸国の書 *Kitāb al-Masālik wa al-Mamālik*』（イブン・フルダーズビフ）　114, 321
『諸分派と諸宗派の書 *Kitāb al-Milal wa al-Niḥal*』（シャフラスターニー）　149
『諸民族の経験 *Tajārib al-Umam*』（著者不明）→『アラブ・ペルシアの諸王の歴史に関する諸民族の経験』
『諸民族の経験 *Tajārib al-Umam*』（ミスカワイフ）　95, 96, 159, 161, 209, 290, 335
白岩一彦　189
シリア　26, 31, 38, 44, 45, 98, 119, 123, 167, 184, 208, 240, 251, 284
シリア人 suryānīyūn　55, 68, 98
『史話要説 *Mujmal al-Tawārīkh wa al-Qiṣaṣ*』（著者不明）　128, 144–148, 150–153, 168, 173, 176, 230, 303, 313
『心魂の歓喜 *Nuzhat al-Qulūb*』（ハムド・アッラー・ムスタウフィー）　206, 209, 210, 215, 270, 285, 319
『心魂の友 *Anīs al-Qulūb*』（アナウィー）　133, 134, 177
『人類史梗概 *al-Mukhtaṣar fī Akhbār al-Bashar*』（アブー・フィダー）　161
スィーウィンジュ・ハーン Sīwinj Khān　314
スィースターン　79, 136, 164, 303, 329, 337
『スィースターン史 *Tārīkh-i Sīstān*』（著者不明）　136, 155
スィクラーブ Siqlāb（ヤペテの子）　212, 283, 311–313
スィッフィーンの戦い　37
スィブト・ブン・ジャウズィー Sibṭ b. al-Jawzī　159
スィヤーク体　291
スィヤーサ　7
スィヤーマク Siyāmak　49, 50, 72, 93, 109,

110, 117, 136, 143, 150, 160, 165, 179, 185, 197–199, 213, 226, 288, 307
スィヤーミー Siyāmī　49, 50
ズィヤール朝　98, 118
スィラージュ・アッディーン Sirāj al-Dīn　163
スィンド　54
スィンド Sind（ハムの子）　283, 306, 335
ズー・アルカルナイン Dhū al-Qarnayn　→アレクサンドロス
数学　98
『崇高なる首飾り *Simṭ al-ʻUlā*』（ナースィル・キルマーニー）　272
スーサ　145
スーダン　44
スーダン人 al-sūdān　67
ストーレイ C. A. Storey　9
スフヤーン Sufyān b. ʻUyayna　37
『スライマーンシャーの歴史 *Tārīkh-i Sulaymān-shāhī*』（イブン・ジャウズィー）　256
スラヴ人 Siqlāb　87, 224
スルターニーヤ　278, 319
『スルターニーヤの書 *Kitāb al-Sulṭānīya*』　194, 195
『スルターンの諸章 *al-Fuṣūl al-Sulṭānīya*』（イブン・イナバ）　297, 305–309, 333–335, 350
『スルターンの歴史集成 *Majmaʻ al-Tawārīkh-i Sulṭānī*』（ハーフィズ・アブルー）　→『歴史集成』
スルターン・ブン・フマーユーン Sulṭān b. Humāyūn　274
『聖者列伝 *Tadhkirat al-Awliyā'*』（アッタール）　209, 290
『清浄園 *Rawḍat al-Ṣafā*』（ミール・ハーンド）　238, 264, 316, 326, 350, 357, 358
『整然たる歴史 *al-Muntaẓam*』（イブン・ジャウズィー）　158, 159
正統カリフ　10, 18, 22, 23, 29, 37, 44, 65, 91, 96, 128, 154, 162, 164, 172, 177, 183, 189, 196, 200, 207, 222, 225, 227, 248, 274, 276, 278, 281, 287, 291, 299, 300, 302, 303, 328, 330, 357, 358
精霊　23, 24, 50, 158
『世界征服者の歴史 *Tārīkh-i Jahān-gīr*』　→『勝利の書』（シャラフ・ヤズディー）
『世界征服者の歴史 *Tārīkh-i Jahān-gushāy*』（アター・マリク・ジュワイニー）　181, 203, 209, 210, 227, 265, 266, 290, 327
『世界の解説 *Tawḍīḥ al-Dunyā*』（著者不明）　122
『世界の形状 *Ṣuwar al-Aqālīm*』（ムハンマド・ブン・ヤフヤー）　321
『世界の書 *Jahān-nāma*』（ムハンマド・バクラーン）　321
『世界の書 *Kitāb Rubʻ al-Dunyā*』（イブン・ムカッファア）　122
『世界を飾る者の歴史 *Tārīkh-i Jahān-ārā*』（ガッファーリー）　238, 253
セツ（シース Shīth）　21, 24, 29, 49, 50, 86, 116, 117, 137, 138, 142, 149, 159, 160, 165, 173, 174, 185, 198, 212, 213, 215, 221, 224–226, 251, 256, 263, 264, 276, 279, 282, 288, 292, 307, 310, 332
説教師　158
セム（サーム Sām）　5, 6, 20, 21, 27, 29–32, 34, 35, 37, 39–41, 46, 50–52, 57, 63, 87, 89, 93, 99, 122, 157, 162, 165, 174, 175, 185, 186, 211–213, 220, 224, 275, 276, 282, 283, 293, 300, 303, 307–312, 333, 334, 338
セムの道　29, 40, 282
『セルジューク王書 *Saljūq Shāh-nāma*』（カーニイー）　135
『セルジューク王書 *Saljūq Shāh-nāma*』（ディッハーニー）　135
セルジューク朝　5, 7, 13, 122, 126, 128, 130–136, 138, 139, 146–148, 153, 154, 164, 168, 172, 175, 178, 180, 184, 187, 189–191, 197, 200, 205, 208, 210, 211, 214, 218, 222, 225, 227, 228, 230, 240, 248, 262, 272, 274, 279, 284, 288, 292, 294, 299, 301, 302, 324, 329, 337, 338, 354
『セルジューク朝史 *Tawārīkh-i Saljūqī*』（著者不明）　281
『セルジューク朝史の旅土産 *al-ʻUrāḍa fī al-Ḥikāyat al-Saljūqīya*』（シャムス・フサイニー）　272
『セルジュークの書 *Saljūq-nāma*』（アフマド）　218
『セルジュークの書 *Saljūq-nāma*』（ザヒール・ニーシャープーリー）　210, 290, 327
『善行集成 *Jāmiʻ al-Khayrāt*』（シャムス・フサイニー）　272
『善行の歴史 *Tārīkh-i Khayrāt*』（ムーサウィー）　349

『選史 *Tārīkh-i Guzīda*』（ハムド・アッラー・ムスタウフィー）　13, 127, 144, 170, 180, 204, 206–210, 212–218, 226–228, 231, 239, 265, 271, 285, 290–295, 299–301, 304, 310–314, 316, 327, 334, 338, 339, 346, 350, 352, 355
『選集 *Majmū'a*』（ハーフィズ・アブルー）　317–319, 323–327, 331, 341, 342, 349
占星術　98
『先祖の経験 *Tajārib al-Salaf*』（ヒンドゥーシャー）　181, 243, 247, 248, 250, 259
『象牙のクーシュの説話 *Akhbār (Qiṣṣa) -yi Kūsh-i Pīl Dandān*』（イーラーンシャーン）147
『創始と歴史 *Kitāb al-Bad' wa al-Ta'rīkh*』（マクディスィー）　90–94, 117, 165, 166
ソグド　62
ソグド人　98
『族譜 *Shu'ab*』（ラシード・アッディーン）194, 199
『租税の書 *Kitāb al-Kharāj*』（クダーマ・ブン・ジャアファル）　61, 63
ゾロアスター Zardusht　27, 32, 60, 107
ゾロアスター教　4–6, 11, 18, 20, 32, 58, 62, 69, 72, 74, 75, 101, 102, 110, 124, 126, 148, 149, 226, 255, 258, 263, 307, 353
ゾロアスター教徒　21, 23, 27, 45, 48, 50–53, 55–57, 63, 88, 94, 98, 100, 101, 114, 120, 142, 173, 174, 198, 264, 276, 279, 288, 292, 306, 332
ソロモン（スライマーン Sulaymān）　24, 26, 27, 41, 54, 74, 86, 89, 90, 93, 117, 134, 139, 157, 174, 175, 257, 279, 283, 287, 336
『尊厳なる命令 *al-Awāmir al-'Alā'īya*』（イブン・ビービー）　181

タ　行

ダーウード・マーヒリー Dāwūd Māhirī　293
ターク・ハーン Ṭāq Khān　187, 218, 301
ターズ Tāz　173, 174, 185
タータール tātār　→タタール人
タータール Tātār（ヤペテ裔）　312
ダーニシュワル Dānishwar　18
ダーネシュパジューフ M. T. Dānish-pazhūh　40, 246
ターヒル朝　43, 162, 164, 166, 184, 186, 299, 302, 304, 329, 337
ダーラー Dārā　→ダーラー 1 世
ダーラー 1 世 Dārā（カヤーン朝君主）　42, 138, 258, 259, 287
ダーラー 2 世 Dārā b. Dārā（カヤーン朝君主）27, 42, 59, 138
タールマイン　205
『大アダブの書 *Kitāb al-Ādāb al-Kabīr*』（イブン・ムカッファア）　25
太陰暦　68, 293
『大王書 *Shāh-nāma-yi Buzurg*』（ハムザ・イスファハーニー）→『王と預言者の年代記』
大カーディー　163, 171, 250, 271
大元ウルス　315
『大史 *Tārīkh-i Kabīr*』（ジャアファリー）349
大ハサン Ḥasan-i Buzurg（ジャラーイル朝初代君主）　280
第 4 気候帯　67, 146, 147, 186, 340
『大歴史 *al-Kabīr fī al-Ta'rīkh*』（イブン・フルダーズビフ）　114
『大列王伝 *al-Siyar al-Kabīr*』（著者不明）　71
大ロルのアターベク王朝　→ハザーラスプ朝
タウアー F. Tauer　326
ダウラトシャー Dawlatshāh　298
タガイ・テムル Ṭaghā-tīmūr　325, 326
「タガイ・テムル，アミール・ワリー，サルバダール政権，アミール・アルグンシャー」（ハーフィズ・アブルー）　325, 326
ダキーキー Abū Manṣūr Aḥmad Daqīqī　78, 107, 109
ダグファル Daghfal b. Ḥanẓala al-Shaybānī 37, 38, 41, 42, 150
タタール人　220, 314
ダッハーク Ḍaḥḥāk b. 'Alwān（ピーシュダード朝君主）　6, 24, 27, 41, 45, 60, 87, 90, 93, 96, 152, 159, 166, 173–175, 185, 186, 220–222, 283, 304, 332, 338
ダニエル（ダーニヤール Dāniyāl）　134, 257
タバリー Abū Ja'far Muḥammad b. Jarīr b. Yazīd al-Ṭabarī　47–55, 57–62, 64–66, 70, 77, 83, 84, 86, 87, 89, 93, 97, 99, 105, 114–118, 141–143, 146, 148, 149, 150, 152, 157–161, 163, 166, 168, 199, 209, 256, 262, 264, 265, 290, 308, 328, 357
『タバリー史 *Tārīkh (Tawārīkh) -i Ṭabarī*』（タバリー，バルアミー）→『歴史書』
「タバリー史続編 *Dhayl-i Tārīkh-i Ṭabarī*」（ハー

フィズ・アブルー）　324
『タバリー史翻訳 *Tarjuma-yi Ṭabarī*（*Tarjuma-yi Tārīkh-i Ṭabarī*）』（バルアミー）　→『歴史書』
『タバリーの歴史書 *Tārīkh-nāma-yi Ṭabarī*』（バルアミー）　→『歴史書』
タバリスターン　67, 119, 147, 156, 167, 299
『タバリスターン史 *Tārīkh-i Ṭabaristān*』（イブン・イスファンディヤール）　84, 155
ダビデ（ダーウード Dāwūd）　41, 134, 175, 257, 283, 299, 336
タフト　309
タフムーラス Ṭahmūrath　6, 23, 24, 27, 45, 50, 52, 59, 98, 99, 109, 110, 120, 121, 143, 158, 159, 163, 186, 199, 222, 332
タブリーズ　171, 210, 244, 247, 271, 297, 309, 326
ダブリン　145, 249, 250, 277
ダマーワンド　41, 86, 99, 185, 256
タミーミー Abū al-Qāsim al-Tamīmī　157
ダラルキーン Daralkīn　217
ダルバンド　285
『探求者の授け *'Umdat al-Ṭālib*』（イブン・イナバ）　305
『探求者の道 *Manāhij al-Ṭālibīn*』（アラー・カズウィーニー・ヒラーリー）　287, 289, 295
チーン Chīn（ヤペテの子）　152, 212, 283, 306, 311–313, 334
知恵の宝庫　34
知恵の館　34, 35
チグリス河　29, 40, 282
『知識 *al-Ma'ārif*』（イブン・クタイバ）　25–28, 76, 93, 152, 157, 210, 290
『知識の集成 *Jāmi' al-Ma'ārif*』（アブー・ファトフ）　278
『知識の集成 *Jāmi' al-Ma'ārif*』（フサイニー）　198
『知識の集成 *Jāmi' al-'Ulūm*』（ファフル・ラーズィー）　153, 168
地中海　190
チベット　63
チャガタイ Jaghatāy（チャガタイ・ウルス初代君主）　216, 261, 302, 305
チャガタイ・ウルス　229, 269, 284, 296, 302, 315, 316, 347
チャランダーブ墓地　171
中国 Ṣīn/Khitā　10, 44, 46, 55, 62, 63, 67, 91, 114, 123, 130, 147, 152, 167, 182, 184, 188–190, 192, 196, 197, 201, 217, 231, 278, 279, 284, 285, 288, 302, 305, 306, 309, 315, 324
中国人 al-ṣīn/chīniyān　55, 67, 79, 98, 122, 224, 306
『中史 *Tārīkh-i Wāsiṭ*』（ジャアファリー）　349
『中史 *Tārīkh-i Wāṣiṭī*』　→『イスカンダル無名氏の史書』
『長史 *al-Akhbār al-Ṭiwāl*』（ディーナワリー）　28–34, 36, 39–41, 43, 60, 89, 157, 176, 282
地理学　59, 98
地理学者　43, 54
チンギス・ハーン Changīz Khān（モンゴル帝国初代君主）　167, 180, 182, 216, 234, 262, 270, 276, 280, 285, 286, 296, 301, 314, 315, 352
『月夜史話 *Musāmarat al-Akhbār*』（アクサラーイー）　227
ディーナワリー Abū Ḥanīfa Aḥmad b. Dāwūd b. Wanand al-Dīnawarī　28–30, 32, 34, 40, 52, 62, 157, 176, 282
ディーナワル　303
ディーブ・ヤーウクーイ Dībyāwuqūy　→ディーブ・ヤークーイ
ディーブ・ヤークーイ Dībyāqūy　187, 193, 216, 301, 305, 312, 338
ティクラ Tikla（ハザーラスプ朝5代君主）　240
ディッハーニー Khwāja Dihhānī　135
ティムール Tīmūr（ティムール朝初代君主）　296, 298, 299, 302, 303, 305, 309, 310, 314–320, 340, 346, 350
ティムール朝　7, 13, 17, 188, 197, 206, 234, 235, 241, 264, 269, 270, 284, 291, 295–298, 300, 301, 305, 307, 309, 310, 313, 316, 323, 329, 339, 340, 346–352, 355–359
ティムールターシュ Timūrtāsh　227
ディヤールバクル　167, 184
ティンギズ・ハーン Tingiz Khān　313
テキシュ Tikish（ホラズムシャー朝6代君主）　153
哲学　55, 171
哲学者　99, 148
テヘラン　18, 33, 182, 184, 206, 297
テュルク（地域名）　62, 147, 152
テュルク Turk（ヤペテの子）　32, 51, 197–199, 211, 212, 216, 283, 306, 307, 311–313,

334
テュルク人 al-turk/turkān　12, 13, 20, 21, 32, 67, 79, 87, 122, 148, 152, 159, 170, 174, 193, 198, 216, 220, 224, 275, 285, 312, 313, 339
テラ（ターラフ Tāraḥ/Tārakh）　31, 32, 283, 311, 312
『伝記 *Kitāb al-Kārnāmaj*』（著者不明）　59
『伝記の伴侶 *Ḥabīb al-Siyar*』（ハーンダミール）　291, 317
伝承学者　21, 37, 38, 43, 47, 48, 64, 65, 86, 158, 354
天地創造　2, 3, 9, 10, 20, 21, 26, 36, 39, 44, 46–49, 74, 76, 83–85, 90, 91, 95, 96, 99, 108, 110, 113, 128, 149, 158, 170, 183, 189, 207, 224, 263, 287, 299, 302, 310, 328
天文学　28, 98
天文学者　69, 71, 247, 359
『天文学者たちの規範 *Dustūr al-Munajjimīn*』（著者不明）　156, 157, 168
天文表　71, 72
『天文表 *al-Zīj*』（バッターニー）　157
『天文表 *Zīj-i Munajjimān*』（著者不明）　221
『動物の効用 *Manāfiʿ-i Ḥayawān*』（マラーギー）　181
ドゥークール・ヤーウクーイ Dūqūryāwuqūy　191
トゥークシュールミーシュ Ṭūqshūrmīsh　187
トゥーシュ Ṭūsh　→トゥール
トゥージュ Ṭūj　→トゥール
トゥース　78, 79, 107
ドゥートゥーミニーン Dūtūminīn（アラン・ゴアの末裔）　314
トゥーミナ Tūmina（アラン・ゴアの末裔）　314
トゥーラク Tūrak　198, 199
トゥール Tūr　32, 62, 88, 152, 180, 198, 217, 314, 339
トゥクーズ Tukūz　217, 314, 339
トゥグリル Ṭughril（セルジューク朝初代君主）　136
トゥグリル3世 Ṭughril（セルジューク朝17代君主）　134, 135, 146, 210
トゥッバウ　35, 299
トゥッバウ・ブン・マリキーカルブ Tubbaʿ b. Malikīkarb　39
トゥハーリスターン　94, 123, 147, 164, 167
トゥラン　6, 13, 106, 167, 168, 180, 192, 216, 229, 231, 269, 270, 280, 284, 285, 296, 302, 311, 312, 315, 316, 340, 350, 351, 355, 356
トゥランの地　→トゥラン
トゥルキスターン　162, 167, 197, 313, 314, 338
トゥルクマーン　192
トガルマ　197
トガン A. Z. V. Togan　194
奴隷王朝　161–164, 168

ナ　行

ナースィル Nāṣir（アッバース朝34代カリフ）　133
ナースィル・アッディーン・シャー Nāṣir al-Dīn Shāh（カージャール朝4代君主）　358
ナースィル・アッディーン・マフムード・シャー Nāṣir al-Dīn Maḥmūdshāh（奴隷王朝8代君主）　164
ナースィル・キルマーニー Nāṣir al-Dīn Munshī Kirmānī　272
ナースィル・フスラウ Nāṣir-i Khusraw　323
『ナースィル史話 *Ṭabaqāt-i Nāṣirī*』（ジューズジャーニー）　128, 163–167, 173, 176, 304, 327, 337, 338, 346
『ナースィルの歴史 *Tārīkh-i Nāṣirī*』（バイハキー）　167
『ナービーの歴史 *Tārīkh-i Nābī*』（イブン・ハイサム）　166
ナーファス Nāfas　157
ナイル河　79
ナヴァーイー ʻA. Nawāʼī　206, 212
ナウザル Nawdhar（セムの子）　211, 212, 311
ナウザル Nawdhar（ピーシュダード朝君主）　332
ナウラジュ Nawraj（セムの子）　31, 32
ナジャフ　145
ナジュム・アッディーン Najm al-Dīn Khiḍr b. Tāj al-Dīn Maḥmūd Ghāzī Bayhaqī　223
ナスル2世 Naṣr（サーマーン朝4代君主）　82
ナドル・ブン・（アル・）ハーリス al-Naḍr b. al-Ḥārith　22
『七王妃物語 *Haft Paykar*』（ニザーミー）　281
『七つの国 *Haft Kishwar*』（著者不明）　287
ナバタイ人 al-nabaṭ　57

ナビート Nabīṭ（セムの孫）　57
ナフジワーン　146
ナリーマーン Narīmān　147
ナルスィー Narsī（アシュカーン朝君主）→ナルスィー 1 世
ナルスィー Narsī b. Bahrām（サーサーン朝君主）　39, 42, 179
ナルスィー・ブン・フィールーズ Narsī b. Fīrūz（？）　222
ナルスィー 1 世 Narsī（アシュカーン朝君主）　95, 108, 144, 200
ナルスィー 2 世 Narsī（アシュカーン朝君主）　95
ナワーイー ʻAlī-shīr Nawāʼī　357
ナワイジュハーン Nawayjhān　→ワヤルナジュハーン
ニークパイ・ブン・マスウード Nīkpay b. Masʻūd b. Muḥammad b. Masʻūd　261–265
『ニークパイの歴史 *Tārīkh-i Nīkpay*』（ニークパイ・ブン・マスウード）　261–266
ニーシャープール　79, 112, 113
ニイデ　218
ニーナワー　44
ニームルーズ　121, 123
ニクペイ Nīkpay（チャガタイの孫）　261
ニザーミー Niẓāmī　281, 347
ニザーミー・アルーディー Niẓāmī ʻArūḍī　132
ニザーミーヤ学院　248
ニザーム・アルムルク Niẓām al-Mulk　210, 290
ニザーム・ヤズディー Niẓām al-Dīn ʻAlī b. Maḥmūd b. Maḥfūẓ b. Raʼīs Yazdī　273
ニザーム家　239, 271
ニザール派　156
『偽アスマイーの書』→『ペルシア・アラブの諸王の歴史に関する究極の目的』
ニハーワンドの戦い　4, 20, 29
ニムロド（ニムルード Nimrūd）　24, 31, 32, 41, 42, 88, 90, 96, 222, 279
ヌーバ Nūba（ハム裔）　283, 311, 335
ヌーフ Nūḥ b. Sām　283
ヌーフ 2 世 Nūḥ（サーマーン朝 8 代君主）　94, 107
ヌール・アジュダリー Nūr Azhdarī　286
ヌスラト・アッディーン・アフマド Nuṣrat al-Dīn Aḥmad（ハザーラスプ朝 9 代君主）　238–255, 258–261, 267, 273
『ヌスラト書簡集 *al-Tarassul al-Nuṣratīya*』（シャラフ・カズウィーニー）　244, 245, 250, 252, 254, 259, 260
『ヌスラトの尺度 *Miʻyār-i Nuṣratī*』（シャムス・ファフリー）　243, 246, 247, 250
ネブカドネザル 2 世（ブフト・アンナスル Bukht al-Naṣr）　74, 102
ネルデケ Th. Nöldeke　16, 17, 19, 33, 109, 348
年代学　27, 98, 99, 148, 157
『年代記』→『王と預言者の年代記』
ノア（ヌーフ Nūḥ）　5, 6, 9, 20, 21, 24, 27–29, 31, 32, 34, 35, 38, 40, 45, 48, 50, 51, 54, 57, 64, 85–88, 90, 93, 99, 100, 104, 122, 125, 139, 142, 149, 157, 159, 162, 172–175, 185, 186, 190, 193, 197–199, 211–213, 215–217, 222, 224–226, 256, 257, 263, 264, 274–276, 278, 279, 282–284, 292–294, 299–303, 306–308, 310–312, 315, 332, 333, 335, 338, 339
ノアの洪水　2, 20, 50, 51, 57, 87, 94, 98, 159, 161, 173, 184, 228, 282, 332
ノウルーズ　30

ハ　行

Hazine 1653 手稿本　318, 341–344
バーイスングル Bāysunghur（アラン・ゴアの末裔）　314
バーイスングル Bāysunghur（ティムール朝王子）　17, 319, 327, 329, 331, 341, 343, 346–348
『バーイスングルの王書 *Shāh-nāma-yi Bāysunghurī*』　17, 18, 347, 348, 350, 352
『バーイスングルの歴史精髄 *Zubdat al-Tawārīkh-i Bāysunghurī*』→『歴史集成』
ハーカーン（称号）　63, 252, 258, 259
バーザブダイ　40
ハージー・ダイラム Tāj al-Milla wa al-Dīn Ḥājī Daylam b. al-Ṣāḥib al-Saʻīd Nūr al-Dīn ʻAbd al-Malik　273
ハーシム・イスファハーニー Hāshim Iṣfahānī →ハーシム・ブン・カースィム・イスファハーニー
ハーシム・ブン・カースィム・イスファハーニー Hāshim b. Qāsim Iṣfahānī　85, 293
ハージュー・キルマーニー Khwājū Kirmānī　280
バースィール（称号）→カイサル

ハーディー al-Hādī（アッバース朝4代カリフ） 214
ハーフ 317
ハーフィズ Ḥāfiẓ Shīrāzī 235, 277
ハーフィズ・アブルー 'Abd Allāh b. Luṭf Allāh b. 'Abd al-Rashīd al-Bihdādīnī（Ḥāfiẓ-i Abrū） 8, 188, 241, 296, 316–321, 323, 325–327, 331–334, 337, 339–345, 347–349
『ハーフィズ・アブルーの地理 *Jughrāfiyā-yi Ḥāfiẓ-i Abrū*』（ハーフィズ・アブルー） →『ハーフィズ・アブルーの歴史』
『ハーフィズ・アブルーの歴史 *Tārīkh-i Ḥāfiẓ-i Abrū*』（ハーフィズ・アブルー） 318, 319, 321–323, 331, 342, 345, 349
バーミヤーン 164
ハールーン・ラシード Hārūn al-Rashīd（アッバース朝5代カリフ） 34, 250
パールス Pārs（セム裔） 212
バーワンド朝イスパフバディーヤ家 155
ハーンダミール Khwānd-amīr 317
バイダーウィー Abū Sa'īd 'Abd Allāh b. Imām al-Dīn Abū al-Qāsim 'Umar b. Fakhr al-Dīn Abī al-Ḥasan 'Alī al-Bayḍāwī 128, 129, 169–174, 176, 198, 203, 209, 222, 255, 262, 265, 290, 301, 327
ハイタール Haytāl →ハイタル（セム裔）
ハイタル 31
ハイタル Hayṭal（セム裔） 31, 32, 212, 311, 334
ハイデラーバード 184, 262
ハイデルベルク 145
バイハキー Abū al-Faḍl Bayhaqī 166
バイラカーン 247
ハウィーザ 319
バウワーン Bawwān（セム裔） 57
白人 87
バグダード 4, 29, 43, 47, 54, 62, 66, 88, 89, 145, 150, 158, 248, 280
バグブール（称号） 63
方舟 5, 29, 88, 122, 257
ハザーラスプ Hazārasp（ハザーラスプ朝2代君主） 237
ハザーラスプ朝 235–242, 244, 246–248, 250–253, 256, 258, 260, 267, 269, 271, 276, 350, 351, 355
ハザル Khazar（ヤペテの子） 63, 212, 283, 306, 311–313, 334
ハザル人 al-khazar/khazariyān 51, 79, 159
ハサン Ḥasan b. 'Alī b. 'Umar al-Ashraf b. Imām Zayn al-'Ābidīn 304
ハサン Ḥasan b. 'Alī（シーア派2代イマーム） 22, 23, 44, 91, 96, 120, 121, 140, 154, 164, 172, 177, 183, 189, 196, 207, 222, 225, 227, 248, 262, 274, 276, 278, 281, 287, 291, 299, 300, 302, 328, 357
ハサン・ブン・アリー・ハマダーニー・ラッカーム al-Ḥasan b. 'Alī al-Hamadānī al-Raqqām 71
ハサン・ヤズディー Ḥasan b. Shihāb al-Dīn Yazdī 349
『ハサン集史 *Jāmi' al-Tawārīkh-i Ḥasanī*』（ハサン・ヤズディー） 349
『始まりの書 *al-Mubtada'*』（イブン・イスハーク） →『遠征』
『始まりの書 *al-Mubtada'*』（クラシー） 157
『始まりの書 *Kitāb al-Mubtada'*』（著者不明） 35, 37
パシャング Pashang 180, 198
バシュコルト人 bāshqirdiyān 212
バスラ 88, 89
ハッジャージュ Ḥajjāj 39
バッターニー al-Battānī 157
ハドラマウト 38
バドル・アッディーン・ルウルウ Badr al-Dīn Lu'lu' 160
バナーカティー Abū Sulaymān Dāwūd b. Abī al-Faḍl Muḥammad b. Muḥammad b. Dāwūd al-Banākatī 49, 129, 195, 198–201
『バナーカティー史 *Tārīkh-i Banākatī*』（バナーカティー） 130, 195–199, 201, 204, 208, 217, 226, 278–280, 291, 295, 313
羽田正 10, 160
バハール M. T. Bahār 85, 254
ハバシャ Ḥabasha →ハバシュ
ハバシュ Ḥabash（セムの子） 212, 283, 306, 311, 335
ハビービー 'A. Ḥabībī 120
バビロン（バービル Bābil） 12, 26, 31, 44, 49, 51, 53, 54, 60, 67, 88, 89, 102, 123, 141, 156, 185, 283, 311
バフマン・ブン・イスファンディヤール Bahman b. Isfandiyār（カヤーン朝君主） →アルダシールバフマン
『バフマンの歴史 *Akhbār-i Bahman*』（イーラー

ンシャーン）　146
バフラーム Bahrām（アシュカーン朝）→アルダワーン
バフラーム Bahrām（サーサーン朝王子，ヤズドギルド 3 世の子）　337
バフラーム Bahrām（マーフーヤ・フルシードの父）　79
バフラーム・イスファハーニー Bahrām Iṣfahānī →ムハンマド・ブン・バフラーム・ブン・マトヤール・アスバハーニー
バフラーム・グール Bahrām Gūr（サーサーン朝君主）→バフラーム 5 世
バフラーム・チュービーン Bahrām Chūbīn　59, 153, 166, 180, 214, 294, 301, 304, 308, 338
『バフラーム・チュービーンの書 *Bahrām Jubīn Nāma*』（著者不明）　59
バフラーム・ハラウィー・マジュースィー Bahrām al-Harawī al-Majūsī　100, 101
バフラーム・ブン・シャープール Bahrām b. Shāpūr（アシュカーン朝）　144, 200
バフラーム・ブン・バフラーム（『書』の著者）Bahrām b. Bahrām　85
バフラーム・ブン・フルムズ Bahrām b. Hurmuz（サーサーン朝君主）→バフラーム 1 世（サーサーン朝君主）
バフラーム・ブン・マルダーンシャー Bahrām b. Mardānshāh　68, 69, 72, 73, 80, 100–102, 143, 144, 149, 151, 152, 293
バフラーム・ブン・ミフラーン・アスバハーニー Bahrām b. Mihrān al-Aṣbahānī　100, 101
バフラーム・ムアイヤド Bahrām al-Mu'ayyad　84
バフラーム 1 世 Bahrām（アシュカーン朝君主）　95
バフラーム 1 世 Bahrām b. Hurmuz（サーサーン朝君主）　42, 222, 265
バフラーム 2 世 Bahrām（アシュカーン朝君主）　95
バフラーム 2 世 Bahrām b. Bahrām（サーサーン朝君主）　42, 265
バフラーム 3 世 Bahrām（アシュカーン朝君主）　95
バフラーム 3 世 Bahrām b. Bahrām b. Bahrām（サーサーン朝君主）　151, 154, 265
バフラーム 5 世 Bahrām b. Yazdgird（サーサーン朝君主）　42, 180, 214, 287, 294, 301, 304, 308, 338
バフラームシャー Bahrāmshāh（奴隷王朝 6 代君主）　163
バフラームシャー・ブン・マルダーンシャー Bahrāmshāh b. Mardānshāh →バフラーム・ブン・マルダーンシャー
バフライン　31
パフラウ Pahlaw（セムの孫）　212, 311
パフラヴィー語　4, 16, 19, 24–26, 65, 69, 71, 77, 102, 103, 125, 126, 156
ハマダーン　145, 303, 317
ハム（ハーム Ḥām，アダムの子）　86, 87
ハム（ハーム Ḥām，ノアの子）　6, 20, 21, 24, 29, 32, 51, 87, 88, 93, 122, 162, 211, 220, 224, 275, 282, 283, 306, 310–312, 335
ハム（ハーム Ḥām，ヤペテの子）　142, 143, 158, 160, 174, 185, 190, 279, 288
ハムザ・イスファハーニー Abū 'Abd Allāh Ḥamza b. al-Ḥasan al-Iṣfahānī　19, 65–69, 72, 74–77, 79–82, 84, 85, 87, 90, 93, 97, 98, 100–106, 109, 110, 114, 124–126, 138, 141–145, 147–152, 154–157, 159, 161, 163, 166, 168, 178, 209, 211, 213, 214, 290, 293, 335, 346–348, 354
ハムダーン族　37
ハムド・アッラー・ムスタウフィー Ḥamd Allāh b. Abī Bakr b. Aḥmad b. Naṣr Mustawfī Qazwīnī　129, 204–211, 213–218, 229, 231, 239, 249, 270, 285, 290, 291, 301, 327, 338
バヤーニー Kh. Bayānī　317, 341
バヤジド 1 世 Bāyazīd（オスマン朝 4 代君主）　318
バヤンドル Bīkdil　187, 191
バヤンドル氏族　191
バラーシュ Balāsh（サーサーン朝君主）　113, 138
バラーシュ・ブン・アシュク Balāsh b. Ashgh（アシュカーン朝君主）　214, 215
バラーシュ・ブン・キスラー Balāsh b. Kisrā（アシュカーン朝君主）　144, 159, 200
バラーシュ・ブン・バフラーム Balāsh b. Bahrām（アシュカーン朝君主）　200
バラーン朝　60
ハラジュ Khalaj（ヤペテの子）　334
ハラフ・ブン・アフマド Khalaf b. Aḥmad（サッファール朝君主）　91

バラム（バルアム・ブン・バーウール Balʿam-i Bāʿūr） 162
パリ 145, 262, 285, 344
バルアミー Abū ʿAlī Muḥammad Balʿamī 58, 82–89, 104, 118, 128, 136, 264, 277, 324, 346
バルキヤールク Barkiyārq（セルジューク朝5代君主） 138
バルズィーン Barzīn 79
バルタース Barṭās（ヤペテの孫） 312
バルタース人 barṭāsiyān 212
バルバル Barbar（ハムの子） 212, 311, 335
バルフ 26, 138, 139, 215, 256
バルフ河 31, 94, 147
『バルフの美徳 *Faḍāyil-i Balkh*』（アブー・ザイド・ハキーム） 84
バルマク家 214, 258
『反駁の書 *Kitāb-i Naqḍ*』（アブド・アルジャリール・カズウィーニー） 133
ハンバル学派 158
非アラブ人 ʿajam 12, 31, 116, 139, 216
ピーコック A. C. S. Peacock 83, 264
ビージャン Bīzhan（アシュカーン朝君主） 108, 144
ピーシュダード朝 16, 33, 45, 56, 60, 61, 64, 68, 70, 72, 82, 93, 95, 96, 101, 102, 108, 120, 121, 124, 141, 142, 151, 157, 161, 163, 165, 172, 173, 183, 186, 189, 220, 224, 253, 262, 263, 274–276, 281–283, 292, 299, 300, 302, 303, 308, 332, 333, 354, 356, 360
ヒーラ 22, 26, 44, 157
ピール・ムハンマド Pīr Muḥammad（ティムール朝王子） 309, 346
ビールーニー Abū Rayḥān Muḥammad b. Aḥmad al-Bīrūnī 49, 72, 82, 95, 98–101, 103, 104, 115, 118, 122, 156, 157, 201
ビーワラースブ Bīwarāsb（ピーシュダード朝君主） →ダッハーク
『光の真実 *Ḥadāyiq al-Anwār fī Ḥaqāyiq al-Asrār*』（ファフル・ラーズィー） 153, 154, 168, 279
ヒクマ 7
ヒジャーズ Ḥijāz 31, 54, 67, 88, 123
ヒシャーム Hishām（ウマイヤ朝10代カリフ） 24, 58
ヒシャーム・ブン・カースィム・イスファハーニー Hishām b. Qāsim Iṣfahānī 24, 69, 80, 100, 101, 293
ヒシャーム・ブン・カルビー →イブン・カルビー
ヒジュラ 47, 48, 60, 81, 91, 162, 172, 186, 189, 217, 218, 227, 284, 293, 328
ヒッラ 145, 305
『美徳と対立 *Kitāb al-Maḥāsin wa Aḍdād*』（ジャーヒズ） 19, 71
ヒドラーム Hidrām（セムの孫） 57
ヒドル Khiḍr 257, 336
ビフダーディーン 317
『美文の書 *al-Muḥabbar*』（イブン・ハビーブ） 8, 21, 22, 24, 25, 28, 50, 76
非ムスリム 10, 55, 58, 67, 76, 188, 200
ヒムヤル 27, 35, 38, 39, 67, 164
『表による歴史 *Tārīkh-i Mujadwal*』（著者不明） 164, 166
ピラミッド 99
ヒンド Hind（ハムの子） 212, 283, 306, 311, 335
ヒンドゥーシャー Hindūshāh b. Sanjar b. ʿAbd Allāh Ṣāḥibī Kīrānī 181, 247, 248
ビンバシュ İ. E. Binbaş 164, 313
ファーティマ朝 194, 208, 248, 299, 302
ファールス Fārs/Fāris 12, 31, 57, 94, 119, 122, 139–141, 167, 171, 174–176, 185, 225, 236, 240, 252, 256, 269, 277, 286, 298, 303, 305, 321
ファールス Fārs/Fāris（セム裔） 31, 32, 52, 57, 311, 334
『ファールスの書 *Fārs-nāma*』（イブン・バルヒー） 138–145, 158, 168, 174–176, 290
ファスィーフ・ハーフィー Faṣīḥ-i Khwāfī 348
『ファスィーフの概要 *Mujmal-i Faṣīḥī*』（ファスィーフ・ハーフィー） 319, 331, 348, 349
ファッルハーン Farrukhān（アシュカーン朝王子） 42
ファッルハーン Farrukhān（司祭） 80, 85, 293
ファフル・アッダウラ Fakhr al-Dawla Abū Manṣūr Kūfī 204, 205
ファフル・アッディーン Fakhr al-Mulk wa al-ʿItra wa al-Dunyā wa al-Dīn 305
ファフル・アッディーン・ムハンマド Fakhr al-Dīn Muḥammad 205
ファフル・ファフリー Fakhr al-Dīn Saʿīd Fakhrī

Iṣfahānī　246
ファフル・ムダッビル Fakhr-i Mudabbir　161, 162, 164
ファフル・ラーズィー Fakhr al-Dīn Abū ʻAbd Allāh Muḥammad b. ʻUmar b. al-Ḥusayn b. Khaṭīb al-Rāzī　153–155
『ファフルの諸章 *al-Fuṣūl al-Fakhrīya*』（イブン・イナバ）　271, 305, 307
『ファラーマルズの書 *Farāmarz-nāma*』（著者不明）　146
ファラオ（フィルアウン Firʻawn）　87, 96, 113, 175, 257
ファリードゥーン Farīdūn（ピーシュダード朝君主）　6, 31, 45, 53, 54, 59, 60, 62, 63, 74, 88, 90, 93, 96, 101, 102, 111, 121, 139, 152, 157, 180, 185, 186, 215, 217, 220, 221, 224, 225, 257, 279, 283, 287, 307, 312, 314, 332, 335, 336, 339
ファリーブルズ Farīburz（カヤーン朝王子）　251
ファルユーマディー Ghiyāth al-Dīn b. ʻAlī Nāyib Faryūmadī　223
フィールーズ Fīrūz b. Hurmuz（アシュカーン朝君主）　200, 222
フィールーズ Fīrūz（サーサーン朝王子，ヤズドギルド3世の子）　51, 337
フィールーズ Fīrūz b. Yazdgird（サーサーン朝君主）　42, 113
フィリッポス（ファイラクース Faylaqūs）　263
フィルダウスィー Abū al-Qāsim Manṣūr b. al-Ḥasan al-Firdawsī al-Ṭūsī　13, 16, 17, 19, 64, 92, 106–112, 114, 115, 117, 123, 124, 126, 128, 131–133, 136, 138, 146, 147, 150, 151, 155, 166, 176, 178, 210, 230, 231, 253, 281, 282, 290, 293, 294, 327, 354
『フィルダウスィーと『王書』の文献目録 *Kitāb-shināsī-yi Firdawsī wa Shāhnāma*』（アフシャール）　111
ブーカー Būqā（アラン・ゴアの末裔）　314
フーシャング Hūshang（ピーシュダード朝君主）　6, 23, 24, 45, 49, 50, 52, 62, 72, 75, 81, 86, 92, 93, 96, 102, 109, 110, 117, 120, 121, 136, 142, 143, 150, 157, 159, 161, 163, 165, 173–175, 180, 185, 186, 199, 214, 215, 226, 332
フーシャンジー Muḥammad b. Maḥmūd b. Faḍl al-Dīn Fūshanjī　348
フーズィスターン　145, 167, 319
ブーズンジャル Būzunjar（アラン・ゴアの末裔）　314
フーゼスターン州　237
フード Hūd　175, 222, 257, 283
プーラーンドゥフト Pūrāndukht　166
ブグラー・ハーン Buqra Khān　192
フサイニー Abū al-Fatḥ Nāṣir b. Muḥammad al-Ḥuṣaynī　198
フサイン・アーウィー Ḥusayn b. Muḥammad b. Abī al-Riḍā Āwī　271
フサイン・バイカラ Ḥusayn Bāyqarā（ティムール朝ヘラート政権君主）　357
フサイン・ブン・アリー Ḥusayn b. ʻAlī（シーア派3代イマーム）　140, 164, 172, 225, 274, 276, 287, 291, 299, 300, 302, 303, 337
フサイン・マルガニー al-Ḥusayn b. Muḥammad al-Marghanī　113
ブジャ　44
フジャンド　172, 274
フスタート　55
ブスト　90
フスラウ Khusraw（アシュカーン朝君主）→キスラー
フスラウ Khusraw（カヤーン朝君主）→カイフスラウ
フスラウ・パルウィーズ Khusraw Parwīz（サーサーン朝君主）→アバルウィーズ
フスラウ・ブン・アービド Khusraw b. ʻĀbid →アバルクーヒー
フスラウ2世 Khusraw（サーサーン朝君主）→アバルウィーズ
フダーハーン朝　59
フッル・リヤーヒー Ḥurr b. Yazīd al-Riyāḥī　204
フナーラス　54
『普遍史 *Tārīkh-i ʻĀlam*』→『ニークパイの歴史』
フラーワク Furāwak →アフラワーク
ブラウン E. G. Browne　17, 33, 234
フラグ・ハーン Hūlāgū Khān（イルハーン朝初代君主）　167, 182, 200, 216, 222, 240, 280, 302, 305
フラグナー B. G. Fragner　131
フラワーク Furawāk →アフラワーク
フランク　184, 188–190, 196, 197, 278, 279,

288, 299, 302, 318, 324
フランク人 farangiyān　212
ブルガール Bulghār（ヤペテの孫）　312
ブルガール人 bulghāriyān　212
ブルジャーン Burjān（ヤペテの子）　283
フルムズ　225, 285, 299, 303
フルムズ Hurmuz b. Bīzhan（アシュカーン朝君主）　95, 108, 144, 200
フルムズ・ブン・アヌーシルワーン Hurmuz b. Anūshirwān（サーサーン朝君主）→フルムズ 4 世
フルムズ・ブン・シャープール Hurmuz b. Shāpūr（サーサーン朝君主）→フルムズ 1 世
フルムズ・ブン・バラーシュ Hurmuz b. Balāsh（アシュカーン朝君主）　200
フルムズ 1 世 Hurmuz b. Shāpūr（サーサーン朝君主）　42
フルムズ 2 世 Hurmuz b. Narsī（サーサーン朝君主）　179, 221
フルムズ 4 世 Hurmuz b. Anūshirwān（サーサーン朝君主）　265, 283
フルワーンの峠　98
ブレーゲル Yu. E. Bregel　9, 10, 128, 176, 261, 306, 326, 340, 357
ブレット R. W. Bulliet　4
フローレンス　112, 135
ブロシェ E. Blochet　261
フワーリズミー Abū ʿAbd Allāh Muḥammad b. Aḥmad b. Yūsuf al-Khwārizmī　94, 95
ブワイフ朝　66, 95, 96, 104, 139, 153, 164, 172, 175, 178, 180, 190, 192, 200, 208, 214, 225, 227, 248, 262, 274, 279, 284, 288, 292, 294, 299, 301, 302, 304, 308, 329, 337, 338
ブンダーリー al-Fatḥ b. ʿAlī b. Muḥammad al-Iṣfahānī al-Bundārī　107, 135
文法学　22, 28, 171, 248
文法学者　150
ヘブライ人 ʿibrī　212, 311
ヘラート　79, 153, 236, 247, 305, 317, 320, 347, 357
『ペルシア・アラブの諸王の歴史に関する究極の目的 *Nihāyat al-Arab fī Taʾrīkh Mulūk al-Furs wa al-ʿArab*』（伝アスマイー）　33-43, 60, 62, 89, 109, 250, 282
『ペルシア語辞典 *Lughat-i Furs*』（アサディー・トゥースィー）　246
『ペルシア語手稿本目録 *Fihrist-i Nuskha-hā-yi Khaṭṭī-yi Fārsī*』（モンザヴィー）　341
ペルシア語文化圏　3, 4, 6, 7, 10, 13, 16, 106, 108, 135, 161, 168, 265, 267, 270, 309, 316, 348, 351, 353, 355-359
ペルシア語文芸活動　13, 77, 82, 181, 204, 205, 235, 236, 239, 240, 251, 254, 260, 267, 269, 272, 273, 277, 295, 296, 349-351, 355, 358
『ペルシア語歴史叙述 *Persian Historiography*』（メルヴィル編著）　130, 234
『ペルシア詩の規則に関する集成 *al-Muʿjam fī Maʿāyīr Ashʿār al-ʿAjam*』（シャムス・カイス）　254
ペルシア人 ʿajam/pārsiyān/al-furs　3, 8, 12, 20, 21, 26-30, 32, 35, 39-46, 48-65, 67, 68, 70, 72, 86, 87, 89, 92, 95, 98-104, 109-111, 115, 116, 123-126, 132, 136, 139-142, 145, 146, 149, 150, 154, 158, 159, 165-167, 173, 179, 185, 197, 198, 215, 220, 221, 224, 227, 253, 255, 258, 259, 279, 282, 287, 288, 307, 308, 312, 313, 333, 334, 340, 356, 360
『ペルシア人の系譜の集成と贈物 *Kitāb Jamharat Ansāb al-Furs wa al-Nawāfil*』（イブン・フルダーズビフ）　115
『ペルシア人の真正 *Ṣiḥāḥ al-Furs*』（ムハンマド・ナフジワーニー）　246
『ペルシア人の歴史 *Tārīkh-i ʿAjam*』（著者不明）　165, 333
『ペルシア列王伝 *al-Muʿjam fī Āthār Mulūk al-ʿAjam*』（シャラフ・カズウィーニー）　13, 188, 233, 236, 237, 243-245, 250, 253-261, 263-268, 272, 284, 327, 332, 333, 335, 348, 350, 351, 355
『ペルシア列王伝 *Kitāb Siyar Mulūk al-Furs/Siyar al-ʿAjam/Siyar Mulūk al-ʿAjam/Siyar al-Mulūk min al-ʿAjam*』（イブン・ムカッファア訳）　26, 28, 39, 42, 43, 69, 100, 101, 125, 147, 150
『ペルシア列王伝 *Kitāb Siyar Mulūk al-Furs*』（ザードゥーヤ・ブン・シャーフーヤ・アスバハーニー訳）　69
『ペルシア列王伝 *Kitāb Siyar Mulūk al-Furs*』（ムハンマド・ブン・ジャフム・バルマキー訳）　69, 100, 101
『ペルシア列王伝 *Kitāb Siyar Mulūk al-Furs*』（ムハンマド・ブン・バフラーム・ブン・マトヤール・アスバハーニー訳・編）　69

『ペルシア列王伝 *Kitāb Ta'rīkh Mulūk al-Furs/Nāma-yi Pādshāhān-i Pārs*』（マアムーン旧蔵）　69, 80
『ペルシア列王伝精髄 *Ghurar Akhbār Mulūk al-Furs wa Siyar-hi*』（サアーリビー）　114
『ペルシア列王伝に関する忠告と金言の光 *Anwār al-Mawā'iẓ wa al-Ḥikam fī Akhbār Mulūk al-'Ajam*』（著者不明）　327
ペルシア湾　147
ベルベル人 al-barbar/barbariyān　67, 79
ベルリン　145, 184
ペレグ（ファーラグ Fālagh）　212, 311
『編著 *Tadwīn*』（ラーフィイー）　209, 290
『補遺 *al-Kitāb al-Mudhayyal*』（タバリー）→『歴史補遺』
法学　171
法学者　34, 36, 37, 136, 158
『宝典 *al-Qānūn*』（ビールーニー）　157
ボスワース C. E. Bosworth　119
ホラーサーニー Khurāsānī　79
ホラーサーン　26, 27, 31, 67, 79, 119, 121-123, 167, 284, 303, 321, 323, 334
ホラーサーン（フラーサーン Khurāsān, セムの孫）　31, 32, 212, 311
ホラズム　100, 153
ホラズムシャー朝　153, 154, 164, 172, 175, 178, 180, 184, 187, 189-191, 200, 208, 209, 218, 225, 227, 240, 262, 266, 270, 274, 279, 280, 288, 292, 299, 302, 324, 329, 337
ホラズム人　98

マ　行

マー・ワラー・アンナフル　3, 77, 123, 153, 167, 191, 216, 302, 313, 316, 323
マーザンダラーン　155, 280
マーザンダラーン人 māzandariyān　79
マーチーン Māchīn（ヤペテ裔）　212, 306, 312
マーフーヤ・フルシード Māhūyi Khurshīd　79
マアムーン al-Ma'mūn（アッバース朝7代カリフ）　69, 80
マーロウ L. Marlow　241
マーワラアンナフル　→マー・ワラー・アンナフル
マウスィル　29, 44, 160, 167, 184, 282
マクディスィー al-Muṭahhar b. Ṭāhir al-Maqdisī　90, 91, 93-95, 114, 117, 166, 199
『マクディスィー史 *Tārīkh-i Maqdisī*』→『創始と歴史』
マクラーン　94, 147
マクラーン Makrān（セム裔）　212, 311, 334
マグリブ　121, 123, 148, 184, 208, 285, 321
マシー Mashī　49, 50, 56, 72, 75, 85, 86, 93, 94, 96, 100, 102, 109, 110, 117, 124, 136, 142, 143, 149, 150, 160, 165, 179, 185, 198, 213, 226, 306, 307, 354
マシヤーナ Mashiyāna　49, 50, 56, 72, 75, 85, 94, 100, 102, 109, 110, 117, 124, 149, 160, 185, 306, 354
マシュハド　250, 297
マシュリク　148, 167, 285
マスウーディー Abū al-Ḥasan 'Alī b. al-Ḥusayn b. 'Alī b. 'Abd Allāh al-Mas'ūdī　54-62, 64, 65, 67, 74, 75, 92, 105, 114, 278, 327
マスウーディー・マルワズィー Mas'ūdī Marwazī　78, 92, 114
『マズダクの書 *Kitāb Mazdak*』（イブン・ムカッファア訳）　25
マッカ　37, 123, 305
マディーナ　123
マドラサ　243, 253, 261, 278, 289
マナーシフ Manāshiḥ　→ミーシャク
マニ教徒　55
マヌーチフル Manūchihr（ピーシュダード朝君主）　32, 45, 53, 56, 60, 74, 89, 90, 93, 96, 121, 166, 173-175, 214, 215, 220, 257, 279, 283, 332
マハラレル（マハラーイール Mahalā'īl）　21, 24, 50, 86, 87, 150, 157, 165, 185, 225, 226, 256, 263, 264, 310, 332
マフディー al-Mahdī（アッバース朝3代カリフ）　214
マフディー（十二イマーム派12代イマーム）　300
マフムード Maḥūd（ガズナ朝3代君主）　107, 113, 119, 136, 205
マフムード Maḥūd（セルジューク朝4代君主）　147
マフムード Sayf al-Dawla Amīr Maḥmūd　248
マフムード・シャー Maḥūdshāh（インジュー朝初代君主）　277
マフムード2世 Maḥmūd（セルジューク朝9代君主）　146

マムルーク朝　161, 301, 303, 359
マラーガ　71, 153
マラーギー ʻAbd al-Hādī Marāghī　181
マリクシャー Malikshāh（セルジューク朝3代君主）　227, 228
マルゥ　16, 20, 26, 97, 116
マンスィク Mansik　→ミーシャク
マンスール al-Manṣūr（アッバース朝2代カリフ）　214
マンスール Manṣūr（サーマーン朝7代君主）　77, 83
マンスール Manṣūr（ムザッファル朝君主）　290
ミーシャク Mīshak（ヤペテの子）　211, 212, 216, 275, 311–313
ミーラーンシャー・キルマーニー Mīrānshāh Kirmānī　293
ミール・ハーンド Mīr-khwānd Muḥammad b. Khwāndshāh b. Maḥmūd　129, 316, 357
ミスカワイフ Abū ʻAlī Aḥmad b. Muḥammad Miskawayh　95–97, 159, 161, 209, 211
ミスル Miṣr（セムの子）　212, 311
ミットヴォッホ E. Mittwoch　66
ミノルスキー V. Minorsky　78, 241
ミフラージャーン Mihrājān　152
ミフリー Mihrī　157
ミンギリー・ハーン Mingilī Khan　313
ミンハー・ワ・ミンザーリカ　206
ムアーウィヤ Muʻāwiya（ウマイヤ朝初代君主）　154
ムイーン・アッディーン・ナタンズィー Muʻīn al-Dīn Naṭanzī　298
ムイーン・ヤズディー Muʻīn Yazdī　286
『ムイーンの歴史精髄 *Muntakhab al-Tawārīkh-i Muʻīnī*』（著者不明）　8, 297, 298, 302–304, 313, 350
ムイッズ朝　164
ムイッズィー Muḥammad b. ʻAbd al-Malik Muʻizzī　133
ムーガーン Mūghān（セム裔）　212, 311
ムーサー Mūsā b. Shādī Khwāja Bahādur Nasafī　298
ムーサー・ブン・イーサー・キスラウィー（フスラウィー） Mūsā b. ʻĪsā al-Kisrawī (Khusrawī)　68–72, 80, 81, 85, 103, 150–152, 154, 293
ムーサウィー Muḥammad b. Faḍl Allāh Mūsawī　349
ムウタスィム al-Muʻtaṣim（アッバース朝8代カリフ）　29, 69, 205
ムウタミド al-Muʻtamid（アッバース朝15代カリフ）　26
ムールターン　123
ムグール Mughūl（ヤペテ裔）　312
ムクタディル al-Muqtadir（アッバース朝18代カリフ）　324
ムザッファル・アッディーン Muẓaffar al-Dīn（シャバーンカーラ地方政権君主）　252
ムザッファル・アッディーン・シャー Muẓaffar al-Dīn Shāh（カージャール朝5代君主）　360
『ムザッファル選史 *Muntakhab al-Tawārīkh-i Muẓaffarī*』（イブラーヒーム・ハーン）　360
ムザッファル朝　235, 241, 269, 270, 273, 277, 286, 287, 289, 290, 295, 325, 351
「ムザッファル朝史 Tārīkh-i Āl-i Muẓaffar」（ハーフィズ・アブルー）　318, 325, 326
ムスタアスィム al-Mustaʻṣim（アッバース朝37代カリフ）　207, 324
ムスタウフィー　→ハムド・アッラー・ムスタウフィー
ムスタグフィリー Imām Mustaghfirī　328
ムスタディー al-Mustaḍīʼ（アッバース朝33代カリフ）　146
ムスタルシド al-Mustarshid（アッバース朝29代カリフ）　83, 145
ムスタンスィリーヤ学院　248
ムスリフ・ラーリー Muṣliḥ al-Dīn Muḥammad Lārī　358
ムスリム　1–5, 9–12, 16, 20, 28, 38, 48, 68, 76, 78, 85, 86, 110, 139, 142, 180, 188, 193, 252, 258–261, 267, 285, 307, 308, 329, 353, 354, 359, 360
ムタカーリブ体　131–133, 177, 255, 263
ムナッジムバーシー Munajjim-bāshī　359
ムハージルーン　162
ムバーリズ・アッディーン Mubāriz al-Dīn（ティムール朝王子）　346
ムバーリズ・アッディーン Mubāriz al-Dīn（ムザッファル朝3代君主）　286, 289
ムハッラブ・ブン・ムハンマド・ブン・シャーディー Muhallab b. Muḥammad b. Shādī　145

ムハンマド Muḥammad（セルジューク朝 7 代君主）　136, 138, 139, 147
ムハンマド Muḥammad（ムザッファル朝初代君主）　273, 286
ムハンマド Muḥammad（預言者）　9, 10, 21, 22, 29, 35, 37, 38, 44, 46, 65, 67, 81, 85, 86, 91, 96, 97, 123, 126, 128, 129, 134, 148, 153–155, 157, 162, 176, 177, 183, 189, 193, 196, 200, 219, 222, 225, 248, 262, 265, 266, 274, 276, 278, 283, 284, 287, 289, 291, 299, 300, 302, 328, 330, 342, 357, 358, 360
ムハンマド・ギーリー Muḥammad-i Junayd Gīlī　328
ムハンマド・ナフジワーニー Muḥammad b. Hindūshāh Nakhjiwānī　246, 248
ムハンマド・ニーシャープーリー Muḥammad b. Muṭahhar b. Yūsuf b. Abī Sa'īd al-Qāḍī al-Nīshāpūrī　347
ムハンマド・ハーン Muḥmmad Khān（イルハーン朝君主）　223
ムハンマド・バクラーン Muḥammad b. Najīb Bakrān　321
ムハンマド・ブン・サーイブ・カルビー Muḥammad b. al-Ṣā'ib al-Kalbī　22
ムハンマド・ブン・ジャフム・バルマキー Muḥammad b. al-Jahm al-Barmakī　69, 80, 84, 100, 101, 293
ムハンマド・ブン・バフラーム・ブン・マトヤール・アスバハーニー Muḥammad b. Bahrām b. Maṭyār al-Aṣbahānī　69, 80, 293
ムハンマド・ブン・ヤフヤー Muḥammad b. Yaḥyā　321
『ムハンマド伝 *Siyar al-Nabī*』（著者不明）　209, 290, 327, 342
『ムハンマド伝 *Siyar al-Nabī*』（ムハンマド・ギーリー）　328
『ムハンマド伝翻訳 *Tarjuma-yi Siyar al-Nabī*』（アブド・アッサラーム・アバルクーヒー）→『預言者伝に関する究極の望み』
『無比の書簡 *Kitāb al-Yatīma fī al-Rasā'il*』（イブン・ムカッファア訳）　25
ムルタダー・アラウィーの息子 Pisar-i Murtaḍā 'Alawī　→アリー・ブン・ムルタダー
メイサミ J. S. Meisami　122, 131
メトシェラ（マトゥーシャラフ Matūshalakh）　21, 24, 86, 310
メルヴィル Ch. Melville　128–130, 153, 169, 171, 173, 176, 188, 203, 208, 237, 270
メルキト派　102
モーセ（ムーサー Mūsā）　27, 56, 74, 86, 89, 90, 93, 96, 121, 134, 156, 173–175, 214, 215, 220, 221, 257, 279, 283
『目録 *al-Fihrist*』（イブン・ナディーム）　4, 26, 35, 104
モハッデス M. H. Muḥaddith　171, 223
森本一夫　306
モンケ Mankū（モンゴル帝国 4 代君主）　167
モンゴル人　167, 212, 216, 217, 285, 313, 354, 360
モンゴル帝国　167, 187, 203, 284, 315
モンザヴィー A. Munzawī　341
『問答集 *As'ila wa Ajwiba*』（ラシード・アッディーン）　273

ヤ　行

ヤークート Yāqūt al-Ḥamawī　22, 40
ヤアクービー Abū al-'Abbās Aḥmad b. Abī Ya'qūb b. Ja'far b. Wahb b. Wāḍiḥ Ya'qūbī　43–47, 49, 52, 53, 55, 62, 64, 130, 157
ヤーム Yām　29
ヤールシャーテル E. Yarshater　17, 112, 114
ヤアルブ Ya'rub　212
ヤコブ（ヤアクーブ Ya'qūb）　258, 299, 302
ヤズダーンダード Yazdāndād　79
ヤズディー Yazdī　→シャラフ・ヤズディー
ヤズド　225, 239, 269, 271, 272, 299, 303, 309, 351
ヤズドギルド Yazdgird（サーサーン朝君主）→ヤズドギルド 3 世
ヤズドギルド・ブン・シャフリヤール Yazdgird b. Shahriyār（サーサーン朝君主）→ヤズドギルド 3 世
ヤズドギルド 3 世 Yazdgird（サーサーン朝君主）　16–18, 20, 23, 36, 47, 51, 70, 79, 80, 85, 92, 93, 97, 100, 108, 114, 116, 126, 140, 166, 178, 186, 250, 276, 280, 293, 304, 328, 337
ヤズドギルド暦　328
ヤファル Yafar　30–32, 283
ヤペテ（ヤーフィス Yāfith）　6, 20, 21, 29, 32, 42, 45, 46, 48, 49, 51–53, 57, 87, 89, 99, 117, 122, 142, 143, 152, 157–160, 162, 173, 174, 185, 190, 192, 193, 197–199, 201, 211,

212, 216, 217, 220, 224, 275, 279, 282, 283, 288, 301, 305, 306, 308, 310–313, 333, 334, 338, 339, 358
山中由里子　22, 34, 83
『ヤミーニー史 *al-Yamīnī*』（ウトビー）　210, 327
『ヤミーニー史翻訳 *Tarjuma-yi Yamīnī*』（ジュルバードカーニー）　210, 265, 266, 290
ヤロブアム（イルブアーム Yirubuʻām）　299, 302
ヤワマーリス Yawamārīs　67
ヤワン（ヤーワン Yāwan）　212
ユースフシャー Yūsufshāh（ハザーラスプ朝 7 代君主）　243, 259
ユーナーン Yūnān（ヤペテの子）　46, 306, 334
ユーフラテス河　94, 140, 141, 147, 171, 175, 274, 340
ユールドゥーズ・ハーン Yūldūz Khān　313
ユダヤ教　5, 20
ユダヤ教徒　38, 48, 55, 67, 68, 81, 85, 86, 98, 120, 148, 156, 173, 184, 189, 190, 196, 197, 278
『預言者たることの証明 *Dalā'il al-Nubuwwa*』（ムスタグフィリー）　329
『預言者伝 *Qiṣaṣ al-Anbiyā'* / *Qiṣaṣ*』（著者不明）　209, 220, 221, 327, 342
『預言者伝に関する究極の望み *Nihāyat al-Mas'ūl fī Dirāyat al-Rasūl*』（アブド・アッサラーム・アバルクーヒー）　329
『預言者と王の歴史 *Ta'rīkh al-Rusul wa al-Mulūk*』（タバリー）　47, 50, 52, 55, 83, 86, 89, 93, 109, 116, 118, 209, 290
『預言者の長の歴史に関する探究者の目的 *Ma'ārib al-Ṭālibīn fī Ta'rīkh Sayyid al-Mursalīn*』（アリー・トゥスタリー）　273
『預言者ムハンマド伝』（イブン・イスハーク）　22
ヨシュア（ユーシャウ Yūshaʻ）　56, 90, 214, 215, 283
ヨセフ（ユースフ Yūsuf）　57, 99, 186, 287, 336
ヨハネ（ヤフヤー Yaḥyā）　179, 200
ヨブ（アイユーブ Ayyūb）　134
『歓びの書 *Daftar-i Dil-gushā*』（サーヒブ）　270
四ウルス叙述法　285, 315
四王朝叙述法　59, 89, 220, 224, 253
『四講話 *Chahāl Maqāla*』（ニザーミー・アルーディー）　132, 133

ラ　行

『ラーズィーの六十 *Sittīn-i Rāzī*』（ファフル・ラーズィー）→『六十の書』
ラーフィイー Imām Rāfiʻī　209, 290
ラーミーン Rāmīn　80
ラーワンディー Muḥammad b. ʻAlī b. Sulaymān al-Rāwandī　134, 135
ライ　47, 153, 303
ライデン　281
楽園追放　5
駱駝の戦い　37
ラシード・アッディーン Rashīd al-Dīn Faḍl Allāh Hamadānī　128, 129, 152, 182, 183, 187–194, 196, 199, 201, 203–206, 210, 234, 235, 239, 271–273, 291, 301, 320, 324, 327, 342, 345
『ラシード史続編 *Dhayl-i Tārīkh-i Rashīdī*』（ハーフィズ・アブルー）　318, 325, 326
『ラシード集史 *Jāmiʻ al-Tawārīkh-i Rashīdī*』→『集史』
ラスィーン・ヒムヤリー al-Lasīn al-Ḥimyarī　38
ラトケ B. Radtke　128, 359
ラビーウ Rabīʻ　132, 133
ラフィーウ・ブクラーニー Rafīʻ Bukrānī　281
ラフム　67, 76
ラムトン A. K. S. Lambton　319
リシャール F. Richards　344
『律法 *Tawrīya*』　81, 157
リファト（リーガース Rīghāth）　197–199
『両星の上昇 *Maṭlaʻ-i Saʻdayn*』（アブド・アッラッザーク・サマルカンディー）　317
旅行家　54
『旅行記 *Safar-nāma*』（ナースィル・フスラウ）　323
ルース Rūs（ヤペテの子）　212, 311–313, 334
ルーダキー Rūdakī　82
ルーム　6, 62, 63, 67, 123, 147, 152, 167, 190, 215, 227, 277, 284, 285, 340
ルーム Rūm（セムの孫）　31, 32, 212, 311
ルーム・セルジューク朝　133, 135, 177, 181, 184, 187, 190, 227, 230

ルクマーン Luqmān　134, 162, 175, 257, 279, 283, 336
ルクマーン Luqmān（セルジュークの父）180
ルクン・アッダウラ・フマールティキーン Rukn al-Dawla Khumārtikīn　139
ルクン・フイー Qāḍī Rukn al-Dīn Khu'ī　210, 290
ルクン・フサイニー Rukn al-Dīn al-Ḥusaynī　271, 272
ルスタム Rustam　22, 42, 59, 84, 110, 133
ルド（ラーウィズ Lāwidh）　52, 276, 282, 333
ルビン Z. Rubin　34, 109, 110, 150
ルフラースブ Luhrāsb（カヤーン朝君主）　74, 90, 147, 175, 224, 225, 257, 258, 279, 335
レイン G. Lane　236
『歴史 *Kitāb al-Ta'rīkh*』（アブー・ファラジュ）　103, 118
『歴史 *Kitāb al-Ta'rīkh/Kitāb al-Akhbār*』（イブン・フルダーズビフ）　114, 122
『歴史 *Tārīkh*』（アブー・アラー・アフワル）　211
『歴史 *Ta'rīkh*』（イブン・アスィール）　→『完史』
『歴史 *Ta'rīkh*』（イブン・カスィール）　300, 329
『歴史 *Ta'rīkh/Kitāb al-Ta'rīkh*』（タバリー）　→『預言者と王の歴史』
『歴史 *Tārīkh*』（ハムザ・イスファハーニー）　→『王と預言者の年代記』
『歴史 *Ta'rīkh*』（ヤアクービー）　43-46, 55, 62, 157
『歴史 *Tārīkh*』（ワーキディー）　183
歴史家　8, 13, 16, 25, 43, 47, 49, 52-55, 58, 59, 64, 65, 68, 76, 82, 95, 98, 104, 106, 107, 110, 112, 117, 119, 124, 126, 131, 132, 137, 141, 142, 146, 158, 160, 173, 176, 185, 188, 196, 197, 204, 206, 213, 218, 220, 223, 226, 228, 231, 237, 255, 261, 263, 264, 267, 279, 281, 288, 293, 296, 301, 309, 316, 329, 332, 338, 339, 349, 352, 356-358
『歴史概要 *Mukhtaṣar al-Ta'rīkh*』（タミーミー）　157
歴史学　22, 76, 119, 140, 154, 171, 206, 321, 342
歴史学者　129, 305
『歴史・系譜学に関する識者の花園 *Rawḍat Ulī al-Albāb fī Ma'rifat al-Tawārīkh wa al-Ansāb*』（バナーカティー）　→『バナーカティー史』
『歴史集成 *Majma' al-Tawārīkh*』（ハーフィズ・アブルー）　8, 13, 233, 241, 264, 297, 316, 318, 319, 327-333, 335-343, 345, 346, 348-350
『歴史書 *Tārīkh-nāma*』（バルアミー）　7, 58, 82-84, 86, 89, 90, 128, 146, 147, 151, 165, 166, 264-266, 276, 277, 279, 281, 282, 323, 324, 327, 331, 335, 342, 343, 346
『歴史精髄 *Lubb al-Tawārīkh*』　→『イスカンダル無名氏の史書』
『歴史精髄 *Zubdat al-Tawārīkh*』（カーシャーニー）　8, 181-184, 186, 187, 189, 190, 192, 202, 209, 290, 313, 354
『歴史精髄 *Zubdat al-Tawārīkh*』（ハーフィズ・アブルー）　→『歴史集成』
『歴史の暗記 *Istiẓhār al-Akhbār*』（アフマド・ダームガーニー）　210, 290
『歴史の泉 *'Uyūn al-Tawārīkh*』（イブン・サーイー）　210, 290
『歴史の装飾 *Zayn al-Akhbār*』（ガルディーズィー）　119, 120, 122, 123, 128, 129, 165, 303
『歴史の秩序 *Niẓām al-Tawārīkh*』（バイダーウィー）　7, 128-130, 144, 169-172, 174-176, 197, 199, 200, 202-204, 208, 209, 214, 230, 231, 255-257, 265, 266, 275, 276, 290, 295, 301, 306, 327, 335, 336, 346, 360
『歴史の秩序梗概 *Mukhtaṣar-i Niẓām al-Tawārīkh*』（バイダーウィー）　265, 266
『歴史の天国 *Firdaws al-Tawārīkh*』（アバルクーヒー）　144, 289-292, 294
『歴史補遺 *Mudhayyal-i Tārīkh*』（タバリー）　70, 141, 157
レザーザーデ・マレク R. Riḍā-zāda Malik　119
『列王伝 *Siyar al-Mulūk*』（イブン・ムカッファア）　→『ペルシア列王伝』（イブン・ムカッファア訳）
『列王伝 *Siyar al-Mulūk*』（著者不明）　34-37, 39
『列王伝 *Siyar al-Mulūk*』（バフラーム・ブン・マルダーンシャー）　→『サーサーン朝史』（バフラーム・ブン・マルダーンシャー改訂）

『列王伝 *Siyar al-Mulūk*』（バフラーム・ブン・ミフラーン・アスバハーニー）　100
『列王伝 *Siyar al-Mulūk*』（ヒシャーム・ブン・カースィム）→『サーサーン朝史』（ヒシャーム・ブン・カースィム訳・編）
『列王伝 *Siyar al-Mulūk*』（ムハンマド・ブン・ジャフム・バルマキー）→『ペルシア列王伝』（ムハンマド・ブン・ジャフム・バルマキー訳）
『列王伝 *Tadhkirat al-Mulūk*』→『イスカンダル無名氏の史書』
『列王伝 *Tārīkh-i Muʿjam*』（シャラフ・カズウィーニー）→『ペルシア列王伝』
『列王伝精髄 *Ghurar al-Siyar*』（サアーリビー）　91, 112–115, 117, 118, 137, 138
レハブアム（リハブアム Riḥabʿam）　90
レメク（ラマク Lamak）　21, 24, 86, 310
ロウザーティー A. S. Ḥ. Rawḍātī　247
ロウシャン M. Rawshan　83, 85, 206
ローゼン V. Rosen　343
ローゼンタール F. Rosenthal　48, 49
ローマ　44, 67, 76, 113, 148, 156, 157, 197, 200, 224, 225, 299, 300, 302
ローマ人 al-rūm　55, 67, 68, 76, 120, 212, 220, 224, 227, 307, 333
『六十の書 *Kitāb-i Sittīn*』（ファフル・ラーズィー）　153
ロシア　241
ロト（ルート Lūṭ）　57
ロル　→ロレスターン
ロレスターン　225, 236–238, 237, 240, 241, 247, 252, 337
ロレスターン・アターベク王朝　208, 209, 239, 292, 299, 303, 329
『論考 *Risāla*』（クシャイリー）　209, 290
ロンドン　33, 34, 40, 277, 287, 294, 297, 320

ワ　行

ワーキディー Wāqidī　183, 328
ワースィト　88
ワキーウ al-Wakīʿ　76
渡部良子　177, 237, 270
ワッサーフ Waṣṣāf al-Ḥaḍrat　203, 245, 327
『ワッサーフ史 *Tārīkh-i Waṣṣāf*』（ワッサーフ）　181, 203, 254, 255, 261, 272, 327
ワフブ・ブン・ムナッビフ Wahb b. Munabbih　84
ワヤルナジュハーン Wayarnajhān　30, 32, 41, 50, 52
ワリー Walī　325, 326

《著者略歴》

大塚（おおつか） 修（おさむ）

1980 年　東京に生まれる
2003 年　東京大学文学部卒業
2012 年　東京大学大学院人文社会系研究科博士課程単位取得退学
現　在　東京大学大学院人文社会系研究科助教，博士（文学）

普遍史の変貌

2017 年 12 月 20 日　初版第 1 刷発行

定価はカバーに
表示しています

著 者　大 塚　修
発行者　金 山 弥 平

発行所　一般財団法人 名古屋大学出版会
〒 464-0814　名古屋市千種区不老町 1 名古屋大学構内
電話(052)781-5027 / FAX(052)781-0697

Printed in Japan
印刷・製本　亜細亜印刷㈱
ISBN978-4-8158-0891-4
乱丁・落丁はお取替えいたします。